Bedrohte Ordnungen

15

Francesco Toncich

Istrien 1840–1914

Eine kulturelle Versuchsstation des Habsburgerreiches

Mohr Siebeck

Francesco Toncich, geboren 1987; 2010 Bachelor of Arts in Neuerer und Neuester Geschichte (Universität Triest, Italien); 2015 Master of Arts in Osteuropäischer Geschichte (Universität Wien); Wissenschaftlicher Mitarbeiter des Sonderforschungsbereichs 923 „Bedrohte Ordnungen" an der Universität Tübingen; 2019 Promotion (Tübingen); derzeit Post-Doktorat am Centre du Recherche en Histoire Européenne Comparée (CRHEC) der Université Paris-Est Créteil (UPEC).

ISBN 978-3-16-161013-4 / eISBN 978-3-16-161016-5
DOI 10.1628/978-3-16-161016-5

ISSN 2197-5477 / eISSN 2568-4035 (Bedrohte Ordnungen)

Die Deutsche Nationalbibliothek verzeichnet diese Publikation in der Deutschen Nationalbibliographie; detaillierte bibliographische Daten sind über *http://dnb.dnb.de* abrufbar.

Das Buch wurde von Martin Fischer in Tübingen aus der Minion gesetzt und von Hubert und Co. in Göttingen auf alterungsbeständiges Werkdruckpapier gedruckt und gebunden. Den Umschlag entwarf Uli Gleis in Tübingen. Umschlagabbildung: Tanzende Peroieser/Peroiesi danzanti, aus: August Selb, August Tischbein, Erinnerungen einer malerischen Reise in dem Österreichischen Küstenlande/Memorie di un viaggio pittorico nel litorale austriaco, Lloyd austriaco, Trieste 1842 (Trieste, Biblioteca civica Attilio Hortis, R.P.7-25).

Printed in Germany.

Vorwort zur Reihe „Bedrohte Ordnungen“

Was geschieht in Gesellschaften, wenn Handlungsoptionen unsicher werden, Verhaltenserwartungen und Routinen in Frage stehen, wenn Akteure das Gefühl gewinnen, sich jetzt oder in naher Zukunft wahrscheinlich nicht mehr aufeinander verlassen zu können, wenn sie von Bedrohung reden, Gründe dafür suchen und sie meistens auch finden? Zeit ist ein knappes Gut. Emotionen treten stärker in den Vordergrund und verändern sich. Grenzen sozialer Gruppen werden fraglich. „Bedrohte Ordnungen“ tragen ein hohes Potential für schnellen sozialen Wandel in sich, das aber nicht immer wirksam werden muss.

„Bedrohte Ordnungen“ können aus Katastrophen hervorgehen. Sie können die Folge plötzlicher gesellschaftsinterner Konflikte sein. Sie können aus latenten Spannungen hervorbrechen oder die Folge einer Konkurrenz von Ordnungen sein. Verschiedene Forschungstraditionen fließen damit in Untersuchungen ein, die nicht von klassifikatorischen Begriffen wie „Aufruhr“, „Revolution“ oder „Naturkatastrophe“ ausgehen, sondern dynamische gesellschaftliche Prozesse ins Zentrum stellen, die mit der Wahrnehmung und Behauptung von Bedrohung und dem Rekurs auf Ordnung zusammenhängen.

„Bedrohte Ordnungen“ gibt es in allen Epochen der Historie und in allen Kulturen der Welt. Wirken über Zeiten und Räume hinweg ähnliche Mechanismen? Lassen sich Unterschiede typologisieren? Die Reihe „Bedrohte Ordnungen“ lädt Geschichts-, Kultur- und Sozialwissenschaftler ein, zu diesen Fragen Beiträge zu liefern. Sie ist dem DFG-geförderten Sonderforschungsbereich 923 „Bedrohte Ordnungen“ verbunden, möchte aber auch über ihn hinaus Forschungen anstoßen und dokumentieren.

Die Reihenherausgeber

Vorwort

Die vorliegende Monographie in empirischer Kulturwissenschaft entstand als Dissertation im Rahmen des Sonderforschungsbereiches (SFB) 923 *Bedrohte Ordnungen* im Teilprojekt *G03 – Istrien als ‚Versuchsstation' des Kulturellen. Hybridität als (bedrohte) Ordnung* am Ludwig-Uhland-Institut der Universität Tübingen unter der Leitung von Prof. Reinhard Johler. Sie behandelt die Produktion von kulturellen Differenzen auf der istrischen Halbinsel zwischen 1840 und dem Ersten Weltkrieg.

Am Anfang der Recherche stand die Auseinandersetzung mit kulturellen Begriffen wie „Vielfalt", „Mannigfaltigkeit", „Vermischung", „Verschmelzung" oder „Hybridismus" – die sich heutzutage wieder großer Beliebtheit erfreuen – in deutsch- und italienischsprachigen Klassifizierungsarbeiten zur Bevölkerung Istriens in den letzten acht Jahrzehnten der Habsburgermonarchie. Um dieser breitgefächerten Thematik gerecht zu werden, wurde eine zentrale Kategorie der beteiligten Akteure besonders berücksichtigt: die Wissenschaftler, die aktiv zu einer „Entmischung" der soziokulturellen Identifizierungsmuster der Einwohner Istriens beitrugen. Diese Analyse konzentriert sich auf die zentrale Rolle der „Wissenschaft des Küstenlandes", deren Fundamente in jenen Jahrzehnten gelegt wurde.

Es handelt sich um ein historisches Thema. Die fünf großen Abschnitte dieser Studie sollen die diachrone Entwicklung wiedergeben und eine Periodisierung des historischen Verlaufes auf Basis einer ausgedehnten Recherche in Archiven und Bibliotheken und der Analyse diverser Quellen bieten. Die oben angeführten Begriffe wurden aus der Forschungsperspektive und mit dem methodischen Instrumentarium des genannten Sonderforschungsbereiches *Bedrohte Ordnungen* interpretiert. Die Region Istrien war in einer Zeit des Erstarkens nationalisierender Kräfte sowie eines epochalen sozioökonomischen Wandels (Verschwinden der letzten feudalen Strukturen) und hygienischer Krisen (Epidemien) definitiv eine „bedrohte Ordnung" bzw. eine „Ordnung unter Stress".

Dieses Buch wäre ohne die Unterstützung mehrerer Personen nicht denkbar gewesen. Zuallererst bedanke ich mich bei meinem ersten Betreuer Reinhard Johler und bei meiner zweiten Betreuerin Tullia Catalan. Mein bester Dank gilt auch Daniela Simon, Lorena Popović und Luka Babić für ihre Mithilfe sowie dem Tübinger SFB für die Möglichkeit, meine Doktorarbeit dort zu erarbeiten und abzufassen. Darüber hinaus möchte ich meine Dankbarkeit jenen Personen gegenüber ausdrücken, die mir während der Recherche und Niederschrift dieses Buches mit ihren freundlichen und sachkundigen Ratschlägen und ihrer Unterstützung geholfen haben: Marta Verginella, Renate Lunzer, Dominique Kirchner Reill, Jasna Čapo Žmegač, Egidio Ivetic, Elisabetta D'Erme, Hubert Bergmann, Bojan Baskar, Andreas Ackermann, Moritz Csáky, Johannes Feichtinger, Ilaria Porciani, Sergia Adamo, Giulia Zanfabro, Massimiliano Schiozzi, Marco Bresciani, Mila Orlić, Cornelia Szabo-Knotik, Matej Santi, Anil Bhatti, Ulrich Morgenstern, Bernhard Hurch, Verena Schwägerl-Melchior, Luca Melchior, Sara Bergamasco, Andrea Zhok, Francesca Berti, Rino Cigui.

Meine Recherche in diversen Archiven und Bibliotheken wurde durch die großzügige Hilfe folgender Personen, bei denen ich mich aufrichtig bedanken möchte, wesentlich erleichtert: Michaela Scheibl vom Hugo Schuchardt Archiv in Graz; Diego Han und Nicolò Sponza vom Centro di ricerche storiche Rovigno / Centar za povijesna istraživanja Rovinj / Središče za zgodovinska raziskovanja Rovinj; die Mitarbeiter und Mitarbeiterinnen des Triester Staatsarchives; die Mitarbeiter und Mitarbeiterinnen des Museo di storia naturale in Triest; Antonella Cosenzi und Tiziana Giannotti von den Archiven der Civici musei di Storia e Arte in Triest; Paola Ugolini und Michela Nacmias vom Triester Gemeindearchiv; die Mitarbeiter und Mitarbeiterinnen des Archivs des Civico Museo Teatrale Carlo Schmidl in Triest; Gerda Lechleitner vom Phonogrammarchiv der Österreichischen Akademie der Wissenschaften; die Mitarbeiter und Mitarbeiterinnen des Archivs der Österreichischen Akademie der Wissenschaften, insbesondere Stefan Sienell; Elisabeth Egger von der Bibliothek des Wiener Volkskundemuseums; die Mitarbeiter und Mitarbeiterinnen des Grazer Stadtarchivs. Zuletzt sei ein herzlicher Dank Luciana Musul (meiner Meinung nach die beste Bibliothekarin ganz Mitteleuropas) sowie ihren freundlichen und hilfreichen Kollegen und Kolleginnen von der Biblioteca civica Attilio Hortis bzw. dem daran angeschlossenen Archivio Diplomatico del Comune di Trieste ausgesprochen, die in diesen letzten Jahren meine lästigen Anfragen stets mit eiserner Geduld beantwortet haben. Für ihre hilfreichen und professionellen Korrekturen bedanke ich mich herzlich bei Hubert Bergmann, Simone Weißkopf und Bernhard Herrman.

Für ihre persönliche und moralische Unterstützung bin ich besonders dankbar Jack Widdowson, meinen Eltern Livia und Lino sowie meiner gesamten Familie und meinen engsten Freunden und Freundinnen.

Diese Arbeit möchte ich meinem jüngst verstorbenen istrischen Großonkel Izak Tončić sowie meinen schon vor längerer Zeit verstorbenen Großeltern aus Istrien widmen: Tomislav(o) (Toma) Toncich/Tončić und Anna Maria Kmet aus Zabarnizza/Čabarnica bei Stridone/Zrenj sowie Attilio (Tilio) Pauluzzi und Giuseppina (Pina) Mottica aus Fiorini bei Verteneglio/Brtonigla. Insbesondere widme ich sie Großvater Tilio: Dank seiner lebendigen Erzählungen habe ich bereits als Kind eine Leidenschaft für die Geschichte im Allgemeinen als auch für jene Istriens im Speziellen entwickelt.

Triest, im Juli 2021 Francesco Toncich

Inhaltsverzeichnis

1848–1849: Die große Bedrohung

1850–1870: Von der Bedrohung zur Reflexion

1. Einleitung: Begriffe, Forschungsstand, Fragestellungen und Methodologie

1.1. Istrien als „bedrohte Ordnung" im langen 19. Jahrhundert

Das vorliegende Buch befasst sich mit den Reflexionen unterschiedlicher Akteure der imperialen und regionalen Wissenschaft und Verwaltung hinsichtlich der kulturellen Diversität der Halbinsel Istrien. Diese Reflexionsprozesse wurden von einer regen Klassifizierungstätigkeit seitens des habsburgischen Staates begleitet und hatten zwischen 1850 und 1914 vielfältige Auswirkungen auf politischer, sozialer und kultureller Ebene.

Innerhalb der allgemeinen habsburgischen koexistierten und interagierten unterschiedliche Ordnungen. Eine „Ordnung" lässt sich als „Gefüge von Elementen [definieren], die in einem bestimmten Verhältnis zueinanderstehen und soziale Gruppen oder ganze Gesellschaften strukturieren."[1] Um die verschiedenen Ebenen innerhalb der habsburgischen Ordnung berücksichtigen zu können, muss eine Ausdifferenzierung des Begriffes Ordnung selbst durchgeführt werden. Die Koexistenz mehrerer Ordnungsschichten steht die ganze vorliegende Arbeit hindurch im Vordergrund. Das gilt vor allem für drei Ebenen der habsburgischen Ordnung:

1) die allgemeine imperiale Ordnung (der Staat und seine Institutionen);

2) die regionale Ordnung (das Kronland Österreichisches Küstenland sowie die Region Istrien);

3) die subregionalen (kommunalen und ruralen) Ordnungen auf der istrischen Halbinsel.

Ziel dieser Arbeit ist die Analyse etablierter Bedrohungsdiagnosen und -kommunikationen anhand von Reflexionen der imperialen, italienisch-nationalistischen und regionalen Wissenschaftler. Dazu wird die Studie entlang zweier Achsen entwickelt: entlang einer horizontalen, diachronen Zeitachse sowie einer vertikalen, synchronen Analyseperspektive durch die verschiedenen Ebenen der mehrschichtigen habsburgischen Ordnung hindurch. Die Analyse folgt dabei einer *longue-durée*-Perspektive von der Entstehung der modernen Region Istrien

---

[1] *Ewald Frie/Mischa Meier*, Bedrohte Ordnungen. Gesellschaften unter Stress im Vergleich, in: Dies. (Hrsg.), Aufruhr – Katastrophe – Konkurrenz – Zerfall. Bedrohte Ordnungen als Thema der Kulturwissenschaften, Mohr Siebeck, Tübingen 2014, 2–3.

1797 durch das lange 19. Jahrhundert bis zum Jahr 1914. Jedoch fokussiert sie sich auf die Zeitspanne zwischen den 1840er-Jahren und 1914. Diese Perspektive ermöglicht es, lang andauernde Veränderungsprozesse auf den verschiedenen Ebenen der habsburgischen Ordnung zu analysieren. So kann auch die Produktion von neuen kulturellen und wissenschaftlichen Diskursen betrachtet werden.

Die oben angesprochene Pluralität von Ordnungen muss als eine lang andauernde Situation von Interaktionen und Konflikten zwischen mehreren Ordnungsvorstellungen unterschiedlicher, oft miteinander konkurrierender Institutionen und Akteure verstanden werden. Diese latente Konkurrenz von Ordnungsideen bezüglich der istrischen Region machte sich besonders in Bedrohungsmomenten bemerkbar. Deswegen können Bedrohungssituationen nicht nur als Krisenzeiten betrachtet werden, sondern auch als zeitverdichtete Möglichkeiten der Reflexion über die Region Istrien und unterschiedliche Vorstellungen darüber. In dieser Langzeitanalyse wird vor allem der Wandel von Ordnungsvorstellungen bezüglich Istriens in Momenten, in denen mehrere Bedrohungen auftauchten, berücksichtigt.

Eine Bedrohung erweist sich als ordnungsspezifisch, d. h. sie wird als Ergebnis einer etablierten Bedrohungskommunikation betrachtet, die von der Ordnung selbst generiert und in dieser etabliert wird.[2] Bei der Recherche ergaben sich für Istrien vielfältige Bedrohungen, die hauptsächlich in von Menschen und der Natur verursachte unterschieden werden können: einerseits Revolutionen, Kriege, politische und sozioökonomische Krisen, andererseits epidemische Krankheiten, vor allem Menschen oder Pflanzen betreffend, sowie das Auftreten von Schädlingen. Alle diese Bedrohungen trugen zur Umstrukturierung des habsburgischen Imperiums samt seiner Ordnungen bei.

Darüber hinaus können zwei Arten von Bedrohungen nach ihrer Dauer und Relevanz unterschieden werden:

1) Die kurzzeitige, kontextbezogene Bedrohung durch die Revolution und den Krieg 1848/49 stellte die Existenz von Ordnung(en) entscheidend in Frage. Die europäische Märzrevolution erschütterte die imperiale Ordnung in ihren Grundfesten. Dieses existenzbedrohende Ereignis machte die Schwäche der politisch und sozial noch uneinheitlichen Struktur der Habsburgermonarchie plötzlich sichtbar. Gleichzeitig prägte es die imperialen sowie regionalen Ordnungen entscheidend. Nach der Wiederherstellung der imperialen Ordnung 1849/50 erwies sich die Schaffung einer Sicherungsstrategie gegen die inneren zentrifugalen und nationalen Kräfte und die Konkurrenz durch externe politische Mächte als notwendig. Der entscheidende kurze Zeitraum 1848/49 gilt als Wende- und Startpunkt des *re-ordering* sowie der hier analysierten bedrohten Ordnungen. Aufgrund ihrer Relevanz, die von den analysierten Quellen bestätigt wurde, ist ein ganzes Kapitel den Ereignissen von 1848/49 gewidmet.

---

[2] Ebd., 4–5.

2) Es folgten lang andauernde, latente und ordnungsimmanente Bedrohungen verschiedener Art, die Ordnungen weiter mitgestalteten. Die Jahrzehnte von 1850 bis 1914 waren beispielsweise eine Zeit wiederkehrender politischer Krisensituationen sowie entsprechender Phasen der Krisenüberwindung durch schrittweise Veränderung der imperialen Ordnung selbst. Sie erwiesen sich als eine Periode, in der mehrere Ordnungen der Habsburgermonarchie besonders deutlich miteinander interagierten und konkurrierten sowie kollidierten. Die Bedrohungen (Nationalismen, sozialer Wandel, Wirtschaftskrisen und Epidemien), die teilweise zu neuen Krisensituationen führten, ermöglichten einerseits eine kontinuierliche, vielstimmige Reflexion mehrerer Akteure über die habsburgischen Ordnungen. Andererseits kamen angesichts dieser mehrfachen Bedrohungen die verschiedenen Ordnungen enger miteinander in Kontakt. Diese Begegnungen ermöglichten wiederum neue Reflexionen sowie neue Diskurse der verschiedenen involvierten Akteure über die eigenen oder die fremden Ordnungen.

In der hier präsentierten Arbeit stellen die Bedrohungen selbst nicht die Hauptanalyseobjekte dar. Dagegen werden sie (insbesondere die Kommunikation über sie) als Medium betrachtet, um kulturell-historische Reflexionen über die istrische Halbinsel anzustellen. Zentral ist, dass die Bedrohungssituationen in den Quellen Ordnungsstrukturen und ihre Akteure deutlich werden lassen, die vorher nicht sichtbar waren. Die Bedrohungen gewinnen daher nur in Verbindung mit den Ordnungen an Bedeutung.

1.2. Auf der Suche nach einer Ordnung

Im vorliegenden Text wird intensiv die Kategorie der „Imagination der Ordnung“ verwendet, da Istrien in der Zeit seiner Entstehung als regionale Einheit analysiert wird. Unter „Istrien“ wird hier die moderne Erscheinung der istrischen Halbinsel, so wie wir sie heute kennen, verstanden: Eine Region, die sich auf ungefähr 3600 km^2 zwischen Adria und Karst sowie zwischen den Städten Triest/Trieste/Trst und Fiume/Rijeka ausdehnt. Dagegen erscheint Istrien in den Quellen aus dem 19. Jahrhundert meist noch als ein mentaler Ort, durch den eine Vielzahl von Akteuren ihre unterschiedlichen Ideen, Wünsche und Interessen bezüglich der regionalen Ordnung Istriens ausdrücken.

Die Mannigfaltigkeit der Betrachtungen und Ordnungsvorstellungen über Istrien erhöhte die Komplexität der Ordnung Istriens selbst. Dies führte zu Chaossituationen, vor allem wenn die involvierten Akteure in Bedrohungsmomenten ihre Ansprechpartner oder Gegner nicht mehr deutlich erkennen konnten. Die Begrifflichkeiten bezüglich der kulturellen Vielfalt der Bevölkerung Istriens spiegeln diese Komplexität teilweise wider. In zahlreichen Quellen erscheint das Gefühl einer zunehmenden Komplexität von Ordnungsvorstellungen als der zentrale Grund für die Wahrnehmung einer Ordnung als bedrohte

Ordnung.[3] Wahrgenommene oder faktische Unordnung galt als Bedrohung: Die Bedrohungssituation machte die schon existierende Schwäche der Ordnung(en) deutlich und schränkte die Handlungsfähigkeit ihrer Hauptakteure ein. In einer Krisensituation können die changierenden sozialen Strukturen und Beziehungen der verschiedenen Ordnungsgefüge zueinander nicht mehr verstanden und benannt werden. Das ist der Fall, wenn die Komplexität eines Systems nicht mehr unter einer einzigen Ordnungsidee organisiert ist. Dies kann vor allem wegen einer zunehmenden Zahl von Ordnungsgefügen geschehen, die in immer mehr neuen Relationen zueinanderstehen.[4] Dazu merkt der Soziologe Claudio Baraldi an: „Der Begriff der Komplexität bezeichnet den Sachverhalt, dass nicht alle Elemente einer Einheit zugleich miteinander verbunden werden können. Komplexität bedeutet also, dass eine Selektion notwendig ist, um Relationen zwischen Elementen zu aktualisieren."[5] Gregory Bateson versteht die wahrgenommene Unordnung als eine zunehmende Anzahl unterschiedlicher Ordnungsideen, die nicht mehr in einem kohärenten Bild zusammengehalten werden können.[6]

Nach der Märzrevolution zielte die imperiale Ordnung auf Schaffung einer effizienteren Struktur der Habsburgermonarchie durch die Etablierung von einfacheren, leichter erkennbaren und entmischenden kulturellen Interpretationskategorien ab. Daher wurden die wachsende Komplexität und wiederholte (tatsächliche oder befürchtete) Chaosszenarien in Quellen oft mit einer Bedrohung identifiziert. Die Kategorisierungsformen soziokultureller „Vielfalt" und „Hybridität" entstanden im Rahmen eines allgemeineren Prozesses der Reduktion von Komplexität in der österreichischen Hälfte der Habsburgermonarchie. Sie spielen innerhalb der langzeitigen Dialektik von Ordnung und Unordnung eine zentrale Rolle.

Bezüglich der regionalen Ordnung stimmen die Vorstellungen über Istrien in zeitgenössischen Quellen oft nicht überein: Istrien lag demnach am Meer, wurde gleichzeitig aber auch in Verbindung gebracht mit roter Erde, grünen Wäldern und weißem Karstgestein. Istrien beinhaltete teilweise auch das kosmopolitische Handelszentrum Triest mit seinem Freihafen sowie seinem Anschluss an die Südbahn. Istrien wurde als der Meereszugang Österreichs, aber gleichzeitig auch

---

[3] Der Historiker Filippo Maria Paladini spricht in diesem Zusammenhang – allerdings in Bezug auf die Region Dalmatien im ausgehenden 18. Jahrhundert – von einem „erschreckenden Chaos": *Filippo Maria Paladini*, „Un caos che spaventa". Poteri, territori e religioni di frontiera nella Dalmazia della tarda età veneta, Marsilio, Venezia 2003.

[4] *Claudio Baraldi/Giancarlo Corsi/Elena Esposito*, GLU. Glossar zu Niklas Luhmanns Theorie sozialer Systeme, Suhrkamp, Frankfurt am Main 1997, 94.

[5] Ebd., 93.

[6] „That's right, my dear. I get them to bet on what they call the ‚tidy' way – I know that there are infinitely many muddled ways – so things will always go toward muddle and mixedness.", *Gregory Bateson*, Steps to an Ecology of Mind, University of Chicago Press, Chicago/London 2000, 17.

als der östlichste Ausläufer Italiens sowie eine der nationalen Geburtsstätten der „Slowenen“ bzw. „Kroaten“ beschrieben. Außerdem wurde Istrien als Teil des Großdeutschen Bundes und Mitteleuropas angesehen, einigen Verfassern erschien es sogar als eine Miniaturversion der ganzen Welt. Die Verwendung solcher unterschiedlichen räumlichen Zugehörigkeitsvorstellungen weist darauf hin, dass es sich nicht um eine einzige objektive und fixe Realität handelte. Fast jede dieser Darstellungen Istriens und des Nordostadriaraumes verwendete andere Begriffe, wie etwa „ex-venezianisches“ oder „ex-österreichisches Istrien“, „Österreichisches Küstenland“, „*Venezia Giulia*“, „*Primorje*“, „Adriaraum“, „Mittelmeerraum“ oder „Mitteleuropa“.[7] Darüber hinaus wurden „Hybridität“ und „*métissage*“ zu zentralen Themen in Diskursen bezüglich des Mittelmeerraumes wie auch Zentraleuropas.[8] Istrien wurde zu jenem Ort, an dem diese beiden mentalen „Kulturgroßräume“ aufeinandertrafen.[9] Es ist also kein Zufall, dass genau in dieser Region die Themen Hybridität und Diversität so große Bedeutung erhielten. Darüber hinaus muss betont werden, dass auch Istrien – als eine Region des Habsburgerreiches – durch jene vom Historiker Moritz Csáky postulierte „traditionale[n] horizontale[n] Differenziertheit“ in sprachlich-kultureller Hinsicht charakterisiert war, die bis in die zweite Hälfte des 19. Jahrhunderts die ländlichen Regionen der Monarchie stärker als die Städte kennzeichnete.[10]

Hinter dem Begriff *mental map* verbirgt sich ein „Prozess kollektiver mentaler Kartographie“.[11] Nach Henri Lefebvre kann man von der Existenz „mentaler Orte“ („lieu mental“) sprechen.[12] Diese stellen Arten von „gelebten Räumen“ („espace vécu“)[13] dar, auf welche politische und soziale Akteure oder Gruppierungen unterschiedliche kulturelle Bedeutungen übertragen. Daher, so die An-

---

[7] Zur Pluralität der historisch-kulturellen Vorstellungen von Istrien vgl. *Bojan Baskar*, L'anthropologie méditerranéenne en Adriatique du nord-est: de l'ethnologie „monoethniste“ à l'anthropologie des frontières, in: Dionigi Albera/Mohamed Tozy (Hrsg.), La Méditerranée des anthropologues. Fractures, filiations, contiguïtés, Maisonneuve & Larose, Paris 2005, 234–235.

[8] *Jean-Luc Bonniol*, Métissage, in: Dionigi Albera/Maryline Crivello/Mohamed Tozy (Hrsg.), Dictionnaire de la Méditerranée, Actes sud, Arles 2016, 525–529.

[9] *Pamela Ballinger*, Lines in the Water, Peoples on the Map: Maritime Museums and the Representation of Cultural Boundaries in the Upper Adriatic, in: Narodna umjetnost. Hrvatski časopis za etnologiju i folkloristiku 43, 2006, 15–39. Zur Eingliederung Istriens und des Küstenlandes in den mentalen Großraum Mitteleuropas vgl. *Hans-Dietrich Schultz*, Raumkonstrukte der klassischen deutschsprachigen Geografie des 19. und 20. Jahrhunderts im Kontext ihrer Zeit, in: Geschichte und Gesellschaft 28, 2002, 369.

[10] *Moritz Csáky*, „Was man Nation und Rasse heißt, sind Ergebnisse und keine Ursachen“. Zur Konstruktion kollektiver Identitäten in Zentraleuropa, in: Wolfgang Müller-Funk/Peter Plener/Clemens Ruthner (Hrsg.), Kakanien revisited. Das Eigene und das Fremde (in) der österreichisch-ungarischen Monarchie, A. Francke, Tübingen/Basel 2002, 38.

[11] *Frithjof Benjamin Schenk*, Mental Maps. Die Konstruktion von geographischen Räumen in Europa seit der Aufklärung, in: Geschichte und Gesellschaft 28, 2002, 495.

[12] *Henri Lefebvre*, La production de l'espace, in: L'homme et la société 31–32, 1974, 16.

[13] *Armand Frémont*, La région, espace vécu, Presses universitaires de France, Paris 1976.

thropologin Mary Douglas, ist das, was man als eine „Ordnung" ansieht, eher der „Anschein einer Ordnung" („semblance of order").[14] Die Schaffung der Region Istrien zeigt sich als ein komplexes Ergebnis der Verflechtung von unterschiedlichen ordnungsstiftenden Lesarten eines soziokulturell diversifizierten Raumes in kulturellen Klassifikationsstudien. Neben der schon gründlich analysierten mentalen Trennung Stadt–Land[15] sollen weitere solcher Dichotomien in die Analyse einbezogen werden, zum Beispiel Küste–Inland, Zivilisierung/Modernität–Primitivismus, Kultur–Natur und nicht zuletzt Reinheit–Vermischung.[16]

Schließlich will sich die vorliegende Analyse von historischen Arbeiten distanzieren, die eine objektive, kontinuierliche Existenz einer „Nation" oder „Region" postulieren. Noch in der jüngsten Vergangenheit wurde die objektive, kontinuierliche Existenz einer istrischen regionalen Identität seit der Antike und vor allem der Frühen Neuzeit postuliert.[17] Benedict Andersons Theorie der „imagined communities" regt dazu an, die auf die Nation angewandte Idee der Imagination einer nach außen abgegrenzten Gemeinschaft auch auf eine Region anzuwenden. Diese analytische Verschiebung des Interesses von der Nation auf die Region wandte schon die Literaturwissenschaftlerin Sergia Adamo für ihre Analyse der Herausbildung einer großräumigen „venezianischen Identität" im 19. Jahrhundert an.[18] Interessanterweise forderte der Geograph Armand Frémont bereits in den 1970er-Jahren die Wiederentdeckung der Region als zentrales wissenschaftliches Analyseobjekt. Im 19. Jahrhundert bildete die Region den Nukleus der identitätsstiftenden Debatte in und um Istrien seitens der lokalen wie imperialen Akteure – in chronologischer Hinsicht noch vor der Nation. Sie

---

[14] *Mary Douglas*, Purity and Danger. An Analysis of Concept of Pollution and Taboo, Routledge, London/New York 2002, 5.

[15] *Marta Verginella*, Il paradigma città-campagna e la rappresentazione dualistica di uno spazio multietnico, in: Contemporanea 11/4, 2008, 779–792; *Vanni d'Alessio*, Croatian Urban Life and Political Sociability in Istria from the 19th to the Early 20th Century, in: Jahrbücher für Geschichte und Kultur Südosteuropas 8, 2006, 133–152.

[16] *Darko Darovec/Dean Krmac/Eva Podovšovnik*, Capodistria punto d'incontro fra la terra ferma e il mare. Una prima verifica empirica per la fine del XVI secolo, in: Aleksej Kalc/Elisabetta Navarra, Le popolazioni del mare: porti franchi, città, isole e villaggi costieri tra età moderna e contemporanea, Forum, Udine 2003, 99–112; *Pamela Ballinger*, „Authentic Hybrids" in the Balkan Borderlands, in: Current Anthropology 45/1, 2004, 31–60; *Dominique Kirchner Reill*, Nationalists Who Feared the Nation. Adriatic Multi-Nationalism in Habsburg Dalmatia, Trieste, and Venice, Stanford University Press, Stanford 2012, 22; *Egidio Ivetic*, Un confine nel Mediterraneo. L'Adriatico orientale tra Italia e Slavia (1300–1900), Viella, Roma 2014.

[17] *Egidio Ivetic*, L'Istria nel tempo (Collana degli Atti 26), Centro di Ricerche storiche di Rovigno, Rovigno 2006; *Antonio Trampus*, Tradizione storica e rinnovamento politico. La cultura nel Litorale Austriaco e nell'Istria tra Settecento e Ottocento, Del Bianco, Udine 2008, 9–11; *Michael Metzeltin*, Alla ricerca dell'identità istriana con Giuseppe Caprin, in: Tiziana Agostini (Hrsg.), Le identità delle Venezie (1866–1918), Antenore, Roma/Padova, 2002, 249–275.

[18] *Sergia Adamo*, L'identità delle Venezie tra guide, memorie e libri di viaggio, in: Agostini (Hrsg.), Le identità, 135–163.

bildete den Rahmen für komplexe Begegnungen zwischen dem Lokalen und dem Globalen. Wie Jeremy King anhand der Verhältnisse in Budweis/Budějovice zwischen 1848 und 1948 zeigt, liefen die Prozesse multipler Identifizierung primär in (sub-)regionalen Kleinräumen ab, am Schnittpunkt von Lokalismen, Nationalismen und Imperialismen.[19]

Eine abermalige Analyse des *nation-building* in Istrien steht nicht im Fokus dieser Arbeit. Die Nation schien nicht der einzige zentrale Faktor der politischen, sozialen und kulturellen Mobilisierung in der Zeit zwischen den 1840er- und 1910er-Jahren gewesen zu sein. Stattdessen soll hier vielmehr ein *region-building* postuliert werden. Dieses war sicherlich auch mit der Nation verbunden, kristallisierte sich aber im Laufe des 19. Jahrhunderts als ein eigenständiger Prozess heraus. Die Region war ein Ort, an dem Imperium und lokale Akteure sowie Ordnungen aufeinandertrafen bzw. kollidierten. Ein wichtiger Input für die Entwicklung eines solchen dekonstruktivistischen Forschungsansatzes bezüglich der Region kommt aus einer geschichtswissenschaftlichen Studie aus dem Jahre 2008 über die Region *Venezia Giulia* (die italienische Bezeichnung für das ehemalige Österreichische Küstenland), die hier ausdrücklich als eine „erfundene Region“ dekonstruiert wird.[20]

1.3. „Long-standing purity–hybridity dialectic“: Eine Debatte zwischen Essentialismus und Relativismus

Die Historikerin und Anthropologin Pamela Ballinger identifiziert den gemeinsamen Nenner sämtlicher Identitätsstiftungsprozesse Istriens – zumindest der letzten beiden Jahrhunderte – als „long-standing purity–hybridity dialectic“. Diese Dialektik gilt als die zentrale Basis für die Ausprägung des modernen Istriens.[21] Die vorliegende Recherche zielt darauf ab, den Beginn dieser grundlegenden Dialektik im langen 19. Jahrhundert und im Kontext des habsburgischen Istriens zu erforschen. Daher konzentriert sie sich auf das Verständnis der historischen Entwicklung der Verwendung von Begriffen kultureller Kategorisierung, vor allem der Termini „Vielfalt“, „Vermischung“ und „Hybridismus“. Diese wurden seit 1848 vom österreichischen Staat, seinen Wissenschaftlern und Intellektuellen sowie von lokalen Akteuren für die Beschreibung zentraler Merkmale der istrischen Ordnung verwendet.

---

[19] *Jeremy King*, Budweisers into Czechs and Germans: A Local History of Bohemian Politics (1848–1948), Princeton University Press, Princeton/Oxford 2002.

[20] *Roberta Micheli/Giuliano Zelco* (Hrsg.), Venezia Giulia. La regione inventata, Kappa Vu, Udine 2008.

[21] *Pamela Ballinger*, History in Exile. Memory and Identity at the Borders of the Balkans, Princeton University Press, Princeton 2003, 249.

Heutzutage sind Termini wie „Diversität", „Vielfalt", „Vermischung", „Hybridität", „Verschmelzung", „Kreolisierung", „Synkretisierung", *„mélange"*, *„métissage"*, *„meticciato"*, „Schmelztiegel" usw. in Verbindung mit Themen wie Postkolonialismus und Globalisierung zu „Schlüsselbegriffen der Kulturwissenschaften"[22] geworden.[23] Insbesondere in den postkolonialen Theorien entwickelten sie sich zu einem alternativen Instrumentarium, welches die klassischen euro- und ethnozentrischen Lesarten in Frage stellte. Hauptsächlich im Anschluss an die grundlegende Theorie des Literaturwissenschaftlers Homi Bhabhas über den sogenannten „dritten Raum" begannen viele geisteswissenschaftliche Studien, dichotomisierende bzw. hierarchisierende Interpretationen in Frage zu stellen. Die Vermischung soll – nach Bruno Latour – demnach als ein wichtiger Teil der Herausbildung unserer modernen Welt angesehen werden. Bei diesem Prozess spielt die Hybridität als notwendiger „Zwischenraum" bei der ordnungsstiftenden Spannung zwischen zwei gegensätzlichen Polen – „Kultur" und „Natur", „Subjekt" und „Objekt" – eine Verbindungs- und Regulierungsrolle.[24]

Begriffe in Zusammenhang mit kultureller Hybridität lassen sich eher als prozesshafte und konstruktivistische Kategorien verstehen, die in einem bestimmten historischen, politischen, sozialen und geographischen Umfeld zur Benennung von Veränderungen der lokalen oder allgemeinen Ordnungen verwendet wurden. Allerdings birgt die Verwendung dieser Termini auch eine Gefahr: Wissenschaftler aus unterschiedlichen Fächern – wie etwa Jan Nederveen Pieterse, Serge Gruzinski, Reinhard Johler, Gesine Müller, Natascha Ueckmann, Andreas Ackermann – haben betont, dass Begriffe und Theorien des Postkolonialen[25] in Zusammenhang mit dem „aktuellen Hype um Hybridität" ihre ursprüngliche befreiende Kraft verlieren und zu neuen Essentialismen sowie Eurozentrismen führen können.[26]

---

[22] *Reinhard Johler*, „Hibridismus". Istrien, die Volkskunde und die Kulturtheorie, in: Zeitschrift für Volkskunde 108/1, 2012, 2.

[23] Vgl. *Ulf Hannerz*, Transnational Connections: Culture, People, Places, Routledge, London/New York 1996.

[24] *Bruno Latour*, Wir sind nie modern gewesen. Versuch einer symmetrischen Anthropologie, Akademie Verlag, Berlin 1995.

[25] Zum Beispiel für die Anwendung der Hybriditätstheorie in postkolonialen Bereichen vgl. *Jean-Loup Amselle*, Logiques métisses. Anthropologie de l'identité en Afrique et ailleurs, Payot, Paris 1990.

[26] *Jan Nederveen Pieterse*, Hybridity, So What? The Anti-Hybridity Backlash and the Riddles of Recognition, in: Theory, Culture & Society 18, 2001, 219–245; *Serge Gruzinski*, La pensée métisse, Fayard, Paris 1999, 34–36; *Andreas Ackermann*, Das Eigene und das Fremde: Hybridität, Vielfalt und Kulturtransfers, in: Friedrich Jaeger/Jörn Rüsen (Hrsg.), Handbuch der Kulturwissenschaften. Themen und Tendenzen, 3, Metzler, Stuttgart/Weimar 2011, 139–154; *Johler*, „Hibridismus"; *Gesine Müller/Natascha Ueckmann*, Einleitung: Kreolisierung als weltweites Kulturmodell?, in: Dies., Kreolisierung revisited: Debatten um ein weltweites Kulturkonzept, Transcript, Bielefeld 2013, 15.

Solche Theorien der postkolonialen Kulturwissenschaft haben zu einem wichtigen Perspektivenwechsel in der historischen Forschung geführt,[27] auch in den Studien zu Istrien.[28] Die Geschichtsschreibung der spätmodernen Habsburgermonarchie konnte sich mit ihrer Hilfe aus der Sackgasse der Interpretationen nationaler Historiographien des 20. Jahrhunderts befreien. Eine Neuinterpretierung von Robert Kanns Analysemodell zur Nationalitätenfrage[29] setzte ein. Mehrere Wissenschaftler beschäftigten sich kritisch mit politischen und kulturellen Grenzziehungen in Österreich-Ungarn, z. B. Gerald Stourzh, Moritz Csáky, Johannes Feichtinger, Pieter M. Judson, Tara Zahra, Michaela Wolf sowie Mitarbeiter und Mitarbeiterinnen des Grazer Spezialforschungsbereichs „Wien und Zentraleuropa um 1900“. Dadurch tauchten neue Themen in der Historiographie auf, etwa die Ethnisierung der Politik, die Generierung von – vorher entweder nicht existenten oder nicht wahrgenommenen – kulturellen Differenzen durch Bildung und Volkszählungen, die führende Rolle der imperialen Staatsstruktur im kulturell-nationalen Ausdifferenzierungsprozess der lokalen Gesellschaften in den unterschiedlichen Regionen der Habsburgermonarchie, innere Mängel und Inkohärenzen nationalistischer Gruppierungen, kulturelle und sprachliche Übersetzungspraktiken oder aber auch Erscheinungen nationaler Indifferenz.[30]

---

[27] Vgl. *Johler*, „Hibridismus“; *Eckhardt Fuchs/Benedikt Stuchtey*, Across Cultural Borders. Historiography in Global Perspective, Rowman & Littlefield, Lanham/Boulder/New York/Oxford 2002; *Peter Burke*, Cultural Hybridity, Polity, Cambridge 2009; *Gruzinski*, La pensée.

[28] Zur rezenten Verwendung der Begriffe „Hybridität“ und „nationale Indifferenz“ in Bezug auf die historische Forschung über Istrien vgl. *Marco Bresciani*, Lost in Transition? The Habsburg Legacy, State- and Nation-Building, and the New Fascist Order in the Upper Adriatic, in: Maarten Van Ginderachter/Jon Fox, National Indifference and the History of Nationalism in Modern Europe, Routledge, London/New York 2019, 56–80; *Mila Orlić*, Né italiani né slavi. State- e Nation-building jugoslavo nel secondo dopoguerra in Istria, in: Contemporanea 22/4, 2019, 561–584; *Daniela Simon*, Kulturelle Hybridität als Bedrohung? Istrien im ausgehenden 19. Jahrhundert, in: Jahrbuch für Europäische Ethnologie 14, 2019, 53–76; *Dies.*, The „Hybrids“ and the Re-ordering of Istria (1870–1914), in: Acta Histriae 28/4, 2020, 577–604.

[29] *Robert Kann*, Zur Problematik der Nationalitätenfrage, in: Adam Wandruszka/Peter Urbanitsch (Hrsg.), Die Völker des Reiches (Die Habsburgermonarchie 1848–1918 3/1), Verlag der Österreichischen Akademie der Wissenschaften, Wien 1980, 1304–1338.

[30] Vgl. *Gerald Stourzh*, The Ethnicizing of Politics and „National Indifference“ in Late Imperial Austria, in: Ders., Der Umfang der österreichischen Geschichte, Böhlau, Wien 2011, 283–323; *Moritz Csáky*, Die Vielfalt der Habsburgermonarchie und die nationale Frage, in: Urs Altermatt (Hrsg.), Nation, Ethnizität und Staat im Mitteleuropa, Böhlau, Wien 1996, 44–64; *Moritz Csáky/Johannes Feichtinger/Peter Karoshi/Volker Munz*, Pluralitäten, Heterogenitäten, Differenzen. Zentraleuropas Paradigmen für die Moderne, in: Csáky/Astrid Kury/Ulrich Tragatschnig (Hrsg.), Kultur – Identität – Differenz. Wien und Zentraleuropa in der Moderne, Studienverlag, Innsbruck/Wien/München/Bozen 2004, 13–43; *Johannes Feichtinger*, Kakanische Mischungen. Von der Identitäts- zur Ähnlichkeitswissenschaft, in: Anil Bhatti/Dorothee Kimmich (Hrsg.), Ähnlichkeit. Ein kulturtheoretisches Paradigma, Konstanz Universitätsverlag, Konstanz 2015, 219–243; *Pieter M. Judson*, Guardians of the Nation. Activists on the Language Frontiers of Imperial Austria, Harvard University Press, Cambridge/London 2006; *Ders.*, Making National Space on the Habsburg Austrian Borderlands (1880–1918), in: Omer Bartov/Eric D. Weitz (Hrsg.), Shatterzone of Empires. Coexistence and Violence in the

Dabei entwickelte sich die Forschung zur Habsburgermonarchie zu einer beliebten europäischen Versuchsstation für die Anwendung postkolonialer Hybriditäts- und Dritter-Raum-Theorien.

Diese Neuinterpretationen beruhten einmal mehr auf einer konstruktivistischen, prozesshaften und kontextbezogenen Auffassung des Begriffes „Kultur" gemäß der modernen Sozial- und Kulturwissenschaften. Sie vermag politische und soziale Verhältnisse sowie Identitätsbildungen in einem neuen Licht zu zeigen. Von einer starren Interpretation der „Kulturen" als feste und in sich selbst geschlossene Monaden, bei der interkulturelle Kontakte als Ausnahmen gedacht werden, gelangt man so zu einer Sicht von Kultur als Begegnungs- und Kommunikationsraum, der in unserem Fall mit der habsburgischen Ordnung übereinstimmt. Kultureller Transfer wird so zur Normalität erhoben und „Kultur" – nach der Definition des Historikers Moritz Csáky – als ein gemeinsamer hybrider „Kommunikationsraum" definiert.[31] Überdies basiert die vorliegende Analyse auf dem Konzept der „Kontingenzperspektive" des Sozialwissenschaftlers Andreas Reckwitz: „Kultur" existiert demnach nicht a priori für sich allein, sondern stellt vielmehr das Ergebnis verschiedener Prozesse und wiederholter Praktiken dar.[32] Der spätmoderne Begriff „Hochkultur" gilt als normatives Merkmal der Selbstidentitätsstiftung des (west-)europäischen Bürgertums des 19. Jahrhunderts durch Inklusions- und Exklusionsmechanismen.[33] Im Fall des habsburgischen Istriens verwendeten die bürgerlichen italienischsprachigen Eliten der Region ihn oft, um eine exklusive Differenz zu sozialen Andersartigkeiten – etwa dem „österreichischen Staatsapparat" oder dem „slawischsprachigen Bauerntum" – herzustellen.

Aus diesem Grund wird die Produktion kultureller Kategorien, Differenzen und Identitätssysteme im Laufe der zweiten Hälfte des 19. Jahrhunderts hier aus einer prozesshaften und langfristigen Perspektive analysiert. Betrachtungsweisen, die eine Grenzziehung zwischen homogenen kulturell-nationalen Einheiten postulieren, werden abgelehnt. Gleichzeitig will eine derartige Einstellung nicht zu dem von Rogers Brubaker und Frederick Cooper beschriebenen *„soft*

German, Habsburg, Russian and Ottoman Borderlands, Indiana University Press, Bloomington 2013, 122–135; *Michaela Wolf*, Triest als „Dritter Ort" der Kulturen, in: Federico Celestini/Helga Mitterbauer (Hrsg.), Ver-rückte Kulturen. Zur Dynamik kultureller Transfers, Stauffenburg, Tübingen 2003, 153–173; *Dies.*, The Habsburg Monarchy's Many-Languaged Soul. Translating and Interpreting (1848–1918), John Benjamins, Amsterdam/Philadelphia 2015.

[31] *Moritz Csáky*, Culture as a Space of communication, in: Johannes Feichtinger/Gary B. Cohen (Hrsg.). Understanding Multiculturalism. The Habsburg Central Europe Experience, Berghahn, New York/Oxford 2014, 187–208.

[32] *Andreas Reckwitz*, Unscharfe Grenzen. Perspektive der Kultursoziologie, Transcript, Bielefeld 2008, 15–45.

[33] Ebd., 20–28. Eine kurze kulturwissenschaftliche Abhandlung zum Begriff „Identität" findet sich bei *Roger D. Abrahams*, Identity, in: Burt Feintuch (Hrsg.), Eight Words for the Study of Expressive Culture, University of Illinois Press, Urbana 2003, 198–222.

constructivism“ führen, d.h. zu einer übertriebenen Dekonstruktion von Identitäten „imaginierter Gemeinschaften“. „Identitäten“ bzw. „Identifizierungen“ verfügen – trotz ihrer konstruktivistischen, imaginierten Natur – über ein Potenzial an Mitprägung von sozialen, politischen sowie kulturellen Realitäten, das in einer Analyse dieser Art nicht ignoriert werden kann: Neue Identifizierungen können zur Schaffung neuer Formen von Repositionierungen der involvierten Akteure sowie mehrfacher (Ver-)Handlungsräume und Organisierungsprozesse beitragen.[34] Um also eine goldene Mitte zu finden sowie die Komplexität und Beweglichkeit solcher Prozesse zu unterstreichen, werden Begriffe wie „Identifizierung“, „Selbst-Repräsentierung“ oder „Selbst-Wahrnehmung“ gegenüber dem absoluten Begriff „Identität“ bevorzugt.[35]

Darüber hinaus hängen „ethnische Grenzen“ – nach der Interpretation von Fredrik Barth – nicht immer zwangsläufig von vordeterminierten historisch-geographischen Verhältnissen (Migrationen, Isolationsformen) ab, sondern eher von anderen, kontextbezogenen soziokulturellen Prozessen der Inklusion oder Exklusion.[36] Dadurch verliert die binäre Konstruktion der Dialektiken Eigenes–Fremdes sowie Zentrum–Peripherie partiell an Bedeutung.[37] Gleichzeitig werden Differenzen als Ergebnis bewusster oder unbewusster Prozesse der Entmischung seitens soziopolitischer Akteure mit konkreten Machtinteressen und Ansprüchen auf Identitätsbildung betrachtet. Solche prozesshaften Zerlegungen finden unter bestimmten historischen Umständen statt und involvieren komplexe, kontinuierliche Verhandlungspraxen zur Definierung eines „Ichs“ und einer „Andersartigkeit“.[38]

Begriffe wie „Vielfalt“, „Vermischung“, „Verschmelzung“ oder „Hybridismus“, die in den letzten Jahrzehnten in den Kulturwissenschaften Mode geworden sind und sogar im Alltag – oft in verallgemeinerter Weise – verwendet werden, waren schon vor dem Ersten Weltkrieg in Europa und insbesondere im österreichischen Küstenland weit verbreitet.[39] Obwohl sie heutzutage weitgehend

---

[34] *Rogers Brubaker/Frederick Cooper*, Beyond „Identity“, in: Theory and Society 29, 2000, 1–47.

[35] Ebd., 14–21; *Waltraud Heindl*, „Die feinen Unterschiede“. Bürgerliche Entwicklung und gesellschaftliche Form(at)ierung in Österreich (1770–1870), in: Müller-Funk/Planer/Ruthner (Hrsg.), Kakanien revisited, 50–51.

[36] *Fredrik Barth*, Introduction, in: Ders. (Hrsg.), Ethnic Groups and Boundaries. The Social Organization of Culture Difference, Waveland, Long Grove 1998, 9–10.

[37] *Werner Suppanz*, Transfer, Zirkulation, Blockierung. Überlegungen zum kulturellen Transfer als Überschreiten signifikatorischer Grenzen, in: Celestini/Mitterbauer (Hrsg.), Verrückte Kulturen, 21–35.

[38] Bezüglich der Dekonstruktion der Herstellungsprozesse einer binarischen kollektiven Identitätsstiftung und Normativierung des „Ichs“ und des „Anderen“ vgl. *Gerd Baumann/Andre Gingrich* (Hrsg.), Grammars of Identity/Alterity. A Structural Approach, Berghahn, New York/Oxford 2006; *Stuart Hall*, Introduction: Who Needs Identity?, in: Stuart Hall/Paul du Gay (Hrsg.), Questions of Cultural Identity, SAGE, London 2011, 1–17.

[39] Eine umfassende Darstellung der historisch-kulturellen Entwicklungen des Hybriditäts-

Synonyme bilden, wurden sie in den hier analysierten Jahrzehnten nicht immer als solche verwendet. Hybridismus und seine Synonyme zeichnen sich durch eine polyvalente Deutung und Verwendung durch mehrere Forschungsfächer aus, von den Natur- bis zu den Geisteswissenschaften. In den folgenden Kapiteln wird versucht, ihre Verwendung innerhalb eines bestimmten historischen Kontextes zu analysieren und zu verstehen.

Die Verwendung von Termini wie „Vielfalt", „Vermischung" oder „Hybridismus" als synonyme Feld- oder Beschreibungsbegriffe könnte natürlich auch für Verwirrung sorgen. Sie wurden sicherlich im 19. und frühen 20. Jahrhundert als Analysebegriffe für die damalige Situation Istriens verwendet. Sie werden in der vorliegenden Studie hauptsächlich als Feldtermini gebraucht, d.h. als Begriffe, die in Quellen und damaligen Publikationen und Presseartikeln gefunden wurden, und als solche analysiert.[40] Schließlich soll angemerkt werden, dass der Terminus „Hybridismus" in den analysierten Quellen nur auf Deutsch und Italienisch („*ibridismo*") vorkommt: In den slawischen Sprachen wurden bisher keine Hinweise für seine Verwendung gefunden.[41]

1.4. Istrien: Eine „Ordnung an der Grenze" oder eine „Grenzordnung"?

Mehrere Akteure der zweiten Hälfte des 19. Jahrhunderts ebenso wie die Historiographie des 20. Jahrhunderts betrachteten das Küstenland und Istrien als „Grenzländer". „Ordnung an der Grenze" und „Grenzordnung" bilden aber zwei unterschiedliche, sogar gegensätzliche Sichtweisen, die eng mit der Frage nach der Dialektik von Reinheit und Hybridität verbunden sind.

„An der Grenze" entspricht einer ethnozentrischen, essentialistischen Perspektive, die von festen, homogenen Einheiten – wie Kulturen, Zivilisationen, Völkern oder Nationen – ausgeht. Diese Einheiten können an einer bestimmten Grenze aufeinandertreffen, koexistieren oder kollidieren. Die Grenze wird hier als eine schmale, zweidimensionale, identitätslose Linie begriffen. Diese Auffassung ist noch heute in der Istrien betreffenden Landesgeschichte-Tradition verankert. Hier wird meistens das Narrativ des Zusammentreffens und -stoßens mehrerer Nationalstaaten im Raum Istrien, Triest/Trieste/Trst und Görz/Gorizia/Gorica wiedergegeben.[42] Es lässt keinen Platz für eine Zwischenrealität und

begriffes findet sich in *Robert J. C. Young*, Colonial Desire. Hybridity in Theory, Culture and Race, Routledge, London/New York 1995.

[40] Zur ausdrücklichen Mehrwertigkeit und versatilen Anwendbarkeit der kulturellen Hybridität vgl. *Burke*, Cultural Hybridity.

[41] Ich bedanke mich bei Jasna Čapo Žmegač, Daniela Simon und Bojan Baskar für diese Auskunft. Zum Fehlen der Begriffe „Vermischung" und „Hybridität" in der heutigen slowenischen Publizistik vgl. *Bojan Baskar*, A Mixture Without Mixing: Fears of Linguistic and Cultural Hybridity in the Slovenian-Italian Borderland, in: Acta Histriae 28/4, 2020, 605–622.

[42] Zu Beispielen der italienischsprachigen ethnozentrischen *storia patria* über Istrien und

auch nur bedingt für einen Verhandlungsort. Vermischung existiert nur als eine gelegentlich geschlagene Brücke.

Aus einer gegensätzlichen Perspektive (etwa nach Bruno Latour) können hybride Realitäten im Moment großer Spannungen zwischen zwei oder mehreren Polen als notwendige Zwischenglieder dienen.[43] In diesem Sinn erwirbt die Grenze den Status einer Zwischenrealität mit einem eigenen mehrstufigen Identitätssystem. Ein Gedanke des istrischen Schriftstellers Fulvio Tomizza veranschaulicht diese Idee: Tomizza erklärte 1991 in einem Konferenzbeitrag, seinem Grenz-Manifest, dass er sich selber „mit der Grenze" identifiziere.[44] Eine solche Identifikation gestaltet die Grenze zu einer dreidimensionalen Realität mit eigenen Besonderheiten um. Sie wird zu einem „dritten Raum" bzw. einem Ort der Unbestimmtheit, wo absolute ethnozentrische Identitätsmuster kaum adaptierbar sind. Die Anthropologen Akhil Gupta und James Ferguson betonen, dass „borderlands [...] just a place of incommensurable contradictions" seien:[45] Die Identifikation mit der Grenze erweist sich nicht als unkomplizierter Prozess, sie verlangt vielmehr eine Entfremdung von absoluten homogenisierenden Identitätsmustern durch eine aktive Verneinungspraxis.

Der Hybriditätsbegriff betont die Dynamisierung einer Grenzordnung und ihrer mehrfachen Identifizierungsprozesse durch Transferpraktiken. Hybridität soll – nach Homi Bhabha – als das Zusammenkommen von Räumen gedacht werden, die zuerst als voneinander getrennt galten. Durch eine über einen längeren Zeitraum stattfindende „Kulturenübersetzung" entsteht ein „Zwischenraum".[46] Aus der analytischen Perspektive meint der Begriff Hybridität eine konkrete sozio-kulturelle Ordnung in dauernder Bewegung und in einem kontinuierlichen Veränderungsprozess, die durch Ansätze des kulturwissenschaftlichen *spatial turn* analysiert werden kann.[47] Somit verweist der Terminus auf einen spezifischen „Raum", wo – nach Bachtins Theorie – alltägliche

---

der sogenannten *Venezia Giulia* vgl. *Attilio Tamaro*, Italiani e slavi nell'Adriatico, Athenaeum, Roma 1915; *Francesco Salata*, Il diritto d'Italia su Trieste e l'Istria, Bocca, Milano/Torino/Roma 1915; *Carlo Schiffrer*, Sguardo storico sui rapporti fra italiani e slavi nella Venezia Giulia, Stabilimento tipografico nazionale, Trieste 1946; *Ernesto Sestan*, Venezia Giulia. Lineamenti di una storia etnica e culturale, Edizioni italiane, Roma 1947; *Giovanni Quarantotti* (Hrsg.), La Venezia-Giulia e la Dalmazia nella rivoluzione nazionale del 1848–1849, Del Bianco, Udine 1949; *Raoul Pupo*, Il lungo esodo, Rizzoli, Milano 2005.

[43] *Latour*, Wir sind nie, 68–77.

[44] *Fulvio Tomizza*, M'identifico con la frontiera, in: Ders., Alle spalle di Trieste. Scritti 1969–1994, Bompiani, Milano 1995, 133–144.

[45] *Akhil Gupta/James Ferguson*, Beyond „Culture": Space, Identity, and the Politics of Difference, in: Cultural Anthropology 7/1, 1992, 18.

[46] *Homi K. Bhabha*, Culture's In Between, in: Stuart Hall/Paul du Gay (Hrsg.), Questions of Cultural Identity, Sage, London 1996, 54. Vgl. auch *Wolf*, Triest, 153.

[47] Zum *spatial turn* in den Kulturwissenschaften vgl. *Doris Bachmann-Medick*, Cultural Turns. Neuorientierungen in den Kulturwissenschaften, Rowohlt, Reinbek bei Hamburg 2006, 284–328.

Verhandlungen zwischen Menschen unterschiedlicher soziokultureller Zugehörigkeit stattfinden können.[48] Hybridität erweist sich als eine bewusst oder unbewusst betriebene Praxis, die für das Funktionieren von mehrsprachigen Gesellschaften notwendig ist. Daher sollte man mit dem Begriff Hybridität nicht Gesellschaften selbst nach essentialistischen Mustern kennzeichnen, sondern eher die von ihnen angewandten Verhandlungspraktiken sowie den Kontext, in dem diese ablaufen.

Obwohl Unterschiede bleiben und sich im Laufe von Krisensituationen intensivieren können, gleicht Hybridität in einer Grenzordnung wie Istrien einer alltäglichen Überlebensstrategie, um die inneren sprachlich-kulturellen Grenzen durch Förderung der gemeinsamen Ähnlichkeiten zu überwinden. Unterschiede werden dadurch abgemildert und man fokussiert sich lieber auf die Porosität, die die Grenze jeder Gruppe aufweist.[49] Die strategische Suche nach Ähnlichkeiten innerhalb einer Grenzordnung findet nur durch eine aktive, komplexe und oft schmerzhafte Entfernung der entmischenden Unterscheidungsmerkmale statt. Wie die Politologin Françoise Vergès erklärt, „bedeutet ‚Kreolisierung' einen Prozess des Verlustes, der Übernahme und der Neubildung".[50] Gleichzeitig stellt der Literaturwissenschaftler Anil Bhatti fest, dass die Suche nach „Ähnlichkeitsgesellschaften" nicht als eine vereinfachte und friedliche Homogenisierung aller Differenzen gedacht werden soll, sondern als eine konstante aktive, manchmal problematische Tätigkeit. Das Ziel ist „die Entwicklung eines *Habitus* auf dem Prinzip der hermeneutischen Abstinenz, die den Sinn der Ähnlichkeit schärfen kann."[51]

Diese Suche nach einer hybriden Grenz-Identität durch Beseitigung hegemonialer Besonderheiten erinnert an den Hermaphroditen des Philosophen Michel Serres. Im Kommentartext zu der Erzählung *Sarrasine* von Honoré de Balzac vertieft Serres die Frage nach der Vermischung durch die enigmatische, unklassifizierbare Figur des Hermaphroditen.[52] Der Hermaphrodit erscheint als ein Symbol der Überwindung innerer und äußerer Differenzen mittels Ent-

---

[48] *Michail M. Bachtin*, Zur Philosophie der Handlung, Matthes & Seitz, Berlin 2011.

[49] *Anil Bhatti/Dorothee Kimmich*, Einleitung, in: Dies. (Hrsg.), Ähnlichkeit. Ein kulturtheoretisches Paradigma, Konstanz University Press, Konstanz 2015, 7–30.

[50] *Charlotte Martinz-Turek*, Postkoloniales Ausstellen. Über das Projekt eines „Museums der Gegenwart" auf der Insel Réunion. Ein Interview mit Françoise Vergès, in: Europäisches Institut für progressive Kulturpolitik (EIPCP) 6, 2008, http://eipcp.net/transversal/0708/martinzturekverges/de (2.1.2021), zitiert in: *Müller/Ueckmann*, Einleitung, 10.

[51] „One could even suggest that complex, pluricultural, heterogeneous societies allow us to develop a habitus based on the principle of hermeneutic abstinence, which sharpens a sense of similarities. This kind of awareness helps us to resist the drive that leads us toward the constant construction and interpretation of difference.", *Anil Bhatti*, Heterogeneities and Homogeneities. On Similarities and Diversities, in: Feichtinger/Cohen (Hrsg.), Understanding Multiculturalism, 40.

[52] *Michel Serres*, Der Hermaphrodit, Suhrkamp, Frankfurt am Main 1989.

fernung des Unterscheidungsmerkmales, symbolisiert durch die Genitalien. Der Hermaphrodit tilgt alle Geschlechtsunterscheidungen des Körpers, um einer zwangsweisen und absoluten Identitätsentscheidung zu entgehen. Dies bedeutet zugleich die Entdeckung der Möglichkeit einer befreienden Unentschlossenheit. Der Satz vom Widerspruch verliert dadurch an Bedeutung. Durch den Akt der Kastration bzw. der Entfernung des scharfen Unterscheidungsmerkmals kann sich der Hermaphrodit Balzacs bzw. Serres' ausdrücklich „in der Mitte", „dazwischen" verorten:[53] Dies entspricht dem „loss of absolutes" in Homi Bhabhas Theorien.[54] Es muss hinterfragt werden, zu welchen neuen Formen von (Selbst-)Repositionierung und (Selbst-)Identifizierung ein derartiger Verzicht auf absolute Identifikationen führen kann: Sogar die Hybridität – als neue Selbstwahrnehmungsform – kann zu einem neuen soziokulturellen und politischen Faktor von Reorganisierung durch Prozesse von Inklusion und Exklusion werden, etwa in kulturellen Projekten, sozioökonomischen Verhältnissen und politischen Agenden.[55]

Tomizza vertrat ebenfalls die Idee einer „Zwischenidentität": Er habe entschieden sich selbst „in der Grenze" zu verorten, damit er nicht mehr zu einer einzigen exklusiven Entscheidung gezwungen sei.[56] Diese bewusste Selbstpositionierung „in der Mitte" hat einen strategischen Charakter. Sowohl Bachtin[57] als auch Serres betrachten diese Entscheidung als äußerst klug. Sie ermöglicht es dem hybriden, in der Mitte stehenden Betrachter, sich den größtmöglichen Überblick zu verschaffen. Es handelt sich nicht um einen abstrakten Idealismus, sondern um eine politische Positionierung, die nur durch eine effektive und alltägliche Verhandlungstätigkeit möglich wird.

Die Überwindung harter Differenzierungen hat auch unmittelbare Auswirkungen auf unsere aktuelle Positionierung als Forscher und Forscherinnen. Sie befreit von ethnozentrischen Interpretationen und ermöglicht die Betrachtung historischer Realitäten in einem neuen Licht. Grenzordnungen können dann als privilegierte geokulturelle Aussichtspunkte gesehen werden. Filippo Maria Paladini stellt fest, dass historische Prozesse von einer Grenze aus oft am besten betrachtet werden können.[58] Unter Berücksichtigung der neuesten Historio-

---

[53] „In *Sarassine* erfindet die Kastration jenes neutrale Element, das ich eben als Auslöschung eines dominanten Gesetzes bezeichnet habe, und führt es in die menschlichen Angelegenheiten und die Wissenschaften vom Menschen ein. Neutral drückt recht gut die Einschließung eines ausgeschlossenen Dritten aus: weder das eine noch das andere, oder sowohl das eine als auch des andere. Die Kastration spielt hier für jede Operation, mit der die Andersartigkeit ins Spiel gebracht wird, die Rolle des neutralen Elements.", ebd., 80–81.

[54] *Homi K. Bhabha*, The Location of Culture, Routledge, London/New York 1994, 14.

[55] Vgl. *Simon*, Kulturelle Hybridität; *John E. Ashbrook*, Buying and Selling the Istrian Goat: Istrian Regionalism, Croatian Nationalism and EU Enlargement, Peter Lang, Brussels 2008.

[56] *Tomizza*, M'identifico, 143.

[57] *Sylvia Sasse*, Vorwort, in: Bachtin, Zur Philosophie, 15.

[58] *Paladini*, „Un caos che spaventa".

graphie zum nordöstlichen Adriaraum[59] kann Istrien in einer *longue durée*-Perspektive als eine „historische mediterrane Grenzregion“ betrachtet werden.[60] Der Historiker Egidio Ivetic bemerkt, dass Grenzregionen wie Istrien, Triest und Dalmatien durch komplexe Mechanismen von Integration und Kohabitation unterschiedlicher ethnischer Bevölkerungsgruppen geprägt sind. Sie können mehrfache Grenzidentitäten herstellen, auch jenseits politischer Trennungslinien.[61] In diesem Sinn nimmt die Recherche zur historischen Realität Istriens einen wichtigen Platz innerhalb der international gut etablierten *border studies* ein.[62]

Abschließend eine Warnung vor vereinfachten und geschönten Darstellungen von hybriden Grenzländern. Die Grenze kann sicherlich ein Ort der Möglichkeit sein, an dem sich neue gemeinsame Identitäten und friedliche Koexistenz- und Adaptierungsmuster entwickeln. Sie kann aber auch zu Reibungen und heftigen Zusammenstößen führen.[63] Der Schriftsteller Claudio Magris warnt ausdrücklich vor einer Verherrlichung der Vermischung sowie vermischter Gesellschaften: „Sie können Freundschaft und Liebe, aber auch Intoleranz, Ablehnung und Hass fördern.“[64]

---

[59] *Drago Roksandić/Nicolò Sponza*, Il Triplex confinium come area fluviale plurima. Contrasti cartografici della prima età moderna, Atti del centro di ricerche storiche di Rovigno 45, 2015, 91–110; *Larry Wolff*, Inventing Eastern Europe. The Map of Civilization on the Mind of the Enlightenment, Stanford University Press, Stanford 1994; *Verginella*, Il paradigma.

[60] *Ivetic*, Un confine, 74–75.

[61] Zur sozialwissenschaftlichen Thematisierung der „Mehrfachzugehörigkeit“ vgl. *Stefan Hirschauer*, Un/doing Differences. Die Kontingenz sozialer Zugehörigkeiten, in: Zeitschrift für Soziologie 43/3, 2014, 170–191.

[62] Wichtige Ansätze zur Erforschung mittel-, ost- und südosteuropäischer „Grenzräume“ aus historischer und anthropologischer Perspektive finden sich beispielsweise in folgenden Arbeiten: *Bartov/Weitz* (Hrsg.), Shatterzone of Empires; *Thomas M. Wilson/Hastings Donnan* (Hrsg.), A Companion to Border Studies, Wiley-Blackwell, Malden 2012; *Christophe Duhamelle/Andreas Kossert/Bernhard Struck* (Hrsg.), Grenzregionen. Ein europäischer Vergleich vom 18. bis zum 20. Jahrhundert, Campus, Frankfurt/New York 2007; *Judson*, Guardians; *Baskar*, L'anthropologie; *Hans-Christian Maner* (Hrsg.), Grenzregionen der Habsburgermonarchie im 18. und 19. Jahrhundert. Ihre Bedeutung und Funktion aus der Perspektive Wiens, LIT, Münster 2005; *Maria Todorova*, Diskussionsforum. Der Balkan als Analysekategorie: Grenzen, Raum, Zeit, in: Geschichte und Gesellschaft 28, 2002, 470–492; *Angelo Ara/Eberhard Kolb* (Hrsg.), Grenzregionen im Zeitalter der Nationalismen. Elsaß-Lothringen/Trient-Triest (1870–1914), Duncker & Humblot, Berlin 1998; *Barth*, Ethnic Groups.

[63] *Tomizza*, M'identifico, 143–144.

[64] „La conoscenza, l'incontro, la mescolanza sono necessari, ma non sufficienti; possono favorire l'amicizia e l'amore ma anche l'insofferenza, il rifiuto e l'odio. Questa Babele di tanti popoli, di tante innumerevoli e affascinanti diversità che tu descrivi in Galizia è un crogiolo in cui ci si fonde e ci si scinde, un alambicco che crea e può distruggere. Un universo inesauribile, meraviglioso e miserabile, vario come la vita stessa o forse anche di più, ma anche talora feroce come la vita.“, *Claudio Magris*, Lettera da Leopoli a Lemberg o forse da L'vov a L'viv, in ogni caso a Martin Pollack, in: Martin Pollack, Galizia. Viaggio nel cuore scomparso della Mitteleuropa, Keller, Rovereto 2017, 232.

1.5. Wissenschaftler und Laboratorien zwischen Region, Nation und Imperium

Ein Teil dieser Arbeit fokussiert auf die Produktion von kulturellen Differenzen als kontextbezogener Prozess der Herausbildung von entmischenden Kategorien. Solche Prozesse werden in Hinblick auf Wissenschaftler der imperialen und lokalen Ebene betrachtet. Diese waren in der zweiten Hälfte des 19. Jahrhunderts Hauptakteure der Reflexion im langwierigen Prozess der Neustrukturierung der Habsburgermonarchie sowie der Herausbildung einer regionalen istrischen Identität. Die analysierten Quellen und Publikationen zeigen, wie in Bedrohungsmomenten Verhandlungspraxen innerhalb von Wissensnetzwerken entstanden und funktionierten.[65] Im Mittelpunkt der Analyse stehen Wissenschaftler und Intellektuelle zwischen unterschiedlichen habsburgischen Ordnungen sowie die damit verbundenen Reflexionen über die kulturelle Zusammensetzung Istriens in kulturellen und politischen Diskursen.

Die vorliegende Analyse will nicht ausdrücklich auf die ethnozentrischen Spaltungstendenzen innerhalb der habsburgischen Wissenschaftsgesellschaft fokussieren. In den letzten Jahrzehnten rückte für Historiker und Historikerinnen, die sich mit der Donaumonarchie beschäftigen, die Wissenschaftsgeschichte immer mehr ins Zentrum, insbesondere die Analyse der Herausbildungsprozesse von Wissensstrukturen nach dekonstruktivistischen Gesichtspunkten.[66] Neben der bereits gut erforschten Nationalisierung der Wissenschaft nach 1848 – am besten exemplifiziert durch die Teilung der Prager Universität 1882 in zwei getrennte Institutionen, eine deutsche und eine tschechische –[67] werden in der vorliegenden Arbeit die übernationalen, imperialen Wissens- und Forschungsinstitutionen im Mittelpunkt stehen. Wie die Historiker Friedrich Gottas und Jan Surman feststellen, blieben wichtige imperiale multi- oder übernationale wissenschaftliche Institutionen (Forschungsinstitute, Vereine, Akademien, Universitäten) während der Zeit der fragmentierenden Nationalisierung der Wissenschaft bis zum Ersten Weltkrieg bestehen. Sie boten langfristig Foren

[65] Für eine Einführung in das Thema der historischen Netzwerkforschung vgl. *Jürgen Renn*, The Globalization of Knowledge in History, Max Planck Institut, Berlin 2012; *Marten Düring/Ulrich Eumann*, Diskussionsforum. Historische Netzwerkforschung. Ein neuer Ansatz in den Geschichtswissenschaften, in: Geschichte und Gesellschaft 39, 2013, 369–390. Für eine soziowissenschaftliche Analyse der „epistemischen Netzwerke" in einem internationalen Kontext vgl. *Pieter M. Haas*, Epistemic Communites and International Policy Coordination, in: International Organization 46/1, 1992, 1–35.

[66] Vgl. *Wolfgang Göderle/Manfred Pfaffenthaler*, Einleitung, in: Dies. (Hrsg.), Dynamiken der Wissensproduktion. Räume, Zeiten und Akteure im 19. und 20. Jahrhundert, Transcript, Bielefeld 2018, 9–21; *Michel Serres*, Préface, in: Ders. (Hrsg.), Éléments d'histoire des sciences, Bordas, Paris 2003, 9–31.

[67] *Mitchell G. Ash/Jan Surman* (Hrsg.), The Nationalization of Scientific Knowledge in the Habsburg Empire (1848–1918), Palgrave Macmillan, Basingstoke 2012.

für das Zusammentreffen und den Austausch von Informationen und Theorien zwischen den verschiedenen Zentren der Monarchie.[68] So entstand ein gemeinsames imperiales Wissen vor allem in Bezug auf die Gründung neuer politischer und sozialer imperialer Ordnungen.[69]

Die gemeinsame Wissenschaft kann als ein Ort der erlebten Hybridität betrachtet werden, der unter dem Schutz des habsburgischen Staates stand und von diesem gefördert wurde. Interdisziplinarität und Mehrsprachigkeit waren dabei zentrale Voraussetzungen.[70] Ein solches Wissensnetzwerk begegnet uns auch im Küstenland, nicht nur zwischen dem großen lokalen Zentrum Triest und den imperialen Zentren Wien und Graz, sondern auch im Küstenland selbst. Neben italienisch-national eingestellten lokalen Gelehrten und Wissenschaftlern gab es in Triest und Istrien auch eine Reihe von Kultur- und Wissenschaftspersönlichkeiten, die kaisertreu oder national indifferent bzw. national flexibel sowie aktive Mitglieder des imperialen Wissenschaftsmilieus waren.

Das Wort „Versuchsstation" ist ein entscheidender Begriff innerhalb der vorliegenden Arbeit. Versuchsstation (ebenso wie das Synonym Laboratorium) bedeutet hier weniger einen konkreten Ort, an dem wissenschaftliche Experimente stattfinden. Es meint eher einen ideellen oder erlebten Ort – wie die Region Istrien mit ihren Bewohnern, ihrer Geschichte, ihren kulturellen Organisationsformen und ihrer Natur –, auf den bzw. für den neue Begriffe, Ideen und Forschungsmethoden angewendet oder entwickelt werden. Istrien stellte also eine Art Versuchsstation für die Anwendung von damals neuen soziokulturellen oder politischen Zugehörigkeitsmustern – wie etwa Ethnie, Nation, Muttersprache usw. – dar, die dann für die allgemeine Umstrukturierung der Monarchie relevant wurden.

Versuchsstationen sind auch Orte des Sozialen. Bruno Latour betont, dass die Relevanz wissenschaftlicher Tätigkeit und ihrer Ergebnisse nicht nur von

[68] *Friedrich Gottas*, Universitäten, wissenschaftliche Gesellschaften und Akademien, in: Richard G. Plaschka/Horst Haselsteiner/Anna M. Drabek (Hrsg.), Mitteleuropa. Idee, Wissenschaft und Kultur im 19. und 20. Jahrhundert, Verlag der Österreichischen Akademie der Wissenschaften, Wien 1997, 45–60.

[69] *Ulrike von Hirschhausen*, Diskussionsforum. A New Imperial History? Programm, Potenzial, Perspektiven, in: Geschichte und Gesellschaft 41/4, 2015, 720, 743; *Johannes Feichtinger*, Positivismus und Machtpolitik: Ein wissenschaftliches Programm und dessen Transfer nach Österreich/Zentraleuropa. Zu einem Beispiel von Wissenstransfer, in: Helga Mittelbauer/Katharina Scherke (Hrsg.), Entgrenzte Räume. Kulturelle Transfers um 1900 und in der Gegenwart, Passagen Verlag, Wien 2005, 297–298.

[70] Die Literaturwissenschaftlerin Gillian Beer meint: „There's a distinction to be drawn, too, between multidisciplinary and interdisciplinary work. They have differing strengths. Multidisciplinary work valuably brings to bear diverse kinds of expertise in a particular known problem and seeks its solutions. Interdisciplinary work crosses over between fields: it transgresses. It thus brings into question the methods and materials of differing intellectual practices and may uncover problems disguised by the scope of established disciplines.", *Gillian Beer*, Forging the Missing Link: Interdisciplinary Stories, Cambridge University Press, Cambridge 1992, 4–5.

der Objektivität der Datenerhebung abhängt, sondern auch von dem sozialen Umfeld, in dem Kenntnisse entwickelt werden.[71] Belesenes Publikum prägt die wissenschaftliche Tätigkeit und wissenschaftliche Narrative mit, seine positive Reaktion verleiht Forschungsdaten Glaubwürdigkeit.[72] Die Wissenschaft darf nicht ausschließlich als ein in sich geschlossenes Netzwerk, bestehend aus je isolierten Laboratorien, Bibliotheken oder Archiven, betrachtet werden. Der Historiker Jan Golinski zeigt anhand der englischen Wissenschaft in der Phase der Aufklärung, wie diese sich zu einer „*public culture*" entwickelte – obwohl sie nie egalitär wurde.[73] Die Entwicklung einer solchen populären Wissenschaft des Küstenlandes mit einem Publikum, das hauptsächlich bürgerlich war, wird durch die Publizistik und das lokale Pressewesen sowie lokale Museen bezeugt.

Wissenschaft soll außerdem auf keinen Fall als eine Tätigkeit der bloßen Erhebung und Analyse von objektiven Phänomenen dargestellt werden, sondern auch als von Handlungsprozessen geprägt. Elisabeth Pernkopf stellt fest: „Fakten liegen nicht einfach vor, sondern (ent-)stehen im Zusammenhang mit forschendem Handeln, das sozial und historisch bedingt ist. Wissenschaftliche Praxis und Erkenntnisse im Wandel zu beschreiben führt in Wissenschaftsgeschichte/n, die ohne narrative Elemente nicht auskommen. Handlungen werden auch erzählt."[74] Die neuere Wissenschaftsgeschichte seit den 1980er-Jahren betont, dass das popularisierte Wissen die Wissenschaft selbst in eine wechselseitige Beeinflussung mit seinem Publikum stellt. Die Rezipierenden waren nie absolut passiv und ihre Beziehung zur Wissenschaft gestaltete sich komplex und dynamisch.[75] Auch in unserem Fall soll die dialogische Dimension in die Analyse einbezogen werden. Ein wissenschaftliches Werk hat immer bestimmte Empfänger und Empfängerinnen, deren Erwartungen und politisch-sozialen Ansichten es entsprechen soll.

Daher kommt dem Begriff Versuchsstation im Sinne der *science studies* eine entscheidende soziale Bedeutung zu, wenn Wissenschaft, Technik und Gesellschaft verknüpft werden.[76] Der Historiker Pierangelo Schiera definierte schon in den 1980er-Jahren die Wissenschaftswelt Deutschlands im 19. Jahrhundert als ein „bürgerliches Laboratorium".[77] Latour unterstreicht zudem die Unmöglich-

---

[71] *Latour*, Wir sind nie, 25–34.

[72] *Jan Surman*, Science and Its Publics: Internationality and National Languages in Central Europe, in: Ash/Surman (Hrsg.), The Nationalization, 30–55.

[73] *Jan Golinski*, Science as Public Culture. Chemistry and Enlightenment in Britain (1760–1820), Cambridge University Press, Cambridge 1999.

[74] *Elisabeth Pernkopf*, „Die Natur ist eine Fabel". Narrative und Naturwissenschaften, in: Alexandra Strohmaier (Hrsg.), Kultur – Wissen – Narration. Perspektiven transdisziplinärer Erzählforschung für die Kulturwissenschaften, Transcript, Bielefeld 2013, 323.

[75] *Philipp Sarasin/Silvia Berger/Marianne Hänseler/Myriam Spörri* (Hrsg.), Bakteriologie und Moderne. Studien zur Biopolitik des Unsichtbaren (1870–1920), Suhrkamp, Frankfurt am Main 2007, 32–33.

[76] *Latour*, Wir sind nie, 9.

[77] *Pierangelo Schiera*, Il laboratorio borghese. Scienza e politica nella Germania dell'Ottocento, Il Mulino, Bologna 1987.

keit, die Aspekte Gesellschaft, Wissenschaft und Politik innerhalb der Wissensproduktion voneinander zu trennen. Ein jeder dieser Aspekte erweist sich als mit den anderen so eng verknüpft, dass Latour in diesem Zusammenhang von einem „gordischen Knoten“ spricht.[78]

Darüber hinaus verweist der Begriff Versuchsstation auf die Manipulation von Phänomenen oder ihre (Re-)Produktion, Prozesse, die im Laufe des 19. Jahrhunderts immer häufiger im Rahmen von Forschungstätigkeiten im Laboratorium stattfanden. In diesem Sinn soll die vereinfachte Idee der Exaktheit von wissenschaftlichen Daten und Diskursen beiseitegelassen und die Forschungsaktivität sowie die Analyse der erhobenen Daten und deren Transmission als komplexer kultureller Übersetzungsprozess gedacht werden. So erhält der Begriff Reflexion eine aktive, prägende und manipulierende Komponente. Die Wissenschaft gilt auch als ein hybrider, dritter Raum, in dem sich die Pole der ordnungsbringenden Hauptdialektik der Moderne von „Natur“ und „Kultur“ – nach Bruno Latour und Philippe Descola – treffen und durch eine interdisziplinäre Analysetätigkeit verschmelzen.[79] Dieser dritte Raum entspricht im vorliegenden Fall bestimmten Fächern der Forschung zur istrischen Halbinsel, wie der Botanik und Anthropologie, in denen am häufigsten mehrfache, interkulturelle Übersetzungen von Informationen und Begriffen stattfanden.

1.6. Quellen und Methoden

Jede Analyse steht und fällt mit der Entscheidung über die verwendeten Quellen und die berücksichtigte Literatur. Der Fokus auf Prozesse und Akteure der Produktion von Differenzen, wie ihn die vorliegende Arbeit setzen möchte, soll durch die Berücksichtigung unterschiedlicher Quellenarten ermöglicht werden. Die Recherche konzentrierte sich dabei auf Musealakten, Manuskripte und Korrespondenzen von Wissenschaftlern, Statthaltereiakten, das Pressewesen, stenographische Versammlungsprotokolle und teilweise auf Gesetzestexte.[80]

---

[78] *Latour*, Wir sind nie, 9–13.

[79] Ebd., 22–25; *Philippe Descola*, La nature domestique. Symbolisme et praxis dans l'écologie des Achuar, Editions de la Maison des sciences de l'homme, Paris 1986.

[80] Um der Komplexität des Themas gerecht zu werden, wurden Recherchen in folgenden Städten und Institutionen durchgeführt: München (Bayerische Staatsbibliothek); Wien (Österreichische Nationalbibliothek, Österreichisches Staatsarchiv, Archiv der Universität Wien, Archiv bzw. Phonogrammarchiv der Österreichischen Akademie der Wissenschaften, Bibliothek des Österreichischen Volkskundemuseums, Wiener Stadt- und Landesarchiv, Archiv des Naturhistorischen Museums); Triest (Biblioteca Civica Attilio Hortis mit dem Archivio Diplomatico del Comune di Trieste, Archivio di Stato, Archivio del Museo Civico di Storia Naturale, Archivio dei Civici Musei di Storia e Arte, Archivio della Societá di Minerva, Archivio del Comune di Trieste); Pazin/Pisino (Državni arhiv); Rovinj/Rovigno (Centro di ricerche storiche / Centar za povijesna istraživanja Rovinj / Središče za zgodovinska raziskovanja Rovinj); Graz (Hugo Schuchardt Nachlass am Universitätsarchiv, Stadtarchiv, Steiermärkische Landesbiblio-

Mir ist bewusst, dass diese Analyse weder die Komplexität aller relevanten Fragen noch sämtliche Quellen einbeziehen kann, nicht zuletzt aufgrund meiner unzureichenden Slowenisch- und Kroatischkenntnisse. Insbesondere auf eine Beschränkung muss aufmerksam gemacht werden: Die berücksichtigten Quellen basieren zu einem wesentlichen Teil auf der geschriebenen Kommunikation zwischen Akteuren. Mindestens ebenso groß oder noch viel größer ist in einem mehrsprachigen und kulturell gemischten Raum jedoch die Bedeutung der verbalen Kommunikation. Wie die beiden Sprachwissenschaftler Andrea Ricci und Louis de Saussure erläutern, ist „[...] verbal communication [...] arguably the most pervasive form of communication in human societies".[81] Weil für die Recherche ausschließlich schriftliche Quellen verwendet wurden, konnten Spuren der alltäglichen, kulturell hybriden Kommunikation in Istrien nicht wirklich in Erwägung gezogen werden. Dazu müssten andere Arten von Quellen und Zeugnissen aus der Vergangenheit untersucht sowie andere Forschungsmethoden (etwa aus der Mikrogeschichte) angewandt werden. Daher konnte in die vorliegende Analyse nur eine Minderheit von historischen Zeugnissen der geschriebenen Kommunikation berücksichtigen. Ihre beschränkte Zahl hängt vor allem damit zusammen, dass noch im späten 19. Jahrhundert nur eine kleine Minderheit der Gesellschaft schreiben und lesen konnte. Die allgemeine Geschichtswissenschaft hat sich schon mehrmals mit diesem methodologischen Problem der sozialen Relevanz geschriebener Kommunikationsmittel zu einer Zeit, in der Analphabetismus eher die Norm denn die Ausnahme war, auseinandergesetzt.[82]

Methodologisch werden Ansätze aus den postkolonialen kulturwissenschaftlichen Studien, der Verflechtungsgeschichte[83] und der sogenannten *New Imperial History*[84] angewandt. Vergleiche mit anderen Regionen der Habsburgermonarchie, anderen Ländern und sogar Kontinenten spielten für die Entwicklung dieser Arbeit ebenfalls eine wichtige Rolle. In den folgenden Kapiteln wird das Thema der Gleichzeitigkeit historischer Prozesse berücksichtigt, die nur mithilfe einer erweiterten, globalen Perspektive betrachtet werden können, um eine genauere Interpretation der Etablierungsprozesse von kulturellen Begriffen zu ermöglichen.[85]

thek, Steiermärkisches Landesarchiv); Berlin (Preußisches Geheimes Staatsarchiv); Venedig (Biblioteca Marciana).

[81] *Andrea Ricci/Louis de Saussure*, Verbal Communication. An Introduction, in: Dies. (Hrsg.), Verbal Communication, De Gruyter, Berlin 2016, 3.

[82] Vgl. *Marc Bloch*, Die Feudalgesellschaft, Klett-Cotta, Stuttgart 1999, 122; *Anderson*, Imagined Communities, 15.

[83] *Michael Werner/Bénédicte Zimmermann*, Vergleich, Transfer, Verflechtung. Der Ansatz der Histoire croisée und die Herausforderung des Transnationalen, in: Geschichte und Gesellschaft 28, 2002, 607–636.

[84] *Hirschhausen*, Diskussionsforum.

[85] Das Thema der Gleichzeitigkeit von Prozessen in einer globalen (insbesondere kolonialen) Perspektive wurde von der neueren Geschichtswissenschaft (vor allem der Frühneuzeit-

Deswegen soll die interdisziplinäre Vorgehensweise der Ethnologin Françoise Zonabend in ihrem Werk über das „dauerhafte Gedächtnis“ als Vorbild dienen, in dem sie durch unterschiedliche Arten von Quellen und Zeugnissen eine Langzeitperspektive entwickelt.[86] Meine Vorgehensweise beim Verfassen dieser Arbeit wurde zudem stark von der folgenden Aussage Clifford Geertz’ beeinflusst: „Looked at in this way, the aim of anthropology is the enlargement of the universe of human discourse.“[87] Dabei ist die Anwendung von Ansätzen aus der Kulturanthropologie in der Geschichtsschreibung über das Österreichische Küstenland nicht neu. Bereits 2003 sah die Historikerin Marina Cattaruzza darin die adäquate Vorgehensweise für eine Erneuerung der geschichtswissenschaftlichen Forschung zu diesem historischen Feld und eine Methode, um sedimentierte ethnozentrische Lesarten zu überwinden.[88] Auch die Historikerin Marta Verginella propagierte 2008 die Notwendigkeit der Erneuerung der geschichtswissenschaftlichen Forschung zum Küstenland. Ein wichtiger Schritt in diese Richtung ist die Annahme von Geertz’ Definition von Kultur als polymorphem, dauernd changierendem „Text“. Nur durch eine solche neue Deutung von Kultur könne sich die Geschichtswissenschaft von starren, hierarchisierenden Ethnozentrismen befreien.[89]

1912 bemerkte der Schriftsteller Scipio Slataper, dass „alles in Triest doppelt oder dreifach [...] ist“.[90] Das gilt umso mehr für Istrien/Istria/Istra. Da es für die Ortsnamen der istrischen Halbinsel meistens zwei (manchmal sogar mehr) Bezeichnungen gibt, bemühe ich mich, diese Vielfalt im Text wiederzugeben. Nur für geographische Orte, für die mehr als zwei Bezeichnungen existieren (z.B.

forschung) und der *New Imperial History* entwickelt, die sich mit postkolonialen Theorien auseinandersetzen. Diese neue Forschungsrichtung kritisiert die klassische Sichtweise des eurozentrischen Historismus, insbesondere in Bezug auf die sogenannte Entdeckung der humanen Diversität; vgl. *Sebastian Conrad*, What Is Global History? Princeton University Press, Princeton 2016; *Giuseppe Marcocci*, Indios, cinesi, falsari: Le storie del mondo nel Rinascimento, Laterza, Bari 2016; *Wolfgang Reinhard*, Die Unterwerfung der Welt. Globalgeschichte der europäischen Expansion (1415–2015), Beck, München 2016; *Daniel Woolf*, A Global History of History, Cambridge University Press, Cambridge 2011; *Dispesh Chakrabarty*, Provincializing Europe. Postcolonial Thought and Historical Difference, Princeton University Press, Princeton/Oxford 2008; *David Abulafia*, The Discovery of Mankind. Atlantic Encounters in the Age of Columbus, Yale University Press, New Haven/London 2008; *Kathleen Wilson*, A New Imperial History. Culture, Identity and Modernity in Britain and the Empire (1660–1840), Cambridge University Press, Cambridge 2004; *Anthony Pagden* (Hrsg.), Facing Each Other. The World’s Perception of Europe and Europe’s Perception of the World, Ashgate, Aldershot 2000.

[86] *Françoise Zonabend*, La Mémoire longue. Temps et histoires au village, Puf, Paris 1980, 9.

[87] *Clifford Geertz*, The Interpretation of Cultures, Basic Books, New York 1973, 14.

[88] *Marina Cattaruzza*, Introduzione, in: Dies. (Hrsg.), Nazionalismi di frontiera: Identità contrapposte sull’Adriatico nord-orientale (1850–1950). Rubbettino, Soveria Mannelli 2003, 20–21.

[89] *Verginella*, Il paradigma, 792.

[90] *Scipio Slataper*, L’avvenire nazionale e politico di Trieste, in: La Voce 4/22, 30. Mai 1912, 825.

Triest/Trieste/Trst oder Görz/Gorizia/Gorica), wird aus praktischen Gründen nur die deutsche Variante wiedergegeben. Außerdem füge ich der Arbeite eine tabellarische Liste mit den unterschiedlichen Ortsnamen hinzu.

Schließlich möchte der Autor anmerken, dass ein Großteil der berücksichtigten und analysierten Quellen in deutscher und italienischer Sprache abgefasst ist. Um deutschsprachigen Leser und Leserinnen das Verständnis der zahlreichen Auszüge aus den im Italienischen des 19. Jahrhunderts verfassten Quellen zu erleichtern, finden sich zu den entsprechenden Zitaten in den Fußnoten vom Autor angefertigte Übersetzungen in modernes Deutsch.[91]

[91] Der Autor möchte sich bei Simone Weißkopf und Hubert Bergmann für ihre großzügige Hilfe beim Übersetzen bedanken.

1797–1848: Vor der Bedrohung

2. Eine neue regionale Ordnung an der Adria

2.1. Das moderne Istrien: Ein unruhiges Land

Das spätmoderne habsburgische Istrien war – als einheitliche Region – das Ergebnis politischer Umwälzungen in Europa am Ende des 18. und zu Beginn des 19. Jahrhunderts. Die Einigung der istrischen Halbinsel gilt als Ergebnis der napoleonischen Kriege. Im Zuge des siegreichen Italienfeldzugs der französischen Armee unter Napoleon wurde am 17. Oktober 1797 in Campoformio (Friaul) der Friedensvertrag zwischen Frankreich und Österreich unterschrieben. Dieser hatte weitreichende Konsequenzen für den nordöstlichen Adriaraum. Die Serenissima Repubblica di San Marco, die Durchlauchtigste Republik des Heiligen Markus, verschwand endgültig von der politischen Landkarte, was für Istrien eine radikale Veränderung bedeutete. Zum ersten Mal seit dem 13. Jahrhundert unterstand es nun einem einzigen Staat.[1] Damit fand die lange Teilung in einen venezianischen Küstenstreifen und ein habsburgisches Hinterland ein Ende.[2] Sie blieb aber nach dieser Zäsur für lange Zeit in den kulturellen, sozialen und administrativen Strukturen der lokalen Bevölkerung präsent, ebenso in den kulturellen Wahrnehmungen und Darstellungen lokaler und internationaler Beobachter.[3]

Die Grenze, die sich bis 1797 durch die istrische Halbinsel zog, bedingte eine Teilung in zwei unterschiedliche politische und administrative Strukturen und Entwicklungsprozesse, in ein kommunales und ein feudales System. Gleichzeitig war die Grenzlinie selbst oft unklar.[4] Die Durchlässigkeit der jahrhundertealten Grenze ermöglichte sowohl den legalen als auch den illegalen Transfer von Menschen und Gütern.

Eine solche politisch allgegenwärtige Trennung führte zur Entwicklung einer komplexen „Grenzgesellschaft“ mit eigenen sozialen und politischen Hierar-

---

[1] *Ivetic*, Un confine, 34–35.

[2] Das Küstengebiet Istriens wurde 1420 zur Gänze venezianisch, als Venedig auf militärischem Weg die Städte und Territorien von Albona/Labin und Pinguente/Buzet, die bisher zum Patriarchat von Aquileia gehört hatten, in sein Herrschaftsgebiet eingliederte.

[3] Vgl. *Carlo Combi*, Etnografia dell'Istria, in: Rivista contemporanea 8, 21/82, 1860, 393.

[4] *Egidio Ivetic*, L'Istria moderna. Un'introduzione ai secoli XVI–XVIII, Centro di ricerche storiche, Trieste/Rovigno 1999, 15–61; *Almerigo Apollonio*, L'Istria veneta dal 1797 al 1813, LEG, Gorizia 1998, 23–50.

chien – eine Konstellation diversifizierter Gesellschaften mit wechselseitigen Kontakten, Verbindungen, Abhängigkeiten und Konflikten.[5] Laut Egidio Ivetic kann das moderne Istrien nicht a priori als ein Gebiet des „clash of cultures" gedacht werden, wie es nationalisierte Historiographien seit dem 19. Jahrhundert darstellen.[6] Das Aufeinandertreffen gegensätzlicher „Kulturen" kann auch nicht mithilfe eines starren ethnischen Paradigmas thematisiert werden. Stattdessen steht eine Differenzierung unterschiedlicher soziokultureller Systeme durch mehrere Migrations- und Besiedlungsformen über mehrere Jahrhunderte hinweg im Zentrum. Eine solche pluralistische Grenzgesellschaft vermag eine friedliche Koexistenz zu ermöglichen, aber auch Konflikte auszulösen, die zu einer lebendigen „Zwischen-Dimension" zwischen zwei oder mehreren unterschiedlichen staatlichen und sozialen Organisationsformen führen.[7] So war beispielsweise Capodistria/Koper, die damalige Hauptstadt des venezianischen Istriens, ein Ort stark ausgeprägter sozialer, sprachlicher und geographischer Vielfalt.[8] Nicht grundlos wurden die Vermischungen oder Hybriden seit den 1850er-Jahren bis zum Ersten Weltkrieg in diesem Teil der Halbinsel durchkategorisiert und historisch verortet.

Bis zum Ende der Republik Venedig galt der venezianische Küstenstreifen Istriens als wirtschaftliche Peripherie, die für die Versorgung der Markusstadt zu sorgen hatte.[9] Daneben fungierte er – gemeinsam mit Dalmatien – als militärischer Schild der *Dominante* gegen den osmanischen Vormarsch auf dem Balkan. In diesem Sinn wurde Istrien nicht als eine reine Kolonie wahrgenommen, sondern eher als der sogenannte *Stato da Mar* (maritimer Staat).[10] Das venezianische Istrien, d.h. der westliche Küstenstreifen, darf aber nicht als eine kompakte Einheit verstanden werden, weder politisch noch sprachlich-kulturell. Auf politischer Ebene sicherte sich Venedig seine Vorherrschaft durch Bündnisverträge mit den einzelnen Städten. Somit war das venezianische Istrien keine politische Einheit, sondern hatte eher eine Kammstruktur.[11] Es bestand aus einem Bund

---

[5] *Robert Kurelić*, Daily Life on the Istrian Frontier. Living on a Borderland in the Sixteenth Century, Brepols, Turnhout 2019.

[6] Beispiele für italienische Geschichtswerke des 20. Jahrhunderts, die die absolute historische Trennung zwischen zwei homogenen, italienischen und slawischen „Kulturen" in Istrien auf Basis ethnozentrischer Paradigmen und politisch-nationaler Ziele postulieren, sind etwa: *Sestan*, Venezia Giulia; *Quarantotti*, La Venezia-Giulia. Zur Relevanz der schwierigen Frage nach den ethnischen Verhältnissen Istriens in der italienischsprachigen Geschichtsschreibung der zweiten Hälfte des 19. Jahrhunderts vgl. *Egidio Ivetic*, La popolazione dell'Istria nell'età moderna. Lineamenti evolutivi, Centro di ricerche storiche, Trieste/Rovigno 1997, 252–260; *Vanni D'Alessio*, From Central Europe to the Northern Adriatic: Habsburg Citizens between Italians and Croats in Istria, in: Journal of Modern Italian Studies 13/2, 2008, 238.

[7] *Ivetic*, Un confine, 74–75.

[8] *Apollonio*, L'Istria veneta, 28.

[9] Ebd., 23.

[10] *Ivetic*, L'Istria moderna, 30–35.

[11] Ebd.

von Freistädten, deren Bewohner keinen einheitlichen venezianischen Dialekt sprachen. Darüber hinaus berücksichtigte Venedig durchaus die kulturelle und sprachliche Diversität von Italienisch- und nicht Italienisch-Sprachigen mit einigen Rechtsinstituten oder Gewohnheitsrechten. Sie sah beim Aufeinandertreffen sprachlicher oder religiöser Diversität im juristischen Rahmen die Anwesenheit von Übersetzern vor, etwa bei Strafprozessen oder der Schließung von katholisch-orthodoxen Mischehen.[12] Eine solche Kammstruktur bedeutete einerseits das Fehlen eines politischen Zentrums. Anderseits war sie das Produkt der maritimen Struktur des venezianischen Imperiums, das ganz auf die Schifffahrt ausgerichtet war und das Straßennetz im Hinterland massiv vernachlässigte.[13]

Dagegen lag jenseits der Grenze das habsburgische Istrien bzw. die Grafschaft Pisino/Pazin, eine uneinheitliche Ansammlung alter Lehen der Grafschaft Görz. Das istrische Binnenland war also eine feudale Grenzmark der Habsburgermonarchie, die geographisch und politisch noch im 18. Jahrhundert nicht ganz in die österreichische staatliche Struktur eingegliedert war. Die Grafschaft wurde oft als eine Art Tauschobjekt zwischen dem Wiener Zentrum, dem Herzogtum Krain und lokalen Adelsfamilien behandelt. Trotz dieser Unterschiede und Auseinandersetzungen zwischen den beiden Istriens gab es auch Momente, in denen sich die beiden Staaten, die sich die Halbinsel teilten, aus militärischen Gründen zusammentaten, wie etwa im Kampf gegen das Osmanische Reich als gemeinsamer Feind.[14]

In der Frühen Neuzeit nahmen Entwicklungen ihren Anfang, die im 19. Jahrhundert große Bedeutung für die Umgestaltung Istriens und die Diskurse über die Region hatten: Die Migrationen des 16. und 17. Jahrhunderts, die Auffächerung der sozialen Landschaft sowie das Räuberunwesen.

Im Laufe der zweiten Hälfte des 19. Jahrhunderts stellten statistische, ethnographische sowie historische Studien die istrische Halbinsel als eine der kulturell, sprachlich und historisch vielfältigsten Landstriche nicht nur der Donaumonarchie, sondern ganz Europas dar. Die diagnostizierte Vielfalt und die teilweise sogar ausgemachten Vermischungen wurden von Gelehrten und Politikern als das Hauptmerkmal Istriens präsentiert. Die Gründe für die moderne Vielfalt der Halbinsel wurden quasi ausschließlich im 16. und 17. Jahrhundert verortet, als Istrien von starken demographischen Schwankungen erfasst wurde. Immer wieder zwischen dem 12. und 17. Jahrhundert suchten Epidemien, allen voran die Pest und die Malaria, die Bewohner Istriens heim. Zusätzlich dezimierten die Kriege des 16. und 17. Jahrhunderts die istrische Bevölkerung stark – etwa

[12] *Lia De Luca*, L'interprete nella dimensione della testimonianza: il caso istriano, in: Acta Histriae 19/1–2, 2011, 141–156; *Cristina Setti*, La contaminazione nel discorso giuridico e sociale: i matrimoni tra greci e latini nella Repubblica di Venezia (secoli XVI–XVIII), in: Acta Histriae 23/1, 2015, 43–66.

[13] *Ivetic*, L'Istria moderna, 15–16.

[14] *Darko Darovec*, Breve storia dell'Istria, Forum, Udine 2010, 83–85.

jener 1508–1523 zwischen Österreich und Venedig oder der Uskokenkrieg (auch Friauler Krieg bzw. Gradiskaner Krieg genannt) der Jahre 1615–1617. Die Historiographie zum neuzeitlichen Istrien sieht diese Reihe unterschiedlichster Ereignisse als eine lange Periode der demographischen, sozialen und ökonomischen Verwüstung der Halbinsel. Die beiden Staaten, zu denen Istrien gehörte, sahen sich dazu gezwungen, die Halbinsel nach solchen Verwüstungen durch eine gezielte Ansiedlung von Menschen aus Bosnien, der Herzegowina, Dalmatien, Montenegro und dem venezianischen Albanien wieder zu bevölkern. Die Ankunft der sogenannten „habitanti novi" (neuen Einwohner) zwischen 1520 und 1670, die in mehreren Phasen erfolgte, wurde – und wird – als historische Wende und Umgestaltung der ethnisch-linguistischen Verhältnisse der Halbinsel interpretiert. Diese Periode wird als Phase der Differenzierung der sprachlichen und kulturellen Landschaft, nicht nur in den ländlichen Gebieten, sondern auch in den urbanen Zentren, dargestellt.[15]

Offizielle Quellen zeigen, dass die Ansiedlung der Neuankömmlinge nicht unproblematisch verlief, insbesondere bezüglich der Frage von Besitzrechten an Grundstücken und der Nutzung von Rohstoffen, etwa der Nutzung der Wälder für den eigenen Bedarf an Holz.[16] Diese zentrale Phase führte zu einer soziokulturellen wie administrativen Zerstückelung der ruralen Landschaft Istriens. Diese kristallisierte sich zwischen 1631 und 1797 als komplexes soziales System subregionaler, kommunaler oder feudaler Identifikationsmuster und oft auch autonomer Gemeinschaften heraus,[17] die 1797–1813 erstmals in einem neu gegründeten, einheitlichen Kronland zusammengeführt wurden.[18] Das „moderne Istrien", das Czörnig sr. 1855–1857 in seinen Kategorisierungsstudien darzustellen und festzulegen versuchte, war demnach ein Istrien der „kleinen Heimaten".[19] Ein derartig ausgeprägter Polyzentrismus mit seinen komplexen Verhältnissen blieb noch im Laufe des 19. und in der ersten Hälfte des 20. Jahrhunderts bestehen.[20]

Aus diesem Grund ist es sinnlos, eine exakte Kartierung der Bevölkerung nach ethnisch-nationalen Kriterien vorzunehmen. Identifizierungen bzw. Selbstwahrnehmungen hingen seit Anbruch der frühen Neuzeit in erster Linie vom eigenen

[15] *Apollonio*, L'Istria veneta, 35.

[16] *Ivetic*, L'Istria moderna, 127; *Kurelić*, Daily Life.

[17] Der Begriff „Gemeinschaft" statt „Gesellschaft" für die Neuzeit bzw. die vorindustrielle Periode wird hier nach der Unterscheidung von Ferdinand Tönnies verwendet, vgl. *Ferdinand Tönnies*, Gemeinschaft und Gesellschaft, Abhandlung des Communismus und des Socialismus als empirischer Culturformen, Fuer's Verlag, Leipzig 1887.

[18] *Ivetic*, La popolazione, 84–98.

[19] *Ivetic*, L'Istria moderna, 9, 16; *Ders.*, Un confine, 222; *Roberto Starec*, Mondo popolare in Istria. Cultura materiale e vita quotidiana dal Cinquecento al Novecento, Centro di Ricerche storiche, Trieste/Rovigno 1996, 30–36.

[20] *Ivetic*, L'Istria nel tempo, 450.

Wohnort ab.[21] Bevölkerungsgruppen werden in offiziellen Quellen teilweise als „Nationen" bezeichnet, wie etwa in Dokumenten zu Gerichtsverfahren obwohl der Begriff „Nation" hier nicht seiner modernen Definition entspricht, sondern auf sprachlich-geographischen Mustern basiert.[22] Meist identifizierten sich diese lokalen Bevölkerungsgruppen selbst erst in Momenten der Konfrontation mit einer sozialen, sprachlichen und geographischen „Fremdheit".[23] Die Selbstidentifizierung mit dem ursprünglichen Wohnsitz betraf nicht nur die ländlichen Gebiete Istriens. Ähnliche Prozesse lassen sich sogar für Neuankömmlinge aus den slowenischsprachigen Gebieten (Krain, Untersteiermark und Südkärnten) im nahen Stadt Triest und seinem Umland feststellen.[24]

Die Kategorisierungen der 1850er-Jahre ergeben eine starre Darstellung der Bevölkerungen der istrischen Halbinsel von oben, wie ethnisch-demographischen Karten zu entnehmen ist. Die Literatur über die Neuzeit bis 1848 zeigt allerdings eine andere Realität. Viele soziale Gruppen der istrischen Halbinsel waren von internen Bewegungen und Unruhen geprägt, unter anderem von dauerhafter saisonaler oder kurzfristiger Arbeitsmigration zwischen dem Norden Istriens – dem Gebiet um Capodistria/Koper – und dem Hafen von Triest.[25]

Zugleich wurde das venezianische Istrien im Laufe der Neuzeit – insbesondere in den letzten Jahrzehnten der venezianischen Regierung und in der ersten Hälfte des 19. Jahrhunderts – immer wieder von sozialen Revolten und Unruhen erschüttert. Diese oft gewalttätigen Phänomene waren nicht nur Ausdruck der Unzufriedenheit der städtischen Gesellschaften, sondern auch ruraler Gemeinschaften, die einerseits gegen die weitverbreitete Armut aufgrund schwieriger Bodenverhältnisse und anderseits gegen die Misswirtschaft der lokalen Eliten protestierten.[26] Solche Unruhen, ausgelöst durch soziale, administrative oder wirtschaftliche Verhältnisse, fanden noch Jahrzehnte später Beachtung, als sie in den ersten Geschichtswerken und Chroniken über Istrien als entscheidende

---

[21] *Ernst Bruckmüller*, Nation Österreich: Sozialhistorische Aspekte ihrer Entwicklung, Böhlau, Wien/Köln/Graz 1984, 50.

[22] *Ivetic*, L'Istria moderna, 133.

[23] Ebd.

[24] Slowenischsprachige Immigranten identifizierten sich oft eher durch transregionale Sozialisationsprozesse, in denen die ursprüngliche regionale Zugehörigkeit eine wichtigere Rolle spielte als Sprache oder Nation im modernen Sinn, vgl. *Marta Verginella*, Sloveni a Trieste tra Sette e Ottocento. Da comunità etnica a minoranza nazionale, in: Roberto Finzi/Giovanni Panjek (Hrsg.), Storia economica e sociale di Trieste: La città dei gruppi (1719–1918), 1, Lint, Trieste 2001, 443–445.

[25] *Aleksej Kalc*, Migration nach Triest im 18. Jahrhundert, in: Jahrbücher für Geschichte und Kultur Südosteuropas 8, 2006, 101–131.

[26] *Apollonio*, L'Istria veneta, 24. Kurz vor dem Zerfall der Republik Venedig fanden 1769–71 bzw. 1792–93 zwei wichtige und längere Revolten der Stadtbevölkerung in Capodistria/Koper und Pirano/Piran statt (vgl. ebd., 42–44). Rovigno/Rovinj, damals das am dichtesten bevölkerte Zentrum Istriens, galt als unruhige Stadt, in der schließlich 1781 ein Aufstand losbrach (vgl. ebd., 36).

historische Ereignisse wiedergegeben wurden. Dies galt insbesondere für den Aufstand 1809 von gegen Napoleon in Umago/Umag, der vom Franzosen Jean Le Tellier de Manetot angeführt wurde.[27] Neben Widerständen in den städtischen Zentren fanden auch in einigen ländlichen Gebieten am Ende des 18. Jahrhunderts immer größere Unruhen statt. Auch bäuerliche Gemeinden verhielten sich nicht teilnahms- und tatenlos. Durch Bauernaufstände drückten sie ihre Unzufriedenheit mit der noch immer feudalen Herrschaftsstruktur aus.[28]

Im habsburgischen Teil Istriens richtete sich der Protest meist gegen die alten feudalen Formen des Frondienstes. Dieser direkte oder indirekte Widerstand gegen die Machtinstitutionen erwies sich als latentes Phänomen in der nachfolgenden Entwicklung der istrischen Ordnung.[29] 1847 etwa kam es zu einem gewalttätigen Aufstand in Lupogliano/Lupoglav, der die Abschaffung des nach wie vor bestehenden Frondienstes für den Straßen- und Wegbau zum Ziel hatte.[30]

Schließlich war auch das Räuberunwesen in Istrien ein Langzeitphänomen. Der Historiker Egidio Ivetic bemerkt, dass Raub und Überfälle auf der istrischen Halbinsel keine explizit ethnische Färbung hatten, sondern vielmehr wirtschaftlicher Not entsprangen. Nach Eric Hobsbawm waren „Räuber" soziale Figuren, die in der Moderne in ruralen Gemeinden verwurzelt waren. Ihre „gesetzlosen" Taten galten unter bestimmten Umständen und im Rahmen eines soziowirtschaftlichen Wandels als Formen des Widerstands. Oft entsprangen ihre Forderungen der Überlebensnotwendigkeit in qualitativ schlechten staatlichen Infrastrukturen.[31] Solche Rahmenbedingungen waren zyklisch seit dem dramatischen 16. und 17. Jahrhundert in einigen bestimmten Gegenden der istrischen Halbinsel gegeben, insbesondere im Raum Pola/Pula und Rovigno/Rovinj sowie auf dem Tschitschenboden.[32] Historiker und Historikerinnen betrachten die großen Immigrationswellen der Frühen Neuzeit als Ausgangspunkt für soziale

---

[27] „Il generale Montechiari, ossia memorie di Le Tellier de Manetot emigrato francese riparato in Capodistria, capo degli insorgenti Istriani del 1809. Ultime sue parole a' suoi compagni prima di morire – Aneddoti di sua morte per fucilazione, subita in Trieste nel 1809.", Programma. Strenna istriana pel 1848, in: L'Istria 2/63–64, 16 Oktober 1847, 260; „Insurrezione nell'Istria Veneta in favore dell'Austria, tentata da Le Tellier de Manetot, emigrato francese che prese nome di generale Montechiaro. Sbarcato in Umago è preso, condotto a Trieste, e passato per le armi con altri otto.", *Pietro Kandler*, Indicazioni per riconoscere le cose storiche del Litorale, Lloyd, Trieste 1855, 99.

[28] *Ivetic*, L'Istria moderna, 28; *Ders.*, Un confine, 196–197.

[29] Sogar die sogenannten Foibe-Massaker während und nach dem Zweiten Weltkrieg wurden von der Historiographie oft als *jacquerie*-Formen im Rahmen der Stadt–Land Dialektik (neben der rein nationalen Frage) betrachtet, vgl. *Angelo Vivante*, Irredentismo adriatico. Contributo alla discussione sui rapporti austro-italiani, La Voce, Firenze 1912, 126; *Piero Purini*, Metamorfosi etniche. I cambiamenti di popolazione a Trieste, Gorizia, Fiume e in Istria (1914–1975), Kappa VU, Udine 2010, 188–189.

[30] *Ivetic*, Un confine, 208–209.

[31] *Eric Hobsbawm*, Bandits, Pantheon Books, New York 1981.

[32] *Ivetic*, L'Istria moderna, 128–131.

Unzufriedenheit, die von administrativ chaotischen Besiedlungspolitiken verursacht wurde.[33] Im 19. und 20. Jahrhundert wurden solche sozialen Erscheinungen durch die Etablierung des Paradigmas der Ethnizität neu interpretiert und teilweise als nationale Legitimationsmythen verwendet.[34] Die istrischen Räuber wurden dann ethnisch eingefärbt und mit ethnisch-kulturellen Gruppen gleichgesetzt, etwa mit den „Tschitschen“ oder den „Morlakken“, die (ähnlich wie in Dalmatien) oft als „*hajduci*“ bezeichnet wurden.

2.2. Das neue Istrien: Die schwierige Herstellung einer Ordnung (1797–1848)

Zwischen 1797 und 1813 erlebte die politisch-administrative Einheit Istrien ständige politische Veränderungen. Nach 1797 hatte die habsburgische Kontrolle der Region vorerst nur bis 1805 Bestand. 1805 wurde Istrien in das napoleonische Staatengebilde eingegliedert: 1805–1808 als Teil des Italienischen Königreiches und 1809–1813 als Province de l'Istrie innerhalb des geographisch ausgedehnten und heterogenen Gouvernement des Provinces Illyriennes.[35] Nach dieser Phase wurde Istrien 1814 wieder in die Habsburgermonarchie eingegliedert. Obwohl die napoleonische Ära in wirtschaftlicher Hinsicht eine Zeit der Stagnation für Istrien und Triest bedeutete, verlief sie in sozialer und politischer Hinsicht nicht erfolglos. 1806 wurde in der istrischen Provinz das moderne napoleonische Zivilgesetzbuch eingeführt, und ab 1811 verfügte sie über eine staatliche Verwaltung im modernen Sinn.[36]

In der allgemeinen Wahrnehmung überdauerte die Phase der napoleonischen Herrschaft auch nach der Wiedereingliederung in die habsburgische Monarchie als Krisenzeit. Eine Art von verinnerlichtem Schock aufgrund der historischen

---

[33] Ebd. 124–131. Um Mompaderno/Baderna gab es noch im Laufe des 19. Jahrhunderts laufend Streitigkeiten zwischen Familien wegen der alten Grundstücksgrenzen, die in der Zeit der Ansiedlung der Neuankömmlinge von der venezianischen Verwaltung gezogen worden waren, vgl. *Apollonio*, L'Istria veneta, 40.

[34] *Darko Darovec*, Il contrabbando, le rivolte contadine e Martin Krpan come mito costitutivo sloveno, in: Alessio Fornasin/Claudio Povolo (Hrsg.), Per Furio. Studi in onore di Furio Bianco, Forum, Udine 2014, 267–292.

[35] *Almerigo Apollonio*, La Venezia Giulia francese: Un'anomala „Province de l'Istrie“ nell'ambito delle Provincie Illiriche, in: Giuseppe Bergamini (Hrsg.), Napoleone e Campoformio. Armi, diplomazia e società in una regione d'Europa, Electa, Milano 1997, 85–89. Die Studien des istrischen Historikers Giovanni Quarantotti über die napoleonischen Kriege in Istrien und Triest können als ein paradigmatisches Beispiel für die nationale, ethnozentrischen Geschichtsschreibung des 20. Jahrhunderts angesehen werden, vgl. etwa *Giovanni Quarantotti*, Trieste e l'Istria nell'età napoleonica, Felice Le Monnier, Firenze 1954.

[36] *Denis Visintin*, L'Istria al tempo di Kandler: condizioni economiche, sociali, amministrative, in: Rino Cigui/Kristjan Knez (Hrsg.) L'Istria e Pietro Kandler: storico, archeologo, erudito, Società di studi storici e geografici, Pirano 2004, 17–19.

Wende und der politischen Instabilität der ersten Jahrzehnte des 19. Jahrhunderts schien noch in den 1840er-Jahren in den Erinnerungen mehrerer Schriftsteller und *opinion makers* des Küstenlandes präsent zu sein.[37] Noch in den 1840er-Jahren galt die Erinnerung an solche „Erschütterungen" als Mahnruf. Die Wahrnehmung, in einer neuen Ära und Ordnung zu leben, in welcher der imperiale Staat nach einer neuen Selbstidentifikationform und Legitimation suchte, war auch bei den intellektuellen und politischen Eliten der küstenländischen Ordnung präsent und beeinflusste die lokale regionale Ordnung. Die Wahrnehmung der *opinion makers* aus Istrien und Triest, in einer problematischen Zeit von Umstrukturierungen und Veränderungen zu leben, war besonders deutlich – wie folgende Äußerung des Historikers und Archäologen Pietro Kandler (1804–1872) aus dem Jahre 1844 zeigen: „Perché la mutata condizione delle cose in tutta Europa, ed i novelli ordinamenti di queste provincie, la restituzione dell'antico non più concedevano, e la transizione dall'antico al novello farsi non poteva che per la perfetta conoscenza dell'antica condizione e di novelli bisogni."[38]

So kann die Herstellung der einheitlichen Ordnung Istriens nicht von der Neuordnung der ganzen Monarchie sowie Europas getrennt werden. Auf der imperialen Ebene der habsburgischen Ordnung führte die Abschaffung des Heiligen Römischen Reiches deutscher Nation 1806 zur Suche nach einer neuen Art der Legitimation des Kaisers und des Zentralstaates.[39] Die Machtlegitimation hing nicht mehr von der Wahl zum Kaiser des Heiligen Römischen Reiches ab, sondern die Legitimation des Zentralstaates und der habsburgischen Dynastie sollte auf der inneren Ordnung der Donaumonarchie selbst – als Gesamtreich – basieren.[40] Die Bedrohungssituation der Ära Napoleons führte zu einer verstärkten Aufmerksamkeit für die Schwäche der Struktur und der Funktionsweise des Staates, der aus einer Ansammlung von Ländern bestand, die sich in Geographie und Geschichte stark voneinander unterschieden. Eine Rationalisierung durch zentralistische Reformen mithilfe einer Germanisierung des Staatsapparates, wie sie die deutschsprachige Staatselite unter Joseph II. realisieren wollte, schien praktisch nicht möglich.[41]

---

[37] Documenti storici sull'Istria e la Dalmazia. Raccolti e annotati da V. Solitro, in: La Favilla 9/17, 5. Oktober 1844, 261–264; *P. V.*, Chiusura del primo corso di meccanica applicata alle macchine a vapore del professor Tonello, in: 18. Supplemento alla Favilla 24. Mai 1844, 69–70.

[38] „Die veränderte Lage in ganz Europa und die neuen Verordnungen dieser Provinzen erlaubten keine Rückkehr zu den alten Zuständen. Der Übergang von den alten zu den neuen Verhältnissen konnte nur durch eine profunde Kenntnis der alten Zustände und der neuen Bedürfnisse erfolgen.", *Pietro Kandler*, Discorso in onore del Dr. Domenico Rossetti, Marenigh, Trieste 1844, 10.

[39] *Giulia La Mattina*, Austria, un concetto immaginario? Società e identità austriaca (1815–1848), Università degli Studi di Torino, Torino 2013, 12.

[40] *Robert A. Kann*, The Multinational Empire. Nationalism and National Reform in the Habsburg Monarchy (1848–1918), 1, Columbia University Press, New York 1950, 15–16.

[41] *Pieter M. Judson*, Habsburg. Geschichte eines Imperiums (1740–1918), Beck, München 2017, 110–118.

Es wurde immer deutlicher, dass der Staat mit den zahlreichen lokalen Eliten und sozialen Ordnungsgefügen in Dialog treten musste.[42] Deshalb betrachtete man die bereits existierenden lokalen Selbstverwaltungen und das Selbstbewusstsein der lokalen Eliten in bestimmten Krisenzeiten im Laufe des 19. Jahrhunderts zunehmend als Ressourcen für die Festigung und rationalisierende Umstrukturierung der regionalen Strukturen der Monarchie.[43] Ziel war einerseits eine stärkere Legitimierung der Krone und der Zentralregierung und andererseits die bessere Nutzung der materiellen und humanen Ressourcen auf lokaler Ebene. Die Struktur der Kronländer basierte immer deutlicher auf einer sprachlich diversifizierten und dynastisch loyalen Staatsbürokratie, der von der Oktroyrten Märzverfassung von 1849 ein systematischer Rahmen gegeben wurde.[44] Das Wiener Zentrum beanspruchte die Kontrolle über ein stark diversifiziertes Gefüge aus unterschiedlichen Realitäten, deren Steuerung und Verwaltung die Legitimation des österreichischen Kaisers sicherte. Nicht zufällig nannte Robert Kann die Kronländer „pillars of the Habsburg role".[45]

Nach dem Wiener Kongress von 1814/15 begann Wien, schrittweise eine neue polyzentrische, maritime Ordnung von Venedig bis Ragusa/Dubrovnik zu etablieren, um die eigene Herrschaft am Mittelmeer zu stärken. Istrien wurde in dasselbe Kronland wie Triest eingegliedert. Somit kam Triest neben seiner Rolle als zentraler kommerzieller Freihafen der Monarchie nun auch jene der Hauptstadt Istriens zu.[46] Das Österreichische Küstenland war aber kein neues Phänomen. Bereits 1749–1776 wurde der erste *Litorale austriaco* seitens des Wiener Zentralismus unter der Regierung Maria Theresias als erste administrative Einheit der habsburgischen Länder an der Adria (ohne den venezianischen Küstenstreifen) geschaffen.[47] Das Ende der Türkischen Kriege bedeutete einen Wandel der strategischen Interessen Wiens und die Öffnung hin zu einer neuen merkantilistischen Wirtschafts- und Verwaltungspolitik an der Adria, etwa durch die Proklamation der Freiheit der Schifffahrt im Jahre 1717 und des Freihafenpatents für Triest und Fiume/Rijeka 1719. Wie Eva Faber zeigt, wurden diese Gebiete, darunter das Innere Istriens, noch als der österreichischen Krone fern, bisweilen sogar als ganz fremd wahrgenommen.[48] Auf Basis von Reisen österreichischer Beamter aus Graz und Wien durch die Gegend zwischen Aquileia, Triest, dem

---

[42] *Pierpaolo Dorsi*, Il Litorale nel processo di modernizzazione della Monarchia Austriaca. Istituzioni e archivi, Del Bianco, Udine 1994, 189–231.

[43] *Bruckmüller*, Nation, 50–51; *Judson*, Habsburg, 118–123.

[44] *Kann*, The Multinational Empire, 1, 348.

[45] Ebd., 14.

[46] *Kirchner Reill*, Nationalists, 28.

[47] *Ivetic*, L'Istria moderna, 48–55. Zu ersten wirtschaftspolitischen Erscheinungen des *Litorale austriaco* im Laufe des 18. Jahrhunderts vgl. *Eva Faber*, Litorale austriaco. Das österreichische und kroatische Küstenland (1700–1780), Historisk Institutt, Universitetet i Trondheim/Steiermärkisches Landesarchiv, Trondheim/Graz 1995.

[48] *Faber*, Litorale austriaco, 11–58, 194–200.

inneren Istrien, der Lika und Fiume/Rijeka wurden erste Pläne für die Entwicklung von Synergien zwischen Verwaltung, Wirtschaft und Infrastruktur erstellt.[49]

Wie Angelo Ara und Claudio Magris anschaulich dargelegt haben, erlebte Triest im Vormärz seine „echte" kosmopolitische und besonders kreative Phase.[50] Die Position als Freihafen führte in der Zeit der Restauration zu einem fruchtbaren Dialog und Austausch zwischen verschiedenen sozialen, ökonomischen und kulturellen Akteuren. Seit der Mitte des 18. Jahrhunderts führten diese in der „neuen Stadt" Triest eine kulturell diversifizierte und wirtschaftlich ausgerichtete Koexistenz-Ordnung – der Historiker Giorgio Negrelli spricht von einer „engen multinationalen Solidarität"[51] – und Italienisch als Lingua franca, d.h. als Verkehrssprache ohne nationale Bedeutung, ein.[52] Triest nahm an dem allgemeinen Prozess soziokultureller Diversifizierung innerhalb größerer urbaner Zentren in der Monarchie teil, wie er vor allem in Wien und Budapest zu beobachten war.[53] Die zunehmend internationale Ausrichtung des Freihafens Triests wurde in den 1830er-Jahren durch die Gründung großer Reederei- und Versicherungskonzerne – 1831 Generali, 1836 Österreichischer Lloyd, 1838 Riunione Adriatica di Sicurtà – entscheidend gestärkt. Zur selben Zeit war die Gründung von Zeitschriften in italienischer Sprache ein wichtiger Faktor bei der Entstehung eines kulturellen und politischen Leser- und Leserinnenpublikums sowohl in Triest als auch im übrigen Istrien. Die drei Zeitschriften *Archeografo Triestino* – das ab 1829 erscheinende offizielle Blatt des Vereines Circolo di Minerva –, *La Favilla* (1836–1846) und *L'Istria* (1846–1852) wurden sämtlich in Triest veröffentlicht. Wichtige Mitglieder der Mittelschicht Istriens waren maßgeblich an ihnen beteiligt. *La Favilla* wurde sogar durch den Rechtsanwalt und Literaten Antonio Madonizza (1806–1880) aus Capodistria/Koper gegründet, vom Österreichischen Lloyd finanziert sowie ab 1841 vom Statthalter des Küstenlandes Franz von Stadion (1806–1853) unterstützt.[54] Das Blatt spielte eine zentrale Rolle für die Entwicklung liberaler bürgerlicher Gesellschaften im Küstenland und in Dalmatien.

---

[49] Zum Ursprung der Bezeichnungen *Litorale*/Küstenland/*Primorje*, die infolge der Schaffung der administrativen Provinz *Litorale austriaco* entstanden, vgl. *Boris Golec*, Najzgodnejše omembe Istre, Trsta in Primorja v slovenskih besedilih, in: Acta Histriae 23/4, 2015, 675–692.

[50] *Angelo Ara/Claudio Magris*, Trieste. Un'identità di frontiera, Einaudi, Torino 2007, 12.

[51] *Giorgio Negrelli*, Introduzione, in: Ders., La Favilla (1836–1846). Pagine scelte della rivista, Dal Bianco, Udine 1985, 16.

[52] *Martina Cattaruzza*, Il primato dell'economia: l'egemonia politica del ceto mercantile (1814–1860), in: Roberto Finzi/Claudio Magris/Giovanni Miccoli (Hrsg.), Il Friuli-Venezia Giulia (Storia d'Italia. Le regioni dall'Unità a oggi), 1, Einaudi, Torino 2002, 149–179; *Roberto Finzi*, La base materiale dell'italofonia di Trieste, in: Roberto Finzi/Giovanni Panjek (Hrsg.), Storia economica e sociale di Trieste: La città dei gruppi (1719–1918), 1, Lint, Trieste 2001, 317–331.

[53] *Csáky*, „Was man Nation", 36–40.

[54] *Jože Pirjevec*, Niccolò Tommaseo tra Italia e Slavia, Marsilio, Venezia 1977, 66; *Negrelli*, Introduzione.

Für die istrische Halbinsel und für Dalmatien bedeuteten die Institutionalisierung, Beschleunigung und Absicherung der maritimen Kontakte in den 1830er/40er-Jahren eine entscheidende Verbesserung der Reisemöglichkeiten, auch dank neuer technischer Entwicklungen, etwa der Einführung von Dampfschiffen oder des Baues der Südbahn.[55] Das Kronland Österreichisches Küstenland wurde zum Hauptareal des imperialen Seehandels. Vor seinen Küsten tummelte sich der Großteil der österreichischen Handelsmarine.[56] 1844 äußerte der damalige Chefredakteur der Zeitschrift *La Favilla*, Pacifico Valussi, die verbreitete Ansicht, dass der Handel sowie der technologische und wissenschaftliche Fortschritt wichtig für die Stabilität der lokalen, imperialen und internationalen Ordnungen seien bzw. vor neuen Erschütterungen durch unerwünschte Kriege schützen würden.[57]

Zudem wuchs die Bevölkerung Istriens zwischen 1815–1848 beträchtlich, trotz der Hungersnot der Jahre 1816/17 und einer ersten Cholerawelle 1836. Zugleich in Triest verdoppelte sich die Zahl der Einwohner.[58] Zugleich darf der Aufschwung Istriens nicht überschätzt werden. Istrien blieb im Laufe des 19. Jahrhunderts in wirtschaftlicher Hinsicht eine arme Region. Besonders in der ersten Jahrhunderthälfte erfolgten dort keine relevanten privaten oder staatlichen Investitionen zur Entwicklung der regionalen Wirtschaft.[59] Dennoch galt Istrien, zusammen mit Friaul, Görz und Gradiska sowie Krain als zentrales Reservoir an humanen und materiellen Ressourcen für die pulsierende Entwicklung der Stadt Triest und ihres Freihafens.[60] Paradigmatisch wurde Istrien 1843 als „Pflanzstätte

---

[55] *Ronald Coons*, Steamships, Statesmen and Bureaucrats: Austrian Policy towards the Steam Navigation Company of the Austrian Lloyd (1836–1848), Franz Steiner, Wiesbaden 1975; *Kirchner Reill*, Nationalists, 81–114; *Gerhart Artl/Gerhard H. Gürtlich/Hubert Zenz* (Hrsg.), Mit Volldampf in den Süden. 150 Jahre Südbahn Wien-Triest, Österreichisches Staatsarchiv, Wien 2007.

[56] *Almerigo Apollonio*, Libertà autonomia nazionalità. Trieste, l'Istria e il Goriziano nell'impero di Francesco Giuseppe (1848–1870), Deputazione di storia patria per la Venezia Giulia, Trieste 2007, 33.

[57] „Domenica il prof. Tonello chiudeva, con un discorso, che credo si stampi, il suo primo corso presso la società di navigazione a vapore. Da questo validissimo movente dell'industria novella e della pace durevole, che l'immenso sforzo sviluppatosi nelle guerre anteriori, permette di rivolgere al progressivo avanzamento della società, a creare invece che a distruggere, ad affratellare invece che ad inimicare i popoli, ad associare i piccoli coi grandi, invece che perpetuarne la lotta vergognosa e crudele, ei trasse argomento a discorrere.", *P. V.*, Chiusa del primo corso di meccanica applicata alle macchine a vapore del professore Tonello, in: 18. Supplemento alla Favilla, 24. Mai 1844, 69–70.

[58] *Apollonio*, Libertà, 30–31.

[59] Ebd., 42; *Joseph von Brodman* [G.d. B-n.], Memorie politico-economiche della città e territorio di Trieste, della penisola dell'Istria, della Dalmazia fu Veneta, di Ragusa e dell'Albania ora congiunti all'Impero Austriaco, Tipografia di Alvisopoli, Venezia 1821, 19–20.

[60] *Kalc*, Migration; *Marco Breschi/Aleksej Kalc/Elisabetta Navarra*, Storia minima della popolazione di Trieste, secc. XVIII–XIX, in: Finzi/Panjek (Hrsg.), Storia economica, 1, 121–126.

guter Bauern" („semenzajo di bravi agricoltori")[61] seitens der Triester Presse bezeichnet, sowie die istrischen Kvarner Inseln als „Pflanzstätte guter Seemänner" („semanzajo di bravi marinaj")[62].

Die erste Hälfte des 19. Jahrhunderts stellte eine Zeit der Stabilisierung und Schaffung der künftigen Ordnung des Küstenlandes durch Einführung der modernen „Staatlichkeit" dar,[63] d.h. des habsburgischen administrativen und Rechtssystems. In Istrien war dieser Prozess eines habsburgischen *state-building* mit der Integration der gesamten Halbinsel in ein einheitliches Verwaltungssystem verbunden. Das Ziel der neuen deutschsprachigen Bürokratie, die oft durch sprachliche Barrieren von der Zivilgesellschaft getrennt war, bestand darin, die istrische Halbinsel durch Reformen politisch-administrativ zu vereinheitlichen. Dies erfolgte durch Einführung eines einheitlichen Systems von Gemeinden, Distrikten und Landkreisen, sowie durch die Reform der Kirchen- und Katasterorganisation und die Herausbildung eines engeren und effizienteren Kommunikationsnetzwerkes.[64] Aus der imperialen Perspektive hatten all diese Reformen zum Ziel, die früheren Machtverhältnisse aufzulösen und insbesondere die alten Verbindungen mit Venedig zu kappen.

Die 1840er-Jahre galten als eine Wende und ein Startpunkt in der Herstellung der regionalen Ordnung sowie vieler Diskurse, die sich nach 1848 entwickelten. Obwohl die genannten Reformen nicht als eine scharfe Umkehr verstanden werden dürfen, wurden die beiden historischen Hälften der istrischen Halbinsel 1825 zum ersten Mal politisch-administrativ vereinigt.[65] Das Eindringen der Staatlichkeit in die lokale Ordnung änderte die anfänglich positive Haltung von verschiedenen Teilen der istrischen Gesellschaft gegenüber dem habsburgischen Staat. Die neue Staatlichkeit wurde nun als von außen gelenkt, ineffizient und korrupt wahrgenommen und es entstand ein verbreitetes Misstrauen gegenüber dem Staat. Auf diese allgemeine Unzufriedenheit wurde die Triestiner Statthalterei durch mehrere Proteste, Unruhen und Aufstände aufmerksam, die sowohl in städtischen als auch in ruralen Zentren der Halbinsel stattfanden.[66] Dabei widersetzten sich nicht nur breite Teile der Führungsschicht der istrischen Gemeinden, sondern es bestand auch die Gefahr, dass sich bäuerliche Gemeinschaften erheben.[67] Ein *re-ordering* wurde auch von der Basis der Gesellschaft –

[61] *G. S.*, Del modo come i maggiori possessori di terre potrebbero con rapido successo influire sul miglioramento dell'agricoltura in Istria, in: Osservatore triestino 11, 25. Juni 1843, 42.

[62] *P. V.*, Bibliografia, in: La Favilla 7/7, 15. April 1842, 111.

[63] *Konrad Clewing*, Staatlichkeit und nationale Identitätsbildung. Dalmatien in Vormärz und Revolution, Oldenbourg, München 2001.

[64] *Almerigo Apollonio*, Gli esperimenti d'autogoverno comunale del governatore Francesco Stadion in Istria e nel Goriziano (1844–47), in: Quaderni Giuliani di Storia 2/17, 1996, 43–44; *Visintin*, L'Istria, 21–23.

[65] *Ivetic*, Un confine, 198–199.

[66] *Apollonio*, Gli esperimenti, 38.

[67] Ebd., 54–56.

bzw. den subregionalen Ordnungen – gewünscht und von lokalen Vertretungsorganisationen der Triestiner k.u.k. Statthalterei energisch gefordert.[68]

Als Franz Seraph von Stadion (1806–1853) 1841 das Amt des Statthalters des Küstenlandes übernahm, befand sich Istrien in einem sozial und politisch besonders angespannten Zustand. Eine Reform der politisch-administrativen Struktur der küstenländischen Ordnung schien notwendig. Die bis dahin starr hierarchische, zentralistische Beziehungskonstellation zwischen den imperialen, regionalen und kommunalen Ordnungen musste neu überdacht und verändert werden. Um das Kronland zu festigen und die Legitimation des habsburgischen Gesamtstaates zu stärken, suchte Stadion einen Konsens mit den lokalen gesellschaftlichen, politischen und wirtschaftlichen Realitäten.

Stadion nahm zwischen 1844 und 1846 eine tiefgründige Analyse der istrischen Situation vor, deren Ziel es war, eine Reform der Ordnungsstruktur durchzuführen. In der Phase des Studiums und der Vorbereitung der Reformentwürfe ließ sich Stadion von den prominentesten, meist italienischsprachigen Intellektuellen des Küstenlandes, insbesondere Triests, helfen. Er arbeitete erfolgreich mit dem Triester Rechtsanwalt und Historiker Pietro Kandler zusammen, der die kulturpolitischen Projekte durch Veröffentlichungen unterstützte und diese mittels der Zeitschrift *L'Istria* unter den Eliten des Küstenlandes verbreitete. Dank seiner akademischen Ausbildung in Rechtswissenschaften an den habsburgischen Universitäten Pavia und Wien und seiner Mehrsprachigkeit gewann Kandler lokale und vor allem imperiale Sichtbarkeit. Er erwies sich als die am besten geeignete Persönlichkeit für eine solche Tätigkeit. Gaetano Merlato (1807–1873), Kandlers Schwager und offizieller Biograph, beschrieb die Bemühung Stadions um die Mitarbeit der lokalen Eliten am Beispiel Kandlers:

> Alla venuta in quel torno a Trieste del Conte Stadion come Governatore del Litorale, conosciuti da questo i meriti letterarj e la dottrina del Kandler, lo chiamò a sé e seppe apprezzare e l'una e gli altri, tanto che ben presto divenne l'animo ed il consigliere più assiduo del Conte. Chiamavalo spessissimo a consiglio intrattenendosi seco lui sino a notte molto inoltrata [...]. Le misure più liberali adottate dal Conte Stadion ed applicate in Provincia, furono inspirate, suggerite e dirette dal Kandler [...].[69]

---

[68] Ebd., 45–48.

[69] „Nach seiner Ankunft in Triest als Statthalter des Küstenlandes kam Graf von Stadion in Kontakt mit den Lehren von Kandler und erfuhr von dessen literarischen Verdiensten. Deshalb bestellte er ihn zu sich ein. Stadion lernte dessen Fähigkeiten so sehr schätzen, dass Kandler bald zum Seelengefährten und wichtigsten Ratgeber des Grafen wurde. Er rief ihn ständig zu Rate und ihre Gespräche dauerten oft bis tief in die Nacht hinein. [...] Die liberalsten Maßnahmen, die Graf von Stadion ergriff und der Provinz auferlegte, waren von Kandler vorgeschlagen und gesteuert worden [...].", *Gaetano Merlato*, Cenni biografici su Pietro Kandler. Triestino giureconsulto, archeologo, storico. Morto il XVIII gennaio MDCCCLXXII., Lloyd austriaco, Trieste 1872, 13.

Stadion präsentierte die Reform der istrischen Ordnung als großen Fortschritt für die Region.[70] Um einen stärkeren Konsens und eine direktere Beteiligung der istrischen Gelehrten- und Landbesitzerschichten zu erreichen, präsentierte Stadion seine Reform als eine Wiederbelebung der „traditionellen“ Rechts- und Verwaltungsformen Istriens aufzuspüren. Auf Basis mehrerer Quellen wurden einige mittelalterliche und Selbstverwaltungsstrukturen aus der venezianischen Ära als Vorbilder gesammelt, besonders dank der anfänglichen Mithilfe prominenter Persönlichkeiten der Kulturwelt Istriens, etwa Gian Paolo Polesinis.[71] Diese wurden sodann in verschiedenen Werken veröffentlicht, etwa im *Codice diplomatico istriano* (1847).[72] Dadurch wurde von der lokalen habsburgischen Regierung in Hinsicht auf die venezianische Vergangenheit eine Strategie der „Mimesis“ genützt.[73] Die Idee eines Küstenlandes unter einer „venezianischen Koine“ wurde im Laufe des gesamten 19. Jahrhunderts vom österreichischen Staat sowie den Triestiner Handelseliten wiederholt als Legitimationsmuster propagiert.[74]

Diese Reform Stadions bedeutete nicht nur eine administrative und bürokratische Umstrukturierung der istrischen Ordnung. Es wurden sogar die sprachlichen und kulturellen Erscheinungen und Organisationen der bäuerlichen istrischen Bevölkerung hinterfragt.[75] Bemerkenswert ist, dass einige Akteure der imperialen und regionalen Ordnungen schon vor der Märzrevolution den sozial niedrig gestellten Schichten der Region ihr Interesse zuwandten. Eine bessere Kenntnis der zivilen Gesellschaft Istriens und des gesamten Küstenlandes war nicht ausschließlich ein Ziel der zentralen oder lokalen imperialen Ordnung. In den damaligen bürgerlichen Zeitschriften Triests lassen sich zunehmend Forderungen nach Informationen über die Zusammensetzung der Bevölkerung der neuen regionalen Ordnung erkennen. Das Interesse der bürgerlichen Gesellschaft an kulturellen Organisationsformen der unteren sozialen Schichten, die man nicht wirklich kannte und vor denen eine gewisse Furcht bestand, manifestierte sich auch in philanthropischen Projekten wie der Unter-

---

[70] *Fulvio Salimbeni*, Pietro Kandler e la storiografia del suo tempo, in: Rino Cigui/Kristjan Knez (Hrsg.), L'Istria e Pietro Kandler: storico, archeologo, erudito, Società di studi storici e geografici, Pirano 2004, 55–61; *Antonio Miculian*, Fonti primarie per la storia medioevale dell'Istria e della Regione Giulia: il „Codice Diplomatico Istriano“ e la rivista „L'Istria“ di Pietro Kandler, in: Cigui /Knez (Hrsg.), L'Istria, 65–82.

[71] *Gruppo ricerche storiche Trieste*, Il Codice Diplomatico Istriano di Pietro Kandler. Indice dell'opera, in: Archeografo triestino 4/43, 1983, 56.

[72] *Pietro Kandler*, Codice diplomatico istriano, Lloyd austriaco, Trieste 1847.

[73] *Apollonio*, Gli esperimenti, 49–50.

[74] Dies geschah teilweise sogar unter Verwendung des venezianischen Symbols par excellence, des Markuslöwen, ersichtlich etwa anhand des Logos der Generali-Versicherungen (1831) und des sogenannten Löwen von Lissa (1866). Vgl. *Reinhard Johler*, A Local Construction – or: What Have the Alps to do with a Global Reading of the Mediterranean?, in: Narodna Umjetnost. Hrvatski časopis za etnologiju i folkloristiku 36/1, 1999, 262–292.

[75] *Apollonio*, Gli esperimenti, 49.

stützung des Baus von Kindergärten und Schulen für arme Kinder.[76] Im Laufe der 1830er/40er-Jahre wurde der Ruf nach Durchführung statistischer Studien – sowohl über die Gegenwart als auch die Vergangenheit – lauter, wie sich aus den Zeitschriften *Archeografo Triestino*, *La Favilla* und *L'Istria* erkennen lässt.[77] Zwecks Entwicklung der Landwirtschaft und besseren Nutzung der natürlichen Ressourcen wurde eine anwendbare, „intuitive Statistik" auf Basis moderner Methoden gefordert.[78]

Die Reformen des Statthalters Stadion, über die bei den italienischsprachigen Eliten im ehedem venezianischen Istrien am meisten Konsens herrschte, schienen die Unzufriedenheit der lokalen Gesellschaft beseitigt zu haben. Sie galten als Basis für die späteren liberalen Ansprüche der lokalen italienischen Politikerschicht Istriens in den 1860er-Jahren, die dann aber eine neue nationalistische Färbung annahmen.[79] Dank der erfolgreichen Reformen im Küstenland wurde Stadion 1847 als Statthalter nach Galizien geschickt, einem anderen unruhigen, von der habsburgischen Krone neu etablierten Kronland. Dort war er nur kurz tätig, da nach einem Jahr die Märzrevolution losbrach.[80]

Ausgehend von der Rolle Stadions kann kurz ein vergleichender Blick auf die drei habsburgischen Kronländer Istrien, Galizien und Dalmatien geworfen werden, um Gemeinsamkeiten und Unterschiede herauszuarbeiten. Die Herstellung einer regionalen Ordnung war kein Novum in der spätmodernen habsburgischen Geschichte. Der Historiker Larry Wolff analysierte 2010 die kulturpolitische Entwicklung der neuen regionalen Ordnung Galiziens durch die habsburgische Regierung. In *The Idea of Galicia* betrachtet Wolff die schrittweise Schaffung des Kronlandes Galizien-Lodomerien seit 1772 im Rahmen der Neuordnung Europas. Nach der Teilung Polens war für die Zentralregierung in Wien eine Absicherungsstrategie gegen externe Bedrohungen durch Herstellung einer lokalen politisch-administrativen Grenzstruktur notwendig. Um die neuen Grenzen von innen zu stabilisieren sowie die Territorien, die sich erhoben hatten, zu kontrollieren und zu integrieren, musste die neue regionale Ordnung über eine starke kulturelle Basis verfügen. Die Herstellung einer neuen regionalen „Identität" konnte nicht nur ein Prozess von oben sein, sondern erforderte über einen längeren Zeitraum die Mitarbeit zahlreicher lokaler Akteure und

---

[76] Vgl. *P.V./M.*, Asili dell'infanzia in Capodistria, in: La Favilla 5/28, 12. Juli 1840, 217–221; *D.P.*, Una rappresentazione a beneficio degli asili infantili di Capodistria, in: La Favilla 5/52, 28. Dezember 1840, 414.

[77] *Domenico Rossetti*, Elementi per la statistica di Trieste e dell'Istria, 1, in: Archeografo Triestino 1, 1829, 13–34; *Ders.*, Elementi per la statistica di Trieste e dell'Istria, 2, in: Archeografo Triestino 2, 1830, 1–12.

[78] Statistica intuitiva, in: La Favilla 9/17, 5. Oktober 1844, 266–268.

[79] *Apollonio*, Gli esperimenti, 41.

[80] *S. Lippert*, Stadion-Warthausen Franz Ser. Gf. von, in: Österreichisches Biographisches Lexikon (1815–1950) 13, 2007, 69.

Institutionen.[81] Eine solche Mitarbeit von Persönlichkeiten sowohl aus den Zentren als auch den Peripherien hatte die Gründung einer lokalen, legitimierenden Kulturpolitik durch das Initiieren von Diskursen über eine vermeintliche historisch-kulturelle Kontinuität der neu geschaffenen Region zum Ziel. Es ist nicht unwahrscheinlich, dass eine solche kulturpolitisch „kreative" Vorgehensweise der österreichischen Monarchie zu einem Vorbild wurde. Das interpretative Paradigma Larry Wolffs mittels des Begriffes „Fantasie" ist auch hilfreich für das Verständnis der Schaffung einer einheitlichen istrischen Ordnung. Die Interpretationskategorie „Fantasie" stimmt nämlich gut mit der Interpretation von Ara und Magris des Triestiner Vormärz als Hochzeit der kulturellen Kreativität der Adria-Stadt überein.[82]

In anderen Belangen galt in Istrien eine Ordnung mit Eigentümlichkeiten – im Gegensatz zu Galizien sowie dem räumlich näher liegenden Dalmatien. Das Küstenland selbst stellte eine Besonderheit in der allgemeinen imperialen Ordnung dar.[83] Die administrativen Einheiten Istrien und Görz-Gradiska wurden einerseits als selbstständige Kronländer mit eigenen Landtagen geschaffen, anderseits wurden sie gemeinsam der Triester Statthalterei unterstellt.[84] Diese pyramidale Struktur innerhalb des Küstenlandes spiegelte schon im Vormärz den Wunsch der zentralen Ordnung wider, die ehemals venezianischen, jetzt neu erworbenen Länder Istriens stärker in die habsburgische Staatlichkeit einzugliedern. Dies war bedingt durch die internationalen militärischen und wirtschaftlichen Interessen der Monarchie, die eine besondere Kontrolle über das höchst wirtschaftsrelevante Gebiet zwischen Triest und Fiume/Rijeka erforderten. Die außerordentliche Bedeutung des Küstenlandes stellte einen wichtigen Unterschied zu Galizien und Dalmatien dar. Folglich wurde Istrien seit 1814 stärker kontrolliert als Galizien und Dalmatien.

Diese Besonderheit der Ordnung Istriens wurde in der Restaurationszeit durch den starken Druck der deutschsprachigen Bürokratie 1814 und 1825 bestätigt und gipfelte in den 1840er-Jahren in den Reformen Stadions.[85] Die imperiale Intervention auf lokaler Ebene verfolgte zwei Ziele: Die Vereinheit-

[81] *Larry Wolff*, The Idea of Galicia. History and Fantasy in Habsburg Political Culture, Stanford University Press, Stanford 2010.

[82] *Ara/Magris*, Trieste, 12. Spuren der wahrgenommenen Neuerung in der Herstellung der neuen einheitlichen politisch-administrativen Ordnung auf der istrischen Halbinsel können in einigen Veröffentlichungen von deutsch- und italienischsprachigen Beobachtern aus der ersten Hälfte des 19. Jahrhunderts gefunden werden. Als Beispiel vgl. *Brodman*, Memorie.

[83] *Visintin*, L'Istria, 21.

[84] *Dorsi*, Il Litorale, 236.

[85] Die bürokratische Lösung für Dalmatien seitens Wiens sah anders aus. Für das südlichste Kronland der Monarchie wurde das Italienische nach 1815 als offizielle Amts- und Bildungssprache beibehalten. Vgl. *Josip Vrandečić*, L'Italia e i movimenti nazionali in Serbia e in Croazia: dal Risorgimento alla Prima guerra mondiale, in: Franco Botta/Italo Grazia/Pasquale Guaragnella (Hrsg.), La questione adriatica e l'allargamento dell'Unione Europea, Franco Angeli, Milano 2007, 29–30.

lichung des westlichen maritimen Teils der Halbinsel und seine Integration in die habsburgische Struktur.[86] Der problematischste Aspekt dabei war, dass die angestrebte bürokratische Struktur fast nur auf Deutsch funktionierte. Die Beamten sprachen meistens keine lokalen Sprachen, was zu Konflikten führte, nicht nur mit den ex-venezianischen Eliten, sondern auch mit der Gesellschaft im Landesinneren.[87] Dieser erste Versuch sollte am Misstrauen und am Gegensatz zwischen der Bürokratie und der Statthalterei, den istrischen Eliten und der ruralen Gemeinschaft scheitern.[88] Stadions Reform der kommunalen Autonomien in Istrien wurde schließlich im März 1849, unter der Herrschaft Franz Josefs I., rechtlich verankert und blieb bis 1918 gültig.[89]

2.3. Die Wissenschaft des Küstenlandes: Botanische Forschung als „dritter Raum"

Die Entwicklung des Küstenlandes als administrative Einheit zeigte im Laufe des 19. Jahrhunderts interessante Wechselbeziehungen mit der Entwicklung der Wissenschaft in der Region Istrien. Die Wissenschaft spiegelte die Entwicklung des Küstenlandes wider und prägte sie gleichzeitig. Die Synergie von Wissenschaft, technologischem Aufschwung und administrativem *re-ordering* zeigte sich in der Verwendung des Begriffes „Fortschritt" („progresso") in auf Italienisch verfassten Zeitungsartikeln. Triest mit seinem Freihafen und seiner führenden ökonomischen Bedeutung wurde immer wieder von Wissenschaftlern und Gelehrten sowie politischen Meinungsbildnern als die „Stadt des Fortschrittes" und der „Zukunft" dargestellt. Neben Handel und Finanzwesen spielten die Wissenschaft und die technologische Forschung zentrale Rollen bei der „Modernisierung" des Triester Hafens, des Küstenlandes und der gesamten Monarchie. Dabei wurden nicht nur technologische Neuerungen aus anderen Ländern übernommen, sondern Triest und das Küstenland selbst begannen sich im Laufe des Vormärzes zu einem Forschungszentrum zu entwickeln.[90] Anlässlich der Gründung des Kerns

---

[86] *Ugo Cova*, Trieste e il suo hinterland in epoca austriaca. Rapporti economico-istituzionali con Carinzia, Stiria, Carniola, Gorizia, Istria e Veneto, Del Bianco, Udine 2005, 94.

[87] *Apollonio*, L'Istria, 323–324.

[88] *Cova*, Trieste, 96.

[89] *Almerigo Apollonio*, Autogoverno comunale nell'Istria asburgica, Atti del Centro di ricerche storiche di Rovigno 24, 1994, 16.

[90] Als Beispiel dafür kann die Figur Joseph Ressels (1793–1857) gelten. Der Karst und viele Wälder in Istrien waren in der ersten Hälfte des 19. Jahrhunderts wegen einer jahrzehntelangen unkontrollierten und intensiven Nutzung stark abgeforstet. In den 1820er-Jahren begannen Forschungsprojekte seitens der Stadt Triest und der Zentralregierung zur Aufforstung des Küstenlandes, die über die folgenden Jahrzehnte andauerten. 1821 wurde der junge Ingenieur Josef Ressel als „kaiserlich-königlicher Marine-Forstintendant" von Wien nach Triest entsandt, wo lokale Wissenschaftler unter der Leitung von Bartolomeo Biasoletto seit

des späteren Naturhistorischen Museums Triests 1846 war in der Zeitung *L'Istria* Folgendes zu lesen:

Le condizioni mercantili di una città non sono certamente inconciliabili colle condizioni di progrediente civiltà, il commercio non sbandisce la scienza, anzi può promuoverla grandemente. Sulle grandi raccolte che vennero poste insieme dalle città di commercio olandesi dopo la scoperta dell'America è stata fondata la moderna zoologia dal Linneo che per tal uopo soggiornò 3 anni in Olanda ed ivi compilò la prima edizione del suo sistema di natura. – Trieste è bensì emporio mercantile, ma come le sue condizioni mercantili andarono progredendo, progredirono anche le istituzioni sociali e quelle che il sapere e la civiltà promuovono.[91]

Die lokale Presse galt als Sprachrohr der Wissenschaft des Küstenlandes. Botanik und Agrotechnik waren entscheidend, nicht nur für die Entwicklung von Fachdiskussionen, sondern auch von Begriffen, die später – in der zweiten Hälfte des 19. Jahrhunderts – für die Herausbildung von Kategorisierungen, Darstellungen und Produktion von kulturellen Differenzen auf der istrischen Halbinsel wichtig wurden.

Die Wissenschaftsgeschichte Istriens ist besonders eng mit Triest verbunden. Triest galt als das Zentrum der wissenschaftlichen Forschung im Kronland. Istrische Persönlichkeiten trugen zur Entwicklung der lokalen Wissenschaft in den Bereichen Botanik, Agronomie, Zootechnik und Medizin bei. Insbesondere Mediziner, Chirurgen und Apotheker bildeten die ersten Strukturen einer „Wissenschaft des Küstenlandes". Ein kurzer Blick auf die Biographien der ersten

1828 im ersten Triester botanischen Garten neue Techniken für die Aufforstung des Karstes testeten. In den folgenden Jahren – in den späten 1820er Jahren – führte Ressel, neben seiner Tätigkeit als Forstbeamter, Experimente zur Entwicklung der modernen dampfbetriebenen Schiffschraube im Golf von Triest durch. Zur Relevanz der Person und Tätigkeit Ressels vgl. Biografia di Giuseppe Ressel, intendente forestale presso l'i. r. Marina da guerra, inventore dell'applicazione dell'Elice alla navigazione a Vapore, Lloyd austriaco, Trieste 1858. Vgl. auch *Ernst Bruckmüller*, Josef Ressel – ein gemeinsamer „lieu de mémoire" Mitteleuropas?, in: Jacques Le Rider (Hrsg.), Transnationale Gedächtnisorte in Zentraleuropa, Studienverlag, Innsbruck 2002, 99–108. Zur italienischen nationalistischen Debatte bezüglich der misslungenen Errichtung eines Denkmales für Ressel in Triest im Jahre 1857 vgl. Borut Klabjan, Habsburg Fantasies: Sites of Memory in Trieste/Trst/Triest from the Fin de Siècle to the Present, in: Ders., Borderlands of Memory: Adriatic and Central European Perspectives, Peter Lang, Oxford 2019, 65–66.

[91] „Die Handelsbedingungen einer Stadt stehen natürlich nicht im Kontrast zu den Bedingungen einer fortschrittlichen Gesellschaft, da der Handel die Wissenschaft ausschließt, sondern sie sogar entscheidend fördern kann. Die großen Reichtümer, die die niederländischen Handelsstädte nach der Entdeckung Amerikas angesammelt hatten, bildeten die Basis für Carl von Linnés modernes Ordnungssystem der Zoologie: Er hatte zu diesem Zweck drei Jahre in Holland verbracht und dort die erste Ausgabe seines Systems der Naturordnung erstellt. Triest ist sicherlich in erster Linie ein Handelszentrum. Aber Hand in Hand mit der Verbesserung der Handelsbedingungen verbesserten sich auch die sozialen Einrichtungen und die Institutionen, die Wissen und Zivilisation fördern.", Museo zoologico dell'Adriatico, in: L'Istria 1/6–7, 31. Januar 1846, 28.

Generation von Wissenschaftlern aus Istrien[92] zeigt: 1) die Relevanz der Zentren an den istrischen Küsten, aus denen sie stammten (z. B. Rovigno/Rovinj, Laurana/Lovran, Pola/Pula, Dignano/Vodjan); 2) eine ausgeprägte regionale und interregionale Mobilität innerhalb der imperialen Ordnung aufgrund des Studiums an den wichtigsten Universitäten der Monarchie (Wien und Padua) und später wegen ihrer beruflichen Tätigkeit (Triest, Istrien, Fiume/Rijeka, Padua, Graz, Prag, Venedig); 3) eine soziale Mobilität, bedingt durch das Studium und die Tätigkeit als Mediziner, Apotheker, Forscher und Universitätsprofessor; 4) die tiefe Verwurzelung ihrer Ausbildung und Karriere in der Struktur der „imperialen Wissenschaft".[93] Die istrischen Mediziner in der ersten Hälfte des 19. Jahrhunderts begannen eine wichtige Zusammenarbeit mit triestinischen Kollegen[94] bei der Strukturierung der neuen medizinisch-hygienischen Ordnung des Küstenlandes in Zusammenhang mit dem neuen Triester Ospedale Maggiore, das 1841 nach dem Vorbild des Wiener Allgemeinen Krankenhauses erbaut wurde.[95]

Die Vertreter des ersten wissenschaftlichen Netzwerkes innerhalb der entstehenden lokalen Ordnung zeigten ein ausgeprägtes Interesse auch an anderen Feldern der wissenschaftlichen Forschung, ebenso wie an literarischen, künstlerischen und musikalischen Themen – sie publizierten teilweise auch zu ganz unterschiedlichen Themenbereichen. Dies zeigt besonders ihre Teilnahme an der 1810 gegründeten Società di Minerva in Triest. Diese Institution präsentierte sich als der erste moderne Verein für die Herausbildung eines wissenschaftlichen und kulturellen Lebens des Küstenlandes durch die Rezeption und Verbreitung internationaler Innovationen und stand in enger Verbindung mit dem wirtschaftlichen Aufschwung des Freihafens Triest.[96] Seit 1829 wurde die Zeitschrift *Archeografo Triestino* als offizielles Vereinsblatt veröffentlicht. Die Ansprüche

[92] Hier können etwa genannt werden: Bartolomeo Biasoletto, Lodovico Brunetti, Giovanni Fabretti, Antonio Felice Giacich, Luigi Palkle de Palklay, Giovanni Filippo Spongia. Eine allgemeine Darstellung der Biographien der Mediziner und Apotheker des Küstenlandes findet sich bei *Loris Premuda*, Sanità e personaggi nell'Istria veneto-asburgica, Ars Libera, Trieste 2011; *Claudio Bevilacqua*, Medici giuliani del passato tra ricerche e ricordi di un vecchio medico. I Quaderni di storia medica giuliana 4/1–3, Trieste 2015–2017. Über eine biographische Darstellung des Lebens von Lodovico Brunetti vgl. *Loris Premuda*, Introduzione, in: Lodovico Brunetti, Una riabilitazione chirurgica. Reminiscenze dell'autunno 1876, La Garangola, Padova 1985, V–XIX.

[93] Die meisten Ärzte, Chirurgen, Medizinforscher und einschlägigen Universitätsdozenten aus Istrien studierten und praktizierten an der Wiener Medizin-, Chirurgie- und Pharmazieschule unter der Leitung von Karl von Rokitansky, Joseph von Wattman, Ferdinand von Arlt und Franz Schuh.

[94] Wie etwa Benedetto Frizzi, Giovanni Alessandro de Goracuchi, Ioel Giambattista Kohen, Lorenzo Rondolini.

[95] *Premuda*, Sanità, 88–89; *Flavio Braulin*, La questione sanitaria nella Trieste di fine '800. I caratteri antropologici della medicina ospedaliera sul Litorale austriaco, Franco Angeli, Milano 2002.

[96] *Attilio Gentile*, Il primo secolo della società di Minerva (1810–1909), Caprin, Trieste 1910, 5.

an eine Verbesserung und Entwicklung der lokalen Ordnung wurden seit 1812 im Rahmen eines dichten Programmes an Vorlesungen zu unterschiedlichen Themen präsentiert.[97] Die Konferenzen, die auf Italienisch stattfanden, wurden nicht nur von leitenden Wissenschaftlern und Intellektuellen aus der Region oder der Stadt besucht, sondern auch von solchen aus Lombardo-Venetien, anderen Regionen der Monarchie und den italienischen Staaten. 1830 und 1831 trat der spätere „Vater der österreichischen Ethnographie" Karl von Czörnig sr. (1804–1889), als er noch als Polizeibeamter in Triest tätig war,[98] dreimal bei der Minerva als Redner auf.[99]

Öffentliche wissenschaftliche Diskurse, Vorträge und Diskussionen über botanische und agrotechnische Themen fokussierten auf eine Prägung und Festigung der inneren Struktur der einheitlichen istrischen Ordnung. Ziel war die Verbesserung der landwirtschaftlichen Produktion, die sowohl für die Versorgung von Istrien als auch für den Markt und den Handel des Freihafens Triest relevant war. Istrien war eine Region, deren Überleben hauptsächlich vom Ackerbau abhing, die aber wegen innerer struktureller Mängel und Rückständigkeit ständig als wirtschaftlich und sozial bedroht wahrgenommen wurde.[100] Wie es der Dichter, Journalist und Landbesitzer Michele Fachinetti (1812–1852) 1846 in *La Favilla* ausdrückte, bildete die dauernde Angst vor Hungersnot und karger Ernte eine beständige, verinnerlichte Bedrohung, die nur durch eine Rationalisierung und Verbesserung der agrartechnologischen und wirtschaftlichen Kenntnisse überwunden werden konnte. Fachinetti warnte seine Zeitgenossen, indem er an die tragischen Konsequenzen der Hungersnöte des 14. Jahrhunderts erinnerte: „Posteri! pensate all'anno 1375. Procuratevi, se potete, dei risparmi. Negli anni dell'abbondanza pensate a quelli della carestia."[101] Eine solche Bedrohungskommunikation war an das bürgerliche Lesepublikum, vor allem aber an die lokalen Landbesitzer gerichtet, die der bäuerlichen Schicht aufgrund der von ihnen verbreiteten agrotechnischen Kenntnisse als zentrale Vermittlungsfiguren präsentiert wurden. Deswegen wurde das als „rückständig" dargestellte Istrien schon im Vormärz zur privilegierten Versuchsstation der Wissenschaft des Küstenlandes

---

[97] Ebd., 111–166. Zur engen Verbindung zwischen der Entwicklung der medizinischen Ordnung und des kulturellen Lebens in Bezug auf die Società di Minerva in Triest vgl. die grundsätzlichen Studien von Flavio Braulin über die Sanitärfrage in der nordadriatischen Hafenstadt während des 19. Jahrhunderts: *Braulin*, Questione, 20–28.

[98] *Maria Tonetti*, Carl Czoernig: la vita e le opere, in: Karl Czoernig fra Italia e Austria, Istituto di Storia sociale e religiosa, Gorizia 1992, 2–3.

[99] *Gentile*, Primo, 122–123.

[100] 1848 merkte der Kreishauptmann Istriens, Friedrich Freiherr von Grimschitz, an, der „Landbau [sei] die einzige Quelle des Lebensunterhaltens der altösterreichischen Istrianer", werde aber gleichzeitig seitens des österreichischen Staates finanziell „im hohen Grade vernachläßigt". Vgl. AST, I. R. Luogotenenza, Atti presidiali, 50, 2/5–19, 304.

[101] „Nachkommen, denkt immer an das Jahr 1375! Spart, wenn ihr könnt. Denkt in den fetten Jahren schon an die mageren.", *Michel Fachinetti*, Da un frammento di memorie istriane, in: La Favilla 1/2, 15. Juli 1846, 335.

für das fortschreitende Zentrum Triest sowie die istrische Mittelschicht, mit deren Hilfe die Wissenschaft ihre Kenntnisse überprüfen konnte.[102] In diesem Kontext tauchte das Thema der kulturellen Diversität innerhalb der Schicht der Bauern in einem Artikel des *Osservatore triestino* aus dem Jahre 1843 auf, und zwar in Bezug auf die Rolle der Großgrundbesitzer Istriens als Vermittler neuer agrotechnischer Kenntnisse: „Il contadino istriano è dotato di felicissime facoltà intellettuali, appartenga egli alla nazione italiana o slava, e la sua vivacità desterà in lui lo spirito d'imitazione."[103]

Bedeutende Gelehrte und Wissenschaftler der Region, die an der kulturellen Etablierung Istriens im Vormärz maßgeblich beteiligt und selber oft Landbesitzer waren, verfassten mehrere Bücher und Artikel über die Botanik und den Ackerbau.[104] So war der Kanoniker und Geistliche Pietro Stancovich/Petar Stanković (1771–1852) aus Barbana/Barban ein bedeutender Verfasser agronomischer Abhandlungen zur Entwicklung des Ackerbaues in Istrien.[105] Er war nebenbei Schriftsteller und Landbesitzer und gilt als einer der wichtigsten Begründer der sogenannten *storia patria* (Landesgeschichte)[106], etwa mit dem

---

[102] Statistica intuitiva, in: La Favilla 9/17, 5. Oktober 1844, 266–268.

[103] „Der istrische Bauer verfügt über ausgezeichnete intellektuelle Fähigkeiten, unabhängig davon, ob er der italienischen oder slawischen Nation angehört, und seine Vitalität wird in ihm den Mut zur Nachahmung erwecken.", *G. S.*, Del modo come i maggiori possessori di terre potrebbero con rapido successo influire sul miglioramento dell'agricoltura in Istria, in: Osservatore triestino 11, 25. Juni 1843, 42.

[104] *Roberto Starec*, La trattatistica dell'Ottocento sulla viticoltura, in: Atti del Centro di ricerche storiche di Rovigno 28, 1998, 599–609.

[105] *Pietro Stancovich*, L'aratro seminatore ossia metodo di piantare il grano arando, Picotti stampatore editore, Venezia 1820; *Ders.*, Nuovo metodo economico-pratico di fare e conservare il vino, Giovanni Silvestri, Milano 1825; *Ders.*, Spolpoliva e macinocciolo, ossia molino oleario con cui contemporaneamente si separa la carne dal nocciolo e si riduce in farina il nocciolo stesso, Stamperia reale, Torino 1840; *Ders.*, Torchioliva ossia torchio oleario domestico portatile che serve di appendice allo spolpoliva, Giovanni Mazzoni, Firenze 1841; *Ders.*, Il formento seminato senza aratura, zappatura, vangatura, erpicatura e senza letame animale, Minerva, Padova 1842.

[106] Der Begriff *storia patria* lässt sich schwer ins Deutsche übersetzen, da das Adjektiv *patrio/a* im Italienischen des 19. Jahrhunderts eine breite Bedeutung hatte. Er kann entweder als „Landes-", „Region-" oder „Heimatsgeschichte" verstanden werden. In Hinsicht darauf erklären Nicolò Tommaseo und Bernardo Bellini 1871 in ihrem *Dizionario della lingua italiana* die Mehrdeutigkeit des italienischen Begriffes *patria* als „Land, Staat, Region, wovon man herkommt" (*Nicolò Tommaseo/Bernardo Bellini*, Dizionario della lingua italiana, 3, Unione tipografico-editrice torinese, Torino/Napoli 1871, 839). Der Biograph von Pietro Kandler Gaetano Merlato verwendete 1872 das Wort „patria" bezüglich der Geburtsstadt Kandlers: „Stabilitosi [Kandler, Anm. d. Verf.] in patria [Trieste, Anm. d. Verf.] l'anno 1826, entrò a praticare nello studio dell'Avv. Rossetti [...].", *Merlato*, Cenni, 10. Darüber hinaus lohnt es sich zu bemerken, dass Bernardo Benussi 1891 die Bezeichnung „storia patria" in seinem Beitrag in *Österreichisch-ungarische Monarchie in Wort und Bild* als „Landesgeschichte" übersetzte: *Bernhard Benussi*, Zur Landesgeschichte Istriens, in: Die österreichisch-ungarische Monarchie in Wort und Bild. Das Küstenland (Görz, Gradiska, Triest und Istrien), k.u.k. Hof- und Staatsdruckerei, Wien 1891.

Werk *Biografia degli uomini distinti dell'Istria* (*Biographien der prominenten Personen Istriens*).[107] Stancovich/Stanković stand als landwirtschaftlicher Forscher in Kontakt mit Kollegen aus anderen Teilen der Habsburgermonarchie und aus den italienischen Staaten.[108] Obwohl er in erster Linie das Italienische – als Sprache der „Hochkultur" und der Forschungsdebatten – verwendete, verfasste er auch Texte auf Kroatisch.[109] Diese Mehrsprachigkeit Stancovichs/Stankovićs lässt sich auf seine soziale Position innerhalb der lokalen Ober- und Mittelschicht der Landbesitzer des Vormärz zurückführen, die in engem Kontakt mit der slawischsprachigen bäuerlichen Schicht stand.[110] Nach Egidio Ivetic erwies sich die Verwendung der italienischen Sprache bei seiner intellektuellen, nichtalltäglichen Tätigkeit als Zeichen seiner „aristokratischen Isolation".[111]

Angeregt durch die landwirtschaftlichen Texte Stancovichs/Stankovićs sowie jene anderer Autoren kam es zu einem wachsenden Interesse an der Schicht der „Bauern", die auf Italienisch meistens mit dem undefinierten, a-nationalen Begriff „villico/i" bezeichnet wurden.[112] Artikel und Studien über Agrarwissenschaft[113] zeigten einen epochalen Wandel an: das Ende der noch verbliebenen feudalen Sozialverhältnisse und den Beginn einer „modernen" staatsrechtlichen Ordnung (vor allem seit dem Leibeigenschaftsaufhebungspatent Josephs II. 1781). Außerdem schienen die lokalen Eliten durch die neuen Verhältnisse alar-

---

[107] *Pietro Stancovich*, Biografia degli uomini distinti dell'Istria, Marenigh, Trieste 1828.

[108] Etwa mit dem Professor für Landwirtschaft an der Universität Wien, Leopold Trautmann, vgl. *Stancovich*, L'aratro, 3. Darüber hinaus wurden seine agrotechnischen Texte in mehreren italienischen Fachzeitschriften zitiert und wissenschaftlich diskutiert; vgl. Bibliografia italiana, ossia Elenco generale delle opere d'ogni specie e d'ogni lingua stampate in Italia e delle italiane pubblicate all'estero 7, 1841, 301; Bibliografia italiana 8, 1842, 69; Giornale agrario Lombardo-Veneto 2/1/1, 1844, 163.

[109] *Bruno Dobrić*, I testi croati nei manoscritti di Stancovich, in: Jurina i Franina. Rivista di varia cultura istriana 54, 1993, 52–55; *Pietro Tomasin*, Pietro Canonico Stancovich. Cenno Biografico, in: Archeografo triestino 2/4, 1876–77, 137. Stancovich/Stanković verfasste auch eine Chronik der Pfarre Barbana/Barban bei Pola/Pula in illyrischer/kroatischer Sprache: *Pietro Stancovich*, Kratak nauk karstianski slosen s' narednim i bistrim nacinom na slusbu i korist od glassovite collegiate crikve svetoga Micule biskupa od Barbana u Istrii pulske darsave po Petru Stancovichiu canonicu stariemu, i namistu plovna, i arkipopa od iste çrikve, Merenigh, Trieste 1828. Der Titel wird in zwei weiteren Werken genannt: *Ders.*, Trieste non fu villaggio carnico ma luogo dell'Istria, fortezza e colonia de' cittadini romani, Picotti, Venezia 1830, 19; Archeografo triestino. Raccolta di opuscoli e notizie per Trieste e per l'Istria, 1, Marenigh, Trieste 1829, 281.

[110] *Michel Fachinetti*, Frammento di memorie istriane, in: La Favilla 10/9, 12. Mai 1845, 129–130.

[111] *Ivetic*, Un confine, 208.

[112] Vgl. *Stancovich*, Il formento; Statistica intuitiva, in: La Favilla 9/17, 5. Oktober 1844, 266–268; *Michel Fachinetti*, Frammento di memorie istriane, in: La Favilla 10/9, 12. Mai 1845, 129–130; Dei villici istriani, in: L'Istria 2/78, 11. Dezember 1847, 315–316.

[113] Der Terminus „Agrarwissenschaft" („scienza dell'agricoltura") wurde im istrischen und triestinischen Pressewesen seit der ersten Hälfte des 19. Jahrhunderts verwendet, vgl. *G. S.*, Del modo come i maggiori possessori di terre potrebbero con rapido successo influire sul miglioramento dell'agricoltura in Istria, in: Osservatore triestino 11, 25. Juni 1843, 41.

miert. Vor der ethnozentrischen Herauskristallisierung wurde die Veränderung der bäuerlichen Gesellschaft als eine „spontane Bewegung des Bauerntums" („movimento spontaneo che prende la contadinanza") gesehen: Dies wurde als ein „natürlicher" Prozess wahrgenommen, dem sich die lokalen und imperialen Eliten durch Strategien zur Bewahrung ihrer sozialen Vormachtstellung anpassen mussten. Wie die Zeitschrift *L'Istria* 1847 kurz vor der Märzrevolution und in den Monaten der *jacquerie* in Lupogliano/Lupoglav[114] bemerkte, war die bäuerliche Schicht Istriens aus bürgerlicher Perspektive sozial immer „beweglicher" geworden:

> Il movimento spontaneo che prende la contadinanza porterà naturalmente a cangiamento di condizioni nelle regioni più prossime a Trieste, perché il villico preferirà sempre più le relazioni novelle siccome assai più proficue e più liete, vi troverà sempre più il suo conto nel ricambio di cose che a stento rinveniva nelle città o borgate cui altravolta rivolgevasi; e le relazioni di padronanza, ormai ridotte a prestazione di tributo ed a pochissimo concambio di cose, a pochissimo concambio di consigli, si ridurranno a sola prestazione di canone.[115]

Wissenschaft und Technik galten dank ihres Potenzials für die Analyse und Veränderung der sozioökonomischen Verhältnisse als praktische Werkzeuge für Überwindungsstrategien. So beschäftigte sich die „Botanik" nicht nur mit Pflanzen und Ackerbau, sondern auch mit Gesellschaft und Kultur sowie Technik. Die intime Beziehung und der enge Austausch zwischen „Natur" und „Kultur" wurden von istrischen Persönlichkeiten in mehreren botanischen Werken und Zeitungsartikeln erwähnt, z. B. von Bartolomeo Biasoletto[116] und Michele Fachinetti[117]. Der Austausch zwischen verschiedenen Forschungs- und Wissensbereichen etablierte sich schon im Vormärz als normale Vorgehensweise. Die Botanik wurde als ein gemeinsamer „hybrider Ort" unterschiedlicher Wissensbereiche wahrgenommen, an dem sich die istrische Ordnung entwickeln konnte – wie Fachinetti 1843 in *La Favilla* erklärte:

---

114 *Ivetic*, Un confine, 208–209. Für weitere interessante Anmerkungen über die Unruhen ruraler Gemeinschaften in Inneristrien vgl. *Camillo de Franceschi*, I Castelli della Val d'Arsa. Ricerche storiche, in: Atti e Memorie della Società di Archeologia e Storia Patria 14, 1898, 198.

115 „Die spontane Bauernbewegung wird natürlich zur Veränderung der Bedingungen in den Regionen um Triest führen, denn der Bauer wird allmählich die neuen Verhältnisse als viel profitabler und vorteilhafter erkennen. Er wird den Vorteil für sich auch im Warenaustausch erkennen, für den er sich zuvor in die Städte oder Marktplätze begeben musste – um letztlich einen minimalen Profit davonzutragen. Der Austausch mit den Land-Eigentümern, der mittlerweile nur noch aus dem Bezahlen von Steuern und immer weniger aus materiellen Dingen und Frondiensten besteht, wird sich auf das Zahlen einer Pacht beschränken.", Dei villici istriani, in: L'Istria 2/78, 11. Dezember 1847, 315.

116 *Bartolomeo Biasoletto*, Botanica (Auszug aus: Osservatore triestino), Lloyd austriaco, Trieste 1853.

117 *F. M.*, Teatro, in: 16. 17. Supplemento alla Favilla, 23. April 1843, 112.

Ma credo, che ogni benché minima scoperta, sia un accrescere il patrimonio del sapere, il quale di generazione in generazione si va così aumentando, che il trascurare le piccole cose vale quanto rinunziare alle grandi, alle quali queste sono scala; [...] che di grande vantaggio pell'ulteriore conoscenza della natura si è notare le somiglianze e le dissomiglianze delle opere sue, cosa di cui si occupa la storia naturale e la botanica in particolare.[118]

Die in der Entwicklung der lokalen Botanik und Landwirtschaft im Vormärz führende Persönlichkeit war Bartolomeo Biasoletto (1793–1859).[119] Geboren in Südistrien, in Dignano/Vodjan, studierte er ab 1814 Pharmazie an der Universität Wien unter der Leitung des Chemikers und Botanikers Joseph Franz von Jacquin (1766–1839) und absolvierte sein Praktikum in Wels, ehe er 1817 zum Besitzer einer der bekanntesten Apotheken in Triest (Spezieria dell'Orso Negro) wurde.[120] Die Apotheke entwickelte sich zu einem Treffpunkt sowohl für mehrsprachige Forscher des Küstenlandes als auch für Reisende aus anderen Regionen der Monarchie sowie aus italienischen und deutschen Staaten.[121] 1827 eröffnete Biasoletto den ersten botanischen Garten (Orto botanico) in Triest, um die auf seinen Reisen gesammelten Pflanzen zu erforschen und einem Publikum zu präsentieren.[122] Erklärtes Ziel dieser Institution war die Verbesserung des Ackerbaues im Küstenland durch botanische Forschungen: Der Garten wurde zum Laboratorium sowohl für das Triester pharmazeutische Gremium als auch die Kommission für die Karstaufforstung.[123] Der Ruf seiner Reisen, Forschungen, Veröffentlichungen und des Gartens selbst eilte Biasoletto voraus und weckte das

[118] „Ich bin überzeugt, dass auch die kleinste Entdeckung dabei hilft, Wissen zu verbreiten, das so von Generation zu Generation zunimmt – dementsprechend führt die Vernachlässigung kleiner Dinge zum Verzicht auf die großen. [...] Das Erkennen der Ähnlichkeiten und der Unterschiede in der Natur ist entscheidend für ihr weiteres Verständnis, sowie für diejenigen, die sich mit Naturkunde und Botanik beschäftigen.", *P. V.*, Bibliografia, in: La Favilla 7/7, 15. April 1842, 112.

[119] Eine interessante Biographie Bartolomeo Biasolettos, mit einer Beschreibung des wissenschaftlichen Lebens Triests in der ersten Hälfte des 19. Jahrhunderts, wurde 1943–1944 vom damaligen Direktor des Triester städtischen Kunsthistorischen Museums (Pietro Sticotti) verfasst und 1945 im *Archeografo Triestino* veröffentlicht. Bemerkenswert erscheint die Tatsache, dass auch Sticotti aus Dignano/Vodnjan stammte und diese Schrift nicht nur seinem „Landsmann" widmete, sondern auch seinem Geburtsort. Das Ziel des Beitrags Sticottis ist die Thematisierung eines frühen Netzwerkes von Wissenschaftlern, die auch als „Patrioten" Istriens und Triests dargestellt werden. Vgl. *Pietro Sticotti*, Bartolomeo Biasoletto, aspetti della vita scientifica di Trieste nella prima metà dell'Ottocento, in: Archeografo Triestino, 4/8–9, 1945, 177–390. Das Manuskript von Pietro Sticottis Studie befindet sich im Archiv des Triester städtischen Kunsthistorischen Museums: CMSA, Archivio Sticotti, 8/10 248cc.

[120] CMSA, Archivio Biasoletto, 9870/11–12.

[121] Ab 1825 wurde sogar ein gewisser Gottlieb Laue, aus Magdeburg gebürtig, als Mitarbeiter angestellt: CMSA, Archivio Biasoletto 9870/73–80.

[122] *O.*, Corso botanico in Trieste, in: La Favilla 2/41, 6. Mai 1838, 177.

[123] CMSA, Archivio Biasoletto 9870/39; *P. V.*, Bibliografia, in: La Favilla 7/7, 15. April 1842, 111–117.

Interesse imperialer und internationaler Botaniker. In der Tat galt Biasoletto als ein weitum anerkannter Gelehrter und Forscher, der in mehrsprachige wissenschaftliche Netzwerke integriert war. Außer seiner aktiven Mitgliedschaft und Tätigkeit als Sprecher des Vereines Minerva knüpfte er als Botaniker besonders enge Kontakte mit dem imperialen Netzwerk zwischen Triest, Wien, Graz, Innsbruck und Prag, aber auch mit ausländischen Akademien und Wissenschaftlern in London, Regensburg, Halle, Berlin, Leipzig, Dresden, Erfurt, Nürnberg, Athen, Stockholm oder Moskau.[124] Die Kontakte Biasolettos zu italienisch- und deutschsprachigen Persönlichkeiten bestätigen mehrere Veröffentlichungen zu Forschungsreisen.[125] Als besonders wichtig erwies sich seine Reise 1838 gemeinsam mit dem König von Sachsen, Friedrich August II., selbst ein Amateurbotaniker, nach Istrien, Dalmatien und Montenegro. Sie fand breite Resonanz in der italienischen und deutschen Presse, vor allem Biasolettos 1841 veröffentlichte Reisebeschreibung,[126] die ein Jahr später auch auf Deutsch erschien.[127]

Darüber hinaus wird durch seinen Nachlass im Archiv des Landesmuseums Triest die Relevanz seiner Tätigkeit als Apotheker, Mediziner und Botaniker für die Konsolidierung und Verbesserung der küstenländischen Ordnung im Vormärz deutlich. Die Herausbildung einer angewandten, nützlichen Wissenschaft konkretisierte sich durch Biasolettos Beratungsarbeiten für politische Institutionen in Triest, Istrien und Dalmatien.[128] Zudem organisierte Biasoletto in Zusammenarbeit mit dem französischen Mediziner Amédée Mathieu de Moulon und mit Hilfe der Gemeinde Triest und des Vereins Minerva eine „botanische Schule" mit einer Reihe kostenloser Vorlesungen über botanische und agrarische Themen: Ziel war die Verbreitung theoretischer und praktischer Kenntnisse über Botanik und Agronomie.[129] *La Favilla* nannte diese Popularisierung wissen-

---

[124] *Gaetano Giucci*, Degli scienziati italiani formanti parte del 7. congresso in Napoli nell'autunno del 1845. Notizie biografiche, Tipografia parigina di A. Lebon, Napoli 1845, 260–261; *Dall'Ongaro*, Apertura delle annuali lezioni di botanica tenute dal Dr. Biasoletto, in: La Favilla 5/27, 5 Juli 1840, 209–210.

[125] *Giucci*, Scienziati, 258–261; *V. Giacomini*, Bartolomeo Biasoletto, in: Dizionario degli italiani Treccani, Roma 1968, 288–290.

[126] *Bartolomeo Biasoletto*, Relazione del viaggio fatto nella primavera dell'anno 1838 dalla Maestà del Re Federico Augusto di Sassonia nell'Istria, Dalmazia e Montenegro, Weis, Trieste 1841.

[127] *Ders.*, Reise Sr. Majestät des Königs Friederich August von Sachsen durch Istrien, Dalmatien und Montenegro im Frühjahr 1838, H. M. Gottschalk, Dresden 1842.

[128] Wie etwa bei der Regulierung und Verbesserung von Plantagen, dem Bau von öffentlichen Brunnen, der Versorgung der mittellosen Cholerapatienten mit Arzneimitteln oder der Aufforstung der triestinischen und istrischen Karstgebiete, vgl. CMSA, Archivio Biasoletto, 9870/34–56; 81–106.

[129] CMSA, Archivio Biasoletto, 9870/57–68; *O.*, Corso botanico in Trieste, in: La Favilla 2/41, 6. Mai 1838, 177; Istruzione pubblica. Botanica, in: La Favilla 2/42, 13. Mai 1838, 180; *Dall'Ongaro*, Cose patrie. Sulla botanica, in: La Favilla 3/38, 21. April 1839, 145–146; *Dall'Ongaro*, Apertura delle annuali lezioni di botanica tenute dal dr. Biasoletto, in: La Favilla 5/27, 5. Juli 1840, 209–210; Scuola agraria istituita in Trieste in quest'anno 1842, in: 48. Supplemento

schaftlicher Kenntnisse „patriotisch", während die von Biasoletto gesammelten und erforschten Pflanzen im botanischen Garten einen Status als „nationale Schätze" erhielten.[130] Solche Initiativen richteten sich an die Mittelschicht Triests und Istriens, insbesondere die Landbesitzer. Die Absicht dahinter war die effektive Veränderung der Ordnung selbst oder die Anpassungsfähigkeit der lokalen Eliten an die changierende lokale und internationale Realität.[131] Der deutsche Übersetzer des Berichtes von Biasoletto über die Reise des sächsischen Königs, Eugen von Gutschmid, verfasste eine bedeutungsvolle Fußnote:

> [...] Botanik, eine Wissenschaft, die wir gewöhnlich bloß als einen freundlichen, erheiternden Schmuck des Lebens zu betrachten pflegen, zugleich von unendlich wichtigem, praktischem Nutzen sei. Möchte jeder Naturforscher wie der ehrenwerthe Autor suchen, auf diese Weise die Liebe an der Wissenschaft mit der Liebe zum Vaterlande zu vereinigen.[132]

Biasoletto und andere Vertreter der wissenschaftlichen Forschung und Medizin des Küstenlandes, nahmen regelmäßig an wissenschaftlichen Versammlungen und Kongressen teil[133], oft als Vertreter der imperialen Wissenschaft.[134] Insbesondere die Kongresse der italienischen Wissenschaftler (Congressi degli scienziati italiani) zwischen 1839 und 1847 spielten eine zentrale Rolle für die Entwicklung der Wissenschaft auf der italienischen Halbinsel sowie in den südlichsten österreichischen Ländern (Lombardo-Venetien, Küstenland und Dalmatien). Die Versammlungen fanden in verschiedenen politischen und akademischen Zentren der italienischen Halbinsel statt: 1839 in Pisa, 1840 in Turin, 1841 in Florenz, 1842 in Padua, 1843 in Lucca, 1844 in Mailand, 1845 in Neapel, 1846 in Genua und 1847 in Venedig.[135] Sie fanden auch die Zustimmung der politischen Spitzen der italienischen Staaten und des Habsburgerreiches. 1839 schilderte ein Autor von *La Favilla* die offizielle Unterstützung der italienischen Kongresse durch die österreichische Krone:

---

alla Favilla, 25. Dezember 1842, 191–192; Lezione di botanica e fisica dei Sigg. Biasoletto e Moulon, in: 18. Supplemento alla Favilla, 24 Mai 1844, 70.

[130] *Dall'Ongaro*, Cose Patrie. Sulla botanica, in: La Favilla 3/38., 21. April 1839, 145–146.

[131] *Michel Fachinetti*, Frammento di memorie istriane, in: La Favilla 10/9, 12. Mai 1845, 129–130.

[132] *Biasoletto*, Reise, 14.

[133] Pietro Stancovich/Petar Stanković präsentierte 1841 in Florenz seine Erfindung einer Olivenpresse; vgl. *Stancovich*, Torchioliva.

[134] Bartolomeo Biasoletto vertrat in den italienischen Kongressen auch die Wiener Agrarakademie. Vgl. *Maria Pia Casalena*, Per lo Stato, per la Nazione. I congressi degli scienziati in Francia e in Italia (1830–1914), Carocci, Roma 2007, 149.

[135] Ebd., 123–218; *Casalena*, The Congresses of Italian Scientists between Europa and the Risorgimento (1839–1875), in: Journal of Modern Italian Studies 12/2, 2007, 155–156. Für eine neuere Analyse der *Kongressen der italienischen Wissenschaftlern* im habsburgischen Venetien vgl. *Valeria Mogavero/Maria Pia Casalena* (Hrsg.), Scienziati italiani a congresso nel Veneto asburgico (1842, 1847) (Venetica 34/58), Cierre, Verona 2020.

Uno splendidissimo pranzo a cui sedevano 335 persone nel real Palazzo fu dato jeri sera da sua eccellenza il Governatore; la cordialità, l'ordine che lo presiederono, i brindisi che furono con immenso trasporto di gratitudine all'*Augusto Regnante* che protegge questo primo Congresso e tanti altri brindisi cui fecero eco vivissimi plausi, attestano di quale spirito di devozione all'imperante, di ordine, e di progresso nella più sodisfacente [sic!] convivenza per mezzo dell'istruzione e delle scienze, sia ciascuno animato.[136]

Die neuere Historiographie relativiert allerdings die Bedeutung dieser Versammlungen für die Herausbildung des „nationalen Selbstbewusstseins" innerhalb des Risorgimentos und versucht eher die sozialen und kulturellen Aspekte solcher Zusammenkünfte zu verstehen.[137] In dem immer größer und internationaler werdenden Publikum trafen verschiedene Sozial-, Interessens- und Berufsgruppen aufeinander.[138] Verschiedene bürgerliche Landbesitzer und Handelsleute waren darunter, die den Wunsch nach Innovationen gemeinsam hatten.[139] Bei diesen Versammlungen, auf denen es „nicht nur um Heimat, nicht nur um Wissenschaft" ging[140], fanden Wissenschaft, Politik und Handel – nach der Definition der Historikerin Maria Pia Casalena – einen internationalen „hybriden Ort", an dem sich mehrere Ordnungen trafen und in Dialog miteinander traten.[141] Gemeinsames Ziel war die Herausbildung von Entwicklungsstrategien im Namen des „Fortschrittes".[142] Zweifellos gab es auch Forderungen, die auf eine Radikalisierung der Kongresse in nationalem Sinn abzielten.[143] Trotzdem blieb die Zusammensetzung der Besucher sozial und national heterogen.[144] Obwohl die Versammlungen die Forderung nach einer schrittweisen Grenzziehung zwischen den verschiedenen Forschungsgebieten widerspiegelten, war die Meinung, dass Botanik, Agrarwissenschaften und Technik eng miteinander verbunden seien,

---

136 „Seine Exzellenz der Gouverneur richtete gestern Abend ein prächtiges Mittagessen aus, an dem 335 Personen im Königspalast teilnahmen. Die Freundlichkeit, die überall ersichtliche Ordnung, die großzügigen Trinksprüche auf *Seine Majestät den Kaiser*, Schutzpatron dieses ersten Kongresses, und viele andere Trinksprüche samt lauten Beifällen zeugten davon, wie groß die Verehrung aller Anwesenden für den Kaiser war, der die gesellschaftliche Ordnung und das friedliche Zusammenleben durch Bildung und Wissenschaft fördert.", Primo congresso degli scienziati italiani in Pisa, in: La Favilla 4/13, 27. Oktober 1839, 101.

137 *Romano Paolo Coppini*, Introduzione, in: Pisa Ottobre 1839. Il Primo Congresso degli Scienziati Italiani, Biblioteca Universitaria, Pisa 1989, 10; *Casalena*, Congresses, 153.

138 Über den Sozial- und Arbeitsstatus der Teilnehmer an den Kongressen der italienischen Wissenschaftler vgl. *Casalena*, Per lo Stato, 175.

139 *Casalena*, Congresses, 154–155; *Coppini*, Introduzione, 10–11.

140 *Marco Meriggi*, Prove di comunità. Sui congressi preunitari degli scienziati italiani, in: Francesco Cassata/Claudio Pogliano (Hrsg.), Scienze e cultura dell'Italia unita (Storia d'Italia. Annali 26), Einaudi, Torino 2011, 14–16.

141 *Casalena*, Congresses, 155.

142 *Meriggi*, Prove, 12–16.

143 Ebd., 16–19.

144 Über die „nicht-italienischen" Teilnehmer vgl. *Casalena*, Per lo Stato, 169–174.

weit verbreitet. Biasoletto vertrat die Gruppe jener Wissenschaftler, die eine ausgeprägte fächerübergreifende Vorgehensweise forderte.[145]

Bezüglich der Herausbildung eines wissenschaftlichen Netzwerkes zwischen Triest und Istrien ist bemerkenswert, dass der Kongress in Venedig 1847 zum Treffpunkt von imperialen und lokalen Ordnungen wurde. Neben Wissenschaftlern des Küstenlandes nahm Karl von Czörnig teil[146] und Biasoletto spielte eine führende Rolle innerhalb der botanischen Sektion.[147] Überdies fanden die Kongresse durch die lokale Presse und die Treffen der Minerva sowie dank umfassender Berichterstattung seitens ihrer Teilnehmer eine starke Resonanz im Küstenland .[148] Darüber hinaus maß die Redaktion von *La Favilla* der botanischen sowie agronomischen Sektion der Versammlungen einen hohen Stellenwert bei: „La sezione di *Agronomia*, la quale più specialmente c'interessa per l'indole di questo Giornale, sembra distinguersi per la sua operosità, poiché due commissioni sono state incaricate di farle ciascheduna un rapporto[...].“[149]

Im Allgemeinen spielten die Kongresse der italienischen Wissenschaftler eine wichtige Rolle für die Entwicklung von regionalen Ordnungen in den südlichen Kronländern der Monarchie. Dieser Aspekt der Herausbildung von Regionalismen durch die Wissenschaft zeigte sich deutlich bei den zwei venezianischen Kongressen (1842 in Padua und 1847 in Venedig). Wie die Historikerin Maria Laura Soppelsa feststellt, wurden regionale Identitätsstiftungen (im vor-

[145] *Casalena*, Congresses, 171.

[146] Diario del Nono Congresso degli scienziati italiani convocati in Venezia nel settembre 1847, Giovanni Cecchini, Venezia 1847, 149; *G. Sacchi*, IX. – Degli scienziati del Littorale Austro-Illirico alla riunione di Padova nell'anno 1842, in: Annali universali di statistica, economia pubblica, storia, viaggi e commerci 75, 1843, 127.

[147] Biasoletto wurde 1839 in Pisa sogar Präsident und 1843 in Lucca Sekretär der botanischen Sektion des Kongresses gewählt: Vgl. *Giucci*, Scienziati, 260; *Casalena*, Congresses, 170.

[148] In *La Favilla* wurden die Kongresse als eine „Europäisierung“ der wissenschaftlichen Debatten zwischen den italienischsprachigen Wissenschaftlern angesehen: *Dall'Ongaro*, Notizie sulla prima riunione scientifica italiana in Pisa, in: La Favilla 4/11, 13. Oktober 1839, 81–82; Breve sunto degli argomenti trattati nella sezione di Botanica, nella prima riunione de' Naturalisti, Medici ed altri scienziati italiani tenuta in Pisa nell'Ottobre del 1839, in: La Favilla 4/15, 10. November 1839, 116–117; Seconda parte degli argomenti trattati nella sezione botanica della riunione di Pisa, in: La Favilla 4/16, 17. November 1839, 122–125; Seconda riunione degli scienziati italiani in Torino, in: La Favilla 5/39, 27. September 1840, 309–312 (sowie in: La Favilla 5/40, 4. Oktober 1840, 318–320; La Favilla 5/41, 11. Oktober 1840, 324–326); *Dall'Ongaro*, Quinto congresso degli scienziati italiani in Lucca, in: La Favilla 8/20, 31. Oktober 1843, 309–318 (sowie in: La Favilla 8/21, 15. November 1843, 325–334); Il VI congresso degli scienziati italiani, in: La Favilla 9/19, 9. November 1844, 295–300; *P. V.*, Congressi scientifici, in: La Favilla 1/39, 27. September 1846, 464–466; *D.*, Il congresso di Genova, in: La Favilla 1/44, 7. Dezember 1846, 577–578.

[149] „Der Fachbereich *Landwirtschaft*, der für uns aufgrund des Charakters dieser Zeitschrift von besonderem Interesse ist, scheint sich durch seine Ambitionen auszuzeichnen, da gleich zwei Kommissionen darüber berichten [...].“, Primo congresso degli scienziati italiani in Pisa, in: La Favilla 4/13, 27. Oktober 1839, 100.

liegenden Fall die regionale „venezianische Identität") auch durch die praktische Anwendung der auf den Kongressen präsentierten und diskutierten Kenntnisse gefördert. Dies galt speziell für die Stärkung von Wissens-, Forschungs- und Bildungsnetzwerken in einer regionalen Ordnung.[150]

Die Intensivierung wissenschaftlicher Diskurse und die gleichzeitige Vorbereitung der administrativen Reformen Stadions in den 1840er-Jahren spiegelten eine allgemeine Tendenz zu einer praktischen Anwendung wissenschaftlicher Kenntnisse wider. Diese war nicht zuletzt mit den Bedrohungskommunikationen betreffend die „Rückständigkeit" Istriens sowie der steigenden Relevanz und Wahrnehmung der untersten sozialen Schichten verbunden. Mit Blick auf diesen, unter anderem von der wissenschaftlichen Tätigkeit geprägten Regionalismus kann die Entwicklung von Netzwerken und Institutionen in den 1840er-Jahren im Küstenland, insbesondere in Bezug auf die Unterstützung der imperialen und lokalen Politik (Statthalterei und Stadtgemeinde Triest) besser verstanden werden.

Nicht zuletzt spielte in diesem Kontext die imperiale Suche nach Konsens und Legitimation in den Kronländern eine wichtige Rolle und fand in der lokalen Wissenschaft einen wichtigen Anker. In offiziellen Texten betonten Wissenschaftler und Mediziner seit den 1830er/40er-Jahren immer häufiger ihre Loyalität gegenüber dem österreichischen Kaiser und Staat. In der Tat lässt sich aufgrund mehrerer Indizien behaupten, dass Herrscherhaus und Regierung Österreichs ab den 1830er-Jahren begannen, an der Adriaküste eine Wissenschaftspolitik direkt zu unterstützen – auch durch offizielle Reisen und Visiten des Kaisers. Biasoletto berichtete 1832 über den persönlichen Besuch des österreichischen Kaisers Ferdinand I. im botanischen Garten von Triest. Dieser Besuch im Rahmen der offiziellen Reise des Kaisers galt als eine unmittelbare Anerkennung der neu entstandenen Institution sowie der Tätigkeit der lokalen Wissenschaftler:

> [...] quandochè la presenza di S. M. l'augustissimo nostro Sovrano trovandosi a Trieste e degnandosi visitare il nascente Orto botanico affidato alla direzione dello stesso [Biasoletto, Anm. d. Ver.], fra le tante belle cose che si compiacque di dirle, fu quella eziandio che, venendo a Vienna si presentasse alla sua presenza per fargli vedere le piante dalla stessa M. S. coltivate, ciò che lo rese ardito dirle, che nel Settembre sarebbe per recarsi all'unione dei Naturalisti e Medici, a cui la pregiata S. M. l'incoraggiò a comparirvi e presentarsi a lui.[151]

---

[150] *Maria Laura Soppelsa*, Immagini della cultura scientifica veneta nei Congressi degli scienziati italiani di Padova (1842) e Venezia (1847), in: Donatella Calabi (Hrsg.), Dopo la Serenissima. Società, amministrazione e cultura nell'Ottocento veneto, Istituto Veneto di Scienze, Lettere ed Arti, Venezia 2001, 252–257.

[151] „[...] Als unsere Majestät der Kaiser Triest besuchte, ließ er sich dazu herab, den neu gegründeten botanischen Garten zu besuchen, der seiner Leitung [Biasolettos, Anm. d. Verf.] anvertraut ist. Zwischen den vielen Komplimenten, die er dem Leiter machte, bat der Kaiser ihn, ihm bei seinem nächsten Aufenthalt in Wien einen Besuch bei Hofe abzustatten, damit

Ziel war die Integration des schon existierenden lokalen Wissensnetzwerkes in die imperiale Wissenschaft.[152] Es ist kein Zufall, dass die ersten beiden Institute der späteren städtischen Kunst- und Naturhistorischen Museen in Triest in den 1840er-Jahren gegründet wurden: 1843 das Museo di Antichitá di Tergeste (Kunsthistorisches Museum Triests) unter der Leitung von Pietro Kandler, und 1846 das Gabinetto zoologico-zootomico in Trieste (Zoologisch-Zootomische Anstalt in Triest). In der Zeit der oben erwähnten Umstrukturierung des Küstenlandes unter dem Statthalter Graf von Stadion galten diese beiden Institutionen als wichtige „Schmieden“ und „Speicher“ der gesammelten Kenntnisse – auch über Istrien –, die vor allem nach 1848/49 für die Prägung sowohl der „imaginierten“ als auch der „realen“ Ordnung auf der istrischen Halbinsel benutzt wurden.

Insbesondere die Zoologisch-Zootomische Anstalt markierte durch die Institutionalisierung von Netzwerken den Beginn der schrittweisen Kooperation von Wissenschaftlern, lokalen und imperialen politischen Akteuren und der privaten Händler und Kaufleute. Die Sammlung naturwissenschaftlicher Gegenstände nahm nämlich ihren Anfang im Rahmen einer halb privaten, halb öffentlichen Initiative von Großbürgern Triests und des Küstenlandes sowie des Österreichischen Lloyd und des Statthalters Stadion.[153] In den Berichten und Akten des Naturhistorischen Museums aus dem Jahre 1850 wurde die Gründung der Zoologisch-Zootomischen Anstalt als eine „patriotische“ Handlung dargestellt. Gleichzeitig wurde die finanzielle und politische Unterstützung seitens der Statthalterei und der Gemeinde Triest unterstrichen:

> Dies Unternehmen, was die Hülfsmittel betrifft, schwieriger in seiner Art als vielleicht irgendwo sonst, wurde von unserm unvergeßlichen, damaligen k. k. Landes-Gouverneur,

---

seine Majestät ihm die von ihm selbst gezüchteten Pflanzen zeigen könne. Derart ermutigt erzählte [Biasoletto], dass er im September am Kongress der Naturforscher und Mediziner teilnehmen werde, so dass seine Majestät auf seinen Besuch bestand.“, *Biasoletto*, Relazione al Congresso dei naturalisti e medici tedeschi, in: ADT, R. P. MS Misc. 32.

[152] Dell'aggregazione dell'Istria alla Società geologica dell'Austria interiore, in: L'Istria 2/63–64, 16 Oktober 1847, 255–256.

[153] Das Verzeichnis der Anstaltsgründer enthält unter anderem die Naturwissenschaftler Biasoletto, Muzio de Tommasini und Heinrich Koch – der erste Direktor der Anstalt –, den Archäologen Pietro Kandler, Graf von Stadion, einige der wichtigsten Kaufmänner Triests und der Monarchie (wie etwa Pasquale Revoltella, Giovanni Morpurgo) und den Österreichischen Lloyd, sowie zwei Frauen (Maria Kosler und Marianne Gräfin von Wimpffen); dazu vgl. Bericht über die Gründung der Zoologisch-Zootomischen Anstalt in Triest, Österreichischer Lloyd, Triest 1850, 11. Es lohnt auch ein Blick auf den Gender-Aspekt in der ersten Entwicklung der Wissenschaft des Küstenlandes: Die Anwesenheit von Frauen in den ersten wissenschaftlichen Anstalten sowie bei wissenschaftlichen Anlässen war lokal und international bemerkenswert und wurde oft von lokalen Zeitschriften erwähnt; vgl. Z., Congresso scientifico nel Belgio, in: La Favilla 1/32, 5. März 1837, 3; Scuola di botanica, in: 34. Supplemento alla Favilla, 11. September 1842, 133–134; Un'italiana traduce la Scienza nuova in francese, in: 39. 40. Supplemento alla Favilla, 26. Oktober 1844, 159–160; *Dall'Ongaro*, Reminiscenze del Congresso di Genova. III. Influenza della donna sulle istituzioni a beneficio del popolo, in: La Favilla 1/50, 14. Dezember 1846, 589–592.

Herrn Franz Grafen von Stadion, und von dem jetzigen k. k. Handels-Minister, Freiherrn C. L. von Bruck, auf das Wirksamste unterstützt und gefördert. Dieser Protection verdankt man die Ausführung des Planes der Gründung dieser Anstalt.[154]

Zugleich wurden die vielfältigen Bemühungen um Schaffung einer wissenschaftlichen Ordnung an der Adria als eine Antwort auf eine undefinierte Bedrohung präsentiert. Aus der Perspektive sowohl des Imperiums als auch der Handelseliten Triests war die Gefahr der Verschwendung von materiellen und intellektuellen Ressourcen mangels Ordnung eine zentrale Bedrohung – insbesondere in einer Zeit der Internationalisierung der Kontakte und der Konkurrenz zwischen europäischen Mächten.[155] In diesem Zusammenhang wurde eine Isolierung der Interessen Österreichs (sowie Triests) befürchtet, vor allem wegen der mangelhaften Industrialisierung in der Monarchie.[156]

Die Parallelität von gesamtstaatlichem und lokalem *re-ordering* und der Institutionalisierung von lokalen wissenschaftlichen Vereinen scheint nicht zufällig. Es ist dennoch schwierig, vielleicht sogar unmöglich, die verschiedenen Ebenen voneinander zu trennen und eine eindeutige Antwort darauf zu geben, ob die Institutionalisierung der Wissenschaft des Küstenlandes die Folge einer Anforderung „von oben" oder „von unten" – bzw. vom „Zentrum" oder der „Peripherie" – war. Die Definition „Gleichzeitigkeit von lokalen, imperialen und internationalen Umständen" kann einen solchen mehrfachen Prozess am besten erklären und hilft, eine vereinfachte *top-down*-Erklärung zu vermeiden.

2.4. Eine imaginierte Ordnung: Regionale Identität zwischen Archäologie und Volkskunde

Im Laufe der zweiten Hälfte des 19. Jahrhunderts entstanden viele unterschiedliche, oft widersprüchliche kulturelle Darstellungen der istrischen Ordnung. Istrien im 19. Jahrhundert muss als eine halb-reale und halb-imaginierte Ordnung gesehen werden.[157] Istrien blieb – auch im Laufe der zweiten Hälfte des Jahrhunderts – eine Region ohne eigene „Identität", die im Rahmen eines imperialen Projektes geschaffen wurde und stark von nicht-harmonisierenden Betrachtungen (oft externer Akteure) abhängig war. Viele der Perspektiven, Diskurse und Narrative der zweiten Hälfte des Jahrhunderts nahmen ihren Anfang im Vormärz, insbesondere in den entscheidenden 1830er- und 1840er-Jahren. Meist wurden diese Diskurse und Darstellungen mit Bedrohungskommunikation ver-

[154] Bericht, 3.
[155] Programma ed invito per l'istituzione di una Unione di storia naturale, in: Civico Museo Ferdinando Massimiliano in Trieste. Alto Protettorato, cenni storici, e statuto, Lloyd austriaco, Trieste 1856, 15.
[156] *Judson*, Habsburg, 159.
[157] Vgl. *Jan Morris*, Trieste and the Meaning of Nowhere, Faber and Faber, London 2001, 8.

bunden, wie sie in der lokalen Presse auftauchte. Die konstante Wahrnehmung eines Mangels an innerer Stabilität war keine Besonderheit des Küstenlandes, sondern spiegelte auf regionaler Ebene die Frage nach der Identität des österreichischen Staates in seiner Gesamtheit wider. In den turbulenten 1840er-Jahren drückten einige deutschsprachige Autoren ihr Unbehagen über eine unsichere Identität der „Nation Österreich" aus, vor allem in einer Zeit, als sich international das moderne westeuropäische Identifikationsmuster des Nationalstaates zu etablieren begann.[158] Paradigmatisch war die Formulierung dieses verbreiteten Unbehagens in einem 1843 anonym in Hamburg veröffentlichten Buch: „Oesterreich ist ein rein imaginärer Name [...]".[159]

Bezüglich der neuen istrischen Realität belegen die lokalen Periodika den in einer Zeit von tiefen inneren und äußeren Veränderungen besonders stark wahrgenommenen Mangel an historisch-kulturellen Identitätsmustern:

> La privazione in che siamo di opere sulla storia e sulla geografia dell'Istria va ascritta alla mancanza di tipografie nella provincia, ed alla povertà dei secoli passati, il perché mentre pochissimi autori furono fatti di pubblica ragione, molte opere corsero manoscritte per le mani di pochi che degne sarebbero state della luce, e poche poterono trovare salvamento nelle biblioteche dei cenobii, la soppressione dei quali fu causa se non sempre di deperimento, troppo spesso di smarrimento.[160]

Die erwünschte, aber gleichzeitig mit Ängsten verbundene neue Zeit des „Fortschritts" – die Zeit des Überganges von der Früh- zur Spätneuzeit – wurde als eine Zeit mit unklaren Perspektiven wahrgenommen, welche die vorherigen soziopolitischen Machtverhältnisse in Frage stellen konnte. In diesem Diskurs wurde das Fehlen eines legitimierenden Narratives Istriens und Triests als eine Bedrohung empfunden, die in einer Zeit der beschleunigten Veränderungen der Makro- und Mikroebenen leicht zu einer sozialen und politischen Schwächung und Isolierung der Machteliten[161] des Küstenlandes führen konnte. Deswegen be-

---

[158] *Emil Niederhauser*, 1848. Sturm im Habsburgerreich, Kremayr & Scheriau, Wien 1990, 35–37.

[159] Als Autor stellte sich später der liberale Politiker Viktor Freiherr von Andrian-Werburg heraus: Oesterreich und dessen Zukunft, Hoffman und Campe, Hamburg 1843, 6–7.

[160] „Der Mangel an Werken über die Geschichte und Geografie Istriens ist dem Fehlen lokaler Druckereien und der Armut der vergangenen Jahrhunderte zuzuschreiben. Nur sehr wenige Autoren hatten das Privileg, veröffentlicht zu werden, viele Werke wurden nur handschriftlich verfasst und zwischen wenigen Händen weitergereicht, obwohl sie einer größeren Verbreitung würdig gewesen wären. Nur wenige dieser Manuskripte konnten in den Klosterbibliotheken gerettet werden, doch mit deren Schließung verfielen sie oder gingen verloren.", Prefazione, in: Archeografo triestino 4, 1837, III.

[161] Der Begriff „Machtelite" wird im Sinn der Historikerin Anna Millo verwendet, die diese verallgemeinernde Kategorie für ihre umfassende Forschungsanalyse über die unterschiedlichen Bourgeoisien Triests im 19. und 20. Jahrhundert dem Werk des Soziologen Charles Wright Mills *The Power Elite* (1956) entnahm. Die Verwendung dieses Begriffes im vorliegenden Text hat die Unterstreichung der Kontakte, des Austausches und vor allem der Schaffung eines gemeinsamen kollektiven Wissens staatlicher und wissenschaftlicher Institutionen sowie

gannen die ersten Generationen von Italienisch sprechenden *opinion makers* des Küstenlandes, einige Anpassungs- und Überwindungsstrategien zu entwickeln und zu etablieren. Einerseits galten neue Medien (wie etwa die Zeitschrift *La Favilla*) als Foren für die öffentliche Meinung sowie kulturelle und soziale Diskussionen. Andererseits war die Schaffung „kultureller Speicherorte" wichtig für die Entwicklung der erwünschten wissenschaftlichen Grundfeste der neuen Ordnung Istriens und der Stadt Triest – wie etwa museale Sammlungen archäologischer Funde und Quellen[162], wissenschaftliche Zeitschriften (*Archeografo triestino, L'Istria*) und eine wissenschaftliche Literaturproduktion. Beide Strategien wurden von der lokalen Statthalterei (insbesondere unter dem Statthalter Stadion) unterstützt und durch den Österreichischen Lloyd finanziert.

Hauptziel der Zeitschrift *L'Istria* (1846–1852) von Pietro Kandler war die Festigung der istrischen Ordnung. Im Gegensatz zu *La Favilla*, die als kreatives Diskussionsforum galt, war diese Zeitschrift eine Art offizielles Medium der imperialen Macht und diente der Verbreitung ausgewählter Kenntnisse über Istrien bei einem breiteren Lesepublikum. Der habsburgloyale Triestiner Kandler galt als eine grundlegende Figur bei der Erforschung von kulturellen Differenzen in der zweiten Hälfte des 19. Jahrhunderts. Gaetano Merlato beschrieb 1872 die Gründung der Zeitschrift ausdrücklich als die Schaffung eines kulturellen „Speichers":

> Nel 1846 incominciò la pubblicazione del suo giornaletto ebdomadario intitolato *l'Istria*, periodico che doveva secondo il suo intendimento, servire di Magazzino e repertorio istorico-geografico-archeografico-statistico e letterario per tutte le notizie relative a Trieste e all'Istria, desunte da opere poco note o non mai stampate."[163]

Kandler und seine Werke zur Geschichte und Archäologie Istriens wurden von den nachfolgenden Generationen von Forschern italienischer und deutscher Sprache ständig zitiert und als eine Art „kanonische Basis" für ihre Studien verwendet.[164] Er und seine Mitarbeiter galten als die Begründer des historisch-literarischen Kanons für die Herausbildung der mentalen istrischen Ordnung.[165]

---

anderer Akteure der Kulturwelt auf einer zentralen und lokalen Ebene zum Ziel. Vgl. *Anna Millo*, L'elite del potere a Trieste. Una biografia collettiva (1891–1938), Franco Angeli, Milano 1989.

[162] *Giovanni Radossi*, Il carteggio Pietro Kandler-Tomaso Luciani (1843–1871), Centro di Ricerche storiche di Rovigno, Rovigno/Trieste 2014, 9–10.

[163] „1846 begann er mit der Veröffentlichung seines Wochenblatts *L'Istria*, das – in seiner Absicht – als Speicher gedacht wurde. In dieser Zeitschrift wollte er sämtliche Triest und Istrien betreffende Informationen aus den Bereichen Geschichte, Geographie, Archäologie, Statistik und Literatur sammeln, die aus wenig bekannten oder nie gedruckten Werken stammten.", *Merlato*, Cenni, 12.

[164] Vgl. Istrien: Historische, geographische und statistische Darstellung der istrischen Halbinsel nebst den kvarnerischen Inseln, Österreichischer Lloyd, Triest 1863, 145, 258, 262.

[165] Als klares Beispiel dafür gilt die häufige Präsenz des Namens Kandler in den handgeschriebenen Notizen und Entwürfen des griechisch-triestinischen Althistorikers und Ar-

Kandler und seine Zeitschrift *L'Istria* versuchten, die istrische Ordnung hauptsächlich unter vier Forschungsaspekten zu festigen: 1) geographische Definition; 2) erste Darstellungen der ethnischen Vielfalt; 3) historisch-archäologische Forschungen und Ausgrabungen; 4) Zugehörigkeit Istriens zu dem alten historisch-geographischen Großraum des römischen Reiches (ohne nationalistische Bedeutung).

Die wissenschaftliche Basis für die neue administrative Ordnung (die Reform Stadions) nahm ihren Anfang in geographischen Kategorisierungen.[166] Sogar über die historisch-geographischen Grenzen Istriens herrschte im Laufe des 19. Jahrhunderts noch keine Einigkeit, vor allem in Bezug auf die Eingliederung der Kvarner Inseln seit 1825. Im Februar 1846 schlug *L'Istria* eine Klassifizierung des „geographischen Istriens" durch eine geographische Karte auf Basis von drei Klassifikationsmerkmalen vor: Dabei wurde Istrien geographisch in drei Areale – Ober-, Mittel-, und Unteristrien („Istria superiore", „Istria media", „Istria inferiore") eingeteilt. Bemerkenswerterweise wurde die Eingliederung des heutigen triestinischen Karsts bzw. des triestinischen Umlands in das moderne Istrien vorgeschlagen.[167] Die Entwicklung einer inneren geographischen Differenzierung schien der erste wichtige Schritt hin zur Bestimmung der mentalen Trennung zwischen Küsten- und Bergregion (Inneristrien) bzw. zwischen städtischen und ländlichen Regionen, auf denen nach 1848/49 – und vor allem nach 1860 – ethnozentrische Kontinuitätsnarrative basierten. In diesem Sinn versuchte *L'Istria* in ihrer allerersten Ausgabe, eine Definition der „Geographie Istriens" bzw. des „geographischen Istriens" vorzulegen.

Nach Festlegung des administrativen und geographischen Aspekts der Ordnung wurde die sogenannte „genetische Geographie" thematisiert.[168] Schon in den 1840er-Jahren begann ein Diskurs über die kulturelle Vielfalt Istriens, insbesondere bezüglich der nicht-italienischsprachigen und nicht-städtischen Bevölkerung. Die Darstellung der geographischen sollten nun durch Darstellung der kulturellen Vielfalt ergänzt werden. Allerdings gestaltete sich dies im Fall

---

chäologen Pietro Pervanoglù (1833–1894) für ein vermutlich nie veröffentlichtes Werk mit dem Titel *Geschichte, Geographie und Ethnographie der Küsten des Adriatischen Meeres* aus dem Jahre 1870. Die Notizen enthalten eine lange und interessante Liste an Literatur über die adriatischen Küsten, darunter auch Istrien und Triest. Die Manuskripte sind im Nachlass Pervanoglù im Archiv des Kunsthistorischen Museums Triests (CMSA, Archivio Pervanoglù) archiviert.

[166] Vgl. Simone Slavich, Della Geografia dell'Istria, in: L'Istria 1/1–2, 3. Januar 1846, 2–7 (sowie in: 1/3, 10. Januar 1846, 9–12; 1/4, 17. Januar 1846, 13–15; 1/5, 24. Januar 1846, 17–19; 1/10, 21. Februar 1846, 37–38); Delle carte geografiche dell'Istria, in: L'Istria 1/12, 7. März 1846, 47–48; Geografia amministrativa d'Istria, in: L'Istria 1/13–14, 14. März 1846, 49–52 (sowie in: 1/16–17, 28. März 1846, 62–64; 1/19–20, 11. April 1846, 73–75; 1/22–23, 25. April 1846, 85–88).

[167] Della geografia d'Istria, in: L'Istria 1/4, 17. Januar 1846, 13–15 (sowie: 1/10, 21. Februar 1846, 37–38).

[168] Della geografia genetica dell'Istria, in: L'Istria 1/11, 28. Februar 1846, 41–42 (sowie in: 1/12, 7. März 1846, 45–47).

Istriens wegen der diversifizierten und künstlichen Natur der neuen Region schwierig, wie ein Autor von *L'Istria* 1846 anmerkte:

Abbiamo già avvertito come talvolta il nome d'una provincia, segni non già la terra fisicamente conterminata, ma la terra occupata da un popolo che ha lingua comune o comune origine. Questo non è il caso dell'Istria né, per quanto giungano le notizie storiche, lo fu mai; sembra anzi che la fisica configurazione per lo spartimento interno, e la posizione della provincia, aperta da un lato al mare, in contatto dall'altro attraverso pochi passaggi montani con provincie alpine, siano state facile mezzo che due popoli diversi, se non di razza almeno di abitudini, l'occupassero nei tempi più remoti, all'occasione delle antichissime trasmigrazioni.[169]

L'Istria veröffentlichte auch sprachwissenschaftliche Studien, etwa zu italienischen, istro-venezianischen und istriotischen Dialekten.[170] Daneben zeigte sich ein immer stärkeres Interesse an den sogenannten „Bauern" („villici") und dem „Land" („campagna") bzw. den sozialen und kulturellen Organisationsformen der ruralen Gemeinschaften, die aber hauptsächlich aus der urbanen Perspektive betrachtet wurden.[171] Im Frühjahr 1847 wurde auch eine Reihe von Artikeln über die „istrischen Slawen" publiziert, die diese als eine sprachliche, kulturelle und soziale Andersartigkeit darstellten.[172] Der Autor dieser ersten wissenschaftlichen Artikel über die „Slawen" Istriens war der Priester und Gelehrte Antonio Facchinetti aus Visinada/Vižinada. Wie sein Cousin Michele Fachinetti (sic!) entstammte er einer herausragenden Landbesitzerfamilie aus dem Bezirk Montona/Motovun und beherrschte bemerkenswerterweise sowohl Italienisch als auch die lokalen slawischen Idiome. Facchinettis Ziel war die Präsentation von exakteren Kenntnissen über die Slawisch sprechende Bevölkerung vor dem Hintergrund weit verbreiteter Vorurteile gegenüber dieser.[173] Als Ergebnis dieser ersten Tranche wissenschaftlicher Texte wurde Istrien nun allmählich in zwei

[169] „Wir haben bereits bemerkt, wie der Name einer Provinz teilweise nicht einem klar begrenzten Gebiet entspricht, sondern vielmehr das Gebiet eines Volkes, das durch eine gemeinsame Sprache oder einen gemeinsamen Ursprung gekennzeichnet ist. Das ist und war in Istrien nie der Fall, wie die historischen Informationen belegen. Vielmehr haben die innere Teilung und die Lage der Provinz – einerseits zum Meer hin offen und anderseits über wenige Bergpässe mit den Alpenländern verbunden –, dazu beigetragen, dass die geographischen Bedingungen die Ansiedlung von zwei verschiedenen Völkern – wenn auch nicht hinsichtlich der Rasse, so doch hinsichtlich ihrer Bräuche – begünstigte. Schon in der Vorzeit, während der ersten Völkerwanderungen, besetzten diese zwei Völker das Land.", Della geografia genetica dell'Istria, in: L'Istria 1/11, 28. Februar 1846, 41.

[170] Vgl. Saggio di dialetti istriani, in: L'Istria 1/13–14, 14. März 1846, 49 (sowie in: 1/16–17, 28. März 1846, 61–62; 1/18, 4. April 1846, 69–70).

[171] Vgl. Sui paesi di campagna, in: L'Istria 1/16–17, 28. März 1846, 66–67.

[172] *D.A. Facchinetti*, Degli slavi istriani, in: L'Istria 2/21, 20. März 1847, 81–82 (Sowie in: 2/22–23, 27. März 1847, 85–89; 2/24, 3. April 1847, 93–96; 2/25, 10. April 1847, 97–100; 2/26–27, 17. April 1847, 102–106).

[173] Ebd., 2/26–27, 17. April 1847, 105–106.

Sphären geteilt: in eine italienischsprachige und in eine slawische (bzw. nicht-italienischsprachige).[174]

Schließlich sollte die „physische" durch die „historische Geographie" ergänzt werden. Das Fundament für Letztere stellten Ausgrabungen und Erforschung der archäologischen Reste der lateinisch-venezianischen Vergangenheit dar. Gleichzeitig bildeten die Archäologie sowie die historische Forschung zu Istrien Begegnungs- und Verflechtungsorte der Interessen lokaler, Triester und imperialer Akteure. 1844 besuchte der österreichische Kaiser Ferdinand I. persönlich die Ausgrabungen der altrömischen Funde in Pola/Pula und entschloss sich, diese finanziell zu unterstützen:

> I monumenti dell'epoca romana, i quali fanno di Pola la città più mirabile dell'austriaco impero, hanno persuaso l'AUGUSTO *Ferdinando I*, che di persona volle visitarli nel settembre 1844, di assegnare annua somma alla esplorazione delle antiche memorie, che i frequenti ruderi coprono, e ne poggiava l'incarico al suo Governatore nel Litorale.[175]

Darüber hinaus wurde Istrien schon in dieser Phase als eine an historischen Denkmälern besonders reiche Region der Monarchie dargestellt. Pola/Pula wurde 1846 in *L'Istria* (aus der Triester und Wiener Perspektive) als „die prächtigste antike Stadt des österreichischen Kaiserreiches" präsentiert – eine Reputation, die sich in den folgenden Jahrzehnten monarchieweit verbreitete.[176] Kandler sammelte archäologische Artefakte und gab die wichtigsten relevanten antiken und mittelalterlichen Quellen (inklusive Kommentare) heraus[177] und verlieh dadurch (während der Vorbereitung der administrativen Umstrukturierung unter Stadion) der Region Istrien Gestalt und einen historischen Sinn.[178]

Versuche, historische (lateinisch-italische) Kontinuitäten herzustellen, gab es bereits in den 1820er-Jahren, insbesondere durch die historischen Veröffentlichungen von Pietro Stancovich/Petar Stanković.[179] Seine Werke waren aber anders gestaltet. Stancovich/Stanković, der eine Übergangsgeneration zwischen der venezianischen und der habsburgischen Herrschaft repräsentierte, nahm die venezianische Vergangenheit als eine zwar verschwundene, aber noch immer

---

[174] Della geografia genetica dell'Istria, in: L'Istria 1/11, 28. Februar 1846, 41–42.

[175] „Die Denkmäler aus der Römerzeit, die Pola zur prächtigsten antiken Stadt des österreichischen Kaiserreichs machen, überzeugten SEINE MAJESTÄT *Ferdinand I.* – der im September 1844 persönlich kommen wollte – die Erforschung der alten Ruinen, die sich unter den aktuellen Gebäuden verbargen, mit einem jährlichen Betrag zu fördern, und beauftragte seinen Statthalter im Küstenland [Franz von Stadion, Anm. d. Verf.] mit dieser Aufgabe.", Degli scavi di Pola, in: L'Istria 1/6–7, 31. Januar 1846, 21.

[176] Ebd.

[177] Vor allem: *Kandler*, Codice. Für eine Analyse dieses Werks und anderer von Pietro Kandler vgl. *Miculian*, Fonti.

[178] *Dorsi*, Il Litorale,131–188.

[179] *Pietro Stancovich*, Dello anfiteatro di Pola, dei gradi marmorei del medesimo, nuovi scavi e scoperte e di alcuni epigrafi e figurine inedite dell'Istria, Picotti, Venezia 1822; *Ders.*, Biografia.

nahe Realität wahr. Stancovichs/Stankovićs Engagement im venezianischen intellektuellen Netzwerk (insbesondere rund um die Universität Padua) zeigte sich zudem als ein Versuch der noch unter Venedigs Herrschaft geborenen istrischen Eliten, dem Sinnverlust nach dem Ende der Dominante entgegenzuwirken. Stancovichs/Stankovićs Werke aus den 1820er-Jahren bildeten eine erste kohärente Sammlung der früheren Literatur über Istrien. Allerdings war die Lage in den 1840er-Jahren wegen der verstärkten Präsenz des österreichischen Imperiums entscheidend anders. Kandler berief sich denn auch ausdrücklich auf die imperiale Ordnung, und drückte sogar seine persönliche Abneigung gegenüber Stancovich/Stanković aus. In einem Brief an Tomaso Luciani schrieb er im Oktober 1847: „Ne manderei uno [testo, Anm. d. Verf.] anche allo Stancovich, ma non amo di avere relazioni con persone di quello stampo [...].“[180] Der Triester Kandler betonte seine Loyalität gegenüber der Dynastie und schuf um sich ein immer engmaschigeres Netzwerk von Mitarbeitern der istrischen und triestinischen Ordnungen.

Aus imperialer Perspektive galt die erste Hälfte der 1840er-Jahre somit als eine Schlüsselzeit für die Suche nach Ansprechpartnern in Istrien durch die imperiale Zentrale in Triest: Kandlers *L'Istria* war in diesem Bemühen erfolgreich. Die schon oft analysierte und veröffentlichte Korrespondenz zwischen Kandler und seinen Mitarbeitern spiegelt eine ausgeprägte Netzwerkstruktur auf der regionalen Ebene wider.[181] In der langen Liste der Mitarbeiter an Kandlers Zeitschrift finden sich viele wichtige italienischsprachige Persönlichkeiten, die nach 1848/49 in kulturellen und politischen Debatten über Istrien maßgeblich waren.[182] Auch für imperiale Wissenschaftler und Beamte (etwa das Büro der administrativen Statistik) galten seit den 1840er-Jahren solche lokalen Netzwerke als wichtige Ressourcen, die nach der Bedrohung von 1848/49 und während des *re-orderings* der Monarchie zur Entwicklung von Überwindungsstrategien genutzt wurden. So bediente sich Czörnig schon in den 1840er-Jahren seiner persönlichen und professionellen Beziehungen zu Persönlichkeiten aus dem lokalen Netzwerk des Küstenlandes (etwa zu Giovanni Rosa, dem ehemaligen Verwalter von Lupogliano/Lupoglav[183]) zum Erwerb von Kenntnissen über Istrien und für die Erstellung seiner späteren *Ethnographie*.[184]

[180] „Ich könnte auch Stancovich einen [Text, Anm. d. Verf.] schicken, aber ich unterhalte ungern Beziehungen zu Menschen dieser Art [...].“, Brief N. 10 von Pietro Kandler an Tomaso Luciani, 17. Oktober 1847, in: *Radossi*, Il carteggio, 68.

[181] Ebd.; *Grazia Tatò*, Lettere di Gian Paolo Polesini a Pietro Kandler (1860–1872), Società Istriana di Archeologia e Storia Patria, Trieste 2011.

[182] Neben Personen, die Kandler bei seiner Arbeit als Archäologe halfen, kann man die folgenden Namen finden: Tomaso Luciani, Andrea Amoroso, Andrea Scampicchio, Giovanni Andrea della Zonca, Carlo de Franceschi, Carlo Buttazzoni, Carlo Kunz (1873 wurde er zum Nachfolger Kandlers als Direktor des Triester Kunsthistorischen Museums), Pietro Tomasin.

[183] *Franceschi*, I Castelli, 198.

[184] *Radossi*, Il carteggio, 80.

2.5. Die *outsider*-Perspektive: Das Reisen und die Entdeckung der Andersartigkeit

Im Zusammenhang mit der Anlage eines Speichers von kulturellen Materialien und Mustern für die Identitätsstiftung für Istrien tauchte das Thema der kulturellen Vielfalt Istriens auf. Die „Slawen" Istriens, die seit den 1840er-Jahren zuerst als eine kulturell, sozial und geographisch andersartige Gruppe dargestellt wurden, fehlten bis dahin in Werken über die kulturelle Zusammensetzung Istriens. Die oben erwähnten technologischen Fortschritte sorgten seit den 1830er-Jahren für eine neue Sichtbarkeit und Relevanz der Halbinsel aus Triester und Wiener Sicht,[185] aber auch international. Italienisch-, deutsch- und englischsprachige Reiseberichte erwähnten ab den 1830er-Jahren Istrien immer öfter als Ort auf den neu entstandenen touristischen Schiffsrouten von Triest nach Fiume/Rijeka, Dalmatien sowie Handelshäfen in anderen Teilen des Mittelmeeres.[186] Da Istrien wegen seiner venezianisch-maritimen Einstellung und dem Mangel an guten Straßenverbindungen primär über Seerouten zugänglich war, wurde die Halbinsel hauptsächlich vom Meer aus beschrieben. Dementsprechend blieb Inneristrien bis in die 1840er-Jahre von Triestern und internationalen Betrachtern unberücksichtigt. In internationalen Reiseberichten wurde Triest als der letzte Ort der „westeuropäischen Zivilisation" geschildert, auf den „wildes Land" folgte. Die istrische Halbinsel wurde oft sogar nur vom Schiff aus betrachtet, und falls sich Reisende für einen schnellen Besuch des Küstenstreifens entschieden, beschränkte sich dieser auf die altrömischen Reste, urchristlichen Kirchen und naturwissenschaftlichen (botanischen) Forschungsstätten.[187]

---

[185] Zur veränderten externen Wahrnehmung Istriens durch Einführung der Dampfschifffahrt vgl. *Petra Kavrečič*, Pričevalci preteklosti: avanturisti in drugi popotniki na Krasu in v Istri pred modernim turizmom, Acta Histriae 19/4, 2011, 683–702.

[186] Für eine ausführliche Analyse von englischsprachigen Reiseberichten über Triest, Istrien und Dalmatien im 19. Jahrhundert vgl. *D'Erme*, Trieste vittoriana. Die wachsende Aufmerksamkeit gegenüber Reisenden drückte sich in zahlreichen Veröffentlichungen über Istrien aus, die zwischen den 1840er- und den 1860er-Jahren auf Italienisch, Deutsch und Englisch verfasst wurden und sich an Touristen oder Wissenschaftler in Triest und Wien wandten, vgl. zum Beispiel *Josef Löwenthal*, Der Istrianer Kreis oder die Halbinsel Istrien und die Inseln des Quarnero, Müller, Wien 1840; Versuch einer Geschichte und Beschreibung der Stadt Pola in Istrien, H. F. Favarger, Triest 1843; *Pietro Kandler*, Guida al forestiero nella città di Trieste, I. Papsch & C., Trieste 1844; *Ders.*, Cenni al forestiero che visita Pola, I. Papsch & C., Trieste 1845; *Ders.*, Cenni al forestiero che visita Parenzo, I. Papsch & C., Trieste 1845; *Saul Formiggini/Pietro Kandler/Pasquale Revoltella/Johann B. Scrinzi* (Hrsg.), Drei Tage in Triest, Buchdruckerei des Österreichischen Lloyd, Triest 1858.

[187] *G.*, Impressioni di viaggio. Viaggetto a Pirano, in: La Favilla 1/46, 11. Juni 1837, 3–4; *Biasoletto*, Relazione, 16–29; *Giovanni Guglielmo Cav. de Sartorio*, Memorie biografiche, Lloyd austriaco, Trieste 1863, 297–298; *Marco de Casotti*, Le coste e isole della Istria e della Dalmazia, Battara, Zara 1840. Zu mehreren Berichten englischsprachiger Reiseschriftsteller in der ersten Hälfte des 19. Jahrhunderts vgl. *D'Erme*, Trieste vittoriana, 29–103.

Im Allgemeinen war Istrien in der Vorstellung reisender Beobachter, Wissenschaftler und Intellektueller einerseits ein in Hinsicht auf Natur und Archäologie interessantes Land, andererseits aber auch eine kulturell und wirtschaftlich arme Region.[188] In dieser internationalen, westeuropäischen Betrachtung verorteten sich die Triester Eliten. So wird bei der Lektüre der Memoiren des einflussreichen Triester Kaufmanns Giovanni Guglielmo Freiherr von Sartorio (1789–1871) deutlich, dass er der istrischen Halbinsel bis in die 1840er-Jahren kaum Aufmerksamkeit schenkte – außer in Hinsicht auf Archäologie und Botanik. Sartorio, ein enger Freund Biasolettos, hielt sich 1820–1844 im südlichen Teil des Küstenlandes auf, meist zwischen Triest und Fiume/Rijeka, wo ein Teil seiner Familie das Unternehmen führte. Den Rest Istriens und seine Bevölkerung fand er dagegen uninteressant.[189]

Das Desinteresse an der Bevölkerung Istriens bestätigen die Berichte Biasolettos und Sartorios über ihre gemeinsame Reise 1838 mit dem sächsischen König zu den südlichsten adriatischen Regionen der Monarchie. Auch in diesem Fall wurde Istrien nur kurz vom Schiff aus betrachtet: „Während wir auf dem ruhigen Meere schnell dahingetragen wurden, beobachtete der König die Küste von Istrien und erfreute sich an dem lieblichen Gestade mit seinen Hainen und gut angebauten Hügeln, auf deren schönem Grün lachende Dörfer und Villen hervorblickten."[190] Obwohl die Reisenden während einer kurzen Exkursion die Gegend um Dignano/Vodjan und Peroi/Peroj besuchten, erwähnen sie die später diagnostizierten kulturellen Unterschiede zwischen den „Italienern" von Dignano/Vodjan und dem „kroatischen" Land bzw. den „Montenegrinern" von Peroi/Peroj mit keinem Wort.[191] Auch in Biasolettos Erinnerungen an diese

[188] 1821 beschrieb ein deutschsprachiger, aber auf Italienisch schreibender Triestiner, Joseph Brodman, Istrien als ein Land von „armen Landesbezirken" („povere contrade"), deren Bevölkerung oft verhungerte (*Brodman*, Memorie, 29). Der istrische Botaniker Bartolomeo Biasoletto bemerkte 1839 während seiner Reise durch Istrien Richtung Montenegro: „Das Gespräch fiel unterwegs auf die Industrie dieses Landes, und wurde hierbei bemerkt, dass der thätige und verständige Landmann sein Loos bedeutend verbessern könnte, wenn er die glückliche Lage des Bodens unter seinem ziemlich milden Himmelsstriche gehörig zu benutzen verstünde" (*Biasoletto*, Reise, 13–14). Die Triester Zeitschrift *La Favilla* berichtete regelmäßig über den unterentwickelten und „vergessenen" Zustand der Landwirtschaft Istriens, der in Kontrast zum Ressourcenreichtum der Region stand: Vgl. *A. Madonizza*, Polemica, in: La Favilla 1/48, 25. Juni 1837, 2–3; *D. V.*, Der Istrianer Kreis, oder die Halbinsel Istrien und die Inseln des Quarnero, dargestellt von J. Löwenthal ecc., in: La Favilla 6/14, 4. April 1841, 106–108; *P. V.*, Bibliografia, in: La Favilla 7/7, 15. April 1842, 30–35; *Michel Fachinetti*, Frammento di memorie istriane, in: La Favilla 10/9, 12. Mai 1845, 129–130; *Michel Fachinetti*, Da un frammento di memorie istriane, in: La Favilla 1/2, 15. Juli 1846, 332–335.

[189] *Sartorio*, Memorie, 29, 50, 101, 104.

[190] *Biasoletto*, Reise, 8–9.

[191] 1857 beschrieb Karl von Czörnig die Gegend um Dignano/Vodnjan als einen besonderen Ort der kulturellen „Vielfalt" Istriens, nicht zuletzt aufgrund der hier anzutreffenden Peroier „Montenegriner", 1895 wurden diese ethnographischen Besonderheiten in der Oper *Nozze istriane* von Antonio Smareglia thematisiert.

Reise erscheint Peroi/Peroj nur als eines der zahlreichen Dörfer in der Gegend, als bloßer Ortsname ohne große Bedeutung.[192] Während das Innere Istriens in der Mehrheit der Schriften bis 1840 in kultureller Hinsicht absolut uninteressant erscheint, erweckten die Bevölkerungen Dalmatiens und Montenegros das Interesse der beiden Reisenden Biasoletto und Sartorio. Ihre Beschreibungen der dalmatinischen, „morlakischen" und „montenegrinischen" Bevölkerung sind voller Bemerkungen über Verhalten und Kleidersitten der Einheimischen.[193]

In diesem Zusammenhang taucht ein interessanter Aspekt auf: Biasoletto stammte aus Dignano/Vodjan und nannte in anderen deutschsprachigen botanischen Texten Istrien „mein Vaterland".[194] Trotzdem berichtete er von keiner Vielfalt oder kultureller Besonderheit während des Besuches des Territoriums um Dignano/Vodjan, wie er es bei Dalmatien tat. Dasselbe Territorium wurde aber fünfzehn Jahren später (in den späteren 1850er-Jahren) von der imperialen Wissenschaft als ein bemerkenswerter und paradigmatischer Brennpunkt der Diversität Istriens beschrieben. Man kann also beobachten, dass das Thema der kulturellen und sprachlichen Vielfalt Istriens bis zum Ende der Monarchie nicht bei jedem Beobachter, der die Region in Veröffentlichungen beschrieb, auftauchte. Noch in den 1830er-Jahren waren „Kultur" und „Sprache" keine relevanten Unterscheidungsmerkmale in Wahrnehmung und Darstellung der istrischen Region. Wieso und wie änderten sich zwischen 1840 und 1860 die Wahrnehmungen und Darstellungen Istriens aus kultureller Perspektive?

Eine mögliche Erklärung für diese Unstimmigkeit bezüglich der Darstellung der kulturellen Diversität Istriens liefern die unterschiedlichen Kategorisierungsmodi der nicht-italienischsprachigen Bevölkerung. In der Monarchie verfügten die Akteure bereits über viele Darstellungen und Stereotypen aus dem 18. Jahrhundert betreffend Dalmatien und seine kulturelle Diversität, hauptsächlich in Hinblick auf die slawischen „Morlakken". Diese waren schon seit Jahrzehnten von Venedig aus in Westeuropa verbreitet worden.[195] Wie der Historiker Jože Pirjevec schlüssig erklärt, wurden die italienischsprachigen Darstellungen der „Slawen" des Küstenlandes im Laufe des 19. Jahrhunderts durch Transferprozesse von Interpretationsmustern aus Dalmatien durch die kulturelle Vermittlung Venedigs

---

[192] „Auf dieser lieblich grünenden Fläche, die dann und wann ein reifendes Staatfeld unterbrach, erkannte man sehr deutlich die Ortschaften Valle, Dignano u.s.w. Ueber Dignano machte mir der König ein Compliment, da er erfahren hatte, dass dies mein Geburtsort sei. Näher am Meere sah man Peroi, Fasana und eine Menge anderer Dörfer und Meierhöfe.", *Biasoletto*, Reise, 12.

[193] *Biasoletto*, Relazione, 63, 72–98, 130, 152–154, 160–163; *Sartorio*, Narrazione del viaggio in Dalmazia al seguito del Re di Sassonia, in: Ders., Memorie, 300, 306. Für eine historisch-literarische Einführung in das Werk Biasolettos vgl. *Vesna Kilibarda*, Il botanico italiano Bartolomeo Biasoletto e una visita del Re di Sassonia in Montenegro, in: Bartolomeo Biasoletto, Viaggio in Montenegro di Federico Augusto di Sassonia, Pensa Multimedia, Lecce 2000, 7–28.

[194] *Bartolomeo Biasoletto*, Bericht über eine Reise durch Istrien, in: Flora 33/34, 1829, 513.

[195] *Wolff*, Inventing; *Ders.*, Venice and the Slavs, Stanford University Press, Stanford 2001.

und Triests entwickelt.[196] Tatsächlich setzten die Autoren von *La Favilla* in den 1840er-Jahren immer häufiger das benachbarte Istrien mit Dalmatien gleich.[197]

In den 1830er/40er-Jahren wurde Triest auf Initiative des neuen Redakteurs von *La Favilla*, des Friaulers Pacifico Valussi (1813–1893), zu einem wichtigen Ort für die Rezeption solcher Darstellungen über Dalmatien. Die Zeitschrift veröffentlichte zwischen 1839 und 1844 eine Reihe von Diskussionen über die „Slawen", dominiert von dalmatinischen und venezianischen Denkern. Diese Diskussionen standen in enger Verbindung mit ihrem gemeinsamen Vorschlag „multinationaler Ringländer", die nach der erwünschten Auflösung der Habsburgermonarchie und Umwandlung der europäischen Ordnung als Pufferzone zwischen der italienischen und der südslawischen Nation an der nordöstlichen Adriaküste – von Triest bis Ragusa/Dubrovnik – gegründet werden sollten. Zu dieser Gruppierung venezianischer, friaulischer und dalmatinischer Intellektueller innerhalb der Redaktion gehörten neben Valussi etwa Nicolò Tommaseo, Francesco Dall'Ongaro, Orsato Pozza/Medo Pucić und Giovanni Augusto Casnacich/Ivan August Kasnačić. Insbesondere Pozza/Pucić und Casnacich/Kasnačić, zwei dalmatinische Studenten an der Universität Padua, veröffentlichten 1842–1843 unter dem Titel *Studj sugli slavi* eine Reihe von Artikeln über die Slawen Dalmatiens. Diese ersten Aufsätze über die slawische Bevölkerung des östlichen Adriaraumes fanden eine große Resonanz bei den Leser und Leserinnen in Triest und dem Küstenland.[198] Weitere Artikel und Rezensionen deutscher Bücher über Dalmatien mit kulturellen Darstellungen der Slawen wurden veröffentlicht, zum Beispiel die Briefe und Erinnerungen des in Venedig lebenden deutschen Philologen Heinrich Stieglitz[199] sowie die Herder'schen Betrachtungen über den „Slawen" als „edlen Wilden".[200] Der genannte Transfer von Dalmatien nach Istrien zeigte sich in den frühen 1840er-Jahren am deutlichsten, als Istrien und Dalmatien in der *outsider*-Perspektive als zwei ehemalige venezianische Regionen am Rand Italiens häufig gemeinsam betrachtet wurden.[201]

In diesem Kontext wurde Dalmatien seit 1839 als eine Art kultureller Speicher verwendet, aus dem in der Zeit der Reform Stadions neue Muster für eine multinationale Koexistenz entnommen und auf die neue Realität Istriens angewendet

[196] *Jože Pirjevec*, Foibe. Una storia d'Italia, Einaudi, Torino 2009, 3–10.

[197] Documenti storici sull'Istria e la Dalmazia. Raccolti e annotati da V. Solitro, in: La Favilla 4/17, 5. Oktober 1844, 261–264.

[198] *Pirjevec*, Niccolò Tommaseo, 69; *Tafuro*, Senza, 103.

[199] *Tommaseo*, La Dalmazia. Lettera II. Al dottor Enrico Stieglitz, in: La Favilla 7/3, 12. Februar 1842, 37–43; *P.V.*, Bibliografia, La Favilla 7/7, 15. April 1842, 111–117.

[200] *Larry Wolff*, Venice and the Slavs of Dalmatia: The Drama of the Adriatic Empire in the Venetian Enlightenment, in: Slavic Review 56/3, 1997, 56; *Kirchner Reill*, Nationalists, 67–68; *Pirjevec*, Foibe, 5.

[201] Documenti storici sull'Istria e la Dalmazia. Raccolti e annotati da V. Solitro, in: La Favilla 9/17, 5. Oktober 1844, 261–264; *Heinrich Stieglitz*, Istrien und Dalmatien, J.G. Cotta'sche Buchhandlung, Stuttgart/Tübingen 1845.

werden konnten, wenngleich unter Berücksichtigung relevanter Unterschiede und Veränderungen.[202] Diese oft nicht-übereinstimmenden Diskussionen entwickelten die Idee einer interkulturellen Koexistenz– auch mittels der Verwendung von Konzepten über kulturelle Vielfalt in Dalmatien, die später (meist nach 1848) die Reflexion über die istrische Halbinsel beeinflussten. Im Falle von Dalmatien wurde die Koexistenz von italienisch- und slawischsprachigen Volksgruppen seitens Tommaseos, der hier nicht nur als Sprachwissenschaftler, sondern auch als politischer Ideologe agierte, als zwei getrennte, „naturgegebene" Entitäten beschrieben. Anders wurde die kulturelle Vermischung betrachtet: Obwohl einige Autoren von *La Favilla* die Vermischungs-Formen des Kulturellen in der Stadt Triest als ein interessantes und positives Phänomen ansahen, wurde Vermischung von Tommaseo nicht als Lösung für eine Koexistenz in Dalmatien angesehen:[203] „Due essendo in Dalmazia le lingue, per fare che l'una non nuoccia all'altra e non s'adulterino entrambe, il più certo espediente è saperle a fondo ambedue. Il pessimo male gli è il mezzo bene."[204]

Wie oben erwähnt, blieb die istrische Halbinsel bis zu Beginn der 1840er-Jahre ein weitgehend unbekanntes Land, das erst „entdeckt" und mit zeitgenössischen kulturellen Kategorien interpretiert werden musste. Aus der *outsider*-Perspektive erschien Istrien in kultureller Hinsicht deutlich weiter entfernt als Dalmatien. Nicht zufällig wählten die Journalisten von *La Favilla* in den 1840er-Jahren das „Reisen" als narrative Figur für die Darstellung der Entdeckung der inneren Vielfalt Istriens. Um die ganze Region zu besichtigen, musste der aus Triest kommende Reisende den Küstenweg verlassen und den wenigen neu angelegten Straßen durch das Hinterland folgen. Schon 1821 beschrieb Joseph Brodman folgendermaßen den ersten Abschnitt einer Reise von Triest nach Istrien:

> Lasciando Trieste, onde percorrere l'Istria, e pervenendo alla villa di Zaule nella distanza di un'ora e mezza da detta città, due strade si presentano subito fuori di detta città, che alle diverse parti di questa penisola conducono. L'una, ed è precisamente la migliore, guida a Capodistria, lasciando Muggia da lungi alla destra; l'altra diverge per Pinguente nell'interno della provincia e nell'Istria vecchia Austriaca.[205]

---

[202] Zu den triestinisch-dalmatinisch-friaulisch-venezianischen Akteuren im Umfeld von *La Favilla* zwischen 1839–1846 vgl. *Pirjevec*, Niccolò Tommaseo; *Fabio Tafuro*, „Senza fratellanza non è libertà" – Pacifico Valussi e la rivoluzione veneziana del Quarantotto, Franco Angeli, Milano 2004; *Kirchner Reill*, Nationalists, 81–114.

[203] Vgl. *P. V.*, Bibliografia I., in: La Favilla 7/2, 27. Januar 1842, 30–35. In *La Favilla* wurde die Stadt 1846 als Ort der friedlichen Koexistenz beschrieben, aufgrund ihrer „Vermischung von Riten, Sprachen, Sitten und Kleidungen" („mescolanza di riti, di lingue, d'abiti e di costumi"), vgl. Del rispetto dovuto agli stranieri, in: La Favilla 1/20, 17. Mai 1846, 129). Über die positive Betrachtung der Vermischung in Triest vgl. *Kirchner Reill*, Nationalists, 90–91.

[204] „Da es in Dalmatien zwei Sprachen gibt, sollte man am besten beide fehlerfrei beherrschen, damit die eine nicht der anderen schadet und sie sich nicht gegenseitig verderben. Den größten Schaden richtet hier das Mittelmaß an.", *Niccolò Tommaseo*, Intorno a cose dalmatiche e triestine, Lloyd austriaco, Trieste 1847, 92–93.

[205] „Wenn man Triest verlässt, um durch Istrien zu reisen, erreicht man nach eineinhalb

Eine auf die Küste beschränkte Betrachtung schien immer weniger attraktiv. Stattdessen erwies sich eine allumfassende Darstellung der gesamten Halbinsel zunehmend als wünschenswert. Gleichzeitig wurde diese neue kontinentale Perspektive durch den allmählichen Bau von neuen Landstraßen in der ersten Hälfte des 19. Jahrhunderts begünstigt bzw. sogar erst ermöglicht.[206] Als bestes Beispiel gilt eine lange, zwischen 1839 und 1840 in *La Favilla* veröffentlichte Artikelserie des venezianischen Dichters und Journalisten Francesco Dall'Ongaro (1808–1873). Dall'Ongaro beschreibt dort eine fiktive Reise von Triest durch ganz Istrien. Dabei wird die Halbinsel zeitgleich aus der Perspektive zweier Reisender betrachtet. Einer reist zu Schiff, der andere zu Pferd. In dieser Schilderung wird Istrien von den Reisenden in zwei unterschiedliche Areale unterteilt. Auf diese Weise konnte die Halbinsel von den Reisenden zwar getrennt, aber genauer entdeckt und erforscht werden. Die beiden trafen einander später am Capo Promontore/Rt Kamenjak, der Südspitze Istriens, wieder. Durch die Verschmelzung ihrer unterschiedlichen Schilderungen und Betrachtungen sollte eine neue Darstellung Istriens gelingen:

> No – rispose Leonardo – visita tu pure la costa giacchè n'hai voglia; io invece farò di procurarmi un ronzino e batterò la terra; [...] Ciascuna sera io detterò una nota sugli accidenti del giorno. Anche nell'interno della penisola vi sarà qualche cosa degna di osservazione – Tu segui intanto il tuo viaggio per mare, e il capo *Promontore* sia il punto di riunione. – Ebben, a rivederci fra otto giorni sotto il faro! – Così divisa l'Istria tra noi [...].[207]

Die Reise der beiden fiktiven Reisenden wird primär aus archäologischem Interesse organisiert und konzentriert sich daher primär auf den Küstenstreifen. Dies ändert sich aber in ihrem Verlauf. Der Grund dafür ist das Zusammentreffen mit Nizka, einem „morlakischen" Mädchen. Damit verändert sich die Entdeckung Istriens selbst und wird differenzierter. Das Treffen mit dieser exotischen weiblichen Figur erweckt in einem der männlichen Reisenden das voyeuristische „Interesse an den Lebenden" und lässt sein „Interesse an den Toten" in den Hintergrund treten.[208]

Stunden Zaule. Außerhalb der Stadt kommt man an zwei Straßen, die zu den verschiedenen Teilen dieser Halbinsel führen. Die erste, und zugleich die beste, führt weit an Muggia vorbei nach Capodistria; die andere führt nach Pinguente im Landesinneren, im alten Österreichischen Istrien.", *Brodman*, Memorie, 110.

[206] *Ivetic*, L'Istria moderna, 15–21.

[207] „Nein – antwortete Leonardo – reise du ruhig an der Küste entlang, wenn dir danach der Sinn steht; ich für meinen Teil werde versuchen, einen Gaul aufzutreiben und über Land zu reisen; [...] Jeden Abend werde ich eine Notiz über die Ereignisse des Tages verfassen. Auch im Inneren der Halbinsel wird es sicherlich etwas Berichtenswertes geben. – Setze du inzwischen deine Reise auf dem Seeweg fort, das Kap *Promontore* soll unser nächster Treffpunkt sein. – Nun denn, auf ein Wiedersehen in acht Tagen zu Füßen des Leuchtturms! – So teilen wir Istrien unter uns auf [...].", *D.*, Viaggetto nell'Istria, in: La Favilla 5/17, 26. April 1840, 129.

[208] „[...] mentre io dava opera a dissotterrare le vecchie cronache del paese, e interrogare le

Die *outsider*-Perspektive prägt die Schilderung Dall'Ongaros einer Begegnung mit einer sozialen und (vor allem) sprachlichen Andersartigkeit. Dies soll das Zusammentreffen mit der Bevölkerung Inneristriens symbolisieren. Zur Beschreibung der „Slawin" verwendet Dall'Ongaro eine Reihe westeuropäischer kultureller Darstellungsmuster, wie sie in Hinsicht auf die morlakischen „Räuber" oder „Heiducken" aus Dalmatien in Büchern, Malerei und Theaterstücken weit verbreitet waren: „Tuttavia tra l'indovinare e il comprendere, venni a sapere ch'era figlia di uno di quei famosi *Aiduki* che depredavano l'Istria sul cominciamento del nostro secolo, e furono sterminati dalle armi francesi."[209]

Das Italienische/Venezianische, die aus wirtschaftlichen Gründen verbreitetste Kommunikationssprache an der Küste von Triest bis Dalmatien,[210] war im istrischen Hinterland nicht mehr präsent. Den Augen der *outsider*-Betrachter öffnet sich schrittweise ein anderes, unbekanntes und schwer verständliches Land. Mit der Zunahme von Handelskontakten unterstreichen Reiseschilderungen aus der Triester Perspektive eher die sprachliche und soziale Andersartigkeit des istrischen Landes als ethnisch-nationale Besonderheiten. Nur gelegentlich werden die Bauern oder Bäuerinnen mittels klarer nationaler Kategorisierungen als „Slawen" eingeordnet, wie in der Beschreibung der „Morlakin" in Dall'Ongaros Erzählung. Sonst bleiben sie in den Beschreibungen verschwommen, ohne klare Merkmale, sind sogar äußerlich schemenhafte Wesen. So beschreibt Dall'Ongaro eine Wirtin aus dem Inneren Istriens als ein verwirrendes „Zwischen"-Wesen:

> Figuratevi una donna di circa trent'anni, non bionda, non bruna, non bella, non brutta, non alta, non bassa; un ente indeciso, un'esistenza equivoca fra il sì e il nò fra lo sgraziato e l'amabile. Aggiungete ch'ella affittava camere e non affittava, secondo il bisogno o il capriccio; e tutte queste perplessità erano evidenti al primo sguardo d'un viaggiatore non affatto inesperto. Due cose importanti non si potevano così facilmente discernere: il nome e lo stato della nostra protagonista.[211]

Das mangelnde Verständnis kann nur durch die Aneignung der italienischen Sprache überwunden werden. Im Narrativ Dall'Ongaros erfolgt die Verbrei-

---

lapidi sparse quà e là per le contrade, Leonardo mi lasciava assai volentieri ai morti per darsi pensiero de' vivi.", Ebd.

209 „Halb erriet ich und halb verstand ich, dass sie die Tochter eines jener berühmten *Heiducken* war, die Istrien zu Beginn dieses Jahrhunderts geplündert hatten und die von der französischen Armee vernichtet worden waren.", *D.*, Viaggetto nell'Istria. IX. Isola di Nicolò. NIZKA, in: La Favilla 4/3, 18. August 1839, 21.

210 *Finzi*, Base.

211 „Stellen Sie sich eine Frau von etwa dreißig Jahren vor, weder blond noch brünett, weder schön noch hässlich, weder groß noch klein: Ein unentschlossenes Wesen, eine zwielichtige Existenz zwischen Ja und Nein, zwischen plump und dem liebenswert. Zudem vermietete sie Zimmer – oder sie vermietete sie einfach nicht, je nach Lust und Laune. Und alle diese Widersprüche erschlossen sich dem nicht unerfahrenen Reisenden auf den ersten Blick. Zwei wichtige Dinge allerdings ließen sich nicht so leicht feststellen: der Name und der Status unserer Protagonistin.", *D.*, Cose patrie. Viaggetto nell'Istria VI., in: La Favilla 3/20, 16. Dezember 1838, 78.

tung des Italienischen sowohl durch persönliche Interaktion mit Italienischsprachigen als auch durch das Zirkulieren von Büchern auf Italienisch unter der nicht-italienischsprachigen Bevölkerung des Hinterlandes (ein Phänomen, das in der zweiten Hälfte des 19. Jahrhunderts als „Assimilation" sowie „assimilazione spontanea" bezeichnet wurde):

Ella [Nizka, Anm. d. Verf.] era nata in uno dei più inabitati punti dell'Istria, e parlava a stento l'italiano. [...] Questa conversione a più miti sentimenti era avvenuta nell'animo suo quando s'era presa d'amore per un morlacco del litorale, dal quale aveva appreso quel po' d'italiano che conosceva.[212]

Nur durch die Verbreitung der italienischen Sprache werden diese unbekannten Menschen (in den Schilderungen des männlichen Schreibenden meist Frauen) überhaupt erfasst: „Io parlava l'italiano, ella rispondeva un po' ricercata e affettatella nella medesima lingua; ed era facile a vedere come quel romanzo le si fosse convertito in succo ed in sangue, come suole accadere a chi ne legge uno solo."[213] Die Akkulturation wird in dieser Phase aber nicht als eine Einverleibung der Andersartigkeit in das italienischsprachige Element wiedergegeben. Akkulturation zeigt noch die Merkmale einer schwierigen und langwierigen Herstellung eines hybriden sprachlichen Kommunikationsraumes, der im Kontext der (immerhin) asymmetrischen Begegnung zwischen dem Betrachter und den Betrachteten entsteht. Trotz der Entwicklung erster Interpretationsmuster im Triester Bürgertum bleiben die Bevölkerungsgruppen des ländlichen Inneristrien aufgrund ihrer Andersartigkeit unbestimmte (aber anziehende) Entitäten.

Diese Artikel Dall'Ongaros aus den Jahren 1839/40 zeigten sich als Ausgangspunkt zunehmender Darstellungen der kulturellen Diversität Istriens in den folgenden Jahren. Allerdings stellten die 1840er-Jahre – wie oben bereits angesprochen – aufgrund der gemeinsamen Tätigkeit Stadions und Kandlers eine besondere Zeitverdichtung für Istrien dar. In dieser höchst kreativen Periode nahmen Betrachtungen über Istrien seitens *outsider*-Autoren (wie etwa Pacifico Valussi, Francesco Dall'Ongaro oder Pietro Kandler)[214] zu. Es kamen neue, ja sogar bildhafte Methoden der Darstellung der neuen Kenntnisse über Istrien auf. 1842 veröffentlichten beispielsweise die beiden deutschen, in Triest leben-

---

[212] „Sie [die junge Slawin Nizka, Anm. d. Verf.] war in einem der am wenigsten besiedelten Teile Istriens geboren und sprach kaum Italienisch. [...] Dieser Wandel hin zu sanfteren Gefühlen hatte sich in ihrer Seele vollzogen, als sie sich in einen Morlakken von der Küste verliebte, von dem sie das bisschen Italienisch gelernt hatte, das er sprach.", *D.*, Viaggetto nell'Istria IX. Isola di Nicolò. NIZKA, in: La Favilla 4/3, 18. August 1839, 21.

[213] „Ich sprach Italienisch, sie [die Wirtin aus dem Landesinneren, Anm. d. Verf.] antwortete ein wenig gestelzt und affektiert in derselben Sprache, und es war leicht zu erkennen, dass dieser Roman [auf Italienisch] ihr in Leib und Seele übergegangen war – wie es Personen ergeht, die in ihrem Leben nur ein Buch gelesen haben.", *D.*, Cose patrie. Viaggetto nell'Istria VI., in: La Favilla 3/20, 16. Dezember 1838, 79.

[214] Pacifico Valussi wurde im friaulischen Talmassons geboren, Francesco Dall'Ongaro stammte aus dem venezianischen Mansuè und Pietro Kandler war gebürtiger Triestiner.

den Maler August Tischbein (1805–1867) und August Selb (1812–1859)[215] beim Österreichischen Lloyd ein zweisprachiges Buch mit bildlichen Darstellungen: *Erinnerungen einer malerischen Reise in dem Österreichischen Küstenlande – Memorie di un viaggio pittorico nel litorale austriaco.* Der seit 1840 in Triest lebende Tischbein wurde dank seiner Gemälde und seiner Darstellungen der Trachten Triests und des Küstenlandes schnell im Küstenland sowie in Wien bekannt. Zwischen 1840 und 1848 stellte Tischbein solche Gemälde bei offiziellen Kunst- und Gewerbeausstellungen in Wien und Triest aus. Er und sein Kollege Selb schienen gut im Netzwerk rund um die Statthalterei und in der Triester Handelswelt integriert zu sein, aus denen sie finanzielle Unterstützung erhielten. Darunter arbeiteten sie mit dem Österreichischen Lloyd zusammen. Die Texte zu ihren *Erinnerungen* stammten von Pietro Kandler und wurden vom österreichischen Schriftsteller Jacob Löwenthal ins Deutsche übersetzt.[216] Diese Veröffentlichung aus dem Jahre 1842[217] bot einem breiteren Publikum die große kulturelle „Mannigfaltigkeit" Istriens „in Wort und Bild" an. Die bildlichen Darstellungen Tischbeins und Selbs zeigen Trachten und Sitten verschiedener „Völker" sowie „typische" soziale Figuren: wie etwa die „Fischer" aus Muggia/Milje, die „Piranerin", eine „Salinenarbeiterin" („Salinara") bei Pirano/Piran, die „Bergbewohnerin Tschitschin", die „Bäuerin" von Mompaderno/Baderna, den „Landmann" um Rovigno/Rovinj, die „Dignaneserinnen", die „Bäuerin" oder den „Hirtenjungen" in der Gegend von Dignano/Vodjan, die „Komunalwache" von Barbana/Barban , die „Bäuerin von Peroi/Peroj", die „Bäuerin" in der Gegend von Albona/Labin, „ein slavisches Hochzeitsfest" in Istrien.[218] In diesem Sinn verliehen die beiden Maler Tischbein und Selb sowie der Textverfasser Kandler dem imperialen multinationalen Projekt Gestalt und wandten zugleich die damals entstehende deutschsprachige Disziplin der Volkskunde – samt der Analyse von den Trachten – auf das Küstenland an.

Die Abhängigkeit der frühesten Darstellungen über Istrien von *outsider*-Perspektiven zeigen auch weitere Artikel aus den 1840er-Jahren, die die besichtigten Orte Istriens (sogar an der Küste) durch exotische koloniale Interpretationsparadigmen beschrieben. Beispielsweise schildert der Redakteur von *La Favilla* Pacifico Valussi die Ankunft im Hafen von Parenzo/Poreč mit dem Dampfschiff als eine imaginierte Annäherung an eine ozeanische Insel: Die Einwohner der istrischen Küstenstadt begrüßen die Ankömmlinge aus Triest freudig auf

---

[215] *August Tischbein/August Selb*, Uspomene sa slikarskog putovanja Austrijskim primorjem – Memorie di un viaggio pittorico nel Litorale austriaco – Erinnerungen einer malerischen Reise in dem Österreichischen Küstenlande, C. A. S. H., Pula 1997 (1. Ausgabe: Lloyd austriaco, Trieste 1842), 8–9.

[216] Ebd.

[217] Schon um 1830 veröffentlichte der Maler L. D'Annibale Manzoni eine Reihe von Lithografien istrischer Häfen für das Triester Publikum unter dem Titel *Viaggio pittoresco dei porti dell'Istria.*

[218] *Tischbein/Selb*, Uspomene, 13.

kleineren Schiffen in der Bucht, ähnlich wie ozeanische Inselbewohner: „Molte barchette si staccano dalla spiaggia e ci vengono incontro colla letizia di quegli isolani dell'oceano, che veggono l'insolita apparizione di qualche vascello."[219] Solche Beschreibungen, in denen Istrien mit dem Orient, anderen Ländern am Mittelmeer oder sogar Kolonien verglichen wird, zeigen den Einfluss der neuen interkontinentalen Schiffsverbindungen und der schrittweisen Erweiterung des Horizonts der Schreibenden aus Triest.[220]

2.6. Die *insider*-Perspektive: Das Dilemma der Selbstidentifizierung

Bisher wurde lediglich die *outsider*-Perspektive berücksichtigt. Wie aber verhielt es sich mit den *insiders* (den „Istrianern")? Welche Positionen nahmen sie gegenüber der Schaffung einer modernen einheitlichen „Istrianität" ein?

Im Allgemeinen verwendeten die italienischsprachigen istrischen Autoren den neuen Begriff „Istrianer" mit Vorsicht. Die regionale Identität schien in der Perspektive externer Betrachter viel klarer ausgeprägt zu sein als in jener der vor Ort lebenden. Einige Vertreter der ehedem venezianischen istrischen Mittelschicht zeigten sich hinsichtlich der Deklarierung ihrer Identität in der habsburgischen regionalen Ordnung zurückhaltend. Dieser Aspekt hing mit der Frage der Mitarbeit von lokalen Akteuren an den als extern wahrgenommenen Strukturen und Institutionen der Wissensproduktion zusammen. Ein Vergleich zwischen den beiden Zeitschriften *L'Istria* und *La Favilla* ist in diesem Zusammenhang erhellend: Während im Fall von Kandlers Zeitschrift auch *insider* zu Wort kommen, war dies interessanterweise bei Letzterer nicht der Fall. Die istrischen Intellektuelle lehnten die Mitarbeit Valussis und Dall'Ongaros ausdrücklich ab, die höchst kreative Tätigkeit der *La Favilla*-Gruppe verblieb eine *outsider*-Erfahrung und wurde als eine bedrohliche Einmischung in das „eigene" Territorium empfunden.

Diesen Selbstschutz vor externen Kategorisierungen oder Idealisierungen aus der *insider*-Perspektive zeigt eine scharfe Auseinandersetzung in *La Favilla*. Der Mitbegründer der Zeitschrift, Antonio Madonizza aus Capodistria/Koper, reagierte 1837 empört auf einen mit *Viaggetto a Pirano* (*Kleine Reise nach Pirano*) übertitelten Artikel eines gewissen Herrn „G.". Die „Schuld" des anonymen Verfassers war nach Madonizzas Meinung eine idealisierte Beschreibung der Stadt und der Umgebung von Pirano/Piran, die sogar mit redundanten Vergleichen

[219] „Zahlreiche kleine Boote kommen uns vom Strand her entgegen, mit derselben Freude, wie sie ozeanische Insulaner beim ungewohnten Anblick eines Schiffes empfinden.", *P. V.*, Gita a Pola con un battello a vapore, in: La Favilla 5/25, 21. Juni 1840, 197.

[220] *Dall'Ongaro*, Cose Patrie. Prefazione ad un viaggetto nell'Istria, in: La Favilla 3/2, 12. August 1838, 6.

und Redefiguren aus der Bibel und der Klassik versehen war.[221] Solche externen, übertriebenen und beschönigenden Darstellungen erregten den Unmut Madonizzas, der in zwei offenen Briefen den Verfasser als ignorant gegenüber der istrischen Realität bezeichnete. Der betreffende Artikel war nach Madonizzas Meinung von einer Unwissenheit geprägt, die durch eine bunte Mischung abstrakter Vorstellungen über Istrien und seine Bewohner und Bewohnerinnen übertüncht werden musste.[222] In der Realität sei Istrien kein „Garten Eden" (wie in dem betreffenden Artikel beschrieben), sondern ein armes, wenig produktives Land, unter anderem wegen der klimatischen Bedingungen und der starken Zersplitterung der Landgüter:

> La sua maggior ricchezza [Pirano, Anm. d. Verf.] consiste nel provento de' sali soggetto però a vicissitudini, e non mai nel ricolto delle campagne. La posizione del territorio verso oriente e meriggio che la più parte si stende sull'erta del monte è coperta bensì di olivi e di viti, ma le proprietà sono divise all'infinito, e il profitto per conseguenza sminuzzato e partito. L'altra parte poi che si allarga verso il mezzogiorno non so che cosa possa mai produrre *colla bianca lucentezza de' suoi macigni.* Pochi cereali, poco vino, e legna. Arroge che la siccità della state quasi costante invanisce le più liete speranze del colono, ed abbrucia sul più bello il ricolto. Ecco l'Eden decantato dall'*Autore del viaggietto* [sic!].[223]
>
> Se volendo cinguettare con prosopopea di scienze politico-economiche senz'assaperne il nome, fraintende [sic!] ciò ch'è scritto, e non vuole per niun verso persuadersi che se il territorio di Pirano non è la Palestina, ma sibbene un territorio di scarso prodotto, questo stesso scarso prodotto diviso e suddiviso non può esser fonte di ricchezze a que' numerosi abitanti.[224]

In scharfem Ton wird der anonyme *outsider*-Verfasser als eine Person „mit bösen Absichten" bezeichnet.[225] Die beiden Artikel Madonizzas etablierten eine Bedrohungskommunikation beim *insider*-Publikum. Das Thema der Einmischung

---

[221] *G.*, Impressioni di viaggio. Viaggetto a Pirano, in: La Favilla 1/46, 11. Juni 1837, 3–4.

[222] *A. Madonizza*, Polemica, in: La Favilla 1/48, 25. Juni 1837, 2–3.

[223] „Seinen größten Reichtum verdankt [Pirano/Piran, Anm. d. Verf.] gar nicht der Landwirtschaft, sondern vielmehr der Einnahme aus der Salzproduktion, die jedoch von externen Bedingungen abhängig ist. Die süd-östliche Lage dieses Gebietes, das größtenteils an den steilen Hängen des Berges liegt, ist mit Olivenbäumen und Weinreben besät. Die Grundstücke sind aber endlos unterteilt, und dementsprechend wird der Ertrag zerstückelt und aufgeteilt. Was den anderen Teil dieses Gebietes betrifft, der sich nach Süden hin erstreckt, habe ich keine Vorstellung davon, was man *mit dem weißen Glanz seiner Felsbrocken* erzeugen könnte: Nur ein wenig Getreide, Wein und Holz. Dazu macht die fast den ganzen Sommer andauernde Dürre die freudigsten Hoffnungen des Bauern zunichte und verbrennt den Großteil der Ernte. Hier haben wir das Eden, das der *Autor der kleinen Reise* beschworen hat.", Ebd., 2.

[224] „Wenn der anonyme Schreiber wichtigtuerisch und pseudo-wissenschaftlich von Politik und Wirtschaft trällert, missversteht er das, was bereits geschrieben wurde. Er kann nicht davon überzeugt werden, dass das Gebiet um Pirano nicht Palästina ist, sondern ein Gebiet mit geringem Bodenertrag: Diese knappen Erträge müssen dann wieder und wieder aufgeteilt werden, und können so auf keinen Fall eine Quelle des Wohlstands für die zahlreichen Einwohner sein.", *A. Madonizza*, Polemica, in: 4. Supplemento alla Favilla, 8. Oktober 1837, 50.

[225] Ebd.

eines externen, kategorisierenden, geradezu voyeuristischen Akteurs tauchte in den folgenden Jahrzehnten in Krisenzeiten bei der *insider*-Gruppe immer wieder auf. Bemerkenswert ist, dass Madonizza nach dieser heftigen und emotionsgeladenen Polemik in *La Favilla* nicht weiter publizierte. Die Zeitschrift, die er selbst ein Jahr zuvor mitgegründet hatte, wurde nun von der *outsider*-Gruppe übernommen und weitergeführt. Dies zeigt, wie die Logik der (Selbst-)Wahrnehmung und Positionierung der *insider*-Akteure nicht sprachlich-nationalen Mustern folgte, sondern anderen, eher lokalen oder imperialen soziokulturellen Identifizierungsfaktoren.[226]

Dieser Vorfall ereignete sich zu einer Zeit, in der die istrische Gesellschaft von einer starken inneren Instabilität geprägt war. Die 1840er-Jahren stellten ein entscheidendes Moment für die istrische Ordnung dar, die aufgrund der wachsenden Interessen externer Akteure (der österreichischen Staats- und der Triester Handelseliten) sowie innerer Dynamiken unter Stress gesetzt wurde. Die polemischen Briefe Madonizzas zeigen hinter aller Verärgerung ein Unbehagen und ein Gefühl der Isolierung des damals wichtigsten Vertreters der Bourgeoisie Capodistrias/Kopers und des städtischen italienischsprachigen Istriens. Seine Reaktion hing nicht nur mit dem Mangel an innerer Identität sowie mit dem schlechten Zustand der Landwirtschaft in Istrien zusammen. Die Isolation der istrischen Bourgeoisie war auch durch ihre Exklusion aus der Verwaltungsstruktur der Region bedingt, die von einer neuen Klasse österreichischer, meist ausschließlich deutschsprachiger Staatsbeamten kontrolliert wurde.

Dieselbe spürbare Vorsicht der *insiders* einer absoluten Selbstidentifizierung und -benennung als „Istrianer" gegenüber zeigt ein wichtiger Artikel von Carlo de Franceschi (1809–1893) aus dem Jahre 1843 im *Osservatore triestino*. Obwohl der lokale Beamte und Historiker aus Moncalvo/Gologorica (bei Pisino/Pazin) die Notwendigkeit einer gemeinsamen Zugehörigkeit zu einer regionalen „Heimat" Istrien und der Selbstidentifizierung als „Istriani" proklamiert, beklagt er zugleich den Mangel einer solchen istrischen Identität bei den Einwohner Istriens selbst. Das neue Istrien, das als blühender „Baum" symbolisiert wird, werde von dem armen Zustand der Region verhindert. De Franceschi spricht mit klaren Worten den Mangel einer einheitlichen istrischen Identität an: Der Name „Istrien" habe demnach nur eine geographische Bedeutung. Wegen der starken inneren politischen Zersplitterung zwischen den „kleinen Heimaten" sei noch kein gemeinsames „Heimatgefühl" entstanden:

> La condizione politica dell'Istria che, o indipendente, era pur sempre divisa in municipii tra loro indipendenti, e poscia soggetta ad altri, riconoscer dovette più padroni, conservando per soprappiù la separazione municipale – questa condizione, durata sino al presente secolo, non potea non influire su lei in modo per ogni riguardo assai pregiudizievole. Ogni paesotto pensava a sé: d'interessi comuni non si sognava nemmeno; e il

[226] *Ivetic*, L'Istria nel tempo, 450–452.

nome d'Istria aveva presso i suoi abitatori un significato geografico soltanto, designante loro il punto dell'orbe, in cui erano situati i loro municipii l'uno all'altro avversi; né se la rappresentavano qual comune madre accogliente nel suo grembo tutti figli, cui va sacro obbligo di risguardarsi [sic!] fratelli, di amarla, e rendere bello il suo nome col promuovere la sua prosperità e l'incivilmento, posponendo i particolari interessi al bene generale.[227]

Ein derart verbreiteter Lokalpatriotismus sei der Grund für das Fehlen eines historisch-statistischen Werkes über Istrien.[228] Der istrisch-österreichische Beamte de Franceschi[229] erkannte in der Habsburgermonarchie den Schöpfer der politischen und kulturellen Einheit Istriens als geordnete und sichere Region. 1843 war ein Schlüsseljahr für die administrativ-politischen Reform Istriens unter der Statthalterei Stadions. Wie Antonio Madonizza erkannte de Franceschi die starke Prägung einer Identität durch „fremde" Beobachtungen, welche die Halbinsel falsch beschrieben und sogar verspottet hatten: „I viaggiatori dopo averci dato un'occhiata superficiale, e talvolta, per giunta, superba, vengono a dipingerci al credulo mondo con colori sì falsi, che noi non sappiamo se sorridere, o maledire a que' goffi e bugiardi ritratti."[230] Solche externen Beobachter interpretierten nach Ansicht de Franceschis die innere kulturelle Diversität Istriens mittels vorgefasster, exotischer und verwirrender Ansichten und schufen Darstellungen von Istrien, die mit der Realität nicht übereinstimmten.

---

[227] „Wegen seiner politischen Lage musste Istrien, das noch immer in voneinander unabhängige Gemeinden aufgeteilt war, mehrere Machthaber akzeptieren, wobei es stets die kommunale Unabhängigkeit beibehielt. Dieser Zustand dauerte bis ins heutige Jahrhundert hinein und hatte in jeder Hinsicht äußerst negative Auswirkungen auf das Land. Jedes Dörfchen dachte nur an sich selbst: von gemeinsamen Interessen keine Spur. Unter seinen Bewohnern hatte der Name Istrien eine rein geographische Bedeutung: er bezeichnete einfach den Punkt auf der Erde, auf dem ihre sich feindlich gesinnten Gemeinden lagen. Zudem betrachteten sie Istrien nicht als ihre gemeinsame Mutter, die alle ihre Kinder unter ihre Fittiche nimmt, und der gegenüber es eine heilige Verpflichtung ist, sich gegenseitig als Brüder anzuerkennen, sie als gemeinsame Mutter zu lieben und ihren Namen in Ehren zu halten, indem sie den Wohlstand und die Lebensbedingungen fördern und das Wohl der Allgemeinheit vor das der Einzelnen stellen.", *Carlo de Franceschi*, Intorno alla storia e statistica dell'Istria, in: Osservatore triestino 44, 10. September 1843, 171.

[228] Ebd., 175–176.

[229] Die Biographie Carlo de Franceschis weist eine Besonderheit im Vergleich mit der anderer italienischsprachiger Istrianer seiner Generation auf. De Franceschi studierte 1829–1832 Jura an der Universität Graz und war – neben seiner Karriere als Rechtsanwalt – als Richter in verschiedenen Städten Istriens tätig. Obwohl die nationalistische italienische Historiographie des 20. Jahrhunderts ihn als einen „antiösterreichischen Patrioten" beschrieb, war de Franceschi ein in der österreichischen Staatsstruktur gut integrierter Beamter. Für eine einseitige, aber informative Biographie Carlo de Franceschis vgl. *Sergio Cella*, De Franceschi, Carlo, in: Dizionario biografico degli italiani 36, Teccani, Roma 1988, 28–30.

[230] „Nachdem die Fremden uns oberflächlich und – oft zudem – arrogant betrachtet haben, portraitieren sie uns für ihr leichtgläubiges Publikum in derart falschen Farben, dass wir nicht recht wissen, ob wir diese geschmacklosen und verlogenen Portraits belächeln oder verfluchen sollen.", *Carlo de Franceschi*, Intorno alla storia e statistica dell'Istria, in: Osservatore triestino 44, 10. September 1843, 176.

Beispiele dafür waren demnach die Beschreibungen der Frauen von Dignano/Vodjan – „italiane italianissime" – als „slawisch", die fälschliche Übertragung von Darstellungen dalmatinischer „Morlakken" auf Istrien und die Verwechslung der griechisch-orthodoxen „Illyrer" von Peroi/Peroj mit echten „Griechen" durch internationale, „fremde" Schriftsteller:

Un celebrato scrittore italiano – non guari addietro [sic!] – promettendo di far conoscere i costumi dell'Istria, inventava racconti applicabili a' morlacchi dalmati, e non mai agl'Istriani d'oggidì, e cospargendo di sale satirico quanto di vero avean le sue narrazioni, insultava con poca carità alle nostre miserie, come se non agli avversi destini, ma a noi si dovessero attribuire. – Quante falsità raccontasse di noi il francese Lottin de Laval, il quale non sa nemmeno dove incominci l'Istria, si può vedere nella sua opera: Un an sur les chemins – rècrits d'excursions dans la Sicile, l'Italie, l'Autriche, l'Illyrie etc. 1837. – L'Allgemeine Zeitung nel suo N.° 309 dell'anno 1842 riportava in quella data di Vienna una lettera d'un tedesco viaggiatore, il quale c'insegna; [sic!] che il villaggio di Peroj merita di essere visitato da chi va a veder Pola perchè abitato da Greci – Se il buon uomo avesse conosciuto la lingua illirica, avrebbe saputo che sono greci di religione soltanto. Ci apprendeva di più, che le belle donne di Dignano usano fra tutte le slave forse la più vaga foggia di vestire – e si, che il vestito stesso, le fisionomie, ed il linguaggio, se l'avesse inteso, doveanlo far accorto che le belle dignanesi sono italiane italianissime.[231]

Die Geschichtswissenschaft und die Statistik wurden als die bedeutendsten Mittel zur Festigung des „neu erschaffenen" Istriens erkannt. Die Erstellung einer modernen Statistik erwies sich freilich wegen der inneren kulturellen, sprachlichen und geographischen Vielfalt Istriens als schwierig. Ebenso konnte eine Landesgeschichtsschreibung Istriens nicht mittels der Bestände lokaler Archive realisiert werden, sondern nur mithilfe externer Archive und Bibliotheken, etwa in Venedig:

L'archivio di Pinguente che serbar deve di carte importantissime, ove non si pensi a porvi riparo, correrà, temo, la sorte degli altri. Pochi materiali dunque può somministrare la

[231] „Vor kurzem versprach ein berühmter italienischer Schriftsteller, die Bräuche Istriens bekannt zu machen, und erfand stattdessen Geschichten, die eher für die dalmatinischen Morlakken, aber sicher niemals für die heutigen Istrianer gelten können. Er durchsetzte seine Erzählungen mit solch beißender Satire, dass er unser Elend mit seinem Mangel an Mitleid beleidigte – als hätten wir unser Elend nicht dem traurigen Schicksal, sondern uns selbst zuzuschreiben. – Wie viele Lügen erzählte der Franzose Lottin de Laval über uns, der nicht einmal weiß, wo Istrien liegt. Man kann das leicht aus seinem Werk herauslesen: Un an sur les chemins – rècrits d'excursions dans la Sicile, l'Italie, l'Autriche, l'Illyrie etc. 1837. – Die Allgemeine Zeitung berichtete in ihrer Nr. 309 aus dem Jahr 1842 über einen Brief eines deutschen Reisenden in Wien, der uns lehrt, dass das Dorf Peroj für Reisende in Pola einen Besuch wert sei, da dort Griechen wohnten – Hätte der gute Mann die illyrische Sprache beherrscht, hätte er gewusst, dass diese Bewohner nur griechischen Glaubens sind. Dazu erzählte er, dass die schönen Frauen von Dignano sich von allen Slawen durch ihren wohl elegantesten Kleidungsstil abhoben – hätte er etwas von ihrer Bekleidung, Physiognomie und Sprache verstanden wäre ihm aufgegangen, dass diese schönen Damen Dignanos die italienischsten aller Italienerinnen sind.", Ebd.

provincia; e la storia nostra dee venir raccolta dalle romane, bizantine, franche, germaniche, aquilejesi, venete, ecc., e dagli archivi di Venezia.[232]

Es ist notwendig zu verstehen, welches „Istrien" und welche „Istrianität" von solchen Akteuren gemeint wurde. 1843 erklärte der Triester Pietro Antonio Ceruti in einem Artikel im *Osservatore triestino*, dass der ehedem venezianische Teil der Halbinsel seit Jahrhunderten als „das Istrien par excellence" gälte. Dieser Küstenstreifen wurde bis 1797 üblicherweise als „Istrien" bezeichnet, während das habsburgische Innenland nicht darunterfiel. Aus der Perspektive italienischsprachiger Akteure bildete also der einst venezianische Küstenstreifen den Kern der „Istrianität":

Quella parte della penisola istriana, la quale in oggi comprende i distretti di Capodistria, di Pirano, di Buje, di Parenzo, di Rovigno, di Dignano, di Pola, di Albona, di Montona e di Pinguente [...] obbediva fino al 1797 al principe veneto, e formò durante il Regno d'Italia il dipartimento d'Istria; l'altra parte suddita da molti secoli all'Augusta casa d'Austria, in parte unita ad altre provincie [sic!], in parte governata isolatamente, fu di frequente considerata altro paese, dimodocchè [sic!] l'Istria Veneta, fu l'Istria per eccellenza, fu il paese che solitamente e generalmente sotto nome d'Istria si comprese.[233]

Durch die von Dalmatien und Venedig ausgehenden Transferprozesse – meistens seitens externer Akteure – wurde die historische „Istrianität" des ehedem venezianischen Teils dann – vom Küstenstreifen ausgehend – allmählich auf das Hinterland der neuen, administrativ einheitlichen Region übertragen. Das Ergebnis sollte die ausgeprägte Einseitigkeit der anfänglichen Betrachtungen von den venezianischen Küsten aus aufheben oder zumindest relativieren, sodass die neue imperiale Istrianität pluralischer gedacht werden konnte. So erklärt sich das Paradox des „modernen Istriens": Es bedeutet eine vom Imperium hergestellte kulturell diversifizierte Einheit, basierend auf dem kulturellen Kern des istrovenezianisch sprechenden Istriens durch Anerkennung und Unterstützung der Autonomien der 1830er- und 1840er-Jahre. So musste die regionale Identität Istriens aus Sicht der Obrigkeit ständig plural gedacht werden.

---

232 „Wenn dem nicht bald Abhilfe geschaffen wird, so fürchte ich, dass das Archiv von Pinguente, das über äußerst wichtige Dokumente verfügen muss, bald dasselbe Schicksal wie alle anderen ereilen wird. Die Provinz kann uns also nur wenig Material bieten; und unsere Geschichte muss aus römischen, byzantinischen, fränkischen, deutschen, aquiläischen, venezianischen etc. Quellen zusammengetragen werden, wie etwa aus den Archiven Venedigs.", Ebd.

233 „Der Teil der istrischen Halbinsel, der heutzutage die Bezirke Capodistria, Pirano, Buje, Parenzo, Rovigno, Dignano, Pola, Albona, Montona und Pinguente [...] umfasst, stand bis 1797 unter venezianischer Herrschaft und bildete zur Zeit des Königreichs Italien [während der napoleonischen Zeit, Anm. d. Verf.] das Departement Istrien. Der übrige Teil, der seit vielen Jahrhunderten unter der Herrschaft des kaiserlichen Hauses Österreich steht – teilweise mit anderen Provinzen vereint, teilweise eigenständig verwaltet –, wurde oft als ein anderes Land betrachtet. Folglich galt das venezianische Istrien als das Istrien par excellence, d. h. der Teil, der üblicherweise unter dem Namen Istrien verstanden wurde.", *Pietro Ceruti*, Sulla popolazione dell'Istria ex-veneta, in: Osservatore triestino 4, 9. Juni 1843, 13.

Durch diese Umstände standen die Eliten der istrischen Ordnung unter dem Druck, eine schwierige und ungewollte (Selbst-)Identifizierungsentscheidung auf Basis regionaler und nationaler Muster zu treffen, die zudem von externen Akteuren erstellt worden waren. Kurz vor 1848 standen sie vor folgender schwierigen Entscheidung: Entweder passten sie sich an die neue multinationale, pluralistische Ordnung an, die aber die Anerkennung einer als unangenehm wahrgenommenen sozialen und kulturellen Andersartigkeit implizierte; oder sie lehnten diese ab und bewahrten dadurch ihre eigene soziale und kulturelle Besonderheit als regionale Führungsschicht, die jedoch erst im Entstehen begriffen war. Mithilfe der Zeitschrift *L'Istria* konnten Kandler und Stadion die *insider*-Gruppe für eine kurze, aber aktive Mitarbeit gewinnen. Dadurch hatte sich der erste Kern der imperialen, kulturell diversifizierten Auffassung der Region verwirklicht. Das Jahr 1848 erschütterte diese erste Synergie: Die Märzrevolution stellte die neue regionale Ordnung und ihre inneren Akteure, sowohl in administrativ-politischer als auch in kultureller Hinsicht, auf eine erste Probe.

1848–1849: Die große Bedrohung

3. Die Revolution und die Krise der istrischen Ordnung

3.1. Die imperiale Perspektive zwischen Misstrauen und Wiederauftauchen der alten Grenze

Einige Tage nach dem Ausbruch der Revolution in Wien am 13. März 1848, welche die Existenz der Monarchie als solche bedrohte,[1] trafen die ersten Nachrichten über die kaiserliche Sanktion der Verfassung aus der Haupt- und Residenzstadt Wien in Triest und dem Küstenland ein. Nach kurzer Begeisterung blieb die Hafenstadt während der ganzen Revolutionszeit ausdrücklich österreichloyal. Das „allertreueste Triest" zeigte dadurch, dass es ökonomische Interessen vor politische Ideale stellte.[2] Die *outsider*-Meinungsbildner, die bis 1846 mit der Redaktion von *La Favilla* zusammengearbeitet hatten, emigrierten nach der tiefen Enttäuschung über die ausgebliebene Revolution in Triest in die aufständische Lagunenstadt Venedig.

Die Revolution stellte die vorherigen Strukturen der lokalen Ordnung mit ihren Weltvorstellungen und Routinen in Frage. Die Erfahrungen der Revolution – ihre Hoffnungen und Projekte sowie die Schwankungen und die Neupositionierungen – prägten sowohl unmittelbar als auch in den folgenden Jahrzehnten die Haltung vieler italienischsprachiger istrischer Akteure. Zudem löste diese Zeitverdichtung der Revolutionszeit in Istrien die später heftig geführten Debatten um Vielfalt und Vermischung aus.

Für die führenden bürgerlichen Akteure in Istrien jedoch bedeutete die Zeitverdichtung, also die Fülle der Ereignisse der Jahre 1848/49, eine Phase rasch zu treffender und schwieriger Entscheidungen über die eigene Positionierung als kulturell und sozial eigenständige Gruppe. Die Frage nach der eigenen regionalen und nationalen Identität – als italienischsprachige Istrianer – erlebte durch die revolutionäre Bedrohung eine Beschleunigung und Radikalisierung. Die lokale italienische, auf die Nation ausgerichtete Landesgeschichte des späteren 19.

---

[1] *Brigitte Mazohl*, Die politischen und rechtlichen Voraussetzungen der sozialen Entwicklung, in: Helmut Rumpler/Peter Urbanitsch (Hrsg.), Von der feudal-agrarischen zur bürgerlich-industriellen Gesellschaft (Habsburgermonarchie 1848–1918 9/1), Verlag der Österreichischen Akademie der Wissenschaften, Wien 2010, 233.

[2] *Vivante*, Irredentismo, 21–33; *Cattaruzza*, Il primato, 170–179; *Giorgio Negrelli*, Al di qua del mito. Diritto storico e difesa nazionale nell'autonomismo della Trieste asburgica, Del Bianco, Udine 1978, 90–100.

und 20. Jahrhunderts stellte die Revolutionszeit als den vermutlichen Beginn des Risorgimento und sogar des Irredentismus der „italienischen“ Liberalen Istriens dar.[3] Um solche vereinfachten und nationalistisch teleologischen Betrachtungen zu hinterfragen, ist es notwendig, die Phase der Märzrevolution und des Neoabsolutismus nicht ausschließlich in Hinsicht auf die Nation zu betrachten. Stattdessen sollen eher die oben skizzierten politischen, sozialen und kulturellen Systeme der „neuen“ habsburgischen Region Istrien in den Blick genommen werden. Ziel ist dabei, die Entwicklungen von Diskursen und (Selbst-)Identifizierungsmustern der italienischsprachigen Meinungsbildner Istriens besser zu erklären.

Die Revolution testete zum ersten Mal gleichsam das Fassungsvermögen der inneren Struktur der neuen prekären regionalen Ordnung Istriens. Während dieser komplexen Phase der außerordentlichen Zeitverdichtung tauchten neue Akteure, Begriffe und Diskurse auf. Die Märzrevolution machte den istrischen Lokalismus immer stärker von imperialen und europäischen Perspektiven abhängig.[4] Schon im August 1848 drückte Michele Fachinetti in einem Artikel im *Osservatore triestino* das Bewusstsein aus, dass die lokale Unruhe nur ein Teil eines aktuellen europäischen Umbruchs war:

> In un momento di sviluppato commovimento europeo, che tende a mettere al loro posto le nazioni finora sistematicamente squarciate o compresse, in tal momento non dovremo chiedere noi Istriani a noi stessi quali sieno i nostri desiderii e le nostre speranze quanto allo sviluppo dell'elemento nostro nazionale predominante [...]?[5]

Fachinettis Zitat ermöglicht einen kurzen Einblick in die istrische Situation zu Beginn der Märzrevolution. Der gegenwärtige (west)europaweite Umbruch, dessen Instanzen auf der Suche nach der kulturell-sprachlichen Homogenität – d. h. einer einzigen und absoluten nationalen Zugehörigkeit – einer bestimmten Gesellschaft basierten, stellte eine schwierige Herausforderung dar für eine mehrsprachliche Gesellschaft wie die istrische. Wie Fachinetti selbst in dem Zitat indirekt andeutete, war die lokale Gesellschaft – darunter auch die Führungsschicht – noch von einer ausgeprägten Mehrsprachigkeit und dem Mangel an

---

[3] Vgl. *Sestan*, Venezia; *Giuseppe Stefani*, La flotta sardo-veneta nell'Adriatico e il blocco di Trieste, in: La Venezia-Giulia e la Dalmazia nella rivoluzione nazionale del 1848–1849, 2, Del Bianco, Udine 1949, 5–103; *Quarantotti*, L'Istria; *Ders.*, Antonio Madonizza. Lettere dalla costituente austriaca del 1848–49, Deputazione di storia patria per le Venezia, Venezia 1966.

[4] Für eine europaweite Perspektive auf die Revolution 1848/49 vgl. *Dieter Dowe/Heinz-Gerhard Haupt/Dieter Langewiesche/Jonathan Sperber* (Hrsg.), Europe in 1848. Revolution and Reform, Berghahn, New York/Oxford 2000.

[5] „In einem Moment, in dem der europäische Umbruch hin zu einer Neuordnung der bisher stets verfeindeten oder stark unterdrückten Nationen fortgeschritten ist, sollten wir Istrianer uns da nicht selbst hinterfragen: Welche Wünsche und Hoffnungen haben wir Istrianer? Und damit verbunden, zu welcher Nation fühlen wir uns am meisten zugehörig?“, *Michele Fachinetti*, Elemento nazionale, in: Supplemento al N. 95 dell'Osservatore triestino, 9. August 1848, 701.

eindeutigen regionalen oder nationalen Identifizierungen charakterisiert. Die lokale Führungsschicht, an die sich Fachinetti im Artikel mit dem Begriff „noi Istriani“ wandte, befand sich unter doppeltem Druck: Neben dem schwierigen Prozess der regionalen Selbstdefinition als „Istrianer“ mussten sie nun die Frage beantworten: „zu welcher Nation fühlen wir uns am meisten zugehörig?“[6] Eine solche Entscheidung konnte nur durch eine Reduktion der eigenen inneren kulturellen Komplexität stattfinden.

Im Allgemeinen stellten die italienischsprachigen istrischen Akteure während der Märzrevolution den österreichischen Staat nicht in Frage. Obwohl die italienische *storia patria* des 20. Jahrhunderts die bürgerlich-liberalen italienischsprachigen Führungsschichten als in enger Verbindung zum venezianischen Aufstand stehend darstellten,[7] deutet vieles darauf hin, dass die Habsburgermonarchie der Horizont der meisten politischen Vertreter Istriens blieb.[8] Schon am 21. März 1848 beispielsweise verfasste der Politiker und Journalist Tomaso Luciani (1818–1894) aus Albona/Labin, einer der engsten Mitarbeiter Kandlers, eine habsburgtreue Proklamation, gerichtet an die „istrischen Freunde“.[9] Diese kann aber nur in Hinblick auf die damals sich schnell verändernden und unklaren Rahmenbedingungen richtig gedeutet werden. Darüber hinaus nahmen fünf der prominentesten Vertreter der istrischen Bourgeoisie – vier davon präsentierten sich als Vertreter der italienischsprachigen Mittel- und Oberschicht der Halbinsel – an den Sitzungen des Reichstages in Wien bzw. Kremsier/Kroměříž teil.

Trotz dieser Einstellung der meisten *insiders* galt die Revolution von 1848/49 als eine Zeit wachsenden Misstrauens zwischen dem habsburgischen Staatsapparat und der lokalen bürgerlichen Gesellschaft. Istrien wurde seit Beginn der Unruhen – insbesondere nach dem Beginn des Krieges gegen die italienischen Staaten – militärisch und polizeilich besonders strikt überwacht. Ein Aufstand in Istrien oder eine Landung der piemontesisch-sardischen Armee an den istrischen Küsten wurde vom österreichischen Staatsapparat als reale Bedrohung wahrgenommen. Obschon mehrere italienischsprachige politische Vertreter Istriens eben ihre Treue zu Österreich verkündet hatten, nahmen die deutschsprachigen österreichischen Behörden sowie die kaisertreue Presse die Küstenbewohner Istriens weiter als feindselig war. Dieses verbreitete Gefühl

---

[6] Ebd.

[7] Vgl. *Bernardo Benussi*, Il ’48 nell’Istria, in: Atti del Reale Istituto Veneto di Scienze, Lettere ed Arti 83, 1923–1924, 481–523; *Melchiore Corelli*, Tomaso Luciani, in: Pagine istriane 4, 1950, 217–224. Als besonders wichtig für die Entwicklung der italienischen *storia patria* des 20. Jahrhunderts gilt die Zeitschrift *Pagine istriane*, die erstmals 1903 in Capodistria/Koper veröffentlicht wurde. Nach dem Zweiten Weltkrieg erschien sie bis 1985 in Triest. Besonders interessant ist die Ausgabe Nummer 4 des Jahres 1950 dank einer Sammlung von Biographien der wichtigsten „Italiener“ Istriens der vergangenen Jahrhunderte, verfasst von den wichtigsten zeitgenössischen Historikern und Intellektuellen aus Istrien und Triest.

[8] *Apollonio*, L’Istria, 326.

[9] *Tomaso Luciani*, Ai miei amici istriani, in: L’Istria 3/16, 25. März 1848, 63.

wurde von der österreichischen deutschsprachigen Presse zwischen Triest und Wien weitervermittelt und verbreitet[10] – ein klares Zeichen des wachsenden wechselseitigen Misstrauens zwischen einer lokalen, protektionistischen sowie autonomistischen Elite und einer intrusiven Staatsobrigkeit.[11]

Das Misstrauen der lokalen und zentralen Behörden wuchs schlagartig, als sämtliche istrischen Matrosen der habsburgischen Marine, die in Venedig stationiert waren, im März 1848 – kurz nach dem venezianischen Aufstand – revoltierten und sich mit den Aufständischen der Markusrepublik vereinigten.[12] Darüber hinaus riefen istrische Intellektuelle aus Venedig, Friaul und Mailand zu einem Aufstand in Istrien auf – allerdings vergeblich.[13] Denn zur gleichen Zeit – im Mai 1848 – erschienen einige piemontesisch-sardische Kriegsschiffe im Nordosten der Adria, um Triest und weitere Häfen in Istrien zu blockieren.[14] Diese Ereignisse lösten unter den zivilen und militärischen Behörden Panik aus. Ab April stieg die Befürchtung, es könne sich in Istrien eine zweite Front auftun. Aus diesem Grund wurden massive Kontingente der österreichischen Armee nach Istrien gesandt, um die Halbinsel engmaschig zu überwachen, und dies obwohl die Front in Lombardo-Venetien einer militärischen Verstärkung bedurfte.[15] Der militärische Angriff von außen enthüllte die Ängste der kaiserlichen Staatsbeamten und Armee in Pisino/Pazin und Pola/Pula in Bezug auf die innere Schwäche der noch jungen regionalen Ordnung Istriens.

Gleichzeitig zeigten sich die zivilen und militärischen Behörden auch alarmiert gegenüber der lokalen bürgerlichen Schicht des istrischen Küstenstreifens[16], die starke wirtschaftliche, kulturelle und sogar familiäre Kontakte mit Venedig und Lombardo-Venetien unterhielt.[17] In der Tat zeigte das piemontesisch-sardische

---

[10] „Dagegen drohen Deputierte Istriens (nicht alle Deputierte Istriens), die bereits offen ihre Sympathien für die Empörer zu erkennen gaben, mit einem unberufenen Proteste gegen die Recrutenstellung bei der constituierenden Reichsversammlung in Wien."; „Was ist hingegen in Oesterreich das Loos der wenigen arglistigen Deputierten Istriens? Sie nehmen an den Versammlungen des österreichischen Reichstages, wie die Ueberzahl der durch aufopfernde Liebe und Hingebung für Oesterreich ausgezeichneten Männer Theil, sie brüsten sich mit ihrer Unverletzlichkeit, und bringen ihre Anschläge mit Hintansetzung des zweiten Berufes ihrer Mission ungescheut, böse Absichten und Gelüste kaum verhüllend zur Sprache. Gegen äußere offene Feinde gilt das Schwert und die Feuerwaffe. Sollte gegen die Feinde des Vaterlandes, die in der österreichischen Reichsversammlung sitzen, keine Waffe gefunden werden?", *Ein wohlgesinnter Oesterreicher*, Wo sind die Feinde Oesterreichs?, in: Journal des Österreichischen Lloyd 13/177, 3. August 1848, 581.

[11] Vgl. *Carlo de Franceschi*, Memorie autobiografiche, con prefazione, note e appendici a cura del figlio Camillo, Lloyd triestino, Trieste 1926.

[12] *Apollonio*, Libertà, 67.

[13] *Apollonio*, L'Istria, 326–327.

[14] *Stefani*, La flotta, 5–103.

[15] *Apollonio*, Libertà, 68.

[16] AST, I. R. Luogotenenza, Atti presidiali, 50, 2/5–19, 304.

[17] *Apollonio*, Libertà, 66. Viele Istrianer aus lokalen bürgerlichen Familien hatten in Padua studiert und arbeiteten nach dem Studium in Norditalien.

Embargo die wirtschaftliche Abhängigkeit Istriens von Venedig und Venetien auf, da die Blockade der Routen zwischen Istrien und Venedig die Wirtschaft des istrischen Küstenstreifens in eine Krise stürzte.[18] Das bereits mangelhafte gegenseitige Verständnis zwischen den deutschsprachigen Behörden und den lokalen italienischsprachigen Eliten wuchs sich nach dem März 1848 zu einem tiefen wechselseitigen Misstrauen aus, vermutlich auch wegen sprachlicher Verständigungsschwierigkeiten.[19]

Ein Gefühl des Misstrauens den kulturell und sprachlich schwer zuordenbaren Küstenbewohnern Istriens gegenüber kam schon im Mai 1848 in einem Bericht des k.u.k. istrischen Kreishauptmanns Friedrich Freiherr von Grimschitz (1793–1863) an die Militärbehörden in Pola/Pula zum Ausdruck.[20] Grimschitz stellte eine der relevantesten und exemplarischsten Persönlichkeiten der imperialen Ordnung in Istrien dar, da er bereits seit 1828 das Amt des Kreishauptmanns Istriens innehatte.[21] Meist aus der Perspektive des Kaiserreiches wurde in den Berichten die alte Grenze durch Istrien als eine noch existierende Realität wahrgenommen. Grimschitz unterschied im Text ständig in einer scharf trennenden, dualistischen Lesart zwischen „ex/alt-venezianischem" und „ex/alt-österreichischem Istrien". Inneristrien und seine „tapferen" und „treuen" Einwohner (auch als „Alt Istrianer" bezeichnet) wurde als die historische Stütze der habsburgischen Macht auf der Halbinsel betrachtet. Interessanterweise noch in den früheren Monaten der Märzrevolution wurden die „Alt Istrianer" Inneristriens nicht mittels ethnisch-linguistisch-nationalen Merkmale identifiziert, sogar aus der imperialen Perspektive nicht: Sie wurden bloß als „treue Untertanen" des Kaisers von Österreich dargestellt. Dagegen wurden die Küstenbewohner als „Istriens innere Feinde" wahrgenommen und mit Hilfe einer verallgemeinernden Zuschreibung als „die italienische Bevölkerung des exvenezianischen Istriens" definiert.[22]

Auf Grund dieser verbreiteten dualistischen geographisch-kulturellen Lesart wurde von den österreichischen Militärbehörden des k.u.k. istrischen Landes-Präsidiums die „Volksbewaffnung" der „Alt-Istrianer" vorgeschlagen. Die Inneristrianer sollten gegenüber den als „Feinden" wahrgenommenen Küstenistrianern die Ordnung der Region aufrechterhalten. In der Anfangsphase der Revolution und des Krieges versuchten die Militärbehörden dies mit Verweis

[18] *Stefani*, La flotta, 53.

[19] *Vanni D'Alessio*, Il cuore conteso. Il nazionalismo di una comunità multietnica. L'Istria asburgica, Filema, Napoli 2003, 52–53; *Quarantotti*, Antonio, XXI.

[20] *Franceschi*, Memorie autobiografiche, 242–243.

[21] Für biographische Daten zu Friedrich Freiherr von Grimschitz vgl. Wien, den 26. Juli, in: Österreichischer Beobachter 209, 27. Juli 1828, 888; Handbuch für das küstenländische Verwaltungs-Gebiet: Gefürstete Grafschaften Görz und Gradiska, Markgrafschaft Istrien und die Stadt Triest mit ihrem Gebiete für das Jahr 1855, Weis, Triest 1855, 57; *Peter Paul von Radics*, Die Freiherren von Grimschitz. Eine geschichtliche Studie, Mayer & Co., Wien 1871, 43.

[22] AST, I. R. Luogotenenza, Atti presidiali, 50, 2/5–19, 304.

auf die erfolgreiche Bewaffnung der „treuen" altösterreichischen Bauern 1813 im „Befreiungskrieg" unter der militärischen Führung des Feldmarschalles Laval Nugent von Westmeath (1777–1862) gegen die französische Armee historisch zu begründen. Derselbe Feldmarschall Nugent schrieb im April 1848 an Kreishauptmann Grimschitz diesbezüglich:

> Vor 35 Jahren haben die tapferen Alt Istrianer unter meiner Anführung ihr Land gegen eine feindliche Armee vertheidigt, und dann ein starkes Battaillon nach Italien gesendet. Die Söhne werden der Väter sich würdig zeigen, und treu unserem Kaiser auch jetzt ihr Land gegen innere und äußere Feinde führen.[23]

Grimschitz lehnte diesen Vorschlag am 4. Mai ab: Dies wäre ein unverzeihlicher Fehler. Er betrachtete „die Volksbewaffnung als eine wahre Calamität" für Istrien selbst, denn „die dermaligen Verhältnisse sind ganz anders gestaltet, als sie es von 35 Jahren, nemlich [sic!] im Jahre 1813 waren."[24] Die Volksbewaffnung hätte dem „lang verhaltenen Haße gegen das exvenezianische Istrien ohne Rücksicht auf die italienische oder slavische Nationalität der Bewohner Luft" gemacht.[25] Das Appellieren an die guten „Alt-Istrianer" erklärte diese zu treuen Untertanen, obwohl die österreichischen Beamten sie gleichzeitig misstrauisch beäugten. Aus Grimschitz' Ausführungen wird deutlich, dass es sich 1848 um eine völlig veränderte Situation handelte: Die bäuerliche Bevölkerung Inneristriens neigte nun zum Sturz der feudalen Landwirtschaftsstruktur, gegen die sie einige Monate zuvor in Lupogliano/Lupoglav rebelliert hatte. So kann Grimschitz' Ablehnung des Projektes einer Volksbewaffnung als Furcht vor den „treuen Alt-Istrianern" verstanden werden.[26] Darüber hinaus hätte eine solche Volksbewaffnung in Inneristrien „die eigene Ohnmacht der Regierung, die Schwäche, das Nichtzureichen der geregelten Streitkräfte im Staate offen" enthüllt. Trotz dieser Warnungen blieben Grimschitz' Worte unerhört: Schon am 15. August 1848 berichtete das *Journal des Österreichischen Lloyd* voller Stolz, dass Bauernsoldaten-Bataillone von „Berkinen" und „Tschitschen" für die Bewahrung der Ordnung auf der istrischen Halbinsel organisiert wurden:

> Die erste Compagnie der Truppe der Istrianer Freiwilligen, welche hier von Oberst Lazzarich und Major Reichlin gebildet wird, ist fertig. Sie besteht größtentheils aus Berkinen und Tschitschen, die der Lieutenant Peharich im Bezirke Nowigrad geworben hat. Meistens schöngewachsene, frische Alpenleute, die hochgemuth ihrer Fahne folgen. In ein paar Tagen werden sie die hiesige Garnison beziehen. Za Boga i domovinu – für

[23] Ebd. Ein Brief eines lokalen italienischsprachigen Soldaten der k.u.k. Armee im *Osservatore triestino* aus dem Dezember 1848 zeigt das große Ansehen, das Feldmarschall Nugent noch in den 1840er-Jahren im Küstenland genoss: Vgl. *M. D.,* Intorno le operazioni del comandante Generale d'Artiglieria Conte di Nugent (Articolo scritto da un militare), in: Supplemento al N. 147 dell'Osservatore triestino, 10. Dezember 1848, 1310.

[24] AST, I. R. Luogotenenza, Atti presidiali, 50, 2/5–19, 304.

[25] Ebd.

[26] *D'Alessio*, Il cuore, 87.

Gott und Vaterland – ist ihr Wahlspruch. Heil, dreimal Heil dem edlen illirischen Volke der Südslaven![27]

Dies zeigt, dass die Praxis der Ethnisierung – der kulturell-nationalen Entmischung – aus Herrschaftsgründen in Istrien schon während der Märzrevolution und des Krieges in Norditalien ihren Anfang nahm.

Der Schriftverkehr zwischen Grimschitz und den militärischen Behörden Istriens 1848 macht das partielle Scheitern des imperialen Projekts auf der Halbinsel deutlich. Die Einheit der istrischen Region schien in Frage gestellt, primär von den Vertretern der imperialen Ordnung selbst. Sie wurde von der imperialen Presse selbst thematisiert und interregional verbreitet, als das *Journal des Österreichischen Lloyd* am 27. Juli 1848 berichtete (derselbe Artikel wurde am 31. Juli 1848 in der *Wiener Zeitung* sowie am folgenden Tag in *Der Presse* veröffentlicht): „In Istrien ist so vieles streitig, daß man nicht einmahl über seine Gränzen einig ist."[28] Die neue imperiale Region Istrien schien zeitgleich mit dem Imperium selbst zu schwanken.

3.2. Das Dilemma des istrischen Bürgertums zwischen regionaler Autonomie und nationaler Frage

Paradoxerweise war die Monarchie aber für die italienischsprachigen Politiker in Istrien der Horizont ihrer Tätigkeit. Nach der Einberufung des Parlaments in Wien wurden im Juni 1848 fünf Abgeordnete aus fünf Wahlkreisen Istriens gewählt: Antonio Madonizza (aus Capodistria/Koper und Pirano/Piran), Michele Fachinetti (aus Buie/Buje, Montona/Motovun, Pinguente/Buzet, Parenzo/Poreč), Carlo de Franceschi (aus Pisino/Pazin, Dignano/Vodnjan und Rovigno/Rovinj), Francesco Vidulich (aus Veglia/Krk, Cherso/Cres, Lussino/Lošinj, Albona/Labin und Pola/Pula) und Josip Vlah (aus Castelnuovo/Podgrad, Volosca/Volosko und Bellai/Belaj).[29] Die ersten vier genannten Vertreter stammten aus der städtischen, gelehrten bürgerlichen Mittelschicht sowie der Schicht der Landbesitzer und bildeten als Vertreter des italienischsprachigen Liberalismus eine mehr oder weniger einheitliche Front: Die Vertretung Istriens in der Wiener und Kremsierer Reichsversammlung 1848/49 bot den lokalen istrischen Führungsgruppen eine erste Gelegenheit, sich – durch Schaffung eines immer engmaschigeren Netzwerkes zwischen den verschiedenen istrischen Gemeinden – zusammen in einer einzigen politischen Partei zu organisieren. Vor

[27] Stadt Mitterburg in Istrien, in: Journal des Österreichischen Lloyd 13/187, 15. August 1848, 621.

[28] Aus Istrien, in: Journal des Österreichischen Lloyd 13/171, 27. Juli 1848, 556; Aus Istrien, in: Wiener Zeitung 210, 31. Juli 1848, 282; Aus Istrien, in: Die Presse 1/30, 1. August 1848, 117.

[29] *Darovec*, Breve storia, 179.

jeder nationalen, ethnozentrischen Interpretation stand bei diesen Vertretern des lokalen „Besitz- und Bildungsbürgertums"[30] der autonomistische Liberalismus. Liberalismus bedeutete in diesem Fall Bewahrung der eigenen sozialen und ökonomischen Vormacht sowie Forderung nach Modernisierung der noch feudalen landwirtschaftlichen Struktur. Die verallgemeinernde Bezeichnung der Küstenbevölkerung Istriens als „Italiener" durch Grimschitz beruhte auf einer undifferenzierten und unrealistischen Wahrnehmung, da die städtischen, meist Italienisch sprechenden aber in der Regel mehrsprachigen Einwohner starke Unterschiede untereinander aufwiesen.[31] Noch dazu lebten im unmittelbaren Hinterland der Küstenstädte mehrere slawischsprachige Bevölkerungsgruppen.

Trotz des starken Lokalpatriotismus in den Städten und Bezirken Istriens setzte nach dem Verschwinden der alten Grenze zu Beginn des Jahrhunderts ein langer Prozess der Vermischung der italienischsprachigen bürgerlichen Familien an der Küste mit solchen aus dem Hinterland durch Eheschließungen, Migration und kulturelle Projekte ein,[32] die bis zum Ende des Jahrhunderts andauerte.[33] Der Widerstand eines innerlich diversifizierten Bürgertums gegen das als solches wahrgenommene Eindringen der deutschsprachigen österreichischen Beamtenschicht schon vor 1848 stellte eine wichtige Strategie für die Homogenisierung sowie für die Herausbildung einer einheitlichen politischen Front dar. Die gemeinsame Verwendung der italienischen Sprache bildete hierfür ein wichtiges Werkzeug. Beispielsweise wendet sich Carlo De Franceschi in seinen Memoiren, die die Zeit zwischen den 1830er- und 1860er-Jahren abdecken, ständig gegen die Einmischungen des alten österreichischen Kreishauptmannes Grimschitz, der als zentraler Feind beschrieben wird.[34] In diesem Sinn zeigt sich die Herausbildung der kulturell-nationalen Homogenisierung des städtischen Bürgertums und der Landaristokratie als ein komplexer Verhandlungsprozess zwischen Reaktion gegen den zentral(isiert)en Staat einerseits und Repositionierung nach den externen, ethnisierenden Zuschreibungen vonseiten der Staats- und Armeeeliten andererseits.

Trotz dieser anfänglichen Homogenisierung lässt sich die Gruppe der italienischsprachigen Vertreter in Wien in zwei Lager einteilen. Madonizza, de Franceschi und Vidulich (1819–1889) waren Vertreter der neuen bürgerlichen Berufe. Sie traten bereits in der ersten Hälfte des Jahrhunderts als Rechtanwälte und Staatsbeamte in die Legislative des österreichischen Staates ein.[35] Dagegen

[30] *Eric Hobsbawm*, The Age of Empires (1875–1914), Vintage, New York 1989, 170.

[31] *Ivetic*, Un confine, 203–215.

[32] *D'Alessio*, Cuore, 62–64.

[33] Vgl. *Giovanni Vesnaver*, Dal protocollo del Governo provvisorio dell'Istria dell'anno 1799, Cobol & Priora, Capodistria 1888; *Ders.*, Nozze Vidali-Vatova, Cobol & Priora, Capodistria 1896.

[34] *Franceschi*, Memorie autobiografiche, 54–57.

[35] Madonizza, de Franceschi und Vidulich studierten in den Jahren zwischen 1829 und 1844 Rechtswissenschaft an deutsch- oder italienischsprachigen Universitäten der Monarchie

war Fachinetti ein Vertreter der Schicht der „traditionellen" Landbesitzer und nie wirklich ein Teil der Struktur des österreichischen Staates.[36]

Im Rahmen der parlamentarischen Arbeit in Wien im Jahre 1848 war das gemeinsame Hauptziel der vier italienischsprachigen Vertreter die Forderung nach staatlicher Anerkennung der italienischen Sprache als Amts- und Bildungssprache Istriens innerhalb einer regionalen Autonomie. Dies zeigte sich beispielsweise Mitte 1848 durch die Forderung nach Wiedererrichtung des italienischen Gymnasiums in Capodistria/Koper.[37] Die Frage der offiziellen Sprache der regionalen Ordnung kann nicht ausschließlich als national motiviert interpretiert werden. Auch die sprachliche und die psychologische Perspektive sind wichtig. Wie der Historiker Giovanni Quarantotti bemerkte, war die Angst vor Isolierung verbunden mit Verständnisschwierigkeiten in der Kommunikation zwischen deutschsprachigen Beamten, die teilweise keine lokalen Sprachen beherrschten, und breiten Teilen der Einwohnern Istriens, die das Deutsche nicht unbedingt verstanden. Beispielsweise beherrschte der Rechtsanwalt Antonio Madonizza – der zentrale Akteur der italienischsprachigen istrischen Vertretung in Wien und Kremsier – Deutsch nicht besonders gut.[38]

Die unterschiedlichen Positionen innerhalb des italienischsprachigen Blocks sowie die Frage nach der kulturellen Zusammensetzung Istriens zwischen Vielfalt und Hybridismus gewannen an zusätzlicher Relevanz, als die Diskussion über die Eingliederung Istriens in den Deutschen Bund und die Entsendung eines istrischen Vertreters ins Frankfurter Parlament aufkam.[39] Der Vorschlag der Eingliederung sogar des ehedem venezianischen Istriens in den Bund war dabei eng mit der Frage nach Schaffung einer großdeutschen Militär- und Handelsflotte in der Adria verbunden.[40] Die betreffende Diskussion in der Frankfurter Paulskirche verursachte zwischen Juni und September 1848 eine heftige Auseinandersetzung zwischen Frankfurt, Wien, Kremsier/Kroměříž , Triest und

(Padua, Wien, Graz). Für ihre Biographien vgl. *Carlo Negrelli*, Madonizza Antonio, in: Österreichisches Biographisches Lexikon (1815–1950) 5, 1972, 402–403; *Cella*, De Franceschi; *Francesco Toncich*, Vidulich Francesco, in: Österreichisches Biographisches Lexikon (1815–1950) 15, 2015, 271.

[36] Dagegen schloss Fachinetti sein Jurastudium an der Universität Padua nie ab. Er kümmerte sich lieber um die landwirtschaftlichen Interessen der Familie und ihrer Besitzungen rund um Montona/Motovun; vgl. *Silvano Cavazza*, Fachinetti, Michele, in: Dizionario Biografico degli Italiani 44, Treccani, Roma 1994, 95–98.

[37] Vgl. *Madonizza*, Sopra un articolo del signor Gedeone Pusterla, inserito nel N.° 104, in: Supplemento al N. 108 dell'Osservatore triestino, 8. September 1848, 827–828.

[38] *Quarantotti*, Antonio, XXI.

[39] *Vivante*, Irredentismo, 25–36.

[40] Stenographischer Bericht über die Verhandlungen der deutschen constituirenden Nationalversammlung zu Frankfurt am Main, 1, Sauerländer, Frankfurt am Main 1848, 528; Stenographischer, 2, 720, 1569–1570; Aus Frankfurt, in: Journal des Österreichischen Lloyd 13/167, 22. Juli 1848; *Friedrich von Raumer*, Briefe aus Frankfurt und Paris 1848–1849, 1, Brockhaus, Leipzig 1849, 167.

Istrien. Insbesondere die Vorlage des Berichts „in Betreff der Vereinigung Istriens mit dem deutschen Bunde" des Abgeordneten Friedrich von Raumer (1781–1873, Historiker aus Berlin)[41] vom 4. Juli und dessen Erörterung am 14. August 1848 verursachten eine lebhafte Debatte über die kulturelle Zusammensetzung der Halbinsel.[42] Die imperialistischen und expansionistischen Pläne bezüglich strategisch wichtiger Räume wie Triest und Istrien wurden von den Vertretern der Großdeutschen Idee mit der Frage nach der kulturellen Zusammensetzung der Bevölkerung dieser Regionen zu einer Kontrollstrategie verbunden.[43]

Das wurde als ein Angriff von außen auf die Einheit Istriens und die Autonomie der istrischen italienischsprachigen Bourgeoisie auf lokaler Ebene wahrgenommen. Die Diskussionen führten sogar zu internen Spaltungen. Der habsburgtreue Triestiner Pietro Kandler lehnte als Vertreter Inneristriens die Wahl ins Frankfurter Parlament ab. An seiner Stelle wurde der konservative Gabriel Jenny (1810–1891)[44] aus Triest entsandt. Die istrischen Reichstagsabgeordneten protestierten mittels Deklarationen und polemischer Presseartikel, in denen die Halbinsel – höchstwahrscheinlich zum ersten Mal – als ein Land italienischer Sprache und Kultur dargestellt wurde.[45] Die Äußerungen aus Frankfurt über die vollständige Eingliederung Istriens in den Deutschen Bund erzwangen eine rasche Repositionierung im Rahmen der Selbstdefinition der lokalen Ordnung. Die Selbst-Repositionierung begann gleich am 12. Juli 1848 mit der Veröffentlichung einer heftigen Protestnote der vier italienischsprachigen istrischen Abgeordneten in Wien, in der die nationale Frage im Vordergrund stand. So kommentierte ein Autor des österreichloyalen *Journal des Österreichischen Lloyd*:

> Drei Istrianer, Abgeordnete des österreichischen constituierenden Reichstages haben in einem in mehrere Wiener Blätter aufgenommen Proteste, gegen die Aufnahme des exvenezianischen Istriens in den deutschen Bund angeführt, daß Istrien wesentlich italienisch sei, und zwar durch Sprache, Gebräuche, Erinnerungen, Religion, Sympathie, Denkmäler und durch seine geographische Lage.[46]

Abgesehen vom gemeinsamen Protest der „Istrianer" im Wiener Parlament am 12. Juli 1848 entstanden zwei unterschiedliche Fraktionen innerhalb der istrischen Abgeordneten in Wien. Die Spaltung verlief entlang der oben erwähnten unterschiedlichen sozialen Stellung der vier italienischsprachigen Vertreter. Die

---

[41] Vgl. Biographische Umrisse der Mitglieder der deutschen konstituirenden Nationalversammlung, 3–4, Schmerber, Frankfurt am Main 1848, 226–232.

[42] Stenographischer Bericht, 1, 720; Ebd., 2, 1569–1570.

[43] Ebd., 2, 1569–1570; *I.E. Beck*, Sulla flotta germanica in avvenire, in: Supplemento al N. 105 dell'Osservatore triestino, 1. September 1848, 797–798.

[44] Gabriel Jenny stammte aus Wien und war seit 1833 als Staatsbeamter und Rechtsanwalt in Triest tätig: Vgl. Candidato pel Parlamento Germanico per la parte d'Istria addetta alla Confederazione Germanica, in: L'Istria 3/24, 29. April 1848, 96; Biographische Umrisse, 1, 32.

[45] Einige Proteste der ehedem venezianischen Gemeinden sind enthalten in *Salata*, Il diritto, 224–225, 228–230.

[46] Aus Istrien, in: Journal des Österreichischen Lloyd 13/171, 27. Juli 1848, 556.

Rechtsanwälte und Beamten Madonizza, de Franceschi und Vidulich zählten bis zum Ende des Kremsierer Reichstages zur parlamentarischen Fraktion der Föderalisten innerhalb der Monarchie und vertraten eine gemäßigte, vorsichtige und situationsbezogene Haltung. Sie stellten die Einheit Istriens und seine Zugehörigkeit zur Monarchie niemals in Frage.[47] Dagegen nahm der Dichter und Landbesitzer Fachinetti eine radikalere Haltung ein und befürwortete die Wiederherstellung der alten Grenze, was die Teilung Istriens und den Anschluss des ehedem venezianischen Teiles an das revolutionäre Venedig zur Folge hätte haben können. Wegen der Radikalität seiner Äußerungen und Forderungen wurde Fachinetti von den anderen drei italienischsprachigen Vertretern isoliert.

In diesem äußerst spannungsgeladenen Moment drückte sich die soziale Frage durch Thematisierung des Kulturellen aus. Aus dieser Perspektive stellte der Zusammenstoß zwischen dem Landbesitzer Michele Fachinetti und den anderen italienischsprachigen bürgerlichen Vertretern Istriens einen Zusammenstoß zwischen unterschiedlichen sozioökonomischen Interessen und Erwartungen dar.[48] Die Äußerung der „italienischen Nationalität" in einem am 9. August im *Osservatore triestino* veröffentlichten Artikel des Landbesitzers Fachinettis stand in enger Verbindung zur Beanspruchung des „(Agrar-)Landes Istriens" als „geographisch italienischer Boden": „La campagna dell'Istria, geograficamente suolo italiano, è popolata in parte da Slavi sorvenuti [sic!] dalla Dalmazia, i quali comunemente non ignorano il dialetto veneto."[49] Die Redaktion des kosmopolitischen, großbürgerlichen *Osservatore triestino* sowie andere istrische Abgeordneten in Wien stimmten allerdings nicht mit einer solchen sozioökonomisch aufgeladenen nationalen Deklarierung in Bezug auf das Land und seine agrarische Nutzung überein. So äußerte sich die Redaktion des *Osservatore triestino* – unter der Leitung des Istrianers Carlo Combi aus Capodistria/Koper – am 9. August folgendermaßen: „Che non siamo onninamente d'accordo coi pensamenti del sig. Fachinetti; vogliamo pure nel pubblicarli, dar prova del desiderio nostro, che questo foglio sia campo a quelle oneste discussioni, cui deve servire la stampa pubblica."[50]

Die Thematisierung des „(Agrar-)Landes" und „Bodens" Istriens in Verbindung mit den bäuerlichen Untertanen – nun als nicht-autochthone, aus Dalma-

---

[47] *Quarantotti*, Antonio, 29.

[48] *Sergio Cella*, Lettere del 1848 di Michele Fachinetti, in: Pagine istriane 1/4, 1–2, 1960, 37; *Quarantotti*, Antonio, 36.

[49] „Istriens ländliche Gebiete, die geografisch betrachtet als italienischer Boden gelten, sind zum Teil von Slawen bewohnt, die aus Dalmatien stammen und der venezianischen Sprache in der Regel kundig sind.", *Michele Fachinetti*, Elemento nazionale, in: Supplemento al N. 95 dell'Osservatore triestino, 9. August 1848, 701.

[50] „Wir teilen die Gedanken von Herrn Fachinetti in kleinster Weise. Wir wollen sie trotzdem veröffentlichen, um unseren Wunsch Ausdruck zu verleihen, dass in diesem Blatt jene ehrlichen Diskussionen Platz finden, denen die öffentliche Presse dienen soll.", *La Redazione*, Appendice, in Supplemento al N. 95 dell'Osservatore triestino, 9. August 1848, 701.

tien stammende ursprüngliche „Slawen" bezeichnet – zeigt die Sorge Fachinettis und anderer Landbesitzer – um den Erhalt des *status quo* und der sozioökonomischen Verhältnisse in einer Zeit wachsender Unsicherheit und zunehmender Veränderungen. Die Thematisierung der „Bewegung des Bauerntums"[51] in der küstenländischen Presse während der 1840er-Jahre sowie die *jacquerie* in Lupogliano/Lupoglav einige Monate zuvor lösten bei den Landbesitzern die Sorge aus, dass es zu weiteren von den Bauern ausgehenden sozialen Unruhen kommen könnte.[52] Innerhalb der italienischsprachigen Elite Istriens galt der Aufstand von Lupogliano/Lupoglav 1847 als ein besonders bedeutungsvolles Ereignis, dessen Erinnerung bis zum Ende des 19. Jahrhunderts wach gehalten wurde. Vor dieser Erhebung erschien das Territorium von Lupogliano/Lupoglav (auf Deutsch Mahrenfels) als ein geradezu mustergültiges Beispiel für Feudalismus und die Unterdrückung der Bauerschaft in Istrien. Das Lehen von Mahrenfels hatten seit dem Mittelalter Adelsfamilien inne – zuerst die Fürsten Eggenburg und von 1634 bis 1883 die Triester Adelsfamilie Brigido. Der Landstrich war einer der fruchtbarsten Teile Inneristriens und spielte eine wichtige strategische Rolle für die Kontrolle des Gebietes zwischen Pinguente/Buzet, Raspo/Rašpor und Monte Maggiore/Učka. Darüber hinaus galt die Burg von Mahrenfels lange als Bollwerk gegen die venezianische Expansion nach Inneristrien.[53] 1898 widmete der Historiker Camillo de Franceschi dem Aufstand aus dem Jahre 1847 mehrere Seiten in seiner Studie zu den Burgen Istriens. Die Revolte wurde als ein epochales Ereignis dargestellt, das den Prozess der Befreiung des istrischen Bauernturms aus der Leibeigenschaft symbolisierte.[54]

---

[51] Dei villici istriani, in: L'Istria 2/78, 11. Dezember 1847, 315–316.

[52] *D'Alessio*, Il cuore, 87.

[53] *Franceschi*, I Castelli, 195–198. Im Nachlass Schiavuzzi finden sich drei handgeschriebene Notizbücher, die Zitate aus mehreren Studien auf Italienisch und Deutsch über historische Aspekte des Bezirkes Lupoglav/Lupogliano wiedergeben: Vgl. CMSA, Dono Schiavuzzi (27.4. 1957, Pacco 22), Postumia 1–2–3.

[54] „Queste prigioni accolsero nel 1847 gli ultimi sudditi feudali, che insofferenti d'un più lungo servaggio avevano elevato per quelle balze montane l'audace grido della ribellione. [...] Nel 1847, al propagarsi delle nuove idee di libertà i contadini di Lupoglavo si ammutinarono niegando di comune intesa le gravosissime contribuzioni urbariali e i servizi personali, cui da tanti secoli erano tenuti. Accorsa sul luogo una compagnia di cacciatori, i ribelli ripararono armati sui monti, non prime però d'aver dato il guasto ai terreni baronali. Ma poco tempo vi si sostennero. Il commissario circolare de Toggenburg, inviato appositamente a Lupoglavo, potè in breve sedare il movimento, procedendo con estremo rigore contro i facinorosi. Una sera, mentre tre soldati tedeschi camminavano di conserva sulla strada maestra a poca di distanza dal castello, venne sparato loro addosso un colpo di fucile che ne uccise uno. Si sussurrò con insistenza che l'attentato fosse stato diretto contro il commissario politico, il quale era solito di portarsi ogni sera a passeggiare in quella direzione in compagnia del comandante militare e dell'amministratore della signoria Giovanni Rosa. Il popolo, come un cavallo restio, non potendo scuotere il giogo, mordeva il freno che gli veniva imposto.", *Franceschi*, I Castelli, 196–198.

Fachinettis Sorge schien wegen einer fehlenden regionalen und nationalen Identität der istrischen Landbesitzer primär eine soziale und landwirtschaftliche Dimension zu haben. Sie zielte auf den Erhalt „traditioneller“ sozioökonomischer Verhältnisse in Istrien und richtete sich gegen die „slawischen“ Bauern und die „deutschen oder slawischen Beamten“.[55] In diesem Moment begannen die bürgerlichen Unternehmer, die Intellektuellen sowie die Landbesitzer den Gedanken einer einheitlichen Partei zu entwerfen. Zumindest geschah dies in ihrer öffentlichen, propagandistischen Selbstrepräsentation, obwohl die sozialen Unterschiede innerhalb dieser selbstproklamierten einheitlichen Gruppe bis Ende des Jahrhunderts bestehen blieben.

Viele istrischen Landbesitzer teilten die Radikalität Fachinettis und begannen in der zweiten Hälfte des Jahres 1848, eigene Narrative zu erstellen. Die Verkündung des ersten Gesetzes zur Abschaffung der restlichen feudalen Strukturen und Frondienste vom 7. September 1848 durch die Wiener Regierung stellte eine spürbare Wende dar. Unmittelbar danach kam es zu einem kulturellen Diskurs seitens der lokalen italienischsprachigen Landbesitzer und Oberschichten über die Veränderung des Bauerntums. Dabei offenbarte sich die Notwendigkeit der istrischen „traditionellen“ Führungsschichten, die nun befreiten Landarbeiter und Kleinbauern in nationale Kategorien einzuteilen und sie als „italienisch“ darzustellen. Bereits im Oktober 1848 verfasste Giovanni Zuliani aus Visinada/Vižinada einen bedeutenden Artikel im *Osservatore triestino* über die Feier der Bauern seines Distriktes aus Anlass der Ankündigung des antifeudalen Gesetzes. Zuliani betonte darin die „italienische“ Identität der befreiten Bauern sowie der gesamten bürgerlichen Gesellschaft von Visinada/Vižinada – auch durch eine Beschreibung der auf der Feier gesprochenen Sprache und der getragenen Bekleidung:

> Ricorreva il giorno di S. Gerolamo protettore del piccolo borgo di Visinada. Era giusto che quest'anno la festa fosse più lieta e solenne, perché quasi contemporaneo fu l'annunzio della legge che liberava il comune dagli incomodi tributi di decime e d'altre gravezze. Il povero popolo, già troppo tributario al governo, si vide quasi per prodigio di provvidenza, rilevato d'un tratto dalla ingrata condizione di tributario d'altro suddito, si risovenne di marzo, cominciò a credere alcun chè di reale la costituzione, e a sperare nell'avvenire.
>
> [...] Un solo accento slavo non mi venne all'orecchio. La differenza di vestito tra i contadini e i paesani facea grato contrasto alla fratellanza manifesta, alla omogeneità dei sentimenti, all'unità della lingua.
>
> Italiani erano gli accenti di gioia e di gratitudine per la Patente Sovrana liberatrice; [...].[56]

---

[55] *Michele Fachinetti*, Elemento nazionale, in: Supplemento al N. 95 dell'Osservatore triestino, 9. August 1848, 702.

[56] „Es war der Tag des Heiligen Hieronymus, des Schutzheiligen des kleinen Dorfes Visinada. Zu Recht war das Fest in diesem Jahr fröhlicher und feierlicher, denn fast zeitgleich wurde das Gesetz verkündet, das die Gemeinde von der mühsamen Zehntabgabe und anderen

Antonio Madonizza, die führende Persönlichkeit der istrischen Vertreter in Wien und Kremsier, verwarf eine solche ideologische Identifizierung mit künstlich geschaffenen Identitätsmustern (sogar der „Italianität").[57] Diese gemäßigte Haltung wurde später auch von Carlo de Franceschi in seinen Memoiren unterstrichen. Sein Sohn Camillo, der 1926 die väterlichen Memoiren veröffentlichte, nannte Fachinetti sogar einen „abstrakten Idealisten" („idealista astratto"), der durch eine „lärmende separatistische Politik" („politica chiassosamente separatista") gegen die „Gründe kluger Mäßigung" („ragioni di saggia moderazione") Stellung bezog.[58] Daher ergriff Madonizza Partei für die Erhaltung der regionalen Ordnung im Rahmen der rechtsbasierten habsburgischen Monarchie.[59] Diese Ablehnung einer absoluten nationalen Identifizierung schloss jedoch den Einsatz für die Etablierung der italienischen Sprache als offizielle Amts- und Bildungssprache Istriens innerhalb einer regionalen Autonomie nicht aus.[60] Die politische Haltung Antonio Madonizzas zeigte sich 1848 im Parlament durch den Wunsch nach einer engeren Zusammenarbeit mit den triestinischen und dalmatinischen Abgeordneten. Diese gemäßigte Haltung etablierte sich im Laufe der zweiten Hälfte des Jahrhunderts in den istrischen Küstengemeinden und in der politischen Führungsschicht.[61] Wegen der Radikalität seiner Ideen gab Fachinetti schon im Oktober 1848 die parlamentarische Arbeit vorzeitig auf.

3.3. Das Auftauchen des „Hybridismus"-Begriffes im Spannungsfeld zwischen lokalem und globalem Kontext

Die Auseinandersetzung um die Eingliederung Istriens in den deutschen Bund blieb nicht auf das parlamentarische Milieu beschränkt, sondern die Debatte verbreitete sich durch Presseartikel von Frankfurt am Main aus nach Wien,

---

Lasten befreite. Das arme Volk, das bereits zahlreiche Steuern an die Regierung hatte zahlen müssen, sah sich – einem Wunder gleich – aus der verzweifelten Lage eines Steuerpflichtigen gegenüber einem weiteren Lehnsmann befreit. Das Volk erinnerte sich an den vergangen März [1848, Anm. d. Verf.], und begann, an die Verfassung zu glauben und auf die Zukunft zu hoffen.

[...] Kein slawisches Wort kam mir zu Ohren. Die unterschiedliche Kleidung der Bauern und den Dorfbewohnern bildete einen freudigen Kontrast zu der klar ersichtlichen Brüderlichkeit, den gemeinsamen Gefühlen, der einheitlichen Sprache. Italienisch klangen die Bekundungen von Freude und Dankbarkeit für das befreiende kaiserliche Patent [...].", *Giovanni Zuliani*, Appendice, in: Osservatore triestino 122, 10. Oktober 1848, 997.

[57] *Quarantotti*, Antonio, XXI; *Cella*, Lettere, 39.

[58] *Camillo de Franceschi*, Prefazione, in: Franceschi, Memorie autobiografiche, 12–13.

[59] *Negrelli*, Madonizza, 402–403.

[60] Vgl. etwa die Auseinandersetzung rund um die Wiedererrichtung des italienischsprachigen Gymnasiums in Capodistria 1848, siehe *Madonizza*, Sopra un articolo del signor Gedeone Pusterla, inserito nel N.° 104, in: Supplemento al N. 108 dell'Osservatore triestino, 8. September 1848, 827–828.

[61] *Apollonio*, Autogoverno, 26–27.

Triest und bis in die istrischen Zentren. Mit ihrem Transfer auf die lokalen Ordnungen erreichte die Frage nach der Erhaltung der regionalen Ordnung ihren Höhepunkt und überschnitt sich unerwartet mit dem Thema der inneren sprachlich-nationalen Diversität und Hybridität Istriens. Die oben erwähnten Diskussionen in der Paulskirche „in Betreffe der Vereinigung Istriens mit dem deutschen Bunde“ seit Anfang 1848[62] lösten in den folgenden Monaten (Juli bis September) einen lauten Protest verschiedener städtischer Gemeinden in Istrien aus und veranlassten die lokalen kommunalen Vertreter zu einer erzwungenen Selbstdefinition als nationale Gruppe.[63]

Die stenographischen Protokolle des Gemeinderates von Pirano/Piran vom 3. September 1848 bezeugen eine empörte, emotionsgeladene Reaktion. Diese richtete sich nicht nur gegen die großdeutschen Ansprüche, sondern auch gegen die Aussage aus der Paulskirche, dass die Istrianer ein hybrides Volk seien.[64] Der pejorative Begriff „Volks-Hybridismus“ („ibridismo di popolo“) verschärfte die Bedrohungskommunikation über eine als gefährliche wahrgenommene Fremdanalyse und -bestimmung. Er tauchte wahrscheinlich zum ersten Mal in Auseinandersetzungen auf lokaler Ebene auf:

Ed è curioso vederli [i deputati di Francoforte, Anm. d. Verf.] ne' lori furibondi eccessi, e senza badare all'effetto che produr possono le loro parole, a scagliarsi contro di noi, e a regalarci le più belle lodi, or chiamando i nostri Deputati Mandatari senza mandato, e quasi quasi uomini senza cervello, or noi Istriani vile accozzaglia di gente gettata a caso sulle coste Istriane, or la Provincia intera mostruosa Babelle [sic!] di Schiatte, idiomi, e costumi diversi, ibridismo di popolo, ed altre simili galanterie. Di tale maniera e con tale conoscenza parlano di noi codesti stranieri, che ci vogliono aggregati alla Germania. Delle quali cose dobbiamo in parte esserne grati, perché così ci appalesano almeno la sincerità delle loro intenzioni, e dei loro sentimenti a nostro riguardo, del che non mancheremo di tenerne nota, e cercheremo di ricordarceli quando con moine e carezze e con belle promesse verranno, forse, ad allettarci per farci entrare nel gran corpo germanico di loro nazione [...].[65]

---

62 Stenographischer, 1, 720; Stenographischer, 2, 1569–1570.

63 *Piero Delbello/Silvio Facchini* (Hrsg.), Giovanni Vesnaver. Uno studioso istriano, Italo Svevo, Trieste 2009, 33–34; *Apollonio*, Libertà, 68.

64 Während dieser Recherche konnte der Bericht Raumers über die Vereinigung Istriens in den Deutschen Bund weder in den stenographischen Protokollen aus der Paulskirche noch in seinen späteren Veröffentlichungen gefunden werden.

65 „Es ist doch kurios, sie [die Frankfurter Abgeordneten, Anm. d. Verf.] in ihren wütenden Exzessen zu betrachten, wie sie auf uns zustürmen, ohne sich Gedanken über die Wirkung ihrer Worte zu machen. Sie loben uns in den höchsten Tönen, und sie bezeichnen unsere Vertreter im Parlament als unrechtmäßig und sinngemäß als Menschen ohne Verstand. Sie nannten uns Istrianer ein abscheuliches Gemisch von Menschen, das willkürlich an die istrische Küste gespült wurde. Die ganze Provinz sei ein monströses Babel von Sippen, Idiomen und unterschiedlichen Bräuchen, oder ein Volks-Hybridismus, und ähnliche Schmeicheleien. In solchen Tönen und ohne jeden Skrupel äußern sich jene Ausländer über uns, die fordern, dass wir uns Deutschland angliedern. Dafür sollen wir zum Teil dankbar sein, da sich dadurch die Ehrlichkeit ihrer Absichten und ihre Gefühle uns gegenüber offenbarten. Wir werden

Das Auftauchen des Begriffes „Hybridismus" signalisierte die Sorgen und das wachsende Isolationsgefühl der italienischsprachigen Eliten: Er markierte die Bedrohung innerhalb der Kommunikation. Der von außen vorgebrachte Vorwurf des „Hybrid-Seins" schuf eine (vielleicht ungewollte) Gelegenheit zur Definierung der eigenen politischen und kulturellen Identität als „Istrianer" sowie „Italiener" – sowohl seitens der Landbesitzer als auch der städtischen Bourgeoisie. Istrien wurde im Augenblick externen „Bedrohung" als „gemeinsame Heimat" bezeichnet – obwohl unklar war, ob mit dem Wort „Istrien" das ganze moderne „geographische Istrien" (auf Basis der Definition in der Zeitschrift *L'Istria*), nur der italienischsprachige Küstenstreifen oder sogar nur die Stadt Pirano/Piran gemeint war. Deren Gemeinderat stellte fest, dass die „Bedrohungen" (im Original „pericoli") auf keinen Fall ihren Ursprung in der Habsburgermonarchie hätten, der sich die Gemeindevertreter zugehörig fühlten:

> Nè, accennando a pericoli, intendiamo per verità riferire queste nostre parole al mite dell'Austria, cui noi apparteniamo. Che anzi ben lo sappiamo posto in sicura salvezza a questo sacro diritto delle Nazioni, dacchè lo si volle espressamente rispettato, mantenuto, e garantito nell'Atto Costituzionale, che l'Augusto Regnante condiscese ad accordare a suoi popoli. Noi basiamo su questa fede come a patto di religione, e non è quindi da questo lato che dobbiamo temere: No, il pericolo ci viene un po' più da lontano. La Confederazione Germanica, corpo come ognun sà, composto di vari stati tedeschi, e fra loro affini per lingua, costumi, abitudini etc., e che, oltre ad essere grande potenza continentale, aspira anche a divenire potenza marittima, e come tale le fa' d'uopo di avere de' buoni marinaj e de' buoni porti, sembra ch'ella abbia gettato un avido sguardo sull'Istria nostra, e voglia stendervi la mano.[66]

Die Bedrohung komme nicht von innen oder aus der Monarchie, sondern gehe von externen Akteuren (aus Frankfurt) aus, welche die Realität Istriens und die Istrianer nicht korrekt verstehen könnten oder wollten: „Molte cose intorno alla nostra Istria e ingiuste e false e assurde viddimo in questi ultimi tempi scritte e stampate da gente, che non ci conoscono punto, e alle quali fu con molta sensatezza e buon garbo risposto e dai nostri Deputati, e da qualche altro nostro

---

es in der Zukunft nicht vergessen, wenn sie mit Schmeicheleien, Liebkosungen und wohlklingenden Versprechen versuchen werden, uns dazu zu verführen, in das große Gebilde ihrer germanischen Nation einzutreten […].", SI PAK PI, Comune di Pirano, Protocolli delle sedute comunali, U. T. 1, U. A. (1845–1870), 31.

[66] „Beim Erwähnen solcher Bedrohungen beziehen wir uns nicht auf das friedliche Österreich, zu dem wir gehören. Wir wissen wohl, dass das heilige Recht der Nationen in der von seiner Majestät dem Kaiser seinen Völkern gewährten Verfassung ausdrücklich respektiert, bewahrt und garantiert wird. Wir vertrauen hierauf wie auf einen Religionspakt, und deshalb müssen wir nichts von dieser Seite fürchten: Nein, die Bedrohung kommt von etwas weiter her. Wie jeder weiß, ist der Deutsche Bund ein Gebilde, das aus verschiedenen deutschen Staaten mit ähnlichen Sprachen, Bräuchen, Gewohnheiten usw. besteht. Dieser Bund ist nicht nur eine große Kontinentalmacht, sondern hat auch das Bestreben, eine Seemacht zu werden. Daher braucht er gute Seeleute und Häfen – weshalb es scheint, dass er einen gierigen Blick auf unserem Istrien geworfen hat und danach greifen will.", Ebd.

concittadino."[67] Die wahre Bedrohung seien der „exotisierende" Blick von außen und die Bezeichnung „Volks-Hybridismus" mitsamt den wirtschaftlichen und politischen Projekten der Eingliederung des ehedem venezianischen Istriens in den Deutschen Bund. In dem Moment, in dem diese externe Bedrohung wahrgenommen wurde, kam es zu einer ausdrücklichen Deklaration der „Istrianität" durch das gezielte Ansprechen „jedes guten Patrioten, jedes guten Istrianers" („d'ogni buon patriotta, d'ogni buon Istriano").[68]

Im Allgemeinen ist in jenen Monaten des Jahres 1848 eine schrittweise Entstehung eines immer breiteren Diskurses über das Wesen Istriens als historisch bedingtes „Vermischt-Sein" in der Presse erkennbar – sogar vonseiten selbstproklamierter oder von außen kategorisierter „Italiener Istriens". Ein Autor des *Journal des Österreichischen Lloyd* nannte die istrische Bevölkerung „ein zusammengewürfeltes Gemisch von Ankömmlingen".[69] Die „Wesenscharakterisierung" wurde zu einer pejorativ-diskursiven kulturpolitischen Waffe. Ziel war es, die Ansprüche der Gegner – im vorliegenden Fall der italienischsprachigen Eliten Küstenistriens – in Verruf zu bringen und ihnen die Legitimation als eigenständige, historische „Nation" abzusprechen. Dies wurde in mehreren Artikeln der lokalen deutschsprachigen sowie imperialen Presse deutlich, in denen eine erste Deklaration der „italienischen Istrianität" seitens der italienischsprachigen istrischen Abgeordneten in Wien ironisch angegriffen wurde:

> Hört es ihr Ueberbleibsel römischer Colonisten, geflüchtete Candier, italienisierte Kelten und Slaven, angesiedelte Venetianer und Karnier, die ihr ein wälsch redendes Gemisch von Einwohnern einiger Städten und Märkte Istriens bildet, freuet euch, ihr seid eine Nation und Istrien gehört wesentlich euch. Ihr seid zwar ein zusammengewürfeltes Gemisch von Ankömmlingen, wie sie die Welle der Adria hergespült hat und zählt alle zusammen nur 55,000 Seelen, ganz Istrien aber mehr als 160,000; ihr habet von den 57 Quadratmeilen der Halbinsel gleichsam nur Puncte inne, und der ganze Rest wird von Slaven und Walachen bewohnt. Das macht aber Alles nichts und Istrien ist wesentlich italienisch.[70]

Andererseits hatte die Thematisierung des „Hybrid-Seins" 1848/49 nicht immer nur eine negative Bedeutung. Das „Vermischt-Sein" Istriens war sogar für die Vertreter der ehemaligen *La Favilla*-Gruppe, die sich im aufständischen Venedig befanden, kein Geheimnis. In ihrer Vorstellung von den zu schaffenden „Ring-Ländern" nahm Istrien eine besondere Position ein. Wie im vorherigen Kapitel angesprochen, waren *La Favilla*-Anhänger gegen die Hybridität als Lösung für

---

[67] „Viele verfälschte, unwahre und absurde Dinge wurden in letzter Zeit über unser Istrien geschrieben und gedruckt – von Menschen, die uns überhaupt nicht kennen. Unsere Abgeordneten sowie einige unserer Mitbürger haben ihnen mit viel Vernunft und Anstand geantwortet.", Ebd.

[68] Ebd.

[69] Vgl. Aus Istrien, in: Journal des Österreichischen Lloyd 13/171, 27. Juli 1848, 556.

[70] Ebd.

die italienisch-slawische Koexistenz in Dalmatien. Dagegen beschrieb Pacifico Valussi im Januar 1849 die istrische Halbinsel als „ein gemischtes, mittleres und neutrales Gebiet zwischen Slavia und Italia", als einen für den Handel sämtlicher Nationen „offener Raum" an der Adria, dessen Ziel nicht die Trennung der Völker sein sollte, sondern ihre Vereinigung: „[...] fra la Slavia e l'Italia, un territorio promiscuo, mediano e neutrale, un campo aperto ai commerci di tutte le Nazioni in questo golfo, che la natura spinse entro terra, non per dividere i Popoli ma per unirli."[71] Im Januar 1849 drückte Valussi seine Sorge um die Zukunft der gemischten Bevölkerung in Dalmatien, Istrien, Fiume/Rijeka und Triest in der venezianischen Zeitung *Il precursore* aus.[72] Nach Valussi stelle die Nationalisierung wegen der prekären Lage dieser Menschen die wahre Bedrohung dar: Sie könnten leicht von den „Italienern" oder den „Slawen" assimiliert werden.[73]

3.4. Regionale Identität(en): Eine ungewollte Selbstreflexion zwischen „Vielfalt" und „Vermischung"

Der Fall Fachinetti zeigte, dass eine solche ungewollte Selbstreflexion des meist venezianischsprachigen städtischen Bürgertums Istriens eine komplexe Reaktion darstellte, einerseits auf eine innere Transformation des als „traditionell" wahrgenommenen Verhältnisses zu den untersten sozialen Schichten, andererseits auf die immer stärkere Kontrolle und Einmischung durch „externe" Akteure – sei es der österreichische Staat oder der Deutsche Bund. Vor allem angesichts von Zuschreibungen wie „Volks-Hybridismus" und „Gemisch" schienen die anfängliche Unbestimmtheit und Zurückhaltung des städtischen Bürgertums einer eigenen klaren regionalen sowie nationalen Selbstidentifizierung weichen zu müssen. Es sah sich jetzt gezwungen, für die Bewahrung seines Status als soziokulturelle Führungsschicht an dem allgemeinen Prozess der ethnisch-nationalen (Selbst-)Entmischung teilzunehmen.[74]

Polemiken über die homogene, heterogene oder hybride Natur Istriens in mehreren Zeitschriften zeigen die drängende Frage nach Istrien selbst als regionaler Ordnung. Ein Triester konservativer, österreichloyaler Bürger stellte im *Journal des Österreichischen Lloyd* die Frage: „Was ist also das für ein Istrien, welches die drei in dem Protest vom 12. Juli 1848 unterschriebenen Deputierten

[71] „[...] zwischen Slavia und Italien [liegt] ein neutrales Gebiet, dessen Bewohner ein unklares Völkergemisch bilden, ein für den Handel aller Nationen in diesem Golf [hier verstanden als das adriatische Meer, Anm. d. Verf.] offenes Feld, das die Natur so geschaffen hat – nicht um die Völker zu teilen, sondern um sie zu vereinen.", *Pacifico Valussi*, Ancora del litorale italo-slavo, in: Il precursore 11, 14. Januar 1849, 166.

[72] Ebd.

[73] *Kirchner Reill*, Nationalists, 212.

[74] *Salata*, Il diritto, 233–235.

wesentlich italienisch nennen [?]"[75] Mit dem komplexen Konflikt zwischen unterschiedlichen Akteuren aus verschiedenen Ordnungsebenen kam auch die große Frage nach der/n istrischen Identität(en) auf: Wer waren die „wahren Istrianer"?

Es begann eine Konkurrenz gegensätzlicher Ordnungsvorstellungen über die Region Istrien. Die Definierung der Region war das zentrale Thema – noch vor dem Thema der nationalen Zugehörigkeit der Bevölkerung Istriens. Die neue Realität der einheitlichen istrischen Region musste zuerst das Hindernis der historischen politisch-geographischen Trennung zwischen Küste und Hinterland mit allen inneren soziokulturellen Differenzierungen überwinden. Kurz gesagt, es ging nun um die Ausdehnung des Begriffes „Istrien" von seinem venezianischen Kern auf die gesamte Region bzw. von der kulturellen Einseitigkeit hin zur Pluralität.

Während der Revolution und des Krieges war die Stabilität des modernen imperialen Istriens ein gemeinsames Thema von unterschiedlichen Akteuren. Die Berichte Grimschitz' belegen eine tiefere innere Krise der Legitimation der österreichisch-imperialen Einheit. Die Einheit der Halbinsel selbst wurde durch mehrere gegensätzlichen politischen Deklarationen und Artikel in der Triester Presse stark in Frage gestellt, was die alte historische Grenze wieder sichtbar machte.[76] Sogar die wissenschaftliche Darstellung des „geographischen Istriens" von Kandlers Arbeitsgruppe in *L'Istria* 1846[77] wurde in Frage gestellt. Nach der kritischen Meinung eines italienischsprachigen istrischen Bürgers aus Capodistria/Koper, Luigi Gravisi, seien die Grenzen des administrativen Istriens in der Darstellung Kandlers, welche die imperiale politisch-administrative Region offiziell und wissenschaftlich absteckte, viel zu weit gefasst. Damit würden auch historisch-kulturell externe Territorien mit ihren „nicht-istrischen" Volksgruppen in die neue istrische Region eingegliedert.[78]

Die Befürwortung einer Teilung der Region auf Basis national-sprachlicher und historischer Faktoren ging aber nicht nur von der italienischsprachigen Seite aus, etwa von Fachinetti. Zeitgleich machte der fünfte Abgeordnete Istriens, der konservative Kriminalrat in Volosca/Volosko Josip Vlah (1798–1868),[79] im Wiener Parlament den Vorschlag, den östlichsten Teil des ehedem österreichischen

[75] Aus Istrien, in: Journal des Österreichischen Lloyd 13/171, 27. Juli 1848, 556.

[76] *Apollonio*, Libertà, 68.

[77] Vgl. *Simone Slavich*, Della geografia d'Istria, in: L'Istria 1/4, 17. Januar 1846, 13–15.

[78] Zur Auseinandersetzung zwischen Luigi Gravisi und Pietro Kandler vgl. *Luigi Gravisi*, Alcune rettificazioni, in: Osservatore triestino 107, 5. September 1848, 813–815 (sowie in: 108, 7. September 1848, 821–822; Supplemento al N. 109 dell'Osservatore triestino, 10. September 1848, 845–837); *Pietro Kandler*, Al sig. Luigi Gravisi, in: L'Istria 3/52–53, 11. September 1848, 205 (sowie in: L'Istria 3/55–56, 23. September 1848, 217); *Luigi Gravisi*, Appendice. Al sig. D.r Pietro Kandler!, in: Osservatore triestino 112, 16. September 1848, 863.

[79] *Oswald Knauer*, Das österreichische Parlament von 1848-1866 (Österreich-Reihe 358–361), Bergland, Wien 1969, 183.

Istriens in das Territorium Fiumes/Rijekas einzugliedern und dadurch in das kroatische Banat.[80] Paradoxerweise bewegten sich nur die drei übrigen liberalen italienischsprachigen Abgeordneten (Madonizza, de Franceschi, Vidulich) im imperialen, rechtbasierten Rahmen, da sie die istrische Einheit nie bestritten, obwohl sie die imperiale Idee der kulturellen Entmischung und multinationalen Gleichberechtigung ablehnten.

Während dieser großen ersten Auseinandersetzung stand die Frage im Raum, um was für ein Istrien es ging. Ein Artikel des *Journal des Österreichischen Lloyd* vom 27. Juli 1848 stellte indirekt die Frage, ob die Region nur aus einem homogenen „italienischen Istrien" oder auch aus dem „Hochland zwischen Triest und Fiume" und den nicht-italienischsprachigen „Istrianski" mit ihrer kulturellen und sprachlichen Vielfalt bestand.[81] Die autonomistische Einstellung der istrovenezianischen und istriotischen Küstenstädte stieß zum ersten Mal in einem öffentlichen politischen Diskurs auf die imperiale, „kontinentale" Perspektive mit dem Thema soziokultureller Andersartigkeiten. Dies brachte die Einführung des slawischen Begriffes „Istrianiski" neben der italienischen Bezeichnung „istriani" und den deutschen „Istrianern" mit sich.

Die Idee eines imperialen, kulturell diversifizierten Istriens, mit der die österreichische Obrigkeit auf den Konsens der altösterreichischen Untertanen Inneristriens abzielte, wollten die italienischsprachigen Eliten des Küstenlandes trotzdem nicht akzeptieren. Deshalb war die Anerkennung des Italienischen als offizielle Sprache von großer Wichtigkeit bezüglich der eigenen sozialen, politischen und kulturellen Vormacht. Die Angst vor einem imperialen Multinationalismus in Istrien tauchte auf, der nach dem Vorbild Dalmatiens auf der Idee basierte: Getrennt, aber gleichberechtigt.[82] Die italienischsprachige Mittelschicht Istriens, die eher eine unilaterale Vorstellung einer ex-venezianischen „Istrianität" vertrat, fühlte sich durch die soziokulturelle Vielfalt während der Phase der ersten Ethnisierung der sozialen Akteure Istriens bedroht. Weil die italienischsprachige Oberschicht das slawischsprachige oder kulturell gemischte Bauerntum als sozial niedriggestellt betrachtete, lehnte sie diese als gleichwertige Ansprechpartner ab. Die Nicht-Italienischsprachigen oder die Nicht-Homogenen wurden nun – unter Verwendung des Regenschirmbegriffes „Slavi" – pauschal mit der unbestimmten nationalen Gruppe der „Slawen" gleichgestellt und damit als kulturell und sozial niedrig gestellte „Fremde" ausgeschlossen.[83]

Trotz dieses Exklusionsprozesses ließ sich die Diversität aber nicht mehr ignorieren. Bei einigen italienischsprachigen Intellektuellen Istriens ließ sich nun eine Kenntnis der sprachlichen Zusammensetzung der „anderen" Bevölkerungs-

---

[80] *Darovec*, Breve storia, 179.

[81] Aus Istrien, in: Journal des Österreichischen Lloyd 13/171, 27. Juli 1848, 556.

[82] *Kirchner Reill*, Nationalists, 104.

[83] Vgl. zum Beispiel *Carlo de Franceschi*, Appendice, in: Osservatore triestino 115, 23. September 1848, 903.

anteile Istriens ausmachen. Die sprachlich-kulturelle Andersartigkeit Istriens war nun plötzlich als selbstverständliche Realität in Diskursen präsent. Dies lässt sich erstens auf die Unruhen in den ländlichen Gemeinden selbst zurückführen, bei denen die ruralen sozialen Gruppen, die bis dahin als gestaltlose Realität dargestellt worden waren, eine Fähigkeit zur Selbstwahrnehmung und zur Einforderung ihre Rechte zeigten, und dies sogar unter Anwendung von Gewalt, wie es kurz zuvor (1846) in Galizien und 1847 nun in Istrien selbst geschehen war.[84]

Zweitens begann die imperiale Ordnung schon 1848, Erkenntnisse aus den ersten statistischen Studien und Kategorisierungen für ihre imperialistischen Kontrollprojekte in der strategischen Adriaregion zu verwenden. Diese wurden seit 1846 vom Büro der administrativen Statistik unter der Leitung Czörnigs gewonnen und begannen schon 1847 in sämtlichen Bereichen des Staatssystems zu zirkulieren.[85] Das bestätigte Czörnig selbst: „Im Jahre 1848 war die Arbeit so weit gediehen, dass die ethnographischen Verhältnisse der Monarchie auf einer Detail-Karte (der Strassenkarte in 9 Blättern) ersichtlich gemacht werden konnten."[86]

Diese erste Zirkulation von Kenntnissen aus Czörnigs Kategorisierungsarbeiten führte schon ab September 1848 zu einer Tendenz in Richtung kultureller Entmischung und ihrer politischen Nutzung auch auf der lokalen Ebene der istrischen Ordnung. Klare Spuren dieser Tendenz können in einem mit *Aus Istrien* titulierten Artikel, der am 9. September im *Journal des Österreichischen Lloyd* erschien, gefunden werden. Der Autor, der sich als „ein Istrianer Urwähler des Mitterburger Wahlbezirkes" – d. h. aus dem Kern der ehemaligen altösterreichischen Grafschaft von Pisino/Pazin – beschrieb, schien der istrischen Kreishauptmannschaft in Pisino/Pazin nahe zu stehen. Er begründete seinen polemischen Angriff gegen die Ansprüche der italienischsprachigen Vertreter Istriens im Wiener Parlament ausdrücklich mit detaillierten Zahlen und ethnographischen Kategorien (etwa „Savrinen", „Morlachen", „Dako-Romanen", „Tschitschen"), wie sie die Mitte der 1850er-Jahren in den ethnographischen Werken Czörnigs offiziell erschienen. Ziel war die kulturelle Entmischung Istriens:

Hört es also ihr Savrinen an den Wässern des Risano und der Dragogna, die ihr den äußersten Vortrab der Slovenen bildet, vier und zwanzigtausend Seelen stark, euer Land ist wesentlich italienisch! Hört es, ihr neun und zwanzigtausend Istrianski, die ihr in der

[84] Ernst Bruckmüller unterstrich die große Resonanz des blutigen Bauernaufstands in Galizien 1846 bei den staatlich-bürokratischen und bürgerlichen Schichten. Es war nun klar, dass die übrigen feudalen Strukturen abgeschafft werden sollten, wie es Stadion im April 1848 in Galizien getan hatte. Im September 1848 wurde das kaiserliche Patent über die Aufhebung der bäuerlichen Untertänigkeit publiziert, obwohl die Reaktion der Bauernschaft im Allgemeinen zurückhaltend war. Vgl. dazu *Ernst Bruckmüller*, Bauern und bürgerliche Öffentlichkeit um 1848, in: Sigurd Paul Scheichl/Emil Brix (Hrsg.), „Dürfen's denn das?" Die fortdauernde Frage zum Jahr 1848, Passagen Verlag, Wien 1999, 25, 30–33.

[85] *D'Alessio*, Il cuore, 67–68.

[86] *Karl von Czörnig sr.*, Ethnographie der Österreichischen Monarchie, 1, Wien 1857, VII.

Mitte des Landes sitzet und um euere Sprache gefragt, die Antwort gebet Govorimo po horvatsko [sic!], euer Land ist wesentlich italienisch, hört es ihr zwei und zwanzigtausend Morlachen an der Meeresküste, die ihr zur „Gusla" den „Kolo" tanzet und den Heldenliedern eurer blinden Rhapsoden horchet. Das alles ist eitel Mondschein und Euer Land ist wesentlich italienisch. Hört es ihr fünftausend Walachen, ihr abgeschnittenen Schildwachen des Dako-romanischen Stammes, die ihr den heißen Felskessel an der Westseite des Utschkaberges bewohnet, und ihr dreitausend croatisch redenden Tschitschen im Karste über Pinguente, euer Land ist wesentlich italienisch.[87]

Nun wurden Klagen seitens der italienischsprachigen bürgerlichen Schicht Istriens gegen die österreichische Staatsobrigkeit laut, sie würde die „Slawen" als antiitalienische Waffe benützen. In einem polemischen Artikel gegen den slawisch-habsburgloyalen Antonio Ivancich aus Pisino/Pazin[88] brachte der Istrianer Pietro Millevoi im September 1848 im *Osservatore triestino* die italienische Rhetorik gegen die Ausbeutung der lokalen Slawen durch den österreichischen Staat klar zum Ausdruck: „Signor *Antonio*! La burocrazia vi ha fatto strumento, ma ha scelto a bastone una fragile canna. – La burocrazia male vi ha sempre ricambiato e vi ricambia tuttora. – Aprite gli occhi una volta e arrossite!"[89] Ein derartiger Diskurs zeigt sich als Beginn eines lang andauernden italienischen Mythos vom deutsch/österreichisch-slawischen Doppelfeind.

In diesem Zusammenhang stellte die Thematisierung der venezianischen Vergangenheit die Grundlage für die Idee einer regionalen Ordnung der „Italiener Istriens" dar, um die unvermeidbare Anerkennung der soziokulturellen Vielfalt für die eigenen Ziele zu adaptieren. Nach dem nun entstehenden Mythos der „Venezianität" habe die kaiserliche Machtausübung die jahrhundertelange Koexistenz unter der Republik Venedig (bis 1797) durch den Prozess einer kulturellen Entmischung und Herstellung von Kategorisierungsmustern untergraben. Dadurch begann die venezianische Republik nun als ideelle historische Heimat für alle „italienischen, italienisch-slawischen und slawischen *echten Istrianer*" („i *veri Istriani* italiani, italo-slavi, e slavi") zu gelten.[90] Beschützer des Erbes dieser venezianischen „Koine" oder dieses venezianischen „Commonwealth"[91] sollten

[87] Aus Istrien, in: Journal des Österreichischen Lloyd 13/171, 27. Juli 1848, 556.

[88] *Antonio Ivancich*, Feste patrie, in: Osservatore triestino 109, 9. September 1848, 831.

[89] „Mein lieber Herr *Antonio*! Die Bürokratie hat Sie instrumentalisiert – sie hat aber statt eines starken Pfeilers eine schwache Stütze gefunden. Die Bürokratie war Ihnen gegenüber stets undankbar – und wird es weiterhin sein. Öffnen Sie endlich Ihre Augen und erröten Sie!", *Pietro Millevoi*, Al sig. Antonio Ivancich, in: Supplemento al N. 114 dell'Osservatore triestino, 22. September 1848, 897.

[90] *Luigi Gravisi*, Appendice. Alcune rettificazioni, in: Osservatore triestino 108, 7. September 1848, 822.

[91] Zur Verwendung des Begriffes „Commonwealth" bezüglich der kulturellen und staatlichen Koine der venezianischen Republik in der letzteren Historiographie vgl. *Gherardo Ortalli/Oliver Jens Schmitt/Ermanno Orlando* (Hrsg.), Il Commonwealth veneziano tra 1204 e la fine della Repubblica: identità e peculiarità, Istituto veneto di scienze lettere ad arti, Venezia 2015.

die kulturellen und rechtlichen Nachfolger der Herrschaft Venedigs über Istrien sein: Die istrovenezianischsprachigen Einwohner Istriens. Als gutes Beispiel dafür kann die Auseinandersetzung zwischen Juli und September 1848 zwischen einem anonymen, monarchieloyalen Artikelverfasser und Luigi Gravisi („nationaler Schutzmann" in Capodistria/Koper) in der Triester Presse gelten, bei der die beiden gegensätzlichen Konzeptionen der istrischen Ordnung – der imperialen, multinationalen und der ex-venezianischen, italienischsprachigen – besonders deutlich wurden. So schrieb Gravisi – als Antwort auf einem Artikel im *Journal des Österreichischen Lloyd* – im *Osservatore triestino*[92]:

Ma, garbatissimo signor innominato professore abachista geografo! sapete voi che s'intenda per Istria onde poter calcolare l'una e l'altra famiglia che qui pacificamente convivono dacchè occupano questa terra, e continueranno così a marcio dispetto di tutti i nostri malevoli? Conoscete voi i *veri Istriani* italiani, italo-slavi, e slavi che non si possono giammai dimenticare la benefica influenza della veneta repubblica sotto cui vissero beatamente fino il 1797 ad onta delle vostre sciocche ironie, e pel cui distacco piansero lacrime di sangue da quell'epoca fino a noi? Tollerate che vi dica che voi non conoscete né l'Istria né tampoco i *veri Istriani.*[93]

In solchen polemischen Artikeln kommt ein bemerkenswerter Aspekt zum Vorschein: Die facettenreiche kulturelle Zusammensetzung Istriens schien für die sich als rein „italienisch" proklamierenden Akteure tatsächlich keine Neuigkeit darzustellen. Nach Gravisis Worten hatte Venedig schon zuvor die Koexistenz unterschiedlicher und sogar vermischter Bevölkerungen beschützt und unterstützt. Die italienischsprachige Elite konnte durch den späteren Mythos einer kulturellen Kontinuität seit der altrömischen Zeit die Kontrolle über das vielfältige Istrien für sich selbst beanspruchen.[94] Die eigene Vorherrschaft als Führungsschicht und die Kontrolle über die gesamte Region hing am Charakter der venezianischen Sprache als Lingua franca und verbindendes Element ab. Das Italienische konnte – nach diesem propagandistischen Narrativ – von allen

---

[92] Aus Istrien, in: Journal des Österreichischen Lloyd 13/171, 27. Juli 1848, 556–557. Der Artikel wurde von Gravisi übersetzt und am 5. September im *Osservatore triestino* veröffentlicht sowie von ihm selbst kritisch kommentiert: *Luigi Gravisi*, Alcune rettificazioni, in: Osservatore triestino 107, 5. September 1848, 813–815 (sowie in: 108, 7. September 1848, 821–822; Supplemento al N. 109 dell'Osservatore triestino, 10. September 1848, 845–837).

[93] „Sehr verehrter namensloser Professor der Zahlenverdrehung und Erdkunde! Haben Sie irgendeine Ahnung, was und wie Istrien ist? Was wissen Sie von diesem Land, das unterschiedliche Familien besiedelt haben und in dem sie nun friedlich zusammenleben und sie werden es weiterhin tun, trotz aller Boykottversuche. Kennen Sie die *echten Istrianer*, italienischer, italienisch-slawischer und slawischer Herkunft, die niemals die Wohltaten der venezianischen Republik vergessen werden, unter der sie bis 1797 glücklich lebten – was Sie mit Ihrem billigen Spott abtun wollen. Die Tränen, die die Loslösung von den Venezianern damals ausgelöst hat, sind bis heute nicht versiegt. Erlauben Sie mir, Ihnen zu sagen, dass Sie weder Istrien noch die *echten Istrianer* kennen.", *Luigi Gravisi*, Appendice. Alcune rettificazioni, in: Osservatore triestino 108, 7. September 1848, 822.

[94] *D'Alessio*, Il cuore, 55–56.

Bevölkerungsteilen der Halbinsel verstanden werden, sowohl in der Vergangenheit als auch in der Gegenwart.[95] Die imperiale Entmischungspolitik schien diese „traditionelle“ Vorherrschaft des Italienischen erstmals in Frage zu stellen.

Der Diskurs über die „freiwillige Assimilation“ der slawischen Bevölkerung Istriens an die „Italianität“ war nicht zufällig mit der Forderung nach Anerkennung des Italienischen als offizielle Regionalsprache verknüpft. Diese Idee erschien zuerst sowohl im Text der Protestnote der vier italienischsprachigen Abgeordneten in Wien als auch in der lokalen Presse, wo dieser Anspruch am klarsten formuliert wurde. Insbesondere Carlo de Franceschi und Michele Fachinetti verbreiteten diesen Begriff, der im Laufe der zweiten Hälfte des 19. und des gesamten 20. Jahrhunderts einen außerordentlichen Erfolg erlebte.[96]

Die Verschärfung der Krise und der damit einhergehende Verlust von Sicherheit verlangten nun eine Homogenisierung der lokalen Gesellschaften durch erkennbare und lesbare Trennlinien auf Basis des an Bedeutung gewinnenden europäischen Nationsbegriffes. Angesichts epochaler globaler Veränderungen und der Europäisierung der Krise stellte sich die zentrale Frage, wer diesen Prozess dominierte und kontrollierte. Nach Carlo de Franceschis Meinung sollte der Prozess der Selbst-Typisierung samt einer Modernisierung der italienischsprachigen Istrianer von diesen selbst bestimmt werden. Die Einmischung aller möglichen externen Akteure – sogar von jenen der italienischen Halbinsel – sollte von den Istrianern entschieden abgelehnt werden.[97] Mit dem Auftauchen der sogenannten Sozialen Frage samt der Nationalen Frage durch die Revolution in ganz Europa[98] sei Selbstverwaltung der einzige Weg, um das Rendezvous mit der (damaligen) Modernität auf imperialer und europäischer Ebene nicht zu verpassen und sich nicht von anderen Akteuren in eine verschwommene, „hybride“ Isolationsstellung manövrieren zu lassen.

Auch der erste Slawenkongress, der bereits im April 1848 in Prag stattfand, spielte in diesem Zusammenhang eine Rolle. Das „Slawentum“ zeigte sich für die lokalen Bourgeoisien der Monarchie als eine immer anziehendere Alternative in Hinsicht auf kulturelle und politische Zugehörigkeit. Neben der sozialen Bewegung des Bauerntums zeigten sich während des Sommers 1848 auch erste Anzeichen einer Aktivität der lokalen slawischsprachigen und dynastieloyalen Bourgeoisie in Inneristrien, stets in Einklang mit den lokalen österreichischen Behörden. Auf lokaler Ebene war eine unmittelbare Folge des Ausbruches der Revolution die Einrichtung einer Nationalgarde in den wichtigsten städtischen

---

[95] *Carlo de Franceschi*, Appendice: in: Osservatore triestino 115, 23. September 1848, 903 (sowie in: Supplemento al N. 115 dell'Osservatore triestino, 24. September 1848, 909).

[96] *Franceschi*, Memorie autobiografiche, 245; *Michele Fachinetti*, Elemento nazionale, in: Supplemento al N. 95 dell'Osservatore triestino, 9. August 1848, 701–702.

[97] *Franceschi*, Memorie autobiografiche, 245.

[98] *Wolfgang J. Mommsen*, 1848. Die ungewollte Revolution, Bundeszentrale für politische Bildung, Fischer, Frankfurt am Main 1998, 147–170; *Bruckmüller*, Bauern, 19–38.

Zentren der istrischen Halbinsel, was eine Gelegenheit zur Selbstorganisation der führenden Klassen darstellte.[99] Darüber hinaus waren diese Formen der kommunalen Selbstverwaltung ein Versuchsfeld für die neue Region Istrien, verbunden mit der Frage nach den kulturellen und sprachlichen Unterschieden der Bevölkerung. Dies gilt aber nicht nur für die Italienischsprachigen: In der Tat hatten auch die slawischsprachigen Gemeinschaften zum ersten Mal die Möglichkeit, sich öffentlich durch ihre „Volkssprache" (das Slowenische bzw. das Kroatische) auszudrücken, wobei sie „patriotische Hymnen" für den österreichischen Kaiser komponierten und in wichtigen öffentlichen Räumen im istrischen Hinterland aufführten. Der slawisch-istrische Artikelverfasser Antonio Ivancich aus Pisino/Pazin, der sich selbst als „loyaler Österreicher" definierte, beschrieb in einem auf Italienisch verfassten Artikel im *Osservatore triestino* vom 9. September 1848 die Feier für die Verkündigung des Entfeudalisierungsgesetzes in seiner Stadt, bei der die Loyalität und Dankbarkeit gegenüber dem österreichischen Kaiser seitens der lokalen Bevölkerung mit „slawischen Liedern" Ausdruck fand: „Sulla fronte di ciascuno potevansi leggere a chiare note questi brevi accenti: Siamo Slavi di nazione, ma fedelissimi e devotissimi alla Casa d'Austria."[100]

Anderseits stand die Frage der Eingliederung Istriens nach „Italien" auf der italienischsprachigen Seite nicht zur Debatte – weder bei den Istrianern noch bei der revolutionären Presse Venedigs. Sogar der Revolutionär Pacifico Valussi lehnte die von außen zugeschriebenen Ansprüchen auf die Eingliederung Istriens in die Repubblica di San Marco:

> Alcune spacconate da giornalisti che resero ridicola la povera nostra Nazione nel mondo, parlando di aggregare all'Italia Trieste, Istria, Dalmazia ed ogni luogo dove vi sia chi parla italiano, fecero prevalere questa opinione in molti de' nostri vicini, i quali doveano pur vedere, che l'Italia non avrebbe mai potuto né aspirare ad altro che ad un ricomponimento nazionale entro a' suoi naturali confini.[101]

Die Festigung der italienisch-istrischen Identität orientierte sich nicht an externen Mächten (Italien, Venedig) und noch weniger an dem nationalen Ideal der

---

[99] Vgl. *Luigi Gravisi*, Riflessioni sulle principali condizioni di civile libertà offerte al popolo dedicate alla Guardia nazionale da Luigi Gravisi nel 1848 Anno I. della Costituzione, Weiss, Trieste 1848.

[100] „In den Gesichtszügen aller war diese kurze Wahrheit klar zu erkennen: Wir sind Slawen von Nation, aber dem Hause Österreich treuergeben.", *Antonio Ivancich*, Feste patrie, in: Osservatore triestino 109, 9. September 1848, 831.

[101] „Einige überhebliche Journalisten haben ein lächerliches Bild unserer armen Nation in der Welt gezeichnet: Italien wolle die Vereinigung mit Triest, Istrien, Dalmatien und jedem Ort, an dem Italienisch gesprochen wird. So hatte sich in vielen unserer Nachbarländer diese Vorstellung festgesetzt – bis sie dann erkennen mussten, dass Italien nie etwas anderes als eine Wiedervereinigung der Nation innerhalb ihrer natürlichen Grenzen anstreben könnte.", *Pacifico Valussi*, Ancora del litorale italo-slavo, in: Il precursore 11, 14. Januar 1849, 165; vgl. auch *Pacifico Valussi*, Agli uomini di mare, in: Fatti e parole 99, 21. September 1848, 394–395.

italienischen Einigung. Nicht zufällig wählte Carlo de Franceschi die folgenden Worte:

Ma cosa cianciate voi d'un *preparare* l'Istria per l'Italia? cosa significano queste vostre parole? Vuol dire che voi la vorreste preparare per altri – Noi però sappiatelo una volta voi ed altri, protestiamo contro qualunque apparecchiamento di questa fatta in qualsiasi senso da qualsiasi parte venisse meditato. Codesti tentativi, signori miei sarebbero sciocchi, e inutili, perché mai il loro risultato influirebbe sui destini politici dell'Istria, i quali, per la sua piccolezza, dipendono dalla forza maggiore altrui. Io dichiaro falsissima l'opinione di coloro che stimano volersi da un *partito preparare* l'Istria per l'Italia; ciò sarebbe, ripeto, per lo meno inutile. [...] Non svisate però le nostre intenzioni: la questione che noi ora agitiamo è questione puramente di nazionalità, e non di politica come vorreste far credere; non si tratta di sostenere essere l'Istria provincia italiana e per ciò non volere essere austriaca; bensì di reclamare il diritto di nazionalità italiana nella sua amministrazione e nell'istruzione [...].[102]

Die italienisch-istrische Identität diente vielmehr autonomistischen Bestrebungen. Autonomie sollte durch die politisch pragmatische Forderung der ausschließlichen Verwendung der italienischen Sprache in Verwaltung und Bildung erreicht werden. Dagegen nahmen die Istrianer alle möglichen externen Zuschreibungen (sogar in Hinsicht auf das Ideal einer italienischen Einigung) als Verleumdungen wahr, mit denen man sie in Verruf bringen wollte – wie etwa folgende Erklärung des Gemeinderates von Pirano/Piran zeigt:

Nel che se ci servì di penna per un verso il vederci così bistrattati da quegli stranieri, ci fù dall'altro di ben maggiore conforto nel vedere dai nostri non solo bene trattata la nostra causa, ma nel vedere altresì che nella nostra Penisola non avvi penuria di nobili ingegni e di forti intelletti. Ma la voce isolata di alcuni pochi ed onesti cittadini non basta. È necessario che le Comuni e le città tutte Istriane parlino anch'esse: è necessario che diano una solenne mentita a coloro che ci attribuiscono inclinazioni e simpatie che non abbiamo mai avuto: è necessario che la patriottica protesta dei nostri Deputati riceva il suggello e il suffragio unanime di tutti i popoli Istriani.[103]

[102] „Wieso schwafeln Sie denn davon, dass wir Istrien für Italien *vorbereiten* sollen? Was sollen Ihre Worte bedeuten? Es heißt, dass Sie Istrien für andere vorbereiten möchten. [...] Diese Versuche, meine Herren, wären töricht und nutzlos, denn ihr Ergebnis würde niemals das politische Schicksal Istriens beeinflussen, das wegen seiner geringen Größe von anderen größeren Mächten abhängt. Die Meinung derjenigen, die glauben, dass eine *Partei* Istrien für Italien *vorbereiten* soll, erkläre ich für völlig abwegig; ich wiederhole, es wäre zumindest sinnlos. [...] Also lassen Sie unsere Absichten nicht aus den Augen verlieren. Das Thema, das uns jetzt beschäftigt, ist eine reine Frage der Nationalität und nicht der Politik, wie Sie es glauben machen wollen. Es geht nicht darum, Istrien als eine italienische Provinz – und damit nicht österreichisch – darzustellen, sondern eher um den Anspruch darauf, die italienische Nationalität in Istriens Verwaltung und Bildungssystem berücksichtigen [...].", *Carlo de Franceschi*, Appendice. Alla spettabile redazione dell'Osservatore triestino, in: Osservatore triestino 116, 26. September 1848, 915.

[103] „Zwar haben uns diese Ausländer auf dem Papier schändlich ausgebeutet, doch war es für uns überaus tröstlich zu erkennen, wie sehr unsere Sache von unserem eigenen Volk unterstützt wurde und darüber hinaus zu erfahren, dass es auf unserer Halbinsel nicht an

In einer Zeit rasch erfolgender innerer und äußerer Veränderungen konnte die autonome Position der städtischen Eliten Istriens nur durch eine föderalistische Umgestaltung der imperialen Ordnung bewahrt werden. Aus diesem Grund verursachte die Ablehnung der Anerkennung des Italienischen als Amtssprache Istriens durch den neu ernannten Innenminister Franz Freiherr von Stadion am 15. Dezember 1848 eine empörte Reaktion seitens der Abgeordneten und mehrerer istrischer Gemeinden. Wie der Historiker Giovanni Quarantotti unterstrich, kam der Forderung nach der ausschließlichen Verwendung des Italienischen unter regionalen Beamten weniger eine nationalistische Bedeutung zu, sondern diese folgte eher dem autonomistischen Projekt der istrischen Eliten. Sie war das strategische Mittel, um die deutschsprachige österreichische Beamtenklasse aus Istrien auszuschließen.[104] Neben dieser schweren Enttäuschung verstärkte die antirevolutionäre Intervention der kroatischen Armee Jelačić' das Misstrauen der italienischsprachigen Gruppe Istriens gegenüber den habsburgloyalen slawischen „Alt-Istrianern" sowie den lokalen und imperialen Obrigkeiten. Die kurzzeitige Eintracht zwischen lokalen Eliten und imperialen Beamten vor 1848, während Graf Stadion den Statthalterposten innehatte, war jetzt vorbei.

Im Allgemeinen stellte die Märzrevolution für die bürgerlichen italienischsprachigen Eliten Istriens eine riskante Phase der Selbstdefinierung dar, die sich als eine Zeit der Krise früherer kultureller und sozialer Betrachtungsmuster und Sicherheiten erwies. Die zuvor als selbstverständlich wahrgenommenen Weltanschauungen beruhten ausschließlich auf der Verwendung des Istrovenezianischen/Italienischen als Schriftsprache und verbreitetes sowie privilegiertes Kommunikationsmittel. Dies schien nun aber plötzlich wegen der globalen Veränderungen und dem Auftreten neuer soziokultureller Akteure mit ihren je eigenen Bestrebungen in Frage gestellt zu werden. Gleichzeitig zeigte das Jahr 1848 den ersten Misserfolg des imperialen Projektes der Etablierung und Festigung einer regionalen Ordnung. Um die Region wieder unter Kontrolle zu bekommen, versuchte das Kaiserreich, diese Ordnung auf Basis der kulturellen Diversität wiederherzustellen.

In dieser Situation sahen sich die Vertreter des lokalen Bürgertums gezwungen, das Konzept eines neuen imperialen und multinationalen Istriens zu akzeptieren und den ursprünglichen, (ex)venezianischen Kern der „Istrianität" auf die übrigen Territorien der Halbinsel mit ihren kulturellen Verschiedenheiten auszudehnen. Die Anpassung an das neue europäische Legitimationsmuster

edlen Talenten und starkem Intellekt mangelt. Aber die einzelnen Stimmen einiger weniger ehrlicher Bürger reichen nicht aus. Alle istrischen Gemeinden und Städte müssen ihre Stimmen erheben: Sie müssen diejenigen, die uns falsche politische Neigungen und Sympathien zugeschrieben haben, als Lügner entlarven. Der patriotische Protest unserer Abgeordneten muss von allen istrischen Völkern einstimmig besiegelt und unterstützt werden.", SI PAK PI, Comune di Pirano, Protocolli delle sedute comunali, U. T. 1, U. A. (1845–1870), 31.

[104] *Quarantotti*, Antonio, XXVII–XXVIII.

der „Nation" wurde als das einzige Mittel zur Bewahrung der eigenen soziokulturellen Vorherrschaft und Autonomie mittels der kulturellen Homogenität betrachtet – sogar um den Preis, die Zuschreibung seitens der österreichischen Behörden anzunehmen und zu bestätigen.

„Hybrid" wurde für die istrischen Eliten in der postrevolutionären Zeit zu einem Begriff, der einen Verlust ihrer sozialen und politischen Verhandlungsmacht signalisierte. Den Akteuren, die sich seit 1848 selbst als „Italiener" betrachteten, blieb die im Frankfurter Parlament sowie in der Wiener und Triestiner Presse geäußerte Behauptung, sie seien ein Mischvolk, in starker Erinnerung, sogar bis kurz in die Zeit vor dem Ausbruch des ersten Weltkrieges. Valeriano Monti etwa vermerkte noch 1913:

> E quando dal settentrione soffiarono tendenze pericolose alla vita italiana della provincia, quando si ripeterono violenti i conati del nostro imbastardimento e le sopraffazioni minacciarono il nostro patrimonio linguistico, tutti uniti mossero ad un'azione concorde che aprì, con qualche libertà e con l'autonomia provinciale, una via al progresso e al benessere della terra natia.[105]

Der Vorwurf von außen, ein Mischvolk zu sein, wurde nun zum grundlegenden Moment bei der Schaffung einer eigenen nationalen und regionalen Selbstidentifizierung. Das Scheitern der Etablierung des Italienischen als einzige regionale Amtssprache bedeutete auch das Scheitern der (Wieder-)Etablierung eines Ordnungsmusters auf Basis der Verwendung des Italienischen als „Hochkultur"-Sprache und interkulturelles Verbindungselement. Dieses nun in Frage gestellte Ordnungsmuster wurde erst 1848 zunehmend mit der venezianischen Vergangenheit verknüpft. Nach 1849 musste die lokale Ober- und Mittelschicht neue Strategien für das Überleben und die Festigung ihrer Position als Führungsschicht in der Region finden.

---

[105] „Als sich aus dem Norden gefährliche Strömungen für die Italiener unserer Provinz zeigten, als die grausamen Stimmen uns wiederholt als Bastarde bezeichneten und die unterdrückenden Maßnahmen unser sprachliches Erbe bedrohten, vereinten sich alle in einer konzentrierten Aktion, die unter dem Zugeständnis gewisser Freiheiten und mit provinzieller Autonomie einen Weg Richtung Fortschritt und Wohlstand des Heimatlandes eröffnete.", *Valeriano Monti*, Antonio Covaz, Coana, Parenzo 1913, 7.

1850–1870: Von der Bedrohung zur Reflexion

4. Von der Kategorisierung zur Reflexion in der imperialen Perspektive

4.1. Das permanente *re-ordering* der Monarchie und die Volkszählungen

Kurz nach der Restauration der kaiserlichen Ordnung drückte der Staat anlässlich der Veröffentlichung des 149. Reichsgesetzes am 4. März 1849 seine Sorge um die Monarchie aus: „Der Zustand, in welchem sich heute das Vaterland befindet, erfüllt Unser Herz mit tiefer Betrübniß. Der innere Friede ist von ihm gewichen. Verarmung bedroht die einst so gesegneten Lande.“[1] Diesen Worten lag eine vollkommen andere Situation zugrunde als vor 1848. Die Formulierungen „Wiedergeburt der Gesamtmonarchie“ sowie „Widerkehr der gestörten Ordnung und des entwichenen Wohlstandes“ wurden nun mit einem „Einverständnis mit den Völkern“ verknüpft.[2] Nach 1848 wurden die Erwartungen der Reichsbevölkerung zu einer zentralen Frage, nicht nur in Hinsicht auf die Legitimation der kaiserlichen Macht. Aus imperialer Sicht bestand die Bevölkerung nicht mehr aus bloß passiven Untertanen, sondern sie wirkte an dieser historischen Umgestaltungsphase mit: „[...] Die Völker Oesterreichs erwarten mit gerechter Ungeduld von Uns [...]“.[3]

Allerdings beendete die Wiedererrichtung des monarchischen Systems 1849/50 die revolutionären Unruhen nicht vollständig. Eine „Revolution von oben“, die in der neoabsolutistischen Ära zwischen 1849 und 1859 sowie in der darauffolgenden konstitutionellen Phase nach 1860 gipfelte, war laut den österreichischen Regierungen notwendig, um eine neuerliche „Revolution der Völker“ zu verhindern. Wie schon 1848/49 brachte die nationale auch wichtige soziale und ökonomische Fragen mit sich. Besonders eng mit der nationalen Frage verknüpft war das immer dringlichere Thema der politischen und sozialen Partizipation neuer relevanter Akteure wie etwa des aufsteigenden Bürgertums und der Arbeiterschaft.[4]

[1] 149. Kaiserliches Manifest vom 4. März 1849, in: Allgemeines Reichs-Gesetz- und Regierungsblatt für das Kaiserthum Oesterreich, Wien 1850, 148–149.

[2] Ebd., 149.

[3] Ebd., 150.

[4] Ebd., 324–357.

1858, neun Jahre nach dem Ende der Revolution, nannte Karl von Czörnig, einer der zentralen Akteure dieses imperialen *re-orderings*, diese Phase „die gewaltige Umgestaltung, welche Oesterreich in dem kurzen seither verflossenen Zeitabschnitte erfuhr".[5] Die Wiederherstellung und gleichzeitige Umstrukturierung der Ordnung war eine Reaktion auf den existenzbedrohenden Schock der Märzrevolution.[6] Die neue Ordnung zeigte somit die Fähigkeit des Imperiums, sich umzustellen und sich dem neuen europäischen und lokalen Kontext anzupassen.[7] Obwohl die imperiale Obrigkeit ihre Legitimation propagandistisch in ihrer Jahrhunderte umfassenden Machtkontinuität suchte, zeigte sich diese Phase faktisch als ein neuer Zeitabschnitt, nachdem die alten Verhältnisse, Bedingungen, Zu- und Umstände in einem bedrohlichen Moment in Frage gestellt worden waren. Die Umstrukturierung wurde von Czörnig als eine für das Überleben des Imperiums notwendige Adaptierung beschrieben, die „rasch und energisch" erfolgen und allumfassend sein sollte:

> Keine Epoche der thatenvollen Geschichte Oesterreich's ist in vielseitigster Beziehung lehrreicher, als jene der gewaltigen Bewegung der Jahre 1848 und 1849, welche das Reich erschütterte, seinen Bestand bedrohte und unter dem Schutze der Vorsehung mit Hilfe der eigenen Thatkraft zu der Wiederherstellung des Reiches und der Ordnung, zu der Begründung eines neuen staatlichen Lebens mit Gleichstellung aller Staatsbürger und eines materiellen Aufschwungs, dessen allenthalben sichtbaren Anfänge auf seine künftige Ausdehnung schliessen lassen, führte.
>
> Neue Verhältnisse waren durch die Bewältigung der Bewegung entstanden, und veraltete Zustände, mit den Anforderungen der Gegenwart unvereinbar, waren ihr zum

[5] *Karl von Czörnig sr.*, Oesterreich's Neugestaltung (1848–1858), Cotta'scher Verlag, Stuttgart/Augsburg 1858, IV.

[6] Der deutsche Reiseschriftsteller und Naturforscher Karl von Hügel widmete 1860 Erzherzog Ferdinand Maximilian von Österreich sein Buch über seine Reise in den indischen Ozean, in dem er sich auch an die Erschütterungen von 1848/49 und die Wiederherstellung der Ordnung und Sicherheit erinnerte: „Nach einer Zeit socialer Aufregung, politischen Kampfes und wirklichen Krieges, nach einer Zerstörungswuth, welche einen Augenblick drohte an die Stelle alles Schönen, welches der regelmäßige Forstschritt geschaffen hatte, in Religion, in Kunst, in Wissenschaft, ja in Luxus und Behaglichkeit, auf's Neue den rohen Urzustand der menschlichen Gesellschaft durch Verwirklichung spitzfindiger Theorien zu setzen: nach dieser Zeit, wo Prudhon und Louis Blanc sie nicht in Büchern und auf der Bühne, sondern in's wirkliche Leben einführen wollten und zum Theil schon eingeführt hatten, mußte Mittel-Europa erst wieder zu Besinnung kommen, um zu seinen frühern Liebhabereien zurückkehren zu können, welche das Leben schmücken und für den Einzelnen oft mehr Werth haben als das Größere und Wichtigere unseres Daseins. Allein als dieser Zeitpunkt mit der langsamen Wiederherstellung der hoffentlich mehr als momentanen Ruhe und Ordnung wieder eingetreten war, verschafften sich Kunst und Wissenschaft in allen ihren Zweigen und Verwandtschaften wieder Geltung, und sie entwickelten um so größere Kraft als der Bann, der auf ihnen lastete ein mächtigerer gewesen war.", *Karl von Hügel*, Der stille Ocean und die spanischen Besitzungen im ostindischen Archipel, k.u.k. Hof- und Staatsdruckerei, Wien 1860, VIII–IX.

[7] Vorwort, in: Tafeln zur Statistik der österreichischen Monarchie zusammengestellt von der Direction der administrativen Statistik im k.u.k. Ministerium für Handel, Gewerbe und öffentliche Bauten, 1, Kaiserlich-Königliche Hof- und Staatsdruckerei, Wien 1856.

Opfer gefallen. Die neuen Zustände erforderten eine neue Regelung der Verfassung, der Gesetzgebung und der Verwaltung. Rasch und energisch wurde an das Werk geschritten, der ausgesprochen Grundsatz der Neugestaltung Oesterreich's in allen Richtungen durchgeführt, so dass keines der öffentlichen Verhältnisse von der Reform unberührt blieb.[8]

Die politische Fragilität des Reiches erforderte die Fähigkeit der ständigen Überwindung von Krisenmomenten durch Umwandlung und Adaptierung der imperialen Ordnungen. Nach der Einführung des Neoabsolutismus fand die politische Neuordnung in verschiedenen Etappen statt, die bis zum Ersten Weltkrieg andauerten. Sie nahmen zwischen 1850 und 1914 den Charakter eines permanenten strukturellen Umwandlungsprozesses an, der in mehreren Hauptphasen verlief: 1) Die erste Reformphase in den Jahren 1850–1851 unter der Führung des Ministerpräsidenten Bach und des Unterrichts- und Kultusministers Leo von Thun Hohenstein; 2) die Neufassungen des Grundgesetzes (zwischen 1850 und 1860 wurden fünf verschiedene Verfassungen verabschiedet); 3) die radikale Umstrukturierung der Monarchie 1867 mit dem österreichisch-ungarischen Ausgleich; 4) weitergehende föderalistische Projekte, etwa in Richtung eines Trialismus (insbesondere in Bezug auf die böhmische Frage); 5) die späten Wahlsystemreformen von 1897 und 1907.

Schon während des Neoabsolutismus wurden die zahlreichen Mängel der imperialen Staatsstruktur durch eine innere Dezentralisierung der Kompetenzen zugunsten lokaler Strukturen ausgeglichen. Durch das neue konstitutionelle Wahlsystem des Reiches von 1861 wurden die Gemeinden zu den kleinsten, aber grundlegenden Systemstrukturen der Monarchie.[9] Das führte zu einer verstärkten Zentralität der Bezirksverwaltungen und Gemeindebehörden sowie zu neuen Beziehungen zwischen imperialen, regionalen und kommunalen Ebenen.[10] Zentral dabei waren Reformen und Kompromisse zwischen zentralistischen und föderalistischen oder konservativen und liberalen Weltanschauungen und Ansprüchen. Die Modernisierung der Staatsstruktur allein reichte aber nicht aus für eine allumfassende politisch-administrative Neuordnung der Monarchie. Notwendig waren auch eine schrittweise Adaptierung und Anerkennung dieser Modernisierung durch die Zivilgesellschaft. Nach den Worten von Pieter Judson wurde von einer „neuen Art Gesellschaft“ eine „neue Art Staat“ verlangt[11] – sowie umgekehrt.

Diese administrative Aufgliederung verlangte vom Reich und den lokalen bürgerlichen Eliten eine ausdrückliche Kenntnis der Bevölkerung bis auf sub-

---

[8] *Czörnig*, Oesterreich's, IV–V.

[9] *Paolo Ziller*, Sistema elettorale e rappresentanza politica in Istria nel periodo costituzionale asburgico (1861–1918), in: Atti del centro di ricerche storiche di Rovigno 24, 1994, 538.

[10] *Wolfgang Göderle*, Zensus und Ethnizität. Zur Herstellung von Wissen über soziale Wirklichkeiten im Habsburgerreich zwischen 1848 und 1910, Wallstein, Göttingen 2016, 83–84.

[11] *Judson*, Habsburg, 426.

regionale Ebenen. Wie bereits erläutert, forderte das lokale Bürgertum schon vor 1848 in der küstenländischen Presse Informationen über die Zusammensetzung der untersten sozialen Schichten durch statistische Studien. Die Staatsbeamten des 1829 gegründeten Instituts der administrativen Statistik – seit 1841 geleitet von Karl von Czörnig sr.[12] – hatten bereits 1846 begonnen, statistische, sprachliche und volkskundliche Studien über die Zusammensetzung der Bevölkerung der Monarchie durchzuführen. Diese verfolgten nicht nur ein wissenschaftliches Ziel, sondern von Anfang an auch ein politisches. Wie im vorherigen Kapitel erklärt, wurden die ersten Daten und Informationen schon in den heftigen Auseinandersetzungen des Jahres 1848 von imperialen Staatsleuten für politische Zwecke verwendet. Mithilfe der statistisch belegten Überzahl der slawischsprachigen Bevölkerung konnte Innenminister Franz von Stadion im Dezember 1848 seine Ablehnung der Anerkennung des Italienischen als die einzige Amts- und Bildungssprache Istriens begründen.[13]

Die Ergebnisse der vom Zentralstaat seit den 1840er-Jahren beauftragten statistisch-ethnographischen Forschungen wurden ab Mitte der 1850er-Jahren publiziert: 1855 durch die *Ethnographische Karte der Österreichischen Monarchie* und 1857 in dem dreibändigen Werk *Ethnographie der österreichischen Monarchie*, beide veröffentlicht von Czörnig als Direktor des Centralbüros für die administrative Statistik. Diese beiden Werke legten die offizielle, vom Staat anerkannte Darstellung der Bevölkerungszusammensetzung in der Habsburgermonarchie vor. Die Eigentümlichkeit der zentraleuropäischen Monarchie war Czörnigs Meinung nach gerade ihre ausgeprägte „Mannigfaltigkeit" an Sprachen und ethnischen Gruppen. Auf dem Gebiet der Monarchie zählte Czörnig 137 ethnische Gruppen, die er als „Volksstämme" bezeichnete, und 22 Sprachen, die er in vier Sprachfamilien (Germanisch, Ungarisch, Neolatein und Slawisch) unterteilte. Außerdem zählte er zahlreiche „Mischvölker" in „Grenzregionen" des Imperiums, so auch in Istrien.[14] „Mannigfaltigkeit" und „Vermischung" wurden aus einer dialogischen Perspektive zu Hauptmerkmalen eines gemeinsamen interpretativen Modelles des habsburgischen Kaisertums.

Die neuen Wissenschaften (darunter Statistik und Volkskunde[15]) galten ab 1850 immer mehr als verbindende Elemente zwischen den vielen Ordnungen in der Monarchie, ebenso zwischen der Zivilgesellschaft, den lokalen regionalen

---

[12] *Tonetti*, Carl Czoernig, 7–8.

[13] *D'Alessio*, Il cuore, 67–69.

[14] *Czörnig*, Ethnographie, 1, V. Für eine weitere Analyse der Darstellungsweise Czörnigs der kulturellen Vielfalt vgl. *Lidija Nikočević*, State Culture and the Laboratory of Peoples: Istrian Ethnography during the Austro-Hungarian Monarchy, in: Narodna umjetnost. Hrvatski časopis za etnologiju i folkloristiku 43, 2006, 42.

[15] Zur engen Verbindung zwischen Statistik und Ethnographie in der Habsburgermonarchie vgl. *Reinhard Johler*, Dinge, Kulturen, Museen. Ethnographische Repräsentationen und die Darstellung der deutschsprachigen Minderheiten in der Habsburgermonarchie, in: Danubiana Carpathica 6/53, 2012, 31.

und subregionalen Verwaltungsstrukturen und der imperialen Ordnung. Besonders die Statistik und die Volkskunde sowie andere Humanwissenschaftsbereiche unterstützten diesen partikularistischen *re-ordering*-Prozess der Monarchie mit ihrer Fähigkeit der Rationalisierung der Komplexität in der Verwaltungspraxis.[16] Aus diesem Grund erwies sich der Zentralstaat immer mehr als offizieller Förderer der Wissenschaft.

Die Schaffung eines wissenschaftlichen Analyseapparates diente der politischen Kontrolle über die Gesellschaft bzw. über alle möglichen individuellen Partikularismen in der Monarchie.[17] Statistisches und volkskundliches Wissen wurde nicht als intellektuelle Abstraktion aufgefasst. Vielmehr wurde es zum Mittel für die Etablierung eines Staatsapparates, der in der Lage war, die Hilfskenntnisse aus der Statistik in der Verwaltung praktisch anzuwenden.[18] Im besonderen Fall der Monarchie begann der Zentralstaat, die Statistikwissenschaft durch die Gründung der statistischen Verwaltungskommission in Wien direkt in den Staatsapparat einzugliedern. Die offiziellen staatlichen Taxonomien der österreichischen Bevölkerung wurden von Statistikern, Volkskundlern und anderen Wissenschaftlern durchgeführt, die aber zuallererst Staatsbeamte oder Staatsoffiziere waren.[19] Diese Klasse der Kategorisierer bestand aus loyalen Unterstützern und Dienern des imperialen Zentralstaates und der Habsburgerdynastie, die darüber hinaus Mitglieder einer zwei- oder mehrsprachigen „Habsburg society" waren, für welche die deutsche Sprache das Hauptkommunikationsmittel darstellte.[20] So war beispielsweise Karl Freiherr von Czörnig „Staatsoffizier".[21]

Czörnig wurde nicht nur zum „Vater" der Volkskunde und Statistik in Österreich. Seine Werke bildeten auch das Fundament der modernen Zensuspraktiken sowie der Staatsverwaltung der Habsburgermonarchie bis zum Ersten Weltkrieg.[22] Im selben Jahr, in dem Czörnigs *Ethnographie* veröffentlicht wurde, ord-

---

[16] *Giovanni Favero*, La statistica fra scienza e amministrazione, in: Francesco Cassata/Claudio Pogliano (Hrsg.), Scienze e cultura dell'Italia unita (Storia d'Italia. Annali 26), Einaudi, Torino 2011, 705.

[17] Ebd., 705–706. Favero verwendet den Begriff „Analyseapparat" aus *Michel Foucault*, Surveiller et punir (1975).

[18] Vgl. *Jürgen Osterhammel*, Die Verwandlung der Welt. Eine Geschichte des 19. Jahrhunderts, C. H. Beck, München 2009, 57–62.

[19] *Emil Brix*, Die Umgangssprachen in Altösterreich zwischen Agitation und Assimilation. Die Sprachenstatistik in den cisleithanischen Volkszählungen 1880 bis 1910, Böhlau, Wien 1982, 71; *Tim Buchen/Mate Rolf*, Eliten und ihre imperialen Biographien. Zur Einleitung, in: Dies. (Hrsg.), Eliten, 14; *Hirschhausen*, Diskussionsforum, 730–731.

[20] *Johler*, „Hibridismus", 18.

[21] *Buchen/Rolf*, Eliten, 29–31; *Johler*, „Hibridismus", 17–18.

[22] *Franz Grieshofer*, Karl Freiherr von Czörnig (1804–1889). Ein Wegbereiter der Ethnographie in Österreich, in: Franz Grieshofer/Margot Schindler (Hrsg.), Netzwerk Volkskunde. Ideen und Wege, Verein für Volkskunde, Wien 1999, 117–127. Zu Entstehung und Entwicklung von Ethnographie, Statistik und Sprachwissenschaft in Österreich vgl. *Brix*, Die Umgangs-

nete ein kaiserliches Dekret vom 23. März 1857 die erste moderne Volkszählung in der Monarchie an.[23] Schon vor 1857 waren einige Volkszählungen im Küstenland durchgeführt worden. Diese besaßen aber keinen offiziellen und allumfassenden Charakter und wurden der Allgemeinheit nur sporadisch durch die lokale Presse bekannt gemacht, um die Erwartungen eines Teiles der lokalen Gesellschaft zu erfüllen.[24] Die 1850/60er-Jahre erwiesen sich hingegen als die Jahrzehnte der Rationalisierung der Volkszählungspraxis. Die *Statistischen Übersichten* über die Bevölkerung der Monarchie lassen zwischen 1857 und 1910 deutlich eine Ethnisierung der Einteilungen für die offiziellen Zensuserhebungen erkennen. Die ersten beiden Zählungen der Jahre 1857 und 1869 teilten die Bevölkerung nach „Geschlecht", „Religion", „geographischem Ursprung" („Stadt", „Markt", „Dorf", „Häuser") und „Berufen" ein.[25] 1880 tauchte dann erstmals die Klassifizierung von Personen nach dem 1876 international anerkannten Muster der „Umgangssprache" in den Ergebnissen der zehnjährigen Volkszählungen auf.[26]

Czörnigs Tätigkeit und seine Veröffentlichungen zeugen von der engen Verbindung zwischen der Politik des habsburgischen Zentralstaates und der Wissenschaft. Wie der Historiker Wolfgang Göderle bemerkt, kann der Zensus nicht komplett von der staatlichen Verwaltungspraxis sowie von der Zivilgesellschaft getrennt werden. Andernfalls verliert er seinen grundlegenden Sinn.[27] Das *Oesterreichische Statistische Handbuch* wird auf dem Umschlag des *Special-Orts-*

---

sprachen; *Werner Petermann*, Die Geschichte der Ethnographie, Peter Hammer, Wuppertal 2004; *Friedrich Koger*, Die Anfänge der Ethnologie in Wien. Ein Beitrag zur Wissenschaftsgeschichte, LIT, Berlin 2008; *Wolfgang Jacobeit/Hannjost Lixfeld/Olaf Bockhorn* (Hrsg.), Völkische Wissenschaft. Gestalten und Tendenzen der deutschen und österreichischen Volkskunde in der ersten Hälfte des 20. Jahrhunderts, Böhlau, Wien/Köln/Weimar 1994; *Gertraud Sturm*, Leben für die Forschung: Das Ethnologenpaar Wilhelm und Marie Hein in Südarabien (1901/02), Verlag der Österreichische Akademie der Wissenschaften, Wien 2007, 14–32; *Peter Stachel*, Die Harmonisierung national-politischer Gegensätze und die Anfänge der Ethnographie in Österreich, in: Karl Acham (Hrsg.), Geschichte der österreichischen Humanwissenschaften, 4, Passagen Verlag, Wien 2002, 323–367.

[23] Kaiserliche Verordnung vom 23. März 1857, wirksam für alle Kronländer, mit Ausnahme der Militärgrenze, mit der Vorschrift für die Vornahme der Volkszählungen, in: Reichs-Gesetz-Blatt für das Kaiserthum Oesterreich 15/67, 1857, 167.

[24] *Tonetti*, Carl Czoernig, 7–8; *Guerrino Perselli*, I censimenti della popolazione dell'Istria, con Fiume e Trieste, e di alcune città della Dalmazia tra il 1850 e il 1836 (Etnia IV), Centro di ricerche storiche, Rovigno 1993, XVIII.

[25] Statistische Übersichten über die Bevölkerung und den Viehstand von Österreich nach der Zählung vom 31. October 1857, herausgegeben vom k.u.k. Ministerium des Innern, k.u.k. Hof- u. Staatsdruckerei, Wien 1859; Bevölkerung und Viehstand der im Reichsrathe vertretenen Königreiche und Länder nach der Zählung vom 31. December 1869, bearbeitet und herausgegeben von der k.u.k. Statistischen Zentralkommission, k.u.k. Hof- u. Staatsdruckerei, Wien 1872.

[26] Vgl. die verschiedenen *Special-Orts-Repertorien der im österreichischen Reichsrathe vertretenen Königreiche und Länder*, herausgegeben von der k.u.k. statistischen Central-Commission. Für eine allgemeine Aufzählung der Volkszählungen in Istrien zwischen 1857 und 1910 vgl. *Perselli*, Censimenti; *Göderle*, Zensus, 50.

[27] *Göderle*, Zensus, 101.

Repertoriums von Küstenland 1885 folgendermaßen beworben: „Die wachsende Bedeutung, welche die Statistik für die erhöhten Aufgaben und Ansprüche des öffentlichen Lebens erlangt hat, lässt es dringend nothwendig erscheinen, deren Ergebnisse, namentlich jene der amtlichen, auch in allgemein zugänglicher, knapper und leicht verständlicher Form zu veröffentlichen."[28] Die Volkszählungen beschränkten sich nicht auf die bloße Herstellung von Kategorien und die Erhebung von Daten. Vielmehr prägten sie die sozialen Realitäten der Habsburgermonarchie durch die Praxis der soziokulturellen und politischen Entmischung entscheidend. Auf Basis der Theorie der „zirkulierenden Referenz" Bruno Latours nennt Wolfgang Göderle diese Prägung „die Transformationskette zwischen der „Welt der Zeichen" und der „Welt der Dinge".[29] Die staatliche Kulturpolitik gegenüber den soziokulturellen Organisationsformen der lokalen Bevölkerung kann nur innerhalb einer politischen Strategie der Veränderung und Prägung der sozialen Realität verstanden werden.[30] In diesem Sinn waren die Kategorisierungen Praxen der Transformation des Sozialen.

Die Erhebungen erwiesen sich infolgedessen als Momente der Sinn- und Deutungsübersetzung. Durch das Verfahren der Übertragung von Daten zu Alltagspraxen (wie der Verwendung der Umgangssprache) in ein tabellarisches, schematisches Format ging ein gewisser Teil der Komplexität der erhobenen Daten verloren. Diese mussten durch eine Auswahl- und Interpretationstätigkeit auf bestimmte kulturelle Formate (wie Bücher und Karten) übertragen werden. Die Volkszählungen können dennoch als Momente der Reflexion über Formen der sozialen und kulturellen Andersartigkeit bezeichnet werden. Sie waren zentrale Verdichtungsmomente in Prozessen der Neustrukturierung der Ordnungen und der Entwicklung von neuen kulturellen und sozialen Identitätsmustern einer Zivilgesellschaft sowie von neuen politischen Repräsentationsräumen. Diese konnten dann wiederum die soziale Realität mitprägen. Andererseits galten Volkserhebungen und ethnographische Studien nach 1848/49 als Werkzeuge zur Festlegung und Kontrolle von immer beweglicheren, immer relevanteren und bedrohlicheren sozialen Realitäten.

4.2. „Viribus unitis" in der imperialen Staatsideologie

Obwohl der habsburgische Zentralstaat selbst kulturelle Diversität und Hybridität als Hauptmerkmale der Donaumonarchie betrachtete und propagierte, war die gleichzeitige Existenz unterschiedlicher ethnischer und nationaler Gruppierungen in einem einzigen Staatsverband keine Besonderheit und kein

[28] Special-Orts-Repertorium von Küstenland, herausgegeben von der k.u.k. Statistischen Central-Commission, Hölder, Wien 1885.

[29] *Göderle*, Zensus, 44–50.

[30] *Bhabha*, The Location, 22–23.

Monopol des Habsburgerreiches. Verschiedene Nationalstaaten (etwa Frankreich, Großbritannien, Spanien, Italien, Deutschland) zeichneten und zeichnen sich durch eine ebenso ausgeprägte innere Diversität aus. Die internationale Historiographie hat die Homogenität des „Ethnos" sowie der „Nation" sogar in den westeuropäischen nationalen Staaten bereits in Frage gestellt, wie etwa der Historiker Eugen Weber im Fall Frankreichs.[31] In Mitteleuropa erhielt das Thema der Vielfalt und Vermischung in der Öffentlichkeit, Wissenschaft und offiziellen Diskursen und Praktiken der Staatsverwaltung jedoch eine außerordentliche Relevanz, wie wir sie in anderen europäischen Nationalstaaten nicht finden. Dabei spielten sicher auch die historische Entwicklung und die hoch diversifizierte geopolitische Zusammensetzung der Monarchie eine Rolle. Die Thematisierung und Verwendung solcher Termini im Habsburgerreich hing hauptsächlich mit dem spätmodernen Legitimitätswandel der imperialen Ordnung als „Vielvölkerstaat" im Laufe des 19. Jahrhunderts zusammen. Der zentrale Unterschied zwischen dem Habsburgerreich und dem westeuropäischen Nationalstaat war die unterschiedliche Art des Umgangs mit kulturellen Partikularismen.[32]

Die innere Diversität, die es zu verwalten galt, hing außerdem von der geographischen Ausdehnung des habsburgischen Staates ab. Wie der Politikwissenschaftler Herfried Münkler erklärt, stehen „großräumige, erst recht globale politische Ordnungen [...] unter gesteigertem Rechtfertigungsdruck".[33] Zudem lag die Besonderheit der k.u.k. Monarchie in der Organisation und Verwaltung dieses Großraumes. Das Reich entwickelte sich durch eine Politik der schrittweisen Anerkennung der (ethnischen, sprachlichen, religiösen, nationalen) lokalen Pluralismen, nicht durch eine zentralisierende Homogenisierung. Die pragmatische Entscheidung des Wiener Machtzentrums, eine weitläufige heterogene Föderation unter einem Kaiser zu erhalten, sicherte einerseits die Macht des Zentralstaates und der Dynastie. Andererseits führte sie damit zu einem chronischen Krisenzustand durch die Entstehung von Nationalismen. Das andauernde *re-ordering* der Monarchie auf Basis der Ethnisierung fand von 1850 bis zu ihrer Auflösung durch eine langdauernde Auseinandersetzung zwischen Zentralismus und Föderalismus statt. Dies zeigte sich durch die Konfrontation zwischen dem politischen Zentrum und den Autonomiebestrebungen verschiedener Regionen – zwischen imperialen und lokalen Eliten. Im Spannungsfeld zwischen diesen beiden Instanzen – zwischen dem Lokalen und Globalen, dem Regionalen und Imperialen – entwickelten sich die kulturellen und politischen Diskurse um Vielfalt und Vermischung.

---

[31] Vgl. *Eugen Weber*, Peasants into Frenchmen: The Modernization of Rural France (1870–1914), Stanford University Press, Stanford 1976; *Eric Hobsbawm*, Nations and Nationalism since 1870. Program, Myth, Reality, Cambridge University Press, Cambridge 1992.

[32] *Csáky*, Vielfalt, 48–49.

[33] *Herfried Münkler*, Imperien. Die Logik der Weltherrschaft – vom Alten Rom bis zu den Vereinigten Staaten, Rowohlt, Berlin 2005, 127.

Aufgrund ihrer hohen inneren Diversität betrachteten die Akteure und Akteurinnen der Machtelite die Habsburgermonarchie als eine Besonderheit innerhalb Europas. Wie der Wiener Geograph Friedrich Umlauft (1844–1923) 1876 plakativ erklärte, sei das Reich schlechthin ein „Staat der Contraste", da man „die Vermischung der verschiedenen Nationalitäten nirgends in Europa in so augenfälliger Weise beobachten" könne.[34] Demnach sei lediglich die Staatsorganisation in Form eines Vielvölkerstaates und die wohlwollende Figur des habsburgischen Kaisers im Stande, diese kontrastreiche Vielfalt zu bewahren und zu regieren. In diesem Zusammenhang tauchte die große Ambivalenz in der Dialektik zwischen dem österreichischen Staat und den verschiedenen Nationalismen auf. Der selbstproklamierte übernationale Vielvölkerstaat brauchte gemäß dem Motto „*Viribus Unitis*" Differenzen zwischen parallelisierten, kulturell bzw. national homogenen Gruppierungen als Basis für seine Legitimation.[35]

Die Struktur der Monarchie und ihre Entwicklung verunmöglichten nach 1850 eine staatliche Homogenisierung sowie eine absolute politisch-administrative Zentralisierung mittels einer aufgezwungenen Einheitssprache, wie das in anderen westeuropäischen Nationen der Fall war. Ein bemerkenswertes Zeugnis des Unterschiedes zwischen einem nationalen Zentralismus und einem beschränkten nationalen Pluralismus schildert das Reisebuch des Triestinier Wissenschaftlers Carlo de Marchesetti. Zu Beginn der 1880er-Jahre besuchte Marchesetti Südfrankreich, genau 20 Jahre, nachdem der französische Staat das ehemals savoyisch regierte Nizza übernommen hatte. Er zog in seinem Reisebuch einen interessanten Vergleich zwischen dem habsburgischen Triest und dem französischen Nizza: 18 Jahre Fremdherrschaft hätten jede Spur von Italianität ausgelöscht. Die habsburgische Herrschaft habe in sechs Jahrhunderten in Triest nicht das bewirken können, was Frankreich in Nizza in wenigen Jahren gelungen sei:

> 18 anni di dominazione straniera hanno cancellato ogni traccia d'italianità. Le scritte delle contrade in francese. Gli avvisi in francese, perfino i nomi propri, che per la maggior parte suonano italiani, hanno assunto gli accenti francesi. 6 secoli di dominazione straniera non seppero a Trieste fare quello che pochi anni hanno bastato per fare di Nizza.[36]

Die Reflexion unter dem Motto „Einheit in der Vielfalt" offenbarte sich vor allem politisch als eine polyzentrische und mehrsprachliche Machtausübung mit dem

---

[34] *Friedrich Umlauft*, Die österreichisch-ungarische Monarchie. Geographisch-statistisches Handbuch mit besonderer Rücksicht auf die politische und Kultur-Geschichte für Leser aller Stände, Hartleben, Wien/Pest 1876, 1–2.

[35] *Feichtinger*, Kakanische Mischungen, 221.

[36] „18 Jahre Fremdherrschaft haben jede Spur der Italianität ausgelöscht. Die Bezirksnamen und öffentlichen Ankündigungen sind auf Französisch, sogar die Eigennamen, die größtenteils italienisch klangen, haben einen französischen Tonfall bekommen. Sechs Jahrhunderte Fremdherrschaft konnten in Triest nicht das bewirken, was in wenigen Jahren aus Nizza wurde.", ADT, R. P. MS Misc. 88/A/1/195.

Ziel der Schaffung einer langfristigen politischen Überwindungsstrategie seitens des Staates. Dieses Ziel wurde angestrebt durch die Entwicklung einer harmonisierenden imperialen Staatsideologie (nach der Definition des Historikers Peter Stachel) unter Mithilfe von Wissenschaftlern und Kulturschaffenden. Ihre von zentrifugalen nationalistischen Ansprüchen bedrohte Legitimität sollte als übernationale Staatlichkeit festgelegt werden.[37]

Die Form der habsburgischen Staatlichkeit nach 1868 war ein direktes Ergebnis der Märzrevolution, und zwar – in imperialer Perspektive – nicht unbedingt in einem negativen Sinn. Die Nationalismen (oder die national begründeten bürgerlichen Parteien und Bewegungen) müssen nicht unbedingt als eine Bedrohung der imperialen Ordnung verstanden werden. „Einheit in der Vielfalt" und „*Viribus unitis*" bedeuteten eine Art offene dialogische Struktur gegenüber den verschiedenen lokalen Autonomien und nationalen Gruppierungen. Zugleich erwiesen sich die nationalen Parteien und Bewegungen als eine strategische Ressource des habsburgischen „Vielvölker-Staates": Diese Struktur bot dem Zentralstaat die Möglichkeit, sich als kleinster gemeinsamer Nenner zu legitimieren. In diesem Sinn ermöglichte sie nach 1868 einen Transformismus bzw. fortwährende politische und kulturelle Verhandlungen zwischen unterschiedlichen (oft gegensätzlichen) Interessen.[38]

Die Strategie, Vielfalt als eine schematische soziale und politische Ordnung durch kulturelle Taxonomien zu erfassen und darzustellen, wurde von der habsburgischen administrativen und wissenschaftlichen Elite fortlaufend weitergetragen. Durch zahlreiche Publikationen über die ethnographischen Verhältnisse in mehreren Kronländern wurde eine Art Wissensspeicher angelegt, aus dem die Staatsträger und -offiziere die Legitimation für ihre administrative, legislative und politische Tätigkeit entnehmen konnten. Dies gipfelte in der Zeit zwischen den 1870er-Jahren und dem Ersten Weltkrieg, in den Jahrzehnten der maximalen Verschärfung der Nationalitätenfrage. In wiederkehrenden Momenten einer gefürchteten Zersplitterung aufgrund (innen- oder außen-)politischer und nationaler Auseinandersetzungen wurde das Repertoire der Vielfalt im Rahmen konkreter kulturpolitischer Projekte wiederverwendet. Beispielhaft dafür ist einerseits das zwischen 1885 und 1902 veröffentlichte mehrbändige Werk *Die österreichisch-ungarische Monarchie in Wort und Bild*[39], initiiert von Kronprinz Rudolph unter dem Motto „Wissen ist Versöhnung", sowie andererseits die

[37] *Stachel*, Die Harmonisierung, 323.

[38] Homi Bhabha definiert die Fähigkeit der Umwandlung eines politischen Systems mittels Übernahme von Elementen einer politischen oder kulturellen Andersartigkeit als ein wichtiges „*hybrid moment of political change*". Diese Fähigkeit ist wichtig für das Überleben des politischen Systems selbst: „Here the transformation value of change lies in the rearticulation, or translation, of elements that are *neither the One* [...] *not the Other* [...] *but something else besides*, which contests the terms and territories of both.", *Bhabha*, The Location, 28.

[39] Die österreichisch-ungarische Monarchie in Wort und Bild, k.u.k. Hof- u. Staatsdruckerei, Wien 1886–1902.

Strukturierung der österreichischen Volkskunde durch Gründung des Vereines und des Museums für österreichische Volkskunde im Jahre 1897 in Wien durch Michael Haberlandt. Aus dieser Perspektive erhielt die Vermischung sogar eine positive, legitimierende Deutung.[40]

In beiden Fällen handelte es sich um eine tabellarische Schaukasten-Vielfalt, die das Ergebnis einer langen Vereinfachung der Komplexität subregionaler Kleinidentitäten und Partikularismen in Mitteleuropa durch parallelisierte Homogenisierungsprozesse in standardisierten Kategorien war. Gleichzeitig zeigte sich in diesem Zusammenhang der Einfluss einer neuen Möglichkeit, die Andersartigkeit durch eine Exotisierung und Musealisierung wahrzunehmen und sie wissenschaftlich zu analysieren.[41] Bevölkerungsgruppen auf diese Art aus einer voyeuristischen Perspektive als passive und fixe ethnische Einheiten mit eigenen exotischen Sitten und Gebräuchen zu betrachten, ähnelte dem Trend in West- und Mitteleuropa während des 19. Jahrhunderts, dem neugierigen bürgerlichen Publikum kuriose und gefürchtete Andersartigkeiten aus den Kolonien in Museen und sogar in Menschen-Zoos zu präsentieren.[42]

Eine solche Strukturierung der kulturellen Entmischung durch dieses System der Schaukasten-Vielfalt fand in der cisleithanischen Verfassung von 1867 seine gesetzliche Verankerung. Die „Gleichberechtigung aller landesüblichen Sprachen in Schule, Amt und öffentlichem Leben" im 19. Artikel[43] gab dem neuen parlamentarischen Leben sowie den neuen Parteien auf lokaler Ebene aufgrund der in den 1850er-Jahren wissenschaftlich kategorisierten Mannigfaltigkeit die rechtliche Grundlage.[44] Das Prinzip der „Gleichberechtigung" fungierte als Gerüst für die Legitimation der österreichischen Staatsideologie, die auf der Idee eines Vielvölkerstaates basierte. Die Absicht, die verschiedenen nationalisierten Parteien im Wiener Parlament zu kontrollieren, scheiterte jedoch nach 1868

[40] *Johler*, „Hibridismus", 18.

[41] *Johler*, Dinge, 25–27; *Ders.*, The Invention of the Multicultural Museum in the Late Nineteenth Century: Ethnography and the Presentation of the Cultural Diversity in Central Europe, in: Austrian History Yearbook 46, 2015, 51–67.

[42] *Guido Abbattista*, Beyond the ‚Human Zoos'. Exoticism, Ethnic Exhibitions and the Power of the Gaze, in: Ricerche storiche 45/1–2, 2015, 207–218.

[43] „Artikel 19. Alle Volksstämme des Staates sind gleichberechtigt, und jeder Volksstamm hat ein unverletzliches Recht auf Wahrung und Pflege seiner Nationalität und Sprache. Die Gleichberechtigung aller landesüblichen Sprachen in Schule, Amt und öffentlichem Leben wird vom Staate anerkannt. In den Ländern, in welchen mehrere Volksstämme wohnen, sollen die öffentlichen Unterrichtsanstalten derart eingerichtet sein, daß ohne Anwendung eines Zwanges zur Erlernung einer zweiten Landessprache jeder dieser Volksstämme die erforderlichen Mittel zur Ausbildung in seiner Sprache erhält.", Staatsgrundgesetz vom 21. December 1867, über die allgemeinen Rechte der Staatsbürger für die im Reichsrathe vertretenen Königreiche und Länder, in: Reichs-Gesetz-Blatt für das Kaiserthum Oesterreich 61/142, 1867, 394.

[44] Vgl. *Gerald Stourzh*, Die Gleichberechtigung der Nationalitäten in der Verfassung und Verwaltung Österreichs 1848–1918, Verlag der Österreichischen Akademie der Wissenschaften, Wien 1985.

partiell mit dem Beginn einer weiteren nicht-linearen Entwicklung der konstitutionellen Phase in der österreichischen Reichshälfte.

4.3. Die Ethnisierungspolitik: Ressource oder Bedrohung?

Nach der Analyse der Historiker Emil Brix und Gerald Stourzh war der österreichische Zentralstaat selbst ab der konstitutionellen Phase der 1860er-Jahre maßgeblich für eine „Ethnisierung der Politik und des Rechtes" auf Basis des westeuropäischen Begriffes der Nation.[45] Das Bedürfnis nach einer effizienten und modernen Staatsstruktur führte zu einer weiteren Entmischung und Distinktion der Menschen durch die Praxis der Inklusion und Exklusion von Individuen in oder aus bestimmten soziokulturellen Gruppen. Die Untertanen der österreichischen Krone sollten durch Volkszählungen auf nationaler Basis typisiert und erkennbar werden, um sie in den neuen Wahl-, Heeres- und Steuersystemen zu erfassen.[46] Hauptziel einer solchen Staatsstrategie war in einer Zeit der „erhöhten Aufgaben und Ansprüche des öffentlichen Lebens" eine Reduktion von Komplexität.[47] Die Simplifizierung einer derart verschachtelten Realität diente der einfacheren Zugänglichkeit, Lesbarkeit und Verwendbarkeit der über die Staatsangehörigen erhobenen Daten durch die Staatsverwaltung und ein breites Publikum.[48]

Der Prozess der Ethnisierung, der im Dezember 1867 mit der Verabschiedung der neuen Verfassung für Cisleithanien offiziell verankert wurde, galt als Folge eines erzwungenen politischen Rückzuges der Monarchie auf internationaler Ebene. Nicht umsonst folgte es der Niederlage von Königgrätz (1866) und dem damit verbundenen Verlust der führenden Rolle im Deutschen Bund sowie in den norditalienischen Regionen. Dies zwang den habsburgischen Staat dazu, sich auf die eigenen strukturellen Probleme zu konzentrieren. Keine der vorherigen Reformen und Verfassungen zeigten eine solche Prägungsfähigkeit wie diejenigen von 1867/68.[49]

Zusätzlich versuchte der österreichische Staat, das Gewalt- und Bedrohungspotenzial der wachsenden politischen Bürgerbewegungen durch eine liberalisie-

---

[45] *Stourzh*, Ethnicizing; *Brix*, Umgangssprachen, 13.

[46] *Bjørn Thomassen*, The State and the Population Census, in: Jahrbücher für Geschichte und Kultur Südosteuropas 8, 2006, 23–24.

[47] Zu den Paradigmen der Komplexität und ihrer Reduktion aus sozialwissenschaftlicher und philosophischer Perspektive vgl. *Baraldi/Corsi/Esposito*, GLU, 93–97; *Niklas Luhmann*, Zur Komplexität von Entscheidungssituationen, in: Soziale Systeme 15/1, 2009, 3–35.

[48] „Nicht bloss die Staatsverwaltung, sondern alle Kreise der Bevölkerung werden in der Statistik ein wesentliches Hilfsmittel zu erblicken haben, um ihren Aufgaben in dem Staate und für den Staat gerecht werden zu können und an der Pflege für das Wohl des Staates mitzuwirken.", Special-Orts-Repertorium.

[49] *Kann*, The Multinational Empire, 1, 350–352.

rende, konstitutionelle Umstrukturierung von oben zu entschärfen. Die imperiale Macht musste nach 1848/49 und vor allem nach 1867/68 die Pluralisierung durch neue selbstreflektierende, selbstorganisierte und sich parlamentarisch selbst vertretende Sozialakteure anerkennen. Diese Anerkennung geschah durch den Begriff der Nation, und der Staat schrieb sich selbst die Rolle des Züngleins an der Waage zwischen den neu organisierten nationalen Parteien und ethnischen Gruppen zu. Die bürgerlichen Parteien strukturierten sich ab den 1860er-Jahren entsprechend der vom Imperium geschaffenen politischen und soziokulturellen Repräsentationsräume (etwa – auf der höchsten Ebene – dem Reichsrat), die auf dem modernen westeuropäischen Muster der Muttersprache als Merkmal der nationalen Zugehörigkeit basierten.

Der Prozess der Ethnisierung in der Habsburgermonarchie verlief aber nicht gradlinig. In der ethnisch äußerst komplexen Realität Zentraleuropas erwies sich die Verwendung des 1872 vom internationalen Statistikkongress anerkannten Begriffs „Umgangssprache" („langue parlée") bei der Organisierung von Volkszählungen als besonders problematisch. Karl von Czörnig sr. und Adolf Ficker, die beiden ersten Direktoren der administrativen Statistik in Wien, hatten sich schon in den 1850er-Jahren als Vertreter Österreichs bei den internationalen Statistikkongressen gegen das westeuropäische Interpretationsmuster der „Umgangssprache" als Hauptmerkmal für die Bestimmung einer nationalen Identität ausgesprochen. Sprachen, so argumentierten sie, seien keine fixen Erscheinungen und könnten sich in einer diachronischen Perspektive durch dramatische Ereignisse wie Kriege, Epidemien und Migrationen verändern.[50] Als Alternative zur individuell gesprochenen Sprache schlugen Czörnig und Ficker ein anderes Analysemodell vor: Die durch Feldforschung erhobenen Daten über die gesprochenen Sprachen müssten durch eine weitere interdisziplinäre und vergleichende Analyse unter Verwendung von umfangreichem Quellenmaterial und mit Hilfe unterschiedlicher Wissensbereiche – wie jene der Geschichte, der Archäologie, der Sprachwissenschaft und der Geographie – ergänzt werden.[51]

Im Zuge des allgemeinen Trends der ethnisierenden Entmischung in den 1860er-Jahren lehnte das Innenministerium in Wien 1879 die Methoden Czörnigs und Fickers jedoch ab. Die viel einfacheren und unmittelbareren Forschungs- und Analysemethoden, die auf der „Umgangssprache" basierten, wurden ab 1880 für die Vorbereitung der Volkszählungen verwendet. Aus der großen Diversität an Sprachen und kulturellen Partikularismen in Czörnigs Werken der 1850er-Jahre – 137 „Volksstämme" und 22 Sprachen – wurden auf Basis des westeuropäischen Musters der „Muttersprache" nur neun standardisierte National-

[50] *Brix*, Umgangssprachen, 27.

[51] *Thomassen*, The State, 25; *Johannes Dörflinger*, Völker- und Sprachkarten. Thematische Kartographie in Österreich (1815–1918), in: Franz Wawrik/Elisabeth Zeilinger (Hrsg.), Österreich auf alten Karten und Ansichten, Akademische Druck- u. Verlagsanstalt Graz, Graz 1989, 162.

sprachen ausgewählt: Deutsch, Ungarisch, Tschechisch-Slowakisch, Polnisch, Italienisch, Slowenisch, Kroatisch-Serbisch, Rumänisch, Ukrainisch. Der Staat erkannte diese offiziell als Kategorien nicht nur für die Amts- und Bildungssprachen, sondern auch für die Vorbereitung der alle zehn Jahre stattfindenden Volkszählungen ab 1880 an.[52]

Diese Reduktion führte zu wiederholten Stresssituationen. Wegen des neuen Volkszählungsmusters sahen sich die erfassten Untertanen in den verschiedenen Kronländern gezwungen, sich alle zehn Jahre für eine der neun vorgegebenen Standardsprachen zu entscheiden. Die neue Art der modernen Volkszählung bedeutete für die einheimische Bevölkerung einen Augenblick der erzwungenen Reflexion. Diese Stellungnahme verlief meist in einen doppelseitigen Prozess: Selbstdefinierung bedeutete teilweise Selbstsäuberung. Nach dieser staatlichen Entscheidung waren Vermischung und nationale Indifferenz ausdrücklich nicht mehr möglich. Die Ungenauigkeiten in der nationalen Kartierung der Monarchie wurden als immer problematischer, ja als bedrohlich betrachtet, sowohl von nationalistischen Akteuren und Akteurinnen als auch von der staatlichen Obrigkeit und den imperialen Kategorisierern.

Das Zeitalter der internationalen Verwendung des modernen Begriffes „Nation" in der Zensuspraxis überschnitt sich mit einem konstanten Zustand des *re-orderings* der Monarchie. Die andauernde Überwindung innerer struktureller Schwierigkeiten führte im Laufe der zweiten Hälfte des 19. Jahrhunderts nicht nur zu Momenten der Instabilität. Aufgrund von Kompromissen und Anpassungen eröffneten sich auch Möglichkeiten für die Veränderung und Verbreitung von politischen und kulturellen Reflexionen, Diskursen und Praktiken innerhalb der verschiedenen Ordnungen der Monarchie. Demzufolge waren die Volkszählungen auch Momente einer gewissen Kreativität und Veränderung, sowohl für die Obrigkeit – Staat, Wissenschaftler, Statistiker, Erhebungsbeamte – als auch für die befragten Untertanen.[53] Darüber hinaus offenbarte sich nach der Entscheidung für ein einzelnes Hauptmerkmal der Klassifizierung und Neuorganisierung der österreichischen Hälfte des Reiches die Schwierigkeit, dieses Prinzip angesichts der enormen Varietät an gesprochenen Sprachen anzuwenden.

Insbesondere für die sogenannten „Grenzregionen" (wie Istrien) führte die moderne Idee der nationalen Sprache zu wiederholten Problemen bei der Durchführung der Erhebungen sowie der Interpretation der Daten. Im Jahre

[52] *Brix*, Umgangssprachen, 110.

[53] Karl von Scherzer meinte zur aktiven und kreativen Selektionstätigkeit im Rahmen der Klassifizierung: „Bei einer Classification ist es keine ganz gleichgiltige [sic!] Sache im vorhinein zu wissen, wonach dieselbe zu geschehen habe. Und dies gilt bei unserem Gegenstande um so mehr als man einerseits keine rein sinnlichen Objecte vor sich hat, andererseits dieselben keineswegs so einfach sind als es den Anschein hat. Es liegen hier Verwicklungen vor, welche vor Allem anderen entwirrt werden müssen.", *Karl von Scherzer/Friedrich Müller*, Reise der österreichischen Fregatte Novara um die Erde: in den Jahren 1857, 1858, 1859. Anthropologischer Theil, 3 – Ethnographie, Karl Gerold's Sohn, Wien 1868, VIII.

1885, fünf Jahre nach Einführung der modernen, auf dem Begriff der „Nation" basierenden Volkszählung in Cisleithanien, diagnostizierte Karl von Czörnig jr. in seinem Werk über die ethnographischen Verhältnisse des Küstenlandes die problematische methodologische Verwendbarkeit des neuen Erhebungssystems auf Basis der „langue parlée" und die Unmöglichkeit einer scharfen Grenzziehung zwischen sprachlichen und kulturellen Gruppen:

> Verschiedene Mängel in der Durchführung der letzten Volkszählung verhinderten die Erzielung eines absolut fehlerfreien Ergebnisses, welches überhaupt bei derlei Aufnahmen niemals zu erreichen ist.
>
> Hiermit will gesagt sein, dass die offiziellen Angaben nicht immer die wirklich übliche Umgangssprache bezeichnen. [...]
>
> Es ist nicht schwer darzulegen, dass in den Ländern, in welchen nationale Gegensätze bestehen, betreffs Angabe der Umgangssprache sowohl bei Anwendung der Anzeigezettel als in Falle der Invention von Zählungs-Beamten Unrichtigkeiten vorkamen, welche im Allgemeinen dahin wirkten, die localen Minoritäten noch geringer erscheinen zu lassen als sie thatsächlich sind.[54]

Darüber hinaus gaben die Volkszählungen, die von den kommunalen Obrigkeiten durchgeführt werden mussten, bis zum Ersten Weltkrieg beinahe zwangsläufig Anlass zu nationalen Konfrontationen, nationalistischer Radikalisierung und immer wieder auch zu einer inneren Instabilität der habsburgischen Ordnung.[55] Insbesondere in „Grenzgebieten" wurden vor allem die „Vermischten" zu einem Problem für das *re-ordering* der Monarchie. Solche unklassifizierbaren Individuen oder Gruppen stellten das moderne kulturell-politische Repräsentationssystem in Frage, und sämtliche ethnischen Kategorisierungen erwiesen sich als erfolglos aufgrund ihrer ständigen Bewegung von einer Kategorie zur anderen.[56]

Wie schon erwähnt, galten Volkszählungen auch als ein kreatives Moment und ihre Durchführung unter mehreren Blickwinkeln als Ressource, besonders in den „Grenzregionen". Der Historiker Pieter Judson macht darauf aufmerksam, dass die bürgerlichen Nationalisten „Grenzregionen" vor allem in Bezug auf die rurale Gesellschaft als Bedrohung und gleichzeitig auch als Hoffnung betrachteten. „National Indifferente" sowie „Hybride" konnten einerseits ein Hindernis für den Erfolg ihrer politischen Programme darstellen. Anderseits stellten sie nicht-typisierte Individuen dar, die noch durch Propaganda nationalisiert werden und die gewünschte Expansion ermöglichen konnten.[57]

---

[54] *Karl von Czörnig jr.*, Die ethnologischen Verhältnisse des österreichischen Küstenlandes nach dem richtiggestellten Ergebnisse der Volkszählung vom 31. Dezember 1880. Mit einer ethnographischen Karte in 2 Blättern, Schimpf, Triest 1885, 6–7.

[55] *Judson*, Making, 123–124.

[56] *Italo de Franceschi*, La nazionalità in Istria secondo gli ultimi quattro censimenti austriaci, in: La porta orientale 16/1–2, 1938, 36–47; *Perselli*, Censimenti, XII–XIII.

[57] *Judson*, Making, 123–124.

Die Grenze erschien als eine ambivalente und durchlässige Realität. Pieter Judson zeigt, wie sich die Homogenisierung der diversen Bevölkerungsgruppen auf Basis ethnozentrischer Identifizierungsmodelle in den gemischten Regionen als besonders schwierig erwies. Dies hing nicht nur mit dem Widerstand der lokalen Einwohner zusammen, sondern mehr noch mit dem Mangel an ausreichender nationaler Kohärenz der nationalistischen Gruppierungen selbst.[58] Das Bewusstsein dieser inneren Schwäche war anscheinend eine Konstante bei der Gruppe der Italienischsprachigen des Küstenlandes, auch nach den 1870er-Jahren. Bereits im Vormärz gab es Äußerungen in der lokalen Presse über die Spaltung und Inkohärenz der Italienischsprachigen Istriens – wie etwa im oben erwähnten Fall von Carlo de Franceschi 1843. Ungefähr 70 Jahre später, 1910, zeigte der Schriftsteller Scipio Slataper (1888–1915) die noch prekäre Natur des italienischen Nationalisierungsprojektes im Küstenland auf, das sich als ein mühseliger alltäglicher Prozess erwies: Die italienische Identität im Nordostadriaraum sei noch „eine durchmischte und unsichere Italianität, die sich ständig ihrer selbst vergewissern muss" („[...] un'italianità mista e malsicura; un'italianità che deve continuamente italianizzarsi [...]").[59] Die Befestigung der externen Grenze wurde in den Jahren nach 1868 mit der Fortsetzung und Verstärkung der Politik der Assimilation durch italianisierende Bildungsprojekte – wie etwa in den folgenden Jahrzehnten die Lega nazionale – fortgesetzt. In diesem Sinn wurden hybride „Grenzregionen" seit den 1860er-Jahren in der nationalistischen Publizistik zu Regionen für die Überprüfung von Nationalismen und gleichzeitig zu einer Ressource für Expansion.[60]

---

[58] *Judson*, Multiple, 63–64.

[59] *Scipio Slataper*, L'irredentismo, in: Ders., Scritti politici, Mondadori, Milano 1954, 62 (1. Ausgabe in: La Voce 2/52, 8. Dezember 1910, 449).

[60] 1913 erklärte Scipio Sighele (1868–1913), Psychologe und Unterstützer der italienischen Schulorganisation Lega Nationale: „Il sentimento patriottico fa eccezione alla legge che governa la dinamica di tutti gli altri sentimenti. Esso, anziché attenuarsi, diventa più forte quanto più si allontana dal centro ideale che lo determina. Il patriottismo è infatti più forte ai confini che nelle regioni centrali. Il polso della patria batte più forte alla periferia che al cuore." (*Scipio Sighele*, in: Per un grande amore. Pubblicazione degli studenti italiani delle tecniche dello stato a vantaggio della „Lega nazionale", Eugenio Zotter & Co., Trieste 1913, 94). Diese Haltung war eine implizite Anerkennung der dauernden Instabilität der ethnozentrischen Gruppierungen selbst und eine Reaktion auf die eigene Machtlosigkeit. Das war aber kein Monopol der italienischen Bewegung. Andere konkurrierende nationalisierende Bewegungen teilten die Strategie der Grenzbefestigung in gemischten Arealen in Istrien und dem Triester Umland, z. B. die slowenischen und kroatischen privaten Schulorganisationen Družba sv. Cirila in Metoda bzw. Družba sv. Ćirila i Metoda und die deutschnationalen Schulvereine. Die Betrachtung von gemischten Bevölkerungsanteilen an den „Sprachgrenzen" als Expansionsressource wurde sogar im Statut des Deutschen Schulvereines von 1880 geäußert: „Der deutsche Schulverein hat den Zweck, in Oesterreich an Orten mit sprachlich gemischter Bevölkerung, besonders an den deutschen Sprachgrenzen und auf den deutschen Sprachinseln, die Bestrebungen zur Erlangung und Erhaltung deutscher Schulen zu unterstützen.", Satzung des Deutschen Schulvereines, Wien 1880.

Die Historikerinnen Waltraud Heindl und Edith Saurer machen deutlich, dass die Veränderung politischer und rechtlicher Struktur der Habsburgermonarchie in der zweiten Hälfte des 19. Jahrhunderts nicht als lineare Entwicklung betrachtet werden können.[61] Die Nationalismen waren zentrifugale Kräfte, die die Einheit des imperialen Vielvölkerstaates unterminierten. Das politische Paradox der Ethnisierung der Habsburgermonarchie beruht auf der Tatsache, dass die Nationalisierung der Bevölkerung aufgrund der Erhebungen eines selbstproklamierten supranationalen Staates erst ermöglicht und unterstützt wurde. Dadurch entstand unbewusst ein Schauplatz der nationalen Konfrontation. Die gewünschte Reduktion der Komplexität durch eine Praktik der Entmischung verlief auf lokaler Ebene Hand in Hand mit der Ethnisierung der Politik und der Nationalisierung von Gesellschaften. Um die Gesellschaft lesbarer zu machen, musste sie in fixe Kategorien unterteilt werden, die zugleich zu einer weiteren Zersplitterung und Unübersichtlichkeit der Zivilgesellschaft führten.

4.4. Die Logik der Ethnisierung: Die Suche nach einem neuen Verhältnis zwischen Staat und Individuum

In diesem Zusammenhang bekamen die regionalen und kommunalen Ordnungen eine erneute Relevanz bei der Neuordnung der Monarchie. Die Bach'sche Verwaltungsreform hatte schon in den 1850er-Jahren eine neue hierarchische Verwaltungspyramide zur Herstellung effizienterer Verbindungen zwischen dem Wiener Zentrum und den Kronländern zum Ziel.[62] Ein Interkonnexions- und Interdependenzsystem entwickelte sich zwischen dem Zentralstaat, der regionalen und der kommunalen Verwaltung sowie den lokalen Gesellschaftsstrukturen. Die Gemeinden erhielten in den 1860er-Jahren immer mehr Kontrolle über die Verwaltung des Kontroll- und Fürsorgesystems in Bezug auf die Untertanen.[63] Auf der lokalen Ebene zeigte sich die Verbindung der neuen Verwaltungsstruktur und der rechtlichen Ethnisierung der Gesellschaft am deutlichsten. Eine solche

---

[61] *Waltraud Heindl/Edith Saurer*, Einleitung, in: Dies. (Hrsg.), Grenze und Staat. Paßwesen, Staatsbürgerschaft, Heimatrecht und Fremdengesetzgebung in der österreichischen Monarchie (1750–1867), Böhlau, Wien/Köln/Weimar 2000, XXI.

[62] *Helmut Rumpler*, Eine Chance für Mitteleuropa. Bürgerliche Emanzipation und Staatsverfall in der Habsburgermonarchie, in: Herwig Wolfram (Hrsg.), Österreichische Geschichte (1804–1914), Carl Ueberreuter, Wien 1997, 328–331.

[63] „Mit der Entwicklung des organischen Staatslebens mußte die Gesetzgebung bedacht sein, Länder und Gemeinden von fremden Landstreichern zu schützen und verarmten, erwerbsunfähigen Personen, welche der Hilfe von Privat-Wohlthätigkeitsanstalten entbehrten, eine Versorgung zu sichern. Hiernach mußten gewisse Orte bestimmt werden, an welche jene Individuen abzuschieben und diese zu erhalten waren.", *Julius Scheda*, Das Heimatsrecht in den deutschen und nichtungarischen slavischen Ländern Oesterreichs. Ein practisches Hilfsbuch für Unterbehörden und Gemeinden, Haas, Wels 1861, III.

neugestaltete Struktur hatte durch die Schaffung von neuen Formen der sozialen Inklusion und Exklusion sowie der Erwerbung von Rechten auch tiefgründige Konsequenzen für die Zivilgesellschaft.

Beispielhaft hierfür steht die Regulierung des „Heimatrechtes" auf Basis des Prinzips sowohl der regionalen und kommunalen als auch der nationalen Zugehörigkeit. Dieses politische *re-ordering* durch die rechtliche Maßnahme der Etablierung von Gleichberechtigung beinhaltete die Veränderung der gesellschaftlichen Zugehörigkeit von Individuen. Der Status von Untertanen wurde allmählich in den von Staatsbürgern umgewandelt. Die Historiker und Historikerinnen Hannelore Burger, Herald Wendelin, Dieter Kolonovits und Rolf Petri unterstreichen aber, wie dieses Rechtsinstitut als eine neuerliche Transformation und Adaptierung an die sich verändernde Situation bezüglich des alten Bürgerschaftsrechtes des Heiligen Römischen Reiches Deutscher Nation galt. Genau in diesem Zeitraum wurde interessanterweise ein neuer Begriff für das Recht auf die Staatsbürgerschaft in der Monarchie geschaffen: Mit dem „Provisorischen Gemeindegesetz" vom 17. März 1849 wurde das Heimatrecht eingeführt, welches dann durch das „Heimatgesetz" vom 3. Dezember 1863 komplettiert wurde.[64] Das Heimatrecht – samt Abschaffung der Reisepasspflicht für die Bewegung zwischen den Kronländern innerhalb der Monarchie im Jahre 1857 – wurde zum Mittel der Veränderung und Gleichstellung der unterschiedlichen Gesellschaften durch die Monarchie, deren ärmste Schichten vornehmlich rural waren. Zusammen mit der Abschaffung der letzten Reste des feudalen Systems, im September 1848, bedeutete das einen Wandel von einem feudalen zu einem liberal-konstitutionellen System – oder besser gesagt von Privilegien und Verpflichtungen hin zu unveräußerlichen Rechten aller Individuen.[65]

Das Heimatrecht verlangte aber eine rechtliche Festlegung des Individuums auf eine bestimmte Gemeinde bzw. auf ein bestimmtes Territorium. Das Heimatrecht garantierte im Bedarfsfall das Recht auf Fürsorge, allerdings nur bei der entsprechenden Gemeinde des Geburtsortes. Für die Verleihung des Heimatrechtes und des damit verbundenen Zugriffes auf die Fürsorge war ausschließlich die betreffende Gemeinde zuständig. Durch die Statistik und Klassifizierung – wie in Czörnigs *Ethnographie* – wurde die Zugehörigkeit des Individuums nicht nur ethnisch-linguistisch bestimmt, sondern auch territorial. In diesem Zusammenhang zeigten die Kategorisierungen in der *Ethnographie* sowie auf der *Ethnographischen Karte* Czörnigs ihre wahre Bedeutung. Entsprechend der Logik dieser neuen Verwaltungsstruktur genügten die ethnisch-nationalen Kategorien

[64] *Hannelore Burger/Herald Wendelin/Dieter Kolonovits*, Staatsbürgerschaft und Vertreibung, Veröffentlichungen der Österreichischen Historikerkommission 7, Oldenbourg, Wien 2004, 8; *Rolf Petri*, Cittadinanza, dimora, espulsione. Riflessioni sull'Austria ottocentesca, in: Hannes Obermair/Stephanie Reisse/Carlo Romeo (Hrsg.), Regionale Zivilgesellschaft in Bewegung. Cittadini innanzi tutto, Folio, Wien/Bozen 2012, 37.

[65] *Petri*, Cittadinanza, 39.

nicht, sondern jedes Individuum brauchte eine weitere territoriale Festlegung. Nur die Subkategorien der verschiedenen Nationalitäten auf lokaler Ebene signalisierten die genaue administrative Zuständigkeit eins Individuums zu einer lokalen Gemeinde. Daher waren die Gemeinden – als die grundlegenden Elemente dieser neuen Verwaltungsstruktur – in erster Instanz die neuen direkten Ansprechpartner der Untertanen und Untertaninnen bzw. Staatsbürger und Staatsbürgerinnen. Sie waren für die Inklusion in die Rechtsstaatlichkeit und Legalität zuständig.

In diesem Zusammenhang müssen die kulturellen Kategorisierungen und Entmischungen der lokalen Gesellschaften (bis in lokalen Subgruppen) seitens der imperialen Wissenschaft als Wege zur Präzisierung der neuen administrativen Maschinerie verstanden werden. Um effizienter zu sein, sollte die Staatsverwaltung die lokalen Zivilgesellschaften erreichen. Gleichzeitig war dies ein rechtliches Zeichen der politischen und soziokulturellen Veränderung der Staatsbürgerschaft und der Deutung der Beziehung zwischen Staat und Individuum.[66]

Trotzdem verlief das Ganze nicht problemlos. Durch die Kategorisierungen und die neue Verwaltungsstruktur versuchte der Staat, Individuen auf ihre ursprünglichen Territorien und soziokulturellen Umgebungen festzulegen. Paradoxerweise fand dies aber in einer Zeit der zunehmenden Bewegungsmöglichkeit derselben Individuen statt. Die technologische Beschleunigung und Anbindung Österreichs an den europäischen und Welthandel sowie der fortlaufende sozioökonomische Wandel der Agrargesellschaft führten zu einer zunehmenden Mobilität, die wiederum die staatliche Festlegung durch Kategorisierungen fortwährend in Frage stellte.[67] Eine „alte Welt" war im Begriff, sich zu verändern, ja sogar zu verschwinden.

Rurale Gemeinschaften in mehrsprachigen oder kulturell gemischten „Grenzregionen" strukturierten sich auch nach Mehrfachzugehörigkeiten.[68] Diese offenbarten sich oft als die Fähigkeit, verschiedene Verhaltensweisen wie sprachliche und nationale Flexibilität, situationsbezogene Ethnizität[69] oder nationale Indifferenz[70] – je nach sozio-sprachlichen Umständen – beizubehalten. In diesem Sinne sollten die Kategorisierungen von Statistikern und Ethnologen ab den 1850er-Jahren nicht nur als eine Art einseitiger Zuschreibung von oben betrachtet, sondern als ein Verhandlungsergebnis eines dialektischen Prozesses interpretiert werden. Dadurch soll eine Auslegung vermieden werden, die staat-

---

[66] Zu Entwicklungen der Staatsbürgerschaft in der Habsburgermonarchie seit Mitte des 18. Jahrhunderts vgl. *Hannelore Burger*, Passwesen und Staatsbürgerschaft, in: Heindl/Saurer (Hrsg.), Grenze, 88–172.

[67] Ebd., 9; *Petri*, Cittadinanza, 40.

[68] *Hirschauer*, Un/doing Differences, 173.

[69] *Till van Rahden*, Jews and the Germans. Civil Society, Religious Diversity, and Urban Politics in Breslau: 1860–1925, University of Wisconsin Press, Madison 2008, 89–93.

[70] *Tara Zahra*, Imagined Noncommunities: National Indifference as a Category of Analysis, in: Slavic Review 69/1, 2010, 93–119.

liche Kategorisierer als „aktive" Akteure und die bäuerlichen Gesellschaften als „passiv" betrachtet.

Im Allgemeinen stellte der Begriff „Vermischung" – sowie seine diversen Synonyme – in den Werken Czörnigs eine verallgemeinernde und allumfassende Regenschirmdefinition dar, um „widerständige" Individuen irgendwie zu markieren und für die Machtobrigkeit zu kennzeichnen. Über einen längeren Zeitraum hinweg fungierte eine solche Kategorisierung als zusätzliche ethnische Kategorie für nicht-kategorisierbare Menschen und soziale Gruppen,[71] die als „die undefinierbaren Stämme in buntem Gemisch" bezeichnet wurden.[72] „Vermischung" – als historisch kontextbezogener Analysebegriff aus der Mitte des 19. Jahrhunderts – wurde zu einer offiziellen Kategorie für Undefinierbarkeit.

Der Begriff „gemischt" war aber keine absolute Neuigkeit in der Habsburgermonarchie, sondern er erfuhr in Bezug auf Personen in den Jahren um die Mitte des 19. Jahrhunderts eine Veränderung. Das Wort wurde von der rechtlichen in die kulturelle Sphäre verschoben. In der ersten Hälfte des Jahrhunderts beschrieb der Begriff ein rechtliches Privilegium der Doppelstaatsbürgerschaft für österreichische Adelige aufgrund ihres Besitzes in zwei Staaten. Es ging bei diesem rechtlichen Sonderfall um „sujets mixtes", „gemischte Untertanen" sowie „gemischte Eigentümer".[73]

Die neue kulturelle Deutung der Vermischung etablierte sich nach der Jahrhundertmitte. Sie spiegelte nicht nur die Unmöglichkeit wider, die unterschiedlichen Gruppen in den Schaukasten der Statistik und Ethnographie zu stellen und Grenzen um sie zu ziehen. Die Vermischung stellte eine weitere Kenntnis- und Kontrollkategorie der Wiener Zentralmacht dar, die im allgemeinen Klassifizierungsprozess der kulturellen Vielfalt eine wichtige Rolle spielte. Ihre Entstehung fand aber in einer dialogischen Perspektive statt: Die Vermischungs-Kategorie entstand nicht nur als einfaches Ergebnis des Aufeinandertreffens mit einer undefinierbaren Andersartigkeit, sondern erst im Augenblick des Widerstandes der kategorisierten Individuen gegen die Standardisierung durch Kategorisierungen. Dies stimmt mit Bhabhas Ansicht über die historische Entstehung des „Hybriditäts"-Begriffes in westeuropäischen kolonialen Kontexten innerhalb einer dialogischen Dialektik zwischen Macht und Widerstand, bei der auch die klassifizierten Untertanen eine (allerdings geringe) Rolle spielten, überein.[74]

Formen von Widerstand gegen diese kulturellen und rechtlichen Festlegungen sind auch in Kategorisierungen und Volkszählungen auffindbar. Bezüglich der Tätigkeit des Kategorisierens darf die kategorisierte Bevölkerung nicht als An-

---

[71] *Czörnig*, Ethnographie, 1, VII; *Nikočević*, State, 43–44.

[72] *M.A. v. Becker*, Ein Wort für Istrien, in: Mittheilungen der k.u.k. geographischen Gesellschaft in Wien 20, 1877, 420.

[73] *Burger*, Passwesen, 105–106; *Svjatoslav Pacholkiv*, Das Werden einer Grenze, in: Heindl/Saurer (Hrsg.), Grenze, 555–558.

[74] *Bhabha*, The Location, 33–35.

sammlung passiver und unbeweglicher Wesen betrachtet werden. Wie im Fall der sozioökonomischen Unruhen in ruralen Gemeinden Istriens kurz vor der Märzrevolution angesprochen, waren die sozialen Akteure und Akteurinnen zur (Selbst-)Reflexion fähig. Zwischen den vorgegebenen Nationalräumen einer pluralen Neuordnung war auch eine pragmatische und utilitaristische Flexibilität im Alltag der lokalen Bevölkerungen möglich. Vor allem die Eigenwahrnehmung und Selbstidentifikation ruraler Akteure und Akteurinnen und Gemeinschaften folgte bestimmten nicht-national-ethnischen Selbstdefinierungsmustern, die mit dem modernen bürgerlichen Begriff der nationalen Zugehörigkeit oft nicht übereinstimmten. Wie die Sozialanthropologin Elke-Nicole Kappus feststellte, identifizierte sich die Mehrheit der istrischen ländlichen Bevölkerung auch in der zweiten Hälfte des 19. Jahrhunderts über nicht-nationale Identifikationsmuster wie etwa territoriale, familiäre, sozio-professionelle und religiöse Zugehörigkeiten.[75] Auch der Historiker Pieter Judson bemerkt, wie nicht-ethnisch-nationale Merkmale nicht nur Erscheinungen der europäischen vormodernen Gesellschaften waren, sondern bis in unsere Zeit überdauern.[76] In diesem Sinne war der Bauernstand nicht nur ein kulturell und gesellschaftlich untergeordnetes, unterdrücktes und passives Objekt der Kategorisierung und der Machtausübung der Obrigkeit, sondern er war selbstständig in der Lage, die eigene Gemeinschaft wahrzunehmen und zu regulieren. Mit den Worten des istrischen Schriftstellers Fulvio Tomizza war der istrische Bauer „Herrscher über die Scholle seines Feldes sowie auf dem Ehrenplatz am Tisch in seiner Küche" („Sulle zolle del suo campo, a capotavola della sua cucina, egli era sovrano").[77]

Wie die von der Mikrogeschichte geprägte Historiographie bemerkt, waren den „einfachen" bäuerlichen Gesellschaften auch in der früh- und spätmodernen Epoche eigene kulturell-geographisch geprägte Identifikationsmuster nicht fremd. Aus diesem Grund forderten sie im Laufe des 19. Jahrhunderts, an der Verwandlung der ruralen Welt von der „Gemeinschaft" zur „Gesellschaft" aktiv teilzunehmen.[78] Teilweise entwickelten sie eigenständig eine Wahrnehmung ihrer besonderen „Kleinidentität" und waren gleichzeitig empfänglich für den allgemeinen sozialen, politischen und wirtschaftlichen Wandel.[79] In Istrien – wie in der Habsburgermonarchie im Allgemeinen – entstand im Laufe von Jahrhunderten eine komplexe Vielfalt an kulturellen, geographischen, sozialen

[75] *Elke-Nicole Kappus*, Imperial Ideologies of Peoplehood in Habsburg. An Alternative Approach to Peoples and Nations in Istria, in: Annales. Series historia et sociologia. Acta Histriae 12/2, 2002, 323.

[76] *Judson*, Guardians, 1–18.

[77] *Tomizza*, M'identifico, 135.

[78] *Marta Verginella*, Terre e lasciti. Pratiche testamentarie nel contado triestino fra Otto e Novecento, Beit, Trieste 2016.

[79] *Giovanni Levi*, Das immaterielle Erbe. Eine bäuerliche Welt an der Schwelle zur Moderne, Wagenbach, Berlin 1986.

und religiösen Differenzen auf lokaler Ebene.[80] Die Hürden, die sich durch eine solche Komplexität ergaben, konnten durch Mehrsprachigkeit und verbale Kommunikationspraktiken[81] überwunden werden. Lokale bäuerliche Gesellschaften konnten nur schwer klaren nationalen Kategorien zugeordnet werden und wurden von den nationalistischen, patriotischen Historiographen lange Zeit gar nicht thematisiert. Im Allgemeinen erwies sich die bäuerliche Gesellschaft des 19. und 20. Jahrhunderts nicht immer als eine isolierte, in sich geschlossene und kulturell gestaltlose Einheit, als die sie lange Zeit von den Kategorisierern oder nationalen Historiographen wahrgenommen und dargestellt wurde. Abgesehen von der andauernden nationalen Indifferenz leistete beispielsweise gerade sie immer wieder, auch während des 20. Jahrhunderts, sozialen und politischen Widerstand.

Daher dürfen die bürgerlichen und ländlichen Milieus der istrischen Halbinsel nicht als ein in sich geschlossenes, passives System betrachtet werden. Vielmehr war die istrische Halbinsel eine Provinz zwischen zwei Handelshäfen mit inneren Dynamiken, die sich nicht widerstandslos dem nationalen Homogenisierungsprozess und einer neuen imperial-regionalen Identitätsstiftung unterwarf. Die Handelswege zwischen den beiden größten Hafenstädten der Monarchie, Triest und Fiume/Rijeka, ermöglichten den Import und Export von Gütern, Urbanisierungsprozesse und saisonale Migrationswellen.[82] Darüber hinaus war die Beziehung zur lokalen oder imperialen Obrigkeit und den bürgerlichen nationalen Eliten nicht einseitig geprägt. Sogar die Nationalisierung der ruralen Akteure und Akteurinnen fand ab den 1850er-Jahren durch einen komplexen, ambivalenten Verhandlungsprozess statt. Wie die Historikerin Marta Verginella feststellt, waren den Dorfgemeinschaften in Nordistrien und im Umland von Triest allgemeine Prozesse der bürgerlichen, städtischen „Welt" – wie etwa der soziale, wirtschaftliche und kulturelle Wandel – nicht fremd. Aus Testamenten aus San Dorligo della Valle/Dolina, einem Dorf an der Grenze zwischen dem Raum Triest und Nord-Istrien, lassen sich bewusste Anpassungen an Modernisierungs- und Nationalisierungsprozesse im Laufe der zweiten Hälfte des 19. Jahrhunderts seitens der Angehörigen lokaler ruraler Gesellschaften ablesen. Solche Prozesse, die vom Staat und den nationalen bürgerlichen Parteien dominiert wurden, ermöglichten den ruralen Gemeinschaften einen sozialen und ökonomischen Aufstieg bei gleichzeitiger sozialer und politischer Partizipation.[83]

---

[80] *Bruckmüller*, Nation, 50; *Csáky*, „Was man Nation", 38–41.

[81] Für eine aktuelle Einführung in sprach-, sozial- und kommunikationswissenschaftliche Forschungen über die verbale Kommunikation vgl. *Ricci/de Saussure*, Communication.

[82] *Breschi/Kalc/Navarra*, Storia minima, 69–238; *Aleksander Panjek*, Chi costruì Trieste. Edilizia, infrastrutture, mercato immobiliare e servizi tra pubblico e privato (1719–1918), in: Roberto Finzi/Giovanni Panjek/Loredana Panariti (Hrsg.), Storia economica e sociale di Trieste. La città dei traffici (1719–1918), 2, Lint, Trieste 2003, 643–757.

[83] *Verginella*, Terre.

4.5. Istrien als Laboratorium für das *re-ordering* der Monarchie

Im Vorwort zur *Ethnographie der österreichischen Monarchie* erscheinen Istrien, die Vojvodina und Galizien als drei Versuchsstationen für die Entwicklung der Methodologie von Forschung, Analyse und Darstellung bezüglich kultureller Vielfalt und Vermischungsformen. Diese drei Regionen – eher „Grenzregionen" – erwiesen sich für Czörnig aus kultureller Perspektive als außerordentlich, da sie „die meisten Schwierigkeiten in der Feststellung der ethnographischen Bezeichnung" boten.[84] Istrien sah er als besonders speziell an: Auf einem so kleinen Raum diagnostizierte er eine erstaunliche Konzentration von Diversität, gleich dreizehn Volkstämme, die sich im Laufe der Zeit miteinander vermischt hätten. Im Gegensatz zu den als einheitlich präsentierten „Italienern" wurden sogar die „Slowenen" und „Kroaten" in verschiedene Unterkategorien ausdifferenziert. Daneben fand Czörnig weitere ‚Volksstämme", wie die „Albaner" und „Istrorumänen"/„Tschitschen", sowie eine Vielzahl an ‚Vermischungen" in allen möglichen Formen[85]:

> In keinem Gebietstheile der Monarchie haben sich im Verhältnisse zu dem Umfange so viele Reste verschiedener Nationalitäten und von Abstufungen derselben noch mehr als in der Sprache, in der Kleidung und Sitte erkennbar erhalten, als in der kleinen Halbinsel von Istrien, dem Lande, wo sich die früheste Cultur unseres Welttheiles (Pola ist mit Adria vielleicht die älteste bekannte Ansiedlung in demselben) mit dem auf unsere Zeit gekommenen niedrigsten Stande der Civilisation innerhalb des Reiches die Hand bietet. Aber nicht allein die dreizehn ethnographischen Nuancen, welche der Unterzeichnete daselbst festzustellen vermochte – Italiener (directe Nachkommen der römischen Ansiedler und Venezianer), Romanen (Walachen), Albanesen, Slovenen (Savriner, Berschaner und Verchiner), Kroaten (Berg-, Ufer- und Inselbewohner, Beziaken und Fučky), Serben (Uskoken, Morlakken und Montenegriner) und die räthselhaften Tschitschen – sind es, welche der ethnographischen Darstellung Verlegenheit bereiten, sondern insbesondere die Verschmelzungen verschiedener Abtheilungen einander nahe stehender, ja selbst der entgegengesetztesten Volksstämme, welche keine Schriftsprache haben, und deren gesprochene Mundart aus den verschiedensten kaum zu entwirrenden Elementen besteht, so dass es oft den wenigen Gebildeten dieser Stämme schwer hält [sic!], zu bestimmen, welcher Schriftsprache ihre Mundart am nächsten kömmt.[86]

Gerade wegen seiner Komplexität erachtete Czörnig Istrien als eine Art Muster für die „typische" habsburgische Vielfalt.[87] Durch Czörnig nahm Istrien in der zweiten Hälfte des 19. Jahrhundert in der wissenschaftlichen Publizistik der imperialen Wissenschaft eine prominente Rolle ein. Diese verbreitete und langandauernde Relevanz der Region Istrien aus imperialer Perspektive war sicherlich durch mehrere Faktoren bedingt.

---

[84] *Czörnig*, Ethnographie, 1, VII.
[85] Ebd., X.
[86] Ebd., VIII–IX.
[87] Ebd., VII.

Der besondere Stellenwert, den Istrien in Czörnigs Werk hat, hängt auch mit der Biographie des Autors zusammen.[88] Czörnig selbst war mit Istrien und dem Küstenland eng verbunden. Seine häufigen Erhebungsreisen durch das Gebiet unternahm er in der Zeit seiner Dienstaufenthalte in Triest als Polizeibeamter (1828–1831) und als erster Direktor der k.u.k. Central-Seebehörden (1850–1852). Um Materialien aus dem Kronland zu sammeln, verwendete er nach 1850 einerseits die bereits existierenden Studien aus den 1840er-Jahren – etwa jene, die in Kandlers Zeitschrift *L'Istria* erschienen waren. Anderseits hatte er schon in den 1840er-Jahren seine persönlichen Verbindungen und Bekanntschaften aktiviert. Beispielsweise organisierte Graf von Coronini aus Görz eine Kommission, die Czörnig bei der Erhebung im Küstenland sowie in der gesamten Monarchie unterstützte: „Es erübrigte demnach nichts, als eine neue Erhebung dieses Verhältnisses von Ort zu Ort vorzunehmen; Seine Excellenz der Herr Gouverneur FML. Graf von Coronini hatte die Güte, zu diesem Ende eine eigene Commission zu bestellen, welche, von Ort zu Ort sich verfügend, die Volksmischung eines jeden derselben genau erhob und aufzeichnete."[89] Darüber hinaus half auch der ehemalige Beamte und Verwalter des Bezirkes Lupogliano/Lupoglav Giovanni Rosa, der seiner Funktion auch in den Aufstand von 1847 involviert war[90], als Bekannter und Mitarbeiter Kandlers bei den Vorarbeiten zur *Ethnographie.*[91] Er sammelte Daten aus Istrien und sandte sie an Czörnig.[92] Ob Giovanni Rosa jener „der in Istrien gesprochenen Mundarten kundige Mann" war, den Czörnig erwähnte, ist aber noch nicht bewiesen.[93] Angesichts dieser Tatsachen ist es notwendig, die vereinfachende hierarchische Perspektive Zentrum – Peripherie zu überdenken und den wichtigen Beitrag der lokalen Eliten als zentrale Vermittlungs- und Verbindungspunkte in einem oder mehreren größeren Wissens- und Machtnetzwerk(en) neu zu bewerten.[94]

---

[88] *Tonetti*, Carl Czoernig, 2–10.

[89] *Czörnig*, Ethnographie, 1, VIII.

[90] *Franceschi*, I Castelli, 198.

[91] Pietro Kandler nannte im August 1853 Giovanni Rosa in einem Brief an Tomaso Luciani bezüglich eines Austausches von archäologischen Informationen. Vgl. *Radossi*, Il carteggio, 80. Vgl. auch *La Direzione*, Lettere di Carlo de Franceschi a Pietro Kandler e ad altri, in: Atti e Memorie della Società istriana di archeologia e storia patria 40/2, 1928, 302.

[92] *Radossi*, Il carteggio, 80.

[93] „Hier war es erforderlich, einen der in Istrien gesprochenen Mundarten kundigen Mann zu finden, welcher die einzelnen Orte der Halbinsel besuchen und durch genaue Nachforschungen diesen Knäuel ethnographisch-sprachlicher Mischungen entwirren musste. Diess geschah, und ward dadurch der ethnographische Charakter dieses Gebietstheiles festgestellt, wovon inzwischen auf der Karte nur die Hauptumrisse ersichtlich gemacht werden konnten.", *Czörnig*, Ethnographie, 1, IX.

[94] *Christophe Duhamelle/Andreas Kossert/Bernhard Struck*, Einleitung. Perspektiven für eine vergleichende Grenzforschung Europas, in: Dies. (Hrsg.), Grenzregionen, 10; *Hirschhausen*, Diskussionsforum, 736–737; *Ash/Surman*, Nationalization, 9.

Die außerordentliche Relevanz Istriens innerhalb des imperialen *re-orderings* könnte aber weitere Gründen haben. Möglicherweise hängt sie mit dem besonderen Status dieser Region nach der Märzrevolution zusammen. Die Angst vor einer möglichen Landung feindlicher Armeen in Istrien und das Misstrauen gegenüber den italienischsprachigen Eliten an der Küste blieben nach der Wiederherstellung des Imperiums 1849/1850 bestehen und lebten besonders mit den Kriegen von 1859 und 1866 erneut auf.[95] Die 1850er-Jahre führten aufgrund der Verlagerung imperialer Wirtschafts- und Militärprojekte von Lombardo-Venetien ins Küstenland zu einer stärkeren staatlichen Kontrolle der Halbinsel.[96]

Für Österreich und das Küstenland stellte das Jahr 1848 auch einen wichtigen Kurswechsel bei der Festigung der kaiserlichen Ordnung an der Adria dar. Das reiche und produktive Lombardo-Venetien, das in der ersten Hälfte des Jahrhunderts die imperiale Ordnung beim Erreichen ökonomischer und militärischer Ziele stützte, konnte nun nicht mehr die Verwirklichung der imperialen Ziele an der Adria garantieren.[97] Schließlich taugte auch Venedig als zentrale Basis der Kriegsflotte nicht mehr. So musste nun Pola/Pula zum militärischen Stützpunkt ausgebaut und Triest zum neuen kommerziellen Zentrum werden.[98] Der Reiseschriftsteller Johann Georg Kohl (1808–1878) schrieb 1851: „Nach Venedigs Untergange ist dann Pola wieder in ein ganz gleiches Verhältnis zu Triest und Oestereich [sic!] gekommen [...].“[99]

Allgemein verschoben sich nach der Wiederherstellung der imperialen Macht Österreichs 1849–1850 die hegemonialen kaiserlichen Interessen in die östlich an Lombardo-Venetien grenzende Region. Istrien rückte nun direkt ins Blick- und Interessensfeld des Imperiums.[100] Für die istrische Halbinsel bedeutete der Neoabsolutismus somit eine Zeit der neuerlichen Festigung der regionalen Ordnung nach dem Scheitern des ersten Etablierungsversuches einer regionalen Ordnung

---

[95] *Pirjevec*, Niccolò Tommaseo, 184.

[96] *Cova*, Trieste, 147–148.

[97] Zu dem schrittweisen Scheitern der österreichischen Projekte einer verstärkten Zusammenarbeit zwischen den Häfen des Küstenlandes und Lombardo-Venetiens – vor allem zwischen den Freihäfen von Triest und Venedig – nach den Kriegen in Norditalien zwischen 1848 und 1860 vgl. *Antonio Trampus*, Porti franchi e scuole di commercio: il „sistema“ asburgico di Trieste e Venezia nella politica adriatica e mediterranea del XIX secolo, in: Mediterranea. Ricerche storiche 15, 2018, 301–334.

[98] Bemerkenswerterweise wurde die erste wissenschaftliche Zusammenschau der Geschichte Venedigs, die zehnbändige *Storia documentata di Venezia*, zwischen 1853 und 1861 von dem jüdischen Triestiner Samuele Romanin verfasst. Vgl. *Fulvio Salimbeni*, Il mito di Venezia nella cultura giuliana tra Otto e Novecento. Dall'irredentismo culturale al nazionalismo imperialista, in: Agostini (Hrsg.), Le identità, 33.

[99] *Johann Georg Kohl*, Reise nach Istrien, Dalmatien und Montenegro, 2, Arnoldische Buchhandlung, Dresden 1851, 536.

[100] *Cova*, Trieste, 147–148; *Franz Baltzarek*, Die österreichische Bedeutung Triests, des Küstenlandes und Dalmatiens für das Habsburgerreich (1815–1848), in: Giorgio Padoan (Hrsg.), Istria e Dalmazia nel periodo asburgico. Dal 1815 al 1848, Longo, Ravenna 1993, 10–11.

in dem Gebiet. Nicht zufällig veröffentlichte die habsburgtreue Redaktion von *L'Istria* schon im Januar und Februar 1849 mehrere Artikel über die erste administrative Form Istriens und des Küstenlandes aus dem Jahre 1814 samt damaliger Gesetzestexte.[101]

Istrien war nicht das einzige Gebiet, das neu in den imperialen Blickwinkel Österreichs gerückt war. Der ganze nordöstliche Adriaraum stand unter imperialer Kontrolle. Laut dem Soziologen Emilio Cocco ist der „Adriaraum" lediglich aus einer imperialen Perspektive als Makroregion und einheitliche Ordnung zu verstehen.[102] Daher fungierte das Küstenland als eine maritime Ordnung des Imperiums nicht nur für Expansionsprojekte, sondern auch für die Entwicklung der neuen Reichsidentität als plurinationale Großmacht im Rahmen der imperialistischen Politik Wiens. Auf der anderen Seite wurden die Grenzregionen des Reiches, wie etwa das Küstenland und Galizien, nach der großen Krise 1848/1849 zu Versuchsstationen für das *re-ordering* und imperiale Strategien. Dies zeigte sich etwa durch die Eingliederung einiger erfahrener Akteure des Vormärz, die aus beiden regionalen Ordnungen stammten, in die Regierung. Kronländer wie das Küstenland, Galizien und Dalmatien waren im Vormärz „wichtige Exerzierfelder für österreichische Unternehmer, Ökonomen, Politiker und Wissenschaftler".[103] Einige der wichtigsten Vertreter der Regierung Schwarzenberg (1848–1852) bekräftigten die neue Bedeutung Istriens, des Küstenlandes und des Adriaraumes innerhalb der neuen imperialen Ordnung. Zu diesen Vertretern zählten Carl Ludwig von Bruck (1798–1860), Ernst von Schwarzer (1808–1860) und Franz von Stadion, die zwischen den 1820er- und 1840er-Jahren im Küstenland gelebt und gewirkt hatten.[104]

4.6. Die Ethnisierung der „österreichischen Krim"

Berichte der istrischen Kreishauptmannschaft zeigen, dass die österreichischen Militärbehörden und die Triester Statthalterei nach 1860 weiterhin eine Invasion durch piemontesisch-sardische oder französische Truppen an der istrischen Küste befürchteten.[105] Noch mehr allerdings fürchteten sie den Zusammenbruch der inneren Front. Aus diesem Grund überwachte eine beträchtliche Anzahl von

---

[101] Costituzione provinciale del Litorale data nel 1814, in: L'Istria 4/5, 27. Januar 1849, 18–20; Sulla Costituzione del Litorale nel 1814, in: L'Istria 4/6, 3. Februar 1849, 21–24 (sowie in: L'Istria 4/7, 10. Februar 1849, 27–28; L'Istria 4/8, 17. Februar 1849, 23).

[102] *Emilio Cocco*, Introduction: The Adriatic Space of Identity, in: Narodna umjetnost. Hrvatski časopis za etnologiju i folkloristiku 43/1, 2006, 13.

[103] *Baltzarek*, Die österreichische Bedeutung, 16–17.

[104] *Hans Fenske*, Imperialistische Ansätze in Österreich im 19. Jahrhundert, in: Hans Fenske/Erich Hassinger, Historia integra: Festschrift für Erich Hassinger zum 70. Geburtstag, Duncker & Humblot, Berlin 1977, 246.

[105] Vgl. AST, I. R. Luogotenenza, Atti presidiali, 59, 2/5–15.

Truppen im Zeitraum 1859–1870 die Halbinsel.[106] Gleichzeitig wurde der Hafen Pola/Pula 1853–1856 zum zentralen Militärhafen der Habsburgermonarchie ausgebaut. 1864 schließlich wurde der Sitz der Admiralität der österreichischen Kriegsmarine von Triest nach Pola/Pula verlegt. Als Folge davon wurde die Südbahn 1876 bis nach Pola/Pula verlängert.[107] Nach Ansicht Wiens sollte Istrien als militärischer Schild für die Freihäfen Triest und Fiume/Rijeka dienen. Bereits 1851 offenbarte Kohl, wie die imperialen Obrigkeiten darauf abzielten, Istrien und das gesamte Küstenland in eine „österreichische Krim" zu verwandeln:

> Man kann sagen, dass das Verhältnis, in welchem Istrien und Pola zu Triest stehen, ein ganz ähnliches sei, wie das, in welchem die Krim und die ausgezeichneten krim'schen Häfen, namentlich Sewastopol zu Odessa stehen. Sewastopol ist Odessas Kriegs- und Hülfshafen und als solcher höchst wichtig. Obwohl Odessa selbst keineswegs einen so schönen Hafen hat, so konnte doch Sewastopol eben so wenig die Rolle von Odessa zufallen, wie der Stadt Pola die von Triest. Sewastopol ist eben so ein Wächter und Beschützer der schwarzen Meereshandelsstraßen, wie Pola dieß in Bezug auf die des adriatischen Meeres ist. Auch lassen die Reize der hübschen Krim einen Vergleich mit denen von Istrien zu. Ein Hauptunterschied aber besteht darin, daß die Russen schon bedeutend mehr für Sewastopol gethan haben, als die Oestereicher für Pola, und daß die ersteren überhaupt mit ihren Flotten und mit ihrer Herrschaft auf dem Eurinus viel weiter vorgeschritten sind als die letzteren mit ihrer Flotte und Herrschaft auf der Adria.[108]

Neben militärischen und infrastrukturellen Bauprojekten sollte sich die imperiale Strategie auch in kulturellen Projekten manifestieren. Um die altrömische imperiale Vergangenheit wieder sichtbar zu machen, wurden in dem Areal um Pola/Pula archäologische Ausgrabungen durchgeführt, sodass das altrömische als legitimierende Basis für das neue Imperium gelten konnte.[109] Nicht zufällig griff Karl von Czörnig sr. zu dieser Zeit in seiner *Ethnographie der österreichischen Monarchie* die oben zitierte Bemerkung über die historisch-kulturelle Besonderheit Istriens und vor allem Polas/Pulas[110] wieder auf, die die Zeitschrift *L'Istria* schon 1846 veröffentlicht hatte.[111]

Ab den 1850er-Jahren erlebte Pola/Pula ein starkes Wachstum, das im Laufe der zweiten Hälfte des 19. Jahrhunderts das ursprünglich kleine Fischerdorf in die größte Stadt sowie den größten Hafen Istriens verwandelte. Später, im Jahre 1878, dokumentierten zwei relevante Beobachter im Küstenland diese Veränderung

---

106 *Almerigo Apollonio*, Le tristi condizioni dell'agricoltura istriana dopo mezzo secolo di „ordinato" governo asburgico, in: Atti e memorie della società istriana di archeologia e storia patria 53/2, 2005, 256.

107 Darovec, Breve storia, 169.

108 *Kohl*, Reise, 2, 536–537.

109 Elisabetta D'Erme zeigt auf, wie der nordöstliche Adriaraum bei vielen viktorianischen Reiseschriftstellern in der zweiten Hälfte des 19. Jahrhunderts als beliebter Erinnerungsort in Verbindung mit alten Imperien galt, vor allem um über das eigene gegenwärtige Imperium zu reflektieren. Vgl. *D'Erme*, Trieste vittoriana, 107–108.

110 *Czörnig*, Ethnographie, 1, VIII–IX.

111 Della geografia genetica dell'Istria, in: L'Istria 1/11, 28. Februar 1846, 41.

des „neuen Pola/Pula". Nach dem Triester Mediziner Alessandro de Goracuchi (1807–1887) hatten die Archäologie und das Arsenal Pola/Pula zu neuem Leben erweckt: „L'anno 1848 colle sue sequele fa sentire il bisogno d'un grande arsenale, d'una marina; Pola cangia di faccia e pur serbando gloriosi monumenti dell'arte romana, rinasce ad altra vita."[112] Das neue Pola/Pula stand symbolisch für die Wiederkehr der alten glorreichen Zeiten, wie der britische Konsul in Triest Richard Francis Burton (1821–1890) festhielt: „But since those days it has greatly changed by the growth of a new Pola, numbering some twelve thousand inhabitants, and almost equalling that of the Augustan age."[113] Aus Sicht beider Autoren stellte Pola/Pula ein paradigmatisches Beispiel für das *re-ordering* des Reiches sowie Istriens nach 1848 dar. Die wiederentdeckten Zeugnisse der alten imperialen Glorie spiegelten sich in den neuen wider.

Gleichzeitig schien die Befestigung des Hafens von Pola/Pula nicht zu genügen. Das Misstrauen der kaiserlichen Behörden und Wissenschaft gegenüber Teilen der istrischen Bevölkerung wuchs hauptsächlich wegen der verbreiteten Unwissenheit über Istrien. Noch 1863 definierte ein deutschsprachiger anonymer Schriftsteller Istrien als eine „terra incognita"[114] für die damalige Wissenschaft:

> Unter allen Provinzen der österreichischen Monarchie ist gewiss keine, die noch so wenig gekannt und bekannt ist, als Istrien. [...] Aber auch dem Historiker, dem Statistiker und dem Geographen ist Istrien meist eine terra incognita. Manche einzelne interessante Notizen und Daten finden wir in verschiedenen Werken zerstreut, aber Niemand hat sich noch die Mühe genommen, sie in einem Bilde zu sammeln und in einem Rahmen zusammenzufassen.[115]

Mit dem Krieg gegen Piemont und Frankreich 1859 und dem folgenden *re-ordering* der Monarchie zeigten die österreichischen Behörden nicht nur dieselbe Angst wie 1848. Es kam erneut der Vorschlag bei österreichischen Behörden in Istrien auf, Teile der istrischen Bevölkerung zu bewaffnen.[116] In Berichten der Militärbehörden in Pola/Pula sowie Verona und der istrischen Kreishauptmannschaft in Pisino/Pazin aus dem Jahre 1860 behandelte der Kreishauptmann Grimschitz die wieder aufgeflammte Diskussion über die Aufrüstung der Inneristrianer. Der Vergleich der Berichte des istrischen Kreishauptmannes

---

[112] „Die Folgen des Jahres 1848 ließen das Bedürfnis nach einem großen Arsenal und einer Marine erwachen; Pola ändert sein Gesicht und wird, trotz aller glorreichen Monumente altrömischer Kunst zu neuem Leben erweckt.", *Alessandro Goracuchi*, Ecloga per l'anno MDCCCLXXVIII, Lloyd austro-ungarico, Trieste 1878, 115.

[113] *Richard F. Burton/Antonio Scampicchio/Antonio Covaz*, More Castellieri. The Seaboard Istria, in: The Journal of the Anthropological Institute of Great Britain and Ireland 7, 1878, 354.

[114] 1878 verwendete auch Richard Francis Burton dieselbe Definierung Istriens als eine „terra incognita" für das britische Lesepublikum: „Before the date of the historian's visit (1875), the seaboard of Istria, like that of Dalmatia, was almost a terra incognita to Great Britons; the war of 1876 has now made it a favourite trip.", *Burton/Scampicchio/Covaz*, More Castellieri, 349.

[115] Vorwort, in: Istrien (1863).

[116] AST, I. R. Luogotenenza, Atti presidiali, 50, 2/5–19, 2394.

Grimschitz aus den Jahren 1848 und 1860 zeigt gravierende Unterschiede in der Formulierung auf und macht die Entwicklung der Ethnisierungspolitik in der Habsburgermonarchie deutlich.

Das ständige Misstrauen der italienisch-/istrovenezianischsprachigen Bevölkerung Istriens gegenüber trat nun offen zutage, durch Verwendung der verallgemeinernden Kategorie „Italiener Istriens“ für die gesamte Bevölkerung an der Küste (die jedoch nicht nur aus Italienischsprachigen bestand). Darüber hinaus wurde die Diskussion über eine Volksbewaffnung 1860 stärker auf ethnisch-nationaler Basis geführt als im April 1848: Die 1848 nur ungenau klassifizierten „Alt-Istrianer“ wurden zwölf Jahre später durch ethnisch-nationale Kategorisierungen weiter ausdifferenziert. So schlugen die Militärbehörden in Verona und Pola/Pula 1860 unmittelbar nach dem Krieg in Norditalien die Aufrüstung des „gutgesinnten Volksstammes der Cicen [sic!]“ vor, um die innere Ordnung und Sicherheit Istriens zu bewahren. Die Militärbehörden in Verona schreiben am 1. Oktober 1860 an die k.u.k. Statthalterei zu Triest und die Kreishauptmannschaft in Pisino/Pazin:

> Das Festungs-Commando zu Pola hat, in einem anher erstatteten Berichte in Anregung gebracht, daß es sehr zweckmäßig erschiene, eventuellen Falles zur Unterstützung der in Istrien stehenden Truppen, aus dem dort wohnenden gutgesinnten Volksstamme der Cicen einen Landsturm zu bilden, welcher nach Angabe des genannten Festungs-Commando's leicht nahezu die Stärke von 2000-Mann [sic!] erreichen könnte.[117]

Die vergleichende Analyse der beiden Berichte von Grimschitz zeigt für das Jahr 1860 eine grundlegende Entwicklung der imperialen Sichtweise durch eine Entmischung der Begriffe „Alt-Istrianer“ bzw. „exösterreichische Istrianer“ aus dem Jahre 1848 und eine entsprechende Einordnung der resultierenden Untergruppen nach neuen ethnischen Kategorien. In dem Bericht von 1860 wurden die ethnischen Gruppen der „Tschitschen“ sowie der „Slaven“ in einem Diskurs über die Militarisierung Istriens als unterschiedliche Untergruppen der Obergruppe „Alt-Istrianer“ behandelt.[118] Wie zwölf Jahre zuvor verwarf Kreishauptmann Grimschitz den imperialen Vorschlag: Die Volksbewaffnung wäre „eine wahre Calamität für das Land“.[119] Die erneute Ablehnung durch Grimschitz beruhte aber nicht nur auf sozio-historischen Gründen wie 1848. Die ausschließliche Bewaffnung der „Cicen“ könnte, so Grimschitz, „die Eifersucht, Mißgunst und Feindlichkeit aller übrigen Slaven Istriens hervorrufen“: Die Begründung war nun auch ethnisch geprägt.[120]

Die ethnische Entmischung der istrischen Bevölkerung, die sich in bürokratischen Akten widerspiegelte, stand in enger Verbindung mit der allgemeinen

---

[117] AST, I. R. Luogotenenza, Atti presidiali, 50, 2/5–19, 2175.
[118] AST, I. R. Luogotenenza, Atti presidiali, 50, 2/5–19, 2395.
[119] AST, I. R. Luogotenenza, Atti presidiali, 50, 2/5–19, 2394.
[120] Ebd.

Neuordnung der Monarchie – in Diskursen und Praktiken – zwischen 1848 und 1880. Dies offenbarte sich vor allem in Bezug auf die Kategorisierungspraktik und ihre Auswirkung auf die Verwaltungstätigkeit der imperialen Ordnung in Hinsicht auf die regionalen Ordnungen. Die Herausbildung neuer Interpretationsmuster schien nach 1848/49 nicht mehr ausschließlich in der Wissenschaft stattzufinden, diese fanden sich nun immer öfter auch in Berichten staatlicher Institutionen über Projekte der Änderung von Verwaltungs- und Militärpraxen wieder.

Die Herausbildung der Zuordnungskategorie „Istrorumänen" oder „Tschitschen" wird in diesem und in den nächsten Kapiteln näher betrachtet werden. Sie kann als ein erklärendes Beispiel der Ethnisierung von Politik und Wissenschaft sowie der Entmischung der Gesellschaft nach ethnisch-sprachlichen Kriterien durch Erfindung kultureller Kategorien dienen. Die Gruppe oder Kategorie der „Tschitschen" – auch als „cicci", „ćići", „ćiribiri" oder „vlachi" („Wallachen") bezeichnet – wurde im Laufe der zweiten Hälfte des 19. Jahrhunderts für kleine Gruppen der besonders armen ruralen Bevölkerung erfunden und entwickelt, die in zwei Gebieten – südlich des Monte Maggiore/Učka und auf dem Tschitschenboden in Nordostistrien – von Subsistenzlandwirtschaft und Viehzucht lebten. Teilweise wurden die betreffenden Personen auch als „Istrorumänen" bezeichnet. Dabei handelte es sich – nach den damals vorgeschlagenen Theorien – um eine altrumänischsprachige Bevölkerungsgruppe, die von der altrömischen Provinz Dakien über die ganze Balkanhalbinsel migriert sei und sich im 15. und 16. Jahrhundert in Istrien angesiedelt habe.[121] Dort habe sich dieser Volksstamm mit den lokalen italienisch- und kroatischsprachigen Einwohnern vermischt. Die imaginierte Bevölkerungsgruppe bestand nur aus einer geringen Anzahl von Menschen. Grimschitz erklärt 1860, „[...] daß die Bevölkerung der Tschitschendörfer in Istrianer Kreise kein bedeutende Seelenanzahl bildet [...]."[122]

1848, in der Zeit des ersten Berichtes von Grimschitz, befand sich der kulturell-wissenschaftliche Diskurs über die Istrorumänen noch im Anfangsstadium, daher konnte er von den österreichischen Behörden noch nicht verwendet werden. Nach dem Sprachwissenschaftler Wolfgang Dahmen „ist der Verdienst, das wissenschaftliche Interesse auf das Istrorumänische gerichtet zu haben, Antonio Covaz zuzuschreiben".[123] Die ersten zwischen 1846 und 1849 in der Zeitschrift *L'Istria* veröffentlichten Artikel von Antonio Covaz (1820–1898) über die

[121] Vgl. *Graziadio Isaia Ascoli*, Sull'idioma friulano e sulla sua affinità colla lingua valaca. Schizzo storico-filologico, Vendrama, Udine 1846.

[122] AST, I. R. Luogotenenza, Atti presidiali, 1860, 50, 2/5–19, 2394. Für eine allgemeine Darstellung der historisch-kulturellen Konstruktion dieser imaginierten Bevölkerungsgruppe vgl. Istroromeni (Cicci e Ciribiri): una piccola cultura nella grande storia. L'Europa delle lingue e culture minoritarie, Associazione di amicizia italo-romena Decebal, Trieste 2007.

[123] *Wolfgang Dahmen*, Das Istrorumänische, in: Günther Holtus/Edgar Radtke (Hrsg.), Rumänistik in der Diskussion: Sprache, Literatur und Geschichte, Gunter Narr, Tübingen 1986, 242–243.

Istrorumänen zeigen aber, dass die Analyse der istrischen „Wallachen" („Vlachi") sich damals noch in einer Phase der Herausbildung sprachlicher und kultureller Differenzierungsmerkmale dieser Gruppe befand.[124] Die Kategorisierung der Sprache der Istrorumänen sollte – so 1846 Covaz – auf Basis der Reinheit-Vermischung-Lesart jene Gruppe von Menschen hervorheben, die weder Italienisch noch Slawisch, sondern eine Art vermischtes und slawisiertes „rurales Latein" sprachen: „La lingua che parlava e che ancora parla famigliarmente, non è la slava, non l'italiana, ma un latino rustico, comunque frammisto a voci slave. Questa lingua [...] diremmo romanica [...]."[125] Außerdem erwähnen die Studien des Görzer Sprachwissenschaftlers Graziadio Isaia Ascoli (1829–1907) über die Verbindungen zwischen Friaulisch und Walachisch aus dem Jahre 1846 noch keine rumänische Mundart in Istrien, obgleich er solche in anderen Regionen Norditaliens diagnostizierte.[126] Erst 1861 berücksichtigte Ascoli die „Wallachen" Istriens in einer langen Beschreibung. Das Interesse an den „Istrorumänen" entstand – wie er selbst schreibt – infolge des Werkes *Studii linguisitici* von 1856 des Sprachwissenschaftlers Bernardino Biondelli und der Ethnographie Carlo Combis von 1859 in der *Porta Orientale.* Nicht zufällig waren die Jahre zwischen 1856 und 1861 die Zeit der Veröffentlichung und ersten Verbreitung der *Ethnographie* Czörnigs, als die imperiale Entmischungs-Politik eine offizielle Systematisierung erhielt.[127]

Aus allen diesen Gründen war eine kulturell-wissenschaftliche Darstellung der „Tschitschen" im Mai 1848 – als die ersten Berichten Grimschitz' verfasst wurden – noch nicht richtig etabliert und noch weniger innerhalb des Staatsapparates gebräuchlich, sodass sie von den österreichischen Behörden nicht verwendet werden konnte. In diesem Zusammenhang muss hinterfragt werden, warum diese kleine und arme Bevölkerungsgruppe – eine der ärmsten der gesamten Monarchie – seit den späten 1840er-Jahren ein wachsendes Interesse sowohl bei den istrischen als auch den imperialen Eliten weckten. Die Antwort liegt in der neuen geostrategischen Relevanz der „österreichischen Krim" aus imperialer Sicht. Seit 1848 gewann die von den Istrorumänen bewohnte Region, die hinter Pola/Pula und zwischen den beiden Freihäfen lag, in den Augen der österreichischen Behörden an strategischer Bedeutung.

Darüber hinaus führt der Unterschied zwischen den Berichten der Jahre 1848 und 1860 zu der Frage, was sich während dieser zwölf Jahre sowohl auf lokaler

---

[124] *Antonio Covaz,* Dei Rimigliani o Vlachi d'Istria, con saggio del loro dialetto, in: L'Istria 1/1–2, 3. Januar 1846, 7 8; Saggi di lingua valaca, come si parla dai Romanici dell'Istria, in: L'Istria 4/59, 17. November 1849, 236.

[125] „Die Sprache, die man dort sprach und immer noch umgangssprachlich spricht, ist weder Slawisch noch Italienisch, sondern ein ländliches Latein, jedoch mit slawischen Worten vermischt. Diese Sprache [...] würden wir romanisch nennen.", *Antonio Covaz,* Dei Rimigliani o Vlachi d'Istria, con saggio del loro dialetto, in: L'Istria 1/1–2, 3. Januar 1846, 7.

[126] *Ascoli,* Sull'idioma.

[127] Vgl. *Graziadio Isaia Ascoli,* Studj critici, Paternolli, Gorizia 1861, 48–79.

als auch auf imperialer Ebene verändert hat. Die Äußerungen einiger der einflussreichsten Vertreter der imperialen Obrigkeit auf lokaler Ebene offenbaren – während und nach der Revolution – eine tiefe Unsicherheit und einen Mangel an Verständnis für eine Realität, die sich immer schneller veränderte. Die Rückkehr zur kaiserlichen Ordnung und der Beginn des Neoabsolutismus lassen sich nicht nur auf das Bedürfnis nach einer radikalen Umstrukturierung der rechtlichen, politischen und militärischen Ordnung des Imperiums zurückführen. Auch die „Kultur"-, „Bildungs"- und „Amtssprache" als Interpretationsmittel in einem veränderten Kontext war davon betroffen. Die neuen Begriffe der angesprochenen Kategorisierungen veränderten wiederum die lokalen politischen und sozialen Verhältnisse.[128]

Eine vergleichende Analyse der Berichte aus der istrischen Kreishauptmannschaft kann außerdem nachweisen, dass die sogenannte „Ethnisierung" der Monarchie schon vor dem Ausgleich und der rechtlichen Verankerung der Gleichberechtigung 1867/68 in Istrien begann: Istrien wurde schrittweise zu einer Versuchsstation für die Neuordnung der gesamten Monarchie. Darüber hinaus profilierte sich die Ethnisierung nach 1848 als ein wichtiger Schritt im Übergang von einer *ancien-régime*-Struktur zu einer liberalen Verfassung in einem kaiserlichen Staat.[129] In der Phase nach 1848 traten immer deutlicher neue soziale Akteure auf den Plan, etwa die lokalen bürgerlichen Mittelschichten sowie die immer beweglicheren ruralen sozialen Gruppen. Diese Situation bedeutete für den Staat eine immer größere Herausforderung und die Ethnisierung dieser neuen sozialen Akteure erwies sich im Laufe der 1850er-Jahre immer deutlicher als Strategie zur Legitimierung des Staates als „Vielvölkerstaat". An diesem epochalen Umwandlungsprozess hatte die Wissenschaft entscheidenden Anteil.

4.7. „Reinheit" und „Hybridität": Gegensätzliche oder ergänzende Pole?

Die „langzeitige Dialektik Reinheit–Hybridität", die sich nach der Interpretation Pamela Ballingers als Basis der Entwicklung von ordnungsbringenden Diskursen und identitätsstiftenden Prozessen in Istrien erweist[130], scheint in der Zeit des *re-orderings* und der entmischenden Kategorisierungen der 1850er-Jahren historisch verwurzelt zu sein. Hinsichtlich des Entmischungsprozesses um die Mitte des 19. Jahrhunderts schienen diese beiden Pole (Reinheit – Hybridität) einander aber eher zu ergänzen als in Widerspruch zueinander zu stehen. Czörnig sowie die österreichische Volkskunde und Sprachwissenschaft begründeten ihre For-

[128] Vgl. *Göderle*, Zensus.

[129] *Wolfgang Häusler*, Von der Massenarmut zur Arbeiterbewegung. Demokratie und soziale Frage in der Wiener Revolution von 1848, Jugend und Volk, Wien/München, 1979; *Scheichl/Brix*, „Dürfen's denn das?".

[130] *Ballinger*, History, 249.

schungsanalyse der kulturellen Vielfalt Österreichs durch die Praxis des Vergleichens. Wissenschaftler analysierten die verschiedenen Volksstämme durch eine komparative Perspektive, durch die Verwendung von Begriffen wie „Verhältnis" und „Wechselwirkung".

Auf diese Weise erklärte sich die Zusammensetzung der Monarchie zwischen Reinheits- und Vermischungsformen. Eine Forschungs- und Ordnungskategorie verlangte immer eine oder mehrere andere als Vergleichspunkt. Das galt noch mehr für den Vergleich von Homogenität und Heterogenität als für den zweier oder mehrerer Homogenitäten. In dieser Analyse kann die Hybridität dann nicht als ein Überrest im Prozess der soziokulturellen Entmischung zwischen Reinheitsformen begriffen werden. In *Wir sind nie modern gewesen* (1991) erklärt Bruno Latour, wie die Modernität des „Westens" durch die Dialektik zwischen Reinheit und Hybridität in der Wissenschaft entstanden ist.[131] Die Trennung zweier gegenteiliger Pole – wie „Subjekt" und „Objekt" – und die zunehmende Entfernung zwischen ihnen zogen als Konsequenz Hybride („Quasi-Objekte") nach sich, um die immer weiter voneinander entfernten Pole zusammenzuhalten. Die Hybriden gelten in diesem Diskurs nicht als Ausnahme, sondern als ein normativer Teil der Ordnung der Modernität selbst.

Die Reinheit-Hybridität-Dialektik offenbarte sich in der wissenschaftlichen Tätigkeit Czörnigs am deutlichsten durch Begriffe wie „Grenze", „Sprachinseln" und „Vermischungen". Solche Termini, die Czörnig selbst diskursiv zusammenbrachte, erwiesen sich wiederum als unvermeidlich für das Funktionieren des interpretativen Mechanismus des imperialen Mosaiks. Dieses taxonomische Vorgehen der ethnisch-sprachlichen Differenzierung offenbarte sich deutlich bei der Auflistung von Sprachgrenzen zwischen den verschiedenen homogenen Nationalitäten, insbesondere in Czörnigs *Die Vertheilung der Voelkerstaemme und deren Gruppen in der oesterreichischen Monarchie. Sprachgrenzen und Sprachinseln* (1856).[132] Das Interesse an der Definition von Sprachgrenzen zusammen mit der Erforschung von Mischsprachen dauerte in der imperialen Wissenschaft der Habsburgermonarchie bis zum Ersten Weltkrieg an. Noch 1897 hatte die philologisch-ethnologische Abteilung der Balkankommission der Wiener kaiserlichen Akademie der Wissenschaften die Erforschung von Grenzen zwischen den verschiedenen Sprachen auf dem Balkan samt der Erforschung von Sprachmischungen zum zentralen Ziel.[133]

---

[131] *Latour*, Wir sind nie.

[132] *Karl von Czörnig*, Die Vertheilung der Voelkerstaemme und deren Gruppen in der oesterreichischen Monarchie. Sprachgraenzen und Sprachinseln, Braumüller, Wien 1856.

[133] „Neben der slavischen, rumänischen, griechischen und albanischen Sprache kommen das Spanische und Türkische in Betracht. In Folge der Berührungen der diese Sprachen redenden Bevölkerung vollzogen sich Beeinflussungen und Entlehnungen, deren Studium nicht bloss die Einsicht in das Wesen der betreffenden Sprachen erschliessen, sondern auch für die allgemeinen Probleme der Dialectbildung und Sprachmischung wichtige Aufklärungen bieten würde.", ÖAW, Balkan-Kommission, 1/B1, Protokollbuch, 1897.

Die ordnungsstiftende Dynamik der Dialektik zwischen Reinheit und Vermischung offenbarte sich am deutlichsten in den Grenzregionen – wie etwa dem österreichischen Küstenland – und den sogenannten „Sprachinseln". In solchen pluralistischen Regionen, in denen ein „Volk" neben dem anderen lebte, kristallisierte sich dieser Schaukastenmechanismus am deutlichsten heraus. Die Diagnose von Sprachinseln blieb bis zum Ersten Weltkrieg erfolgreich, sowohl aus imperialer als auch aus nationalistischer Perspektive.[134] Zwischen solchen Sprachinseln und innerhalb der Grenzen von homogenen Reinheitsgruppierungen wurden mit den Vermischungen Schnittpunkte und graue Zonen diagnostiziert. Diese Realitäten wurden im Laufe der zweiten Hälfte des 19. und zu Beginn des 20. Jahrhunderts ambivalent bewertet. Einerseits galten sie als eine Brücke zwischen unterschiedlichen Kulturen, Sprachen und ethnischen Gruppen, andererseits als ein Störfaktor im Prozess der Homogenisierung sowie in der Schaffung reiner und fixer Ethnien oder Nationen durch imperiale und nationalistische Akteure.

Was Sprachinseln und gemischte Völker in einem gemeinsamen Diskurs verband, war der Umstand, dass beide – sowohl die Vermischten als auch die homogene Bevölkerung der Sprachinsel – innerhalb begrenzter, klassifizierter und benachbarter Enklaven lebten. Dadurch konnten beide auf der ethnographischen Karte visuell abgebildet werden. Diese Enklaven stellten aber nicht nur Ausschnitte und Überreste der Tätigkeit der Grenzziehungen zwischen den homogenen Hauptvolksstämmen dar, sondern wurden in weitere selbstständige Kategorien unterschieden. Beide bildeten ein reflexives und diskursives Feld für die Machteliten, sowohl für die imperiale als auch für die nationalistische.

Für die Feststellung einer Homogenisierung und die Reduktion von Komplexität erforderte die Reinheit eine Andersartigkeit: Man ist rein, da man nicht vermischt ist. Nur dadurch konnte die Ordnung geschaffen werden. Die Vermischung erklärt sich in diesem Diskurs als eine notwendige, gar angestrebte „Gegenordnung" und Antithese, die den identitätsstiftenden Prozess der Ausgrenzung unterstützen konnte. Laut der zentralen These des Buches der Anthropologin Mary Douglas *Purity and Danger* (1966) gilt die (bedrohliche) Andersartigkeit als eine notwendige, konstante Gegenrealität, welche die Durch-

[134] Seit den 1880er-Jahren und besonders um die Jahrhundertwende machte die „Sprachinsel" eine entscheidende Entwicklung durch. Als Beispiele für die umfangreiche deutschsprachige Literatur über die Sprachinseln der Habsburgermonarchie vgl.: *Josef Patigler*, Die deutschen Sprachinseln in Wälschtirol einst und jetzt, in: Jahresbericht der Ober-Real-Schule in Budweis, 1887; *Karl von Czörnig*, Die deutschen Sprachinseln im Süden des geschlossenen deutschen Sprachgebietes in ihrem gegenwärtigen Zustande: nach einem im kärntnerischen Geschichtsvereine gehaltenen Vortrage, Kleinmayr, Klagenfurt 1889; *Michel Knittl*, Die deutsche Sprachinsel Cilli, Leon, Klagenfurt 1890; *Adolf Hauffen*, Die deutsche Sprachinsel Gottschee, Styria, Graz 1895; *Josef Bacher*, Die deutsche Sprachinsel Lusern. Geschichte, Lebensverhältnisse, Sitten, Gebräuche, Volksglaube, Sagen, Märchen, Volkserzählungen und Schwänke, Mundart und Wortbestand, Wagner, Innsbruck 1905.

setzung einer Ordnungsidee ermöglicht. Im Moment der Anspannung zwischen gegensätzlichen Polen entsteht eine Idee der Ordnung: „a semblance of order is created“.[135] Im vorliegenden Fall wird, aufgrund der Präsenz von Kontaminationen,[136] die Reinheit im Gegenlicht hergestellt und dadurch fortwährend bestätigt. Wie Bruno Latour erklärt, „haben die Hybriden wohl Bürgerrecht, aber einzig als Mischungen reiner Formen in gleicher Proportion.“[137]

In diesem Diskurs zeigte sich eine weitere Dialektik, die den Reinheit-Hybridität-Mechanismus mitprägte: Die ambivalente und dialektische Beziehung zwischen Stadt und Land, sowie die Dialektik zwischen Modernität und Rückständigkeit/Primitivismus.[138] Das analysierte Repertoire an Begriffen, Interpretations- und Kategorisierungsmustern ist einer Machtelite zuzuordnen, die ausschließlich städtischer Prägung war. Alle Kategorisierer waren in letzter Instanz Akteure urbaner Gesellschaften, die aus den größten Zentren der Monarchie stammten und in den meisten Fällen innerhalb eines interregionalen, imperialen Netzwerkes miteinander in Kontakt standen. Begriffe wie „Vielfalt“, „Vermischung“ und „Sprachinsel“ sowie die Kategorisierungsmaßnahmen entstanden innerhalb eines städtischen Milieus bzw. in den kulturellen und politischen Werkstätten der großen Zentren, in unserem Fall in Wien, Venedig und Triest. In solchen Großstädten wurde die Vielfalt von lokalen imperialen, bürgerlichen und aristokratischen Machteliten konzipiert und gelebt. Nach der Analyse des Historikers Moritz Csáky entwickelte sich die Wahrnehmung der Diversität zunächst durch die Industrialisierung und den damit verbundenen Zuzug einer immer größeren Anzahl von Menschen aus den unterschiedlichsten Provinzen der Monarchie sowie aus anderen Ländern oder sogar Kontinenten in den urbanen Raum – im vorliegenden Fall in den Freihafen Triest.[139] Rurale Regionen, insbesondere jene, die durch eine „traditionell“ starke sprachlich-kulturelle, geographische, soziale, und religiöse Diversität geprägt waren, wurden für städtische Betrachter zum kulturellen und politischen Experimentierfeld mit mehreren Zielen: 1) die Überprüfung der Funktionalität der über-/multinationalen Staatsstruktur; 2) das Testen der Effizienz der eigenen politischen Programme (auch in Zusammenhang mit Nationalismen); 3) die Überprüfung

---

[135] „For I believe that ideas about separating, purifying, demarcating and punishing transgressions have as their main function to impose system on an inherently untidy experience. It is only by exaggerating the difference between within and without, about and below, male and female, with and against, that a semblance of order is created.“, *Douglas*, Purity, 5.

[136] Für eine geschichts- und kulturwissenschaftliche Analyse des Begriffes Kontamination sowie der Dialektik zwischen Reinheit und Vermischung vgl. *Claudio Povolo*, Contaminazioni. Discorsi, pratiche, rappresentazioni, in: Acta Histriae 22/4, 2014, 821–836; *Ackermann*, Das Eigene.

[137] *Latour*, Wir sind nie, 78.

[138] Zur *longue-durée*-Dialektik zwischen Stadt und Land im Küstenland vgl. *Verginella*, Il paradigma, 779–792.

[139] *Csáky*, Vielfalt, 45.

der urbanen Gesellschaft, um die Mechanismen der eigenen inneren, oft noch unverständlichen und chaotischen multinationalen Koexistenz zu analysieren. In diesem Sinne spiegelten Sprachinseln und rurale gemischte Enklaven das multinationale Zusammenleben in einer pluralistischen urbanen Gesellschaft dialektisch wider.

Während die Kategorisierungen und ethnographischen Studien keine Tätigkeiten des bloßen Wahrnehmens und der objektiven Erhebung von faktischen Wirklichkeiten waren, erwiesen sie sich vielmehr als kreative Momente der Herstellung neuer Kategorien, Namensbezeichnungen, Interpretationsmustern, Traditionen und historischen Kontinuitäten. Sie lösten einen neuen Diskurs über Bevölkerungsgruppen aus, die bis zu diesem Moment in den Augen der Machthaber als eine undeutliche, geschichts- und kulturlose Erscheinung wahrgenommen worden waren. Dieses Interesse an dem „Volk" – ein Begriff, der den Charakter einer Neuerfindung hatte – ging im 18. und 19. Jahrhundert mit der Entstehung der Volkskunde und der Folklore durch die intellektuelle Bourgeoisie West- und Mitteleuropas einher. Durch die fortlaufende sozio-kulturelle Differenzierung zwischen einer bürgerlich-städtischen „Hoch-" und einer ruralen „Subkultur" thematisierten die Machteliten zunehmend eine soziale und kulturelle „Andersartigkeit".[140]

Es war dies maßgeblich eine Konsequenz des Aufeinandertreffens unterschiedlicher Ordnungen: Statt als objektives Beschreibungsmittel der Realität galt die Klassifizierungspraxis in der zweiten Hälfte des 19. Jahrhunderts als ein kontextbezogenes, unvermeidliches Mittel zur Suche nach neuen „Identitäten" in einer Zeit epochaler Veränderungen. Der neue kategorisierende Diskurs – in diesem Fall die ethnographischen Studien und Kategorisierungen – entstand nicht nur aufgrund der Außergewöhnlichkeit der kulturellen Vielfalt oder Vermischung auf der istrischen Halbinsel. Vielmehr war der Grund die Begegnung von zwei ausdifferenzierten soziokulturellen Gruppen, die in einem Moment dramatischer Bedrohung und rascher Veränderungen füreinander relevanter wurden. In seinem Werk *Das Leben der infamen Menschen* (1977) befasst sich Michel Foucault mit dem Moment, in dem die Macht beschließt, mit ihren „weißen Augen" den normalen Alltag von armen, „normalen" Menschen anzublicken. Dabei handelt es sich um einen repressiven Akt: Die Obrigkeiten dringen mit ihrer ordnungsbringenden und klassifizierenden Macht und Gewalt in das Leben von „normalen" Menschen, die bisher als irrelevante Individuen am Rande der Gesellschaft lebten, ein, wenn diese als bedrohlich oder kriminell wahrgenommen werden.[141]

[140] *Hermann Bausinger*, Volkskunde. Von der Altertumsforschung zur Kulturanalyse, Tübinger Vereinigung für Volkskunde, Tübingen 1999; *Claudio Povolo*, Interpreti di culture: culture dominanti e culture subordinate a confronto, in: Acta Histriae 16/4, 2008, 425–442.

[141] *Michel Foucault*, La vie des hommes infâmes, in: Collectif Maurice Florence, Les archives de l'infamie, Les Praires ordinaires, Paris 2009, 7–30.

Die wiederkehrenden Volkszählungen in der zweiten Hälfte des 19. Jahrhunderts stellten einige der wichtigsten Momente des Aufeinandertreffens von verschiedenen Ordnungen innerhalb der Struktur der Habsburgermonarchie dar. Das Ziel der Machthaber war es, die Gefahr einer bedrohlichen sozialen Andersartigkeit zu neutralisieren und die „infame“ Alltäglichkeit in einen wissenschaftlich-politischen Diskurs zu integrieren.[142] Die Begegnung mit der Macht führte im Augenblick der Überschreitung der Ordnung dazu, dass diese armen Leute durch die Intervention der Staatsmacht bekannt wurden. Im Moment einer Bedrohung wurden sie sichtbar. Demzufolge wurden sie als Individuen innerhalb lesbarer Gruppen kategorisiert und dargestellt. Bemerkenswerterweise gewannen die armen ruralen Bevölkerungsgruppen der Monarchie nach der Überwindung der Märzrevolution eine große Bedeutung für den Staat: Eine gefährliche Bevölkerungsschicht, die im Laufe des Vormärz und 1848/1849 sowohl in Österreich als auch in ganz Europa Potenzial für aufständische, illegale und bedrohliche Aktivitäten und Bewegungen gezeigt hatte, musste durch einen neuen Machtdiskurs gezügelt werden. Nach Foucaults Idee erhöhten die Begegnung und der Zusammenstoß unterschiedlicher sozialer Ordnungen das Potenzial für die Entstehung eines neuen Diskurses.[143]

Der schon angesprochene Bericht über die Bewaffnung der Tschitschen 1860 enthält eine detaillierte Analyse des Kreishauptmannes Grimschitz, in der neben seiner strategischen Relevanz die illegalen Tätigkeiten dieses besonderen Volksstammes unterstrichen werden. Die Tschitschen seien dem Staat seit den 1840er-Jahren wegen ihrer Beteiligung an illegalen und gewalttätigen Aktivitäten wie Raubüberfällen so gut bekannt, dass ihnen die Verwendung von Waffen verboten oder diese durch Waffenpässe beschränkt würde und sie kontrolliert würden. Hier zeigte sich eine interessante Verflechtung von Diskursen aus der Ethnographie (über die Herstellung von kulturellen Kategorien), militärischen Projekten und Sorgen um die Erhaltung der Ordnung auf Seiten des lokalen Staatsapparates. Die Kontrolle von gefährlichen sozialen Gruppen und die Bewahrung der Ordnung erfolgte nicht nur durch die Entwaffnung und „Ausfertigung von Waffenpäßen“,[144] sondern in der Zeit einer erneuten Unsicherheit

---

[142] Ebd.

[143] Ebd., 24.

[144] „Übrigens muss ich noch bemerken, daß die Bevölkerung der Tschitschendörfer im Istrianer Kreise keine bedeutende Seelenanzahl bildet, und daß nach Abrechnung der Weiber, Kinder, Greise und der Gebrechlichen so wie auch der zu Hause zur Herbeischaffung des Lebensunterhaltes der Familien unentbehrlichen Männer sich sicherlich kaum 1000 zum Landsturm geeignete Tschitschen zusammen bringen ließen, auch ist es keineswegs der Wahrheit gemäß, daß die Tschitschen größtentheils schon mit Gewehren versehen sind, im Gegentheile gibt es in keinem Bezirke weniger Waffen als in jenem von Castelnuovo und in den Karstgemeinden des Bezirkes Pinguente, denn noch vor 20 bis 30 Jahren waren die Tschitschen ihres Hanges zu Räubereien wegen verrufen, und nebstdem, daß gegen die in sehr bedenklichem Grade überhand genommenen Räuberfälle, bei denen fast durchgehend Tschitschen

(wie nach 1848/49) auch durch die Entwicklung von kulturellen Diskursen über diese Gruppen, um sie kenntlich zu machen.

Die Etikettierung erleichterte es dann, in weiteren kritischen Momenten Maßnahmen zur Erhaltung der imperialen Ordnung zu ergreifen, sowie solche Gruppierungen auszunützen und zu mobilisieren. In diesem Zusammenhang entpuppten sich ethnisierende Kategorien als keine bloßen Erscheinungen wissenschaftlicher und kultureller Diskurse. Vielmehr dienten sie einer neuen, engmaschigen Verwaltungs- und Überwachungspraxis. Ein solcher Diskurs beruhte auf einer Ungleichheit zwischen seinem Thema – die „infame" Alltäglichkeit auf dem Land in den Provinzen der Monarchie – und den gehobenen bürokratischen oder wissenschaftlichen Diskurs- und Darstellungsformen. In dieser Asymmetrie zwischen Thema und Darstellungsform zeigte sich das Kategorisieren als eine Art der Machtausübung.[145] In diesem Sinn können die ethnographischen Kategorien der Diversität und der Vermischung in der zweiten Hälfte des 19. Jahrhunderts kaum als unschuldige Entdeckungen kultureller Realitäten durch Erhebungen und Studien verstanden werden.

Diese relativierende Interpretation bezüglich der Arbeiten Czörnigs und seiner Arbeitsgruppe des Wiener Centralbüros für administrative Statistik lässt sich mithilfe einer Kritik des Historikers Egidio Ivetic an einer Analyse seines Kollegen Larry Wolff verdeutlichen. Nach der Interpretation Wolffs waren die kulturellen Darstellungen der „Slawen" Dalmatiens im 18. Jahrhundert von einflussreichen Reiseschriftstellern aus Venedig (wie etwa Alberto Fortis) Neuentdeckungen einer exotischen Andersartigkeit für die venezianischen Machteliten in der Zeit der Wiedereroberung Innerdalmatiens.[146] Ivetic kritisiert diese These partiell und unterstreicht, dass die slawischsprachigen Bevölkerungsgruppen der venezianischen Machtelite schon seit Jahrhunderten bekannt waren. Im 18. Jahrhundert wurden die „Slawen" von Fortis und Venedig „wieder-entdeckt", d. h. neu interpretiert und neu kategorisiert. Das „Neue" in der Darstellung Fortis' lag vielmehr in ihrer besonderen politischen Relevanz für den historischen Kontext, in dem das Werk geschrieben, veröffentlicht und rezipiert wurde. Als

betheiliget waren, Standrechte publiziert und in Ausführung gebracht wurden, fand man auch die Maßregel, den Tschitschen alle Waffen abzunehmen, in Vollzug zu bringen. – Seit jenem Zeitpunkte haben sich sie Zustände der öffentlichen Sicherheit allmälig gebessert, man hat es jedoch angezeigt gefunden, stets darüber zu wachen, daß der Waffenbesitz bei den Tschitschen nicht überhand nehme, und man ist auch bei der Ertheilung von Waffenpäßen in der Tschitscherei seither stets mit sehr großer Vorsicht und thunlichster Beschränkung vorgegangen.", AST, I. R. Luogotenenza, Atti presidiali, 50, 2/5–19, 2394.

[145] *Foucault*, La vie, 24.

[146] Als wichtiges Beispiel gilt die große Resonanz der venezianischen Interpretationsmuster bezüglich slawischer Bevölkerungsgruppen Dalmatiens und Istriens im 18. Jahrhundert, die eine äußerst wichtige Rolle bei der mentalen Konstruktion des Begriffes „Osteuropa" beim intellektuellen westeuropäischen Publikum spielten, etwa durch die Rezeption des Buches *Viaggio in Dalmazia* von Abbe Alberto Fortis aus dem Jahre 1774. Vgl. *Wolff*, Inventing; *Ders.*, Venice.

die Bedrohung der territorialen Expansion des Osmanischen Reiches auf dem westlichen Balkan überwunden war und Venedig 1714–1718 die inneren Gebiete Dalmatiens wiedererobert hatte, war eine Reflexion über die ruralen dalmatinischen Slawen – die „Morlakken“ – als anziehende Andersartigkeit möglich und sogar erwünscht. Sie wurde von der zentralen politischen Obrigkeit Venedigs als Stütze bei der Eingliederung der betreffenden Gebiete begrüßt.[147]

Demzufolge beruhte die Relevanz der Kategorisierungsphase nach 1848/1849 nicht auf der Außergewöhnlichkeit der bunt gemischten kulturellen Zusammensetzung Istriens oder der Monarchie. Die soziokulturelle Diversität Istriens war der venezianischen Obrigkeit bereits seit Jahrhunderten gut bekannt.[148] Die Phase der kulturellen Entmischung hing vielmehr von anderen spezifischeren und kontextbezogenen Gründen ab – wie etwa immer unruhigeren Untertanen, imperialen Interessen und Projekten, der Notwendigkeit einer raschen Wiederherstellung von Ordnung und der europaweiten Durchsetzung der ordnungsstiftenden Paradigmata „Nation“ und „Kultur“. Schlussendlich handelte es sich um das Bemühen, eine einheitliche, aber gleichzeitig hochkomplexe Ordnung zu schaffen – einen *Viel*-Völkerstaat.

---

[147] *Ivetic*, Un confine, 152. Ein wichtiger Vermerk ist hier notwendig: Venedig hatte als privilegiertes Verwaltungssystem des Übersee-Besitzes in Dalmatien sowie in Istrien politische Vereinbarungen mit einzelnen Städten getroffen, die der venezianischen Republik die Kontrolle über die entsprechenden umliegenden Gebiete sicherten. Die Eroberung der innerdalmatinischen Länder im 18. Jahrhundert erwies sich als eine Ausnahme in diesem Stadt-Stadt-Verwaltungssystem. Grund dafür war, dass die venezianische Staatlichkeit hier keine Stadt als lokalen Ansprechpartner und Bezugspunkt hatte, sondern nur rurale, selbstverwalteten Gesellschaften. Filippo Maria Paladini bezeichnet das Aufeinandertreffen der venezianischen städtischen Macht und den Ansprechpartnern aus den ruralen Systemen als „erschreckendes Chaos“, das dann im Laufe des 18. Jahrhunderts eben kulturell kategorisiert und in die städtische Logik Venedigs integriert wurde – wie etwa seitens Alberto Fortis. Vgl. *Paladini*, „Un caos che spaventa“.

[148] *Ivetic*, L'Istria moderna; *Ders.*, Un confine, 74–75; *De Luca*, L'interprete; *Setti*, La contaminazione.

5. Die Entstehung eines neuen wissenschaftlichen Diskurses

5.1. Die Suche nach neuen Erklärungsmustern zwischen Human- und Naturwissenschaften

Für ein besseres Verständnis der historischen und kulturellen Entwicklung der neuen Erklärungsmuster in Zusammenhang mit kultureller Vielfalt und Hybridität ist es notwendig die damaligen internationalen Perspektiven zu berücksichtigen. Zudem ermöglicht diese Perspektive eine bessere Erklärung der Entwicklung des Wissensnetzwerkes im Küstenland nach 1850. Im Laufe der Recherche zu der vorliegenden Studie konnten Spuren einer Rezeption internationaler wissenschaftlicher Diskurse auf der lokalen Ebene des österreichischen Küstenlandes nachgewiesen werden, zum Beispiel in einigen Schriften des einflussreichen Triester Mediziners Alessandro de Goracuchi, in denen er teilweise den Theorien Darwins widersprach.[1] Daher wird im Folgenden der Prozess der kulturellen Entmischung im Habsburgerreich und der Entwicklung eines ersten institutionalisierten Wissensnetzwerkes, das diesen Prozess maßgeblich durchführte, in einen breiteren europäischen Erklärungsrahmen gestellt.

Im Allgemein waren diese Jahrzehnte eine Zeit, da die Wissenschaftler Europas – darunter Österreichs – auf der Suche nach einer neuen „natürlichen Reihenfolge" waren. Dies wurde vom Biologen und Entdecker Karl von Scherzer (1821–1903) 1868 folgendermaßen erklärt:

> Mit einer einfachen Sammlung und Schilderung von Thatsachen ist die Wissenschaft noch nicht aufgebaut […]. Diese besteht einerseits darin, dass man mit den Thatsachen allein sich nicht begnügt, sondern eine Begründung, eine Erklärung derselben aus einfachen, allgemeinen Naturgesetzen versucht, anderseits darin, dass man die begründeten Thatsachen in eine natürliche Reihenfolge, in ein System bringt.[2]

Das reine Sammeln von Sachen und Tatsachen genügte nicht mehr. Man brauchte neue hermeneutische Systeme, und deswegen mussten Wissenschaftler seit den 1850er-Jahren neue Methoden und Begriffe für die Darstellung erfinden.

---

[1] *Goracuchi*, Ecloga per l'anno MDCCCLXXVIII, 5–6; *Ders.*, Ecloga per l'anno MDCCCLXXIX, Lloyd austro-ungarico, Trieste 1879, 22–23.

[2] *Scherzer/Müller*, Reise, 3, VIII.

Im Kontext der Schaffung eines neuen legitimierenden wissenschaftlichen und politischen Diskurses galten viele Begriffe in Zusammenhang mit Diversität und Hybridität – zumindest in den Geisteswissenschaften – als neue kulturelle und wissenschaftliche Phänomene. Besonders die Verwendung des Begriffes „Vermischung" in wissenschaftlichen Texten aus den 1850er-Jahren zeugte von einer mangelnden Fähigkeit der Wissenschaftler, die als kulturell gemischt wahrgenommenen Bevölkerungen systematisch zu erfassen. Deshalb war die „Vermischung" innerhalb des Entmischungsprozesses gleichermaßen ein konzeptuelles wie methodologisches Problem, das zu einer Reflexion im Bereich der Analyse und Darstellung der Diversität führte. In einem ersten Versuch wurden die Nicht-Kategorisierbaren als eine verallgemeinernde Kategorie dargestellt: die „Vermischten". Diese neue wissenschaftliche Reflexion brauchte aber neue Darstellungsformen wie etwa die ethnographischen Karten.

Die thematische Kartographie erlebte ab den 1850er-Jahren – in den Jahren der großen Kategorisierungen Czörnigs – einen starken Bedeutungszuwachs bei der k.u.k. Direktion der administrativen Statistik in Österreich. Diese spielte bei der Vorbereitung der Völkerkarten eine zentrale Rolle.[3] Im Jahre 1855 entwickelte Czörnig, auch dank der damaligen Fortschritte in der Reproduktionstechnik, eine neue Methode der Darstellung ethnischer Karten, bei der durch unterschiedliche Farben ethnische Vielfalt und sogar Vermischungen angezeigt bzw. markiert werden konnten.[4] Die ethnographische Karte, die für ein größeres Publikum gedacht war als jenes, das mit der *Ethnographie* Czörnigs vertraut war, stellte die praktische Umsetzung der Reflexion über neue methodologische Ansätze dar.[5] Schon 1849 kam eine frühe Darstellung ethnischer Mischgebiete, neben kleineren Volksgruppen, auf einer ethnischen Karte Österreichs von Heinrich Berghaus, Friedrich Handtke und Hermann Berghaus auf den Markt.[6] Die Systematisierungen Czörnigs waren aber nicht nur für die Vorbereitung von ethnographischen kartographischen Darstellungen in Österreich, sondern auch in internationaler Hinsicht beispielhaft.[7] Grenzgebiete wie Istrien, die Vojvodina, Galizien und Böhmen spielten als Versuchsstationen für die Entwicklung solcher Darstellungsmethoden und Analysekategorien und auch für eine Popularisie-

---

[3] *Ingrid Kretschmer*, Allgemeines. Thematische Kartographie in Österreich (1815–1918), in: Wawrik/Zeilinger (Hrsg.), Österreich auf alten Karten, 157–159; *Dörflinger*, Völker- und Sprachkarten.

[4] *Karl von Czörnig*, Ethnographische Karte der Österreichischen Monarchie (1 : 864 000), in 4 Blättern, Wien 1855 (vorbereitet aus der Zählung des Jahres 1851).

[5] *Brix*, Umgangssprachen, 71; *Grieshofer*, Czörnig, 117–118.

[6] *Dörflinger*, Völker- und Sprachkarten, 163.

[7] Vgl. *Franz von Le Monnier*, Sprachen-Karte von Österreich-Ungarn (1 : 1 Mill.), Hölzel, Wien 1888; *D. Biller*, Völker-Karte der österreichischen Monarchie, Artaria, Wien 1858; A. *Dardano*, La regione veneta e le Alpi nostre. Dalle fonti dell'Adige al Quarnaro (1 : 500 000), Istituto Geografico De Agostini, Novara 1915.

rung der wissenschaftlichen Erkenntnisse eine wichtige Rolle, sogar über längere Zeit hinweg und auf internationaler Ebene.[8]

Eine interessante Gleichzeitigkeit der Etablierung von Begriffen über Formen kultureller Vielfalt und Hybridität sowie entsprechender Analyse- und Darstellungsmethoden lässt sich zwischen 1850 und 1870 auf internationaler Ebene erkennen. Wie schon kurz im vorherigen Kapitel angesprochen, waren Analyse, Darstellung und Verwaltung von kulturellen Diversitäts- und Vermischungsformen kein Monopol der Habsburgermonarchie. Der Historiker und Kulturwissenschaftler Robert C. Young zeigt in seiner Studie zu kulturellen Diskursen über Hybridität im Westeuropa des 19. Jahrhunderts, dass sich die Kolonialgroßmächte in den Jahrzehnten der österreichischen Bevölkerungskategorisierungen massiv mit derselben Frage auseinandersetzten. Hauptsächlich ging es dabei um das Hinterfragen der inneren Zusammensetzung der europäischen Bevölkerungen sowie der eigenen heterogenen „Identität“ in enger Verbindung mit dem Auftauchen des Problems der Diversität und Hybridisierung im kolonialen Kontext.[9] Die europäischen Länder mussten sich im Moment der Öffnung hin zur Welt und der Internationalisierung ökonomischer, politischer und kultureller Kontakte mit der schwierigen Frage nach der Komplexität – zuerst der eigenen Bevölkerung – auseinandersetzen.

Vor allem in Hinsicht auf Frankreich und das Vereinigte Königreich zeigt sich, wie solche Begriffe eine internationale Domäne waren. In diesem Zusammenhang ist es notwendig, die Modi der Entwicklung des Diskurses über Diversität und Hybridität in Bezug auf Menschen und ihre kulturellen Organisationsformen zu berücksichtigen. Termini in Verbindung mit Hybriditätserscheinungen hatten bereits einen interdisziplinären Transfer aus der Botanik und Zoologie in die Humanwissenschaften hinter sich. Die Analyse des Sprachwissenschaftlers Salvatore Battaglia bestätigt um die Mitte des 19. Jahrhunderts einen zweifachen Transferprozess sowohl zwischen unterschiedlichen Wissens- und Forschungsbereichen als auch zwischen Sprachen. So wurden zum Beispiel im Italienischen zwischen den 1840er- und 1870er-Jahren die Termini „Hybridität“, „hybrid“ sowie „Hybridisierung“ aus dem Französischen und Englischen sowohl für den biologischen als auch den kulturellen Bereich übernommen.[10] Im Wörterbuch Tommaseos und Bellinis etwa findet sich schon 1869 die Verwendung des Wortes „ibrido“ auch in Bezug auf Menschen und Kulturelles.[11]

Das Vereinigte Königreich und insbesondere Frankreich waren bis etwa in die 1860er-Jahre die beiden Hauptzentren der botanischen Forschung. Wie

[8] *Dörflinger*, Völker- und Sprachkarten, 163; *Kretschmer*, Allgemeines, 159.

[9] *Young*, Colonial Desire, 1–29.

[10] *Salvatore Battaglia*, Grande dizionario della lingua italiana, 7, UTAT, Torino 1972, 196–197.

[11] *Nicolò Tommaseo/Bernardo Bellini*, Dizionario della lingua italiana, 2, Unione tipografico-editrice torinese, Torino/Napoli 1869, 1263–1264.

die Biologen Rudolf Schubert und Gerhard Wagenitz sowie der Agrarwissenschaftler Günther Wagner bemerken, war das Französische in der ersten Hälfte des 19. Jahrhunderts neben dem Lateinischen die wichtigste Sprache in der Botanik, Anatomie und Morphologie. In diesen Bereichen der Forschung und Publikation fand seitens bedeutender französischer Biologen (etwa Charles François Brisseau de Mirbel, Louis Claude Richard, Augustin Pyramus de Candolle) eine intensive Neuprägung französischer Termini statt, die aus dem Lateinischen abgeleitet und von der internationalen Wissenschaft rezipiert wurden.[12] Ein eingehender Blick auf mehrere französische Veröffentlichungen zur Biologie – vor allem zu Botanik und Naturgeschichte – bestätigt die Häufigkeit der Verwendung der Begriffe „hybridité" sowie „croisement" („Kreuzung") ab der ersten Hälfte des 19. Jahrhunderts.[13] Schon 1840 beispielsweise erklärte die *Encyclopédie des gens du monde*, dass „der Blumenzüchter durch die *Hybridisierung* [...] neue Wesen geschaffen hat" („Le fleuriste créait, par l'*hybridation* [...], des êtres nouveaux").[14] Diskurse um Hybridität wiesen klare Spuren des Transfers zwischen verschiedenen wissenschaftlichen Forschungsbereichen auf. Der Transfer fand zwischen der Botanik und der Zoologie sowie den Sozialwissenschaften statt und zeigte sich vor allem in Bezug auf das überall verwendete Beispiel des unfruchtbaren Maultiers. So bezeichnete Candolle 1815 das Resultat von Hybridität im botanischen Kontext sogar als „pflanzliches Maultier" („mulet végétal").[15]

In den 1850er-Jahren fand eine bemerkenswerte Debatte über die Reinheit und Hybridität der „menschlichen Rassen" auf europäischer Ebene statt. Zwischen 1859 und 1860 veröffentlichte der französische Physiker, Anatom und Anthropologe Pierre Paul Broca (1824–1880) in den ersten *Bulletins de la Société d'anthropologie de Paris* den Artikel: *Sur l'ethnologie de la France*. Darin berichtete Broca von einer Auseinandersetzung über humane Vermischungen. Das Thema Vermischung und Reinheit war aber nicht neu in der Zeit Brocas. Vielmehr nahm Broca 1859–1860 die Auseinandersetzung als ein Wiederauftauchen einer

[12] *Gerhard Wagenitz*, Wörterbuch der Botanik. Die Termini in ihrem historischen Zusammenhang, Gustav Fischer, Jena 1996, 10; *Rudolf Schubert/Günther Wagner*, Botanisches Wörterbuch. Pflanzennamen und botanische Fachwörter, Verlag Eugen Ulmer, Stuttgart 2000, 24.

[13] *Augustin Pyramus de Candolle*, Théorie élémentaire de la botanique, ou Exposition des principes de la classification naturelle et de l'art de décrire et d'étudier les végétaux, Déterville, Paris 1813, 404; Encyclopédie des gens du monde, répertoire universel des sciences, des lettres et des arts: avec des notices sur les principales familles historiques et sur les personnages célèbres, morts et vivants, par une société de savants, de littérateurs et d'artistes, français et étrangers 14/1, Treuttel et Würtz, Paris 1840, 373; *Paul Gervais/L. Marchand/V. Raulin*, Notions élémentaires d'histoire naturelle, L. Hachette, Paris 1872, 56, 61, 92.

[14] Encyclopédie, 257.

[15] „*Hybridité* (*Hybriditas*), *Croisement*, acte par lequel l'organe mâle d'une plante féconde le germe d'une autre. La plante qui résulte de ce croisement porte le nom d'*Hybride* (*Hybdrida*) ou mulet végétal.", *Candolle*, Théorie, 404.

schon vor dreißig Jahren geführten Debatte über die Natur der Menschen wahr.[16] Dabei ging es um die Verteidigung der eigenen Professionalität und wissenschaftlichen Expertise gegen die Verbreitung von unprofessionellen Theorien und Kategorisierungsmustern in Hinsicht auf menschliche Rassen.[17] Das Spektrum von Theorien zur Fruchtbarkeit der Hybriden sowie zur Wirkung und Dauer der Hybridität nahm im Laufe der folgenden Generationen zu.[18]

Eine Reihe französischer und britischer Intellektueller und Wissenschaftler – darunter Arthur de Gobineau, Robert Knox, Josiah Nott und George Gliddon – vertrat die Idee der Existenz von reinen Rassen mit unveränderlichem Charakter sowie der Absurdität der dauernden Existenz von „Mischvölkern" und deren Fruchtbarkeit. Dies führte zu zahlreichen Kategorisierungen der menschlichen Rassen und damit zwangsweise zu einer rassischen Hierarchisierung.[19] Eine andere Gruppe von Gelehrten – wie etwa Pierre Paul Broca, Pierre Nicolas Gerdy und teilweise Charles Darwin – schlossen nicht a priori aus, dass alle Menschen und Bevölkerungen auf der Welt irgendwie miteinander vermischt seien – obwohl sie der Existenz von menschlichen Rassen nicht grundsätzlich widersprachen.[20] So zielte der Artikel Brocas über die Ethnographie Frankreichs 1860 darauf ab, zu beweisen, dass die gegenwärtige Bevölkerung Frankreichs fast überall die Merkmale einer gemischten Rasse zeigte.[21]

Broca war eine Leitfigur der internationalen anthropologischen und medizinischen Forschung, unter anderem im Bereich der Erforschung von menschlichen Hybridisierungsprozessen. Seine Werke waren in ganz Europa verbreitet, wie die englische Fassung von *On the Phenomena of Hybridity in the Genus Homo* zeigt, erschienen 1864 bei der Anthropological Society of London. Der Titel dieses Werkes sowie frühere Artikel beweisen, dass erstens schon in den 1860er-Jahren ein Transfer zwischen Biologie und Anthropologie stattfand und zweitens die Debatte bereits auf einem internationalen Niveau stattfand.

---

[16] *Pierre Paul Broca*, Sur l'ethnologie de la France, in: Bulletins de la Société d'anthropologie de Paris 1, Paris 1860, 7.

[17] Broca sprach sich gleich am Beginn seines Werkes gegen die Theorien Gobineaus aus, vgl. *Pierre Paul Broca*, On the Phenomena of Hybridity in the Genus Homo, Anthropological Society of London, London 1864, 1–2. Zur Betrachtung Darwins über die zunehmend unkontrollierte, teils unwissenschaftliche Einteilung der Menschheit in Abstammungskategorien vgl. *Charles Darwin*, The Descent of Man and Selection in Relation to Sex, 1, John Murray, London 1871, 226–227.

[18] *Young*, Cultural, 18.

[19] Ebd., 1–29.

[20] Ebd., 11–12.

[21] „L'auteur [Broca, Anm. d. Verf.] s'est proposé de démontrer que la population actuelle de la France présente, presque partout, les caractères d'une race croisée, et que le croisement des races ne porte pas toujours atteinte, comme le professent plusieurs savants modernes, á la fécondité, à la vigueur et à l'intelligence des peuples issus de ce croisement.", *Broca*, Ethnologie, 6–7.

Die Komplexität solcher Auseinandersetzungen kann in dieser Arbeit nicht vollständig berücksichtigt werden. Es reicht hier, zu bemerken, dass diese internationale Debatte einige interessante Elemente für die Analyse der Dialektik Reinheit–Vermischung in der Habsburgermonarchie bietet. Anfänglich wurde die Existenz von vermischten Menschen oder Volksgruppen sogar von den Verfechtern der rassischen Reinheit a priori nicht verneint. Stattdessen wurden sie als eine abwertende und vor allem künstliche menschliche Erscheinung dargestellt – sowohl in psychologisch-biologischer als auch moralischer und sozial-politischer Hinsicht. Ein zentrales Thema in dieser langandauernden Debatte war die Fruchtbarkeit und Reproduzierbarkeit der menschlichen Hybriden, wobei historische Phänomene wie „Migrationen, Kolonisation und Eroberungen" generell als Basis biologischer und kultureller Verschmelzung betrachtet wurden.[22] Ein weiterer relevanter Aspekt der jeweiligen Argumentationen war, dass Biologie und kulturelle Erscheinungen – wie etwa der „ethnologische Charakter"[23] – nicht absolut voneinander getrennt werden konnten. Unter dem Terminus „Anthropologie" wurde eine Pluralität von Forschungsannäherungen zwischen den Natur- und Humanwissenschaften verstanden.[24] Schließlich wurde die Suche nach dem „Urmenschen" oder den primitiven „Urtypen" der Menschheit durch die Erforschung der reinsten „Rassen" diskutiert. Broca widersprach auch in diesem Fall der Theorie Gobineaus: Die „menschlichen Rassen" seien derart miteinander vermischt, dass es unmöglich sei, die „primitiven Typen" zu finden.[25]

5.2. Die Verortung der „Hybriden" zwischen lokal und global

In derselben Zeit, in der wissenschaftliche Auseinandersetzungen und Transferprozesse auf internationaler Ebene stattfanden, wurden Istrien sowie Dalmatien, Bosnien-Herzegowina und Triest zu einem beliebten Großraum für die Ver-

---

[22] Ebd., 7.

[23] Ebd., 8.

[24] Mary Douglas bemerkt dazu, dass die Grenzen zwischen kulturellen und biologischen Argumentationen in dieser scharfen Auseinandersetzung über Reinheit und Vermischung – etwa zwischen Taylor und Darwin – sehr durchlässig erschienen. Vgl. dazu *Douglas*, Purity, 16. Diese Einstellung wird noch heutzutage vertreten, beispielsweise in der Forschungsgruppe der Genetiker, die die rassischen und antidarwinistischen Theorien durch interdisziplinäre wissenschaftliche Analysen über Biodiversität und Hybridisierungsphänomene in der Geschichte der humanen Biologie zu dekonstruieren versuchen – wie etwa die Genetiker und Genoma-Forscher Luigi Luca Cavalli Sforza und Giulio Barbujani, die an relevanten Forschungen über das humane Genom in Europa und Amerika teilnahmen: Vgl. *Guido Barbujani/Arianna Magagni/Eric Minch/Luigi Luca Cavalli Sforza*, An Apportionment of Human DNA Diversity, in: Proceedings of the National Academy of Sciences of the Unites States of America 94, 1997, 4516–4519; *Luigi Luca Cavalli Sforza*, Geni, popoli e lingue, Adelphi, Milano 1996; *Guido Barbujani*, L'invenzione delle razze. Capire la biodiversità umana, Bompiani, Milano 2006.

[25] *Broca*, Ethnologie, 8.

ortung solcher internationalen Kategorien aus der Wiener oder Triester großbürgerlichen und wissenschaftlichen Perspektive. Diesen Status behielten die genannten Regionen bis zum Ausbruch des Ersten Weltkrieges.[26] Dabei fand die Verortung der Diversität und Hybridität sogar diachronisch in der Vergangenheit statt. Der Wiener Slawist und Begründer der Wiener osteuropäischen Geschichtswissenschaft Konstantin Jireček (1854–1918) betrachtete das altrömische Dalmatien als einen wichtigen Ort der kulturellen Vermischung.[27] Eine solche Art von Verortung der „Hybriden“ an der Adria folgte den vorher erörterten imperialistischen und binnenkolonialistischen Interessen der Monarchie an den neu entstandenen interkontinentalen Routen.

Bezüglich der Charakterisierung Istriens und des Adriaraumes generell als ein „hybrides Land“ stimmten aber nicht alle Wissenschaftler des Küstenlandes überein. Nicht alle Akteure der lokalen Ordnung – zwischen Triest und Istrien – einigten sich auf die offizielle imperiale Verortung der Vielfalt und Vermischung in Istrien. Ein gutes Beispiel dafür sind die divergierenden Beschreibungen des kleinen Areals nördlich von Pola/Pula um die Stadt Dignano/Vodjan, das von Czörnig wegen der außerordentlichen Präsenz von „Italienern“, „Kroaten“ und sogar „Montenegrinern“ im Dorf Peroi/Peroj als eine besonders interessante Region kultureller Diversität geschildert wurde. Allerdings stimmten nicht alle Betrachter einer solchen Konzentration von Diversität in einem so kleinen Areal zu. Im zweiten Kapitel wurde der Fall von zwei Berichten im Rahmen der oben erwähnten Forschungsreise nach Istrien und Dalmatien zusammen mit dem König von Sachsen aus dem Jahre 1839 von Bartolomeo Biasoletto und Giovanni Sartorio angeführt. Dabei thematisierten die beiden Betrachter keine kulturelle Diversität im Küstenstreifen Istriens nördlich von Pola/Pula. Auch die Manuskripte von Carlo de Marchesetti (1850–1926), einer der wichtigsten Wissenschaftler des Küstenlandes in der zweiten Hälfte des 19. Jahrhunderts, zeigen eine Abweichung von der kanonischen Verortung der „Diversen“ und „Vermischten“ seitens Czörnigs. 1881, in der Zeit der schärfsten nationalistischen Auseinandersetzungen in Istrien, unternahm Marchesetti eine Forschungsreise nach Südistrien. Er reiste auch durch das Territorium nördlich von Pola/Pula. Wie schon bei den Reiseberichten von Biasoletto und Sartorio, werden auch hier alle Erwartungen, eine Bemerkung über die von Czörnig offiziell festgestellte kulturelle Diversität um Peroi/Peroj zu finden, enttäuscht: Marchesetti notiert lakonisch in seinem Reisetagebuch, dass er bei Peroi/Peroj und Fasana/Fažana „nichts Besonderes“ („nulla di particolare“) bemerkt habe.[28] Dies bedeutet nicht, dass Marchesetti die The-

[26] *Eugen Oberhummer*, Zur historischen Geographie von Küstenland, Dalmatien und der Hercegovina, in: *Eduard Brückner* (Hrsg.), Dalmatien und das österreichische Küstenland, Franz Deuticke, Wien und Leipzig 1911, 77–114.

[27] *Constantin Jireček*, Die Romanen in den Städten Dalmatiens während des Mittelalters, 1, Carl Gerlod's Sohn, Wien 1901.

[28] ADT, R. P. MS Misc. 88/A/1/198, 1/10/81.

matik der Hybridismen fremd war: In einem anderen Reisebüchlein notiert er die Präsenz eines „Gemisches von Menschen und Sprachen" („mistura di genti e di lingue") in Monte Carlo-Monaco.[29] Das legt nahe, dass der Botaniker Marchesetti diese Begriffe auch in Bezug auf das Kulturelle verwendete. Gleichzeitig zeigt seine unerwartete Verwendung des Terminus in Hinsicht auf die Stadt an der Côte d'Azur statt in Verbindung mit Südistrien, dass die Verortung dieses Terminus von vielen Faktoren, Interessen und Sichtweisen einzelner Akteure abhing.

Folglich sollen Diagnosen und Reflexionen in Verbindung mit kultureller Vielfalt sowie Vermischung in Istrien seit den 1850er-Jahren nicht als absoluter Determinismus und Essentialismus verstanden werden. Die Verortung von Diversität und Hybridität zeigte sich als ein komplexer, offener Mechanismus, der in gleichen Teilen stark auf den lokalen sowie den internationalen Kontext bezogen war. Ein solcher Mechanismus kann interessante Parallelismen in der Wahrnehmung der zeitgenössischen lokalen Akteure aufzeigen, die nicht nur auf ihre regionale Ordnung fokussiert waren.

Für die Akteure, die die Entwicklung der imperialen Wissenschaft in Österreich prägten, reichte die Frage nach der Verortung von Diversität und Hybridität über die Grenzen der Monarchie hinaus. Außer der Verortung innerhalb der Grenzen der Monarchie, sowohl in der Gegenwart als auch in der Vergangenheit, sowohl in Istrien als auch in anderen Kronländern, folgte die österreichische Wissenschaft in den 1850er/60er-Jahren interkontinentalen Wegen. Das führte zu einer Internationalisierung wie etwa durch die Reise der österreichischen Forschungsfregatte Novara. Dabei verortete der österreichische Forscher, Entdecker und Diplomat Karl von Scherzer – einer der wichtigsten Persönlichkeiten der Forschungsgruppe Novara und maßgeblicher Verfasser sowie Herausgeber der wissenschaftlichen Ergebnisse der Reise – in mehreren seiner Reisebücher Formen kultureller Vielfalt und Vermischungen in den Kolonien auf der anderen Seite des Ozeans, z. B. in Brasilien und Mexiko oder auf den Philippinen.[30] Auch die Kulturanthropologin Elke-Nicole Kappus erinnert daran, dass Kategorien in Zusammenhang mit Diversität und Hybridität im Laufe der Spätneuzeit mit der Erweiterung des europäischen Horizonts durch den Kolonialismus entstanden. In einer Zeit der zunehmenden wechselseitigen Abhängigkeiten der Kontinente nach 1848 setzte sich ein verbreiteter Bedarf nach einer Erklärung der Diversität und Vermischung in Übersee durch, der rückwirkend auch Einfluss auf europäische Länder hatte.[31]

[29] ADT, R. P. MS Misc. 88/A/1/195, 13/3/80.

[30] Vgl. dazu: *Karl von Scherzer*, Reise der österreichischen Fregatte Novara um die Erde in den Jahren 1857, 1858, 1859 unter den Befehlen des Commodore B. von Wüllerstorf-Urbair, Karl Gerold's Sohn, Wien 1861–1866; *Ders.*, Wanderungen durch die mittel-amerikanischen Freistaaten Nicaragua, Honduras und San Salvador – mit Hinblick auf deutsche Emigration und deutschen Handel, George Westermann, Braunschweig 1857.

[31] *Kappus*, Imperial Ideologies, 322.

Um die durch lokale und internationale Gegebenheiten geprägten Rahmenbedingungen besser zu verstehen, unter denen die ordnungsstiftende Dialektik Reinheit–Vermischung in der Monarchie sowie auf der istrischen Halbinsel entstand, müssen zwei weitere, gleichzeitig ablaufende Prozesse kurz skizziert werden: 1) die schrittweise Entstehung eines lokalen küstenländischen Wissens- und Forschungsnetzwerkes, in enger Verbindung mit der Entwicklung einer imperial-kolonialen Handels- und Wissenschaftspolitik Österreichs, 2) die Entwicklung von (binnen-)kolonialistischen Sichtweisen auf Istrien, das Küstenland und die südlichen Länder der Monarchie.

5.3. Die Institutionalisierung der Wissenschaft im Küstenland: Von der Region nach Übersee

Die Institutionalisierung der Wissenschaft im österreichischen Küstenland fokussierte nicht ausschließlich auf die Region an den nordöstlichen Adriaküsten, sondern erwies sich außerdem als ein Teil der Wissenschaftspolitik Österreichs nach 1850, die seit den 1840er-Jahren durch die Unterstützung der Forschung und die Institutionalisierung der imperialen Wissenschaft auf die Marginalisierung aller möglichen zentrifugalen, nationalistischen Ansprüche abzielte.[32] Ein wichtiger Schritt dabei war 1847 die Gründung der kaiserlichen Akademie der Wissenschaften.

Auf lokaler Ebene befand sich die 1846 gegründete private Zoologisch-Zootomische Anstalt in Triest (Gabinetto zoologico-zootomico in Trieste) 1848–1850 nicht zuletzt aufgrund der Märzrevolution und der Kriege von 1848/49 in einem katastrophalen Zustand.[33] Da „erhöhte Kosten" wegen der Sperre des Hafens die Vollständigkeit der Sammlung „bedrohten", wurde diese 1852 zuerst durch den Stadtrat von Triest erworben und ins Städtische Museum (Civico Museo) umgewandelt.[34] Wie der Bürgermeister und Botaniker Muzio de Tommasini (1794–1879) im Jahre 1848 berichtete, erregte die Sammlung, als sie für die Öffentlichkeit zugänglich gemacht wurde, sofort das Interesse von imperialen und internationalen Persönlichkeiten.[35] Seit 1850 wurde die Praxis offizieller Besuche seitens der Habsburger unter anderem dazu genützt, um dem neugegründeten städtischen Museum Relevanz und Anerkennung zu verleihen.[36] Wie schon in der ersten Hälfte des 19. Jahrhunderts war die Dynastie nach 1850 bemüht, den Konsens der finanziell und strategisch bedeutenden Eliten Triests und des gesamten Küstenlandes zu gewinnen. Aus diesem Grund unterstützte sie die Grün-

[32] *Casalena*, Congresses,154.
[33] CMSN, Atti 1, 1854, 20, Ragguaglio II 1850–1854.
[34] Ebd.
[35] CMSN, Atti 1, 1848, 15.
[36] CMSN, Atti 1, 1854, 20, Ragguaglio II 1850–1854.

dung der Sammlung und dieses neuen „patriotischen" Museums, und die Namen allerhöchster Vertreter des Hauses Habsburg wurden in seiner Mitglieder- und Gönnerliste verzeichnet.[37] Die privilegierte Beziehung zwischen der Dynastie und den lokalen Eliten wurde 1855 durch die Widmung des Museums an Erzherzog Ferdinand Maximilian besiegelt.[38]

Eine lokale wissenschaftliche Institution wie das naturhistorische Ferdinand-Maximilian-Museum erwies sich nicht nur als ein regionales Phänomen, sondern wurde zu einem Verhandlungsort, an dem verschiedene Interessen und Blickwinkel der dort vertretenen Ordnungen aufeinandertrafen.[39] Die Akten des Museums zeigen die imperialen Ziele in Übersee auf, die nicht rein wissenschaftlicher Natur waren. Im Mittelpunkt stand dabei die Stärkung der strategischen Stellung des Triester Freihafens und des Küstenlandes auf internationalen Handelsrouten:

Nessun luogo offriva meglio di Trieste migliori mezzi a formarlo, ed a Trieste dovea venirne onore e vantaggio. Imperciocchè posta a capo di via marittima frequentatissima fino alle spiagge più rimote del Mar Nero da un lato, dall'altro fino a Gibilterra, i contatti con tutti i punti del Mediterraneo sono continui; posta a capo per via terrestre frequentatissima attraverso l'Europa centrale fino alle rive del mar Germanico e del Baltico, Trieste è ormai fatta centro precipuo di communicazione [sic!] da ogni lato. Ed a Trieste ormai celebratissima e nota per tutta l'Europa, anzi per tutto il mondo per le cose di commercio, ne sarebbe venuta lode assai bella, se queste condizioni mercantili venissero in sussidio della scienza, e gli amatori delle cose scientifiche sarebbero indotti a visitare Trieste, a trattenervisi, il che anche è avvenuto; il Museo zoologico di Trieste è noto per tutta l'Europa, anzi per tutto il mondo ed è in fama bellissima. L'impresa non era di facile esecuzione, né per la scienza né per la finanza.[40]

---

[37] CMSN, Atti 1, 1846, Elenco dei Signori soci fondatori del Museo Zoologico. Vgl. auch Civico Museo (1856), 14; Contribuenti: in Civico Museo Ferdinando Massimiliano in Trieste, 32–36; CMSN, Atti 1, 1854, Elargizioni volontarie. Die Listen enthalten die Namen der einflussreichsten Persönlichkeiten des kosmopolitischen Triests, wie etwa jene von Karl von Bruck, Franz von Wimpffen, D. P. Carciotti, Pasquale Revoltella, Ermano de Lutteroth, Pietro Sartorio, Muzio de Tommasini, Giorgio Gopcevich, Antonio Lorenzutti, Giovanni de Baseggio, darunter auch eine Frau, nämlich Maria Kosler.

[38] CMSN, Atti 1, 1855, 34.

[39] *Anna Veronika Wendland*, Eindeutige Bilder, komplexe Identitäten. Imperiale, nationale, regionale Identitätskonzepte und ihre Visualisierung auf der galizischen Allgemeinen Landesausstellung in Lemberg 1894, in: Zeitschrift für Ostmitteleuropa-Forschung 58/1–2, 2009, 111–161.

[40] „Kein anderer Ort bot bessere Voraussetzungen als Triest, um es [das Naturhistorische Museum, Anm. d. Verf.] zu gründen und Triest sollte aller Ruhm und alle Erträge erhalten. Als Auslaufhafen für stark befahrene Seerouten, die von den entlegensten Stränden des Schwarzen Meeres bis nach Gibraltar reichen, steht Triest in ständigem Kontakt mit allen Handelszentren des Mittelmeers. Da die Stadt zudem Ausgangspunkt einer stark befahrenen Landroute durch Mitteleuropa ist, die bis zur Nordsee und Ostsee führt, hat sie sich zum wichtigsten Kommunikationszentrum in allen möglichen Bereichen entwickelt. Dank des Handels ist Triest mittlerweile europaweit und sogar weltweit berühmt. Nach und nach kamen die Handelsbedingungen auch der Wissenschaft zugute, wie die zahleichen Besuche vieler Natur-

Die Internationalisierung der Habsburgermonarchie durch das Küstenland prägte die Institutionalisierung der Wissenschaft im Küstenland so stark, dass Letztere in den 1850er-Jahren nicht nur regionale Bedeutung hatte.[41] Bis in die späten 1860er-Jahre hinein schienen die Projekte zur Festigung der „österreichischen Krim" vor allem auf die Entwicklung einer kolonialen Machtpolitik in Übersee ausgerichtet zu sein. In den Jahrzehnten zwischen 1850 und 1870 entstand im Küstenland ein dichtes Geflecht von Politik, Handel und Wissenschaft. Das Küstenland wurde zum Ausgangs- und Endpunkt der Expansionsrouten Österreichs nach Übersee, symbolisiert durch Bau des Suezkanals.

Nicht zufällig verfasste Karl von Czörnig 1858 für die kaiserliche Akademie der Wissenschaften in Wien eine Studie über den Durchstich der Landenge von Suez und die damit verbundenen interkontinentalen Interessen Österreichs.[42] Die Realisierung des Suezkanals, der 1869 eröffnet wurde, erwies sich zu dieser Zeit als zentral für die Expansion der Triester Handels- und Finanzeliten.[43] Der Bau des Kanals galt zum Teil als österreichisch-triestinisches Projekt: Zwei der reichsten und einflussreichsten Magnaten des Freihafens, Pasquale Revoltella (1795–1869) und Giovanni Morpurgo (1816–1898), gehörten zu den wichtigsten Geldgebern der Compagnie universelle du canal maritime de Suez. Zudem entwarf der österreichische Ingenieur Luigi Negrelli (1799–1858) das Bauprojekt.[44]

Deshalb soll das Thema der Institutionalisierung der Wissenschaft im Küstenland ausdrücklich innerhalb des damaligen internationalen, ja sogar interkontinentalen Kontextes betrachtet werden. Erzherzog Ferdinand Maximilian stand im Mittelpunkt vielschichtiger und gleichzeitig stattfindender Prozesse der Herausbildung einer regionalen und imperialen sowie internationalen Militär-, Handels- und Wissenschaftsstruktur. So war er als Kommandant der k.u.k. Kriegsmarine (1854–1861) und als Vizekönig von Lombardo-Venetien (1857–59) eine der einflussreichen Führungspersönlichkeiten des *re-orderings* in Norditalien und dem Küstenland nach 1850. Außerdem war Maximilian Hobbybotaniker.[45] Nicht zufällig machte er in der zweiten Hälfte der 1850er-Jahre

---

Liebhaber in Triest belegen, die sich auch zeitweilig in der Stadt niedergelassen haben. Das Zoologische Museum Triest ist europa- und weltweit bestens bekannt und genießt einen hervorragenden Ruf. Das Museum war kein leichtes Unterfangen, sowohl in wissenschaftlicher als auch in finanzieller Hinsicht.", CMSN, Atti 1, 1851, 23, Invito.

[41] *Hugo Hassinger*, Österreichs Anteil an der Erforschung der Erde. Ein Beitrag zur Kulturgeschichte Österreichs, Holzhausen, Wien 1949, 134.

[42] *Karl von Czörnig*, Über die Durchstechung der Landenge von Suez, k.u.k. Hof- und Staatsdruckerei, Wien 1858.

[43] *Anna Millo*, Un porto fra centro e periferia (1861–1918), in: Finzi/Magris/Miccoli (Hrsg.), Il Friuli-Venezia Giulia, 1, 193.

[44] Über die enge Verbindung zwischen den Handelseliten Triests und dem Kanalprojekt vgl. Trieste-Suez. Storia e modernità nel „Voyage en Égypte" di Pasquale Revoltella, Civico Museo Revoltella, Trieste 2015.

[45] *Günther Hamann*, Erzherzog Maximilian als Freund und Förderer der Geographie und

Triest zu seinem Hauptwohnsitz und ließ dort ab 1856 das Schloss Miramar mit dem angeschlossenen botanischen Garten erbauen. Dieses unterhielt gute Verbindungen zu dem Triester Wissensnetzwerk. Die Akten des Schlosses Miramar spiegeln beispielsweise die enge Beziehung zwischen der Schlossverwaltung und Pietro Kandler wider.[46]

Ferdinand Maximilians Name war zusätzlich mit der Organisation und Durchführung der ersten österreichischen Weltumseglung durch die Fregatte Novara verbunden. 1857 stach die 1850 im Arsenal von Venedig erbaute SMS Novara von Triest aus in See.[47] Die Expedition dauerte bis 1859. Sie wurde vom Erzherzog finanziell gefördert und von der kaiserlichen Akademie der Wissenschaften koordiniert[48] sowie vom Triester Kommodore Bernhard von Wüllerstorf-Urbair (1816–1883) geleitet.[49] An Bord befanden sich zahlreiche – zum größten Teil deutschsprachige – österreichische Wissenschaftler, die von der Wiener Zentralregierung und der Akademie der Wissenschaften mit mehreren Aufgaben betraut worden waren. Eine der Instruktionen für die Expedition wurde von Alexander von Humboldt (1769–1859) verfasst und kurz vor der Abreise nach Triest geschickt.[50] Die Gruppe der Wissenschaftler sollte nicht nur natur- und humanwissenschaftliche Forschungen in Übersee durchführen.[51] Neben der Erweiterung wissenschaftlicher Sammlungen sollte die Expedition auch dem Aufbau politisch-diplomatischer Kontakte sowie dem Abschluss von Handelsverträgen dienen.[52]

Nicht zuletzt wurde sie zu einem spektakulären Ereignis, über welches die Presse europaweit berichtete. Beispielsweise folgte die Leipziger *Illustrierte Zei-*

Naturwissenschaft, in: Laura Ruaro Loseri (Hrsg.), Massimiliano. Rilettura di un'esistenza, Laguna, Trieste 1992, 120–128.

[46] Vgl. dazu Korrespondenzen und Inschriften für Schloss Miramar von Pietro Kandler: AST, Amministrazione del castello di Miramare (1851–1930), 2, (16, 19).

[47] Für weitere Informationen zu österreichischen Expeditionen nach und Forschungen in Übersee vgl. *Hermann Mückler* (Hrsg.), Österreicher in der Südsee: Forscher, Reisende, Auswanderer, LIT, Wien 2012.

[48] Vgl. ÖAW, Novara-Expedition, 1 (1856–1862).

[49] Für eine ausführliche zusammenfassende Darstellung der Novara-Expedition vgl. *Renate Basch-Ritter*, Die Weltumsegelung der Novara (1857–1859). Österreich auf allen Meeren, Akademische Druck- und Verlagsanstalt, Graz 2008

[50] Sitzungsberichte der Mathematisch-Naturwissenschaftlichen Classe der kaiserlichen Akademie der Wissenschaften, 34, k.u.k. Hof- und Staatsdrückerei, Wien 1859, 202; *Karl Bruhns* (Hrsg.), Alexander von Humboldt. Eine wissenschaftliche Biographie, 2, Brockhaus, Leipzig 1872, 436; *Hubert Scholler*, Alexander von Humboldt und die Weltumseglung der Novara, in: Annalen des Naturhistorischen Museums in Wien 62, 1958, 5–24.

[51] *Christa Riedl-Dorn*, Botaniker oder Pflanzensammler? Die Rolle der Pflanzenkunde bei der Weltumseglung der Fregatte „Novara" (1857–1859), in: Verhandlungen der zoologisch-botanischen Gesellschaft in Österreich 148/149, 2012, 363–376.

[52] CMSN, Atti 2, 1859 (5, 26); Atti 2, 1864 (29); Atti 2, 1865 (9, 10, 51). ÖAW, Novara-Expedition, 1857 (337, 355, 372); 1858 (199); 1859 (518). Vgl. *Karl von Scherzer*, Reise der österreichischen Fregatte Novara um die Erde in den Jahren 1857, 1858, 1859, Statistisch-commercieller Theil, Karl Gerold's Sohn, Wien 1865.

tung der Reise „in Wort und Bild".[53]Die große Zahl an Büchern über die Reise selbst und über die Ergebnisse der Forschungen, die 1861–1875 unter der Leitung von Karl von Scherzer nicht nur auf Deutsch, sondern auch auf Italienisch und Englisch, veröffentlicht wurden, stießen beim internationalen Publikum auf positive Resonanz.[54] Darüber hinaus wurde die Reise als erste Bewährungsprobe für die neu organisierte k.u.k. Kriegsmarine betrachtet. Die Fregatte trug den Namen Novara, in Erinnerung an den österreichischen Sieg in der Schlacht bei Novara 1849 unter Feldmarschall Radetzky.[55] Gleichzeitig galt die Reise als erster Test für die angestrebte Rolle Österreichs als Seegroßmacht und des Funktionierens der „österreichische Krim".[56]

Dieser erste erfolgreiche Test der österreichischen kolonialen Politik wurde schnell vom tragischen Ende des habsburgischen Überseeabenteuers in Mexiko (1864–1867) überschattet.[57] Mit der Hinrichtung Maximilians als Kaiser von Mexiko scheiterten alle Pläne des Hauses Habsburg für eine geopolitische Expansion in Übersee.[58] Doch mit der Eröffnung des Suezkanals zwei Jahre später (1869) begann für das Küstenland und die Monarchie eine neue, hoffnungsvolle Phase einer eher auf dem Handel basierenden Expansion.

Ob man in Hinsicht auf den gewaltsamen Tod Maximilians von einem verpassten Kolonialismus reden kann, muss noch intensiver erforscht werden. An dieser Stelle sei allerdings bemerkt, dass sich ein reges Interesse an einer Internationalisierung in denselben Jahren aus den Akten des Triester Städtischen Ferdinand-Maximilian-Museums herauslesen lässt. Besonders aussichtsvoll schien die Möglichkeit der Herstellung einer wissenschaftlichen Synergie zwischen dem Triester Naturhistorischen Museum und demjenigen in Mexiko, vor allem in der Person des mährischen Priesters und Biologen Dominik Bilimek (1813–1884),

[53] Beispiele für die breite Resonanz der Expedition im deutsch- und französischsprachigen Raum finden sich etwa hier: Illustrierte Zeitung, Leipzig (Ausgaben 1857–1860); Revue maritime et colonial, Paris (Ausgaben: 1862, 1863); L'Isthme du Suez, Paris (Ausgaben 1857–1864).

[54] *Wilhelm M. Donko*, An Austrian View of the Philippines 1858. The Austrian Scientist Karl von Scherzer on His Visit in Manila Aboard the Frigate „Novara" in June 1858, Holtzbrick, Berlin 2011, 9. Vgl. zum Beispiel auch *Journal de botanique* (Ausgaben: 3/23, 24, 1889; 12/9, 1898) und *Annales de la Société entomologique de France* (Ausgaben: 1895 und 1905).

[55] *Basch-Ritter*, Weltumsegelung, 37.

[56] *Scholler*, Alexander, 5. Über die internationale Relevanz der reorganisierten österreichischen Marine und des Küstenlandes vgl. La marine de l'Autriche, in: Revue maritime et colonial 6, 1862.

[57] Für allgemeine Betrachtung der historischen Gründe des Misserfolges der kolonialen Großmachtpolitik Deutschlands und Österreichs in Übersee vgl. *Reinhard*, Die Unterwerfung, 23.

[58] *Ferdinand Anders/Klaus Eggert*, Maximilian von Mexiko. Erzherzog und Kaiser, Niederösterreichisches Pressehaus, St. Pölten 1982; *Johann Lubienski*, Maximilian in Mexiko. Romantische Pläne und zerstörte Illusionen, in: Loseri, Massimiliano, 80–85; *Günter Kahle*, Erzherzog Maximilians Projekt einer habsburgischen Doppelmonarchie in Amerika, in: Loseri, Massimiliano, 88–98; *Johann Georg Lughofer*, Des Kaisers neues Leben. Der Fall Maximilian von Mexiko, Ueberreuter, Wien 2002.

einem persönlichen Mitarbeiter Maximilians, der bis 1867 Direktor des neuen mexikanischen Museums und 1868–1884 Kurator der Sammlung in Schloss Miramar bei Triest war.[59]

Im Allgemeinen scheint klar, dass der habsburgische Staat nach der großen Bedrohung 1848/49 zunehmend ein Bewusstsein für die Wichtigkeit einer Expansion entwickelte. Das Küstenland (samt Istrien) stellte dabei den Ausgangspunkt dar. Die inneren und externen Grenzen der imperialen Ordnung mussten gefestigt und gleichzeitig überschritten werden, um erfolgreich an die fortschreitende Globalisierung und Beschleunigung des interkontinentalen Handels anzuknüpfen.[60] Im Jahre 1857 fanden einige zentrale Ereignisse der Neuordnung des Küstenlandes statt: Die Südbahn wurde fertiggestellt, die *Ethnographie* Czörnigs erschien und die Novara brach zu ihrer Reise auf. Die Öffnung Österreichs hin zur Welt war nötig, um die Gelegenheit zur Modernisierung nicht zu versäumen und die seit 1855 andauernde Krise des Triester Freihafens zu beenden.[61]

Die erwähnten Situationen und Projekte drängten die Wiener Eliten dazu, dem bisher vernachlässigten und unbekannten Küstenland mehr Aufmerksamkeit zu widmen. Der Triester Unternehmer und Bankier Pasquale Revoltella führte dies 1864 in der internationalen Zeitschrift *L'Isthme de Suez* aus. Das Österreichische Kaiserreich verfügte – nach Revoltellas Worten – über eine derart lange Küstenlinie an der Adria und eine derart zentrale Position in Europa, dass es sich Gedanken über seine zukünftige Rolle machen müsse: „L'empire d'Autriche, qui possède une si vaste étendue de côtes sur l'Adriatique et une position centrale en Europe, doit se préoccuper du rôle que l'avenir lui réserve."[62]

Die Suche nach neuen Funden und Forschungsobjekten sowie neuen politischen und wirtschaftlichen Kontakten zu anderen Kontinenten führte die Österreicher in einige Regionen der kolonialen Welt, wo seit Beginn des Kolonialismus Diskurse über die Themen humane Diversität und Hybridität entwickelt wurden, etwa Brasilien, die Philippinen oder Mexiko.[63] Österreichische Wissenschaftler und Entdecker, zum Beispiel Karl von Scherzer, begannen daraufhin, einen eigenen Diskurs über die Vielfalt und Vermischung in den Kolonien zu

---

[59] CMSN, Atti 2, 1865 (13, 15, 16). Biographische Daten zu Dominik Bilimek finden sich in AST, Amministrazione del castello di Miramare (1851–1830), 146, Grundbuch der Hofdienerschaft. Vgl. darüber hinaus auch *Christa Riedl-Dorn*, Dominik Bilimek, in: Wilfried Seipel (Hrsg.), Die Entdeckung der Welt. Die Welt der Entdeckungen. Österreichische Forscher, Sammler, Abenteurer, Skira, Milano 2001, 329–332.

[60] *Osterhammel*, Die Verwandlung, 164.

[61] *Vivante*, Irredentismo, 173; *Rumpler*, Eine Chance, 324.

[62] „Das Österreichische Reich, das über eine so lange Küstenlinie an der Adria sowie eine zentrale Lage in Europa verfügt, muss sich Gedanken über seine zukünftige Rolle machen.", *Pasquale Revoltella*, Participation de l'Autriche dans le commerce du monde, in: L'Isthme de Suez 9/191, 1. Juni 1864, 254.

[63] *Young*, Colonial, 15; *Kappus*, Imperial Ideologies, 322–323; *Gruzinski*, Pensée, 12.

entwickeln – parallel zu Czörnigs Entwicklung der ethnographischen Studien innerhalb der Monarchie.[64]

Viele Begriffe, die von den österreichischen Beobachtern zur Beschreibung der menschlichen biologisch-kulturellen Vielfalt in den überseeischen Gesellschaften verwendet wurden, waren bemerkenswerterweise dieselben, die in den folgenden Jahrzehnten auch in den Legitimierungsnarrativen des habsburgischen Vielvölkerstaates Gebrauch fanden. Ein Beispiel dafür ist die Bezeichnung Brasiliens als „das Land der Contraste" durch Karl von Scherzer[65] im ersten Band der Beschreibung der Reise der Novara (1861). Fünfzehn Jahre später (1876) verwendete der Geograph Friedrich Umlauft denselben Begriff in Bezug auf die österreichisch-ungarische Monarchie.[66] Die Definition Umlaufts, die Monarchie sei „das Land der Contraste", erfuhr bis zum Ersten Weltkrieg eine lange kulturell-politische Verwendung.[67]

Bezüglich der Kategorisierung und Darstellung von kulturellen Vermischungen waren die gesammelten Fundstücke, die auf der Novara nach Triest gebracht wurden, von zentraler Bedeutung. Nachdem das Schiff im August 1859 im Hafen von Triest angelegt hatte, wurde im April des Folgejahres im Palais der lokalen Börse eine Novara-Ausstellung organisiert. Eine ähnliche Ausstellung fand einige Monate später im Augarten in Wien statt, wobei ein Teil der naturwissenschaftlichen Ausstellungsstücke im Februar 1861 vom Triester Städtischen Ferdinand-Maximilian-Museum erworben worden war.[68] Auch die Triester Novara-Ausstellung fand internationale Resonanz: Die Leipziger *Illustrierte Zeitung* veröffentlichte zwei Artikel mit bildlichen Darstellungen der Ausstellungsräume und Exponate und drückte ihre Faszination für die „Mannigfaltigkeit" der kulturellen Erscheinungen von „primitiven Völkern" aus.[69] Die Liste der ausgestellten ethnographisch-anthropologischen Gegenstände für die Besucher und Besucherinnen wurde sowohl auf Deutsch als auch in italienischer Sprache gedruckt. Unter den Gegenständen aus Übersee befanden sich auch Zeugnisse der materiellen Kultur und körperlichen Konstitution von „Mischvölkern" – unter anderem von den Philippinen und der Insel Java sowie aus dem südlichen

[64] Als paradigmatisches Beispiel können die kolonialen Texte zur Reise nach Zentralamerika von Karl von Scherzer dienen, der schon vor der Novara-Expedition seine Aufmerksamkeit der Dialektik Reinheit–Vermischung in der Bevölkerung schenkte – oft mit rassistisch abwertenden Betrachtungen über Kreolen und Mestizen: *Scherzer*, Wanderungen.

[65] *Scherzer*, Reise, 1, 121.

[66] *Umlauft*, Die österreichisch-ungarische Monarchie, 1–2.

[67] Dieser Begriff wurde beispielsweise noch 1913 im Katalog der Wiener Adriaausstellung für eine offizielle kulturell-politische Selbstdarstellung der k.u.k. Monarchie verwendet. Vgl. Österreichische Adria-Ausstellung. Offizieller Katalog, Elbemühl, Wien 1913, IX.

[68] CMSN, Atti 2, 1861, 1.

[69] Ein Besuch im Novara-Museum zu Triest, in: Illustrierte Zeitung 874, 31. März 1860 (sowie in: 875, 7. April 1860).

Chile. Diese Exponate wurden in der erwähnten Information für die Besucher und Besucherinnen näher erklärt:

434. Tagale, von der Insel Luzon (Philippinen-Archipel), einer der schönsten Malayenstämme, ausgezeichnet durch sehr zarten Gliederbau, und seine, nach europäischen Begriffen ziemlich harmonische Gesichtszüge. Die Tagalen sind gegenwärtig stark mit ihren Besiegern, den Spaniern, vermischt, vielleicht stärker wie irgend eine andere farbige mit der weißen Rasse, mit Ausnahme der hispano-amerikanischen Indianer Mittelamerika's.

460. Mischling zwischen Europäer und Malayen aus Batavia (Java).

461. Schädel eines Araucaner-Häuptlings (angeblich Caupolican's), aus Boroa, im südlichen Chile. Die Form des Schädels, von der eines gewöhnlichen europäischen wenig abweichend, scheint ein neuer Beweis für die Annahme, daß die Araucaner (auch Araucos oder Moluchen) eine sehr gemischte Rasse und namentlich die hervorragenden Familien von spanisch-indianischer Abkunft sind. Man findet unter den Eingebornen in Boroa, besonders unter den Frauen, häufig blonde Haare, was vielleicht durch den Umstand erklärt werden mag, daß zahlreiche holländische Einwanderer, welche nach der Vertreibung dieser Eroberer durch die Eingebornen gefangen gehalten wurden, sich allmälig völlig mit den Indianern vermischten.[70]

Die vorangegangenen Bemerkungen über die damals bedeutungsvolle Expedition der Novara vermögen einerseits die Kategorisierungsperiode der Jahre 1850–1860 besser in eine globale Perspektive einzuordnen. Andererseits zeigen sie die nun zentrale Rolle des Küstenlandes als das große maritime Tor der Großmachtpolitik Österreichs auf. Damit wurde das Küstenland zum Rezeptionspunkt von damals aktuellen internationalen wissenschaftlichen Kenntnissen und Debatten.[71]

5.4. Istrien als Versuchsstation oder Kolonie?

Nach 1850 trat Istriens Status als eine Art Versuchsstation des Kulturellen für die gesamte Monarchie deutlicher hervor. Nach einer Analyse der Kulturanthropologin Lidija Nikočević wurde Istrien zum Muster der problematischen, aber grundlegenden inneren Vielfalt der Monarchie und zu einer Versuchsstation

---

[70] Verzeichnis ethnographischer & anthropologischer Gegenstände gesammelt und erworben während der Erdumsegelung-Expedition Sr. Majestät Fregatte „Novara“ unter den Befehlen des Commodore B. v. Wüllerstorf-Urbair, Österreichischer Lloyd, Triest 1860, 26–28.

[71] Karl von Hügel meinte 1860 zu dem Trend der Erforschung von diversen oder vermischten Formen der Menschheit in Übersee: „Die Kenntniß unseres Erdballes als eines Ganzen oder in seinen Einzelheiten, jene des Bildungsgrades der verschiedenen Völker, sowohl der Ureinwohner als der Eingewanderten, die Eigenthümlichkeiten, welche die Vermischung der Stämme oder die Einwirkung höherer Gesittung auf die Urbewohner hervorgebracht haben, waren übrigens Aufgabe der Forschung aller Zeiten von dem Augenblicke an, wo ein Volk so weit geistig vorgeschritten war, um den Drang des Wissens nach einer oder der anderen Richtung zu fühlen.“, *Hügel*, Stille, X.

für neue politisch-kulturelle Begrifflichkeiten.[72] Dies hing vor allem mit der Entwicklung einer vorher nicht existierenden regionalen Identität zusammen. Istrien sowohl administrativ als auch kulturell als eine neue einheitliche Region zu entwerfen, bot dem Reich und den österreichisch-imperialen Akteuren die außergewöhnliche Gelegenheit, die Halbinsel als ein Laboratorium zu verwenden.

Dies offenbarte sich schon in der ersten Hälfte des 19. Jahrhunderts, zum Beispiel anhand der Tätigkeit Pietro Kandlers, Urvater der modernen imperialen Idee eines einheitlichen Istriens. Nach der Schilderung seines Biographen und Schwagers Gaetano Merlato (1872) begann der Triester Intellektuelle und Jurist sein Interesse an den historischen, kulturellen und rechtlichen Aspekten der istrischen Region nicht im Küstenland oder Venedig zu entwickeln, sondern während seines Aufenthalts in Wien als Jurastudent 1825–1826.[73] In der Wiener Hofbibliothek entdeckte Kandler das lateinische Kurzepos *Histria* des Triester Bischofs Andrea Rapicio aus dem Jahre 1567, das er unmittelbar nach seiner Rückkehr nach Triest 1826 in der italienischen Übersetzung von Matteo Ceruti – einem Verwandten Kandlers mütterlicherseits – veröffentlichte.[74] Nach Merlatos biographischer Erzählung stellten der Besuch und die Recherche in der k.u.k. Hofbibliothek in der Haupt- und Residenzstadt einen unvermeidlichen Schritt zur Entwicklung der Idee einer historischen Kontinuität der istrischen Region dar. Kandler wurde von dieser Entdeckung so stark geprägt, dass er nach 1826 Forschungsexkursionen durch Istrien startete, um die Region kennenzulernen. Diese waren kein Novum für Kandler und deuteten auf Istrien als eine Versuchsstation des Kaiserreiches hin: Wie Meralto schilderte, bildeten die Exkursionen durch Istrien eine Wiederaufnahme der Forschungsreisen, die der junge Kandler in der Zeit seines Wiener Aufenthalts durch die nördlichen und östlichen Kronländer unternommen hatte. Das Muster der „imperialen Tours" wurde seitens Kandler an die ungleich kleinere istrische Halbinsel angepasst, wobei er Daten und Materialien für die Entwicklung der neuen Idee einer istrischen Region sammelte. Als Ergebnis dieser Forschungen gründete er zwanzig Jahre später die Zeitschrift *L'Istria*.[75]

Der Historiker Antonio Trampus vermerkt, dass sogar die Forschungsarbeiten für das Werk Kandlers *Codice diplomatico istriano* – ab 1847 in fünf Bänden in Triest veröffentlicht – 1826 in der k.u.k. Hofbibliothek starteten. Abgesehen von der Quellenrecherche in der Wiener Bibliothek wurde die Idee zu diesem Werk von zwei Wiener Professoren Kandlers – Thomas Dolliner (1760–1839) aus Krain und Franz von Egger (1765–1851) aus Niederösterreich – beeinflusst,

72 *Nikočević*, State, 43; *Ivetic*, Un confine, 209.

73 *Merlato*, Cenni, 9–10.

74 L'Istria. Poema latino dell'avvocato Andrea Rapicio poi vescovo di Trieste. L'anno 1567. Trovato nella I. R. Biblioteca di Vienna da Pietro Kandler alunno giurista nell'Università di Pavia ed in sciolti tradotto dall'avo di lui D.re Matteo Ceruti, Weis, Trieste 1826.

75 *Merlato*, Cenni, 11–12.

die beide Experten für Rechtgeschichte waren.[76] Das Sammeln historisch-rechtlicher Quellen und Dokumente zu Istrien bildete in den 1820er- sowie in den früheren 1840er-Jahren die Basis für die modernen Reformen der regionalen und kommunalen Strukturen der istrischen Ordnung unter Statthalter Stadion. Die Zusammenstellung von Verträgen und Statuten früherer rechtlicher Ordnungsstrukturen Istriens, die 1841–1846 zur Hauptbasis der administrativen Reformen des neuen Istriens unter Stadion wurde, wäre aber ohne den Kandlers Wiener Aufenthalt nicht denkbar gewesen.

Ab den 1840er-Jahren behielt Istrien seinen Status als Versuchsstation das ganze 19. Jahrhundert hindurch. Schon Karl von Czörnig schilderte in seiner *Ethnographie* die istrische Halbinsel als eine Versuchsstation der imperialen Wissenschaft. Er wandte die neuesten sprachwissenschaftlichen Bezeichnungen aus der Wiener Slawistik-Schule, insbesondere jene von Pavel Šafařík (1795–1861), zur Herausbildung neuer Kategorisierungsmuster für die slawischsprachigen Bevölkerungen Istriens an.[77] Auch die Historikerin Ester Capuzzo merkt auf Basis der Korrespondenz zwischen Pietro Kandler und Gian Paolo Polesini (1860–1872) an, dass Istrien nach dem Beginn der konstitutionellen Phase ab 1860 zu einer Art von experimentellem Laboratorium der imperialen und lokalen Eliten für das Austesten einer imperialen kulturell-politischen Form des Zusammenlebens diverser Nationalitäten wurde.[78]

Gleichzeitig wurde Istrien in der zweiten Hälfte des 19. Jahrhunderts teilweise zu einem Ort der Verflechtung von Betrachtungen und Darstellungen aus einer kolonialen (oder binnenkolonialen) Perspektive. Der interimperiale Vergleich Kohls mit der Halbinsel Krim aus dem Jahre 1851 wurde bereits erwähnt. Vor allem aber wurde Istrien oft mit anderen Regionen im Nahen Osten und in Afrika verglichen. Wie schon erwähnt, lassen sich frühe Spuren dieser Praxis des Vergleichens Istriens mit kolonialen, exotischen Ländern schon im Vormärz finden, etwa als Pacifico Valussi 1840 die Einwohner einiger Küstenstädte mit denjenigen der „ozeanischen Inseln" verglich.[79] Dies verstärkte sich anscheinend in der zweiten Hälfte des Jahrhunderts bis zum Ersten Weltkrieg mit der Internationalisierung Österreichs, die wiederum direkt durch den Hafen Triest bedingt war. Eine wachsende Aufmerksamkeit bei der imperialen und internationalen Wissenschaft kann seit den 1870er-Jahren bemerkt werden. Das Forschungsinteresse an Istrien wurde 1877 nach den Worten Beckers in den *Mitteilungen der k.u.k. geographischen Gesellschaft in Wien* sogar mit dem an „Afrika und den Polarregionen" verglichen:

---

[76] *Antonio Trampus*, Alle origini del Codice Diplomatico Istriano. Kandler e l'insegnamento storico-giuridico a Vienna, in: Quaderni giuliani di storia 1–2. 1990, 81–82.

[77] *Czörnig*, Ethnographie, 1, VI.

[78] *Ester Capuzzo*, La corrispondenza tra Gian Paolo Polesini e Pietro Kandler, in: Tatò (Hrsg.), Lettere, 9.

[79] *P. V.*, Gita a Pola con un battello a vapore, in: La Favilla 5/25, 21. Juni 1840, 197.

Das ist der Zweck dieser Zeilen und ich erlaube mir dabei ohne Rücksicht auf das Wenige, was sie bieten, die Ansicht auszusprechen, dass, wenn das Innere von Afrika und die Polarregionen unserem Interesse nahe liegen, dies von Istrien gleichfalls und mit Bezug auf des Landes Verhältnisse zu uns noch in höherem Maasse behauptet werden kann.[80]

Besonders bemerkenswert ist eine Betrachtung des britischen Konsuls in Triest, des Schriftstellers, Sprachwissenschaftlers, Übersetzers und Entdeckers Sir Richard Francis Burton. Er sah 1878 die istrische Halbinsel aufgrund ihrer „erstaunlichen Vielfalt und Kontraste" sogar als eine kleine „Epitome" der ganzen Erde an: „Istria is small in stature, great in fame. Its climatal and jetturic accidents have made it, like Syria and Palestine, a manner of earth's epitome."[81] Weitere Vergleiche mit Ländern, Städten und Regionen in anderen exotischen Weltgegenden sind in den Texten Burtons wiederholt anzutreffen – etwa mit Jerusalem, dem Nahen Osten, Ägypten oder dem Maghreb. Darüber hinaus stellte Burton 1878 einen weiteren interimperialen Vergleich zwischen von Pola/Pula und Portsmouth an, der an die Bezeichnung „österreichische Krim" für Istrien 1853 durch Kohl erinnert.[82]

Auch die imperiale Kategorie des Adriaraumes – samt Istrien und dem Küstenland – wurde mithilfe kolonialer Vergleiche betrachtet. 1910 erklärte der Wiener Biologe Franz Werner: „Eines aber haben diese Länder der Adria mit den tropischen Ländern, speziell Afrika, gemeinsam. Es heißt, daß jemand, der einmal die weiten Steppen Afrikas kennen gelernt hat, sich immer nach ihnen zurücksehnt. Das gilt auch von unseren Ländern an der Adria."[83] Das österreichische „Mal d'Adria" schien aber nicht nur auf romantische Neugier abzuzielen. Es diente in mehrerlei Hinsicht der zunehmenden Betrachtung Istriens als eine Art innerer Kolonie. Die Geschichtswissenschaft und die historische Anthropologie thematisieren schon seit mehreren Jahrzehnten den Binnenkolonialismus des habsburgischen Staates und seiner Wissensnetzwerke in Bezug auf mehrere Provinzen der Monarchie.[84] In diesem Sinn offenbart sich ein gleichzeitiger Status als Laboratorium und als Kolonie – möglicherweise auch hinsichtlich der

---

[80] *Becker*, Wort, 417.

[81] *Burton/Scampicchio/Covaz*, Castellieri, 357.

[82] „We pass between the little Prellarian archipelago and the mainland by the Canale di Fasana, which, it is said, would have formed a far better harbour for ironclads, than Pola, haunted by the Biscia or Teredo. As we approach this new Portsmouth, which owns its existence as ‚principal station of the I. R. Marine' (1853), to the unfortunate ‚Archduke Max', we remark that Strabo (V. 1, § 9) is still correct when he asserts ‚Pola is situated in a gulf forming a kind of port, and containing some small islands (not the Brioni of our translations), fruitful, and with good harbors.'", Ebd., 353.

[83] *Franz Werner*, Die Tierwelt der österreichischen Küstenländer, in: Brückner (Hrsg.), Dalmatien, 61–62.

[84] *Wolfgang Müller-Funk*, Kakanien revisited. Über das Verhältnis von Herrschaft und Kultur, in: Müller-Funk/Plener/Ruthner (Hrsg.), Kakanien revisited, 18–23; *Peter Stachel/Martina Thomsen* (Hrsg.), Zwischen Exotik und Vertrautem. Zum Tourismus in der Habsburgermonarchie und ihren Nachfolgestaaten, Transcript, Bielefeld 2014.

Verwendung der grundlegenden Dialektik zwischen Reinheit und Vermischung. In den unterschiedlichen Betrachtungen über Istrien erwies sich die adriatische Region als Resonanzkörper und Versuchsstation für damals neue kulturelle und wissenschaftliche Begriffe aus kolonialen Diskursen. Der Status Istriens als Ordnung der Monarchie *en miniature* – wobei die Monarchie ihrerseits von Karl von Rotteck und Karl Welcker als „ein Europa im Kleinen" betrachtet wurde[85] – erlaubte eine solche Verwendung als Laboratorium.[86]

Seit den 1880er-Jahren nahm die Wahrnehmung Istriens als Binnenkolonie zu, zuvor war dies bereits mit Bosnien und der Herzegowina der Fall gewesen, ebenfalls wegen der oben erwähnten strategischen Gründe. Unter anderem fragte sich der Schriftsteller Heinrich Noë (1835–1896) „Wie ist die deutsche Kolonie Abbazia am Quarnero entstanden?"[87] Diese Art des habsburgischen Binnenkolonialismus konnte mehrere Ziele haben, zum Beispiel für die wissenschaftliche Forschung, wie der Biologe Franz Werner (1867–1939) 1910 in einem Text über die Tierwelt an der Adriaküste erklärte: „Österreich hat keine Kolonie, aber für den Naturforscher spielen unsere Länder an der Adria gewissermaßen die Rolle einer Kolonie."[88] Der Meinung Werners über die Polarität zwischen „Mitteleuropa" und „Tropen" bzw. zwischen dem „eigenen" Norden und einem „exotischen" Süden kann sehr oft in deutschsprachigen österreichischen Texten über Istrien sowie über Reisen nach Übersee gefunden werden. Die Analyse dieser verbreiteten Lesart der interkontinentalen Räume kann helfen, die Frage nach der Verortung der Hybridität innerhalb der Grenzen der Monarchie und des Küstenlandes weiter zu klären. Der Text von Scherzer über seine Reisen durch den amerikanischen Doppelkontinent zeigt eine ausgeprägte mentale Trennung zwischen „Nord" und „Süd" in Bezug auf die Klassifizierung der unterschiedlichen menschlichen Typen auf. Hier äußerte er seine hierarchisierenden und rassistischen Betrachtungen über die moralische und biologische Trennung zwischen der „tüchtigen nördlichen Emigration" und dem „südlichen Volksstamm", der als eine „schlaffe Mischbevölkerung" definiert wurde.[89] Der Hinweis auf

[85] *Karl von Rotteck/Karl Welcker* (Hrsg.), Staats-Lexikon oder Encyklopädie der Staatswissenschaften in Verbindung mit vielen der angesehensten Publicisten Deutschlands, 12, Hammerich, Altona 1841, 143.

[86] *Johler*, „Hibridismus", 16, 21.

[87] *Heinrich Noë*, Geleitbuch nach Süden auf den Karst, nach Abbazia und auf die Adria, Lindauer'sche Buchhandlung, München 1893, 68–79.

[88] *Werner*, Tierwelt, 61.

[89] „Alle diese Staaten dürften in ihrer jetzigen politischen Gestaltung von der gewaltigen Strömung der Zeit kaum unberührt bleiben. Sie haben keine andere Aussicht, als entweder integrirende Theile des mächtigen nordamerikanischen Staatskörpers zu werden, oder sich unter dem Scepter eines Sprößlings irgend eines europäischen Herrscherhauses neuerdings als Monarchien zu consituiren. Gleichviel, ob Nordamerikaner, ob Engländer oder Deutsche, immer werden es die Söhne einer thatkräftigeren Race sein, welche hier das Wesen des südlichen Volksstammes umgestalten, einem neuen Nervengeist wecken und so vollbringen, was die heutige schlaffe Mischbevölkerung versäumt, was sie nicht leisten will oder kann. Eine

die „Schlaffheit" der „Südbevölkerungen" wurde mit ihrer angeblich stärkeren Fähigkeit zur Vermischung in Verbindung gebracht, die als eine moralische Korruption beschrieben wurde – im Gegensatz zu den „„Nordbevölkerungen".[90]

Diese Verortung der Hybridität „im Süden" war nicht neu in europäischen wissenschaftlichen Debatten. Aus biologischer Sicht erklärte 1840 die *Encyclopédie des gens du monde*, dass es fruchtbare Hybriden nur im Süden von Europa geben könne. Grund dafür seien die klimatischen Verhältnisse, da die Tiere (diesmal ging es nur um Tiere) in den wärmeren Ländern einfach „fruchtbarer" seien als „in den kalten und milden Ländern": „La plupart des animaux hybrides sont stériles, ou du moins peu féconds; toutefois l'infécondité est moins absolue dans les pays chauds que dans le contrées froides ou tempérées. Sous l'influence de notre climat, la stérilité ne souffre presque pas d'exceptions, tandis que sous l'équateur on a recueilli quelques exemples de fécondité."[91]

Diese Verortung im Süden galt auch für die Kategorie der Diversität. In Bezug auf die südlichen Länder der Monarchie verortete der Wiener Biologe Werner im „Süden" eine ausgeprägtere Vielfalt an Naturerscheinungen (Flora und Fauna) als im Norden:

> Wir finden hier einen von dem unseres Nordens wesentlich verschiedenen Charakter der Pflanzen- und Tierwelt, viele unseren Gegenden gänzlich fremde Tierformen, und wenn der Unterschied auch nicht so groß ist, wie zwischen Mitteleuropa und den Tropen, so bieten doch schon jene Gebiete viele Anregungen und gewiß noch viel zu Erforschendes, namentlich was die Faune der kleineren Inseln, der Höhlen und unterirdischen Gewässer anbelangt.[92]

Laut der Analyse Edward Saids gehörte das Interesse der imperialen Ordnung an einem „Süden" als mythisiertes Land zu einer der zahlreichen mentalen Dichotomien Westeuropas im 19. Jahrhundert bei der Herausbildung der beiden Pole „Wir" und „die Anderen".[93] Neben der Herstellung der „Vermischung"-Kategorie musste diese auch an einem mentalen Ort verankert werden, wo sich das Undenkbare und Unerklärbare befinden konnte – egal ob in Afrika, in Zentralamerika, in Brasilien oder eben im Süden der Monarchie selbst. Auf Basis dieser

---

tüchtige nördliche Emigration ist allein im Stande, diese Länder commerciell und politisch zu heben, ihre reichen Naturschätze auszubeuten und zu verwerthen und ihnen eine würdige Stelle unter den Culturstaaten der Erde zu sichern.", *Scherzer*, Reise, 3, 356.

[90] *Tiziana Gislimerti*, Il viaggio intorno al mondo della fregata Novara 1857–59, in: Loseri, Massimiliano, 131–136.

[91] „Die meisten hybriden Tiere sind steril oder zumindest wenig fruchtbar; allerdings ist die Unfruchtbarkeit in den warmen Ländern weniger verbreitet als in den kalten oder gemäßigten. In unserem Klima ist die Sterilität fast umfassend, während am Äquator einige Beispiele für Fruchtbarkeit beobachtet wurden.", Encyclopédie, 373.

[92] *Werner*, Tierwelt, 61–62.

[93] *Edward W. Said*, Orientalism, Pantheon Books, New York 1994, 327. Vgl. auch *Bhabha*, The Location, 20.

Dichotomie schien sich die Debatte über die Hybridität (oder ein Teil davon) auch auf der imperialen Ebene der Monarchie zu entwickeln.

Die Bezeichnung „Südländer" wurde von den Akteuren der regionalen Ordnung Istriens bzw. den „Istrianern" teilweise negativ und abwertend wahrgenommen. Sie wurde als ein Angriff auf die eigene homogene und autonome Gruppe wahrgenommen, ähnlich wie 1848. Ein Artikel in der Zeitung *L'Istria* (aus Parenzo/Poreč) aus dem Jahre 1885 zeigt die Relevanz dieser pejorativen Benennung für die italienischsprachige Bourgeoisie in Istrien über einen längeren Zeitraum hinweg:

> Il quale riserbo, chiaramente parlando, non è proprio soltanto di alcune persone anche autorevoli, ma delle più alte fino alle più basse sfere governative. Onde avviene, che persino a Vienna non si crede di onorarci mai del nome d'italiani; ma si reputa forse di cancellare la nostra esistenza coll'appellarci semplicemente: popoli meridionali (*Süd-Länder*)![94]

Das Repertoire dieser kulturellen Interpretationsmuster bezüglich soziokultureller Realitäten auf lokaler Ebene kann nur durch die Analyse von kulturellen Transfer- und Vergleichspraxen begriffen werden. Solche Prozesse sprachlicher und kultureller Übersetzungen – das „quasi dasselbe mit anderen Worten"-Sagen, um es mit Umberto Eco zu benennen – zeigen sich als komplexe und empfindliche, aber unvermeidbare Mechanismen. Da sie immer eine gewisse Flexibilität und eine konstante Verhandlungsfähigkeit aller involvierten Akteure implizieren, können sie sowohl zu produktivem Austausch und zum Erwerb kultureller Begriffe als auch – vor allem in Momenten der bedrohlichen Unsicherheit und Zeitverdichtung – zu Misstrauen und Missverständnissen führen.[95]

In dieser Hinsicht war es für das vorliegende Thema nützlich, ein internationales Panorama in den zentralen Jahrzehnten zwischen 1850 und 1870 wiederzugeben. Ziel war es, die Komplexität von gleichzeitigen Prozessen zu thematisieren, die nicht ausschließlich auf Istrien und die Monarchie beschränkt werden können. So sollte auch gezeigt werden, dass eine (imperiale und regionale) Ordnung nie von gleichzeitigen internationalen Prozessen getrennt und in sich

[94] „Offen gesagt ist diese Zurückhaltung typisch, und zwar nicht nur für einige maßgebliche Personen. Sie ist auch in allen Regierungsbereichen, von den höchsten bis zu den niedrigsten, verbreitet. Es kommt vor, dass man uns auch in Wien nicht mit der Bezeichnung Italiener bedenkt, sondern man glaubt offenbar, dass sie unsere Existenz dadurch auslöschen können, wenn sie uns einfach Süd-Völker (*Süd-Länder*) nennen.", Il discorso Coronini, in: L'Istria 4/161, 24. Januar 1885.

[95] „Die Bestimmung der Flexibilität und Ausdehnung dieses *quasi* hängt von Kriterien ab, die im Vorhinein ausgehandelt werden müssen. Quasi dasselbe zu sagen ist ein Verfahren, das [...] unter dem Zeichen der *Verhandlung* steht.", *Umberto Eco*, Quasi dasselbe mit anderen Worten. Über das Übersetzen, Hanser, München/Wien 2006, 11. Zu Schwierigkeiten in der sprachlichen sowie kulturellen Übersetzungspraxis vgl. *Morana Čale Knežević*, Traduzione, tradizione e tradimento: In margine alla versione croata de „Il nome della rosa", in: Studia Romanica et Anglica Zagrabiensia: Revue publiée par les Sections romane, italienne et anglaise de la Faculté des Lettres de l'Université de Zagreb 35, 1990, 99–104.

selbst abgeschlossen bleibt. Anderseits kann eine globale Perspektive bezüglich kolonialistischer Vergleiche nur einen Teil des historischen Prozesses der Verortung von Hybridität und Diversität in Istrien erklären.

6. Von der Inklusion zur Exklusion: Istrien im italienischsprachigen ethnozentrischen Narrativ

6.1. Neoabsolutismus in Istrien: Die Reduktion der kulturellen Komplexität (1849–1859)

Die nicht-lineare Herstellung einer Identifizierung der „Italiener in Istrien" erfordert eine breitere kontextbezogene Erklärung als sie die vereinfachte, teleologische und nationalisierte Geschichtsschreibung des 20. Jahrhunderts bietet, vor allem unter der Berücksichtigung gleichzeitiger politischer Entwicklungen und Auseinandersetzungen auf lokaler, imperialer und internationaler Ebene. Die habsburgische Ethnisierungspolitik der 1840er–1850er-Jahren hatte massive Auswirkungen auf lokaler Ebene. Die vom Imperium für sein *re-ordering* verwendeten Begriffe hielten Einzug in das Vokabularium der Diskurse der italienischsprachigen ethnozentrischen *opinion makers.*

Es wurde bereits betont, dass die Jahre des sogenannten Neoabsolutismus zwischen 1849 und 1859 eine außerordentliche Phase für Istrien waren. Ein Zeichen dieser Besonderheit im Vergleich mit den übrigen Provinzen des Küstenlandes war das Fehlen eines Landtages bis 1861.[1] Nach 1849 stand Istrien unter strenger Überwachung und einige Vertreter des Bürgertums wurden unter polizeiliche Kontrolle gestellt.[2] Nur einige wenige „Istrianer" hatten an der venezianischen Revolution teilgenommen, die meisten Vertreter der Führungsschicht Istriens verblieben innerhalb der imperialen Ordnung. Trotzdem wurden einige wichtige Persönlichkeiten der istrischen Elite, darunter sogar einige dynastieloyale Personen des Küstenlandes[3], wegen ihrer vermuteten Konnivenz von der neuen imperialen Staatlichkeit verfolgt – etwa Antonio Madonizza, Carlo de Franceschi, Gian Paolo Polesini und Michele Fachinetti.[4] Im Allgemeinen schien die Wahrnehmung einer „italienischen Identität" in Istrien bei den lokalen imperialen Behörden viel ausgeprägter zu sein als bei den italienischsprachigen Istrianern selbst.

[1] *Darovec*, Breve storia, 168.
[2] *Appollonio*, Libertà, 146.
[3] Ebd., 93.
[4] Ebd., 148. Für eine autobiographische Erinnerung an die polizeiliche Überwachung nach 1849 vgl. *Franceschi*, Memorie autobiografiche, 109–120, 127–151, 264–275.

Allerdings vertraten die österreichischen Behörden selbst keine klare Position. Obwohl die Polizei ein enges Überwachungssystem schuf, wurde in den 1850er-Jahren mehreren istrischen Verdächtigten Amnestie gewährt.[5] Das imperiale Gerichtswesen urteilte gegenüber wegen Verrats angeklagten Istrianern im Vergleich zu Lombardo-Venetien milde.[6] Diese Besonderheit kann mit der zunehmenden strategischen Relevanz des Küstenlandes und der istrischen Region für die imperialen Projekte erklärt werden. Es waren dieselben Jahre, in denen Pola/Pula zum wichtigsten Militärhafen der Monarchie – und damit Istrien zur „österreichischen Krim" – wurde und das Reich brauchte eine schnelle Befriedung der lokalen Zivilgesellschaft.

Sowohl die Revolutionszeit als auch der Neoabsolutismus brachten eine problematische Phase der Neupositionierung für die lokalen bürgerlichen Eliten mit sich. Wie einige Forscher und Forscherinnen in den vergangenen Jahrzehnten bemerkt haben, begannen einige der wichtigsten italienischsprachigen *opinion makers* Istriens in diesem Dezennium des verbreiteten Chaos und der Unsicherheit eine Art Selbstsäuberung, indem sie unmittelbar nach der Revolutionsphase viele eigene Schriften vernichteten – darunter Antonio Madonizza, Antonio Covaz und Michele Fachinetti.[7] Dies macht der Bestand der Quellen – vor allem der Ego-Dokumente[8] –, die diese Akteure hinterlassen haben, deutlich. Die veröffentlichten Sammlungen ihrer Manuskripte und Korrespondenzen bezeugen durch ihre Lücken die verbreitete Praxis der Vernichtung von Ego-Dokumenten.[9]

Eine solche radikale Vernichtungspraxis von Manuskripten und Korrespondenzen war nicht auf die 1850er-Jahre beschränkt, sondern schon seit Mitte der 1840er-Jahre eine wiederholte und verbreitete Tätigkeit vieler Vertreter der italienischsprachigen Führungsschicht Istriens. Der gut dokumentierte Fall von Antonio Covaz ist ein gutes Beispiel dafür. Valeriano Monti (1871–1952), der 1913 die offizielle Biographie von Covaz verfasste, berichtet ausführlich über den letzten Willen von Covaz aus dem Jahre 1898, dass alle seine Dokumente und Korrespondenzen vernichtet werden sollten. Sein Sohn Giuliano versuchte, den Vater davon abzubringen:

---

[5] *Appollonio*, Libertà, 92.

[6] *Pietro Giovanni Trincanato*, „Umiliare il ricco refrattario, proteggere il cittadino fedele". I sequestri austriaci a Venezia tra leggenda nera e prassi burocratica, in: Propriété et politique: exil, séquestres, confiscations dans l'Italie du XIXe / Proprietà e politica: esilio, sequestri e confische nel lungo Ottocento italiano, MEFRIM, 129/2, 2017 https://journals.openedition.org/mefrim/3090 (2.1.2021).

[7] *Cella*, Lettere, 37; *Cavazza*, Fachinetti.

[8] Zu den sogenannten Ego-Dokumenten und ihrer Verwendung in der anthropologisch-historischen Forschung vgl. *Richard van Dülmen*, Historische Anthropologie, Böhlau, Köln/Weimar/Wien 2001, 14–15.

[9] Als Beispiele vgl.: *Antonio Madonizza*, Di me e de' fatti miei (1806–1870), Edizioni dello Zibaldone, Trieste 1951; *Cella*, Lettere; *Quarantotti*, Antonio.

Ne faccia fede quest'unica lettera salvata per caso alla distruzione onde volle disgraziatamente travolte le sue carte. Al figlio Giuliano che, informato della di lui smania distruttrice gli aveva scritto pregandolo di risparmiare le lettere di uomini illustri ed i suoi scritti, rispondeva con la presente [...]."[10]

Dies war nicht das erste Mal, dass Covaz seine Schriften vernichtete. Er hatte dies schon einmal kurz vor 1848 getan. In der Biographie Montis über Antonio Covaz nimmt das Thema der wiederholten Vernichtung eigener Dokumente sogar eine große Bedeutung ein. Diese auf den ersten Blick unverständliche Säuberung mit psychologischen oder moralischen Gründen zu erklären – wie mit der angeblichen Zurückhaltung oder Bescheidenheit von Covaz – ist wenig überzeugend.[11] Dagegen könnte sie plausibler als eine Art innere Säuberung von heterogenen und hybriden kulturellen Elementen betrachtet werden, die in der veränderten Situation nach 1848/49 als Bedrohung wahrgenommen wurden. Pieter Judson behauptet, die Bemühungen der Nationalisten in der Monarchie hätten in erster Linie auf die Festigung der „inneren nationalen und kulturellen Grenzen" gezielt.[12]

Einige kurze biographische Bemerkungen zu Covazs Leben sind in diesem Kontext erhellend. Es ist aus seiner offiziellen Biographie gut bekannt, dass Antonio Covaz – später ein wichtiger Vertreter der italienischen Partei im Landtag, Förderer der altrömischen Archäologie und der Verbreitung des Italienischen in Pisino/Pazin – nicht nur Italienisch konnte, sondern neben Deutsch und Französisch auch das „Slawische" beherrschte. Seiner Biographie ist überdies zu entnehmen, dass Covaz 1820 in Pisino/Pazin geboren wurde, einer ursprünglich slowenischen Familie entstammte und die italienische Sprache erst in der Triester Realschule erlernte.[13] Das, was Monti über Covaz als Autor schrieb und über seine Entscheidung, private Dokumente zu vernichten, traf höchstwahrscheinlich auch auf andere Persönlichkeiten der istrischen Halbinsel zu: „Er schrieb nichts, was von Dauer hätte sein können [...]" („Nulla scrisse che potesse durare [...]").[14]

Neuere Recherchen über Wissenschaftler aus den italienischen habsburgischen Gebieten während der Zeit der Kongresse der italienischen Wissenschaftler – zwischen der Mitte der 1830er- und dem Ende der 1840er-Jahren – bestätigen quasi dieselbe verbreitete Praxis der Vernichtung von Ego-Dokumenten

[10] „Dieser einzige Brief, der zufällig von der unglückseligen Zerstörung seiner [Antonio Covaz', Anm. d. Verf.] Papiere verschont wurde, gilt als Bestätigung. Nachdem Covaz' Sohn von der Zerstörungswut seines Vaters erfahren hatte, beschwor er ihn, doch zumindest die Briefe berühmter Männer und seine eigenen Schriften zu verschonen – und Covaz antwortete ihm mit der vorliegenden Antwort [...].", *Monti*, Antonio Covaz, 14.

[11] Ebd., 17–18.

[12] *Judson*, Making, 123.

[13] *Monti*, Antonio Covaz, 18.

[14] Ebd., 18.

Diese fand stets in dem Augenblick statt, in dem sie mit den überwachenden „Augen der Macht" – bzw. der lokalen Obrigkeit der imperialen Ordnung – in Kontakt kamen.[15] Solche Analogien zu anderen Fällen bewusster Vernichtung von Wissensdaten bis hin zu privaten Dokumenten zeigen die besondere Relevanz psychologischer Aspekte wie Angst vor dem Zwang zur Kontrolle und Überwachung sowie Misstrauen gegenüber einer als „extern" und „repressiv" wahrgenommenen Herrschaftsstruktur. Solche psychologischen Reaktionen konnten sich dann mit soziokulturellen und/oder politischen Gründen vermischen. Wie schon betont, war der Dichter und Frühnationalist Michele Fachinetti einer der bedeutendsten Großgrundbesitzer des istrischen Hinterlandes um Montona/Motovun, eine Gegend, die im Gegensatz zu den anderen meist italienischsprachigen Kleinstädten überwiegend slawischsprachig war. Es ist sehr unwahrscheinlich, dass Fachinetti, der starke wirtschaftliche Interessen an der dortigen Landwirtschaft hatte, kein Wort der gesprochenen Sprache seiner „Untergebenen" beherrschte und die intersozialen verbalen Kontakte ausdrücklich auf Italienisch stattfanden.[16] Weiter oben, im zweiten Kapitel, wurde bereits der Fall eines anderen prominenten Landbesitzers und Schriftstellers Istriens dargelegt, jener von Pietro Stancovich/Petar Stanković, der absolut zweisprachig war und die illyrische Sprache sogar schriftlich problemlos beherrschte.[17] Die propagandierte Exklusivität der Verwendung des Italienischen in der familiären Umgebung von Michele Fachinetti scheint noch unwahrscheinlicher, wenn man an die Figur eines seiner Cousins denkt, nämlich des oben erwähnten Priesters und Gelehrten Antonio Facchinetti aus Visinada/Vižinada, Autor der ersten Reihe wissenschaftlicher Artikel über die „Slawen Istriens" in Kandlers *L'Istria* von 1847. In diesen früheren Beiträgen zeigte Antonio Facchinetti – trotz seiner „traditionellen" paternalistischen Einstellung – eine exzellente Beherrschung der in Istrien gesprochenen slawischen Sprachen sowie eine klare Kenntnis der anthropologischen, soziokulturellen Organisationsformen der slawischsprachigen ruralen Gemeinden.

Die Annahme einer alltäglichen Zwei- oder Mehrsprachigkeit scheint nicht unwahrscheinlich zu sein, vor allem auf der Ebene der verbalen tagtäglichen Kommunikation. Dies betraf aber nicht nur die bürgerlichen Einwohner des bäuerlichen Inneristriens, sondern auch die Bewohner des vordem venezianischen Istriens. Wenn man die Biographien der Vertreter der lokalen Bour-

[15] *Valeria Mogavero/Maria Pia Casalena*, Preambolo minimo. Un arrivederci e una didascalia, in: Dies. (Hrsg.), Scienziati italiani, 7–13.

[16] Zur häufigen Berücksichtigung von Lebensgeschichten aus den untersten Schichten der Gesellschaft Istriens in Prosatexten Fachinettis vgl. *Carlo de Furegoni* (Hrsg.), Poesie e prose di Michele Fachinetti istriano, Giuseppe Tondelli, Capodistria 1865.

[17] Zur Relevanz der verbalen Kommunikation vgl. *Rocci/de Saussure*, Verbal Communication.

geoisie analysiert, scheint Mehrsprachigkeit normal gewesen zu sein. Klare Spuren der alltäglichen Sprachenvielfalt Nordistriens finden sich im Nachlass der Familie Madonizza im Regionalarchiv von Capodistria/Koper.[18] Wie teils schon bemerkt, spielte die Familie Madonizza aus Capodistria/Koper ab 1848 durch die politische Tätigkeit einiger ihrer Mitglieder – Antonio und Nicolò de Madonizza – eine führende Rolle für die „Italiener in Istrien" und in der italienischen liberalnationalen Partei Istriens. Eines der zahlreichen Familienmitglieder war der Arzt Pietro de Madonizza[19], der hauptsächlich im Gebiet zwischen Capodistria/Koper, Süd-Istrien, Görz und Triest tätig war.[20] Zwischen 1845 und 1852 sandte er an die Triester Statthalterei mehrere Bewerbungen – sowohl auf Italienisch als auch auf Deutsch – für offene Arztstellen in Triester oder anderen küstenländischen Krankenhäusern. In den betreffenden Schreiben listete Madonizza seine Sprachkenntnisse auf: Außer dem Italienischen und Deutschen führte er auch die slawischen Sprachen an. Diese Anmerkungen über seine Beherrschung von mehreren Sprachen erweisen sich aus zwei Gründen als relevant: Erstens definierte sich Madonizza als „geborener Istrianer"; zweitens wurden die slawischen Sprachen von ihm als einige „der Muttersprachen der Istrianer" bezeichnet. In der Bewerbung für eine Stelle als Arzt am Krankenhaus von Capodistria/Koper schrieb Madonizza am 6. Mai 1845:

> Quanto riguarda la lingua illirica, non potendo allegare nessun documento che comprovi una tale conoscenza, osserva che essa è una delle lingue natie degl'Istriani e dichiara inoltre d'aver acquistato durante la sua pratica in questo ospedale e durante il suo pratico esercizio in Capodistria quelle cognizioni che sono sufficienti per poter istituire in tale lingua un medico esame.[21]

In weiteren Bewerbungen zwischen 1847 und 1852 für offene Stellen in verschiedenen Krankenhäusern – in Sessana/Sežana, Canal d'Isonzo/Kanal ob

---

[18] Für die Entdeckung des Nachlasses der Familie Madonizza bedanke ich mich besonders bei Dominique Kirchner-Reill.

[19] Dr. Pietro de Madonizza aus Capodistria/Koper studierte Medizin in Padua und tat sich 1849 sowie 1855 als Cholera-Arzt hervor. Er verstarb 1858 in seiner Heimatstadt. Vgl. *Gedeone Pusterla*, I rettori di egida „Giustinopoli Capo d'Istria". Cronologie, elenchi, genealogie, note ed appendice, Cobol & Priora, Capodistria 1891, 67–68. Das Diplom seines Medizinstudiums an der Universität Padua befindet sich in SI PAK KP, 302, Rodbina Madonizza, 7.

[20] *Francesco Saverio Verson*, Trattato di medicina pratica, 3, Andreola, Venezia 1845, 571; Manuale provinciale del Litorale austriaco-illirico, Lloyd austriaco, Trieste 1848, 269.

[21] „Da er [Pietro de Madonizza, Anm. d. Verf.] keinen schriftlichen Beleg über seine Kenntnisse der illyrischen Sprache beifügen kann, bemerkt er, dass sie eine der Muttersprachen der Istrianer sei. Er erklärt auch, dass er während seiner Tätigkeit in diesem Krankenhaus und während seines Praktikums in Capodistria ausreichende Sprachkenntnisse erworben habe, so dass er eine ärztliche Untersuchung in dieser Sprache durchführen könne.", SI PAK KP, 302, Rodbina Madonizza, 7, 11249/1300. Der Text der Bewerbung von Doktor Pietro Madonizza vom 6. Mai 1845 ist 2012 auch von Dominique Kirchner Reill zitiert worden; vgl. *Kirchner Reill*, Nationalists, 38.

Soči, Dignano/Vodjan, zweimal in Triest – taucht immer wieder dieselbe Formulierung – sowohl auf Italienisch als auch Deutsch – auf:

> Er ist als geborener Istrianer auch der slawischen Sprache kündig [sic!], wovon er in seiner Dienstleistung im hiesigen Spitale täglich Gebrauch zu machen genöthiget ist, und wofür auch das sub B/C beifolgende Attestat hinlänglich spricht, nachdem sich der Bittsteller diesfalls einem Examen unterzogen hat.[22]

In den Bewerbungsschreiben verwendete Madonizza sogar kontextbezogen und flexibel die Begriffe „krainische Sprache“[23] oder „illyrische Sprache“[24], je nach dem Ort seiner Bewerbung – entweder in eher slowenisch- oder eher kroatischsprachigen Distrikten. Die Beherrschung der slawischen Sprachen war eine als selbstverständlich empfundene Fähigkeit von „geborenen Istrianern“. Pietro de Madonizza – Mitglied der später italienisch nationalisierten Familie Madonizza – führte sogar in den Bewerbungen für die Städte Dignano/Vodjan und Triest, die seitens der liberalnationalen Eliten nach 1848 als „italienische Bollwerke“ Istriens angesehen wurden, die Kenntnis der „slawischen Sprache“ als eine unumgängliche Voraussetzung für die medizinische Praxis an.

Neben der Anmerkung über Mehrsprachigkeit als Alltagspraxis ist eine kurze Beschreibung des Funktionierens jener vielsprachigen Gesellschaft aufschlussreich. Im Vordergrund stand nicht das Erwerben perfekter Kenntnisse einer anderen Sprache durch Lernen, sondern eine „praktische Kenntnis“ („conoscenza pratica“). Innerhalb einer derart vielfältigen, mehrsprachigen Gesellschaft war die tagtägliche Begegnung mit diversen Sprachen in der Arbeitswelt die notwendige Voraussetzung für die Erwerbung grundlegender Fähigkeiten der interkulturellen Kommunikation für die Befriedigung alltäglicher Bedürfnisse in öffentlichen Räumen – wie beispielsweise in einem Krankenhaus.[25] Die pragmatische verbale Kommunikation hatte Vorrang gegenüber allen möglichen Formen von Selbstwahrnehmung, Identifizierung oder Ideologie. Diese Zeugnisse der pragmatischen transkulturellen Kommunikation in Istrien stimmen mit der theoretischen Deklarierung der Notwendigkeit einer „Vielsprachigkeit“ seitens des ersten Präsidenten der kaiserlichen Akademie der Wissenschaften, Joseph Freiherr von Hammer-Purgstall (1774–1856), überein. In seinem programmatischen *Vortrag über die Vielsprachigkeit* bei der wissenschaftlichen Akademie Wien 1852 wurde die Mehrsprachigkeit in Österreich nicht als eine „Besserwisserei“ in Form der Beherrschung mehrerer Sprachen präsentiert. Vielmehr stellte er sie als erwünschte praktische Strategie für eine nicht-hierarchisierende

[22] SI PAK KP, 302, Rodbina Madonizza, 7, 13192; 3208; 9673.
[23] SI PAK KP, 302, Rodbina Madonizza, 7, 3044.
[24] SI PAK KP, 302, Rodbina Madonizza, 7, 15041; 11249/1300.
[25] SI PAK KP, 302, Rodbina Madonizza, 7, 13044.

Kommunikation der Klasse der Wissenschaftler innerhalb der kulturell diversifizierten Habsburgermonarchie dar.[26]

Diese Anmerkung über die Entstehung und Nutzung der Vielsprachigkeit in Istrien geht von einer Unterscheidung zwischen der standardisierten „Hoch"- und „Kultursprache" – im Fall Istriens dem Italienischen oder dem Deutschen – und der noch nicht standardisierten Volkssprachen, etwa den lokalen Mundarten, darunter mehrere slawische Sprachvariationen. Die Vorherrschaft der lokalen mündlichen Dialekte im lokalen ärztlichen Dienst bestätigt auch die Urkunde eines mündlichen Sprachexamens: 1847 legte Pietro de Madonizza eine mündliche Prüfung bei Professor Joseph Jaklitsch ab, um eine offizielle Anerkennung seiner Sprachkompetenz im Slowenischen und in anderen lokalen slawischen Mundarten sowie im Deutschen zu erlangen:

> Da mich Herr Peter Madonizza, Doctor der Medicin ersucht hat denselben über seine Kenntnisse in der krainerischen Sprache zu prüfen, so habe ich mit demselben mündlich das Nöthige vorgenommen, die Theile der Sprachlehre durchgegangen und durch ihm gestellten Fragen, und Beantwortung derselben in dieser Sprache, gefunden, daß der Herr Doctor in derselben hinlänglich bewandert ist, dieselbe selbst in abweichenden Dialecten verstehet, und sich in derselben verständlich mittheilen kann.
>
> Bey dieser Gelegenheit habe ich mich zugleich auch überzeugt, daß der vorgenannte Herr Doctor die deutsche Sprache vollkommen geläufig und richtig spricht.[27]

In Istrien schienen nicht-standardisierte lokale Dialekte zu dieser Zeit fast dieselbe Bedeutung wie eine anerkannte Schriftsprache – etwa das Italienische, Illyrische, Krainische oder Deutsche – zu haben. Bemerkenswert ist, dass sich Jaklitsch selbst unter seiner Unterschrift als „Professor der deutschen Sprache und des Styls an der k.u.k. Commerz- und Nautischen Accademie [zu Triest, Anm. d. Verf.] und Kenner verschiedener slawischen Dialecte" auswies.[28]

Durch die Ethnisierung äußerte sich eine immer stärkere Spannung zwischen Pragmatismus und Ideologie in diesem vielsprachigen Raum. Ideologische Selbstdefinierung durch Ethnozentrismus prallte auf alltäglichen Pragmatismus. Tatsächliche Mehrsprachigkeit – auch in urbanen Zentren des ehedem vene-

---

26 *Joseph Hammer-Purgstall*, Vortrag über die Vielsprachigkeit, in: Die feierliche Sitzung der kaiserlichen Akademie der Wissenschaften am 29. Mai 1852, k.u.k. Hof- und Staatsdruckerei, Wien 1852, 96.

27 SI PAK KP, 302, Rodbina Madonizza, 7, Brief Joseph Jaklitsch (2.8.1847).

28 Joseph Jaklitsch hatte 1836 ein Buch auf Italienisch über die einfache Erwerbung der deutschen Sprache für das italienischsprachige Lesepublikum veröffentlicht, vgl. *Giuseppe Jaklitsch*, Studio della lingua alemanna. Metodo semplificato d'imparare la Lingua Tedesca, con o senza l'assistenza d'un Precettore, Sollinger, Vienna 1836. Auf dem Titelblatt stellte sich Jaklitsch als „öffentlicher Professor der Deutschen Sprache und des Stils, vormals Professor der Englischen Sprache, an der k.u.k. Nautischen Akademie zu Triest" („Pubblico Professore di Lingua Tedesca e di Stile, e già Professore di Lingua Inglese, all'Imp. Reg. Accademia Reale di Nautica a Trieste") vor. Im kurzen Vorwort erklärte er sein Ziel: Durch das gegenseitige Erlernen der Sprachen würden sich die benachbarten Völker Europas gegenseitig besser kennenlernen, respektieren und schätzen.

zianischen Istriens – stand im Gegensatz zu den ständigen und verzweifelten Deklarationen nationaler italienischer Reinheit während des Jahres 1848 und danach. Das Verschwinden und die Leugnung von Mehrsprachigkeit und Sprachmischungen aus den bürgerlichen Milieus zeigt sich deutlich in Verbindung mit der radikal veränderten Situation des Imperiums und Istriens im Neoabsolutismus, vor allem in Bezug auf das Ende des feudalen Systems. Hier spiegelte sich die schwierige Thematisierung und Kategorisierung der Formen alltäglicher nicht-schriftlicher Kommunikation in soziokulturell heterogenen Gebieten wider. Die slawischen Sprachen im Süden der Monarchie verfügten zu dieser Zeit noch über keine sprachwissenschaftlich fundierten Kodifizierungen als Schriftsprachen und waren meist auf alltägliche Verhandlungspraxen beschränkt.[29] Das Italienische konnte noch in den 1840er-Jahren dank seines Status als einziger Schriftsprache der Region leicht als die offizielle „Kultursprache" Istriens propagiert werden. Die Situation änderte sich massiv durch die Fortschritte in der sprachwissenschaftlichen Standardisierung der slawischen Mundarten.

Die kontextbezogene Haltung der bürgerlichen Schicht Istriens, die zwischen österreichischem Föderalismus und italienischem Nationalismus schwankte, spiegelte eine Art internen Sicherheitsverlust durch die zunehmende Unsicherheit von als „traditionell" betrachteten soziokulturellen Verhältnissen wider. In einer Zeit, in welcher der Sprache eine wachsende Relevanz als zentrales Identifikationsmittel zukam, stellte die Ablehnung des Italienischen als Amtssprache 1848 einen gefährlichen Schock dar. Zudem zeigten die slawischsprachigen Bourgeoisien der Monarchie durch den Slawenkongress in Prag und die zunehmende Standardisierung der slawischen Sprachen erneut ihr Potenzial, sich als konkurrenzfähige Führungsschichten auf lokaler Ebene zu präsentieren. Alle diese Faktoren weisen auf die Notwendigkeit einer politischen und kulturellen Neupositionierung der italienischsprachigen bürgerlichen Akteure in Istrien hin, durch die diese die eigene soziale Stellung bewahren konnten.[30]

6.2. Die konstitutionelle Ära: Nationalidee zwischen Ideologie und Pragmatismus (1859–1871)

Die neun Jahre von 1859 bis 1868 waren eine Phase der erneuten Zeitverdichtung aufgrund der Kriege 1859 und 1866 im Nordosten Italiens, der darauf folgenden Gründung des italienischen Königreiches 1861,[31] des Beginns der parlamenta-

[29] *Czörnig*, Ethnographie, 1, VIII–IX.

[30] *Kirchner Reill*, Nationalists, 199.

[31] Die Zentralität der kriegerischen Ereignisse von 1859 und 1866 für die politische Entwicklung einiger der istrischen italienischsprachigen *opinion makers* wurde von späteren Veröffentlichungen bestätigt, z. B. *Carlo Combi*, Istria. Studj. Storici e politici, Bernardoni, Milano 1886, VIII.

rischen Ära in der Monarchie 1860–1861 und der strukturellen Umwandlung der Monarchie 1867/68. Das Jahr 1861 stellte eine signifikante Wende in der politischen Entwicklung der istrischen Ordnung dar, da die Markgrafschaft Istrien zum ersten Mal in eine eigenständige Provinz mit eigenem Landtag umgewandelt wurde.[32] Nach dem Scheitern des Projektes eines einheitlichen Istriens 1848/49 versuchte die imperiale Macht nun zum zweiten Mal, die Struktur der regionalen Ordnung zu festigen und zu legitimieren. Die Region Istrien wurde mit Erlass des Kommunalgesetzes vom 10. Juli 1863 endgültig festgelegt, was die langandauernde, ambivalente Phase der Herausbildung der administrativen Struktur des modernen Istriens seit 1825 abschloss.[33]

Egidio Ivetic unterstreicht, dass sich die Seeschlacht von Lissa/Vis 1866 und die Eroberung Lombardo-Venetiens durch den italienischen Staat als der wahre Beginn der Teilung des adriatischen Raumes entlang nationaler, ethnozentrischer Differenzierungslinien erwiesen. Küstenistrien wurde zum ersten Mal seit einem Millennium politisch von Venedig bzw. Venetien getrennt und verlor endgültig seinen Status als venezianisches *Stato da Mar* Istriens.[34] Das Jahr 1866 bedeutete auch eine allgemeine Neuordnung der Monarchie durch die Etablierung Österreichs als Vielvölkerstaat in Verbindung mit dem österreichisch-ungarischen Ausgleich.

Die lokale Politik musste sich nun immer eingehender mit der massiven Einflussnahme des Zentralstaates und seines strategischen Interesses an der Befestigung der „österreichischen Krim“ auseinandersetzen. In diesem national entmischenden Moment wurde der zentrale politische und kulturelle Gegenpol mit dem sogenannten „Germanismus“ identifiziert. Die ursprüngliche Auseinandersetzung zwischen *region-building* – samt den regionalen Autonomiebestrebungen – und dem imperialen *state-building* an der Adriaküste wurde nach 1848 durch ethnisierende Markierungen eingefärbt. Aus istrischer Perspektive bedeutete Germanismus nach 1848 sowohl die expansionistischen großdeutschen Ansprüche auf den Adriabereich als auch die österreichische multinationale Staatspolitik.

Die Auseinandersetzung zwischen den „Italienern Istriens“ und den „Deutsch-Österreichern“ erwies sich in erster Instanz als brisanter als diejenige mit den „Slawen“, sogar bei deutschsprachigen Autoren. Nicht zufällig nannte der deutsche Reiseschriftsteller Kohl Istrien noch 1851 „ein deutsches Bundesland mit italienischer Sprache“ bzw. ein historisches Land des Deutschen Bundes, das aber neuerdings stark „italianisiert“ worden sei:

Die italienische Sprache ist hier, wie auch in Südtyrol und wie überhaupt überall an der ganzen Gränze, wo sie mit deutschen oder slavisch-deutschen Ländern gränzt, in

[32] *Perselli*, Censimenti, XV.
[33] Ebd., XVI.
[34] *Ivetic*, Un confine, 51.

einem stärkeren Umsichgreifen begriffen als die deutsche. Zwar haben im Jahre 1848 die Istrianer sogar – im Lande selbst erscheint Einem dieß wie ein Wunder – ihre Boten in das deutsche Parlament zu Frankfurt gesendet, zwar sprachen wir Deutschen, als wir für unsere Flotte schwärmten, auch von Pola und den anderen schönen istrischen Häfen, als von Stationsorten für unsere Schiffe, als von Arsenalen und Ankerplätzen, über die unsere deutsche Marine ohne Weiteres und mit noch viel mehr Recht als einst Jason und Medea verfügen könnte, aber nichtsdestoweniger ist dieses Land uns doch in den letzten Zeiten noch entfernter gerückt als in der Zeit, da es noch „Isterreich" hieß. Kennt doch jetzt fast Niemand mehr im Lande den alten deutschen Namen der Hauptstadt des Landes „Mitterburg", und gebraucht doch Jeder dafür den italienischen Namen: „Pisino." kann doch fast kein Possidente im Lande mehr die alten Privilegien und Briefe, welche seinen Vorfahren von deutschen Königen und Fürsten ausgestellt wurden, verstehen. Wird doch die ganze Literatur und Journalistik dieses deutschen Bundeslandes jetzt in italienischer Sprache geführt.[35]

Nach Vanni D'Alessios Analyse der soziopolitischen Entwicklung der inneristrischen Stadt Pisino/Pazin italianisierten sich die relevantesten lokalen und deutschsprachigen bürgerlichen Familien – wie etwa Richter, Prinz, Niederkorn – ab den 1850er-Jahren ziemlich rasch. Die politische Zusammensetzung der entmischenden Monarchie erforderte nun ein Zusammenstehen der lokal dominanten Schichten unter dem Schild des „Italienisch-Seins", um die eigenen Interessen wahren zu können.[36]

Was man als „Italianisierung" von Teilen der bürgerlichen Klasse Istriens in der zweiten Hälfte des Jahrhunderts bezeichnet, darf aber nicht als linearer Prozess betrachtet werden. Deshalb ist es hilfreich, die interpretative Kategorie der „situativen Ethnizität"[37] Till van Rahdens ins Spiel zu bringen, um die wechselnden Positionen sogar der politisch besonders aktiven italienischen Akteure besser zu berücksichtigen. Sowohl die nationalen als auch die regionalen Selbstbezeichnungen als „italienische Istrianer" oder „Italiener Istriens" sollten nicht als a-zeitlich und abstrahiert interpretiert werden. Vielmehr waren sie in einer Epoche immer schneller ablaufender Veränderungen (wie etwa 1859/60, 1866–1868, 1870/71) Ergebnisse einer komplexen, mehrschichtigen Reflexion und Selbstverhandlung einer bürgerlichen Schicht zwischen Region, Nation und Imperium.

Auf der politischen Ebene reagierte die Führungsschicht des italienischsprachigen Bürgertums Istriens auf die imperiale Entmischungsphase durch eine defensive Haltung. Ziel war die Bewahrung der lokalen Autonomien durch den Schutz der Verwendung des Italienischen als Bildungs- und Amtssprache. Schon im Laufe des Neoabsolutismus und insbesondere in den 1860er-Jahren kristallisierte sich ein radikaler und dramatischer Wandel heraus. Die anfänglich

---

[35] *Kohl*, Reise, 2, 450–451.
[36] *D'Alessio*, Il cuore, 101.
[37] *Van Rahden*, Jews, 89–93.

dynastie- und staatsloyalen Positionen sowie die Zurückhaltung hinsichtlich einer kulturell-nationalen als auch regionalen Selbst-Identifizierung wurden aufgegeben.

Dieser Wandel konkretisierte sich in der Landtagsitzung vom 16. April 1861, kurz nach der Eröffnung des neuen Reichstages und des allerersten istrischen Landtages, durch die Ablehnung der Entsendung eines eigener regionaler Abgeordneter nach Wien.[38] Diese politisch-strategische Ablehnung der Teilnahme an den parlamentarischen Arbeiten, die als „Niemandsbewegung“ oder „Niemandslandtag“ („dieta del nessuno“) Bekanntheit erlangte, war kein Unikum in der Monarchie, sondern folgte dem Vorbild der Landtage von Ungarn und Lombardo-Venetien. Dem istrischen Modell folgte später, 1873, auch der Triester Landtag.[39] Obwohl die Niemandsbewegung als eine risorgimentale, sogar irredentistische Erscheinung der Landesgeschichte interpretiert wurde[40], lässt sich diese radikale Entscheidung besser als binnenpolitische protektionistische Antwort der istrischen Elite auf die neue multinationale imperiale Politik erklären.

Die parlamentarische Ära des erneuerten Multinationalismus erwies sich auf der regionalen Ebene als eine Bedrohung für die lokale Elite. Nicht umsonst wurde die imperiale Politik der Umstrukturierung des Reiches auf Basis der Anerkennung aller Nationalitäten und Umgangssprachen ab 1860 seitens der italienischsprachigen Meinungsbildner als eine proslawische Politik und eine Machtausübung im Sinne eines *divide et impera* gegen ihre „historische“ Vormacht in Istrien wahrgenommen.[41] In diesem Sinn kann die *dieta del nessuno* und die politisch-nationale Verschanzung als empörte Ablehnung des slawischsprachigen Gegenparts - meist handelte es sich um bürgerliche, slawischsprachige Vertreter der ruralen Distrikte - als gleichgestellter Ansprechpartner interpretiert werden. In den offiziellen Diskursen der italienischsprachigen Meinungsbildner profilierte sich eine Allarmierung gegenüber den gegenwärtigen Veränderungen, insbesondere nach 1867, als der Multinationalismus mit der Gleichberechtigung

---

[38] Zur offiziellen Darstellung der Sitzung und Wahl vom 16. April 1861 vgl. Atti della dieta provinciale istriana, 1, 1863, 19–20. Zur Entwicklung des istrischen Landtages nach 1861 und des Wahlsystems in Istrien bis zum Ersten Weltkrieg vgl. *Ziller*, Sistema elettorale; *Vasilij Melik*, Istarski deželni zbor, in: Acta Histriae 7, 1999, 633–638.

[39] *D'Alessio*, Il cuore, 85; *Ugo Cova*, Der Landtag der Stadt Triest und ihres Gebietes, in Helmut Rumpler/Peter Urbanitsch (Hrsg.), Verfassung und Parlamentarismus. Die regionalen Repräsentativkörperschaften (Die Habsburgermonarchie 1848–1918 7/2), Verlag der Österreichischen Akademie der Wissenschaften, Wien 2000, 1941–1942.

[40] Vgl. *Giovanni Quarantotti*, L'Istria del Risorgimento. Storia della Dieta del nessuno, in: Atti e Memorie della Società istriana di archeologia e storia patria 48, 1936, 3–209; *Ders.*, La seconda Dieta istriana (1861–1867), in: Atti e memorie della Società istriana di archeologia e storia patria 71, 1971, 193–235.

[41] Vgl. *Pacifico Valussi*, L'Adriatico in relazione agli interessi nazionali dell'Italia, Jacob e Colmegna, Udine 1871, 50.

zur rechtlichen und politischen Realität wurde. Die angeblichen Anfeindungen durch die „Slawen" wurden in den italienischsprachigen Diskursen meist eng mit dem bedrohlichen Germanismus des österreichischen Staates verknüpft. Die Vorstellung von einem „Doppelfeind" begann sich in den 1860er-Jahren im Küstenland zu verbreiten,[42] vor allem und nicht zufällig nach der Wende 1867/68,[43] und hielt sich in der italienischsprachigen Publizistik bis zum Ersten Weltkrieg.[44]

In Istrien beruhte diese Verknüpfung der antigermanischen und antislawischen Propaganda insbesondere auf der Betrachtung der inneren Diversität der „Slawen". Aufgrund ihrer Inhomogenität wurden sie von der italienischen Propaganda als leichtes Opfer des Germanismus des multinationalen habsburgischen Staates und seiner Ethnisierungspolitik dargestellt. Die Ethnisierung der Bevölkerung Istriens durch Kategorisierungen sowie ihre politische Organisierung mit dem Aufkommen des Parlamentarismus auf nationaler Basis bedeuteten offensichtlich eine Bedrohung für die italienischsprachige Elite. Durch die wissenschaftliche Produktion von kulturellen Differenzen – im vorliegenden Fall durch die Markierung der Nationalität der slawischsprachigen ruralen Bevölkerung – erodierte das Imperium den historischen Kontrollraum des Küstenstreifens und des ex-venezianischen Istriens. D'Alessio präzisiert, dass die italienischsprachige Elite eine derart starke Präsenz der Slawischsprachigen im Küstenstreifen in den Ergebnissen der Ethnographie Czörnigs nicht erwartet hatte: Vor allem wurde die italienischsprachige Bevölkerung Istriens auf der *Ethnographischen Karte* 1855 visuell durch einen schmalen vertikalen gelben Streifen an der Küste Istriens dargestellt.[45] Diesbezüglich erlebten die italienischsprachigen bürgerlichen Schichten Istriens die Phase der ethnischen Klassifizierung durch Czörnig als zusätzlichen Schock. Die Wiedereroberungdurch die neuen kulturell-politischen Mittel wurde nun zur Herausforderung der italienischsprachigen Eliten, um die befürchtete Isolation abzuwenden.

Nichtsdestotrotz war die Tätigkeit der ersten Vertreter der entstehenden liberalen Partei Istriens sogar im Kriegsjahr 1859 stark von pragmatischer Vorsicht geprägt. Das galt etwa für Antonio Madonizza, seinen Cousin Nicolò Madonizza

[42] Zur Entwicklung des italienischsprachigen Antislawismus in Verbindung mit dem Antigermanismus und Antisemitismus im österreichischen Küstenland um die Jahrhundertwende vgl. *Tullia Catalan*, Linguaggi e stereotipi dell'antislavismo irredentista dalla fine dell'Ottocento alla Grande Guerra, in: Dies. (Hrsg.): Fratelli al massacro. Linguaggi e narrazioni della Prima guerra mondiale, Viella, Roma 2015, 39–68.

[43] Zur Parallelität antislawischer und antigermanischer Propaganda in Triest in den 1860er-Jahren vgl. *Francesco Toncich*, Narrazioni e pratiche politiche antislave a Trieste tra città e campagna (1850–1871), in: Acta Histriae 25/3, 2017, 556.

[44] *Mario Alberti*, La lutte antigermanique dans le Méditerranée et dans l'Adriatique, Paris-Lausanne 1917; *Ders.*, L'irredentismo senza romanticismi, Cavallieri, Como 1936; *Attilio Tamaro*, Trieste et son role antigermanique, Éditions Georges Crès & Co., Paris/Zürich 1917; *Ruggero Fauro Timeus*, Trieste, Garzoni Provenzani, Roma 1914; *Ders.*, Scritti politici, (1911–1915), Lloyd triestino, Trieste 1929.

[45] *D'Alessio*, Il cuore, 68.

(1811–1894) und Carlo de Franceschi.[46] Obwohl im Laufe der 1860er-Jahre ein ethnozentrischer Wandel deutlich spürbar ist, sollte dieser nicht als ein absolutes Trennungsmoment ohne Ambiguitäten gedacht werden – wie nicht zuletzt die politische Biographie von Antonio Madonizza zeigt.[47] Obwohl sich die italienischsprachigen Akteure als eine uneinheitliche Gruppierung erwiesen, postulierten imperiale Beamte zu dieser Zeit die Existenz einer kompakten Gruppe von „Italienern Istriens" – wie etwa 1848 der Kreishauptmann Grimschitz oder die statistisch-ethnographischen Studien Czörnigs.

Die italienischsprachigen Akteure Istriens spalteten sich speziell nach den Kriegen von 1859/60 und 1866 nach ihrem Wohnort in zwei Gruppen auf. Denn in dieser Phase verließen einige Vertreter der italienischsprachigen Gesellschaft und Politik die Habsburgermonarchie und siedelten nach Italien um, wo sie neue Karrieren als Journalisten, Lehrer oder Akademiker begannen, wie etwa Carlo Combi (1827–1884), Tomaso Luciani (1818–1894), Paolo Tedeschi (1826–1911) und Pietro Madonizza (1843–1890). Die Gründe für die Emigration waren vielfältig: Sie reichten von politischer Verdächtigung bis hin zu beruflichen Motiven oder zum Wunsch, ein Studium an den Universitäten in Nordostitalien – Padua, Bologna, Pisa – zu absolvieren, da die Habsburgermonarchie nach 1866 bekanntlich keine italienische Universität mehr aufwies.[48] Die emigrierten Istrianer bildeten jedenfalls eine kleine, aber laute Minderheit der bürgerlichen und aristokratischen Vertreter Istriens, und kehrten meist nicht mehr zurück. Sie waren in den folgenden Jahrzehnten in italienischen Städten tätig, meist in Venedig oder Mailand. Trotzdem hielten sie zu der Elite in Istrien, die 1861 die politische Bühne betreten hatte, Kontakt.

Im Vergleich zu den Emigrierten, die sich ab den 1860er-Jahren mit dem neu gegründeten italienischen Nationalstaat identifizieren konnten, zeichneten sich die meisten der Verbliebenen durch eine pragmatischere Haltung aus. Diese wurde in der späteren nationalen Geschichtsschreibung meist unterschätzt und verkannt. Damit sollte die Position der Verbliebenen (der Mehrheit) mit derjenigen der Emigrierten (einer Minderheit) gleichgesetzt und somit alle „Istrianer" unterschiedslos den „Irredentisten" zugeordnet werden. In diesem Zusammenhang soll die umstrittene Idee eines in Istrien existierenden Vorirredentismus[49]

[46] *Apollonio*, Libertà, 148.

[47] *Negrelli*, Madonizza.

[48] *Apollonio*, Libertà, 220–222.

[49] Der Begriff „Vorirredentismus" wird hier wie bei Angelo Ara bereits für die Zeit vor der Gründung des ersten offiziellen irredentistischen Vereines verwendet. Die Associazione pro Italia irredenta wurde 1877 in Neapel unter der Mitarbeit von Matteo Renato Imbriani und Giuseppe Avezzana gegründet, vgl. *Angelo Ara*, L'immagine dell'Austria in Italia (1848–1918), in: Ders., Fra Austria e Italia. Dalle Cinque Giornate alla questione altoatesina, Del Bianco, Udine 1987, 164. Ara sieht im Jahre 1866 – d. h. mit dem letzten „risorgimentalen Einheitskrieg" zwischen der Habsburgermonarchie und dem italienischen Reich sowie Frankreich – den Beginn eines einheitlichen Diskurses über irredentistische Ansprüche, insbesondere mit der

als eine einheitliche Bewegung in Frage gestellt werden.[50] Aus einigen späteren Veröffentlichungen in italienischer Sprache aus den 1870er/80er-Jahren – 1877 wurde die Irredenta-Bewegung in Neapel gegründet – wird noch deutlicher, wie die Positionen sogar der besonders national eingestellten Politiker und Schriftsteller aus Istrien – sogar jene der Emigrierten – nicht einfach dem italienischen adriatischen Irredentismus zugeschrieben werden können. Vielmehr lehnten Italienischsprachige aus Istrien es selbst ab, mit dem Irredentismus in Verbindung gebracht zu werden, vor allem um sich als besondere, eigenständige Gruppe zu definieren. Diese nicht-irredentistische Position der „Italiener Istriens" wird beispielsweise im Vorwort zur ersten Schriftensammlung Combis 1886 – kurz nach dessen Tod – in Mailand seitens eines istrischen anonymen Verfassers beschrieben, wo die Irredentisten sogar als „Radikale unterschiedlicher Coleur" beschrieben werden, mit denen die Istrianer nichts gemein hätten[51]:

Ma noi non siamo irragionevoli, e non abbiamo mai preteso che L'Italia, senza tenere alcun conto delle condizioni della politica generale, avesse *hic et nunc* a dichiarare guerra all'Austria per tentare il conquisto dell'Istria. [...] Perocchè noi non abbiamo nulla di comune coi cosiddetti *irredentisti*, radicali di più tinte, pei quali le provincie irredente servono solo di pretesto a combattere il Governo monarchico.

Veröffentlichung der beiden Schriften Giuseppe Mazzinis *La Pace* (*Der Friede*) und *Manifesto dell'alleanza repubblicana* (*Manifest des republikanischen Bundes*). Wie schon Angelo Vivante 1912 bemerkte, hatte sogar Mazzini, der als einer der Väter des Irredentismus galt, „keine gradlinige und beständige Idee" in Bezug auf die Ansprüche Italiens auf die „unerlösten Länder", zumindest bis 1866 nicht, vgl. *Vivante*, Irredentismo, 60. Darüber hinaus muss der Irredentismus prinzipiell als ein Phänomen der Politik innerhalb des italienischen Königreiches verstanden werden, das eher auf der italienischen Halbinsel verortet war. Daher wird jede ethnozentrische, politisierte Interpretation der Entwicklung des „adriatischen Irredentismus" (der Begriff stammt aus Angelo Vivante, 1912) abgelehnt, die die Entstehung eines irredentistischen Diskurses aus einer teleologischen, nationalistischen und objektivierenden Perspektive schon im Vormärz und in den Jahren 1848/49 verortet, wie etwa bei *Carlo Schiffrer*, Le origini dell'irredentismo triestino (1813–1860), Del Bianco, Udine 1978 (1. Ausgabe: Istituto delle Edizioni Accademiche, Udine 1937).

[50] Die Analyse bezieht sich hier nicht ausschließlich auf die nationalisierte Historiographie über den nordöstlichen Adriaraum auf italienischer Sprache aus dem ausklingenden 19. und dem 20. Jahrhundert – wie etwa Attilio Hortis, Attilio Tamaro, Ruggero Fauro Timeus, Jacopo Cavalli, Francesco Salata. Sogar die demokratische, „patriotische" Geschichtsschreibung nach dem Ersten Weltkrieg – wie etwa Ernesto Sestan, Giovanni Quarantotti, Carlo Schiffrer – teilte grundsätzlich dieselbe ethnozentrische, nationalistische und antislawische Einstellung der nationalistischen Geschichtsschreiber – wenngleich mit wichtigen Unterschieden –, die auf dem verbreiteten italienischen Antislawismus und der scharfen ethnozentrischen Trennung zwischen „Italienern" und „Slawen" basierte: vgl. *Verginella*, Il paradigma, 782–787. Zur Verwendung des Begriffes „Irredentismus" im adriatischen Kontext vgl. *Vivante*, Irredentismo; *Alceo Riosa*, Adriatico irredento. Italiani e slavi sotto la lente francese 1793–1918, Guida, Napoli 2009. Für eine problematisierende und dekonstruierende Analyse der italienischsprachigen Historiographie des 20. Jahrhunderts.

[51] *Combi*, Istria, XVI–XVII.

I nostri propositi sono adunque assai temperati: aspettiamo e confidiamo in un avvenire, che alla nostra fede apparisce immancabile.[52]

Unabhängig von einer politisch pragmatischen oder einer überzeugten Haltung schien die österreichische Monarchie nicht als widersprüchliches Zugehörigkeitsmuster seitens der italienischsprachigen Bewohner Istriens empfunden worden zu sein. Während einer Rede im istrischen Landtag 1861 präsentierte sich Antonio Madonizza als Vertreter des Liberalismus innerhalb des politischen Systems der Habsburgermonarchie. Außerdem sandte er dem Kaiser einen monarchietreuen Dankesbrief.[53]

Ein anderer Hauptvertreter der ersten Generation lokaler italienischsprachiger Intellektueller und Politiker sowie Vorsitzender des istrischen Landtages Carlo de Franceschi hielt 1879 fest, dass die Eliten aus dem ehedem venezianischen Teil Istrien die österreichische Staatlichkeit 1797 problemlos akzeptiert hätten:

L'Istria veneta accettava tranquillamente l'occupazione austriaca. Il governo cercò affezionarsi la popolazione con misure saggie e prudenti, tra cui quella di lasciar intatti ovunque gli scolpiti leoni alati, stemma della caduta Repubblica, i quali rispettati anche dal governo francese, durarono tuttodì frequenti più che in qualsiasi altra provincia, conservati a gradita memoria di cinque secoli di fedele soggezione alla gloriosa regina dell'Adriatico.[54]

Die Worte de Franceschis zeigen die lang anhaltende Wirksamkeit der Mimesis des österreichischen Imperialismus in Bezug auf die venezianische Vergangenheit. Die Monarchie ließ die venezianischen Löwen in Istrien symbolisch unberührt und es gab 1822 sogar Projekte bezüglich einer Eingliederung Istriens in die Region Lombardo-Venetien.[55] In einem, im Madonizza-Nachlass erhaltenen Manuskript aus der Mitte der 1870er-Jahre wird erklärt, dass der Markuslöwe 1797 auf den Gebäuden von Capodistria/Koper sowie in vielen anderen Orten Istriens dank einem Befehl des österreichischen Kaisers vor dem Vandalismus

[52] „Wir sind aber nicht vermessen, und wir haben nie verlangt, dass Italien *hic et nunc* – ohne Beachtung der gesamtpolitischen Situation – Österreich den Krieg erklären sollte, um die Eroberung Istriens zu versuchen. [...] Wir haben also nichts gemein mit den so genannten *Irredentisten*, Radikalen unterschiedlicher Färbung, denen die unerlösten [unter österreichischer Herrschaft stehenden, Anm. d. Verf.] Provinzen nur als Vorwand dienen, um die monarchische Regierung [Italiens, Anm. d. Verf.] zu bekämpfen. Unsere Absichten sind daher sehr gemäßigt: Wir warten und vertrauen auf eine unabwendbare Zukunft.“, Ebd., XVI.

[53] Dieta provinciale d'Istria, in: Osservatore triestino 89, 19. April 1861, 713–714.

[54] „Das venezianische Istrien akzeptierte die österreichische Besetzung widerstandslos. Die Regierung versuchte, das Wohlwollen der Bevölkerung durch vernünftige und umsichtige Maßnahmen zu gewinnen. So wurden unter anderem die Skulpturen des geflügelten Löwen – das Wappen der untergangenen Republik – überall intakt gelassen: ein Symbol, das auch von der französischen Regierung respektiert wurde. Sie überlebten bis heute und sind hier häufiger als in jeder anderen [venezianischen] Provinz anzutreffen, als lebendige Erinnerung an fünf Jahrhunderte treuer Ergebenheit gegenüber der glorreichen Königin der Adria.“, *Carlo de Franceschi*, L'Istria. Note storiche, Coana, Parenzo 1879, 457.

[55] Ebd., 456–476.

des Volkes geschützt wurde. Im venezianischen Kernland existierte dagegen keine Spur des Markuslöwen mehr:

Che il Leone di S. Marco siasi conservato su questo come su altri edifici di Capodistria e in moltissimi altri luoghi dell'Istria, mentre sul continente veneziano quasi non ve n'è traccia, si deve ad un ordine dell'imperatore (1797), il quale difese questi leoni dal vandalismo popolare.[56]

Diese Einstellung der istrischen Eliten gegenüber Österreich kann nicht ausschließlich aus einer nationalisierten Perspektive betrachtet werden, sondern als andauernder Selbstverhandlungsprozess im Rahmen des österreichischen imperialen *re-orderings*. Ein wissenschaftlicher, kulturpolitischer Diskurs auf Italienisch wurde meistens innerhalb des Rahmens der habsburgischen Monarchie entwickelt. Sogar die Prägung einer ethnozentrischen italienischen Identifizierung zeigte sich letztlich als ein hybrider Prozess, bei dem die Verhandlung zwischen unterschiedlichen kulturellen und politischen Identifizierungsmustern wichtiger war als die Deklarierung von Homogenität.

Unter diesem Aspekt schien die Stellung der Emigrierten in Italien einfacher zu sein, primär nicht deshalb, weil sie sich in Italien klar als „italienisch" deklarieren konnten, sondern eher, weil sie direkte Zugänge zu den wichtigsten Archiven für die Entwicklung eines national-historischen Kontinuitätsnarratives Istriens hatten. Wie schon 1843 erklärte Carlo de Franceschi 1879 erneut, dass sich die relevanten Quellen über Istrien nicht in Istrien selbst, sondern in „weit entfernten Archiven und Bibliotheken" („nei lontani archivi e biblioteche") befänden.[57] Vor allem nach dem Verlust von Lombardo-Venetien 1866 zeigte sich die starke Abhängigkeit der istrischen Ordnung von externen Makro-Machtstrukturen wie den Imperien (Österreich und Venedig). Die Herstellung einer lokal und imperial konkurrenzfähigen Geschichtsschreibung und Ethnographie nach der eigenen regionalen Ordnungsvorstellung musste mit der Makrogeschichte dieser historischen imperialen Ordnung selbst verknüpft werden. Grund dafür war, dass die Mikrogeschichte – diejenige aus den lokalen Archiven – den Zielen der inneren Homogenisierung nicht ganz entsprach.

Diese Abhängigkeit der nationalen Frage von der Schaffung einer eigenen regionalen Identität zeigte sich im Zeitraum zwischen Ende der 1850er- und dem Beginn der 1870er-Jahren am deutlichsten an einigen Intellektuellen und Politikern im italienischen Königreich – wie etwa Pacifico Valussi, Carlo Combi und Sigismondo Bonfiglio –, die mit den istrischen Emigrierten in Verbindung

[56] „Dass der Markuslöwe auf diesem wie auf weiteren Gebäuden in Capodistria und in vielen anderen Ortschaften Istriens erhalten blieb, ist einem Befehl des [österreichischen] Kaisers (1797) zu verdanken, der diese Löwen vor der Zerstörungswut des Volkes schützte. Hingegen gibt es auf dem venezianischen Festland fast keine Spur mehr von ihnen.", SI PAK KP, 302, Rodbina Madonizza (1564–1911), 3, Raccolta di memorie storiche ed artistiche della città di Capodistria, 1874.

[57] *Franceschi*, L'Istria, 5.

standen.[58] Insbesondere nach seiner nationalistischen „Bekehrung"[59] etablierte Valussi – der ehemalige Redakteur der multinationalen Zeitschrift *La Favilla* – in den entscheidenden Jahren 1861 und 1871 seinen neuen imperialistischen Diskurs über die „natürlichen Rechte" sowie „naturgegebenen Grenzen" („limites tracées par la nature") Italiens im Adriaraum.[60] Durch die Arbeiten solcher *ousider*-Meinungsbildner trat das Küstenland nun in den internationalen „Kampf um die Adria" ein und der Diskurs Valussis wurde zur Basis für die neue nationalistisch-expansionistische Rhetorik des (Vor-)Irredentismus.[61]

Bezüglich der internen Situation der istrischen Halbinsel kann die lokale istrische Politik aber nicht auf solche Betrachtungen einer „externen" politisierten Minderheit reduziert werden. Vielmehr zeigte sich die innere politische und kulturelle Auseinandersetzung Istriens seit den 1850er-Jahren viel komplexer. Hinter der Nationalitätenfrage stand eine Verflechtung mehrerer Perspektiven, Interessen und Fragen. In diesem Sinn enthüllten Begriffe und Diskurse in Verbindung mit „Kultur", „Sprache" sowie „Nation" sozioökonomische Realitäten, die in den vorangegangenen Jahrzehnten auf der sozialen und (neuerdings auch) politischen Ebene immer spürbarer geworden waren.

6.3. Kampf um das Land: Liberalismus zwischen Veränderung in der Landwirtschaft und materiellen Interessen

Liberalismus stand in der politischen Arena Istriens vor allem für Autonomiebestrebungen in der Politik- und Steuerverwaltung sowie antiklerikale Einstellungen[62] in der Zeit des sogenannten Kulturkampfes bzw. in der Auseinandersetzung um das Konkordat mit dem Heiligen Stuhl (1855) und die Religionsgesetze (1868).[63] Solche Einstellungen forderten in der parlamentarischen Ära ab 1860 eine Wende hin zur Entwicklung einer föderalistischen Steuer- und Amtsstruktur, welche die Verpflichtungen des Zentralstaates beschränkte und viele der Auf-

[58] *Vivante*, Irredentismo, 175; *Ara*, L'immagine, 164.

[59] „Il miracolo dell'unità lo ha trasformato": Mit diesen ironischen Worten beschrieb Angelo Vivante 1912 die radikale Verwandlung Pacifico Valussis nach der Enttäuschung über die gescheiterte Märzrevolution, weg von Theorien über eine multinationale italienisch-slawische Koexistenz hin zu einer nationalistischen und imperialistischen Propaganda. Vgl. *Vivante*, Irredentismo, 50.

[60] *Pacifico Valussi*, Trieste et l'Istrie. Leurs droits dans la question italienne, Cappelli, Rocca San Casciano 1954 (1. Ausgabe: E. Dentu, Paris 1861); *Ders.*, L'Adriatico.

[61] *Borut Klabjan*, „Scramble for Adria": Discourses of Appropriation of the Adriatic Space Before and After World War I, in: Austrian History Yearbooks 42, 2011, 16–32.

[62] *Almerigo Apollonio*, Alcuni aspetti dell'autogoverno comunale e provinciale in età asburgica, in: Quaderni giuliani di storia 23, 2002, 190.

[63] *Karl Vocelka*, Verfassung und Konkordat? Der publizistische und politische Kampf der österreichischen Liberalen um die Religionsgesetze des Jahres 1868, Verlag der Österreichischen Akademie der Wissenschaften, Wien 1978; *Apollonio*, Libertà, 93.

gaben der lokalen Ordnungen – Provinzen und Gemeinden – dezentralisierte.[64] Eine Selbstverwaltung wurde von der österreichischen Regierung schon in den 1850er-Jahren einigen größeren und heterogeneren Kronländern zugestanden, etwa Böhmen, Mähren, der Steiermark, Tirol und dem Küstenland.[65]

Im Allgemeinen war die Tätigkeit der liberalnationalen Partei und ihrer Vertreter eher pragmatisch als national idealistisch.[66] Sie folgte im Laufe der zweiten Hälfte des Jahrhunderts den politischen Binnenlogiken des österreichischen Reiches und zeigte sich – trotz der Enthaltungsstrategie der Niemandsbewegung – als halbwegs kompromissbereit. Wie Antonio Madonizza 1861 bei einer Sitzung des istrischen Landtages erklärte, sei „der Triumph der liberalen Idee die Basis des Wohlstandes der Völker und die Rettung der Throne".[67] Je nach Situation waren die Vertreter der liberalnationalen Partei zu Vermittlungen und Kompromissen bereit, jedoch immer mit dem Ziel der eigenen sozioökonomischen Vormachtstellung in der Region.[68]

In sozialer Hinsicht sicherte das Zensuswahlgesetz des Landtages die Position des Großgrundbesitzertums, das sich mit fünf Sitzen im istrischen Landtag – die sogenannte erste Kurie – als eine eigene Schicht organisierte.[69] Wie schon mehrmals ausgeführt, waren einige der ersten einflussreichen italienischsprachigen Meinungsbildner und Wissenschaftler Istriens seit der ersten Hälfte des Jahrhunderts Vertreter der lokalen Grundbesitzerschicht. Diese war in Istrien besonders beschaffen: Anders als in anderen Ländern der Monarchie stellte sie in erster Linie keine alteingesessene, monarchietreue Adelsschicht dar. In Istrien bestand sie aus einer italienischsprachigen, ex-venezianischen Bourgeoisie und Kleinaristokratie und stand in enger Verbindung mit den bürgerlichen liberalen Schichten der städtischen Zentren. Die Großgrundbesitzer Istriens pflegten meist keine besondere Beziehung zur habsburgischen Staatsstruktur.[70]

Die Landwirtschaft übte einen starken Einfluss auf soziale, politische und kulturelle Aspekte aus. Zwischen 1851 und 1862 wurde die istrische Halbinsel von einer massiven landwirtschaftlichen Krise erschüttert, die mehrere Gründe hatte. Neben dem Auftreten epidemischer und parasitärer Pflanzenkrankheiten (Echter Mehltau) sowie der Pebrine-Krankheit des Seidenspinners[71] und allgemeinen klimatischen Veränderungen (Ende der „kleinen Eiszeit" mit einem

---

[64] *Judson*, Habsburg, 345–424; *Rumpler*, Eine Chance, 341–345.
[65] *Rumpler*, Eine Chance, 328.
[66] *Ivetic*, L'Istria nel tempo, 450.
[67] Dieta provinciale dell'Istria, in: Osservatore triestino 89, 19. April 1861, 713.
[68] *Apollonio*, Libertà, 94–95, 135–135.
[69] *Ziller*, Sistema, 540–541; *Appollonio*, Libertà, 147.
[70] *Ziller*, Sistema, 546.
[71] Zur Verbreitung der Seidenspinnerzucht am Ende der 1850er-Jahren in Friaul und im Küstenland vgl. *Orlandini*, Sulla malattia dei bachi da seta, in: L'Annotatore friulano 6/21, 27. Mai 1858, 182; Seme di Bachi da seta, in: L'Annotatore friulano 6/23, 10. Juni 1858, 205.

einhergehenden Anstieg der Erdtemperatur)[72] stand die kontroverse Abschaffung der Reste feudaler Frondienste in Verbindung mit der Veränderung und Modernisierung in der istrischen Landwirtschaft im Vordergrund.[73]

Ebenso relevant war – in Hinsicht auf die Nationalität – das Thema der Erneuerung der Landwirtschaft, welche die bisherigen sozialen Verhältnisse unvermeidlich in Frage stellte. Es ging darum, wer diese epochale Modernisierung auf der lokalen Ebene leitete: Der zentrale Staat samt seinen lokalen Beamten und Institutionen oder das Netzwerk von lokalen bürgerlichen Familien, meist Vertreter der Großgrundbesitzer Istriens.

Ab 1848 reformierte die imperiale Ordnung die Landwirtschaft selbst durch die Abschaffung von inneren Zollgrenzen sowie der Relikte feudaler Frondienste und die Forderung nach dem Bau von Infrastrukturen, die neue sozioökonomische Handlungsräume schufen. Wie der Historiker Alan Sked bemerkt, galten die Reformen als materielle Voraussetzung für die Entwicklung einer effizienteren Staatlichkeit und die Verbreitung der modernen westeuropäischen Staatsbürgerschaft.[74] Zwischen 1862 und 1869 wurden die letzten feudalen Frondienste endgültig abgeschafft.[75] Dies wurde auch in der späteren Publizistik in italienischer Sprache als epochales Ereignis und wichtiger Erfolg dargestellt.[76] Die Überwindung des alten, ineffizienten Agrarsystems und die Umstellung auf eine modernere, industrialisierte und wissenschaftlichere Landwirtschaft waren programmatische Punkte, die nur von einer modernen liberalen Partei vertreten und gefördert werden konnten. Der Regierungskommissar Carlo Graf Coronini-Cronberg lobte während der Eröffnungsrede des istrischen Landtages 1861 das Bemühen des Zentralstaates um Durchsetzung einer modernen Agrarpolitik, und definierte das alte System mit seiner „hybriden, unsicheren und umstrittenen" Struktur als negativen Gegenpol.[77] Hybridität wurde so zu einem

---

[72] *Brian M. Fagan*, The Little Ice Age. How Climate Made History (1300–1850), Basic Books, New York 2000; *Wolfgang Behringer/Hartmut Lehmann/Christian Pfister* (Hrsg.), Kulturelle Konsequenzen der „Kleinen Eiszeit". Cultural Consequences of the „Little Ice Age", Vandenhoeck & Ruprecht, Göttingen 2005.

[73] *Denis Visintin*, L'agro istriano nella seconda metà del XIX secolo, in: Histria 5, 2015, 88; *Alan Sked*, The Decline and Fall of the Habsburg Empire, Longman, London/New York 1989, 158.

[74] *Sked*, The Decline, 157–167.

[75] *Visintin*, L'agro, 83–84.

[76] „Nel '48 […] furono abolite le decime, e, per la proclamazione dell'eguaglianza di tutti i cittadini in faccia alla legge, cessarono i privilegi della nobiltà e del clero. Così le leggi sull'esonero del suolo abolirono senza compenso le prestazioni personali dei vassalli, siccome quelle che accusavano maggiore ingiustizia e avevano avuto in gran parte origine dall'arbitrio, e riscattarono i terreni, che rimasero proprietà del contadino, col trasformarli in capitali pecuniari. […] Nel '62, la legge abolì totalmente i vincoli di feudalità.", *Lorenzo Gonan*, La storia istriana in dialoghi famigliari, Caprin, Trieste 1888, 188–189.

[77] Resoconto della prima seduta svoltasi il 6 aprile 1861, in: Atti della Dieta provinciale istriana, 1, 1.

Marker für die Rückständigkeit des alten Regimes und als hinderlich für eine Modernisierung angesehen: „[...] la proprietà fondiaria derivata dal medio evo, ibrida, incerta, contrastata, cangiavasi in proprietà civile, libera, piena [...].“[78]

Diese sozioökonomische Umstellung nach 1848 brachte erhebliche Konsequenzen mit sich. In der bürgerlichen istrischen Presse wurde sie noch Ende der 1860er-Jahre als erster Schritt hin zur Freiheit vom alten Regime betrachtet:

Nell'anno 1848 uno dei più pronti e benefici effetti del primo soffio di libertà, che spirava in allora in Austria, quello certamente si fu della Legge 7 Settembre dello stesso anno, siccome quella che aboliva il nesso personale di sudditela, ogni aggravio del suolo, il dominio di avvocazione, ed ogni distinzione tra fondi dominicali e rusticali, e che togliendo così dalla schiavitù della gleba migliaja di uomini, e grandissime estensioni di terreni fecondati dal sudore della loro fronte, si lasciava il loro pieno e libero dominio.[79]

Anderseits stellten die Reformen auch eine Herausforderung für die lokale Führungsschicht dar: Die Maßnahmen brachten neue sozioökonomische Akteure hervor, die im Laufe der Zeit nach einer eigenen politischen Vertretung strebten. Für die italienischsprachige Führungsschicht hätte dies jedoch den Verlust der Kontrolle über die istrische Gesellschaft sowie die Knotenpunkte der regionalen landwirtschaftlichen Produktion bedeutet.

Nicht zufällig war der politische Liberalismus der bürgerlichen Eliten Istriens in den folgenden Jahrzehnten eng mit der Agrarfrage verbunden. Dies zeigte sich als ein „Kampf um das Land“ mit seinen materiellen und menschlichen Ressourcen.[80] Das „Land“ spielte ab den 1860er-Jahren eine zentrale Rolle bei der soziopolitischen Umstrukturierung der Halbinsel sowie des ganzen Küstenlandes und des benachbarten Friauls, da die Reformen der 1850er/60er-Jahre auch die Strukturen der von der Landwirtschaft abhängigen Familien tiefgründig veränderten.[81] In verschiedenen Teilen Istriens hatten die Landarbeiter bis dahin ihren Wohnsitz in den kleineren Städten und Dörfer, unweit von ihren Äckern und Feldern. Zwischen den 1850er- und 1870er-Jahren hingegen begann sich das rurale Territorium aufgrund der Landwirtschaftsreformen, der Abschaffung des feudalen Systems und der Schaffung des Kleinbesitzes zu verändern, auch

[78] „Das aus dem Mittelalter stammende hybride, unsichere, umstrittene Grundeigentum hat sich in einen bürgerlichen, freien, umfassenden Besitz verwandelt.“, Ebd.

[79] „Der Wind der Freiheit, der damals durch Österreich wehte, führte prompt zu einem konkreten, positiven Ergebnis: dem am 7. September 1848 erlassenen Gesetz, das für jedes Individuum jegliche Unterwerfung, jeden Flurzwang, das Recht auf Beschlagnahme und jede Unterscheidung zwischen Pachtertrag und Landertrag abschaffte. Damit wurde die Sklaverei der Leibeigenschaft für Tausende von Menschen aufgehoben, und zugleich wurden riesige Landflächen, die zuvor mit dem Schweiß ihrer Stirn gedüngt worden waren, vollständig in freien Besitz übergeben.“, Abolizione de' feudi in Istria, in: La Provincia dell'Istria 3/3, 1. Februar 1869, 274.

[80] *Visintin*, L'agro.

[81] Seconda esposizione di fiori, erbaggi e frutta che ha avuto luogo in Trieste nel settembre 1858, in: L'Annotatore friulano 6/48, 2. Dezember 1858, 419.

mit der Entstehung neuer kleiner Bauernhöfe und Anbauflächen.[82] So wurde das „Land" schrittweise zum zentralen Feld politischer Auseinandersetzungen.

Der „Kampf um das Land" beeinflusste ab 1861 sogar die große politische Auseinandersetzung um die Niemandsbewegung im istrischen Landtag.[83] Darüber hinaus erfolgte die Auflösung des ersten istrischen Landtages 1863 seitens der Triester Statthalterei nicht aus nationalistischen oder separatistischen Gründen – wie die nationalistische Geschichtsschreibung argumentiert –, sondern eher wegen der starken föderalistischen Widerstände gegen die zentralistische Kontrolle des Staates.[84] Bemerkenswert für die protektionistische und autonomistische Haltung der Mehrheit der istrischen Landtagsabgeordneten war die Sitzung vom 16. April 1861, als die Niemandsbewegung ihren Anfang nahm. Neben der Enthaltungsstrategie bezüglich der Entsendung von Vertretern nach Wien diskutierten die Abgeordneten in dieser Sitzung auch eine Reihe von infrastrukturellen, sozialen und landwirtschaftlichen Reformprojekten.[85]

Die politischen Vertreter des frühen Liberalismus konzentrierten sich hauptsächlich auf Themen die landwirtschaftliche Verwaltung und Forschung betreffend: Politik und Landwirtschaft verschmolzen in einem kohärenten Diskurs und Programm. Wie der Historiker Camillo de Franceschi 1926 in der Biographie seines Vaters Carlo erklärte, spielte die damit verbundene Gründung der Società Agraria Istriana (Istrische Agrargesellschaft) 1868 eine zentrale politische Rolle als erste gemeinsame Organisation der Vertreter des istrischen Liberalismus und stand in direkter Verbindung mit der „Niemandsbewegung":

La *Società Agraria Istriana*, sorta nel 1868 per iniziativa degli uomini del *Nessuno* con a capo il marchese Gian Paolo Polesini, stringeva per la prima volta in un'organica colleganza spirituale tutti i patrioti italiani della provincia, che negli annuali congressi generali imparavano a conoscersi, intendersi e affratellarsi.[86]

Die Società sorgte für eine agrarische Ausbildung durch landwirtschaftliche Schulen und Wanderlehrer, um der Bauernschaft die neuesten agrartechnischen Kenntnisse beizubringen,[87] wobei solche Initiativen teilweise auf den Widerstand der Bauern und Bäuerinnen stießen.[88] Gleichzeitig galt die wichtigste Zeitschrift der liberalnationalen Partei, *La provincia dell'Istria*, seit 1870 auch als Organ der

[82] *Apollonio*, Le tristi condizioni, 265–266.

[83] Almerigo Apollonio schließt den Einfluss der Agrarfrage auf die Entscheidung für die Niemandsbewegung von 1861 nicht a priori und gänzlich aus vgl. *Apollonio*, Libertá, 158.

[84] Ebd., 218.

[85] Dieta provinciale d'Istria, in: Osservatore triestino 89, 19. April 1861, 714.

[86] „Die *istrische Agrargesellschaft*, die 1868 auf Initiative der Männer der *Niemandsbewegung* unter Leitung von Marquis Gian Paolo Polesini gegründet wurde, bildete als erste Instanz ein intellektuelles Netzwerk für alle italienischen Patrioten der Provinz, die sich bei ihren Jahreskongressen allmählich kennenlernten, immer besser verstanden und sich schließlich verbündeten.", *Franceschi*, Prefazione, in: Ders., Memorie autobiografiche, 33.

[87] Annuario della Società Agraria Istriana, 1, Appolonio e Caprin, Trieste 1870, 70.

[88] *Visintin*, L'agro, 90–93.

Istrischen Agrargesellschaft. Sie wurde 1867 – im Jahr des Ausgleiches – durch die nach Italien emigrierten Tomaso Luciani und Carlo Combi und die Vertreter der prominentesten bürgerlichen Familien Istriens in Capodistria gegründet. *La provincia dell'Istria* war die erste Zeitschrift, die von lokalen Führungsschichten für das lokale Bürgertum erstellt wurde.[89] Die Großgrundbesitzerfamilie Madonizza erwies sich dabei als tonangebend: Die ersten beiden Redakteure waren Nicolò und Pietro de Madonizza – ein Verwandter des oben erwähnten gleichnamigen Arztes. Die Akten der Zeitungsredaktion innerhalb des Familiennachlasses zeigen die dominierende Rolle der Madonizzas in diesem publizistischen Projekt auf.[90] *La provincia dell'Istria*, für welche die wichtigsten Vertreter aus Politik und Wissenschaft – sowohl emigrierte als auch lokal ansässige Istrianer – Artikel verfassten,[91] widmete sich ausdrücklich der Verbesserung der landwirtschaftlichen Zustände Istriens, in enger Verbindung mit politischen Themen:

> In particolare poi, riguardo a questa prima parte degli adopramenti del giornale, l'assunto, che gli vorremmo proprio, si è di promuove principalmente le misure più atte a rilevare le condizioni economiche della provincia, a diffondervi l'istruzione, a incoraggiarvi la beneficienza e a darle quel logico indirizzo, pel quale abbiamo quasi innumerevoli ammaestramenti.[92]

Dieses Interesse an pragmatischen Fragen führte die Praxis aus der ersten Hälfte des Jahrhunderts fort, die Verbesserung der materiellen Basis der regionalen Ordnung durch Verbreitung agrarwissenschaftlicher Kenntnisse aus der internationalen Wissenschaft mittels der lokale Presse zu fördern.[93] In diesem Sinn bedeutete Autonomiebestrebung nicht unbedingt Selbstisolationismus, sondern vielmehr Selbstbestimmung durch die Verknüpfung mit imperialen und internationalen Wissensnetzwerken und die Kontrolle über die Zirkulation von Kenntnissen und Techniken.

Die enge Verbindung von Landwirtschaft, Modernisierung und politisch-nationaler Selbstidentifikation ist kein Sonderfall Istriens, sondern lässt sich auch in Bezug auf das italienische Königreich feststellen. Der Nachlass der Familie Madonizza ist ein wichtiges Zeugnis für die politische Neuordnung der istri-

---

[89] Il nostro programma, in: La Provincia dell'Istria 1/1, 1. September 1867, 1–2.

[90] SI PAK KP, 302, Rodbina Madonizza, 29.

[91] Darunter Tomaso Luciani, Carlo Combi, Antonio Madonizza, Nicolò de Madonizza, Pietro Madonizza, Anteo Gravisi, Carlo de Franceschi, Andrea Amoroso, Paolo Tedeschi, Marco Tamaro, Giovanni Vesnaver.

[92] „Was das Anliegen dieser Zeitung betrifft, wollen wir sie in dieser ersten Phase vor allem dazu nutzen, die geeignetsten Maßnahmen zur Verbesserung der wirtschaftlichen Situation der Provinz zu unterstützen, die Bildung zu fördern, Sie zu Wohltätigkeit aufzurufen und so der Provinz diesen folgerechten Weg in die Zukunft aufzuzeigen. An Kompetenz und Erfahrungen fehlt es schließlich nicht.", Il nostro programma, in: La Provincia dell'Istria 1/1, 1. September 1867, 2.

[93] *Marcello Bogneri*, La stampa periodica italiana in Istria (1807–1947), Italo Svevo, Trieste 1986, 13–14.

schen Machtelite auf der Basis von pragmatischen Interessen an der Kontrolle des Landes und ihrer ökonomischen Produktion. Zahlreiche Dokumente aus dem Nachlass Madonizza bestätigen die Relevanz der Landwirtschaft sowie ihrer Kontrolle und Verwaltung, auch in Verbindung mit sozialen Fragen. Bezüglich der Modernisierung der Landwirtschaft Istriens zeigt sich ein Weiterbestehen von Verbindungen der lokalen Eliten zu Wissensnetzwerken der italienischen Halbinsel, die aus der Zeit der Kongresse der italienischen Wissenschaftler aus den 1830er/40er-Jahren stammten. Die Familie Madonizza korrespondierte noch in den frühen 1870er-Jahren mit italienischen Agronomen und agrotechnischen Unternehmen – etwa der Firma Fissore aus Tortona, Piemont – bezüglich der Übermittlung von Werkzeugen und Know-how.[94]

Außerdem bezeugen die zahlreichen Rechnungsbücher die sozioökonomisch einflussreiche Stellung der Familie in der lokalen Zivilgesellschaft. Die Madonizzas bildeten eine mächtige Interessensgruppe, von der ein breites sozioökonomisches Netzwerk in der lokalen Gesellschaft abhängig war. Die Rechnungsbücher für landwirtschaftliche und industrielle Aktivitäten sowie Abgaben- und Mieteinnahmen zeigen lange Listen mit Namen von Pächtern und Arbeitern, die auf Grundstücken und in kommerziellen und industriellen Betrieben in und um Capodistria/Koper tätig waren. Nicht zufällig stand die Familie an der Spitze der Istrischen Agrargesellschaft.[95] Dies zeigt, dass sie auch durch die Entwicklung einer ersten Industrialisierung stark in den Prozess der Modernisierung der istrischen Wirtschaft involviert war.[96] Zu dieser Zeit verfügten nationalistische italienische Meinungsbildner teilweise auch über fundierte landwirtschaftliche Kenntnisse. So verfasste beispielsweise Pacifico Valussi – einer der Urheber der Begriffe „naturgegebene Grenzen Italiens“ und „freiwillige Assimilation“ in Bezug auf Istrien – nach 1848/49 Texte über landwirtschaftliche Themen und hielt sogar öffentliche Vorträge über das Thema der Landwirtschaft Friauls und des Küstenlandes.[97] Die Sorge um den prekären und isolierten landwirtschaftlichen Zustand Istriens konnte zeitweise nationalisierte italienische und imperiale österreichische Autoren einigen.[98]

Auf der Ebene der materiellen, pragmatischen Interessen spielten die Vertreter der liberalnationalen Partei ihre Karten mit Hilfe der Wissenschaft aus. Um die Region und das Land unter ihre Kontrolle zu bringen, wollte die liberale Schicht

[94] SI PAK KP, 302, Rodbina Madonizza, 40.

[95] SI PAK KP, 302, Rodbina Madonizza, 32.

[96] SI PAK KP, 302, Rodbina Madonizza, 1; 12; 20; 26.

[97] Dies zeigt beispielsweise folgende Notiz: „Nelle ultime *lezioni d'agricoltura* continuò il Dr. ingegnere Locatelli a discorrere delle irrigazioni indicando i varii modi di procacciarsi l'acqua e quest'uopo ed il D.r Valussi trattò dei lavori del suolo, considerandone l'azione rispetto alla vegetazione delle piante.“, Cose urbane e della provincia, in: L'annotatore friulano 6/13, 1. April 1858, 108.

[98] *Pacifico Valussi*, Del rinnovamento economico dell'Istria, in: Combi, Porta orientale, 99–115; Istrien (1863); *Visintin*, L'agro, 84.

Istriens den Wiener und Triester Staatsinstitutionen ihre Fähigkeiten als führende Akteure der Modernisierung der Region zeigen. Die Tätigkeit der Istrischen Agrargesellschaft sowie Veröffentlichungen zu kulturellen und landwirtschaftlichen Themen zielten darauf ab, mit Worten und Zahlen die eigene Führungsfähigkeit zu beweisen. Das beste Beispiel dafür ist die landwirtschaftlich-historisch-soziokulturelle Studie Carlo de Franceschis aus dem Jahre 1871 mit dem Titel *Descrizione del Margraviato d'Istria (Beschreibung der Markgrafschaft Istrien)*,[99] die er im Auftrag der Società agraria istriana verfasste.[100] De Franceschi gliederte das Buch auf Basis der klassischen Betrachtung der inneren Diversität Istriens, nach Czörnigs Reorganisierungs- und Repräsentationsvorbild:

> Difficilmente potrà trovarsi una provincia che entro il perimetro di appena 86 leghe quadrate, presenti come l'Istria nelle sue parti una sì svariata e marcata differenza di condizioni topografiche, geologiche, climatiche ed agricole, senza parlare delle etnografiche e di quelle di civiltà. Ond'è che per discorrere adeguatamente delle condizioni stesse, ed offrire un quadro possibilmente esatto e chiaro della provincia, si è creduto opportuno di scompartirla in non meno di quindici regioni, e descriverle ciascuna separatamente.[101]

Gleichzeitig verwendete de Franceschi eine ausgeprägt interdisziplinäre Analyse- und Darstellungsweise: Die Beschreibung jeder der 15 territorialen Einheiten Istriens beinhaltet historisch-anthropologische Aspekte ebenso wie topographisch-geologisch-klimatische Merkmale. Jedes Kapitel gipfelt aber in (land-)wirtschaftlichen Beschreibungen mit statistischen Tabellen zu den „natürlich-ökonomischen Bedingungen". Die Tabellen am Schluss jedes Kapitels sollten die Beherrschung moderner wissenschaftlicher Analysemethoden beweisen und so die Kompetenz und Konkurrenzfähigkeit der italienischsprachigen Führungsschicht bezeugen.

Der Anspruch auf die Kontrolle der Agrarfrage war aber nicht ausschließlich ein Faktor der Trennung der istrischen Gesellschaft. Einerseits trug er sicherlich dazu bei, die wechselhaften sozialen Kräfteverhältnisse nach dem nationalen Muster neu zu verteilen. Es handelte sich um einen komplexen Versuch der

---

[99] *Carlo de Franceschi*, Descrizione del Margraviato d'Istria, in: Annuario della Società Agraria Istriana 2, Appolonio e Caprin, Trieste 1871, 53–236.

[100] „Essa [Società agraria istriana, Anm. d. Verf.) promosse, tra l'altro, la compilazione d'una statistica provinciale dei prodotti e redditi agricoli con aggiuntavi la *Descrizione del Margraviato d'Istria in riguardo alle sue condizioni naturali ed agricole e relative industrie*, opera questa commessa alla sperimentata competenza di mio padre e da lui stampata nel secondo *Annuario* sociale (Trieste, Tip. Appolonio e Caprin, 1871)", *Franceschi*, Prefazione, 33.

[101] „Es dürfte schwierig sein, eine andere Provinz wie Istrien zu finden, die auf einer Fläche von nur 86 Quadratmeilen eine solch bedeutende Vielfalt von topographischen, geologischen, klimatischen und landwirtschaftlichen Bedingungen aufweist, ganz zu schweigen von den ethnographischen und kulturellen Faktoren. Um über diese verschiedenen Bedingungen angemessen zu diskutieren sowie ein genaues und klares Bild der Provinz zu präsentieren, halten wir es für sinnvoll, sie in fünfzehn Regionen einzuteilen und jede für sich zu beschreiben.", Ebd., 55.

Schaffung neuer Verhandlungsoptionen seitens der bisherigen Führungsschicht für die Adaptierung an die neue imperiale Ordnung, die Ethnisierung der Monarchie und die neu entstehenden Sozialverhältnisse. Andererseits konnten sich aber bisweilen italienisch- und slawischsprachige politische und soziale Akteure unter dem Schild des autonomistischen Liberalismus zusammentun. Im Gegensatz zu oft gewalttätig ausgetragenen Konflikten um die Schulfrage und andere kulturpolitische Themen stimmten italienisch- und slawischsprachige Abgeordnete in Diskussionen über die Agrarfrage oft überein.[102] Liberalismus bedeutete letztlich die gemeinsame Ablehnung aller feudalen Privilegien zwecks Etablierung der „naturgegebenen Rechte" der „Völker" durch die Autonomie.[103] Teilweise wählten Teile der slowenisch- und kroatischsprachigen ruralen Gesellschaft – vor allem des Küstenstreifens – bis zum Ende des 19. Jahrhunderts in Anlehnung an den gemeinsamen anti-feudalen Kampf 1848/49 und die 1860er-Jahre auch italienischsprachige Vertreter der liberalen Partei.[104] Obwohl die untersten sozialen Schichten (Bauern und Handwerker) wegen des Zensuswahlsystems stark benachteiligt waren,[105] blieben ihre Vertreter nicht immer aus der Stadtvertretung ausgeschlossen. Manchmal wurden Vertreter der einzelnen Bauernorte und Dörfer in die städtischen Versammlungen entsandt.[106]

Andererseits ist es unumstritten, dass einige Vertreter des istrischen Bürgertums – vor allem der Großgrundbesitzer – schon 1848/49 ihre „Italianität" proklamierten, sowohl in Bezug auf die externe Kategorisierung als „Hybrid" als auch hinsichtlich der Verkündigung des antifeudalen Reichsgesetzes. Solche Deklarierungen wurden aber mit einer anderen Realität konfrontiert.[107] Wie der Historiker Egidio Ivetic erklärt, blieb der Begriff „Italien" selbst für das 19. Jahrhundert undefiniert und wurde von istrischen Autoren verschiedenartig konnotiert.[108] Als viel realer als sämtliche Deklarierungen nationaler Zugehörigkeiten erschienen der oben skizzierte „Kampf um das Land" und die Agrarfrage. Statt eines rein „ideologischen" sollte ein „pragmatischer Nationalismus" postuliert werden, der sich kontextbezogener als alle möglichen nationalen Idealismen zeigte. Er hatte – angesichts wechselnder lokaler sowie imperialer Rahmenbedingungen – die Suche nach neuen Verhandlungsräumen im Rahmen einer Überlebens- und Befestigungsstrategie als Führungsschicht zum Ziel.

---

[102] *Visintin*, L'agro, 95; *Apollonio*, Libertà, 126; *Ders.*, Alcuni aspetti, 191–192; Vgl. dazu Juraj Dobrilas Rede am 21. März 1863: Atti della Dieta provinciale istriana, 1, 587.

[103] *Giulio Cervani*, La borghesia triestina nell'età del Risorgimento. Figure e problemi, Del Bianco, Udine 1969, 125–129.

[104] *Appollonio*, Autogoverno, 26–27.

[105] *Ziller*, Sistema, 543–544.

[106] *Apollonio*, Alcuni aspetti, 193.

[107] *Ivetic*, Un confine, 219.

[108] Ebd., 207–208.

6.4. Die verlorene maritime Identifizierung: Die „Venezianität" als alternative Ordnungsvorstellung

Die Struktur der regionalen und kommunalen Autonomie in Istrien hatte Schwachpunkte, dazu zählte vor allem das Fehlen eines solidarischen Steuer- und Redistributionssystems, das für einen Ausgleich zwischen wirtschaftlich florierenden und stagnierenden Gemeinden in Istrien gesorgt hätte. Dies bedingte eine chronische Instabilität, welche die Einheit der Halbinsel und ihre Integration in die küstenländische und imperiale Ordnung auf ökonomischer Ebene in Frage stellte. Der Unterschied zwischen Küstenstreifen und Inland schien so augenscheinlich zu sein, dass ein zeitgenössischer Beobachter noch 1867 bemerkte: „L'interno dell'Istria, discosto dal mare e richiuso dalle montagne e montuoso esso stesso, fu sinora, più che non era da supporsi, negletto, quasi fosse un paese di pochissimo conto, e immeritevole di riguardi e cure."[109] Wegen einer jahrhundertelang vernachlässigten infrastrukturellen und kulturellen Verbindung zum Inland scheint die italienischsprachige Bourgeoise Küstenistriens in eine maritime Perspektive eingebunden gewesen zu sein, die auf die italienische Halbinsel gerichtet war. Der „pragmatische Nationalismus" beruhte auch auf Handelsinteressen der Eliten des istrischen Küstenstreifens. Noch bis zum Ende des 1860er-Jahren waren diese aus kommerziellen Gründen – z. B. in Hinsicht auf den Export von Wein und Salz – eng mit dem italienischen Königreich – vor allem den venezianischen Regionen – verbunden.[110]

In den 1850er/60er-Jahren erlebte der Küstenstreifen Istriens eine gewisse Isolation innerhalb des Küstenlandes selbst, nicht nur wegen der Konsequenzen der Niederlage der aufständischen Repubblica di San Marco. Die Exklusion Istriens aus dem Triester Freihafen-Zollsystem 1852 behinderte den ökonomischen Aufstieg der istrischen Küste beträchtlich und verstärkte das Isolationsgefühl der politisch führenden lokalen Schichten sowie der zivilen Gesellschaft des Küstenstreifens. Ziel des Reiches war eine schärfere Trennung der historischen Verbindung des istrischen Küstenstreifens mit Venedig, Venetien und der Emilia-Romagna durch eine „kontinentale Umlenkung" des Handels vom Adriaraum ins österreichische bzw. ungarisch-kroatische Hinterland. 1860 drückte Giovanni Rosa die Befürchtung der istrischen Führungsschicht der Küste hinsichtlich der Erosion der maritimen Struktur Istriens folgendermaßen aus:

> Conseguenza del vedersi il Governo sempre vinto in tale suo pertinace intento non sono forse le dogane? e proverbiale cosa non è, che per mezzo di esse credevasi a Vienna di

[109] „Das Innere Istriens, weit entfernt vom Meer und von Bergen abgeschottet und selbst auch bergig, wurde bis heute vernachlässigt, als wäre es ein unbedeutendes Land, das keinerlei Beachtung wert sei.", Dell'Istria e della Carnia rispetto al Carnio, in: La Provincia dell'Istria 1/2, 16. September 1867, 12.

[110] Il sale istriano e le provincie venete, in: La Provincia dell'Istria 2/1, 1. Januar 1868, 66–67.

scemare le relazioni commerciali lì degli abitanti della costa con quelli della Venezia e Romagna, e costringerli ai traffici interni colla Croazia ed Ungheria, onde slavizzarli?[111]

Diese Entwicklung drohte die jahrhundertelange maritime Perspektive des Küstenstreifens entscheidend zu destabilisieren.[112] Die Staatsobrigkeiten versuchten auch durch die schrittweise Ethnisierung der istrischen Gesellschaft – vor allem derjenigen in der ex-venezianischen Hälfte – Istrien wirtschaftlich und kulturell so weit wie möglich von Lombardo-Venetien zu trennen. Ziel war es, die gesamte Halbinsel durch eine „dynastisch-kontinentale Organisation" besser zu kontrollieren und zu verwalten.[113] In einem Teil der Publizistik wurde die – teilweise schon präsente – kontinentale Ziege immer häufiger als Symbol für die Einheit der Region gewählt, die für den ex-venezianischen Küstenstreifen einen symbolischen Ersatz für den venezianischen Markuslöwen darstellte. Der Vergleich zwischen zwei Veröffentlichungen von Kandler und Caprin in zwei unterschiedlichen Perioden veranschaulicht die gegensätzliche Symbolik: 1855 war auf der Titelseite in Kandlers Werk *Indicazioni per riconoscere le cose storiche del Litorale* das kontinental-imperiale Symbol der Ziege[114] abgebildet, während 1905 die Titelseite des zweibändigen Werkes *Istria nobilissima* Caprins den Markuslöwen zeigte.[115]

In Reaktion darauf begann sich nach 1850 die Idee der maritimen Identität Istriens zu verfestigen. Dies erwies sich als Suche nach einem neuen Identifizierungsmuster einer Region – oder zumindest eines Teiles derselben –, die durch den Handelsaustausch innerhalb des gemeinsamen Adriaraumes bestimmt gewesen war. Die maritime Perspektive drang in die identitätsstiftenden Diskurse der „Italiener Istriens" ein,[116] doch nach der politischen Abtrennung Istriens von Venetien 1866 mussten sich diese Diskurse eine neue Basis suchen. Die enge Verbindung mit Venedig schien sich zu lockern. Der Diskurs über die „maritime Identität", die schrittweise ethnozentrischer wurde, folgte der Verschiebung der imperialen Seemachtprojekte von Venedig ins Küstenland, von deren Vorteilen die lokalen Eliten jedoch nicht profitieren konnten. Demzufolge wurde der Mythos Venedig schrittweise vom Mythos Triest als das „neue Venedig" abgelöst.

---

[111] „Sind die Zölle etwa nicht das Ergebnis der Unbelehrbarkeit der Regierung? Ist es nicht allgemein bekannt, dass die Herrscher in Wien dank jener Zölle sowie dank der Slawisierungspolitik glauben, den Seehandel mit den Küstenbewohnern Venetiens und der Romagna zu unterminieren, und sie zum Binnenhandel mit Kroatien und Ungarn zu zwingen?", *Giovanni Rosa*, La nazionalità degli Istriani, Colnago, Milano 1860, 13–14.

[112] *Apollonio*, Alcuni aspetti, 191; *Ders.*, Libertà, 155–157.

[113] *Ders.*, L'Istria, 329.

[114] *Kandler*, Indicazioni.

[115] *Giuseppe Caprin*, Istria nobilissima, Schimpff, Trieste 1905/1907. Zur Entwicklung des Mythos Venedig bei Giuseppe Caprin vgl. *Kristjan Knez*, L'Istria Nobilissima di Giuseppe Caprin. Retaggio del passato e patrimonio artistico-culturale della penisola istriana, 2, in: Atti del Centro di ricerche storiche Rovigno 42, 2012, 449–482.

[116] Corrispondenza dall'Istria, in: L'annotatore friulano 6/18, 8. Mai 1858, 151–152.

1860 wurde die Zollgrenze zwischen Triest und den istrischen Häfen endlich abgeschafft.[117] Seither wurde die Stadt immer häufiger als zentraler Bezugspunkt und Hauptstadt der istrischen Seeordnung in der Publizistik betrachtet.[118] Diese Idee wurde 1889 in *Marine istriane* (*Istrische Seeküsten*) von Giuseppe Caprin aus Capodistria/Koper (1843–1904) aufgegriffen. Nach Caprins Darstellung galt Triest als die industrielle, moderne und pulsierende „Hauptstadt", die in Friaul und vor allem Istrien ihr agrarisches Hinterland und ihre „poetische Seele" besitze:

Trieste, adagiata nel braccio del golfo, in una positura di città svelta, s'avvolge nella nebbia che vien su dall'acqua tra il fumo delle industrie. È la capitale che raccoglie intorno a sé ogni mattina le vele di tutte le figliole. Essa ha nel Friuli e nell'Istria i suoi orti, i suoi giardini, le sue vigne, la sua poesia.[119]

Caprins Darstellung war kein Unikum: Ein Jahr später tauchte dieselbe Betrachtung in einer historischen und volkskundlichen Studie über die *Volksstämme im Gebiete von Triest und in Istrien* des Triestiner Staats-Oberrealschullehrers Pietro Tomasin auf.[120] Diese neue Perspektive und die engere Verbindung Istriens zu Triest musste aber erst konstruiert werden und brauchte dafür eine legitimierende historische Basis.[121]

Die Herstellung eines „historischen Rechts" auf die Vorrangstellung in der Region, auch durch Diskurse über den atavistischen Zusammenstoß zwischen „Slawen" und „Latinern", wurde zum vorrangigen Ziel der italienischsprachigen Forschung in der zweiten Hälfte des 19. Jahrhunderts.[122] Diese mentale Trennung zwischen zwei zentralen Gruppen beruhte aber nicht nur auf der Grenzziehung zwischen unterschiedlichen Sprachgruppen oder zwischen Stadt und Land.[123] Daneben war nach 1848 die alte Trennung zwischen der Küste und dem Hinterland der Halbinsel in Schriften politisch unterschiedlich eingestellter Autoren weiterhin präsent. Zentral für die Schaffung der mentalen Trennung zwischen Meer/Küste und Inland war der konservative und dynastieloyale Pietro Kandler,

---

[117] *Apollonio*, Libertà, 155–156.

[118] Es ist bemerkenswert, dass diese Idee schon 1866 dem istrischen sowie dem italienischen Publikum präsentiert wurde: Vgl. La provincia dell'Istria e la città di Trieste. Atti dei mesi di giugno, luglio e agosto 1866, Barbera, Firenze 1866.

[119] „Die pulsierende Stadt Triest wird vom Golf umarmt und umhüllt vom Nebel, der aus dem Wasser aufsteigt, und sich mit dem Rauch der Fabriken vermischt. Sie ist die Hauptstadt, die jeden Morgen die Segel aller ihrer Töchter [der istrischen Küstenstädte, Anm. d. Verf.] in den Hafen holt. All ihre Gärten, ihre Weinberge, ihre poetische Seele liegen in Friaul und in Istrien.", *Giuseppe Caprin*, Marine istriane, Caprin, Trieste 1889, 51.

[120] Vgl. *Petrus Tomasin*, Die Volksstämme im Gebiete von Triest und in Istrien. Eine ethnographische Studie, Schimpff, Triest 1890.

[121] Schon 1830 betrachtete Pietro Stancovich Triest als ein Zentrum innerhalb des historischen Raumes Istrien: Vgl. *Stancovich*, Trieste non fu villaggio carnico.

[122] *Ivetic*, La popolazione, 252–253.

[123] *Verginella*, Il paradigma, 779–781.

der in den 1860er-Jahren diese entmischende Lesart archäologisch und historisch begründete:

Le marine sempre e dapertutto [sic!] mirarono a fare da sé; antico è il detto, la montagna non dover comandare alla marina; quelle colonie che per via di mare tennero le isole e le spiaggie [sic!] meglio portuose di questo lunghissimo litorale, e che furono di greci, o di grecanici, guardavano li montanari siccome nemici e barbari; e versa vice i montanari guardavano le colonie marittime siccome nemiche e straniere.[124]

Die Annäherung zwischen den Bourgeoisien Istriens und Triests wurde nur in einer Zeit starker Veränderungen und damit verbundener Enttäuschungen denkbar. Einerseits entpuppte sich die konservative, neoabsolutistische Bach'sche Ära 1849–1859 wegen der mangelnden Verwirklichung der angestrebten Reformen als enttäuschend für die Eliten Triests, die seitdem nach der politischen und kulturellen Einigung mit den italienischsprachigen istrischen Eliten suchten.[125] Andererseits lässt sich eine Belebung des Mythos der venezianischen Vergangenheit in der italienischsprachigen Publizistik bemerken, die eine Folge der Ablehnung des Italienischen als Amtssprache Istriens 1848 und des Verlusts Venetiens 1866 war.

Als sich die österreichische Staatlichkeit – nicht zuletzt durch eine ethnisierende Verwaltungspolitik – ab den 1850er-Jahren immer stärker auf der lokalen Ebene bemerkbar machte und ein wechselseitiges Misstrauens zwischen den lokalen italienischsprachigen Eliten und der österreichischen deutschsprachigen Bürokratie entstand, wurde Venedigs Vergangenheit zum zentralen Thema der „Istrianität".[126] Der Mythos der venezianischen Vergangenheit hatte in der lokalen Publizistik der ersten Hälfte des 19. Jahrhunderts gefehlt. Dagegen erlebte er nach 1848/49 eine Blüte, die bis zum 20. Jahrhundert anhielt, wie sich in der Produktion von wissenschaftlicher Literatur über die neuzeitliche Geschichte der Halbinsel in der zweiten Hälfte des 19. Jahrhunderts zeigt.[127] Die italienischsprachigen istrischen Eliten standen in der Zeit unmittelbar nach dem Ende der Ära Napoleons der österreichischen Herrschaft insgesamt positiv gegenüber. Die letzte und „dekadente" Phase der venezianischen Republik wurde in Istrien als eine negative Zeit betrachtet, sodass die neue habsburgische Herrschaft voller Hoffnung auf die Wiedereinführung von Ordnung begrüßt wurde.[128] Darüber

[124] „Die Küstenorte hatten schon immer und überall das Bestreben, unabhängig zu sein. Der alte Spruch geht so: Die Berge sollen nie über die Küste befehlen. Jene von den Altgriechen beherrschten Kolonien, die vom Meer aus die Inseln und die produktivsten Orte entlang dieser langen Küsten beherrschten, betrachteten die Bergbewohner als Feinde und Barbaren; und diese wiederum erachteten die Küstenkolonien als feindlich und fremd.", *Pietro Kandler*, Iscrizione romana del secolo IIII dell'era comune tratta da vecchi ruderi in Veglia, Herrmanstorfer, Tieste 1862, 4.

[125] *D'Alessio*, Il cuore, 89.

[126] *Ivetic*, Un confine, 199.

[127] *Trampus*, Tradizione, 18–19.

[128] *Ivetic*, Un confine, 195.

hinaus vermittelte die geographische Nähe zu Venedig kein Gefühl des Verlustes. Zudem brachte der Niedergang Venedigs Vorteile für das Küstenland mit sich.[129]

Wie zuvor aufgeführt, veränderte sich diese Stimmung relativ bald – im Laufe der 1830er/40er-Jahren – mit Einführung einer invasiven, deutschsprachigen Bürokratie, die von der lokalen Bevölkerung als ein „Fremdkörper" wahrgenommen wurde.[130] Das Thema der historischen Kontinuität und des „historischen Rechts" der Italienischsprachigen Istriens schien eine Reaktion auf das Projekt der „österreichischen Krim" zu sein, das nach der Märzrevolution das Misstrauen gegenüber der als extern wahrgenommenen österreichischen Bürokratie verstärkte.[131] Außerdem profilierte es sich als eine Antwort auf die enttäuschenden und bedrohlichen Kategorisierungen Czörnigs, welche die „Italiener" als ethnische Minderheit im Vergleich mit den „Slawen" und anderen „Volksstämmen" am schmalen Küstenstreifen oder in den Stadtzentren verortet hatten. Die Venezianität diente der Verankerung als ethnisch homogene, aber zahlenmäßig verminderte Gruppe. Daneben zielte diese Idee auf die Herstellung der eigenen alternativen Vorstellung von einer Einheit der Halbinsel unter der sozialen und kulturellen Vorherrschaft des Italienischen ab. Sie sollte auf historischer Basis die Eingliederung des immer schon österreichischen Inneristrien in die ex-venezianische Istrianität legitimieren.

Ein weiterer Aspekt der historisch-geokulturellen Zugehörigkeit Istriens erhielt 1863 einen wichtigen Befürworter in Person des Görzer Sprachwissenschaftlers Graziadio Isaia Ascoli. Dieser schuf den Begriff „Venezia Giulia" für eine sprachlich-kulturelle Makroregion der „drei Venetien" – Welschtirol, (das eigentliche) Venetien und Triest-Istrien.[132] Wie die Historikerin Marina Cattaruzza bemerkt, stand diese Erzählung eines „Großvenetiens" nicht in Verbindung mit einer ausdrücklich separatistisch-irredentistischen Idee. Sie zielte in den Anfangsjahren der parlamentarischen Ära im Habsburgerreich eher auf die Verstärkung der politischen Stellung und autonomistischen Bestrebungen der italienischen Minderheitsparteien Istriens und Triests im imperialen Reichsrat bzw. in den regionalen Landtagen ab. Insbesondere im Moment der Reduzierung der Zahl der Italienischsprachigen in der Monarchie durch die territorialen Verluste im Nordosten Italiens und der gleichzeitigen Ethnisierung des Reiches von oben blickte Ascoli damit eher auf Wien und die Monarchie, und nicht auf Rom und Italien.[133]

---

[129] *Apollonio*, Libertà, 66.

[130] *D'Alessio*, Il cuore, 53–54. Zum Misstrauen der italienischsprachigen Bürger gegenüber der intrusiven österreichischen Bürokratie vgl. *Michele Fachinetti*, Elemento nazionale, in: Supplemento al N. 95 dell'Osservatore triestino, 9. August 1848, 701.

[131] *Giulio Cervani*, Il Risorgimento, in: Fulvio Salimbeni (Hrsg.), Istria. Storia di una regione di frontiera, Morcelliana, Brescia 1994, 113–114; *D'Alessio*, il cuore, 53–57.

[132] *Graziadio Isaia Ascoli*, Il significato della denominazione „Le Venezie" (Milano, 23 agosto 1863), in: Salata, Il diritto, 402–403.

[133] *Marina Cattaruzza*, L'Italia e il confine orientale (1866–2006), Il Mulino, Bologna 2007,

Diese Analyse des späten Mythos der Venezianität und der maritimen Dimension Istriens stimmt nur partiell mit der Interpretation des Historikers Filippo Maria Paladini von 2010 bezüglich identitätsstiftender Narrative der venezianischen Vergangenheit im Adriabecken im 19. und 20. Jahrhundert überein.[134] Paladini definiert die sogenannte Venezianität mithilfe der interpretativen Dialektik zwischen „Sehnsucht" und „Ressentiment" nach der Auflösung der Repubblica di San Marco. Die erklärte Sehnsucht nach Letzterer als eine verlorene „kollektive Identität" im Nordosten des Adriaraumes stand demnach unmittelbar in Verbindung mit einem verbreiteten Gefühl des Ressentiments, das – statt resignierender Trauerarbeit – eine aktive und reflektierende Haltung möglich machte. Die Italienischsprachigen im nordöstlichen Adriaraum konnten oder wollten nach Paladini das Gefühl des Verlustes gar nicht verarbeiten, damit das Ressentiment sowie sein ideologisch-politisches und emotionales Identifizierungspotenzial wachgehalten werden konnte. Nach dem Verlust Venedigs definierte sich die Sehnsucht als aktives und selbstreflektierendes Ressentiment,[135] was zur Entwicklung weiterer politischer Forderungen nach einer Eingliederung in die italienische Nation führte.[136] Doch das galt primär für Dalmatien.

Eine solche Idee hatte in Istrien nicht unmittelbar nach 1797 ihren Ursprung, sondern eher 1848/49, im Schock der Märzrevolution und dem folgenden Umbau der Monarchie durch den Ethnisierungsprozess. Insbesondere war diese Idee eine Konsequenz der Repositionierung während der Schaffung der „österreichischen Krim", als das Isolationsgefühl der Elite Istriens als bedrohlich empfunden wurde. Auch nach 1797 und 1813 blieben die alltäglichen Kontakte zwischen Venedig und dem istrischen Küstenstreifen davon unberührt. Diese als selbstverständlich wahrgenommene Beziehung wurde erst nach der venezianischen Revolution von 1848 und dem folgenden Verlust 1866 in Frage gestellt. Vor dem Zeitraum 1848–1866 war die Entwicklung eines Verlusts- und Sehnsuchtsgefühls kaum notwendig. Daher erschien diese komplexe Konstruktion des historisch-kulturellen Mythos Venedig verspätet und diente der kontextbezogenen politischen und kulturellen Repositionierung der lokalen Bourgeoise. Die Narrative über den Untergang Venedigs in Istrien verbargen die Wunde der Enttäuschung von 1848/49.

Durch diesen Prozess verlor die „Venezianität" ihre einende Natur in multisprachlichen Räumen. Das Muster einer gemeinsamen historischen „adriatischen Identität" – einer Art vornationales „Commonwealth" – schien in dieser

20. Die Studie Cattaruzzas stellt eine allgemeine Darstellung des Irredentismus und der Identitätsmuster der sogenannten „Ostgrenze" aus der italienischen Perspektive.

[134] *Filippo Maria Paladini*, Patrie ulteriori, nostalgia e rancori. Venezia e l'Adriatico orientale, in: Rolf Petri (Hrsg.), Nostalgia. Memoria e passaggi tra le sponde dell'Adriatico (Venetiana 7), Edizioni di storia e letteratura, Roma 2010, 179–212.

[135] Ebd., 188.

[136] Ebd., 186–187.

Zeit eine entscheidende Veränderung zu erleben.[137] Nach der Enttäuschung von 1848/49 verwandelte sich die italienische Sprache in der Vorstellung schrittweise von einer vornationalen, inklusiven und verbindenden Sprache der Hochkultur und der Kommunikation in einem mehrsprachigen Raum[138] – also einer Lingua franca – zu einer exklusiven nationalen Sprache mit einem zunehmend stärkeren Trennungspotenzial.[139] Die neue exkludierende Verwendung der italienischen Sprache zeigte sich schon während der Anfangszeit der konstitutionellen Ära und des istrischen Landtages als politische Praxis. Im April 1861 wurden die Forderungen des Prälaten Vitesichs zur Verwendung der „slawischen Sprache" beiseite gewischt: Die Frage war nach Meinung des Landtagspräsidenten einfach „unangebracht" („inopportuno"). Weitere Begründungen dazu lieferte er nicht.[140]

Zugleich geht aus mehreren Texten der „Italiener Istriens" nach 1850 hervor, dass der Mythos Venedig seitens der Führungsschichten nicht einfach akzeptiert wurde. Obwohl Venedig einer der wichtigsten ideellen Referenzpunkte für die Regional- und Nationalidentifizierung blieb, erwies sich die Vergangenheit der venezianischen Herrschaft in Istrien teilweise als höchst problematisch. In der zweiten Hälfte des 19. Jahrhunderts wurde die gelenkte Immigration der slawischsprachigen ruralen Bevölkerungen nach Istrien während der demographischen Krise der 15. und 16. Jahrhunderten seitens Venedigs im negativen Sinn thematisiert. Da Venedig auf diese Art die kulturelle Vielfalt mit dem Ziel der Absicherung der Provinz verstärkte, erwies sich das Erbe der venezianischen Republik als umstritten. Diese Kritik an der Herrschaft Venedigs in den vorherigen Jahrhunderten schien so präsent zu sein, dass einige Autoren die Vergangenheit Venedigs sogar verteidigen mussten.[141]

Gleichzeitig kann festgehalten werden, dass auch das Italienische – bzw. die istriotischen sowie istrovenezianischen Mundarten – keine absoluten nationalen Identifizierungsmittel waren. Sogar während der Hochphase der nationalisti-

---

[137] Zu einer vornationalen Art von maritimer „venezianischer Nation" oder „venezianità"(verstanden als eine adriatische/mittelmeerische Gemeinsamkeit) mit der Verwendung des Italienischen als zentrales Kommunikationsmittel ohne nationale Komponente vgl. *Ortalli/Schmitt/Orlando* (Hrsg.), Il Commonwealth; *Ivetic*, Un confine, 63–74.

[138] *Philippe Braunstein*, Immagini di un'identità collettiva: gli ospiti del Fondaco dei Tedeschi a Venezia (secoli XII–XVII), in: Mario del Treppo (Hrsg.), Sistema dei rapporti ed elites economiche in Europa (secoli XII–XVII), GISEM, Napoli 1994, 63–69.

[139] Zu einer Darstellung des Italienischen als Kommunikationssprache der istrischen Halbinsel vgl. *Rosa*, La nazionalità, 16–17.

[140] Protocollo di seduta della dieta provinciale dell'Istria, Parenzo 16. April 1861, in: Atti della Dieta provinciale istriana, 1, 19.

[141] „La Repubblica, ritenuto vano il lottale, volle aver provincia ch'esca non fosse ai conquisti, lasciò com'era la campagna, anzi nuovi Slavi vi allogò, e imbrigliò talora le attività dell'Istria civile, ch'è l'Istria. Ma s'ella fu necessitata, come condannarla?", Corrispondenza dall'Istria, in: L'annotatore friulano 6/18, 8. Mai 1858, 152.

schen Radikalisierung zeigten sich unterschiedliche Identitätsmuster in Verbindung mit der Verwendung von Sprachen. Die neue exkludierende Interpretationsweise als „Italiener Istriens", die zuerst von den emigrierten Istrianern (Combi, Luciani, Tedeschi) gefordert wurde, entsprach nicht dem Zugehörigkeitsmuster „österreichischer Italiener", wie es etwa Domenico Rossetti bzw. später Kandler vertrat. Dieses zweite Konzept des italienischen Elements innerhalb der österreichischen Staatsgrenzen basierte auf einem ausdrücklich konservativen, dynastie- und österreichloyalen Identifizierungsmuster, welches die kosmopolitische Autonomie der italienischsprachigen Triester Gesellschaft mit der Zugehörigkeit zur österreichischen Monarchie kombinierte.[142] In den 1860er-Jahren kollidierten diese beiden autonomistischen Interpretationsweisen miteinander. Nach 1848/49 zeigte sich bei Intellektuellen und Politikern in Istrien ein Verlust der Anziehungskraft der konservativen Identifizierung als „österreichische Italiener", und die frühere politisch-kulturelle Leitfigur Pietro Kandler verlor im Laufe der 1860er-Jahren schrittweise an Bedeutung. Die neuen und jüngeren Vertreter des istrischen liberalnationalen Milieus – darunter Madonizza, de Franceschi, Covaz, Polesini – ersetzten ihn und seine politisch-kulturelle Tätigkeit zur Herausbildung einer eigenen istrischen Identität nach ethnozentrischen Mustern. Gaetano Meralto, der Biograph Kandlers, erklärte diese Kluft zwischen dem alten Kandler und den jungen istrischen Intellektuellen und Politikern als eine Art Generationenstreit.[143]

In einem zunehmend einheitlichen, teleologischen Diskurs zielte der Mythos der historischen altrömisch-venezianischen Kontinuität, der auf der Sammlung und Zuordnung von Quellen basierte, darauf ab, die mühsame Festigung und Überwachung der ethnischen Grenze zu unterstützen.[144] Um es mit den Worten des Ethnologen Andreas Ackermann zu sagen: Die Idee der Überwachung der Grenze wurde zur „Besessenheit" und zentralen Sorge einer ethnischen Minderheit, welche die soziopolitische Isolation fürchtete.[145]

---

[142] *Darovec*, Breve storia, 177. Kandler bezog in den 1860er-Jahren gegen die von Pacifico Valussi vertretene Idee der Exklusivität der italienischen Sprache und Kultur Stellung, vgl. *Radossi*, Il carteggio, 324. Darüber hinaus teilte auch der deutschsprachige österreichische Schriftsteller Jakob Löwenthal die Ansicht seines Freundes Kandler bezüglich der Rolle der italienischsprachigen Gesellschaft des Küstenlandes als Vermittlerin zwischen deutsch- und italienischsprachiger Kulturproduktion, vgl. *Luisa Froglia Tringale*, La penisola istriana di Jacob Löwenthal, in: Atti e memorie della società istriana di archeologia e storia patria 108, 2008, 168.

[143] *Merlato*, Cenni, 25.

[144] „E fra un secolo l'Istria non avrà più slavi, avvegnachè gli ultimi 50 anni ci dimostrano che la lingua italiana si diffonde ogni giorno più; gioveranno alla sua diffusione le comunicazioni cresciute, e compirà l'edificio l'opera vigile della *Lega Nazionale*", *Vesnaver*, Nozze, 13–14. Vgl. *Ders.*, Dal protocollo, 8; *Ders.*, Grisignana, 25–28.

[145] *Ackermann*, Das Eigene, 143.

6.5. Die „eigene" Fassung der Dialektik Reinheit–Vermischung

Kulturelle Diskurse vermochten die Ansprüche der istrischen Eliten auf eine Position als Führungsschicht innerhalb der lokalen politischen Arena zu begründen und zu unterstützen. Jener Prozess der Selbsttypisierung als historisch-kulturell homogene Gruppe der „Italiener Istriens" folgte interessanterweise der allgemeinen imperialen Politik der Ethnisierung. Die italienischsprachige Elite Istriens blieb nicht unberührt von dem imperialen Entmischungsprozess der 1850er-Jahre, die Vertreter des istrischen Bürgertums schienen sich der veränderten Situation vielmehr ziemlich rasch anzupassen. Sie adaptierten ihre kulturelle und politische Agenda durch Übernahme der neuen Begrifflichkeiten des *re-orderings* bezüglich der Fragen Vielfalt und Vermischung. Das führte für die bürgerliche Führungsschicht Istriens zu der lakonischen Entscheidung für eine Identifizierung mit einer homogenen Gruppe, in ihrem Fall die der „Italiener". Diese Entscheidung hatte aber widersprüchliche Konsequenzen. Einerseits führte diese Repositionierung durch Selbst-Typisierung unmittelbar zur Ausmerzung und Entfernung von denjenigen kulturellen Praktiken, die der gewählten ethnisch-nationalen Ideale nicht entsprachen - wie etwa Praktiken von Mehrsprachigkeit und Ausdrucksformen kultureller Hybridität. Anderseits löste die imperiale Entmischung bei denselben istrischen Akteuren Widerstand und eine Ablehnung der Kooperation aus. Diese Reaktion äußerte sich durch die ersten Projekte für die Entwicklung einer eigenen wissenschaftlichen Produktion zum Thema der Ethnisierung Istriens.

Die Ereignisse der Jahre 1848/49 blieben der istrischen Elite in Erinnerung und prägten in den folgenden Jahrzehnten ihre Anschauungen massiv. Insbesondere veränderten sie die Haltung vieler istrischer Intellektueller und Wissenschaftler, von einer früheren Bereitschaft zur Zusammenarbeit mit dem Imperium hin zu misstrauischer Ablehnung. Ein klares Beispiel dafür war Giovanni Rosa, vor 1848 Mitarbeiter Czörnigs. 1860 ging Rosa auf die „selbsternannten Geistesgrößen jenseits der Alpen" („sedicenti letteratoni d'oltralpe") los, die laut ihm durch ihre entmischenden Kategorisierungen die jahrhundertelange Koexistenz Istriens unter der venezianischen Herrschaft in Frage stellten und eine zerstörerische Debatte auf der Halbinsel initiierten:

> A lode del vero però dobbiamo osservare queste polemiche e dissertazioni non essere state iniziate nè assunte da istriani, chè in allora sarebbe stato ben da compiangersi colui il quale avesse sconfessata la sua origine: ma si invece d'alcuni sedicenti letteratoni d'oltralpe nuovi nelle cose nostre, che non avendo mai lette le antiche cronache del paese, né istudiato il pragmaticale nesso degli avvenimenti politici della provincia, né saputo che qui esistettero altissimi intelletti, i quali già scrissero delle cose nostre, ci credono assolutamente mancanti d'una storia patria e tentano di fabbricarne una a loro modo.[146]

---

[146] „Ehrlichkeitshalber müssen wir jedoch anmerken, dass diese Polemiken und Debatten keineswegs von Istrianern begonnen oder übernommen worden waren, da eine solche Ver-

Darüber hinaus zeigt das schon erwähnte Fallbeispiel von Antonio Covaz und seinen Studien über die „Istrorumänen“ in denselben Jahren deutlich Prozesse der komplexen Verhandlung zwischen den verschiedenen Ordnungen – Region, Imperium und Nation – auf. Wie zuvor in Bezug auf die Praxis der Selbstsäuberung erklärt, hatte Covaz schon 1845/46, in der ersten Phase sprachlicher und ethnographischer Forschungen, die Gruppe der „Tschitschen“ studiert und einen Artikel über sie in Kandlers Zeitschrift veröffentlicht. Durch das Periodikum *L'Istria*, das als zentrales Vermittlungsmedium und Schnittpunkt zwischen den regionalen und imperialen Ordnungen galt, wurden seine Studien sogleich in der ganzen Monarchie und innerhalb des imperialen Wissensnetzwerkes bekannt. Seine Forschungen weckten das Interesse der imperialen Politik und Wissenschaft. Bald nach der Veröffentlichung seines Artikels in *L'Istria* interessierte sich Karl Freiherr von Geringer (1806–1889) von der Wiener Hofkammer für die Studien von Covaz und übersandte diesem durch die Redaktion von *L'Istria* Bücher über die rumänische Sprache:

Il Consigliere aulico Barone de Geringer ha trasmesso da Vienna a questa Redazione per essere passati al signor A. Covaz in Pisino vari libri di lingua daco-romana, affinché questi possa valersene negli studi che fa di quella, tuttora parlata nella Valdarsa. È oltremodo sensibile la Redazione alle sollecitudini del nobile Barone per promuovere fra noi migliore conoscenza di una lingua che all'italiana non meno che alla latina può dare bellissimi schiarimenti, e per illustrare rimasuglio della più remota antichità, che va del pari coi più bei monumenti della provincia. E però di tanta benevole sollecitudine gli si rendono pubbliche solenni grazie.[147]

Covaz' Studien erweckten auch das Interesse rumänischsprachiger Intellektueller. Im Folgejahr (1847) veröffentlichte der Gelehrte und Schriftsteller Gheorghe Asachi (1788–1869) in Jaşi den ersten rumänischen sprachwissenschaftlichen Artikel über die Istrorumänen in der Zeitschrift *Calendarul pentru poporul*

leugnung des eigenen Ursprungs nur zu bedauern gewesen wäre. Hingegen wurden sie von einigen selbsternannten Geistesgrößen jenseits der Alpen entfacht, die nichts über uns wissen: Sie haben nie die alten Chroniken des Landes gelesen oder die unmittelbaren Zusammenhänge der politischen Ereignisse in der Provinz studiert. Ebenso wenig wussten sie von den herausragenden Intellektuellen, die bereits über uns geschrieben haben. Sie haben uns unsere Heimat- und Landesgeschichte abgesprochen und versucht, diese auf ihre Art zu erfinden.“, *Rosa*, La nazionalità, 4.

[147] „Der Hofrat Baron von Geringer hat dieser Redaktion von Wien aus verschiedenen Büchern über die dakorumänische Sprache zukommen lassen, mit der Bitte um Weitergabe an Herrn A. Covaz in Pisino. So kann er diese Texte für seine Studien zu dieser Sprache verwenden, die noch immer in Valdarsa gesprochen wird. Die Redaktion schenkt diesen Bemühungen des geehrten Barons größte Aufmerksamkeit, da er die Kenntnisse über eine Sprache ans Licht bringt, die uns ganz neue Sichtweisen sowohl auf das Italienische als auch auf das Lateinische bescheren wird. Derartige Kenntnisse können übrigens auch die Zeugnisse der frühesten Antike in ein neues Licht rücken, was natürlich auch für die schönsten Denkmäler der Provinz gilt. Somit danken wir Ihm öffentlich aufs Herzlichste für seine selbstlose Unterstützung.“, L'Istria 1/6–7, 31. Januar 1846, 21.

românesc.[148] Wie Monti, Covaz' offizieller Biograph, unterstreicht, entschied sich Covaz mit dem gesteigerten Interesse „externer" Akteure an den Istrorumänen, auf eine Fortsetzung der Forschung und Veröffentlichungen über diese zu verzichten. Covaz verfügte – nach Monti – schon vor 1848 über genügend Material über die Volksgruppe um Susgnevizza/Šušnjevica/Şuşnjeviţa in der Valdarsa/Raša gesammelt und sogar ein entsprechendes Wörterbuch verfasst, das er aber vernichtete:

Perché s'è egli arrestato al primo saggio? Ci consta ch'egli aveva già compilato un vocabolario e raccolto quanto poteva di racconti, favole, scherzi e frasi ancor vivi tra quel popolo. Poi, certamente per la sua modestia, gli parve indegno quel lavoro e in una delle sue patturnie, tutto die' alle fiamme. Forse anche perché richiamato dal suo articolo, un professore di Bucarest venne a studiare la lingua di quei fratelli sperduti a' pie' del Monte Maggiore, ed egli, credendosi da meno all'improbo assunto, dopo di aver comunicato a lui parte più interessante delle sue investigazioni, smise.[149]

Seither hielt sich Covaz mit seinen Studien über die Istrorumänen zurück und widmete sich vor allem der politischen Vertretung der liberalnationalen Partei, sowohl als Bürgermeister von Pisino/Pazin als auch im Landtag. Zu diesem Zeitpunkt hatten Czörnig und die Statistik-Commission schon damit begonnen, die Kategorisierungen der Bevölkerung nach ethnischen Merkmalen vorzunehmen. Das Jahr 1848 brachte dann die bekannten Veränderungen und Enttäuschungen, nicht zuletzt die Überwachung der Region und die imperialen Projekte zur Volksbewaffnung von einigen inneristrischen Bevölkerungen, darunter auch den „Istrorumänen". Obendrein begann die wiederhergestellte imperiale Ordnung unmittelbar nach der Revolutionszeit damit, die Kategorisierungen weiterzuführen. Die Zeit der Zusammenarbeit mit lokalen Forschern war zu Ende.

In der Tat nahmen die Proteste der *insiders* gegen externe „falsifizierende" Klassifizierungen seit den 1850er-Jahren zu. Beispielsweise rief die Veröffentlichung des zuvor erwähnten Buches *Istrien: historische, geographische und statistische Darstellung der Istrischen Halbinsel nebst den Quarnerischen Inseln* eines anonymen deutschsprachigen Autors (1863) heftige Empörung bei den italienischsprachigen Istrianern hervor. Im Allgemeinen galt dieses Buch – abgesehen von der *Ethnographie* Czörnigs – als das erste vom Kaiserstaat offiziell

[148] *Dahmen*, Das Istrorumänische, 243.

[149] „Warum hat er nach seinem ersten Beitrag aufgegeben? So weit wir wissen, hatte er bereits ein Wörterbuch verfasst und eine Vielfalt an Geschichten, Märchen, Witzen und Redensarten gesammelt, die unter dem Volk noch immer verbreitet waren. Dann verleitete ihn sicher seine Bescheidenheit dazu, diese Arbeit als minderwertig zu erachten, und er übergab alles in einem Moment der Depression den Flammen. Ein weiterer Grund für diesen Akt könnte sein, dass der Ruf seines Artikels das Interesse eines Professors aus Bukarest geweckt hatte. Dieser kam hierher, um die Sprache jener verlorenen Brüder am Fuße des Monte Maggiore zu studieren. Ihm übermittelte Covaz die interessantesten Teile seiner Studien, aber als er dessen böse Absichten erkannte, hörte er damit auf.", *Monti*, Antonio Covaz, 21.

geförderte Werk, das die istrische Halbinsel einem breiteren deutschsprachigen Publikum präsentierte. Ein Autor schrieb dazu 1867 in *La Provincia dell'Istria*:

Or sono pochi anni fu pubblicato a Trieste un libro sotto il titolo: *Historische, geografische und statistische Darstellung der istrischen Halbinsel nebst den quarnerischen Inseln. 1863*, senza nome dell'autore, il quale se da lui fosse stato edito anche in italiano, avrebbe trovato fra noi molti lettori. Ma ciò forse poco gl'importava, accennando egli nella prefazione essere suo scopo nel pubblicarlo di illuminare sulle nostre povere condizioni il consiglio dell'Impero, a cui volle dedicarlo, onde esso provveda a migliorarle, quasicchè il nostro risorgimento effettuarsi dovesse dal solo supremo legislatore e dalla pubblica amministrazione, e noi avessimo a starci ignoranti ed inerti ad attendere la caduta della manna dal cielo. Senza un'azione sapiente, concorde ed energica del governo e del popolo, la rigenerazione dell'Istria succederà assai tardi.[150]

Später, 1879, äußerten sich Covaz und de Franceschi empört zu ebendiesem Buch sowie zu Anton Gareis' *Pola und seine nächste Umgebung* (1867). Die beiden Istrianer prangerten diese Studien als fehlerhaft an, da sie die offizielle imperiale Taxonomie samt den deutschsprachigen klassifizierenden Benennungen verbreiteten.[151] Zusätzlich widersetzte Covaz sich in den folgenden Jahrzehnten den weiteren Kategorisierungen der Istrorumänen, etwa 1887, als er in einem polemischen Artikel in der Zeitschrift *La Penna* aus Rovigno/Rovinj[152] eine Studie von Ermanno Nacinovich über die Istrorumänen als bösartig, falsch und parteiisch bezeichnete.[153]

Lokale Wissenschaftler sollten nun „eigene“ Kenntnisse schaffen, um Istrien als „italienisches Land“ zu gestalten. Dies wurde auch durch die Selbstsäuberung und Vernichtung von Dokumenten als eine Reduktion innerer Komplexität und Ungenauigkeit durchgeführt.[154] Die Angst, dass die eigenen Recherchen entwe-

---

[150] „Vor wenigen Jahren, im Jahre 1863, wurde ein Buch eines unbekannten Autors in Triest veröffentlicht, unter dem Titel: *Historische, geografische und statistische Darstellung der istrischen Halbinsel nebst den quarnerischen Inseln.* Hätte der Autor es auch auf Italienisch veröffentlicht, hätte er viele Leser unter uns gefunden. Das war für ihn aber vielleicht zweitrangig, denn er schreibt im Vorwort, dass sein Ziel nur eines war: den Reichsrat über unsere schlechten Lebensbedingungen zu informieren. Um eine Verbesserung der Umstände zu erreichen, widmete er das Buch sogar dem Reichsrat. Er ging also davon aus, dass unsere Wiedergeburt nur mit Hilfe des obersten Gesetzgebers und von Seiten der öffentlichen Verwaltung erfolgen konnte, und wir sollten ignorant und untätig dabei zusehen, und auf ein Geschenk des Himmels warten. Ohne einen geschickten, gemeinsamen und energischen Eingriff von Regierung und Volk wird die Erneuerung Istriens in weite Ferne rücken.“, Due urgenti bisogni, in: La Provincia dell'Istria 1/7, 1. Dezember 1867, 53.

[151] *Rosa*, La nazionalità, 37.

[152] *Sergio Cella*, Importanza e caratteri della stampa istriana (1860–1918), in: Rassegna storica del Risorgimento 44/4, 1957, 655.

[153] *Monti*, Antonio Covaz, 22–24.

[154] „A quei forestieri poi, che accasatisi da poco in provincia, né conoscendo di essa i veri bisogni, si danno la briga (ispirati forse dall'Alto) di suggerire per mezzo della stampa miglioramenti poco adattati, spacciandosi così quali rigeneratori della nostra società, raccomandia-

der missverstanden oder für gegensätzliche politische Ideen ausgenutzt werden könnten, war anscheinend groß.

Die jahrzehntelange Reflexion über die kulturelle Zusammensetzung Istriens zeigte sich als eine Selbstreflexion einer einheitlichen kulturell-nationalen Gruppe, die ihren Anfang in den späten 1850er-Jahren nahm und an Diskurse von 1848 erinnerte. Das nunmehrige kulturelle Homogenisierungsprojekt beruhte aber auf einem neuerlichen Schock: Ausgangspunkt für die Entwicklung eines kohärenten Wissensspeichers bei den italienischsprachigen istrischen Intellektuellen war ein 1856 erschienener Artikel in der Mailänder Kulturzeitschrift *Il nipote del Vesta verde*, in dem behauptet wurde, dass „die Istrianer weder Fisch noch Fleisch seien" („gl'istriani non sono nè carne, né pesce"). Der Schriftsteller Paolo Tedeschi schrieb dazu 1890:[155]

> Mi par jeri, si era nell'inverno del 1856 nello studio del Dr. Francesco de Combi. [...] Ad un'altra scrivania [sedeva, Anm. d. Verf.] Carlo col *Nipote del Vesta Verde* in mano, venuto caldo dalla posta, Leonardo D'Andri da un lato, e l'umile sottoscritto dall'altro [...]. Ad un tratto egli [Carlo Combi, Anm. d. Verf.] diede un formidabile pugno sulla scrivania, e balzando in piedi cominciò a misurare a larghi passi la stanza. Aveva letto nel *Nipote del Vesta Verde* queste parole – ‚Gl'Istriani non sono né carne né pesce' *inde irae.* – A me, a me, soggiunse subito, a noi, amici, a far toccare con mano che siamo carne e ben soda. – Così nacque la *Porta Orientale.*[156]

Der alte Albtraum einer verallgemeinernden und abwertenden externen Klassifizierung als „Volks-Hybridismus" aus dem Jahre 1848 tauchte nun 1856 wieder auf. Diesmal ging er aber auf jene Nation zurück, mit der sich die Vertreter der Führungsschicht – zumindest in ideeller Hinsicht – zu identifizieren wünschten. Ein Jahr später, 1857, wurde das erste erfolgreiche publizistische Projekt, die *Porta orientale* unter Leitung von Carlo Combi – vor seiner Emigration nach Italien – als polemische Antwort auf diese beleidigende Aussage über das „Vermischtsein" der Istrianer ins Leben gerufen. Der externe Vorwurf einer mangelhaften kulturellen Homogenisierung der Bewohner Istriens setzte eine intellektuelle und politische Reaktion mit einer Reihe weiterer Veröffentlichungen in Gang.

---

mo di lasciar ciò fare agli istriani stessi, che già uomini di raro talento in Istria non mancarono mai [...].", *Rosa*, La nazionalità, 19.

[155] *Paolo Tedeschi*, Prefazione alla seconda edizione, in: Carlo Combi (Hrsg.), Porta orientale. Strenna istriana per gli anni 1857–58–59, Cobol & Priora, Capodistria 1890, IV.

[156] „Mir [Paolo Tedeschi, Anm. d. Verf.] kommt es wie gestern vor, als wir im Winter 1856 im Arbeitszimmer von Dr. Francesco de Combi waren. [...] An einem anderen Schreibtisch saß Carlo mit dem *Nipote del Vesta Verde* in der Hand, das gerade druckfrisch mit der Post angekommen war. Leonardo D'Andri saß auf einer Seite, und meine Wenigkeit auf der anderen [...]. Plötzlich schlug er [Carlo Combi, Anm. d. Verf.] heftig mit der Faust auf den Schreibtisch, sprang auf und begann, mit großen Schritten durch den Raum zu laufen. Er hatte im *Nipote del Vesta Verde* folgende Worte gelesen: ‚Die Istrianer sind weder Fisch noch Fleisch' *inde irae* [daher der Zorn, Übers. d. Verf.]. Und ich und wir alle, liebe Freunde, fügte er sofort hinzu, müssen beweisen, dass wir aus Fleisch und Blut sind – und noch dazu aus hartem Holz geschnitzt. So entstand die *Porta Orientale.*", Ebd.

Erneut enthüllte der Vorwurf aus Mailand, dass „die Istrianer weder Fisch noch Fleisch" seien, die eigenen Schwächen auf der italienischsprachigen Seite: Combi bezeichnete die „italienische" Volkskunde im Vergleich zu den als „fremd" und „verleumderisch" bezeichneten deutschsprachigen Studien als rückständig.[157] Noch 1867 wurde diese Sorge auch in der Zeitung *La Provincia dell'Istria* geäußert:

> Se si eccettuino le assai pregevoli cose contenute nel cessato giornale *L'Istria* e nella *Porta Orientale*, nonché nei Commentari storico-geografici del Vescovo Tommasini del 1600, assi poco fu scritto dai nostri di cose attinenti alla statistica patria, molto più se ne sono invece occupati gli stranieri, fra cui i tedeschi, ma le loro dotte opere, delle quali molti lumi possiamo trarre, non tradotte nella lingua nostra, e quasi da nessuno conosciute, assai poco sinora ci giovarono.[158]

Neben der Reaktion auf den Vorwurf des „Hybrid-Seins" aus Mailand sollte die Tätigkeit der italienischsprachigen Intellektuellen gleichzeitig als eine Mobilisierung gegenüber dem Prozess der Neuordnung der Monarchie innerhalb einer komplexen dialogischen Perspektive verstanden werden, die Reaktion und Akzeptanz zugleich war. Der erste wichtige Schritt war die Erstellung von Ethnographien Istriens auf Italienisch, etwa 1857 die Darstellung der Ethnogenese von Antonio Coiz in der istrischen Zeitschrift *Porta orientale* und 1860 die *Etnografia dell'Istria* von Carlo Combi in der Turiner Zeitschrift *Rivista contemporanea.*[159] Der Erfolg eines solchen Projektes setzte aber die Mobilisierung einer möglichst breiten Anzahl von lokalen Akteuren (Gelehrten, Politiker, Wissenschaftlern) voraus: „Però, giacchè non possiamo attendere la statistica istriana dalle forze d'un solo individuo, sia nostra cura d'affrettarsi a provvedere che essa abbia vita pel concorso di molti."[160] Die ersten Aufsätze können als Vorlagen für eine Reihe von Studien und Veröffentlichungen über die Volkskunde und Geschichte Istriens gelten, zwischen denen eine gewisse Homogenität bestand. Auch der Sprachwissenschaftler Graziadio Isaia Ascoli bestätigte die internationale Relevanz und Resonanz der ersten Studien Combis in der zweiten Hälfte der

---

[157] *Combi*, Etnografia, 388.

[158] „Lassen wir die überaus wertvollen Beiträge aus der mittlerweile aufgelösten Zeitung *L'Istria*, aus der *Porta Orientale* sowie aus den historisch-geographischen Kommentaren von Bischof Tommasini aus dem 17. Jahrhundert beiseite, haben unsere eigenen Landsleute viel zu wenig hinsichtlich einer Landesstatistik geschrieben. Damit haben sich viel mehr die Ausländer, darunter die Deutschen, befasst. Ihre wichtigen Werke, aus denen wir sicherlich viele Kenntnisse gewinnen könnten, waren uns bisher aber wenig hilfreich, da sie nicht in unsere Sprache übersetzt und fast niemandem bekannt sind.", Due urgenti bisogni, in: La Provincia dell'Istria 1/7, 1. Dezember 1867, 53.

[159] *Combi*, Etnografia, 388–398.

[160] „Da wir sicher nicht eine istrische Statistik aus den Händen einer einzigen Person erwarten können, ist es unsere Pflicht, sie durch die Zusammenarbeit vieler Menschen schnellstmöglich bereitzustellen.", Due urgenti bisogni, in: La Provincia dell'Istria 1/7, 1. Dezember 1867, 52.

1850er-Jahre als Ausgangspunkt für einen kulturell-politischen Diskurs, der in den späteren Jahrzehnten an Bedeutung gewann.[161]

Gleichzeitig wurde schrittweise ein erster wissenschaftlich-kultureller Kanon erstellt.[162] Schon 1864 verfasste Carlo Combi die *Istrische Bibliographie* (*Saggio di bibliografia istriana*), die sämtliche bisherigen Veröffentlichungen über Istrien in diversen Sprachen zusammenstellte sowie thematisch und fachlich strukturierte.[163] Darüber hinaus können die handgeschriebenen bibliographischen Listen und Notizen des Triester Archäologen Pietro Pervanoglù (1833–1894) als Vorbereitung für eine Studie über die Ethnographie des Adriaraumes als interessanter Beweis für einen schon in den 1870er-Jahren etablierten Kanon gelten.[164] Wenn man die breite Palette historischer, archäologischer und ethnographischer Schilderungen aus dieser lokalen Schicht in einem längeren Zeitraum – auch über 1880 hinaus – berücksichtigt, lässt sich eine Gemeinsamkeit erkennen: Die Praxis der wechselseitigen Zitierung verschiedener italienischsprachiger Verfasser über die folgenden Generationen hinweg. Sie lässt sich insbesondere während kritischer Situationen beobachten. Es schien ein wiederholter Versuch zu sein, in bestimmten Perioden die als bedroht wahrgenommenen Sozial- und Arbeitsroutinen zu schützen oder sogar neue Handlungsoptionen zu schaffen.

Neben der Mobilisierung setzte die Ethnisierungspolitik der Monarchie einen Prozess der Akzeptanz der Termini und Modi der Ethnisierung bei allen lokalen Gesellschaften in Gang. Im Allgemeinen verleugneten sogar Verfasser mit einer besonders ausgeprägten ethnozentrischen Sichtweise nie Formen kultureller Vielfalt und Vermischung.[165] Doch adaptierten die istrischen Italiener sie innerhalb von Diskursen für die Schaffung eines eigenen homogenen italienischen Identifizierungsnarratives. In diesem Sinn galten Homogenität, Vielfalt, Andersartigkeit und Vermischung in Erzählungen der Italienischsprachigen nicht nur als Reaktion auf die deutschsprachigen imperialen Diskurse. Sie wurden zu einem Teil der neuen eigenen Selbstwahrnehmung als „Italiener" und privilegierte Minderheit Istriens innerhalb eines dialogischen Austauschprozesses mit der imperialen Gegenpartei, die durch die allgemeine Ethnisierung der Monarchie immer mehr mit einem abstrakten „Deutschtum" gleichgesetzt wurde. Die imperialen Narrative über die Anwesenheit von sich unterscheidenden und Mischbevölkerungen wurden von der italienischsprachigen Publizistik über-

---

[161] *Ascoli*, Studj critici, 48.

[162] *Ivetic*, L'Istria moderna, 145–177. Vgl. auch *Combi*, Cenni etnografici sull'Istria, Colombo Coen, Trieste 1858, 2; *Ders.* Etnografia dell'Istria; *Franceschi*, L'Istria 5–6; *Bernardo Benussi*, Manuale di geografia, storia e statistica del Litorale, Bontempo, Pola 1885; *Giovanni Vesnaver*, Grisignana d'Istria, Coana, Parenzo 1887.

[163] *Carlo Combi*, Saggio di bibliografia istriana, Tondelli, Capodistria 1864.

[164] CMSA, Archivio Pervanoglù, Norden. Geschichte, Geographie und Ethnographie der Küsten des adriatischen Meeres, 1870.

[165] *Rosa*, La nazionalità, 9.

nommen,[166] sodass sich sogar die offizielle imperiale Verortung der hybriden Enklaven in den eigenen identitätsstiftenden Narrativen widerspiegelte. Wenn etwa Combi im nördlichen Inneristrien, ungefähr zwischen den Flüssen Quieto/Mirna und Dragogna/Dragonja „Vermischte“ ausmacht, so folgte er damit deutlich der *Ethnographie* Czörnigs.[167]

Die Beseitigung der „eigenen“ Hybriditätsformen galt als erster Schritt zur Herstellung einer homogenen imaginierten Gesellschaft, wie Benedict Anderson am Beginn seines Buches zeigt.[168] Somit kann die von Pamela Ballinger definierte „long-standing purity-hybridity dialectic“ Istriens in dieser nicht-linearen Anknüpfung an die imperiale Entmischungspolitik nach 1850 ihren Anfang nehmen.[169] Die vorherigen Vorwürfe des Vermischt-Seins seitens deutsch- und italienischsprachiger Akteure gegen die „Istrianer“ wurden von den „angeklagten“ istrischen Eliten als diskursives Argument angenommen und für die eigenen politischen Ziele verwendet. 1848 waren die „Hybriden“ aus der österreichischen und deutschen Perspektive allesamt Istrianer – zusammen mit den Italienischsprachigen. Diese negativ konnotierte und abwertende Benennung wurde zuerst seitens der Angeklagten – der „Küsten-Istrianer“ – durch den Schock als diskursiver Terminus gespeichert. In der Folge haben sie ihn zurückgewiesen und ihn in eigenen Ethnographien und Geschichtsschreibungen schließlich auf die „Anderen“, d. h. auf die „Slawen“ Istriens, übertragen.

Nach der Veröffentlichung von Czörnigs Studien musste die Präsenz der Slawen auch von den „Italienern Istriens“ anerkannt werden: Nicht nur auf der Ebene intellektueller Diskurse, sondern auch bei der Durchführung von landwirtschaftlichen Projekten auf lokaler Ebene. Die problematische und unvermeidbare Relevanz der endemischen Heterogenität und Vermischung der ruralen Bevölkerung tritt in den ersten praktischen Projekten der Istrischen Agrargesellschaft im Inneren Istriens deutlich zutage. Zwischen 1869 und 1872 entstand eine heftige Diskussion unter den Mitgliedern der Agrargesellschaft über die notwendige Belehrung aller istrischen Bauerngesellschaften, auch der ärmsten in den inneren Distrikten der Region. Ziel war eine Modernisierung und Verbesserung der Landwirtschaft sowie der Produktionsmodi. Als Lösung wurde die Einsetzung eines „Landwirtschafts-Wanderlehrers“ („maestro viaggiante d’agricoltura“) für drei Jahre vorgeschlagen. Während der Debatte kam die zentrale Frage auf, welche Sprache(n) dieser Lehrer beherrschen sollte, um der Bauernschaft die neuen Kenntnisse zu vermitteln.

---

[166] Zum Beispiel erachtete Covaz das schon zitierte Werk *Erinnerungen einer malerischen Reise in dem Österreichischen Küstenlande* (1842) der beiden deutschen Maler Tischbein und Selb mit Texten von Kandler als besonders lobenswert. Vgl. *Monti*, Antonio Covaz, 39.

[167] *Combi*, Cenni etnografici, 25–26.

[168] *Anderson*, Imagined Communities, X.

[169] *Ballinger*, History, 249.

Die heftige Diskussion hielt sogar in den istrischen Landtag Einzug. Nicht nur die slawischsprachigen Abgeordneten forderten die Beherrschung der slawischen Sprachen, selbst die Vertreter der italienischen liberalnationalen Partei mussten die Realität der kulturellen Diversität und Hybridität akzeptieren, sogar den Minderheitenstatus der „Italiener". 1869 sah Antonio Madonizza ein, dass „bekanntermaßen die ganze Provinz in erster Linie aus Slawen besteht, der Rest aus Italienern" („[...] la provincia intera che com'è ben noto si compone in gran parte di Slavi, d'altra parte d'Italiani.")[170]. Folglich stimmte Madonizza – wie andere „italienischen" Abgeordnete – dem Vorschlag des „slowenischen" Vertreters Franjo Ravnik (1832–1883) zu, dass „es angebracht wäre, neben dem Wanderlehrer einen Assistenz-Lehrer einzusetzen, der die verschiedenen in den Bezirken gesprochenen Dialekte kennt" („[...] sarebbe provveduto col porre accanto al maestro viaggiante un sotto maestro che conosce i differenti dialetti che si parlano nei distretti").[171] Allerdings erwies sich das letztendlich als nutzlos, da das kulturelle Panorama im istrischen Inland so vielfältig war, dass es nicht mehr nur um klar standardisierte Sprachen ging, sondern eher um sub-lokale und nicht sogleich kategorisierbare Mischmundarten. Die innere kulturelle Fragmentierung Istriens und die zusätzlichen Vermischungsformen stellten eine konkrete, akute und unüberwindliche Hürde für die Modernisierung selbst dar. 1870 äußerte Adamo Mrach, Vertreter der liberalnationalen Partei, nicht nur seine Verzweiflung angesichts dieser Realität, sondern auch seinen Pessimismus bezüglich der Suche nach einer Lösung für dieses Problem: Es gäbe keine einzige Person auf der Welt, die eine derartige sprachlich-kulturelle Komplexität meistern und sämtliche Mischdialekte Istriens beherrschen könne:

Notoriamente nelle nostre campagne si parlano parecchi dialetti, che poi non sono né slavi, né italiani, ma un miscuglio di più idiomi. Ora dovrà forse il maestro di agricoltura giustificare di conoscere tutti questi miscugli di idiomi per soddisfare all'esigenze di tutti, ovvero uno solo, e quale per non urtare la suscettibilità degli altri? Molto difficile è la risposta ma più difficile ancora sarà il trovare la persona che possa soddisfare a questa esigenza, per quanto a primo aspetto apparisca modesta. Fuori della nostra provincia noi non troveremo un simile individuo e di trovarlo nella provincia non dobbiamo lusingarci per ora. Esaminando la questione dal lato pratico insorge l'altra domanda: Avrà questo maestro poi bisogno di conoscere all'atto pratico anche un qualche miscuglio di più idiomi parlato nelle nostre campagne? O miei colleghi! se vogliamo essere sinceri e franchi dobbiamo rispondere negativamente – nessuno.[172]

[170] Atti della Dieta Provinciale dell'Istria in Parenzo. Sessione III., Coana, Rovigno 1869, 340.

[171] Ebd.

[172] „Bekanntlich werden viele Dialekte in unseren ländlichen Gebieten gesprochen, die weder slawisch noch italienisch sind, sondern eine Mischung aus mehreren Idiomen. Sollte jetzt der Landwirtschaftslehrer vielleicht beweisen, dass er all diese Mischungen von Idiomen beherrscht, um die Bedürfnisse aller Menschen zu befriedigen? Oder nur eine davon – und wenn, dann welche? Welche Mundart muss benutzt werden, damit niemandes Empfindlich-

Diese so verschachtelte Realität bot den italienischsprachigen Meinungsbildnern aber wiederum eine Möglichkeit, die erwünschte eigene Andersartigkeit dialogisch zu prägen. Auf diese Alterität konnten dann die externen Zuschreibungen des „Hybrid-Seins" transponiert werden. Die „Slawen", die in der ersten Hälfte des Jahrhunderts kulturell nicht beachtet wurden, mussten nun auch aus dem italienischen Blickwinkel durch die Interpretationslinse der offiziellen imperialen Taxonomie als „vielfältig" und „gemischt" betrachtet werden. Die „Italiener" definierten sich selbst dagegen als „einheitlich", so wie Czörnig sie beschrieben und dargestellt hatte.

In diesem Sinn äußerte sich die Dialektik Reinheit–Hybridität am klarsten, da sogar die Homogenität ex negativo definiert wurde: Man ist rein, insofern man nicht hybrid ist. Demzufolge erklärt sich die Rolle der Vermischung innerhalb der Dialektik der imperialen Ethnisierung: Die „Vermischten" sollten nicht als Überreste der Entmischung gedacht werden, sondern vielmehr als notwendiger Gegenpol für die Definierung der Reinheit. Diese Polarität zwischen Homogenität und Heterogenität wurde schon 1860 von Combi angesprochen:

> Per questa volta poniamo fine, ma non senza richiamare nuovamente l'attenzione del lettore sul fatto, che mentre le schiatte slave dell'Istria si presentano tanto varie, ed estranee non solo ai limitrofi d'oltremonte, ma eziandio tra loro, una è la popolazione italiana, e sue le città, le borgate, le terre tutte, ove si accolga qualunque elemento di coltura. Adunque anche etnograficamente è l'Istria integral parte d'Italia.[173]

Zudem werden 1860 im Diskurs Combis die Theorien bezüglich der Konstruktion soziokultureller Andersartigkeit – „Slawen" Istriens – bestätigt, speziell durch den Transfer von westeuropäischen, ex-venezianischen Bildern aus Dalmatien. Combi bezeichnet die „Morlakken" Istriens als „Brüder der Dalmatiner" und beschreibt sie mithilfe stereotyper Vorstellungen von dalmatinischen „Slawen". Die Verbindung mit Dalmatien wurde durch die Sprache, „Charaktermerkmale" und die Familiennamen sowie die Geschichte der jüngsten Immigration

---

keit verletzt wird? Die Antwort darauf ist sehr schwierig, aber noch schwieriger wird es sein, die Person zu finden, die dieses Bedürfnis erfüllen kann, mag es auch noch so gering erscheinen. Außerhalb unserer Provinz werden wir keine geeignete Person finden, und bei einer Suche innerhalb Istriens brauchen wir uns keinen Illusionen hinzugeben. Wenn man die Angelegenheit ganz pragmatisch betrachtet, stellt sich eine andere Frage: Muss dieser Lehrer dann in der Praxis auch irgendeine Mischung von mehreren Idiomen beherrschen, die auf dem Land gesprochen wird? Meine lieben Kollegen – wenn wir offen sprechen wollen, müssen wir das ganz klar verneinen: Nein, das kann man von niemandem erwarten.", Annuario della Società Agraria Istriana 1, Appolonio e Caprin, Trieste 1870, 70–71.

[173] „Bevor wir das Thema für heute abschließen, weisen wir den Leser noch einmal auf eine Tatsache hin: Die slawischen Stämme Istriens sind so vielfältig, dass sie nicht nur für die Einwohner jenseits der Berge fremd sind, sondern auch für die lokalen Bewohner untereinander. Dagegen existiert nur eine einzige italienische Bevölkerung. Diese besitzt alle Städte, Dörfer und Ländereien, in denen es kulturelles Leben gibt. Daher ist Istrien auch ethnographisch ein fester Bestandteil Italiens.", *Combi*, Etnografia, 397–398.

aus Dalmatien nach Istrien begründet: „Ed è con questi Morlacchi, fratelli dei Dalmati, i quali si presentano tosto come popolo di recente immigrazione alle fresche tradizioni, al puro linguaggio illirico, ai nomi di famiglia, che ti senti più facilmente portato ad affezione."[174]

Durch die Dialektik zwischen Vermischung und Reinheit wurden die „Anderen" – die „Slawen" – auf der istrischen Halbinsel als ein Fremdkörper innerhalb der istrischen Gemeinschaft definiert. Anderseits verschärfte sich die Bedrohungskommunikation über diese gefährliche Andersartigkeit durch die Erwähnung ihres dalmatinischen Ursprungs. Dies konnte als Mahnung gelten, da zeitgleich die italienische Partei in Dalmatien immer stärker von der neu organisierten slawischen Partei politisch bedrängt wurde.[175] Im Allgemeinen blieb der Horizont des Imperiums – samt seinen ordnungsbringenden Logiken – der allgemein anerkannte gemeinsame Raum, sogar bei nationalistischen Akteuren der regionalen Ordnung.

6.6. Die „Italiener Istriens" und die „Anderen": Die Genealogie der „Assimilation"

Einige italienischsprachige Texte thematisierten sogar das Bewusstsein der eigenen Vermischung, aber zunächst in Hinblick auf die Vergangenheit, vor allem die römische Antike. Die Homogenisierung wäre durch die Assimilation aller anderen Völker in das „römische", „italienische" Element verlaufen, und das sei ein Beweis für die eigene jahrhundertelange Anziehungskraft sowie das eigene „historische Recht". Lorenzo Gonan vertrat noch 1888 diese Meinung, um die Behauptung der Italienischsprachigen, die „wahren Istrianer" zu sein, zu bekräftigen: „Aggiungerò soltanto ancora che se qui, come in tutti i paesi italiani, vivevano più schiatte, che tra lor si mescolavano o si sovrapponevano, tutte però formavano quel popolo che la storia chiamò sempre istriano, e non altro, come Istria ebbe nome ognora la terra da esso abitata."[176]

Das Imperium selbst hatte nun durch ethnisierende Kategorisierungen die Erkennungsmerkmale solcher bisher unsichtbaren Schichten deutlich gemacht.[177] Die neuen kulturellen Aktivitäten der Italiener Istriens erwiesen sich nicht nur

---

174 „Man fühlt sich leichter mit diesen Morlaken verbunden, Brüder der Dalmatiner, die in jüngster Zeit eingewandert sind, und sich als ein Volk mit neuen Traditionen, reiner illyrischen Sprache und eigenen Familiennamen präsentieren.", Ebd., 393.

175 Vgl. *Pirjevec*, Niccolò Tommaseo.

176 „Ich möchte noch hinzufügen, dass in Istrien, wie in allen anderen italienischen Ländern, zahlreiche Völker zusammenlebten, die sich miteinander vermischten und überschnitten: Sie bildeten alle zusammen jenes Volk, das historisch schon immer Istrisch genannt wurde – genauso wie das von ihnen bewohnte Land schon immer Istrien hieß.", *Gonan*, La storia, 32.

177 *Combi*, Cenni etnografici, 39; *Rosa*, La nazionalità, 11–13.

als Reflexion über die regionale Ordnung, sondern waren in einem ersten Schritt Mittel zur Selbstdefinierung und Festigung der eigenen Identität als „Italiener" in Istrien durch die Abspaltung von den „Diversen" und „Vermischten". Insgesamt wurden die kulturelle Vielfalt und Vermischung auf der Halbinsel, wie sie in den Werken der imperialen deutschsprachigen Seite als Kategorien hergestellt und beschrieben wurden, seitens der istrischen italienischsprachigen Autoren nie bestritten.

Dies entwickelte sich auf eine ambivalente, paradoxe Weise, indem Ethnozentrismus und Liberalismus teilweise miteinander übereinstimmten und teilweise kollidierten. Einerseits stand die Genese der besonders ausgeprägten kulturellen Diversität Istriens durch Erstellung eines „italienischen" Geschichtsnarratives im Vordergrund. Anderseits wurde unterstrichen, dass die deutsch-österreichischen „Feudalherren" die „slawischen Volkstämme" in ihrem ärmlichen, „primitiven" Zustand daran gehindert hätten, sozial und ökonomisch aufzusteigen. Die von Pacifico Valussi geleitete Zeitschrift *L'annotatore friulano* teilte 1858 diese interessante Auffassung:

> Il feudalesimo dei Franchi in vero le recò non solo sue lotte fra signorie e Comuni, ma chiamò dentro altresì, condannandole alla gleba, alcune tribù di Slavi. La rozza gente, che molta non era, sarebbesi fusa nella latina in breve volger d'anni, se vietato non lo avessero le segregate sue dimore nelle più interne campagne, la vile condizione, in cui ella fu tenuta, e innanzi tutto l'interesse che avevano di mantenere il nuovo dualismo tutti coloro che non potevano recarsi in mano le forze tradizionali della provincia, del Comune, della coltura. Nè Venezia potè far una la vita dell'Istria, dopo atterrato il feudalesimo patriarcale, perocchè un germoglio di questa pianta – la Contea d'Istria, più dappresso ai monti – avea gittato ormai profonde radici, e intrecciati i suoi rami a quelli più forti degli Stati d'oltralpe.[178]

Der soziale Aufstieg des Bauerntums wurde in dieser Narration nationaler Kontinuitäten neu interpretiert: Der deutsch-österreichische Feudalismus habe die Assimilation der Slawen in der Vergangenheit verhindert und die aktuellen soziokulturellen Trennlinien innerhalb Istriens geschaffen. Die imperiale Kulturpolitik der ethnographischen Entmischung nach 1848 wurde so nicht nur als eine

[178] „Der Feudalismus der Franken brachte nicht nur ihre Kämpfe zwischen den Herrschern und Kommunen nach Istrien, sondern auch einige slawische Stämme, die Leibeigene waren. Diese wenigen primitiven Leute hätten sich in kurzer Zeit mit dem lateinischen Volk vermischt, wenn sie nicht in abgeschiedenen Wohnstätten – in erbärmlichem Zustand – im entferntesten Hinterland gelebt hätten. Die Herren hatten Interesse daran, diesen neuen Dualismus zu erhalten, da sie dadurch Kontrolle über die konservativen Kräfte der Provinz, der Gemeinden und der Kultur aufrechterhalten konnten. Genauso wenig war Venedig imstande, alle Menschen Istriens miteinander zu vereinigen, sogar nach dem Niedergang des patriarchalischen Feudalismus. Der Spross der feudalen Pflanze hatte bereits vor allem in der Bergregion der Grafschaft Istrien tiefe Wurzeln geschlagen und ihre Zweige mit den stärkeren Ästen der Staaten jenseits der Alpen verbunden.", Corrispondenza dall'Istria, in: L'annotatore friulano 6/18, 8. Mai 1858, 152.

Strategie des *divide et impera* präsentiert, sondern auch als eine Verhinderung des sozialen Aufstieges. Aus der liberalen Perspektive wurde das oft als eine Fortsetzung der feudalen Strukturen und Bewahrung des Status Quo interpretiert. Dies hätte die Assimilation solcher „rückständiger" sozialer Gruppen an das „kultivierte" Element der „Italiener" – als Bewahrer der „Zivilisation" gegen die „Barbarei" – behindert und die Bauer und Bäuerinnen, bar jeder Kultur und Geschichte, an ihr Stück Land gefesselt.

Nach 1860/61 differenzierten sich die politischen Wege zwischen regionaler Nationalität und Imperium immer deutlicher aus. Die Konkurrenz mit dem Imperium erwies sich als ein jahrzehntelanger Streit zwischen konkurrierenden „Memoiren", obwohl beide Seiten dauernd dasselbe diskursive Register verwendeten. Es entstand eine Reihe von Texten auf Italienisch, die wiederholt die Notwendigkeit der Überprüfung der eigenen Reinheit als nationaler Gruppe feststellten. Solche Texte waren eine interessante Konsequenz der imperialen Ethnisierungspolitik und der parallelisierten Homogenisierungen. Obwohl die sogenannten „Italiener" sich selbst noch in den 1840er-Jahren als gespalten wahrgenommen hatten, begannen sie, sich mithilfe von Modi der imperialen Wissenschaftler als ethnische Gruppe der „Italiener Istriens" so wie sie 1857 auf Czörnigs ethnographischer Karte hellgelb dargestellt worden waren, neu zu organisieren. Dies zeigte vor allem die Verwendung des diskursiven Paradigmas Reinheit-Hybridität. Die Herstellung und der ständig wiederholte Beweis der eigenen Homogenität schienen besonders für die kleinste nationale Gruppierung der Monarchie eine Notwendigkeit, die in einem Grenzgebiet des habsburgischen Vielvölkerstaates als Minderheit agierte.[179] Die konstante pejorative Thematisierung des „Vermischt-Seins" und der inneren Zersplitterung der slawischsprachigen Bevölkerung Istriens hatte die Festigung der eigenen Identität als wahre „Istrianer" und „Italiener Istriens" zum Ziel: „Quando si parla d'italiani, non si parla che di una popolazione, tutta appartenente ad una sola schiatta, o famiglia, o lignaggio; tutto di all'opposto succede degli slavi, i quali sono di diversa stirpe, tanto è vero che non solo parlano distinte lingue, ma persino il loro vestito, i loro usi e costumi sono affatto differenti gli uni dagli altri."[180]

Der erfolgreiche Diskurs über den Mangel an kultureller Homogenität der kultur- und geschichtslosen nicht Italienisch sprechenden Bevölkerung zielte seit den 1850er-Jahren auf die Betonung ihrer externen, nicht-autochthonen Herkunft ab, die auf wiederholten Migrationen basiere. Die vermischten Bevölkerungen im Norden Inneristriens wurden als undefinierbare Andersartig-

[179] *Cattaruzza*, L'Italia, 16.

[180] „Wenn wir über Italiener sprechen, beziehen wir uns nur auf eine Bevölkerung, die zu einer einzigen Familie gehört, also einem Geschlecht abstammt. Im Gegensatz dazu gehen die Slawen auf verschiedenen Stämmen zurück, so dass sie nicht nur unterschiedliche Sprachen sprechen, sondern sich auch in ihren Kleidungen, Bräuchen und Traditionen voneinander unterscheiden.", Pro Patria nostra, in: L'Istria 9/429, 1. März 1890, 1.

keit beschrieben, als unwissend, passiv und ohne eigenes kulturell-historisches Bewusstsein.[181] In den Augen Combis war die Anwesenheit solcher hybrider, undefinierter Menschengruppen ein klarer Beweis ihrer sozialen und kulturellen Abhängigkeit und ihrer Bereitschaft zur „Assimilation" an das italienische Element durch physische und kulturelle Kontakte.[182]

Die entstehenden Diskurse über die Assimilation zeigten sich als eine eigene strategische Antwort auf die imperiale Entmischungspolitik. Die jahrhundertelange Polarisierung zwischen Küste und Inland erschien den lokalen und zentralen Staatsbeamten noch 1848 als kontinuierlicher Destabilisierungsfaktor. Die folgende Einführung von ethnisierenden Identifizierungsmustern schien darauf abzuzielen, die bis zu diesem Zeitpunkt existierenden Machtverhältnisse auf der Halbinsel durch Herstellung anderer soziokultureller Realitäten zu erschüttern. Ziel war es, das multiethnische Istrien unter dem Schild des Kaisers und des Staates besser zu kontrollieren. Diese neue horizontale Quereinstellung, welche die alte vertikale Grenze Küste – Inland aufhob, wurde von den lokalen Eliten als Bedrohung erlebt. Die Ethnisierung bedeutete die Erosion des „eigenen" historischen Besitztums, das mit dem ex-venezianischen Istrien übereinstimmte, wo vor 1848 die kulturelle Andersartigkeit nicht als eine selbstständige Nation wahrgenommen wurde, sondern bloß mit der Bezeichnung „Bauernschaft" etikettiert war. Die neue imperiale Entmischung des Kulturellen bedrohte nun sogar den historischen ex-venezianischen Kern, da auf der ethnischen Karte Czörnigs die grün eingefärbten „Slawen" die gelb markierten „Italiener" quasi auf einen schmalen Küstenstreifen zusammendrängten. Darauf stützten sich die Rhetorik und die spätere kulturpolitische Praxis der Assimilation, die sich zuerst als eine Art von Wiedereroberung der „eigenen" Bauern und Bäuerinnen des ex-venezianischen Istriens erwies.

Die Thematik der Assimilation stellt sich aber als noch komplexer dar, als es im ersten Augenblick scheint. Auch der Begriff „Assimilation" scheint im Vormärz noch zu fehlen. Die Intellektuellen und Schriftsteller um *La Favilla*, die alle *outsiders* waren, predigten sogar gegen die Vermischung der Gruppen und für die Bewahrung der kulturellen Unterschiede zwischen „Italienern" und „Slawen", vor allem im Fall Dalmatiens. Sie betrachteten die friedliche italienisch-slawische Koexistenz als ideale Lösung, so wie der *insider* Michele Fachinetti dies teilweise schon 1848 getan hatte, allerdings unter der Bedingung der „freiwilligen Vermischung" der Slawen mit der italienischsprachigen Gruppe:[183] „Però questi [gli Slavi, Anm. d. Verf.] non hanno un centro slavo, e per ingentilire sé stessi e trarsi

[181] *Combi*, Cenni etnografici, 25–26.
[182] Ebd., 39.
[183] *Ivetic*, Un confine, 219.

dallo stato d'isolamento, loro non resta che fondersi, come lo fanno in modo spontaneo e gradito, nella parte più civile e più compatta che è l'italiana."[184]

Der Begriff „Assimilation" tauchte während der Märzrevolution in einigen Polemiken der italienischsprachigen Gruppe der *insiders* zur Homogenität oder Heterogenität auf, insbesondere bei Michele Fachinetti und Carlo de Franceschi.[185] Der Terminus verankerte sich dann in den 1850er- und 1860er-Jahren in einem einheitlichen Diskurs, der sich über lange Zeit hinweg, bis zum 20. Jahrhundert, entwickelte.[186] Nicht zufällig stammte dieser Begriff auch von einem *opinion maker* wie Carlo de Franceschi. Aus mehreren Gründen entwickelte de Franceschi eine stärker ausgeprägte Aufmerksamkeit und Wahrnehmung gegenüber der soziokulturellen nicht Italienisch sprechenden Andersartigkeit als andere istrische Intellektuelle. De Franceschi kam 1809 in der Nähe von Pisino/Pazin (in Moncalvo/Gologorica) auf die Welt. Er wuchs in der ersten Hälfte des Jahrhunderts in einer wohlhabenden, bürgerlichen, österreichloyalen Familie auf, in einer Zeit, als die Pisiner Bourgeoisie einen entscheidenden Italianisierungsprozess durchlebte.[187] De Franceschi studierte Jura in Graz, weshalb er die deutsche Sprache gut beherrschte, und war danach im küstenländischen Gerichtsdienst als Beamter tätig. Dabei entwickelte er – aufgrund seiner liberalen Einstellung – mit der Zeit eine immer stärkere Abneigung gegen die lokalen österreichischen Behörden, welche ihr Amt nach feudaler Art willkürlich ausübten. Deswegen wurde er in den späten 1840er-Jahren ständig überwacht und nach 1853 aus den öffentlichen Staatsämtern entfernt.[188] All diese biographischen Informationen zeichnen eine Persönlichkeit, die einerseits eine für seinen familiären und soziokulturellen Hintergrund typische paternalistische Haltung gegenüber der slawischsprachigen Bauernschaft vertrat und anderseits gut in das habsburgische Amtssystems eingegliedert war. De Franceschi schien sowohl die innere soziokulturelle Spaltung Stadt–Land als auch die intrusive Tätigkeit der österreichischen Beamten so stark verinnerlicht zu haben, dass der Kreishauptmann Grimschitz in seinen Memoiren ständig als der zentrale Feind Istriens vorkommt.[189] Darüber hinaus schien er die österreichische Logik der ethnisierenden Entmischungspolitik als Erster richtig verstanden zu haben.

Im Allgemeinen verfolgte der Diskurs über die Assimilation zwei Ziele: Zum einen die Bedrohungskommunikation gegen die erodierende Entmischungs-

[184] „Daher haben sie [die Slawen, Anm. d. Verf.] kein slawisches Kernland. Um sich selbst zu veredeln und sich aus ihrer Isolation zu befreien, haben sie daher keine andere Wahl, als sich mit dem zivilisiertesten und homogensten Teil der Bevölkerung – den Italienern – zu vermischen, wie sie es schon spontan und absichtlich tun." *Michele Fachinetti*, Elemento nazionale, in: Supplemento al N. 95 dell'Osservatore triestino, 9. August 1848, 701.

[185] *Ivetic*, Un confine, 220.

[186] Vgl. Almanacco istriano, 1, Tondelli, Venezia 1851, 75–82.

[187] *Rosa*, La nazionalità, 18.

[188] *Cella*, De Franceschi.

[189] *Franceschi*, Memorie autobiografiche, 54–61.

politik Österreichs besser zu akzentuieren, und gleichzeitig eine mögliche Überwindungsstrategie, sprich eine Wiedereroberung des Landes – samt der Agrarfrage – vorzuschlagen. Die Assimilation galt als Versuch, den unbequemen und bedrohlichen imperialen Begriff „Vermischung“ für die eigenen politischen Zwecke zu verwenden und ihn an die eigene nationale Identität anzupassen. Die Vermischung gewann dann aus dieser Perspektive eine positive Konnotation als Strategie zur „friedlichen“ Eroberung der „Anderen“ sowie Festigung der eigenen, noch ungenau definierten nationalen Gruppe.[190] Nicht umsonst wurde dieser Diskurs seit den 1850er- und 1860er-Jahren durch die Idee der sogenannten „freiwilligen Assimilation“ („assimilazione spontanea“) von Combi verstärkt. Diese stand für die wünschenswerte Akkulturation des Bauerntums durch die italienische Sprache und Kultur.[191] Dies sollte zur Verbesserung der Zustände der Arbeiterschicht führen, doch nicht zu ihrem sozialen Aufstieg. Daher erwies sich die Kontrolle der Agrarfrage als zentral. Nach der Argumentation Giovanni Rosas, der 1847 als Bezirksverwalter in Lupogliano/Lupoglav an der Niederschlagung des Bauernaufstandes teilgenommen hatte,[192] bedeutete die Assimilation eine Art Befreiung des Bauerntums aus dem Feudalsystem. Diese sollte einhergehen mit einem Erstarken des politischen Liberalismus unter der paternalistischen Kontrolle der italienischsprachigen Eliten, wogegen die imperiale Politik mithilfe der Kirche starken Widerstand leistete, um den alten Status der Region als deutsche „Kolonie“ zu bewahren.

Né intendiamo passare sotto silenzio, che pur anche il reggime [sic!] presente punto non si confà a migliorare le sorti della colonia. [...] Se la civiltà non progredisce nel paese, come naturalmente progredire dovrebbe, grave colpa ne ha la politica, che da quaranta anni tortura nelle maniere più assurde la popolazione. [...] E non demoralizzano forse le popolazioni del centro certi parochi [sic!] venutici a bella posta dalla Croazia [sic!] o dalla Carniola, rifiuto de' seminari, i quali tentano dall'altare di suscitare in esse, colla narrazione di certi aneddotti cavallereschi o di certi fasti militari furbescamente immaginati, il germe dell'odio contro gli abitanti della città, pensando di trattenerle così dalla loro naturale e prossima fusione cogli italiani?[193]

Ziel war in erster Instanz die Übernahme der Kontrolle über den ex-venezianischen Küstenstreifen und dessen Bauerntum mittels Förderung der Agrar-

[190] *Combi*, Cenni etnografici, 38–39.

[191] Ebd.

[192] *Franceschi*, I Castelli, 198.

[193] „Wir wollen nicht schweigend darüber hinweggehen, dass die gegenwärtige Ordnung nicht geeignet ist, das künftige Schicksal der Kolonie zu verbessern. [...] Wenn die Zivilisierung im Land nicht vorankommt, wie sie es natürlich tun sollte, wird die Politik daran große Schuld haben, die seit vierzig Jahren die Bevölkerung auf absurdeste Weise quält. [...] Und wollen wir bestreiten, dass kroatische und krainische Priester, abgewiesen von den Seminaren, im istrischen Hinterland vom Altar aus versuchen, in den Menschen mit klug erdachten Anekdoten von Rittertum oder Militärpracht den Hass gegen die Bewohner der Stadt zu schüren? Dadurch versuchen sie, die Bewohner von ihrer selbstverständlichen und bald bevorstehenden Verschmelzung mit den Italienern zurückzuhalten.“, *Rosa*, La nazionalità, 12–13.

frage. Dadurch hätte man den produktivsten und reichsten Teil der Halbinsel unter die eigene Kontrolle gebracht. Kulturell-nationale Assimilation und die Agrarfrage spielten zusammen. Aus diesem Grund schien sich das Interesse der liberalnationalen Meinungsbildner eher auf den Küstenstreifen und die ex-venezianischen Landstriche im nördlichen Inneristrien zu fokussieren. In den frühen 1860er-Jahren trug das ökonomisch angeschlagene ex-habsburgische Inneristrien, in dem 30 % der Bevölkerung wohnten, nur mit 17 % zum allgemeinen Steueraufkommen Istriens bei.[194] In diesem Sinn bedeutete Assimilation eine politisch-kulturelle Praxis für die Inklusion der Andersartigkeit, aber zugleich eine Bewahrung der eigenen exklusiven Kontrolle der lokalen Gesellschaft, Politik und Wirtschaft, hauptsächlich in der produktivsten Hälfte der Halbinsel.

Assimilation findet ihren Sinn dann nur innerhalb einer komplexen Logik der Dialektik zwischen Homogenität und Diversität, sowie gleichzeitig innerhalb der Agrarfrage und des landwirtschaftlichen Modernisierungsprozesses. Sie stellte außerdem eine Strategie der italienischsprachigen Seite dar, um die neue Komplexität nach der Ethnisierung der istrischen Gesellschaft(en) zu reduzieren. In diesem Sinn wurde seit 1861 das sogenannte „naturgemäße Gesetz der Assimilation" („la loi naturelle d'assimilation")[195] der zersplitterten „Slawen" in der italienischen „Kultur" seitens Pacifico Valussi theorisiert.[196] Ein solcher Diskurs gehörte aber schon zum „Kampf um die Adria" und zu einem ersten Versuch der wissenschaftlichen Bestätigung der Homogenität der Italiener Istriens mit dem Ziel der Unterstützung einer möglichen zukünftigen Expansionspolitik des italienischen Nationalstaates.[197]

Parallel zeigte sich derselbe Diskurs auch innerhalb des *insider*-Kreises in Istrien, allerdings ohne diese internationale Perspektive. Es folgten die Herauskristallisierung und sogar Naturalisierung der Grenzen zwischen Italienern und Slawen durch biologische und geographische Argumente: Je vielfältiger die geographischen und klimatischen Verhältnisse waren, umso vielfältig waren die Menschen und ihre sprachlich-kulturellen Ausdrucksformen:

> Come vario il suolo ed il clima, così gli uomini: italiani di vari dialetti, slavi dividentisi in sloveni, croati, serbici, poi commistione di queste razze; romanici parlanti loro lingua ed altri slavizzati; albanesi che pur cangiarono linguaggio; ogni schiatta serbante un'indole propria: il carattere più mite il liburno, fiero e vendicativo il morlacco, di lui più attivo e loquace il croato, rinchiuso lo sloveno, svegliato ed aperto l'italiano, spigliato il romanico.[198]

---

[194] *Apollonio*, Le tristi condizioni, 267–269.

[195] *Valussi*, Trieste, 36. Der externe Betrachter Valussi entwickelte die Idee der „von der Natur gezogenen Grenzen" („les limites tracées par la nature"): Vgl. ebd., 23.

[196] Vgl. *Rosa*, La nazionalità, 14.

[197] La provincia dell'Istria (1866), III–V.

[198] „So vielfältig der Boden und das Klima sind, so vielfältig sind auch die Menschen: Italiener mit verschiedenen Dialekten; Slawen unterteilt in Slowenen, Kroaten, Serben, Mischungen aus all diesen Rassen; Romanen mit ihrer eigenen Sprache sowie anderen slawischen Mund-

Schließlich kann Assimilation aus einer ethnozentrischen Perspektive als Kompromiss zwischen Reinheit und Vermischung betrachtet werden. Wie vorher skizziert, blieb der Begriff der Vermischung in der italienischsprachigen Publizistik bestehen. Nur wurde er entweder in Verbindung mit der Vergangenheit – als Bestätigung der Stärke der „Italianität“ – oder in Zusammenhang mit einer positiven Einschätzung der Verschmelzung der Anderen mit dem Eigenen verwendet. Assimilation diente der Verankerung einer ethnozentrischen Interpretation der Vermischung als kulturell „asymmetrischer Hybridismus“, der auf einem ungleichmäßigen sozioökonomischen Machtverhältnis basierte. Gleichzeitig sicherte die „Italianität“ die siegreiche Vorherrschaft.[199] Der Triester Schriftsteller und Journalist Alessandro Mauroner erklärte 1855 plakativ: „La nazionalità italiana ha già dimostrato di essere invincibile, i conquistatori sono sempre stati assorbiti.“[200]

In Bezug auf die materiellen Interessen bedeutete „Assimilation“ eine praktische Strategie zur Wiedereroberung der ergiebigen ländlichen Areale der „roten Erde“ („terra rossa“) im sogenannten „Rot-Istrien“. Vor allem mit der neuen kroatisch- und slowenischsprachigen Bourgeoisie zeichnete sich ein Streit um den westistrischen Küstenstreifen mit seiner geringen, aber fruchtbaren Erde ab, deren geologisch-geographische Verhältnisse schon seit den 1840er-Jahren in mehreren Studien der lokalen, imperialen und internationalen Wissenschaft erforscht worden waren.[201] Die Idee der Assimilation folgte der Verschiebung des Interesses von der Stadt hin zum Land und generell von der Küste ins Hinterland. Deswegen galt sie als eine dem imperialen Ethnisierungsprozess entgegengesetzte Bewegung. Zwischen den beiden mental-geographischen Polen Küste und Inland und auf der Achse der gegensätzlichen – einerseits maritimen, andererseits kontinentalen – Blickwinkel lag das „rote Land“, dessen Kontrolle sich als das wahre Ziel der unterschiedlichen Ordnungsvorstellungen offenbarte.

---

arten; Albaner mit eigenem Klang trotz Sprachwechsel. Jeder Stamm hat sein eigenes Wesen: Der Liburner hat den sanftesten Charakter, der Morlake ist stolz und nachtragend; dagegen erweist sich der Kroate als tatkräftiger und gesprächiger, der Slowene eher als verschlossen; der Italiener ist schlau und weltoffen, der Romane ungezwungen.“, Due urgenti bisogni, in: La Provincia dell'Istria 1/7, 1. Dezember 1867, 52.

[199] Zum Begriff „Asymmetrie“ in der Geschichtsforschung im nordöstlichen Adriaraum vgl. *Marta Verginella*, Asimmetrie, malintesi e sguardi speculari: da una storia etnocentrica ad una storia plurale e congiunta della regione alto-adriatica, in: Acta Histriae 20/3, 2012, 321–334. Eine unklare Verwendung des Begriffes „asymmetrischer Hybridismus“ enthält *Raoul Pupo*, Fiume città di passione, Laterza, Bari 2018, 24–25.

[200] „Die Italianität hat sich bereits als unbesiegbar erwiesen, da die Eroberer immer einverleibt wurden.“, Das Zitat von Alessandro Mauroner aus einem Artikel im *Corriere italiano* findet sich in *Cervani*, La borghesia, 162.

[201] Vgl. *Adolfo de Morlot*, Sulla conformazione geologica dell'Istria, in: L'Istria 2/61–62, 9. Oktober 1847; *Ders.*, Über die geographischen Verhältnisse von Istrien: mit Karte und Tafeln, Wien 1848, 3, 56–58; *Antonio Stoppani*, Corso di geologia, 3/2, Bernardoni e Brigola, Milano 1873, 534–536; *Bernardo Benussi*, Manuale di geografia dell'Istria, Caprin, Trieste 1877, 36–47.

1870–1890: Von der Reflexion zur Sedimentierung

7. Wissenschaft der Grenze – Grenze der Wissenschaft

7.1. Die „Wissenschaft des Küstenlandes“: Die Festigung einer imaginierten Ordnung

Die Institutionalisierung der Wissenschaft im Küstenland ab 1850 bedeutete die Schaffung einer gut funktionierenden Struktur auf lokaler Ebene, die als ein wichtiger Teil der allgemeinen Internationalisierung der imperialen Ordnung funktionierte. Aufgrund der wachsenden strategischen Relevanz des Küstenlandes als maritimes Tor wurde die Monarchie zu einem zentralen Förderer der Wissenschaft an den Küsten der nördlichen Adria. Dies belegen weitere größere Forschungsprojekte aus der Hauptstadt Wien in Bezug auf den adriatischen Bereich nach der Novara-Expedition, wie etwa seit 1865 die Adriakommission der kaiserlichen Akademie der Wissenschaften.[1] Die Akten und Veröffentlichungen der Adriakommission weisen das langfristige Ziel der politischen Festigung der Adriaordnung durch wissenschaftliche Tätigkeit nach. Die Verflechtung von Forschung und materiellen Interessen – Handel und militärische Seemacht – wurde von der Wiener Akademie der Wissenschaften nie geleugnet. Im Gegenteil, es wurden in direkter Verbindung mit den Handels- und Kriegsministerien in Wien sowie den k.u.k. Seebehörden in Triest weitere wissenschaftliche Forschungsprojekte innerhalb der Adriakommission vorbereitet.[2] Die Kriege in Norditalien 1859 und 1866 hatten das Gefühl einer mangelnden Vorbereitung und einer unzureichenden Kenntnis Österreichs seiner eigenen Besitzungen am Mittelmeer verstärkt. Wie der Geograph Eduard Brückner (1862–1927) im Jahre 1910 erklärte, „entdeckte“ der damalige Handelsminister Wüllerstorf-Urbair – der ehemalige Leiter der Novara-Expedition – 1865 empört, dass der Monarchie lediglich britische Seekarten für die Adria zur Verfügung standen.[3] Die Kriege der 1850er- und 1860er-Jahren galten daher nicht nur als Bedrohungen für die

---

[1] *Richard Meister*, Geschichte der Akademie der Wissenschaften in Wien (1847–1947), Holzhausen, Wien 1947, 95–97.

[2] ÖAW, A. C., 1. Vgl. auch Zweiter Bericht der Commission für die Adria an die kaiserliche Akademie der Wissenschaften betreffend die Jahre 1869–1870, k.u.k. Hof- und Staatsdruckerei, Wien 1871, 1–3.

[3] *Eduard Brückner*, Das italienisch-österreichische Projekt einer gemeinsamen Erforschung des Adriatischen Meeres, in: Mitteilungen der kaiserlichen und königlichen Geographischen Gesellschaft in Wien 53/7–8, 1910, 463.

Monarchie. Sie boten auch Gelegenheit, neue Voraussetzungen für die Verbreitung des Wissens über die maritimen Grenzregionen und ihre Kontrolle zu schaffen. Die Unwissenheit in Bezug auf das Küstenland und das Seewesen wurde als bedrohliches Hindernis für die Schaffung eines Kontroll- und Infrastrukturnetzwerkes wahrgenommen.[4]

Gleichzeitig kann die Institutionalisierung der Wissensnetzwerke im Küstenland ab 1850 nicht einfach nur der imperialen Ordnung zugeschrieben werden. Neben dem Herrscherhaus waren lokale Akteure und Akteurinnen relevant, wie die Listen der Namen von privaten Spendern des Triester Museums – darunter auch Frauen – beweisen.[5] Die Akten wissenschaftlicher Einrichtungen auf lokaler und imperialer Ebene zeigen, wie sehr sich die Spender und Spenderinnen für die Einrichtung und Entwicklung der Ordnung am Küstenland einsetzten und wie sehr ihre Mitarbeit diese prägte. Die großbürgerlichen Machteliten sowie Institutionen des Küstenlandes erwiesen sich oft sogar als unentbehrliche Treibriemen zwischen den lokalen und imperialen Ordnungen. 1850 wurde beispielsweise das heutige österreichische Bundesdenkmalamt als k.u.k. Central-Commission zur Erforschung und Erhaltung der Baudenkmale gegründet, um zentrale Akteure der lokalen Ordnungen in eine einheitliche Struktur zu integrieren und besser für die imperialen Ziele zu nutzen. Nicht zufällig wurde Pietro Kandler 1853 zum Konservator für das Küstenland ernannt.[6] Darüber hinaus taucht in den Akten sowohl der Adriakommission als auch des Triester Naturhistorischen Museums der Name des Triester Bankiers und Handelsmannes Pasquale Freiherr von Revoltella als Kapitalgeber für Forschungsprojekte auf.[7] Zudem trat die Dampfschifffahrtsgesellschaft Österreichischer Lloyd wiederholt als Unterstützer von Forschungsreisen lokaler Wissenschaftler auf.[8]

Die lokalen wissenschaftlichen Institutionen wirkten teilweise auf die Strukturen der imperialen Ordnung – wie etwa die Seebehörden – ein. Nicht selten versuchten sie, im Rahmen ihrer Forschungsprojekte staatliche Vertreter im Ausland – wie etwa Konsuln und Staatsagenten[9] – für das Sammeln von relevanten

---

[4] Vorwort, in: Istrien (1863).

[5] Vgl. zum Beispiel die privaten Spenden von Herbarien: CMSN, Atti 3, 1871, 4, 6; 1877, 4, 31. CMSN, Atti 5, 1884, 84. Vgl. auch Doni fatti nel 1866, 1867 e 1868, in: Atti del civico museo Ferdinando Massimiliano in Trieste, 5, 1869, 5–7; Doni fatti nel 1870, 1871, 1872 e 1873, in: Atti del civico museo Ferdinando Massimiliano in Trieste, 6, 1874, 5–12.

[6] *Brigitta Mader*, Die österreichische Denkmalpflege in Pola (1816–1918), in: Anzeiger der philosophisch-historischen Klasse 146, 2011, 7.

[7] In den Akten der Adriakommission finden sich mehrere Rechnungen Revoltellas, vgl. ÖAW, A. C., 1, 155, 232, 246, 255; ÖAW, A. C., 3, 685. Zu den Finanzierungen und materiellen Beiträgen zu den Sammlungen des Triester Museums vgl. CMSN, Atti 1, 1854, 20. CMSN, Atti 2, 1862, 10, 12–13.

[8] ÖAW, A. C., 1, 30, 272, 307, 428. CMSN Atti 2, 1861, 36; 1864, 24–26. CMSN, Atti 3, 1877, 14, 18; 1880, 13. CMSN, Atti 5, 1892, Brief Marchesetti 6. April. CMSN, Atti 6, 1899, 10, 19; 1900, 6, 11.

[9] CMSN, Atti 2, 1859, 5.

Daten und Objekten für die Forschung zu aktivieren und auszunutzen.[10] Gleichzeitig erwies sich das Triester Naturhistorische Museum als wichtige Hilfe bei der Entwicklung von naturwissenschaftlichen Kenntnissen, die für die k.u.k. zentralen Seebehörden in Triest relevant sein konnten.[11] So etablierten sich Synergien zwischen Dynastie, Staatsapparat, wissenschaftlichen Institutionen und privaten Wirtschaftsakteuren. Wenn die Wissenschaft im Dienste des Staates stand, so agierten der Staat und die Vertreter des Wirtschaftslebens selbst im Dienste der Wissenschaft.

Nach dem Ende der ersten imperialen Forschungsprojekte in Übersee im Rahmen der Novara-Expedition und dem mexikanischen Abenteuer schien sich die Aufmerksamkeit der imperialen Wissenschaft nun auf die regionale Ordnung zu verschieben. Daneben konzentrierten die lokalen Anstalten ihre internationalen Interessen auf die neue interkontinentale Route durch den Suezkanal.[12] Diese Interessensverschiebung wird auch durch die Gründung der zoologischen Station von S. Andrea in Triest 1875 deutlich, eine Außenstelle des Biologieinstitutes der Universität Wien unter der Leitung des Biologen Carl Claus (1835–1899).[13] Eine weitere zoologische Station wurde 1891 auf Initiative des Direktors des Berliner Aquariums Otto Hermes (1839–1910) als Außenstelle dieser Einrichtung in Rovigno/Rovinj eröffnet. An ihr waren namhafte internationale Forscher tätig.[14] Somit nahm das Thema einer gemeinsamen imperialen Wissenschaft im Laufe der Jahrzehnte einen zusätzlichen interimperialen Charakter an.[15] Dies brachte aber

[10] „Essendo ben noto al sottoscritto Curatorio del Museo, quanto stia a cuore a codesto Eccelso Governo Centrale Marittimo tutto ciò che possa tornare vantaggioso, anche dal lato scientifico, e all'Austria tutta, e alla città nostra, che n'è principale Emporio, si fa lecito pregarla onde volesse compiacersi d'interessare gli i.r. Consoli ed Agenti all'estero perché si dessero impegno di procurare in dono al Museo nostro alcuni oggetti di Zoologia ed altri, che loro capitassero nei differenti luoghi di loro residenza, e che potessero interessare questo Istituto, ed accrescerne il decoro, e specialmente di cose marittime, di cui più specialmente si occupa; mentre sarà sua cura, come fu sempre, di far pubblicare per le stampe, coi dovuti ringraziamenti, i nomi dei generosi donatori.", CMSN, Atti 2, 1859, 5.

[11] *Adam von Syrski*, Relazione prodotta all'i.r. Governo marittimo in Trieste dal Dr. Syrski sulle masse glutinose osservate nei mesi di giugno e luglio 1872 nella parte settentrionale dell'Adriatico, in: Atti del civico museo Ferdinando Massimiliano, 6, 1874, 13–17.

[12] Vgl. CMSN, Atti 2, 1862, 10, 11, 12; 1863, 20; 1864, 11.

[13] *Sandra Casellato*, La stazione zoologica di Sant'Andrea a Trieste. La vita di un prestigioso centro di ricerche biologiche marine, in: Movimento per l'Adriatico, Mai 1999, 8–10. 1875–1876 forschte auch der junge Sigmund Freud unter Anleitung von Adam von Skyrski an dieser Anstalt, vgl. *Laurence Simmons*, Freud's Italian Journey, Rodopi, Amsterdam-New York 2006, 51–78.

[14] *Simon Weber-Unger* (Hrsg.), Der naturwissenschaftliche Blick: Fotografie, Zeichnung und Modell im 19. Jahrhundert, Wiss. Kabinett Simon Weber-Unger, Wien 2009, 20–21; *Walter Schönichen*, Die Zoologische Station zu Rovigno, in: Prometheus. Zeitschrift für Technik, Wissenschaft und Industrie, 1899, 473–475.

[15] Zwischen den beiden Stationen existierten wechselseitige Kontakte. Die Berliner Station zeigte in ihrer Sammlung einige meereskundliche Funde, die von der Triester zoologischen Station gespendet worden waren. Zur Verknüpfung zwischen Carlo de Marchesetti und Otto

auch altbekannte imperialistische Betrachtungsweisen und Interessen aus dem deutschen Kaiserreich in den Adriaraum.[16]

Die 1870er-Jahre erwiesen sich als eine wichtige Wende: Es bildete sich eine „Wissenschaft des Küstenlandes" heraus, die sich mit neuen Herausforderungen auseinandersetzen sollte. Sie war ein Ergebnis der konstitutionellen Reform von 1867/68 und der damit zusammenhängenden Liberalisierung des kulturellen und wissenschaftlichen Lebens in Österreich. Dem neuen Zeitgeist dieser Liberalisierung wurde 1867 von Pietro Kandler Ausdruck verliehen, als er in einem Brief an die Societá di Minerva Abschied von seiner Rolle als imperialer Kommissar dieser Gesellschaft nahm: „Le sapienti e larghe Leggi colle quali nell'Impero si attiva reggimento costituzionale, e le Associazioni hanno movimento proprio, disimpacciato, hanno tolto l'intervento di Commissario Imperiale."[17]

In den Akten des Ferdinand-Maximilian-Museums in Triest ist die Wende erkennbar. Ab den 1870er-Jahren kann eine Intensivierung der Forschung auf lokaler Ebene bemerkt werden. Ein klarer Schritt in Richtung Fokussierung auf die regionale Ordnung war die Gründung der Societá adriatica di scienze naturali (Adriatische Gesellschaft der Naturwissenschaften) 1874/75 als unmittelbare Filiale des Naturhistorischen Museums. Ihre *Bollettini* (*Mitteilungen*) etablierten sich als Sprachrohr des Museums und der Forscher des Küstenlandes mit dem Ziel der Popularisierung der eigenen Forschungsergebnisse für eine

---

Hermes vgl. ADT, R. P. MS Misc. 88/A/1/211. Vgl. auch *Margherita Turchetto/Marta Menegini/Paola Nicolosi*, Storia e recupero della collezione zoologica dell'ex istituto di Biologia marina di Rovigno, conservata a Chioggia, in: Museologia scientifica Memorie 2, 2008, 192). Gleichzeitig gab es eine interimperiale Auseinandersetzung und Konkurrenz. Otto Hermes äußerte sich 1855 kritisch über die zoologische Station in Triest und strich die materielle und finanzielle Überlegenheit der deutschen Station in Rovigno/Rovinj heraus, vgl. *Otto Hermes*, Rovigno und die daselbst errichtete zoologische Station des Berliner Aquariums, Zoll, Berlin 1895, 10. Zur politischen Relevanz der Station in Rovigno/Rovinj vgl. *Marion Kazemi*, Die Zoologische Station Rovigno. Spielball nationaler Interessen, in: Dahlemer Archivgespräche 14, 2013, 9–32.

[16] Die expansionistischen Ansprüche auf die Adria seitens des Deutschen Bundes und Reiches waren nach 1848 nicht verschwunden, sondern wurden auch durch die Tätigkeit von einigen deutschen Wissenschaftlern weiterverfolgt. Am Ende einer Forschungsreise nach Mesopotamien schrieb der Altorientalist Paul Haupt (1858–1926) 1886 in einem detaillierten Bericht für die Preußische Akademie der Wissenschaften über die Interessen Deutschlands am Erwerb des österreichischen Küstenlandes: „Die Krönung des Ganzen wäre die Erwerbung von Triest nebst den zwischen dem Küstenlande und Bayern liegenden österreichischen Ländern, Kärnten, Salzburg, Tirol, was sich vielleicht in friedlicher Weise durch Entschädigung Österreichs auf der Balkan-Halbinsel (mit Ausnahme von Constantinopel!) erreichen lassen würde. Österreich würde noch genug Häfen am italienischen Meere übrig behalten, und für Deutschlands Zukunft ist die Erwerbung eines Stückes der Mittelmeer-Nordküste eine Lebensfrage.", GSTA, VI HA Nl Althoff, 413, 13–33: *Paul Haupt*, Über eine vom Deutschen Reiche zu unternehmende wissenschaftliche Expedition nach dem Euphrat- und Tigrislande mit besonderer Rücksicht auf eine spätere Colonisation dieser Landstriche, Mai 1886.

[17] „Die weisen und großzügigen Gesetze, dank derer die verfassungsmäßige Ordnung im Reich garantiert wird und die den Vereinen komplette Freiheit zugestehen, haben die Amtsgeschäfte des kaiserlichen Kommissars abgelöst.", CMSA, Archivio Minerva, 6, 53.5.

pragmatische Verbesserung der Ordnung selbst.[18] In seiner programmatischen Rede definierte der damalige Direktor des Museums und erster Präsident der Adriatischen Gesellschaft, Adam von Syrski (1829–1882),[19] die Gründung der Gesellschaft als ein Mittel, um den „bedauernswerten" Stand der Forschung in Triest und dem Küstenland zu verbessern.[20] Die interdisziplinäre Annäherung an die Forschungsobjekte bzw. -subjekte wurde als programmatische Vorgehensweise der „neuen Wissenschaft" deklariert: Sie sollte die Menschen sowie das „Volk" zu einer „neuen Wissenschaft" führen. In den Worten von Syrskis tauchten die Diskurse der ersten lokalen Wissenschaftlergeneration wieder auf, in denen sich die Bereiche Wissenschaft, Politik und Gesellschaft miteinander verbanden. Wissenschaft sollte nützlich sein, wissenschaftlicher Fortschritt bedeutete in diesem Zusammenhang eine Verbesserung des materiellen und intellektuellen Zustandes der ärmsten sozialen Schichten und dadurch die Sicherung der Gesellschaft selbst:

> Gli Economisti, che di funesti quanto orribili fatti, compiutisi or son pochi anni in una capitale, ascrivendone alla indigenza la causa, alzarono la voce inculcando ai ricchi di fare in modo che le condizioni materiali delle classi operaie fossero rese migliori, e ciò per il maggior bene e la maggiore sicurezza di essi medesimi. D'accordo su questo pienamente noi pure, dobbiamo aggiungere che al miglioramento materiale deve seguire di pari passo, se non precedere l'intellettuale sviluppo, d'onde il miglioramento morale, senza di che non si avrà mai vero progresso.[21]

Ähnlich wie in der ersten Phase der Kongresse der italienischen Wissenschaftler war die Verbesserung der Lebensumstände eng verbunden mit der Verbreitung von Bildung und Alphabetisierung im Rahmen eines Diskurses über die Festigung und Modernisierung der regionalen Ordnung. Die Ernennung von Carlo de Marchesetti zum Direktor des Triester Naturhistorischen Museums 1876 galt als ein zentrales Ereignis. Die drei vorherigen Museumsdirektoren zwischen 1846 und 1876 waren von außen gekommen: Heinrich Koch (1846–1852) stammte aus Zürich (Schweiz), Heinrich Freyer (1852–1864) aus Idria/Idrija (Krain) und Szymon Adam von Syrski (1866–1876) aus Łubno (Galizien). Der 1850 in Triest

[18] Zum Statut der Gesellschaft vgl. CMSN, Atti 3, 1874, 6.

[19] *M. Nadraga*, Syrski Szymon Adam von, in: Österreichisches Biographisches Lexikon (1815–1950) 14, 2012, 96.

[20] Vgl. zum Beispiel die Rede Adam von Syrskis anlässlich der Gründung der „adriatischen Gesellschaft" von: *Adam von Syrski*, Discorso sul compito della Società e sulle necessità e utilità dello studio delle Scienze Naturali, in: Bollettino della Società adriatica di scienze naturali in Trieste 1, 1875, 3–4.

[21] „Die Wirtschaftsexperten, die die Ursache der Armut den schrecklichen Ereignissen vor wenigen Jahren in einer Hauptstadt zuschrieben, erhoben ihre Stimmen und beschworen die Reichen, die materiellen Bedingungen der Arbeiterklasse zu verbessern, und zwar für ihr eigenes Wohl und ihre eigene Sicherheit. Auch wir stimmen dem voll und ganz zu, obwohl wir hinzufügen müssen: Die materielle Verbesserung muss mit einer geistigen Entwicklung und einer moralischen Besserung einhergehen, sonst wird es nie einen wirklichen Fortschritt geben.", Ebd., 7.

geborene Carlo de Marchesetti erwies sich als Vertreter einer neuen Generation von Wissenschaftlern, die sowohl in der Hauptstadt des Küstenlandes als auch in der Reichshauptstadt ausgebildet worden waren. Er erfuhr eine imperiale Ausbildung auf Deutsch und studierte 1869–1874 Medizin in Wien. Dank seiner erworbenen Kompetenzen avancierte er schnell zu einem wichtigen Vermittler zwischen den lokalen und imperialen Wissenschaftsordnungen und gehörte der neuen „imperialen Elite“[22] der zweiten Hälfte des Jahrhunderts an.[23] Diesbezüglich war er eng in das in den 1850er-Jahren neu gegründete imperiale Wissensnetzwerk integriert.

Marchesetti beherrschte sowohl Italienisch als auch Deutsch, wie seine reichhaltige Korrespondenz und seine vielen Manuskripte zeigen. Aufgrund seiner Mehrsprachigkeit unterhielt er Kontakte zu wissenschaftlichen Institutionen und Zeitschriften sowohl der größten Wissenschaftszentren der Monarchie als auch des italienischen Königreiches.[24] Unter diesem Aspekt verkörperte Marchesetti den von Hammer-Purgstall bei seiner oben erwähnten Eröffnungsrede an der Akademie geäußerten Wunsch aus dem Jahre 1852. Die Mehrsprachigkeit wurde darin als die ideale Kommunikationspraxis in einem vielsprachigen Kontext wie der Habsburgermonarchie präsentiert.[25] Seit seiner Gründung erwies sich das Triester Museum als ein Ort der Mehrsprachigkeit, wobei neben dem Deutschen und Italienischen teilweise auch das Slowenische seinen Platz hatte. Die Stellenausschreibungen unter der Direktion des krainischen Kurators Heinrich Freyer etwa verlangten teilweise auch eine Kenntnis des „Krainischen“.[26]

Zudem zeigte sich Marchesetti als eine vielseitige, positivistische Persönlichkeit, als Angehöriger einer neuen Generation, deren Interessen sich von der Botanik und Entomologie bis zur Anthropologie, Archäologie und Urgeschichte erstreckten. Unter seiner Leitung erlebte das Museum eine neue kreative Phase, die mit der Neuordnung der alten Sammlungen begann[27] und sich mit der Entwicklung einer „Wissenschaft des Küstenlandes“ sowie einer zunehmenden Internationalisierung fortsetzte. Marchesetti wurde vom Kuratorium des Museums als ein *homo novus* präsentiert: „Il Dr. Marchesetti che pure si presenta senza scorta di lavori scientifici e come dice lui stesso nella domanda, non come chi

---

[22] *Buchen/Rolf*, Eliten.

[23] Carlo de Marchesetti hatte die Direktion des Triester Naturhistorischen Museums bis 1921 inne.

[24] Die zahlreichen Korrespondenzen zwischen Marchesetti und mehreren deutsch- und italienischsprachigen Kollegen, Mitarbeitern und Freunden in Triest, dem Küstenland, der gesamten Monarchie und anderen europäischen Ländern sind im Archiv des Triester Naturhistorischen Museums (CMSN) sowie in seinem Nachlass im Triester *Archivio diplomatico* (ADT, R. P. MS Misc. 88) erhalten.

[25] *Hammer-Purgstall*, Vortrag. Zur Bedeutung dieser programmatischen Rede vgl. auch *Bhatti*, Heterogenities, 29–31.

[26] Zum Beispiel vgl. CMSN, Atti 1, 1853, 2.

[27] CMSN, Atti 3, 1876, 27, 29, 30.

abbia innanzi a se' il passato, ma l'avvenire."[28] Dank seiner Mehrsprachigkeit, imperialen Ausbildung und Erfahrungen als Weltreisender wurde er zum Museumsdirektor gewählt.[29] Unter seiner Leitung wurde ein neues einheitliches und lokal- bzw. regionalpatriotisches Identitätsmuster für die Ordnung Istriens und des Küstenlandes entwickelt.

Unter der Leitung Marchesettis etablierte sich die Wissenschaft des Küstenlandes, die viel deutlicher als früher die politischen Grenzen des Küstenlandes als die Grenzen der Tätigkeit der lokalen Forschung wahrnahm. Seit den 1880er-Jahren fokussierte Marchesetti seine vielfältigen Interessen auf die Bezirke des Küstenlandes, insbesondere auf Istrien, vor allem durch die Sammlung von naturwissenschaftlichen Objekten und archäologischen Funden: „Oltre a varie gite botaniche pel nostro territorio, a Monfalcone, Gorizia, Grado, ecc. si dedicarono cure speciali all'esplorazione dettagliata del distretto di Parenzo, che fornì oltre a 1000 specie di piante, delle quali si darà l'illustrazione nel prossimo volume degli atti del nostro Museo."[30]

So wurden jene Tätigkeiten fortgesetzt, die schon Mitte der 1850er-Jahre vom damaligen Museumsdirektor Heinrich Freyer als die „Zierde des Landes" betrachtet worden waren: „Wissenschaftliche Sammlungen und öffentliche Museen dienen zur Verbreitung wissenschaftlicher Kenntniße [sic!], sind Zierde des Landes und bewahren die Belege gemachter Erfahrungen für die Gegenwart und Nachkommen!"[31] Zeugnisse dafür sind die handgeschriebenen Reisebüchlein aus dem Nachlass Marchesettis, in denen er auf seinen zahlreichen botanischen Forschungsreisen durch das Küstenland sich Notizen machte und Proben von Pflanzen sammelte.[32] Seine botanischen Feldforschungen wurden seit den 1880er-Jahren in den *Mitteilungen* sowohl des Museums als auch der Adriatischen Gesellschaft der Naturwissenschaften veröffentlicht.[33]

Die schrittweise Herstellung der regionalen Ordnung zeigte sich auch in Marchesettis wissenschaftlicher Tätigkeit und seinen Werken. Am Anfang seiner späteren *Flora di Parenzo* (1890) sprach Marchesetti das komplizierte Thema der Überschneidung der Grenzen der Politik mit denen der Wissenschaft an. Dabei

---

[28] „Dr. Marchesetti bewirbt sich ohne wissenschaftliche Arbeiten und, wie er selbst in der Bewerbung erklärt, weniger als ein Mann mit Vergangenheit als ein Mann mit Zukunft.", CMSN, Atti 3, 1876, 25.

[29] Ebd.

[30] „Neben verschiedenen botanischen Ausflügen durch unser Gebiet (nach Monfalcone, Görz, Grado, usw.) wurde der Bezirk von Parenzo besonders gründlich erkundet. Daraus gingen über 1000 Pflanzenarten hervor, die im nächsten Band der Mitteilungen unseres Museums vorgestellt werden.", CMSN, Atti 5, 1885, 1.

[31] CMSN, Atti 1, 1854, 14.

[32] ADT, R. P. MS Misc. 88/A/1/193, 199, 200, 214, 215, 216.

[33] Vgl. *Carlo de Marchesetti*, La flora di Parenzo, in: Atti del Museo Civico di Storia naturale di Trieste 8, 1890, 25–122; *Ders.*, Flora di Trieste e de' suoi dintorni, Lloyd austriaco, Trieste 1896–1897.

äußerte er Zweifel über konventionelle botanische Grenzziehungen, die sich an den politischen Grenzen von Regionen und Bezirken orientierten:

> Se il tracciare i confini di un distretto botanico riesce generalmente difficile ed incerto ove si voglia attenersi ai confini politici, quasi impossibile diviene allorché né larghi corsi d'acque, né montagne, né diversità di formazioni geognostiche, vengono a fissare dei termini naturali. Tale appunto sarebbe il caso con Parenzo, ove si volesse considerare la sua flora circoscritta unicamente al suo territorio amministrativo. Epperò fa mestieri ricercare dei confini naturali più vasti, comprendendovi parte dei distretti circostanti di Montona, Pisino e Rovigno. Arrotondato per tal guisa, il territorio botanico di Parenzo viene limitato a settentrione dalla valle del Quieto, a ponente dal mare, a mezzogiorno dal Canal del Leme e ad oriente dalla lunga valle di Canfanaro e dall'affiorare della zona arenaria tra Vermo ed il torrente Chervar sotto Visinada. Questi confini possono riguardarsi botanicamente naturali, segnando essi, per quanto è possibile trattandosi di un territorio relativamente esiguo, dei termini abbastanza marcati per la distribuzione di parecchie specie, come vedremo più tardi, allorché considereremo più davvicino la sua flora.[34]

Die Grenzen Istriens und des Küstenlandes sowie deren Festlegung wurden zu Hauptinteressen der lokalen Wissenschaftler. Die Bestätigung dieser Suche nach wissenschaftlichen und gleichzeitig natürlichen Grenzen lieferten zuerst Grenzüberquerungen während der Forschungsreisen. Schon der Triester Botaniker und Bürgermeister Muzio de Tommasini – ein Freund und Gönner Marchesettis – notierte dies 1871, als er im Zuge seiner botanischen Forschungen für die Erstellung eines Herbariums die Grenze des Küstenlandes nach Krain überschritt, und begründete dies in seinem Bericht mit Forschungszielen.[35] Die wissenschaftliche Produktion der folgenden Jahrzehnte konzentrierte sich auf die Festigung der politischen Grenzen Istriens auch durch Diskurse zur „Naturalisierung“ solcher Grenzen – vor allem durch die intensive Verwendung des auf Kandler zurückgehenden Begriffes „geographisches Istrien“. Die Herausforderung für die wissenschaftliche Forschung war die Systematisierung der bisherigen Vielfalt an politischen, historischen und geographischen Auffassungen von Istrien in einem einheitlichen, wissenschaftlich gut begründeten Diskurs. Ein solches Ziel erwies

---

[34] „Im Allgemein erweist sich die Grenzziehung eines botanischen Bezirkes als schwierig und vage, wenn man sich an politische Grenzen halten muss. Dieses Unterfangen wird aber fast unmöglich, wenn weder große Wasserläufe oder Berge noch ausgeprägte geologische Formationen natürliche Grenzen bilden. Dies wäre das Problem in Parenzo, wenn wir die Untersuchung der Flora nur auf das Verwaltungsgebiet beschränken wollten. Unsere Aufgabe ist jedoch die Suche nach weiteren natürlichen Grenzen, obwohl sie zum Teil in den umliegenden Bezirken von Montona, Pisino und Rovigno liegen. Das botanische Gebiet von Parenzo wird somit eingefasst und begrenzt: im Norden durch das Quieto-Tal, im Westen durch das Meer, im Süden durch den Leme-Kanal und im Osten durch das lange Canfanaro-Tal und die Sandsteine zwischen Vermo und dem Chervar-Bach unterhalb von Visinada. Diese Grenzen können in der Botanik als natürlich betrachtet werden, soweit dies auf einem ziemlich kleinen Gebiet möglich ist, da sie ziemlich ausgeprägte Bedingungen für die Verbreitung mehrerer Arten liefern, wie wir später sehen werden, wenn wir die Flora genauer analysieren.“, *Marchesetti*, La flora di Parenzo, 25–26.

[35] CMSN, Atti 3, 1871, 5.

sich aber als schwer erreichbar und die vielen unterschiedlichen Auffassungen von Istrien blieben in der lokalen Publizistik bestehen. Zudem konstituierte sich seit den 1870er-Jahren schrittweise eine „scienza botanica del Litorale" („botanische Wissenschaft des Küstenlandes").[36]

Der angesprochene Diskurs kann nicht auf die Naturwissenschaft beschränkt werden. Auch die Humanwissenschaften, speziell Geographie, Geschichte, Statistik und Volkskunde, spielten eine entscheidende Rolle im Prozess der Konkretisierung der Idee des „Küstenlandes", wie die Werke von Bernardo Benussi (1846–1929) seit den 1870er-Jahren belegen.[37] Istrien blieb in diesem Sinn ein vielstimmiges, offenes Konzept, das sich nur durch eine Vielfalt von unterschiedlichen inklusiven oder exklusiven Darstellungen – je nach politischem Betrachtungswinkel – ergab. Das, was Akteure oft mit „Istrien" meinten, war das Ergebnis einer wiederholten Aufspaltung der istrischen Halbinsel in verschiedene Vorstellungen und des anschließenden Zusammensetzens zu einer Einheit, wie die verschiedenen Geographien und Geschichten Benussis zeigen. Benussis Studie *La liturgia slava nell'Istria* (*Die slawische Liturgie in Istrien*) aus dem Jahre 1893 veranschaulicht dies:

> Dobbiamo premettere che, parlando dell'Istria, intendiamo sempre di ragionare dell'*Istria geografica*, quale fu segnata nel grande libro della natura a caratteri di monti e di marine; dell'Istria cioè inclusa fra i golfi di Trieste e del Quarnero, fra l'Adriatico da un lato, i monti Vena ed i Caldiera dell'altro. Restano con ciò escluse la Liburnia al di là del Monte Maggiore, e le isole del Quarnaro, sia perché affatto estranee all'Istria per posizione geografica, sia perché, avendo esse avuto uno sviluppo storico e nazionale tutto diverso dal nostro, il comprenderle nell'Istria produrrebbe gravissima confusione, e potrebbe essere fonte di molteplici errori nella questione liturgica che ora ci accingiamo a studiare.
>
> La Liburnia e le isole del Quarnero furono aggregate all'Istria appena nell'anno 1825.[38]

Die Wissenschaft bot die Möglichkeit, durch das Erstellen von Sammlungen Ordnung zu schaffen. Nicht zufällig war eine der ersten Sorgen des neuen Museumsdirektors Marchesetti die Neuordnung und rationale Kategorisierung der

---

[36] Ebd.

[37] Vgl. *Benussi*, Manuale di geografia.

[38] „Wenn wir über Istrien sprechen, müssen wir darauf hinweisen, dass wir uns immer auf das *geografische Istrien* beziehen, wie es Mutter Natur mit seinen Bergen und Seeküsten geschaffen hat. Das heißt, wir reden über das Istrien, das zwischen dem Golf von Triest und der Kvarner Bucht liegt, zwischen der Adria auf einer Seite und den Bergen Vena und Caldiera [Gebirgen auf dem Tschitschenboden Anm. d. Verf.] auf der anderen Seite. Davon ausgenommen sind Liburnien jenseits des Monte Maggiore und die Kvarner Inseln – sowohl weil sie eine völlig andere historische und nationale Geschichte haben, als auch weil sie geografisch überhaupt nicht zu Istrien gehören. Deswegen würde ihre Einbeziehung unter den Begriff ‚Istrien' zu großer Verwirrung führen und könnte viele Fehler in der hier behandelten liturgischen Untersuchung? verursachen. Liburnien und die Kvarner Inseln wurden erst im Jahr 1825 Istrien angegliedert.", *Bernardo Benussi*, La liturgia slava nell'Istria, in: Atti e memorie della società istriana di archeologia e storia patria 9, 1893, 153.

bisher erworbenen Sammlungen im Jahre 1876.[39] Diese Bemühungen um eine wissenschaftliche Rhetorik über die „Region“ und die „Heimat“ sollten aber nicht nur die bloße papierene Idee einer Elite bleiben. Die Idee der regionalen Gemeinsamkeit sollte einem breiten Publikum durch die neue Organisierung der Sammlungen veranschaulicht werden. Durch das *re-ordering* der Sammlungen zielte Marchesetti vor allem auf die niedrigen Schichten der lokalen Gesellschaft ab, aus denen der größte Teil der Besucher stammte:

> L'interesse che desta questa patria istituzione viene eloquentemente dimostrato dalla diligente frequentazione da parte del pubblico ed in ispecial modo dalle cosidette [sic!] classi basse, a prova come in esse sia vivo il desiderio di educarsi, acquistando alcune cognizioni di Storia Naturale che per l'organizzazione odierna dell'istruzione elementare, non ebbero pur troppo occasione di procacciarsi nelle scuole.[40]

Gleichzeitig erwies sich die Suche nach der lokalen Ordnung als ein Teil der Entwicklung einer „maritimen Identität“ der lokalen Eliten Istriens und des habsburgischen Staates. Die Etablierung einer „mediterranen Wissenschaft“ oder einer „Meereswissenschaft“ setzte die imperiale Perspektive bezüglich des sogenannten „Adriaraumes“[41] voraus, die auch von der Wissenschaft des Küstenlandes geteilt und vertreten wurde.[42] In dieser Überschneidung der regionalen und imperialen Perspektiven erhielt das Triester Naturhistorische Museum und das lokale Wissensnetzwerk seine mehrschichtige Bedeutung.

Die imperiale Perspektive bedeutete die Überschreitung der Grenzen der Monarchie in Richtung anderer europäischen Länder und nach Übersee. Der Museumsdirektor von Syrski betonte schon 1868 „die Bedeutung einer Anstalt für das gesamte österreichische Reich, die in erster Linie dazu bestimmt ist, nicht nur die *adriatische Fauna*, sondern auch die Meeresprodukte der ganzen Welt zu sammeln.“ („[...] l'importanza per tutto l'Impero Austriaco di uno stabilimento destinato a raccogliere non solo la *fauna adriatica*, ma pure i prodotti marini di tutto il Globo [...]“)[43] Dieses Ziel einer Fortsetzung sowohl der imperial-lokalen als auch imperial-internationalen Wissenschaft durch das Museum in Triest wurde nach 1876/77 seitens Marchesetti bekräftigt und noch intensiver verfolgt,[44] beispielsweise durch häufige Forschungsreisen in andere europäische

---

[39] CMSN, Atti 3, 1876, 27, 29, 30; 1877, 8.

[40] „Das Interesse, das dieses Heimat-Museum weckt, wird eindrucksvoll durch die zahlreichen Besucher belegt, das Publikum stammt insbesondere aus den sogenannten Unterschichten. Dies beweist, wie lebendig der Wunsch nach Bildung ist und wie sehr die Menschen naturgeschichtliche Kenntnisse erwerben möchten, da sie wegen des Zustands in den Grundschulen nicht allzu viel Gelegenheit dafür hatten.“, CMSN, Atti 3, 1877, 8.

[41] *Cocco*, Introduction, 13.

[42] CMSN, Atti 1, 1855, 3; Atti 2, 1861, 24, 25, 36; Atti 3, 1877, 25.

[43] CMSN, Atti 3, 1868, 2.

[44] Vgl. die Korrespondenzen mit internationalen wissenschaftlichen Anstalten im Archiv des Museums. Es zeigt sich dabei deutlich, wie diese Briefkontakte mit Anstalten aus mehreren

Länder oder Asien sowie durch die Teilnahme an offiziellen österreichisch-ungarischen Expeditionen nach Fernost.[45]

In der Zeit der Festigung der Idee der regionalen Heimat sowie der Wissenschaft des Küstenlandes fand die Internationalisierung des Museums statt[46], vor allem durch Kontakte mit ausländlichen Wissenschaftlern und den Austausch von Exponaten zwischen imperialen und internationalen Anstalten.[47] Bedeutungsvoll in diesem Zusammenhang war die Teilnahme an imperialen und internationalen Ausstellungen, vor allem für die Vorbereitung der Präsentation von Meeresfunden im Auftrag der Wiener Regierung, etwa in Berlin, London oder Edinburgh.[48]

7.2. Die Entwicklung des regionalen Wissensnetzwerkes

Seit denselben Jahrzehnten folgte die wissenschaftliche Tätigkeit auch auf regionaler Ebene dem allgemeinen Trend der Institutionalisierung in der gesamten Monarchie. Diese zunehmende Betonung des Regionalismus durch die Wissenschaft des Küstenlandes ermöglichte nach 1861 und 1867 eine intellektuelle Legitimierung der Ansprüche auf die Kontrolle der materiellen, landwirtschaftlichen Interessen der Region. Die Gründung der Società agraria istriana 1867 war nicht ausreichend. In einer Zeit der Etablierung von wissenschaftlichen Diskursen über die regionale Ordnung erwies sich die Präsenz lokaler wissenschaftlicher Institutionen auf der Halbinsel als zunehmend notwendig. Wie in der ersten Hälfte des Jahrhunderts war die botanische Forschung auch in den Jahrzehnten nach 1850 maßgeblich für die Entwicklung einer Wissensstruktur in Hinsicht auf das Küstenland. Zentrale Gründe dafür waren sicherlich die Bedeutung der Agrarfrage und die Abhängigkeit Istriens von der Landwirtschaft.

Ein Blick in die italienischsprachige Zeitschrift *L'Istria* aus Parenzo/Poreč zwischen 1882–1903 offenbart, wie dominant Artikel über landwirtschaftliche

---

Ländern Europas, Nord-, Zentral- und Südamerikas oder Australiens im Laufe der 1870-er und 1880-er Jahren in den Akten selbst präsenter wurden.

[45] CMSN, Atti 3, 1868, 3; 1869, 1, 4, 5; 1870; 5; 1877, 18; 1880, 31.

[46] CMSN, Atti 3, 1869, 5; 1870, 5; 1872, 2, 7, 8; 1873, 12, 14; 1880, 36. CMSN, Atti 4, 1881, 4; 1882, 7. CMSN, Atti 5, 1892, 2.

[47] „La stima che gode questa istituzione viene altresì attestata dalla quantità di doni che le pervengono da tutte le parti del mondo. Ora sono scienziati esteri, che memori della cortese accoglienza avuta a Trieste, ne dimostrano la riconoscenza coll'invio di oggetti preziosi; ora navigatori cui in lontane regioni dolce sovviene [...] un ricordo, che essi pure possono contribuire all'incremento degli istituti scientifici della patria lontana; [...].", CMSN, Atti 3, 1877, 8.

[48] Die Akten des Museums veranschaulichen etwa die Teilnahme an der Wiener Weltausstellung von 1873 (CMSN, Atti 3, 1873, 12, vgl. dazu *Casellato*, La stazione, 8), der Berliner Fischereiausstellung von 1880 (CMSN, Atti 3, 1878, 20; 1879, 8, 15; 1880, 11–14, 16–19, 24. CMSN, Atti 4, 1881, 4), der Fischereiausstellungen in Edinburgh (CMSN, Atti 4, 1881, 25, 26; 1882, 8) und London (in: CMSN, Atti 4, 1882, 25, 26).

Themen waren, etwa über Anbautechniken, Pflanzenkrankheiten und Marktpreise. Neben der Verbesserung der Seidenraupenzucht sowie des Weinbaus und der Wein- und Ölproduktion auf internationaler Ebene erwies sich der Schutz der Landwirtschaft Istriens vor neuen epidemischen Pflanzenkrankheiten ab der Mitte der 1870er-Jahren über Jahrzehnte hinweg als das relevanteste Thema.[49] Neben Cholera und Malaria ging es hauptsächlich um die besorgniserregende Verbreitung der Reblaus (filossera) und des Falschen Mehltaus (peronospora), die – wie in Dalmatien – fast die gesamte Weinproduktion bedrohten.[50] Daher erwies sich das Interesse an der Flora als lebenswichtig für die istrische Ordnung und stand in enger Verbindung mit der Relevanz der Agrarfrage und der Modernisierung der Landwirtschaft. Neben der Verbesserung und Ertragssicherung der Landwirtschaft hatte die lokale botanische Forschung auch die Verbreitung von neuen Anbautechniken bei den Landbesitzern und Bauern zum Ziel, auch durch ihre Popularisierung mittels des Pressewesens und der Publizistik Istriens und Triests. Erneut weckte der bedauernswerte Zustand des Ackerbaus bei lokalen Eliten den Wunsch nach Absicherung der materiellen Interessen der regionalen Ordnung durch eine Modernisierung der Landwirtschaft. 1879 bezeichnete der Triester Mediziner Goracuchi die Mühe der Bauern als einen „Kampf" gegen „grausame Plagen" („crudeli calamità"):

L'agricoltura nell'Istria è in generale rimasta per lungo tempo in uno stato di deplorabile prostrazione in causa di estranee circostanze. Crudeli calamità, come la crittogama ed altre, che per una serie di anni si rinnovavano, hanno posto a dura prova questa provincia e colpito con acerbe conseguenze i possidenti. Giova sperare che simili disastri non si ripeteranno più, almeno in estesa proporzione, e che anzi cesseranno presto del tutto; però, forse per effetto della particolare configurazione del suolo e delle condizioni metereologiche, rimangono pur varie cause avverse, contro le quali dovrà ognora lottare l'agricoltore.[51]

Zusätzlich zu diesem Thema wurde das Projekt der Aufforstung des Karstes und Istriens zu einem wichtigen Thema für viele lokale Wissenschaftler. Daher wurde seit den 1870er-Jahren ein engmaschiges Netzwerk von wissenschaftlichen Botanik- und Landwirtschaftsinstituten auf der istrischen Halbinsel geschaffen, darunter 1874 die Stazione enologica e pomologica provinciale (Landesinstitut für Weinbau und Obstkunde), ab 1877 das Istituto agrario provinciale (Landes-

---

[49] *Visintin*, L'agro, 97.

[50] *Burton/Scampicchio/Covaz*, More Castellieri, 349.

[51] „Seit langem ist die Landwirtschaft Istriens aufgrund äußerer Faktoren in einem erbärmlichen Zustand. Verheerende Naturereignisse wie die durch kryptogame Parasiten ausgelösten Plagen, die über einige Jahre hinweg das Land befielen, haben diese Provinz schwer belastet. An deren Folgen haben die Grundbesitzer hart zu tragen. Hoffentlich werden sich solche Katastrophen – zumindest in diesem Ausmaß – nicht mehr wiederholen und bald der Vergangenheit angehören. Es gibt aber noch weitere Erschwernisse, mit denen die Landwirte ständig kämpfen müssen – vielleicht aufgrund der besonderen Bodenbeschaffenheit und Witterungsbedingungen.", *Goracuchi*, Ecloga per l'anno MDCCCLXXIX, 226.

agrarinstitut), die Commissione d'imboscamento (Kommission für die Wiederaufforstung, 1882) und vor allem die Scuola di viticoltura, enotecnica e pomologia (Agrarschule für Wein- und Obstbaukunde, 1883).[52] Solche Einrichtungen waren mit anderen ähnlichen Instituten des Reiches verbunden, beispielsweise stand das Landesinstitut für Weinanbau und Obstkunde in engem Kontakt zu einem analogen Institut in Klosterneuburg.[53] Diese Institute zielten mit Unterstützung der lokalen Presse nicht nur auf eine Vermittlung neuer wissenschaftlicher Kenntnisse und Anbaumethoden an die Besitzer landwirtschaftlicher Güter kleiner und mittlerer Größe ab. Sie verbreiteten gleichzeitig auch die Idee einer regionalen Identifizierung.

Bezüglich der humanwissenschaftlichen Erforschung der Region war der wichtigste Schritt der italienischsprachigen Elite sicherlich die 1884 erfolgte Gründung der Società istriana di archeologia e storia patria (Istrische Gesellschaft für Archäologie und Heimat-/Landesgeschichte) samt ihren Mitteilungen und eines archäologischen Museums in Parenzo/Poreč. Bei diesem Projekt spielte der Begriff „patria"[54] eine entscheidende Rolle im Rahmen der Suche nach einem „eigenen" Ort der Selbstdefinierung und -darstellung als einheitliche Gruppierung. Auch in diesem Zusammenhang schien die Frage nach der „Region" um einiges relevanter als jene nach der „Nation". Der Begriff „Heimat" selbst war ein komplexes Ergebnis einer unsicheren Selbstrepositionierung als politisch legitimierte soziale Gruppe innerhalb einer allgemeinen Ethnisierung der imperialen Politik und Struktur der Monarchie. Wie die Historikerin Ilaria Porciani bemerkt, erwies sich die kleine und provinzielle Museumsinstitution in Parenzo/Poreč als eine Konsequenz der politischen Enthaltungsentscheidung der Niemandsbewegung des Jahres 1861: Die Gesellschaft und das Museum füllten das Vakuum, das die Niemandsbewegung auf parlamentarischer Ebene hinterlassen hatte, durch einen alternativen Weg hin zu einer Selbstbestimmung mittels „Kultur". Nicht zufällig wurden die Gesellschaft und das entsprechende Museum in Parenzo/Poreč – wo der istrische Landtag seinen Sitz hatte – gegründet. Dieses Projekt war daher nur von regionaler Relevanz und somit ohne irredentistisch-separatistische Bedeutung.[55] Die kulturellen und wissenschaftlichen Tätigkeiten der Istrischen Gesellschaft für Archäologie und Heimat-/Landesgeschichte folgten vielmehr der allgemeinen Institutionalisierung der Wissenschaft sowie der Ethnisierung der Politik in der Monarchie.

---

[52] *Visintin*, L'agro, 90.

[53] *Andrea Pitacco*, La viticoltura e il vino dell'Istria e della Dalmazia. Vigneti, vini e uomini, in: Carlo Favero (Hrsg.), Il vino nella storia di Venezia. Vigneti e cantine nelle terre dei dogi tra XIII e XXI secolo, Biblios, Cittadella 2014, 132.

[54] Für eine weitreichende Erklärung des Begriffes „patrio/a" siehe Fußnote 106 des 2. Kapitels.

[55] *Ilaria Porciani*, Rappresentanza e patrimonio culturale. Dalla dieta del nessuno al museo di Parenzo, in: Alberto Malfitano/Alberto Petri/Fiorenza Tarozzi (Hrsg.), Per continuare il dialogo … Gli amici ad Angelo Varni, 1, Bononia University Press, Bologna 2014, 111–121.

Allgemein betrachtet deutet auch die Wahl einiger Termini in wissenschaftlichen Texten auf die Schaffung einer imaginierten Gemeinsamkeit und die entsprechende legitimierende Zuschreibung von Zugehörigkeit und Kontrolle über die Halbinsel hin. Außer der Verwendung des Begriffes „patria" mit der Bedeutung „Region" kam das Possessivpronomen „unser" ab den 1870er-Jahren immer häufiger in wissenschaftlichen Texten auch nicht-nationalisierter Akteure vor, etwa in den *Mitteilungen der Adriatischen Gesellschaft* in Bezug auf die Region, das Küstenland und das Meer mit allen seinen naturwissenschaftlichen Schätzen. Ähnlich wie das Territorium des Küstenlandes wurde das Meer oft durch das Possessivpronomen „unser" definiert.[56] Diese zunehmende Präzisierung der Zugehörigkeit von erforschten Fundstücken und Forschungsobjekten aus der istrischen Region stellte ein wichtiges Identifizierungsmuster in wissenschaftlichen Studien dar – obwohl die Verwendung des Possessivpronomens seitens der Vertreter der lokalen Wissenschaft oft keine ausdrücklich nationale Bedeutung aufwies.

Dazu wurde das Wort „patria" immer häufiger auch in Texten von lokalen österreich- und dynastieloyalen Wissenschaftlern verwendet, wie im Fall des renommierten Triester Mediziners Alessandro de Goracuchi.[57] Dies zeigt, wie die Herstellung der regionalen Ordnung noch in der Zeitspanne zwischen 1870 und 1890 ein begehrtes Ziel der Eliten des Küstenlandes war. Die Verwendung solcher Termini fand schließlich 1890 ihren Höhepunkt, als der österreichloyale Pietro Tomasin in einem deutschsprachigen Text über die Volksstämme Istriens das Küstenland als „unsere Provinz" und „Vaterland" bezeichnete.[58] Das Thema der Definition der „Heimat" wurde eine gemeinsame Domäne nationaler, regionaler und imperialer Identifikationsideen.[59] Es kam zu einer Auseinandersetzung zwischen Autonomie und monarchisch-imperialem Zentralismus, in der der Begriff „patria" sowohl die Region Istrien und das Küstenland oder die Stadt Triest als auch die Monarchie bezeichnen konnte.[60]

Darüber hinaus war die Verankerung der eigenen Idee der „Heimat" als Region von lokalen Akteuren immer noch ein Zeichen des Protestes gegen die externenBeschreibungen Istriens seitens „fremder", „missverständlicher" und „befangener" Beobachter. Das damit verbundene Gefühl bestand auch nach 1890 bei Vertretern der lokalen Führungsschicht weiter. Es manifestierte sich zum Bei-

---

[56] Vgl. CMSN, Atti 2, 1864, 29; 1865, 48, 49.

[57] Alessandro de Goracuchi veröffentlichte in seiner Ekloge 1879 ein patriotisches Gedicht von Erzherzog Ferdinand Maximilian mit dem Titel *Mein Vaterland*, siehe *Goracuchi*, Ecloga per l'anno MDCCCLXXVIII, 84.

[58] *Tomasin*, Die Volksstämme, 5.

[59] *Fredrik Lindström*, Imperial Heimat. Biographies of the „Austrian State Elite" in the Late Habsburg Empire, in: Buchen/Rolf, Eliten, 368–392.

[60] Vgl. zum Beispiel *Goracuchi*, Ecloga per l'anno MDCCCLXXVIII, 17–19. Vgl. auch die Bestände aus dem Archiv des Triester Naturhistorischen Museums, wie zum Beispiel CMSN, Atti 1, 1854, 2. CMSN, Atti 2, 1861, 5. CMSN, Atti 5, Januar 1884, 1892, 2. CMSN, Atti 6, 1900, 14, 18.

spiel im zweibändigen Werk von Marco Tamaro (1842–1905) *Le città e le castella dell'Istria* (Die Städte und Burgen Istriens) aus dem Jahre 1893. Nach den Worten des Verfassers waren seine Bände eine späte Reaktion auf das als irreführend angesehene Werk über Triest und Istrien des großbürgerlichen Pariser Schriftstellers Charles Yriartes (1832–1898) aus dem Jahre 1875:[61]

> L'origine di questo volume, e dei successivi, – se avrò lena di condurre a compimento – risale al tempo in cui, parecchi anni addietro, intrapresi un viaggio di studio e di conoscenza più esatta nella nostra provincia. E mi risolsi di visitarla, non solo per mia particolare istruzione, ma per non restar vittima, occasionalmente, dei grossolani spropositi che sul conto di lei si vanno tratto tratto spacciando. Imperciocchè non sia cosa che maggiormente avvilisca ed offenda ad un tempo il sentimento patriottico, che quella di veder misconosciuta, fraintesa, falsata e ingiuriata la propria patria.
>
> Intorno al 1875 il signor Carlo Yriarte, francese, aveva pubblicato un suo viaggio per l'Istria, spacciandone di grosse assai sul conto nostro.[62]

Dagegen verfasste der Piraneser Gelehrte Tamaro seine eigene, als „wahrheitsgetreu" präsentierte Studie über die Geschichte und Ethnologie Istriens. Ziel dieses 1893 veröffentlichten Werkes war es aber nicht nur, ein Zeichen zu setzen gegen die Einmischung durch „Fremde". Tamaro beabsichtigte primär „Istrien den Istrianern [...] näherzubringen", erst in zweiter Linie auch den Ausländern:

> Mio intendimento, pertanto, [...] è stato quello di far conoscere l'Istria agli Istriani, e un pochino, per chi vuole, anche ai forestieri – per non dire ancora, che intendeva con ciò rendere – nel limite della cosa stessa e delle mie forze – un qualche servizio al mio paese, da pochi, ripeto, conosciuto e convenientemente apprezzato[63]

---

[61] *Carlo Yriarte*, Trieste e l'Istria, Treves, Milano 1875. Vgl. auch die Rezension von Tamaros Werk in der *Nuova antologia*: „Alcuni anni or sono Carlo Yriarte, con facilità tutta francese e con insufficienza di preparazione storica e geografica, compose e pubblicò un suo libro su Trieste e l'Istria divulgando intorno a quella regione molti errori di fatto e di giudizio: sorsero, autorevoli, le voci di protesta; non ultima tra esse quella del dottore Marco Tamaro, che in una serie di Lettere istriane intese non pure a rettificare gli errori dello scrittore francese, ma a far conoscere agli altri italiani e agli stranieri il suo bel paese.", Nuova antologia di Scienza, Lettere e Arti 42, 1892, 169–170.

[62] „Der Ursprung dieses Bandes und der noch nachfolgenden Bände – sofern ich die Kraft dafür aufbringen werde – geht auf eine Studien- und Forschungsreise durch unsere Provinz vor einigen Jahren zurück. Zu diesem Besuch in der Provinz entschloss ich mich, nicht nur um mein Wissen zu erweitern, sondern um nicht ungewollt Opfer der falschen Behauptungen zu werden, die nach und nach über diese Provinz verbreitet werden. Nichts kann patriotische Gefühle so sehr verletzen wie die Unkenntnis, das Missverständnis, die Verfälschung und die Beleidigung der eigenen Heimat. Um das Jahre 1875 veröffentlichte der Franzose Carlo Yriarte einen Bericht über seine Istrien-Reise und verbreitete zahlreiche Unwahrheiten über uns.", *Marco Tamaro*, Le città e le castella dell'Istria, 1, Coana, Parenzo 1892, III–IV.

[63] „Meine Absicht war also [...], Istrien den Istrianern näherzubringen – und auch ein wenig den Fremden, wenn es sie interessiert. Nicht zuletzt wollte ich auch innerhalb meiner Möglichkeiten einen Dienst für mein Land erweisen, das leider nur wenige kennen und angemessen schätzen.", Ebd., V.

Dieses Zitat offenbart eine langjährige Sorge Tamaros – und anderer lokaler Autoren – um den Mangel einer eigenen Identität als „Istrianer", die noch 1893 durch den Mangel an Wissen über die Region selbst deutlich gemacht wurde.

7.3. Gemeinsame Wissensnetzwerke: Zirkulation des Wissens zwischen Region, Nation und Imperium

Die Frage, inwieweit solche regionalen Aktivitäten und Institutionen national eingefärbt waren, ist aus mehreren Gründen schwierig, wenn nicht partiell sinnlos. Zuerst erwiesen sich die Akteure, die Teil regionaler Institutionen waren, nicht immer absolut von der imperialen Ordnung und anderen sozialen und kulturellen Realitäten getrennt und als homogene Gruppe in sich selbst geschlossen. Die Wissenschaft als gemeinsamer „Ort"[64] bot ein facettenreiches Identifizierungsmuster für mehrere Akteure mit unterschiedlichen Interessen und Forderungen. Diese Überschneidung führte oft zu unterschiedlichen Interpretationen der Verhältnisse innerhalb des gemeinsamen Wissensnetzwerkes.

Beispielsweise zeigen einige Artikel aus dem Jahre 1887 in der liberalnationalen Triester und istrischen Presse – wie etwa den Zeitungen *Il Cittadino* und *L'Istria* – über Marchesetti und das Museum eine interessante Interpretation, bei der „Region" und „Nation" miteinander verschmelzen. Der nicht-politisierte, eher österreichloyale Wissenschaftler Marchesetti avancierte in Artikeln der irredentistischen Presse zum Vorbild des tüchtigen, professionellen und patriotischen Forschers. Er habe die wissenschaftlichen Schätze der „Heimat" („patria") vor der imperialen Plünderung des Küstenlandes und vor den deutschsprachigen Wissenschaftlern bewahrt, die durch die Person des österreichischen Gymnasiallehrers und Forschers Ludwig Karl Moser (1845–1918)[65] symbolisiert wurden.[66] De Marchesetti wird im Artikel als „Einheimischer" dargestellt, gebürtiger Triester aus einer alten Adelsfamilie Triests, und enger Freund des Bürgermeisters und Botanikers Muzio de Tommasini. Hingegen wird der ideelle Gegner Moser als „Fremder" beschrieben, der ein Ziel verfolgt, das dem Marchesettis diametral entgegensteht:

> Chi sia il D.r Marchesetti, tutti a Trieste lo sanno. Nato da nobile ed antichissima famiglia triestina, affezionatissimo all'illustre Muzio de Tommasini, studiosissimo delle scienze naturali e di quelle ad esse affini, egli è tutto amore per questa sua patria [...].
>
> Il D.r Moser è, invece, un forestiero, capitato fra noi per ragioni di ufficio, essendo egli professore di storia naturale nel Ginnasio dello Stato. È quindi naturale, che l'attività

[64] *Hirschhausen*, Diskussionforum, 720, 743.

[65] *R. Pirker*, Moser Ludwig Karl, in: Österreichisches Biographisches Lexikon (1815–1950) 6, 1975, 389.

[66] Marchesetti e Moser, in: Il Cittadino 43, 19/20 Februar 1887, 2; Marchesetti e Moser, in: L'Istria 6/272, 26 Februar 1887, 2.

di quest'ultimo signore abbia un obbiettivo diametralmente opposto a quello del D.r de Marchesetti. Così mentre quest'ultimo fa pervenire al nostro Museo tutti gli oggetti da lui trovati negli scavi praticati in provincia, il D.r Moser spedisce invece tutto a Vienna.[67]

Die Analyse von Egodokumenten Marchesettis und seiner Kollegen bestätigt tatsächlich eine Auseinandersetzung zwischen Marchesetti und Moser, allerdings aus vollkommen anderen Gründen. Die Autoren in der lokalen, politisierten Presse stellten eine ethnozentrische sowie regionalzentrierte Interpretation eines Konfliktes an, der in Wahrheit jedoch nicht politisch-national gefärbt war. Aus der Korrespondenz zwischen Marchesetti und seinem Kollegen Josef Szombathy (1853–1943), Direktor des Wiener Naturhistorischen Museums,[68] geht hervor, dass es sich in Wirklichkeit um eine Konkurrenz zwischen einem professionellen, großbürgerlichen Wissenschaftler sowie Doktor der Medizin, nämlich „Dr. de Marchesetti", und einem kleinbürgerlichen Laienforscher und Gymnasiallehrer, einem „Herrn Moser", handelte. In einem Brief aus dem Jahre 1888 wandte sich Marchesetti an seinen gleichgestellten Kollegen in Wien, Josef Szombathy, als einen auf professioneller und sozialer Ebene anerkannten und zuständigen Ansprechpartner und äußerte ihm gegenüber den Wunsch, mit Moser „keinen Verkehr zu haben".[69] Moser wurde von Marchesetti nicht auf Basis eines nationalen oder regionalen Merkmals wahrgenommen, sondern eher aus einer sozial-professionellen Perspektive. In seinem persönlichen, wie professionellen Umgang schien Marchesetti gegenüber der nationalen Zugehörigkeit seiner Ansprechpartner eher indifferent zu sein. Er unterhielt tatsächlich zu derselben Zeit

[67] „Jeder in Triest weiß, wer dieser Dr. Marchesetti ist. Er entstammt einer alten Triester Adelsfamilie, die mit dem berühmten Muzio de Tommasini eng verbunden ist, er widmet sich eifrig dem Studium der Naturwissenschaften und ist seiner Heimat mit Leib und Seele ergeben [...]. Dr. Moser hingegen ist ein Fremder, den rein dienstliche Gründe als Professor für Naturgeschichte am Staatlichen Gymnasium zu uns geführt haben. Zwangsläufig steht die Tätigkeit dieses letzten Herren in völligem Widerspruch zur Tätigkeit des Dr. de Marchesetti. Denn während Marchesetti alle bei den Ausgrabungen in der Provinz gefundenen Gegenstände unserem Museum übergibt, schickt Dr. Moser alles nach Wien.", Marchesetti e Moser, in: Il Cittadino 43, 19/20 Februar 1887, 2.

[68] *S. Weiss*, Szombathy Josef, in: Österreichisches Biographisches Lexikon (1815–1950) 14, 2013, 169–170.

[69] „Und nun hätte ich noch ein persönliches Anliegen, dass Sie sich nämlich, im Falle Sie Nachrichten über Sachen die in unserem Museum sich befinden brauchten, nicht der Vermittlung des Prof. Moser's bedienten (mit dem ich keinen Verkehr zu haben wünsche) sondern mir directe oder irgend einer anderen Person schreiben. Es präsentierte sich nämlich heute Früh besagter Herr im Museum und indem er sich vom Hofmuseum beauftragt erklärte, forderte er in barschem oder besser gesagt impertinentem Tone, die in S. Canzian ausgegrabenen Objecte zu sehen um über dieselben Bericht zu erstatten. Ich wies ihm dies rund ab, indem ich ihm erklärte dass ich mit dem Hofmuseum in freundschaftlichen Beziehungen stand und daher es unerklärlich fand wie man gerade ihn damit beauftragt hätte: falls gewünscht würde ich recht gerne directe dem Hofmuseum Bericht darüber gehen. Er war darüber sehr aufgebracht und benahm sich ziemlich unanständig, so dass ich ihn beinahe zur Thure [sic!] wies.", ANHM, Korr. Szombathy-Marchesetti, a. 5/10 888.

Korrespondenzen mit anderen nicht-autochthonen, deutschsprachigen Forscher wie etwa dem Archäologen Moritz Hoernes (1852–1917) aus Wien. Hoernes war aber Universitätsprofessor, und deswegen behandelte Marchesetti ihn als einen beruflich und sozial gleichgestellten Kollegen.[70] Obwohl es eine gewisse anfängliche Rivalität zwischen Marchesetti und Szombathy gab, arbeiteten die beiden Prähistoriker seit Mitte der 1880er- bis in die 1920er-Jahre bei Ausgrabungen – etwa bei Santa Lucia d'Isonzo/Most na Soči – zusammen und entwickelten mit der Zeit sogar eine enge Freundschaft.[71]

Die Realität hinter den Diskursen über die „Nation" in Texten über Forschungsprojekte auf der istrischen Halbinsel sah oft ganz anders aus. Die Wissenschaft in Istrien war eher von wechselseitigen Kontakten und Austauschbeziehungen zwischen regionalen, interregionalen und imperialen Kontakten geprägt. Sogar einige der relevantesten Akteure der regionalen „italienischen" Wissenschaft, die sich selbst als Hüter der von den Slawen und der Monarchie bedrohten „Italianität" präsentierten, schienen stark in imperiale Wissensnetzwerke eingegliedert gewesen zu sein. Bernardo Benussi etwa, einer der zentralen Vertreter der istrisch-italienischen *storia patria*, Mitbegründer und Präsident der Istrischen Gesellschaft, propagierte einerseits über mehrere Jahrzehnte in zahlreichen Texten die Vorherrschaft des Italienischen im Küstenland und versuchte, die exklusive italienische Identität Istriens auf Basis von Geschichte, Archäologie, Sprachwissenschaft und Volkskunde nachzuweisen. Derselbe Benussi weigerte sich andererseits aber wieder nicht, an imperialen, dynastielegitimierenden kulturellen Projekten teilzunehmen, um ihre Visibilität zu vermehren. 1888 nahm er neben dem istrischen Sprachwissenschaftler Antonio Ive (1851–1937) an der Eröffnung des Erzherzogin Maria Theresia Seehospizes der Stadt Wien in San Pelagio bei Rovigno/Rovinj teil[72], obwohl diese Einrichtung direkt von der Familie Habsburg sowie dem Verein für die Behandlung der rachitischen Kinder der Stadt Wien unterstützt wurde.[73] 1891 erhielt Benussi die Möglichkeit zur Mitarbeit am Küstenland-Band des offiziellen monarchielegitimierenden Kronprinzwerkes. Das Angebot lehnte er nicht ab, seinen Beitrag signierte er sogar mit der deutschen Namensform „Bernhard Benussi".[74] Zudem weigerte sich ein

---

[70] Eine ausführlichere Beschreibung der Zusammenarbeit und Zusammenstöße zwischen Marchesetti und anderen österreichischen Wissenschaftlern findet sich in *Brigitta Mader*, Die Zusammenarbeit der naturhistorischen Museen in Wien und Triest im Lichte des Briefwechsels von Josef Szombathy und Carlo de Marchesetti (1885–1920). „Mit besten Grüßen von Haus zu Haus", in: Annalen des Naturhistorisches Museums in Wien 97A, 1996, 145–166.

[71] Ebd.

[72] *Bernardo Benussi*, Storia documentata di Rovigno; *Antonio Ive*, Saggi di dialetto rovignese, pubblicati dal Municipio di Rovigno all'apertura dell'ospizio marino Arciduchessa Maria Teresa in San Pelagio, Lloyd austriaco, Trieste 1888.

[73] *Katarina Marić*, Špicije: Spomeni na Morsko lječilište u Rovinju. L'Uspeîsio: Ricordanze dell'Ospizio Marino a Rovigno 1888–1947, Zavičajni muzej grada Rovinja/Museo civico della città di Rovigno, Rovinj/Rovigno 2013.

[74] *Benussi*, Zur Landesgeschichte.

anderer „Hüter" der Italianität des Küstenlandes, Attilio Hortis (1850–1926), nicht, 1879 den deutschen Sprachwissenschaftler und Universitätsprofessor in Graz Hugo Schuchardt um eine Fürsprache bei der Wiener *Neuen Freien Presse* bezüglich der Werbung für sein letztes Buch zu bitten.[75]

Obwohl solche lokalen Akteure in einer kleinen provinziellen Realität lebten, waren sie nicht unbedingt von der übrigen Welt abgeschnitten. Dank des Status Istriens als Versuchsstation waren sie in die imperialen und internationalen Wissensnetzwerken eingegliedert. Beispielsweise unterhielt Antonio Covaz aus Pisino/Pazin Briefkontakt mit Wissenschaftlern aus der imperialen und internationalen akademischen Welt, wie etwa mit dem österreichischen Geologen und Karstforscher Guido Stache (1833–1921).[76] Der Geograph Norbert Krebs (1876–1947) wiederum verdankte die Entwicklung seiner Forschung über das Karstgebiet dem Funktionieren eines ausgeprägten wissenschaftlichen Netzwerkes zwischen Triest, Pola/Pula, Graz, Wien und Berlin.[77] In ähnlicher Weise zeigen das die Beiträge des englischen Konsuls in Triest, Sir Richard Francis Burton, über seine Forschungsreisen nach Istrien für Londoner Zeitschriften und seine privaten und fachlichen Kontakte im Küstenland: Neben den Triester großbürgerlichen Persönlichkeiten Carlo de Marchesetti, Muzio de Tommasini und Karl von Czörnig jr.[78] pflegte Burton auch ein enges und freundschaftliches Verhältnis zu den Istrianern Antonio Scampicchio (1830–1912), Antonio Covaz und Tomaso Luciani[79]. Der Beitrag *More Castellieri. The Seaboard Istria*, der 1887 im *Journal of the Anthropological Institute of Great Britain and Ireland* publiziert wurde, führt die Namen von Burton, Scampicchio und Covaz auf dem Titelblatt an. Trotz dieser Beteiligung an der Internationalisierung des Wissens über Istrien waren alle drei – Scampicchio, Covaz, Luciani – aber immer noch Abgeordnete der nationalisierten, autonomistischen Liberalnationalen im Landtag[80] und Mitglieder der Istrischen Gesellschaft.[81]

---

75 „[...] che s'io non temessi di prendermi troppo ardire vorrei supplicarla di farne un cenno un qualche giornale, p.e. se a Lei non dispiacesse, nella Neue Freie Presse, dove ho letto il suo bellissimo lavoro sullo Stichetti.", HSA, A, 4859 (Attilio Hortis). „Riguardo all'articolo per la Neue Freie, La prego di fare quel che Le sembra più opportuno, e se ho osato metterle in vista quel foglio, fu più per raccomandazione dell'editore, che per il mio proprio giudizio. Non Le chiesi prima di averlo fatto, perché Ella avrà certamente giudicato benevolmente la mia preghiera.", HSA, A, 4860 (Attilio Hortis).

76 *Monti*, Antonio Covaz, 12.

77 *Norbert Krebs*, Die Halbinsel Istrien. Landeskundliche Studie, Teubner, Leipzig 1907, 3.

78 *Burton*, Notes, 377.

79 *Richard F. Burton*, Notes on the Castellieri or Prehistoric Ruins of the Istrian Peninsula, in: Anthropologia, 1875, 375–415; *Burton/Scampicchio/Covaz*, More Castellieri.

80 Vgl. die Protokolle des istrischen Landtages seit 1861: Atti della Dieta provinciale istriana in Parenzo.

81 Vgl. Elenco dei Soci iscritti alla Società istriana di archeologia e storia patria, pell'anno 1885, in: Atti e memorie della Società istriana di archeologia e storia patria 1/1–2, Coana, Parenzo 1885, 395–399.

Ab den 1880er-Jahren wurden Triest und Istrien zu Treffpunkten für Vertreter der europäischen Wissenschaft aus unterschiedlichen Ländern. 1893 reiste der renommierte Pathologe und Naturforscher Rudolf Virchow (1821–1902) ins Küstenland, um den jungen Kollegen Carlo de Marchesetti zu besuchen. Bei dieser Gelegenheit zeigte Marchesetti Virchow einige Orte des Küstenlandes, insbesondere Miramar, San Canziano/Škocjan und schließlich Rovigno/Rovinj, wo Virchow Richard Francis Burton, den Direktor der zoologischen Station in Rovigno/Rovinj Otto Hermes und den Triester Industriellen Johann Georg von Hütterott (1852–1910) traf.[82]

Neben (oder besser hinter) diesem glokalen Netzwerk existierte ein flächendeckendes Netzwerk von kleineren Akteuren innerhalb der regionalen Ordnung. Die Wissenschaft Istriens bestand nicht nur aus großen Namen, sondern auch aus zahlreichen, uns noch wenig bekannten Persönlichkeiten, die miteinander sowie mit den regionalen Landwirtschaftsanstalten und dem Triester Museum in Kontakt standen. Die privaten Reisebüchlein der Forschungsreisen Marchesettis nach Istrien bezeugen die Existenz und das Funktionieren eines solchen lokalen (und sogar sub-lokalen) Netzwerks. Die meisten dieser Persönlichkeiten waren Laien und in der Regel Vertreter der subregionalen Verwaltungs- und Medizinordnungen – Bürgermeister, Priester, Pharmazeuten, Anwälte –, die nebenbei als Gelehrte und Amateurwissenschaftler tätig waren. Nur dank der Kenntnis solcher Menschen konnte Marchesetti 1887 und 1889 seine Forschungsziele erreichen, zum Beispiel die Ortung der vorgeschichtlichen Wallburgen, der sogenannten *castellieri*, um dort in der Folge archäologische Ausgrabungen durchzuführen.[83] Außerdem schienen der Austausch unter und die wechselseitigen Besuche und Spenden zwischen Wissenschaftlern und Einrichtungen des Küstenlandes eine konsolidierte Praxis zu sein. Das Triester Naturhistorische Museum fungierte zudem als Hilfsinstitution der istrischen landeswissenschaftlichen Institutionen, etwa der Agrargesellschaft in Parenzo/Poreč, um in naturwissenschaftlichen Fragen beratend zu wirken.[84] So berichtete Marchesetti als Museumsdirektor im Juni 1887: „Il giorno di martedì 28 corr. giungono a Trieste accompagnati dall'egregio Podestà Fr.co Dr. Sbisá, alcuni signori Parentini, i quali vengono a restituire la visita fatta l'anno decorso a Parenzo dalle tre Società scientifiche locali: Adriatica di Scienze Naturali, Agraria e d'Ingegneri ed Architetti."[85]

[82] ADT, R. P. MS Misc. 88/A/1/211–217.

[83] ADT, R. P. MS Misc. 88/A/1/210.

[84] CMSN, Atti 4, 1881, 16.

[85] „Am Dienstag, den 28. des laufenden Monats, kommen einige Herren aus Parenzo in Begleitung des geehrten Bürgermeisters Fr.co Dr. Sbisà nach Triest, um die drei hiesigen wissenschaftlichen Gesellschaften (Adriatische Gesellschaft der Naturwissenschaft, die Gesellschaft für Landwirtschaft und die Gesellschaft für Ingenieurswesen und Architektur) zu besuchen. Dadurch möchten sie unseren Besuch in Parenzo im Vorjahr erwidern.", CMSN, Atti 5, 26. Juni 1887.

Die komplexe, mehrschichtige und interdependente Struktur der Wissenschaft des Küstenlandes zeigte sich als eine mehrfach zirkuläre Struktur. Aus einer Langzeitperspektive erweist es sich als fast unmöglich, Unterscheidungslinien zwischen regionalen, nationalen, imperialen und internationalen Wissensproduktionen zu ziehen.[86] In diesem Sinn zeigen sich die Kontakt- und Verbreitungsmittel der Zirkulation des Wissens als eine breite Palette von kulturellen Verflechtungen und Übertragungen. Wie der Historiker Friedrich Gottas bemerkt, blieben trotz der entmischenden sprachlich-nationalen Grenzziehungen und -verfestigungen sogar in der Hochphase der Nationalitätenfrage akademische und wissenschaftliche Institutionen als Verbindungsorte und Treffpunkte in Kraft, sie wurden zudem fortwährend auch von nationalistischen Akteuren genutzt.[87] Als solche Wissensbörsen können aber auch Bücher, Verlage und Bibliotheken angesprochen werden, vor allem durch die Praxis des Zitierens. Oft erzählen die Fußnoten der damaligen Bücher viel über intellektuelle Verbindungen zwischen verschiedenen Ordnungen und mehrsprachigen sowie interdisziplinären Wissensnetzwerken.

In diesem Zusammenhang erweist sich das Bild der „Zirkulation des Wissens“ von Jan Surman als hilfreich.[88] Die Wissenschaft des Küstenlandes konnte verschiedene ungleiche Elemente in einen mehr oder weniger einheitlichen Diskurs integrieren. Die Tätigkeiten der lokalen Wissenschaft konnten – und mussten sogar teilweise – regionale und Sprachgrenzen überschreiten. Die durch die Zirkulation integrierten Gefüge konnten Forschungsanstalten, Museen, Verlage sowie einzelne professionelle Wissenschaftler oder Laienforscher sowohl auf regionaler als auch imperialer und internationaler Ebene sein. Auf unterschiedlichen Wegen konnte zwischen den verschieden großen Ringen der spiralförmigen Struktur der Zirkulation eine breit gefächerte, mehrsprachige und interdisziplinäre Zirkulation des Wissens ermöglicht werden. Zuletzt lässt sich die Zirkulation nicht nur als ein synchroner Prozess mittels eines „zweidimensionalen“ Netzwerkschemas betrachten. In dieser Definition fehlt eine „dreidimensionale“ Achse, jene der zeitlichen Perspektive. Als Beispiel für diese ausdifferenzierte Zirkulation des Wissens kann das 1848 vom Schweizer Geologen Adolph von Morlot (1820–1867), der zwischen 1844 und 1851 im Kaiserlich-Königlichem Hof-Mineraliencabinet tätig war[89], auf Deutsch veröffentlichte

[86] Nach Elke-Nicole Kappus „not only nationalists, but the Empire's administrators as well classified the Istrian peoples in increasingly homogenized ‚national‘ groups and it is, in fact, hard to determine if the national movements had informed the administrative categories or vice versa.“, *Kappus*, Imperial Ideologies, 324.

[87] *Gottas*, Universitäten; *Ash/Surman*, The Nationalization.

[88] *Jan Surman*, The Circulation of Scientific Knowledge in the Late Habsburg Monarchy: Multicultural Perspectives on Imperial Scholarship, in: Austrian History Yearbook 46, 2015, 163–182.

[89] *Constant von Wurzbach*, Morlot, Adolph von, in: Ders., Biographisches Lexikon des Kaiserthums Oesterreich, 19, k.u.k. Hof- und Staatsdruckerei, Wien 1868, 96–100.

Buch über die geographischen Verhältnisse Istriens gelten. Darin verwendete und zitierte er mehrere italienischsprachige Texte lokaler Wissenschaftler, etwa Tomaso Luciani, Pietro Kandler, Bartolomeo Biasoletto, Giuseppe de Volpi[90], Muzio de Tommasini.[91] Dank der breit gefächerten Sammlung und Strukturierung von Informationen über Istrien wurde das Buch ab dem Jahre 1877 von Bernardo Benussi für die Vorbereitung seiner historisch-ethnographisch-naturwissenschaftlichen Texte verwendet.[92] Benussis Texte wurden wiederum ab den 1880er- und 1890er-Jahren zu zentralen Informationsquellen für weitere lokale, imperiale und internationale Autoren für ihre eigenen wissenschaftlichen Studien oder Reisebücher über Istrien.

Als Folge seines Status als gemeinsame Versuchsstation konnte die istrische Region nur als ein offener und dynamischer Raum dargestellt werden. Die nordadriatische Halbinsel blieb stark von der Vielfalt der Interpretationen und Grenzziehungen durch unterschiedliche Dynamiken von Inklusion und Exklusionabhängig. Trotzdem wurde eine komplizierte, mehrschichtige Konstruktion geschaffen, die – je nach Interpretation und Kontext – als „Heimat", „patria", „Istrien", „Küstenland", „Venezia Giulia" oder „primorje" bezeichnet wurde. Die schwierige Herstellung einer Identität als einheitliche Region durch die wissenschaftliche Tätigkeit konnte nur vielstimmig und kakophonisch erfolgen.

Diese aus vielen einzelnen Teilen zusammengesetzte Struktur konnte nur durch den kleinsten gemeinsamen Nenner zusammengehalten werden: Die gemeinsame wissenschaftliche Forschung. Möglich war dies dank einer bewussten oder unbewussten Praxis der Übersetzung. Wie die beiden Übersetzungs- und Literaturwissenschaftlerinnen Michaela Wolf und Sergia Adamo bemerken, entsteht eine „Identität" in mehrsprachigen und kulturell heterogenen Regionen (bzw. an Orten, an denen unterschiedliche kulturelle, politische und intellektuelle Blickwinkeln aufeinandertreffen, wie beispielsweise in Istrien und Triest) im Moment der kulturellen und sprachlichen Übersetzung.[93] Die Grenzüberschreitung durch die kulturelle Übersetzung erweist sich als ein grundsätzlicher, allerdings problematischer Moment in diesem Prozess der Erschaffung einer „Zwischen-Ordnung".[94] Wie der Historiker Werner Suppanz unterstreicht, endet der Prozess der Prägung einer „Kultur" nicht mit der Grenzziehung und der Exklusion, sondern geht über die Grenzüberschreitung hinaus. In einer solchen

---

[90] Giuseppe de Volpi war Professor für Naturgeschichte, Physik, Chemie und Technologie und Direktor der Real- und nautischen Schule in Triest. Vgl. Scematismo dell'imperiale regio litorale Austriaco-Illirico, Coletti, Trieste 1831, 162.

[91] *Morlot*, Über die geographischen Verhältnisse.

[92] Vgl. *Benussi*, Manuale di geografia.

[93] *Sergia Adamo*, „At Trieste, in 1872, in a Palace with Damp Statues and Deficient Hygienic Facilities ...": Translation and the Construction of Identities in a Context of Language Plurality and Cultural Diversity, in: TRANRevue de literature générale et compare, 3.03.2017 http://trans.revues.org/1436 (6.03.2017); *Wolf*, Triest.

[94] *Bhabha*, Culture's In Between, 54.

Ordnung als pluraler Versuchsstation verliert die Dichotomie zwischen „Eigenem" und „Fremdem" ihren Sinn, oder lockert sich zumindest entscheidend.[95] Dennoch verlief diese so komplexe und plurale Kultur- und Wissensstruktur nicht immer als eine idyllische Koexistenz ohne Reibungen. Konkurrenz, Ressentiment und Missverständnisse zwischen den unterschiedlichen Akteuren in der Arena der Wissenschaft des Küstenlandes hatten verschiedene Ursachen, etwa hegemoniale Interessen, mangelhafte Sprachkenntnisse oder Vorurteile.

7.4. Wissenschaft „in den Zeiten der Cholera": Die Überprüfung einer Ordnung

Eine weitere Art von Bedrohung prägte die hier analysierten Jahrzehnte: Die Rede ist von den damals massiv auftretenden Epidemien. Eine Analyse der Aktenbestände der Triester Statthalterei über die Epidemien[96] – insbesondere die Cholera – ist sehr hilfreich, um die Entwicklung und Festigung der analysierten regionalen Ordnung vor dem Hintergrund dieser Krise zu überprüfen. Mithilfe von Quellen über die Medikalisierung der Gesellschaft können die verschiedenen Gefüge der regionalen Ordnung in solchen Notfallmomenten besonders gut beobachtet werden. Da diese Art von Bedrohung genau in den Jahrzehnten des allgemeinen *re-orderings* der Monarchie und der Befestigung der küstenländischen Ordnung nach 1848/49 auftauchte, eröffnen die besagten Quellen die Gelegenheit, das Funktionieren des zuvor erklärten *re-orderings* innerhalb der analysierten bedrohten Ordnung(en) näher zu betrachten.

Allerdings ist es notwendig, eine kurze historische Zusammenfassung über das Thema Epidemien im Küstenland voranzustellen. Die Cholera erwies sich im 19. Jahrhundert als eine Besonderheit innerhalb Europas, da sie als eine neue Art von Seuche galt.[97] Zudem war die Kenntnis über die Existenz der Bakterien zu dieser Zeit noch nicht vorhanden. Ihr unbekanntes Potenzial als eine neue, externe und schwierig kontrollierbare Bedrohung wurde oft durch die ethnisierende Bezeichnung „asiatische Krankheit" unterstrichen. So zierte beispielsweise das Titelblatt von Alessandro de Goracuchis 1850 veröffentlichtem Buch über die während der Pandemie des Jahres 1849 gesammelten Kenntnisse über diese

[95] *Suppanz*, Transfer, 24–27.

[96] Für den Anstoß, auch die Epidemie-Akten der Triester Statthalterei in meine Untersuchung einzubeziehen, bedanke ich mich herzlich bei Tullia Catalan.

[97] *Jacques Ruffié/Jean-Charles Sournia*, Die Seuchen in der Geschichte der Menschheit, DTV, München 1992, 68–77. Für eine jüngere, ausführliche Darstellung der Einflüsse der Choleraepidemien im 19. Jahrhundert auf einer internationalen, europaweiten Ebene – vor allem im Bereich der Analyse damaliger politischer und sozialer Diskurse – vgl. *Irene Poczka*, Die Regierung der Gesundheit. Fragmente einer Genealogie liberaler Gouvernementlität, Transcript, Bielefeld 2017, 217–357.

„asiatische Krankheit“ ein Bild der Göttin Durga, die in Indien der Legende nach als Verursacherin der Cholera galt.[98] Dadurch veränderte sich nicht zuletzt auch die Medizin im Laufe des 19. Jahrhunderts rapide. Wie der Historiker Philipp Sarasin erklärt, erwies sich die damals aufkommende Bakteriologie ab den 1870er-Jahren als ein revolutionäres Novum für das Verständnis von Gesundheit und Krankheit. Die Entdeckung von unsichtbaren, ansteckenden Lebewesen, der Bakterien, stellte die klassische „individuelle Verfaßtheit von Körpern und die Umweltabhängigkeit von Krankheit“ in Frage.[99] Die Gründe der Verbreitung hingen also nicht ausschließlich von Umweltbedingungen, z. B. den hygienischen Zuständen, ab. In einer europaweiten Debatte diskutierten Mediziner des 19. Jahrhunderts über den Unterschied zwischen den „Miasma- und Ansteckungs-Theorien“:[100] Spuren dieser medizinischen Auseinandersetzung lassen sich auch in den Triester Cholera-Akten finden.[101]

Das Küstenland wurde in den fünf Jahrzehnten zwischen 1836 und 1886 von sechs Seuchenwellen heimgesucht – in den Jahren 1836–1837, 1849, 1855, 1865–1867, 1873 und 1886.[102] Die Geschichtswissenschaft widmete sich in den letzten Jahrzehnten vermehrt der Analyse der Entwicklung der Epidemien und ihrer soziokulturellen Relevanz. Sie hat begonnen, solche hygienisch-sanitäre Krisen als einen einflussreichen Faktor in Zusammenhang mit wichtigen allgemeinen Veränderungen der regionalen Ordnung zu berücksichtigen.[103] Die Relevanz von

[98] *Alessandro de Goracuchi*, Studi sul Cholera asiatico con ispeciale riguardo all'epidemia che regnò in Trieste l'anno 1849, Lloyd austriaco, Trieste 1850.

[99] *Sarasin/Berger/Hänseler/Spörri*, Bakteriologie, 16–17.

[100] Ebd.

[101] Für lange Zeit vertraten einige der wichtigsten Mediziner des Küstenlandes die klassische Miasmen-Theorie. Vgl. als Beispiel die Berichte des Mediziners Alessandro de Goracuchi 1850 zur Kontagiösität der Cholera: „Ihre vorgefaßte Meinung halte ich für rein und gewissenhaft, allein wie könnte ich annehmen, da die asiatische Cholera im Jahre 1850 angeschleppt worden sey, wenn der geschichtliche Gang derselben in Triest, das entgegengesetzte beweiset, und zur Bekräftigung meiner, nachdem, in der ewig denkwürdigen Epidemie des Jahres 1849 gemachten Erfahrungen und Beobachtungen, veröffentlichten Ansicht der Nicht-Contagiosität, mächtig beiträgt.“, AST, I. R. Luogotenenza, Atti generali, 25, 1/34–1, 7488/2n. Für eine globale Darstellung über die Auseinandersetzung zwischen „Kontagionismus“ und „Anti-Kontagionismus“ im Laufe des 19. Jahrhunderts vgl. *Erwin H. Ackerknecht*, Anticontagionism between 1821 and 1867, in: International Journal of Epidemiology 38, 2009, 7–21.

[102] Für eine detaillierte allgemeine Darstellung mit den entsprechenden Daten über die sechs Cholerawellen vgl. *Rino Cigui*, Antiche e nuove paure. Le epidemie di colera a Trieste e in Istria nel secolo XIX, in: Atti del Centro di Ricerche Storiche di Rovigno 38, 2008, 429–504.

[103] *Braulin*, La questione sanitaria; *Claudio Bevilacqua*, Il colera a Trieste, in: Antonio Tagarelli/Anna Piro (Hrsg.), La geografia delle epidemie di colera in Italia. Considerazioni storiche e medico-sociali, Mangone, Cosenza 2002, 1181–1191; *Euro Ponte*, Un lazzaretto dell'Ottocento nell'alto adriatico. Muggia, in provincia di Trieste, in: Acta medico-historica Adriatica 4/2, 2006, 235–246; *Ders.*, La mortalità a Muggia dal 1886 al 1918, in: Acta medico-historica Adriatica 6/2, 2008, 253–260; *Premuda*, Sanità, 23–27; *Cigui*, Antiche; *Ders.*, La malaria a Pola negli anni Settanta del XIX secolo e l'epidemia del 1879, in: Acta medico-historica Adriatica 10/1, 2012, 69–82.

Epidemien sowie der verbreiteten und bedrohlichen Hygienemängel der küstenländischen Ordnung ist in der zweiten Hälfte des 19. Jahrhunderts in zahlreichen Texten aus dem Küstenland präsent, sowohl in medizinisch-wissenschaftlichen Veröffentlichungen[104] als auch in solchen anderen Gattungen.[105] Die Relevanz der epidemischen Krankheiten beeinflusste klarerweise das gesamte Spektrum der Gesellschaft in der istrischen Halbinsel, sodass Termini aus der Medizin in kulturelle und politische Diskurse eindrangen: 1860 beispielsweise bezeichnete Carlo Combi in einer Ethnographie Istriens die nicht-italienischen Elemente in Istrien – die „Slawen" – als „fremde Infektion" („straniera infezione").[106]

In einer Zeit der zunehmenden Spezialisierung der wissenschaftlichen Disziplinen und Etablierung der Profession des Mediziners wollte man dadurch ein breiteres Publikum für die Etablierung einer Bedrohungskommunikation erreichen.[107] Die Texte über Erscheinung und Behandlung der Cholera spiegeln vor allem seit der Epidemie von 1849 wider, dass es sich um ein unerwartetes Phänomen handelte und die lokale Ordnung wenig auf eine solch tödliche Bedrohung vorbereitet war. Die Cholera wurde mehrfach als „Gefahr" („pericolo")[108] oder „Bedrohung" („minaccia")[109] bezeichnet, analog zu der Bezeichnung betroffener Territorien der regionalen Ordnung als „bedrohte Orte".[110] Nicht nur das Leben und die Gesundheit der Bevölkerung waren gefährdet, der Ausbruch der Epidemien wirkte sich auch auf das Funktionieren der Ordnungen im Küstenland selbst aus.[111] Dies hatte relevante ökonomische Folgen, wie der Fall des Triester

---

[104] *A. L. Koestler*, Metodo medico onde preservarsi e garantirsi dal colera epidemico e l'efficace uso alla manifestazione del medesimo, Marenigh, Trieste 1831; *Maurizio Hasper*, Sul colera epidemico, Coletti, Trieste 1831; *Giovanni Filippo Spongia*, Comentarii di medicina, 3 Bände, Minerva, Padova 1836/1837; Giovanni Castagna, Intorno al colera in Trieste nel 1849, Pagani, Trieste 1850; *Goracuchi*, Studi sul Cholera; *Ders.*, Alcun che sul cholera asiatico, Morterra, Trieste 1886; *Don Giusto Buttiglioni*, Colera e bacilli. Rimedi e preservativi, Ilariana, Gorizia 1896; *Parroco Tommaso Franca*, Il colera asiatico, Carlo Prioria, Capodistria 1912.

[105] *Brodman*, Memorie; *Kandler*, Cenni, 143; *Joseph Hain*, Handbuch der Statistik des österreichischen Kaiserstaates, 2, Tendler, 1853, 706. (Hain berichtet über das „Sanitärwesen" der Monarchie).

[106] „Considerando per ultimo le successioni dei reggimenti che lavorarono le sorti istriane, ammireremo la costanza di quella piccola famiglia italiana a rifiutare ogni straniera infezione, sì da sorvivere incorrotta, sebbene esangue, a' suoi lunghi secoli di lotta.", *Combi*, Etnografia, 398.

[107] *Sarasin/Berger/Hänseler/Spörri*, Bakteriologie, 31–36. Über die Popularisierung der Wissenschaft und Technik vgl. *Surman*, Science.

[108] CMSA, Archivio Biasoletto, 9870/37; AST, I. R. Luogotenenza, Atti generali, 25, 1/34–1, 5594.

[109] AST, I. R. Luogotenenza, Atti generali, 520, 39/30, 3342–87.

[110] AST, I. R. Luogotenenza, Atti generali, 602, 39/30, 11700–92/11915-IV.

[111] Zum Beispiel: „Già stava l'anno decorso [1831, Anm. d. Verf.] preparandosi, che destinato era per tale adunanza [Congresso dei naturalisti e medici tedeschi, Anm. d. Verf.], quando lo scoppio del terribile morbo che infestò gran parte l'Europa, pose la confusione fatalmente anche nella capitale del nostro impero, ed impedì che questa avesse effetto. Fu differita pertanto a quest'anno […].", ADT, R. P. MS Misc. 32, Biasoletto, Relazione al Congresso dei naturalisti e

Freihafens zeigt. Denn der Ausbruch der virulentesten Cholerawelle und der Beginn der Stagnationskrise des Triester Freihafens im Jahre 1855 fielen zeitlich zusammen.[112] Die damaligen Beschreibungen geben den Schrecken der unvorbereiteten und oft hilflosen, meist ländlichen lokalen Bevölkerung durch Begriffe wie „Erschrecken“ („spavento“), „Unruhe“ („agitazione“),[113] „Trauer“ („lutto“) und „Unglück“ („jattura“)[114] wieder.

In diesem Zusammenhang war die Entwicklung eines inneren Netzwerks für die rasche Verbreitung der Bedrohungskommunikation zwischen der Statthalterei, den Kreisbehörden und kommunalen Behörden sowie lokalen Ärzten wesentlich.[115] Seit 1855 – dem Höhepunkt der Cholerawellen im Küstenland – kann nicht nur eine Mobilisierung „von oben“ – seitens der Staatsinstitutionen der k.u.k. Statthalterei und der k.u.k. Seebehörden –, sondern auch eine „von unten“ – von den subregionalen, kommunalen Ebenen der lokalen Ordnung – bemerkt werden. Aufgrund der zeitgleichen Institutionalisierung der lokalen Wissenschaft konnten die Staats-, Bezirks- und Stadtbehörden nun über die wissenschaftlichen Institutionen als Hilfestellung verfügen. Immer häufiger findet man in den Akten Berichte und Nachrichten zu Ausbrüchen der Seuche in subregionalen Orten sowie Vorschläge zu Heilmethoden, die von lokalen medizinischen Akteuren zu den Statthalterei- und Kreisbehörden gesandt wurden.[116] Wie der Bezirksarzt in Pola/Pula und Präsident der Società medica triestina Bernardo Schiavuzzi (1849–1929) im Jahre 1905 erklärte, war der Sieg über die epidemischen Krankheiten – im vorliegenden Fall der Malaria – nur durch „die einmütige Mitarbeit und Zustimmung der gesamten Bevölkerung“ („l'unanime

---

medici tedeschi (1832). Vergleich das mit deinem Artikel auf *L'Istria* über die Cholera aus dem Jahre 1884: „I calori della stagione estiva, e le preoccupazioni che l'Europa possa essere invasa dal morbo asiatico, fanno stagnare anche la politica. Scarse quindi sono le notizie di qualche entità.“, Notizie politiche, in: L'Istria 3/133, 12. Juli 1884, 1.

[112] *Vivante*, Irredentismo, 223; *Rumpler*, Eine Chance, 324. Einen europaweiten Vergleich der Folgen der Choleraepidemien auf die Wirtschaft liefern *Sarasin/Berger/Hänseler/Spörri*, Bakteriologie, 17–19.

[113] „Lo spavento dei quali contro quanto avvenne nel 1836 è incredibile, e contro quanto fecero allora si comportano troppi con modi tali che il pubblico ne mormora altamente, ed è vero purtroppo che alcuni del corpo sanitario fuggirono. Il pubblico è generalmente spaventato, contro quanto avvenne nel 1836, e contro il solito suo, il che io credo provenire da tre cause, dall'agitazione degli animi dei due anni ultimamente decorsi; dallo spavento dei medici, e dal niun conforto che ha sia dalla stampa ora in mano di chi sai, sia da altra parte.“, *Radossi*, Il carteggio, 74.

[114] „L'irrompere continuo di malattie zimotiche in questa città-provincia, la perdita prematura di molte preziose esistenze che ne consegue gettando lutto e disperazione nelle famiglie, fecero accorto questo Magistrato della imprescindibile necessità di porvi un valido argine per limitare almeno così grave jattura.“, AST, I.R. Luogotenenza, atti generali, 363, 2/47-1, 13674–884.

[115] Zur Thematisierung der Notwendigkeit eines effizienteren und flächendeckenderen Kommunikationsnetzwerkes vgl. AST, I.R. Luogotenenza, Atti generali, 25, 1/34-1, 5594.

[116] Vgl. AST, I.R. Luogotenenza, Atti generali, 112, 2/26-4, 9431 (sowie in: 112, 2/26-4, 2535; 326, 2/47-2, 5225–872, 6900–872, 6657; 520, 39/30, 13643–86/1021).

collaborazione e consenso di tutta la popolazione“) sowie aller relevanten Personen und Institutionen der regionalen Ordnung möglich.[117] Schiavuzzi stellt sogar einen Vergleich mit dem gemeinsamen Kampf der gesamten istrischen Bevölkerung gegen eine andere große epidemische Bedrohung an, die Reblaus. Nur die Mobilisierung der humanen und materiellen Ressourcen auf der lokalen Ebene konnte das richtige Mittel gegen die Epidemien sein.[118]

Die (Selbst-)Mobilisierung der Ärzte beschränkte sich aber nicht nur auf das Küstenland. Insbesondere während der letzten Cholerawelle 1886 findet man einige Anfragen von Ärzten aus Wien, Padua sowie aus anderen Kronländern an die Statthalterei zwecks einer Mithilfe im Küstenland als „Cholera-Ärzte“.[119] Dahinter stand nicht nur der Wunsch, medizinisch-humanitäre Hilfe zu leisten. Vor allem wegen der Besonderheit des Küstenlandes als maritime Region und Einfallstor der Bazillen bot eine Anwesenheit vor Ort Ärzten die Möglichkeit, die Krankheit näher zu erforschen. In diesem Sinne zeigte der aus Rovigno/Rovinj stammende Chirurg und Medizinprofessor der Universität Padua Lodovico Brunetti (1813–1899), der bei der Behandlung der Infizierten in Isola/Izola mitarbeitete, ein klares Interesse daran, Istrien während des Ausbruchs der Seuche als eine Versuchsstation für einen Erkenntnisgewinn in Zusammenhang mit der Cholera zu nutzen. Seine Berichte aus dem Jahre 1886 wurden der Statthalterei zugeschickt und galten als wissenschaftliche Unterstützung der lokalen Gemeindebehörden im Kampf gegen die Seuche. So wurden die Berichte Brunettis von der Gemeinde von Muggia/Milje ausdrücklich bei der Statthalterei angefordert.[120]

Aus damaliger Perspektive wurde das Thema der Verbreitung der Cholera vor allem in Zusammenhang mit mangelhaften hygienischen Maßnahmen im Triester Hafen und insbesondere auf der istrischen Halbinsel gebracht. Schon 1845 berichtete Kandler über die „ungesunde Luft in Istrien“ („mal d'aria dell'Istria“).[121] Für das englischsprachige Lesepublikum beschrieb Burton 1878 die bedauerlichen hygienischen Verhältnisse in Pola/Pula sogar mit dem Gebrauch antislawischer Bemerkungen: „But the Roman single archgate to the East, opening on the military road to Albona, and now bridging the citadel-moat, is still, despite the complaints of Gareis (p. 72) and others, the common cess [toilet, Anm. d.

[117] *Bernardo Schiavuzzi*, Istruzione popolare sulla malaria, Coana, Parenzo 1905, 8.

[118] „Deve farsi contro questa malattia quanto si fa contro la malattia terribile che colpisce la vite, la filossera, ove l'unanime collaborazione di tutti gli agricoltori può far sparire completamente il dannoso insetto e togliere una delle più grandi piaghe economiche da cui è minacciata l'agricoltura.“, Ebd.

[119] AST, I. R. Luogotenenza, Atti generali, 520, 39/30, 10789–86 (sowie in: 520, 39/30, 13310–86; 602, 39/30, 14970–92; 785, 39/30, 19349–96).

[120] AST, I. R. Luogotenenza, Atti generali, 520, 39/30, 13310–86 (sowie in: 520, 39/30, 13643–86).

[121] *Kandler*, Cenni, 143.

Verf.] of the neighbourhood; in this matter the Slavs of Istria are incorrigible.“[122] Die breite Thematisierung der desaströsen hygienischen Zustände führte im Laufe des Jahrhunderts zu einer spürbaren Sensibilität der lokalen Ärzte und Wissenschaftler für die Lösung dieses Problems. Nicht zufällig entwickelte der istrische Mediziner und Chirurg Antonio Grossich (1849–1926) um die Jahrhundertwende eine der ersten wissenschaftlich anerkannten Methoden zur Verwendung der Jodtinktur als antibakterielles Sterilisierungsmittel für chirurgische Operationen.[123]

Die Ordnung veränderte und festigte sich durch die Epidemien entscheidend, sowohl durch deren Einfluss auf der kulturellen und sozialen Ebene als auch durch Transformationen der urbanen Zentren infolge der Schaffung einer hygienischeren Stadt- und Wohnstruktur.[124] Obwohl die Wasserversorgung auf der istrischen Halbinsel bis zum Ersten Weltkrieg ein dringendes Problem blieb,[125] versuchten die lokalen Behörden, den mangelhaften hygienischen Zuständen vor allem durch die Pflasterung der urbanen Straßen, die Kanalisierung, die Errichtung hygienischerer Toiletten und eine Abfallbeseitigung entgegenzutreten.[126] Hinweise auf Veränderungen in den Wohnräumen und öffentlichen Gebäuden in Städten sowie Dörfern in Istrien durch die Einführung von hygienischen Prophylaxemaßnahmen lassen sich auch in verschiedenen Darstellungen über Istrien und Reiseberichten oder Büchern von externen Betrachtern finden. 1878 kommentierte Burton diese Verbesserung der hygienischen und urbanen Verhältnisse ironisch: „Almost every village has its inn, and these are no longer what they were a few years ago: – ‚Nasty, dusty, fusty, Both with smoke and rubbish musty.‘ (As old Richard Brathwait's ‚Itinerary‘ complained).“[127]

Zudem etablierten sich neue Segregations- und Überwachungsstrukturen wie Lazarette.[128] Das 1768 eingerichtete Lazzaretto di Santa Teresa in Triest erwies sich nach Inbetriebnahme der Südbahn und des Suezkanals sowie des damit steigenden Schiffsaufkommens als veraltet und ungeeignet für die neuen Verhältnisse. So wurde 1869 das neue Lazzaretto di San Bartolomeo in Muggia/Milje eröffnet, während das alte Lazzaretto di San Francesco bei Fiume/Rijeka bereits

---

122 *Burton/Scampicchio/Covaz*, More Castellieri, 354.

123 *Fanjo Gruber/Ante Škrobonja*, Antonio Grossich – On the Centenary of His Introduction of Iodine Tincture Painting in the Preoperative Infection Control, in: Acta medico-historica Adriatica 7/1, 2009, 83–90.

124 Vgl. *Anne Irmgard Hardy*, Ärzte, Ingenieure und städtische Gesundheit. Medizinische Theorien in der Hygienebewegung des 19. Jahrhunderts, Campus, Frankfurt am Main 2005.

125 1908 war die Verwirklichung der Wasserversorgung für viele istrische Städte noch in Planung. Vgl. Assanierungsfortschritte in Österreich, Hölder, Wien 1904, 11–12.

126 Vgl. AST, I. R. Luogotenenza, Atti generali, 112, 2/26-4, 3061 (sowie in: 520, 39/30, 10578).

127 *Burton/Scampicchio/Covaz*, More Castellieri, 344.

128 Für eine allgemeine europaweite Übersicht über die Errichtung von Lazaretten und Quarantänen vgl. *Pierre-Louis Laget*, Les lazarets et l'émergence de nouvelles maladies pestilentielles au XIXe et au début du XXe siècle, in: In Situ 2, 2002, 1–16.

1833 erneuert worden war.[129] Die Errichtung eines istrischen Lazarettes sowie eines Quarantänehafens in Rovigno/Rovinj wurde seit der ersten Hälfte des Jahrhunderts geplant, jedoch nie verwirklicht.[130] Die Etablierung von Orten für die Isolierung, Behandlung und Überwachung institutionalisierte und festigte die Praxis der Kategorisierung, Markierung und Trennung von Menschen.

Im Allgemein intensivierten die Cholerawellen die Suche nach wirksamen Behandlungs- und Prophylaxemethoden. Mittels der Mobilisierung der Kontakte zu imperialen und internationalen Wissensnetzwerken sollten neue Ideen für die Herstellung eines Sicherheitssystems gefunden werden. Um die Triester und istrischen Häfen mit neuen Maßnahmen für die Überwachung der Schiffe samt Gütern und Menschen auszustatten, wurde schrittweise ein internationales Netzwerk zwischen den großen europäischen Häfen, insbesondere am Mittelmeer, entwickelt.[131] Das belegen beispielsweise die Berichte aus dem Jahre 1883 über die internationale Alarmierung wegen eines Choleraausbruches in Ägypten.[132] Gleichzeitig wurden internationale mustergültige Beispiele von Maßnahmen zur Isolierung und Behandlung verdächtiger Individuen in der wissenschaftlichen Publizistik präsentiert, etwa jene des Hafens von Marseille. Schon durch die napoleonischen Kriege kamen lokale Ärzte in Kontakt mit den neuesten Theorien und Methoden der französischen Medizinschule.[133] Frankreich blieb ein Vorbild, vor allem das Sicherheitssystem im Hafen von Marseille wurde zum Modell für die Quarantäne und Isolierung von Verdächtigen und Kranken.[134] Eine paradigmatische Persönlichkeit für die Verbindung und den Wissensaustausch zwischen Wissenschaftlern von Marseille und Triest in der ersten Hälfte des 19. Jahrhunderts war der französische Arzt Amedée Mathieu de Moulon, der 1835–1836 die Cholera-Epidemie in Triest behandelte und erforschte. Er veröffentlichte seine Ergebnisse in zwei Werken über die Cholera und Quarantänepraxen, eines 1839 auf Italienisch in Marseille und das andere 1845 auf Französisch in Triest erschienen.[135]

In den 1850er-Jahren wurden die Verbreitung der Cholera und die Systeme von Lazaretten und Epidemie-Krankenhäusern in den Übersee-Kolonien in

[129] *Ponte*, Un lazzaretto.

[130] *Rino Cigui*, Un progetto di lazzaretto e porto contumaciale nell'Istria del primo Ottocento, in: Atti del Centro di Ricerche Storiche di Rovigno 41, 2011, 209–238.

[131] Zu den engen Interdependenzen zwischen den großen europäischen Häfen – auch unter medizinischen Aspekten – vgl. *Breschi/Kalc/Navarra*, Storia minima, 73.

[132] Vgl. zum Beispiel die internationalen Berichte von Häfen am Mittelmeer über die Ankünfte von Schiffen aus Ägypten, wo 1883 die Cholera umging: AST, I. R. Luogotenenza, Atti generali, 363, 2/47-5, 9359–83, sowie in: 363, 2/47-5, 10560–83; 363, 2/47-5, 10589; 363, 2/47-5, 14702–83.

[133] *Premuda*, Sanità, 70.

[134] Vgl. AST, I. R. Luogotenenza, Atti generali, 25, 1/34-1, 3829/1268.

[135] *Amedeo Mathieu de Moulon*, Il Cholera asiatico in Trieste negli anni 1835 e 1836, Feissat Ainè et Demonchy, Marsiglia 1839; *Ders.*, De la peste orientale et de la nécessité d'une réforme dans les quarantaines, Jean Maldini, Trieste 1845.

den Büchern über die Novara-Expedition beschrieben.[136] Das Interesse an der Entwicklung neuer Methoden und Kenntnisse in Bezug auf Epidemien und Hygiene aus anderen Ländern und Kontinenten blieb ausgeprägt, nicht nur seitens der Behörden, sondern auch bei der lokalen Presse Istriens, wie etwa bei *L'Istria* aus Parenzo/Poreč.[137] Die Entwicklung eines flächendeckenden inneren Absicherungssystems erforderte ein Basiswissen über die Medizingeschichte der aktuellen Ordnung selbst. Die gegenwärtigen Cholera- und Malariawellen schienen in Istrien die „gespeicherte" Furcht vor Ausbrüchen von Epidemien in der älteren oder jüngeren Vergangenheit – insbesondere der Pest im 15. und 16. Jahrhundert sowie der Cholera 1836[138]– wieder zum Vorschein zu bringen. Der Historiker Rino Cigui spricht in diesem Zusammenhang von einer Überschneidung „alter und neuer Ängste".[139] Die Erforschung und Reflexion über die historischen Epidemien und vor allem über die bedrohten Ordnungen in der Geschichte der Region Istrien wurden angesichts des Auftauchens der neuen Krankheiten von einigen der einflussreichsten italienischsprachigen Historikern und Ärzten Istriens vorangetrieben, wie etwa Pietro Ceruti, Carlo de Franceschi und Bernardo Schiavuzzi.[140] Auch diese Art von historischer Reflexion über die eigene Ordnung in Bezug auf die medizinischen Verhältnisse wurde als Lehrmittel für ein breiteres Publikum über die realen gegenwärtigen Risiken gedacht.[141]

In den zahlreichen Akten der Statthalterei zur Cholera im Triester Staatsarchiv wird die ungenügende Anzahl von gut ausgebildeten Ärzten als ein großes und langfristiges Problem betrachtet. Die Epidemien offenbarten die inneren Schwächen der istrischen Ordnung, die mit der endemischen Armut Istriens verbunden waren, vor allem der besorgniserregende Mangel an professionellen

---

136 Vgl. *Scherzer*, Reise, 1, 79–82, 141–143, sowie in: Ebd., 2, 98, 323. Noch 1885 wurden Empfehlungen von Heilmethoden von Marseille nach Istrien geschickt: Vgl. AST, I. R. Luogotenenza, Atti generali, 326, 2/47-5, 13369–85, sowie in: 520, 39/30, 12670–86.

137 Vgl. Congresso igienico-demografico internazionale, in: L'Istria 6/267, 22. Januar 1887, 4; Congresso igienico-demografico, in: L'Istria 6/279, 16. April 1887, 3; Congresso igienico-demografico a Vienna, in: L'Istria 6/303, 1. Oktober 1887, 1.

138 Ein Beispiel für die „gespeicherte" Furcht vor der Cholera findet man im Briefwechsel zwischen Kandler und Luciani, als Kandler während des Ausbruches der neuen Epidemie 1849 Luciani an die schrecklichen Ereignisse der vorherigen Epidemie im Jahre 1836 erinnerte. Vgl. *Radossi*, Il carteggio, 74–75.

139 *Cigui*, Antiche e nuove paure. Vgl. auch *Premuda*, Sanità, 23.

140 Vgl. *Pietro Ceruti*, Sulla malaria dell'Istria, in: Osservatore triestino 22, 21. Juli 1843, 85–88; *Franceschi*, L'Istria, 332–371; *Bernardo Schiavuzzi*, Le epidemie di peste bubbonica in Istria, Coana, Parenzo, 1889; *Ders.*, Zur Geschichte der Medicinalpolizei in Istrien, in: Das österreichische Sanitätswesen 45, 1894 (Separat-Abdruck).

141 Einen Bericht über die Cholerawellen in Rovigno/Rovinj schickte das istrische Stadtamt 1877 an die Triester Statthalterei, zusammen mit einer statistischen Tabelle über die Verbreitung der Seuche. Der Bericht erwähnt die Geschichte der Epidemie in Rovigno/Rovinj seit 1836 und führt die Verbreitung der Cholera auf ungenügende Maßnahmen zur Prophylaxe und Begrenzung der Krankheit zurück. Vgl. AST, I. R. Luogotenenza, Atti generali, 341, 2/47-1, 12378–877.

ärztlichen Hilfskräften sowie die ungenügenden hygienischen Maßnahmen.[142] Es kam sogar vor, dass ganze Landstriche – insbesondere im Hinterland – über keinen Arzt verfügten. Diese Situation führte im istrischen Landtag in der zweiten Hälfte der 1880er-Jahren zu heftigen Protesten der Parteien gegen die Zentralregierung und Statthalterei wegen der wahrgenommenen und realen Isolation.[143] Zudem zeigten die Epidemien die Nachteile von Selbstverwaltungsstrukturen auf, vor allem im armen ruralen Inneristrien.

Aufgrund des Ärztemangels wurden die Priester meist zu jenen lokalen Akteuren, die die sanitäre Grundversorgung aufrechterhielten und die Kontakte des Dorfes mit den regionalen und imperialen Behörden pflegten.[144] Wegen der befürchteten Isolation wandten sich einige Dorfpfarrer im Moment des Ausbruches und der Verbreitung von Epidemien in verzweifelten Briefen an die Triester Statthalterei. Da die „asiatische Krankheit" in einigen Fällen die Existenz fast des gesamten Dorfes bedrohte, suchten die subregionalen Ordnungen die Hilfe der zentralen Staatsbehörden. Im Juli 1855 benachrichtigte der Pfarrer des Dorfes Carnizza/Krnica im Hinterland von Capodistria/Koper die Kreisbehörden von Rakitovec über die schnelle Verbreitung der Epidemie. Die Machtlosigkeit des Pfarrers angesichts der tödlichen Bedrohung brachten die Behörden in dem Bericht folgendermaßen zum Ausdruck: „Es ist wirklich schmerzhaft, diese Menschen ohne medizinische Hilfe untergehen zu lassen." („La è veramente una cosa dolorosa lasciar perire quella gente senz'assistenza medica.")[145] Diese zunehmende Relevanz der Kleriker in Istrien und ihre zentrale Tätigkeit als Laienmediziner während der Cholerawellen führten teilweise zu ihrer medizinischer Professionalisierung, wie sich um die Jahrhundertwende an den Veröffentlichungen medizinischer Beiträge einiger Priester des Küstenlandes über die Cholera erkennen lässt.[146]

---

[142] Vgl. AST, I. R. Luogotenenza, Atti generali, 112, 2/26–4, 8869/965, sowie: 326, 2/47–5, 14063; 780 39/2, 28437–99.

[143] *Domenico D.r Pergolis*, Due medici son pochi, in: L'Istria 4/191, 8. August 1885; Si provveda ad un medico, in: L'Istria 5/217, 6. Februar 1886; *Bumbero*, Sulla deficienza di medici in Istria, in: L'Istria 5/226, 10. April 1886, 3; *Ders.*, Ancora sulla questione del medico, che viceversa non è più quella del medico, in: L'Istria 5/232, 22. Mai 1886, 3–4; Le proteste dei comuni dell'Istria, in: L'Istria 6/268, 29. Januar 1887, 1.

[144] Vgl. AST, I. R. Luogotenenza, Atti generali, 112, 2/26–4, 11559, sowie: 326, 2/47–2, 6657; 341, 2/47–1, 12421–877.

[145] „Dal qui acchiuso biglietto del Sig. Cappellano Esposito di Carnizza scritto oggi alle ore 11 antemeridiane a Rachitovich, si rivela, che il male epidemico di colera, abbia preso una seria piega in quel villaggio, mentre da jeri fino oggi furono colpite altre 12 persone da questo male, ed alcune si trovano in grandissimo pericolo, anzi una donna d'anni 40 circa soccombette quest'oggi, ed altri sono prossimi a soccombere. La è veramente una cosa dolorosa lasciar perire quella gente senz'assistenza medica.", AST, I. R. Luogotenenza, Atti generali, 112, 2/26–4, 8870/966.

[146] Vgl. zum Beispiel die Schriften des Priesters Guisto Buttiglioni (*Buttiglioni*, Colera) und des Dorfpfarrers Tommaso Franca bei Parenzo/Poreč über die Cholera 1896 und 1912 (*Franca*, Il colera). Außerdem findet sich im Nachlass des istrischen Hauptarztes Bernardo

Die Signalisierung und Überwachung der Krankheit und Menschen zeigte sich an zwei Themen, die grundlegend für die Analyse der Befestigung der regionalen Ordnung Istriens sind: 1) die Dialektik zwischen klassifizierender Festlegung von Individuen oder Menschengruppen und ihrer Bewegung; 2) das Thema der Grenze.

Im Moment des Ausbruchs der Cholera wurde das Thema der Mobilität einzelner Menschen sowie ganzer Bevölkerungsgruppen akuter, insbesondere in einer Zeit der Modernisierung und Beschleunigung der Reisemöglichkeiten. Aus der Perspektive der österreichischen Behörden machte die Pandemie die Dialektik zwischen der Festlegung der Untertanen auf einen bestimmten Ort und ihrer Bewegung, welche sich schon während der Klassifizierungen der 1850er-Jahren entpuppte, besonders problematisch. Die vom Staat erwünschte starre Struktur, wie sie die ethnischen Kategorisierungen und der Zensus formulierten, wurde von der Bewegung sozialer Gruppen, wie etwa saisonaler Arbeiter und Arbeiterinnen, ständig in Frage gestellt.

In den Akten der Triester Statthalterei erscheinen die Jahre der wiederholten Choleraausbrüche als zentrale Momente in Verbindung mit der Frage nach der Überwachung von schwer kontrollierbaren, als gefährlich betrachteten Arbeiterschichten. Individuen oder soziale Gruppen in unkontrollierter Bewegung erregten seit 1848, als die Cholera auf der Baustelle der Südbahn-Strecke am Semmering ausbrach und die Arbeitergruppe von den österreichischen Medizinbehörden aufgelöst wurde, zunehmende Aufmerksamkeit. Aufgrund der Auflösung der Baustelle am Semmering verteilten sich (teils unwissentlich) infizierte italienischsprachige Arbeiter aus Friaul auf der Suche nach einer neuen Beschäftigung im Bahnbau entlang der Südbahn bis nach Graz, Ljubljana und Triest.[147] Interessanterweise etikettierten in der Verwaltungskommunikation die lokalen

---

Schiavuzzi ein interessantes Manuskript eines ungarischen Dorfpfarrers aus dem Jahre 1831 über Heilmethoden bei der Cholera: CMSA, Archivio Schiavuzzi, doc. vari, Cura indicata contro il Cholera.

[147] „L'epidemia del colera, sorta fra gli operai della strada ferrata del Semering [sic!] nel mese d'Agosto 1850, ebbe per conseguenza lo scioglimento di gran parte di questa gente, fra la quale una considerevole quantità d'italiani si portarono verso la loro patria il Friuli, trovando nuovo impiego a Steinbrück sui confini della Stiria ed il Cranio per la strada ferrata di Fiume ivi incominciata ed a Trieste ove l'impresa pei lavori della strada ferrata attivata al lazzaretto nuovo richiedeva la loro mano d'opera. Benchè immuni d'ogni sospetto di questa malattia regnando allora nella città e nei contorni il genio esontematico /: la scarlattina :/ con straordinaria fierezza, il quale era seguito alla pertosse della stagione estiva, nonostante lo sviluppo del colera a Udine, Lubiana e Neustadtl, non che a Steinbrück fra i lavoranti della strada ferrata durante il mese di settembre mosse l'avveduto consiglio di questa città, memore degli infiniti guai, che cagionava questo flagello alla popolazione nell'anno passato a prendere tutte le misure necessarie per respingere un sì terribile male, per impedire la sua propagazione, e per sollevare la languente popolazione nel caso che scoppierebbe [sic!] nello stesso paese, tanto più che alla fine di Settembre furono nell'ospedale alcuni casi di colera, ancora tratti in dubbio si bene di esito letale.“, AST, I. R. Luogotenenza, Atti generali, 25, 1/34–1, 1255. Vgl. auch AST, I. R. Luogotenenza, Atti generali, 25, 1/34–1, 5594.

Behörden schon 1848 die bedrohliche Gruppe der infizierten Arbeiter mit dem ethnisierenden Begriff „Italiener". Die Situation wurde seitens der Triester Behörden mit steigender Sorge beobachtet, je weiter sich die betreffenden Arbeiter dem Küstenland näherten.

Seit diesem Ereignis vermehrten sich Berichte und Rundschreiben über nicht-identifizierte, „fremde", arme Arbeiter und Arbeiterinnen, die sich durch das administrative Netzwerk des Küstenlandes bewegten. Damit wurde in Diskurs und Praxis eine Verbindung zwischen Arbeiterklasse, Armut, mangelhafter Hygiene und Mobilität gezogen, vor allem in Bezug auf die Maßnahmen zur Überwachung und Isolierung der Verdächtigen in Spitälern oder Lazaretten.[148] Eine besonders strikt überwachte Kategorie waren die Saisonarbeiter. So drängte sich die Frage nach der mangelhaften Kontrolle der Bewegungen von einigen saisonalen Arbeitern aus den Ländern der ungarischen Krone 1872 im Moment des Ausbruchs der Pandemie in den Vordergrund. In diesem besonderen Fall kam es sogar zu einer effizienten Zusammenarbeit zwischen Österreich und Italien mit dem Ziel der Kontrolle der Grenze am Fluss Isonzo/Soča.[149] Dagegen wurden 1883 die Gruppen von Arbeitern aus dem italienischen Königreich, die die Grenze nach Österreich gelegentlich oder täglich überschritten, als eine besonders gefährliche Kategorie seitens beiden österreichischen und italienischen Behörden betrachtet:

> Laut einer von der hiesigen königl. italienischen Botschaft an das k. und k. Ministerium des Aeussern gerichteten Verbalnote wiederholen sich seit einiger Zeit die Fälle, daß in Oesterreich-Ungarn beschäftigte italienische Arbeiter vor ihrer vollständigen Genesung von ansteckenden Krankheiten und manchmal während der Zeit zwischen der Krankheit und der Reconvalescenz, welche – bei Blattern beispielsweise – für die Ansteckung die gefährlichste ist, aus den betreffenden Spitälern entlassen, beziehungsweise in ihre Heimat, meistens in die Provinz Udine, überführt werden.[150]

Die mangelhafte Kontrolle von Individuen oder Gruppen aus der Arbeiterklasse, die sich durch das oder ins Küstenland bewegten, erregte auch bei Wissenschaft-

[148] „Dal giorno 29 luglio fino al mattino d'oggi abbiamo altri 22 casi di colera, tutti, ad eccezione [sic!] di tre individui, fra le clape dei miserabili e lavoratori, i quali per certo pregiudizio invalso negligono la diarrea e chiamano il soccorso medico in allora soltanto quando il malore è al suo massimo grado e vi fu anche tre casi ove fui chiamato soltanto dopo morte. La quantità de lavoratori e miserabili forestieri, di cui è pieno il paese, la ristrettezza e sporcizia dei luoghi ove abitano, la mancanza al presente di un Ospitale per ricoverarli se colti da malore, l'andamento del morbo presso in questi due giorni fa sí, che il pronostico che io emetto è per l'avvenire uno dei più sfavorevoli. Perciò mi rivolgo ad Essa onde sia riparato, per quanto è possibile, ai danni che esistono e che nell'avvenire dovranno essere maggiori e nello stesso tempo mi sia dato un ajuto non potendo io solo, abbenchè su piedi giorni e notte, soddisfare al tutto.", AST, I. R. Luogotenenza, 112, 2/26–4, 2535. Vgl. auch AST, I. R. Luogotenenza, atti generali, 341, 2/47–1, 12657–877.

[149] AST, I. R. Luogotenenza, Atti generali, 326, 2/47–5, 13266–872, sowie in: 326, 2/47–5, 13702 und 13771.

[150] AST, I. R. Luogotenenza, Atti generali, 363, 2/47–1, 13230–883.

lern und in der Öffentlichkeit durch diverse Veröffentlichungen viel Aufmerksamkeit. Die Bahnbaustelle in Istrien wurde um die Jahrhundertwende immer noch von Seiten des lokalen medizinischen Netzwerks als sensibler Punkt in Hinsicht auf den Ausbruch und die Verbreitung von Epidemien betrachtet und deswegen ständig kontrolliert. Der Ausbruch epidemischer Krankheiten konnte den Bau und den Betrieb einer derart strategischen und modernen Infrastruktur behindern oder sogar unterbrechen, wie dies schon 1848/49 bei der Errichtung der Südbahn geschehen war. Die Überwachung der medizinischen und hygienischen Verhältnisse an der Eisenbahnstrecke nach Pola/Pula war für die Modernisierung Istriens so lebenswichtig, dass der dortige Bezirksarzt Bernardo Schiavuzzi zu Beginn des 20. Jahrhunderts die wichtige zusätzliche Funktion eines „Bahn-Arztes" innehatte.[151]

Darüber hinaus erweckten andere Arten von Menschenbewegungen die Sorge der Statthalterei, wie etwa solche, die durch Andachtsriten und -gebräuche sowohl des Küstenlandes als auch anderer Kronländer entstanden. 1881 und 1890 überwachte die Triester Statthalterei die Pilgerreisen von zahlreichen Menschen muslimischen Glaubens nach Mekka und Medina während einer dortigen Choleraepidemie.[152] Dasselbe galt 1884 für die Wallfahrt zur Insel Barbana unweit Grado, an der Grenze zum italienischen Königreich, während der Einschleppung der Cholera aus Ägypten und Südfrankreich.[153]

In Verbindung mit Überwachung und Prophylaxe tauchte das Thema der Monarchie- und Regionsgrenze wieder auf. Die Jahre 1865/66 waren eine Phase von Kontroversen bezüglich des Passwesens in Österreich. 1865 wurde die Passverordnung von 1857, als die Passpflicht für die Bewegung innerhalb der Monarchie abgeschafft wurde, ergänzt. Dadurch entfiel die Pflicht der Passkontrolle bei der Ausreise aus Österreich. Die Habsburgermonarchie folgte damit der europäischen Entwicklung in Richtung einer freien Zirkulation von Menschen und Gütern.[154] Trotzdem blieben die Grenzen während der Überwachung von Epidemien relevant. Durch den Verlust Friauls und die Verschiebung der Grenze zwischen Italien und Österreich nach Osten im Jahre 1866 wurden die externen Grenzen des Küstenlandes nun teilweise auch zu Staatsgrenzen.[155] Das Thema der Überwachung der internationalen Grenzen bekam nun einen höheren Stellenwert in den Akten der Statthalterei und entwickelte sich zu einem zusätzlichen

[151] Vgl. *Bernardo Schiavuzzi*, La malaria lungo la ferrovia dello stato in Istria, specialmente sul tronco nelle vicinanze di Pola, in: Atti della Società per gli studi della Malaria 9, 1908, 151–159.

[152] AST, I. R. Luogotenenza, atti generali, 363, 2/47-5, 16414-881; sowie in: 520, 39/30, 12668-90.

[153] AST, I. R. Luogotenenza, Atti generali, 326, 2/47-5, 13541.

[154] *Burger*, Passwesen, 23–25.

[155] *Appollonio*, Libertà, 223–224.

Stressfaktor für die Staatsbehörden des Küstenlandes.[156] So wurden beispielsweise 1885, kurz vor dem Ausbruch der letzten Choleraepidemie im Küstenland, Ängste vor der Durchlässigkeit der Grenze zwischen Österreich und Italien laut. Grund dafür war die tägliche Bewegung von Personen in Zusammenhang mit dem interregionalen bzw. internationalen Kleinhandel zwischen den lokalen Märkten im österreichischen Küstenland und der italienischen Provinz Udine. Die normalerweise unkontrollierten Bewegungen und Austauschbeziehungen der beiden lokalen Grenzbevölkerungen zeigten das Funktionieren einer ausgeprägten transfrontalen „Grenzgesellschaft". Bei Ausbruch der Choleraepidemie wurden die Nachrichtenübermittlung und die Mitarbeit zwischen den österreichischen und italienischen Behörden so engmaschig, dass die ansonsten kaum bemerkbare Grenze erst jetzt im eigentlichen Sinn sichtbar wurde.[157] Eine Art Entmischung entlang der Grenze tauchte somit erst „in den Zeiten der Cholera" auf.

7.5. Epidemien, Zensus und Fürsorge zwischen Inklusion und Exklusion

Die moderne medizinhistorische Forschung stimmt darin überein, dass die Cholera sowie die Malaria – nach der Definition des Medizinhistorikers Giorgio Cosmacini – „soziale Epidemien" waren.[158] Beide trafen die ärmsten sozialen Schichten der europäischen Gesellschaften des 19. Jahrhunderts am stärksten. Einerseits kann eine gewisse Entwicklung der Effizienz und Organisation der modernen Verwaltungsstruktur bezüglich der Fürsorge von betroffenen Personen festgestellt werden. Anderseits hatte diese einen hohen sozialen Preis. Nach Foucault erfordert die Entstehung einer modernen staatlichen Verwaltungsstruktur die Disziplinierung und Unterwerfung der Individuen unter einen Überwachungsapparat.[159] Epidemische Krankheiten wurden oft nicht nur medizinisch erklärt: Die damaligen Mediziner betrachteten die soziale Umgebung als

---

[156] AST, I. R. Luogotenenza, Atti generali, 326, 2/47–5, 12905–872 (sowie in: 363, 2/47–5, 11045/IV; 363, 2/47–5, 12862/IV-84; 363, 2/47–5, 20089; 520, 39/30, 6196–86/5093; 785, 39/30, 15312–96; 785, 39/30, 24.669–96).

[157] „Con riferimento all'ossequiata circolare [...], in riflesso che le comunicazioni tra Gorizia ed il limitrofo regno d'Italia sono talmente estese e frequenti specialmente con la provincia di Udine e nei giorni di mercato, per cui attivando una sorveglianza dei passeggeri alla stazione, converrebbe che un medico prenda ivi stabile dimora. Si noti poi che la provincia di Udine è unita colla città per molte vie e che anzi il numero dei forastieri [sic!] che qui arrivano con veicoli è molto maggiore di quelli che ci vengono con la ferrovia.", AST, I. R. Luogotenenza, atti generali, 363, 2/47–5, 13479–85.

[158] *Giorgio Cosmacini*, Storia della medicina e della sanità in Italia. Dalla peste europea alla guerra mondiale (1348–1918), Laterza, Roma/Bari 1987, IX–XVI.

[159] *Michel Foucault*, Überwachen und Strafen. Die Geburt des Gefängnisses, Suhrkamp, Frankfurt am Main 1976, 184; *Harald Wendelin*, Schub und Heimatrecht, in: Heindl/Saurer (Hrsg.), Grenze, 189.

zentralen Risikofaktor für das Aufkommen solcher Pandemien. In diesem Sinne wurde die Cholera mit Illegalität und bedrohlicher „Unkategorisierbarkeit" oder fehlender Greifbarkeit von Individuen verbunden. Aus einer bürgerlich-moralischen Perspektive wurden Ordnung und das Befolgen von Regeln als die beste Prävention betrachtet. Daher wurden angesteckte Personen seit der Cholerawelle 1848/49 durch eine entmischende Trennungspraxis nach verschiedenen Kriterien kategorisiert, etwa nach Alter, Ursprung, Geschlecht, professioneller Tätigkeit oder sozialer Zugehörigkeit.[160] So wurden die lokalen Bevölkerungen der istrischen Ordnung in denselben Jahren, in denen die imperiale Wissenschaft die offiziellen ethnisierenden Taxonomien durchführte, in weitere soziale Kategorien eingeteilt.

Die große Krise in Verbindung mit der Cholera trug auch zu einer verbesserten Kenntnis der niedrigsten Schichten der istrischen Bevölkerungen bei, die bis dahin normalerweise von Wissenschaftlern oder Beamten nicht beachtet worden waren, vor allem mangels sicherer Verkehrswege durch das Land. Nun wuchs das Interesse von Ärzten und Apothekern an der Zusammensetzung der istrischen Bevölkerung. Sie waren diejenigen Sozialakteure, die im Moment der Bedrohung durch die Cholera in direkten Kontakt mit dem „Volk" in Form der städtischen und ländlichen Bevölkerung kamen.[161] Ärzte und Vertreter der Obrigkeit – bzw. Sanitätspolizei – betraten nun sogar die privaten Wohnhäuser der untersten Schichten der lokalen Gesellschaften. Ein Rundschreiben der Triester Statthalterei vom 25. August 1871 „an sämmtlichen [sic!] k.u.k. Bezirkshauptmannschaften und an die Stadtmagistrate in Triest, Görz und Rovigno" auf drei Sprachen – Deutsch, Italienisch und Slowenisch – ordnete als eine der wichtigsten „sanitätspolitischen Maßnahmen" die „[...] Untersuchung der Häuser, besonders der ärmeren Bevölkerung bezüglich der in denselben etwa vorhandenen Sanitätsgebrechen mit besonderer Rücksicht auf die Überfüllung der Wohnräume und Abstellung der entdeckten Gebrechen" an.[162] Das Moment der Mobilisierung wurde zu einer wichtigen Gelegenheit für die Analyse und

---

[160] Vgl. AST, I. R. Luogotenenza, Atti generali, 25, 1/34–1, 20559, Summarische Sanitäts-Rapports-Tabelle über die im Istrianer Kreise ausgebrochene Brechruhr-Epidemie vom 16.ten bis 29.ten August 1836; AST, I. R. Luogotenenza, atti generali, 2/47–2, 9345–873. Vgl. auch Schema dei nomi, cognomi, età e condizioni dei morti del Cholera in Trieste e Territorio nell'anno 1849, Lloyd austriaco, Trieste 1849.

[161] „I rimedi da esse indicati sono semplici ed applicabili ancora per la classe povera del Popolo. [...] Loro [i sindaci, Anm. d. Verf.] si impone di fare il possibile per persuadere al Popolo, che un modo regolato di vivere, e la sollecita applicazione di rimedi, sono i mezzi per diminuire, ed anzi per interamente spegnere il disastro quando all'incontro l'ostinata trascuranza del male, ed il ritardare l'uso di rimedi conducono senza fallo ad una morte inevitabile e sommamente dolorosa. [...] Già prima dello scoppio della malattia si face conoscere al Popolo ed ancora gli si ripetono ogni giorno i caratteri, dai quali si può prevedere l'avvicinarsi della malattia.", CMSA, Archivio Schiavuzzi, doc. vari, Cura indicata contro il Cholera.

[162] AST, I. R. Luogotenenza, Atti generali, 326, 2/47–5, 8720. Vgl. dazu: AST, I. R. Luogotenenza, Atti generali, 363, 2/47–1, 13674–884.

Reflexion über Bevölkerungsgruppen, die bisher nur aus der Ferne beobachtet worden waren.

Mit den Choleraepidemien verstärkte sich das Interesse der lokalen bürgerlichen Schicht an den niedrigen Gesellschaftsschichten, welches die lokale Presse schon in den 1840er-Jahren geäußert hatte, vor allem mit dem Ziel der Verbreitung von Schutz- und Hygienemaßnahmen. Nach der Zeitschrift *L'Istria* (1885) befände sich die rurale Gesellschaft oft außerhalb der Kontrolle durch die Behörden. Die Gemeinden auf dem istrischen Land sollten imstande sein, die epidemischen Bedrohungen selbst zu meistern. Deswegen müssten die Behörden sowie die Mediziner das Bauerntum über die Vorschriften der hygienischen Prophylaxe belehren. Außerdem hätte das Bauerntum solche Maßnahmen auswendig zu lernen und einzuhalten, so wie die „Dogmen der Religion" kritiklos beachtet werden müssen:

> Il contadino lontano com'è dallo sguardo delle Autorità, dovrebbe venir istruito nelle norme igieniche fino dal primo albore della sua vita, e tali massime igieniche dovrebbero venirgli inculcate in una ai dogmi della religione dal sacerdote, che potrebbe rendersi molto benemerito in proposito.[163]

Diese Begegnung der bürgerlichen Welt mit den ärmsten Schichten durch die ärztliche Behandlung und die damit verbundene Entwicklung von Kenntnissen kann nicht auf die istrische Halbinsel und das österreichische Küstenland beschränkt werden. Es handelte sich um ein europaweites Phänomen. Zum Beispiel erlebte Charles Lever (1806–1872), irischer Schriftsteller und britischer Konsul in Triest zwischen 1867 und 1872, in seinem Heimatland die erste Choleraepidemie. Als diese 1832 ausbrach, war der 26-jährige Lever als Cholera-Gemeindearzt im County Clare, Westirland, tätig. Dort kam der junge Lever, der bis dahin ein wohlbehütetes Leben als Mitglied der irischen *ascendancy* geführt hatte, mit der Armut der lokalen ruralen Bevölkerung in Kontakt. Die dramatische Erfahrung beeinflusste Levers folgende Literaturproduktion.[164] In diesem Sinn erwiesen sich die Veröffentlichungen und Berichte von lokalen Ärzten Istriens als besonders wichtig, da sie einen Einblick in das Leben der ärmsten Schichten lieferten, wie etwa Lodovico Brunetti in seinem Buch über eine Reihe von chirurgischen Operationen 1876 in Rovigno/Rovinj, das kurze Beschreibungen von Patienten aus den niedrigsten Schichten enthält.[165]

---

[163] „Der Bauer bleibt den Blicken der Behörden verborgen. Daher sollte er von Kindesbeinen an mit den Hygienevorschriften vertraut gemacht werden, und diese hygienischen Standards sollten ihm wie die religiösen Dogmen vom Priester eingebläut werden, der sich dadurch als sehr verdienstvoll erweisen könnte.", Rivista sanitaria in: L'Istria 4/158, 3. Januar 1885.

[164] *Lionel Stevenson*, Dr. Quicksilver. The life of Charles Lever, Chapman & Hall, London 1939, 16; *Tony Bereham*, Charles Lever: New Evaluations, Barnes & Noble, Savage 1991, 50; *D'Erme*, Trieste vittoriana, 116–117.

[165] *Lodovico Brunetti*, Una riabilitazione chirurgica. Reminiscenze dell'anno 1876, Prosperini, Padova 1876.

Teilweise entstand bei der Begegnung mit den Infizierten auch ein Interesse an der „Kultur" der lokalen Bevölkerung. Die istrischen Ärzte und Pharmazeuten bildeten jene beiden Berufsgruppen, mit denen die Statthalterei und die kommunalen Ordnungen während der Epidemien am meisten interagierten. Unter ihnen gab es einige wichtige Persönlichkeiten, die durch Veröffentlichungen und Forschungsstudien die lokalen Bevölkerungsgruppen auf Basis kultureller Muster kategorisierten. Der Fall Pietro de Madonizzas ist bereits bekannt: Seine ausgeprägten Kenntnisse des Italienischen, Deutschen sowie der slawischen Sprachen und Dialekte Istriens und Krains waren wichtige Voraussetzungen für eine Stelle als Arzt im Küstenland. Darüber hinaus war Madonizza 1849 als Cholera-Arzt im Distrikt Capodistria/Koper tätig und erhielt dafür offizielle Anerkennung seitens der lokalen Gemeinde, der istrischen Kreishauptmannschaft, der Triester Statthalterei und sogar des Innenministeriums.[166] Sein direkter Kontakt mit der lokalen Bevölkerung und seine Kenntnisse über die sprachliche Ausdifferenzierung der slawischen Mundarten halfen ihm auch, sich bei seinen Bewerbungen von der Konkurrenz abzusetzen.[167] 1886, im Jahr der letzten Choleraepidemie, veröffentlichte der Apotheker Pier Antonio Vittori aus Dignano/Vodnjan unter Pseudonym einen Artikel mit Beschreibungen der Volkstrachten der „italienischen" Bevölkerung seiner Stadt in der Zeitschrift *L'Istria*.[168] Später, zwischen 1901 und 1905, erschien unter dem Titel *Cenni storici sull'etnografia dell'Istria* (*Historische Hinweise über die Ethnographie Istriens*) in vier Teilen ein langer und detaillierter Beitrag über die Ethnographie Istriens in den *Mitteilungen* der Società istriana di archeologia e storia patria. Ihr Autor war der Bezirksarzt von Pola/Pula und Präsident der Società medica triestina Bernardo Schiavuzzi.[169]

Manchmal tauchte das Thema der sprachlichen Interaktion mit den lokalen Patienten auf.[170] Besonders interessant erweist sich hier die Erfahrung des istrischen Arztes und Chirurgen Antonio Grossich als Allgemeinarzt in Castua/Kastav 1876–1879. Jahre später erinnert sich Grossich an diese Zeit als eine kulturelle Herausforderung. Er war ausschließlich italienisch- und deutschsprachig, obwohl er einer wohlhabenden Familie aus Inneristrien entstammte. Grossich

---

166 SI PAK KP, 302, Rodbina Madonizza, 7, 5484; 110; 405; 2367/324.

167 SI PAK KP, 302, Rodbina Madonizza, 7, 9674; 6469; 13044.

168 *Camillo*, Briciole di cose patrie, in: L'Istria 5/256, 6. November 1886. Vittori veröffentlichte den Artikel unter einem Pseudonym. Marco Tamaro lüftete aber 1893 die Identität des Verfassers. Vgl. *Tamaro*, Le città, 2, 608. Über die ethnographischen Artikel von Vittori vgl. *Roberto Starec*, Coprire per mostrare. L'abbigliamento nella tradizione istriana (XVII–XIX secolo), Italo Svevo, Trieste 2002, 217; *Paola Delton*, Tutela dell'identità attraverso il recupero dei capi d'abbigliamento tradizionali, in: La ricerca 68, 2015, 3–6.

169 *Bernardo Schiavuzzi*, Cenni storici sull'etnografia dell'Istria, in: Atti e memorie della Società istriana di archeologia e storia patria 17/1–2, 1901, 300–331 (sowie in: 18/1–2, 1902, 75–120; 19/1–2, 1903, 228–249; 20/1–2, 1905, 78–94).

170 AST, I. R. Luogotenenza, Atti generali, 520, 39/30, 10789–86.

wurde 1849 in Draguccio/Draguć – zwischen Pinguente/Buzet und Pisino/Pazin – geboren, d.h. zu einer Zeit, als der Prozess der kulturellen Entmischung und Parallelisierung der bürgerlichen Gesellschaften auf nationaler Basis schon begonnen hatte. Grossich besuchte italienische Schulen in Pirano/Piran, Capodistria/Koper und Pisino/Pazin, studierte Medizin an der Universität Wien und praktizierte längere Zeit in der österreichischen Hauptstadt. Er erinnert sich an die sprachlichen Schwierigkeiten bei der Kommunikation mit seinen Patienten und Patientinnen in Castua/Kastav, vor allem mit den Leuten im Umland der Kleinstadt, da diese nur „Slawisch" sprachen. Wie er berichtet, entwickelten beide Seiten mit der Zeit aber einen eigenen hybriden Kommunikationsraum, um dieses Hindernis, wenn dringend notwendig, zu überwinden. Allerdings führte er nicht weiter aus, worin diese Kommunikationsstrategie bestand. Es kann sein, dass Grossich, der später zu einem der führenden Vertreter der italienischen nationalistischen Partei in Fiume/Rijeka wurde, sich einige Grundkenntnisse der „slawischen Sprache" aneignete:

> La popolazione mi fu larga d'appoggio e di benevolenza. Da principio, la mancanza di conoscenza della lingua slava mi fu di grande impaccio, ma poi, un poco alla volta, finimmo col comprenderci passabilmente: questo per la campagna, ché nella cittadina vera e propria realmente molti parlavano e gli altri intendevano benissimo l'italiano.[171]

Die Akten zu den Epidemien der Triester Statthalterei beweisen nicht nur die kulturellen Konsequenzen des Aufeinanderprallens zwischen solchen soziokulturellen Ordnungen, insbesondere bezüglich der zuvor unbeachteten niedrigsten Sozialschichten. Solche Quellen stellen außerdem eine hervorragende Möglichkeit dar, das Funktionieren der neuen administrativen Struktur im soziokulturell entmischten Istrien nach den 1850er-Jahren abzuklären.

Ein aufschlussreiches Beispiel dafür ist ein Telegramm, das die Stadtbehörden von Visogliano/Vižovlje, einem slawischsprachigen Dorf im Karst nördlich von Triest, im Juli 1886 der Bezirksbehörde von Capodistria/Koper schickten. Es handelt von der Zurückweisung einiger festgehaltener Individuen, ursprünglich aus dem Bezirk Capodistria/Koper, die in Visogliano/Vižovlje angekommen waren und Symptome der Cholera zeigten. Sie wurden im Telegramm ausdrücklich als „Savriner" – in Klammern und unterstrichen – bezeichnet: „Achtung Zurückweisung von aus diesem Bezirk ankommenden Personen (*Savriner*)" („Avvertesi respingerannossi persone (*savrine*) provenienti da codesta [sic!] circondario.").[172] Die Bezeichnung „Savriner" war eine der diversen ethnischen

[171] „Von der Bevölkerung kam mir Unterstützung und Wohlwollen entgegen. Zwar war meine mangelnde Kenntnis der slawischen Sprache von Anfang an ein großes Hindernis, aber nach und nach verstanden wir uns hinreichend: Dies galt auf dem Land, denn in der Kleinstadt sprachen viele Menschen Italienisch und die anderen verstanden es sehr gut.", Das Zitat findet sich in: *Rino Cigui*, Antonio Grossich (1849–1926). L'uomo e l'opera – Lik i djelo, Comunità degli Italiani di Pisino/Zajednica Talijana Pazin, Pisino/Pazin 2017, 59.

[172] AST, I. R. Luogotenenza, Atti generali, 520, 39/30, 11486/1860.

Kategorisierungen der zahlreichen istrisch-slowenischen Sub-Gruppen im Hinterland von Capodistria/Koper, die 1857 in der ethnographisch-statistischen Taxonomie von Karl von Czörnig festgelegt wurde.[173] Sie – wie alle „Volksstämme", d. h. die lokalen Sub-Kategorien der verschiedenen national-sprachlichen Gruppen in der Monarchie – wurde dann in den folgenden Jahrzehnten zu einem bürokratischen und Verwaltungsterminus in lokalen Behörden. Wie zuvor erläutert, musste die Fürsorge für die armen Bürger nach dem Prinzip der durch das Heimatrecht festgelegten Gemeindezugehörigkeit von der zuständigen territorialen Behörde geleistet werden. Deswegen wurde der „Volksstamm" – die ethnische Sub-Kategorie – zum grundlegenden Kern der Verwaltungspraxis, sowie zum Berührungspunkt zwischen dem Staatsapparat und den Individuen der lokalen Zivilgesellschaft. Die einfache Zugehörigkeit zu einer der allgemeinen ethnisch-national-sprachlichen Gruppen genügte dem neuen staatlichen Verwaltungsapparat nicht. Für die Inklusion der kategorisierten Individuen brauchte die Behörde dazu die Bestimmung ihrer geographischen Zugehörigkeit. Im vorliegenden Fall war die Zugehörigkeit der infizierten Individuen zur nationalen und sprachlichen Gruppe der „Slowenen" nicht ausreichend, um die Behandlung nach dem Fürsorge-Recht des Heimatrechtes der Gemeinde des slowenischen Dorfs Vižovlje zu bekommen. Als „Savriner" waren sie in den Augen der Behörden Vižovljes „Slowenen" aus einem anderen Territorium, aus einer Gemeinde im Bezirk Koper. Diese sei für die Erkrankten zuständig und hätte die Pflicht, ihnen die Kosten der Behandlung zu erstatten.

Im Allgemeinen zeigte eine ethnische Benennung durch einen einzigen Begriff die rechtliche Zuständigkeit für die entsprechenden Individuen an.[174] Die alten ethnischen Markierungen Czörnigs dienten nun in den 1880er-Jahren der Verwaltung von bedrohlichen Individuen im Rahmen einer schnelleren und präziseren internen Kommunikation zwischen lokalen Behörden. Nach der Analyse Foucaults über *Überwachung und Strafe* gewährleistet die Herstellung der modernen Struktur der staatlichen Ordnung einerseits soziale Sicherheit und eine gewisse effiziente Fürsorge. Andererseits werden die sozialen und materiellen Kosten dieser modernen Struktur durch den Kontrolldruck auf die niedrigsten sozialen Schichten abgewälzt.[175] Dieser Druck zeigte sich besonders deutlich, wenn die Obrigkeit im Moment der Bedrohung mit Individuen ohne klare rechtliche und territoriale Zugehörigkeit in Berührung kam. Dies war der Fall, wenn Ursprung und ethnische Zugehörigkeit von Individuen nicht mit den von Politik und Verwaltung verwendeten Kategorien übereinstimmten. Die fehlende Übereinstimmung führte zur Exklusion der betroffenen Individuen.

So galt die Gruppe der „Roma" als eine ethnische Kategorie, die in offiziellen Darstellungen der Monarchie aus den 1850er-Jahren meist fehlte oder kaum

[173] *Czörnig*, Ethnographie, 1, VIII, 55, 77.
[174] *Wendelin*, Schub, 189–191.
[175] *Foucault*, Überwachen, 184.

thematisiert wurde[176] und deren Angehörige europaweit automatisch als „Fremde" bezeichnet wurden.[177] Trotz ihrer offiziellen Unsichtbarkeit war diese ethnische Gruppe den istrischen Eliten nicht fremd. Schon in der ersten Hälfte des 19. Jahrhunderts kann in der küstenländischen Presse ein ganzes Repertoire an Stereotypen über die faszinierende, aber gefährliche Animalität und Illegalität der „Zigeuner" gefunden werden.[178] Im Nachlass der Familie Madonizza befindet sich ein Büchlein über einige der relevantesten Verfahren des Rechtsanwaltes und Politikers Antonio de Madonizza aus dem Jahre 1854. In einem Prozess verteidigte dieser den Rom Michele Iurcovich, der wegen Betrugs angeklagt war. Nicht selten wird Iurcovich im Text einfach mit der entpersonalisierten Bezeichnung „Zingaro" bezeichnet.[179]

Die Triester Epidemie-Akten liefern ein Beispiel für die problematischen Zuschreibungen dieser „diversesten Diversität" und ihrer Exklusion aus dem Heimatrecht. Im Juni 1885 wurden zwei Romafamilien (Poropat-Levacovich) in Rovigno/Rovinj verhaftet, da sie ohne Erlaubnis ein Haus besetzt hatten. Währenddessen erkrankten einige Mitglieder dieser Familien – darunter die Mutter, Caterina Poropat-Levacovich – schwer an Malaria („febbre terzana").[180] Ein kompliziertes rechtliches Verfahren begann. Im Zuge der Verhöre und Recherchen zeigte sich, dass diese Personen über kein gültiges Heimatrecht verfügten, da die von ihnen als Stammorte angegebenen Bezirke – Grisignana/Grožnjan, Lussinpiccolo/Mali Lošinj und Veglia/Krk – keine Urkunde über sie besaßen. Zudem konnte das Paar Marco Poropat und Elena Levacovich keinen gültigen Beweis ihrer Ehe erbringen, weil die Trauungsurkunde bei der von ihnen angegebenen Pfarrei in Visogliano/Vižovlje nicht gefunden werden konnte. Dies implizierte, dass die Kinder unehelich waren.[181] Schließlich schienen diese Familien kein festes Heim zu besitzen, und der Vater Marco Poropat war schon 1873 aus dem italienischen Königreich ausgewiesen worden.[182] Aus allen diesen

---

[176] Karl von Czörnig sr. thematisierte die Anwesenheit von „Zigeunern" in der Habsburgermonarchie – allerdings nicht in Istrien – nur flüchtig, sowohl in der *Ethnographie* als auch unter der Bezeichnung „kleine Volksstämme" oder „andere Stämme" auf ethnischen Karten. Vgl. *Czörnig*, Ethnographie, 1, 18–19, 23–24, 74; *Ders.*, Ethnographische Karte der Österreichischen Monarchie, 1855/1868. Der Kartograf Dominik Biller behandelte die Präsenz der „Zigeuner" in der Monarchie, allerdings nicht in Bezug auf Istrien: „Zerstreut leben: Juden, Zigeuner (in Siebenbürgen, Ungarn, Serbien-Banat) 84.000, Bulgaren, Armenier", in: *D. Biller*, Völker-Karte der österreichischen Monarchie, Artaria, Wien 1858. Darüber hinaus war Becker – meines Wissens – derjenige, der 1877 als Erster die Anwesenheit der „Zigeuner" in Istrien erwähnte: vgl. *Becker*, Ein Wort, 420.

[177] Nostre corrispondenze, in: L'Istria 5/236, 19. Juni 1886.

[178] Vgl. Varietá. I Zingani, in: La Favilla 2/7, 10. September 1837, 28–30.

[179] SI PAK KP, 302, Rodbina Madonizza, 6, Alcune cause criminali del Dr. Madonizza Avvocato.

[180] Die Akten über die beiden Familien befinden sich in dem Bestand: AST, I. R. Luogotenenza, atti generali, 363, 2/47–1.

[181] AST, I. R. Luogotenenza, atti generali, 363, 2/47–1, 9711–85.

[182] AST, I. R. Luogotenenza, atti generali, 363, 2/47–1, 16864–85.

Gründen kam es zu einer Reihe von abwertenden Darstellungen dieser Menschen seitens der lokalen Obrigkeiten. In diesem kleinen menschlichen Drama wurde die Individualität von Menschen durch die Verwendung von pejorativen, verachtenden und vor allem entpersonalisierenden Vorurteilen eingeschränkt.[183]

Gemäß den stereotypen Betrachtungen von einigen Behörden ließen „die Zigeuner die Institutionen der Kirche und des Staates schlichtweg außer Acht."[184] In diesem Sinne widersprachen „Zigeuner" dem Idealtypus des guten Bürgers der istrischen Gesellschaft, der beispielsweise durch den 1884 gestorbenen Carlo Combi personifiziert wurde: Kurz nach seinem Tod behauptete ein Autor in *L'Istria*, Combi hätte „an Gott, Heimat und Freiheit" geglaubt.[185] Darüber hinaus kann durch die Analyse derselben Zeitung die pejorative Thematisierung der „Zigeuner" in Istrien vor allem in Verbindung mit der illegalen Migration „fremder" Menschen und sogar der Verbreitung der Epidemien beobachtet werden. Wie ein anonymer Korrespondent 1886 beim Ausbruch der Cholera in Istrien deutlich machte, wurde die Figur des „Zigeuners" sogar zur Personifizierung der Krankheit selbst: „Il cielo ci preservi dallo zingaro!"[186] Darüber hinaus verknüpfte Giuseppe Senizza 1895 in seiner *Storia di Trieste abbinata a quella dell'Istria* den Ausbruch der Choleraepidemie mit der Bezeichnung „Zigeuner".[187] In Rovigno/Rovinj wurden demnach „Menschen solcher Art" („gente di tal fatta") krank.[188]

Das zentrale juridische Problem in diesem Zusammenhang war das Fehlen des Heimatrechtes. Das Reichssanitätsgesetz aus dem Jahre 1870 hielt fest, dass die Kosten einer Notbehandlung jenes Bezirkes angerechnet werden sollten, in dem die Person gemeldet war. Auch im Fall der Familie Poropat-Levacovich tauchte die Frage auf: Wer bezahlt die Behandlung des Malaria-Fiebers? Eine lange, von Juni bis September 1885 sich hinziehende Auseinandersetzung zwischen der Statthalterei und den Behörden von Rovigno/Rovinj, Grisignana/Grožnjan, Lussinpiccolo/Mali Lošinj und Veglia/Krk war die Folge, da keine Gemeinde die Kosten übernehmen wollte. Als offizieller Grund dafür galt der schwierige finanzielle Zustand dieser Kommunen. Währenddessen verschlechterte sich der Gesundheitszustand von Caterina Poropat-Levacovich – die in einigen Berich-

[183] Insbesondere unterstreicht Michail Bakhtin die Gefahr, dass eine solche Praxis der Reduktion durch eine Kategorisierung zu einer Art von Entpersonalisierung führt, wodurch die „Anderen" zu Objekten gemacht werden: Vgl. *Bakhtin*, Zur Philosophie, 27.

[184] „Essendosi adunque le osservazioni dei presunti conjugati addimostrate come punto corrispondenti agli operati rilievi, non può che dedursene, essere la stessa stata omessa per coprire la relazione di concubinato, che perciò risulta fuori di dubbio, ciò che del resto non è punto strano tra gente di tal fatta, constando quanto facilmente gli Zingari sorpassino sulle istituzioni della Chiesa e dello Stato.", AST, I. R. Luogotenenza, atti generali, 363, 2/47–1, 10988–85.

[185] *Carlo Combi*, in: L'Istria 3/142, 13. September 1884, 1.

[186] Nostre corrispondenze, in: L'Istria 5/236, 19. Juni 1886, 2.

[187] *Giuseppe Senizza*, Storia di Trieste abbinata a quella dell'Istria, Draghi, Venezia 1895, 195.

[188] AST, I. R. Luogotenenza, atti generali, 363, 2/47–1, 10988–85.

ten durch rassistische, tierische Darstellungen beschrieben wurde[189] –, sodass die Kosten stiegen.[190] Schließlich mischten sich ein Beamter und ein Amt der Gemeinde Rovigno/Rovinj in die Auseinandersetzung ein und verifizierten die Illegalität dieser Pattsituation. Sie wandten sich direkt an das Innenministerium in Wien und ersuchten um die Beachtung des Heimatrechtes sowie der individuellen Rechte nach dem österreichischen Grundgesetz vom 1867. Somit wurde die Freilassung „dieser armen Zigeuner, die ungerecht leiden“ gefordert.[191] Die Beschwerde der Gemeinde Rovigno/Rovinj schien erfolgreich gewesen zu sein, da schon im September 1885 die neun Personen in ihren zuständigen Gemeinden das Heimatrecht erhielten.[192]

Die Illegalität wurde von den Herkunftsgemeinden dieser Menschen – d.h. von der Ordnung selbst – verursacht, da die Behörden der zuständigen Kommunen das Heimatrecht nie erfasst hatten.[193] Wie der Historiker Benedetto Fassanelli erklärt, war die Exklusion von Roma-Individuen und -Gruppen aus der Legalität – d.h. dem rechtlichen Schutz – schon in der frühen Neuzeit in Europa eine verbreitete Praxis. Oft waren es die exkludierten Individuen selbst, die die Legalisierung ihres rechtlichen Status einforderten.[194] Dieser Fall ist ein extremes Beispiel im Rahmen des zuvor analysierten Umstrukturierungsprozesses der Monarchie und der regionalen Ordnung. Die Konfrontation mit einer Kategorie schwer greifbarer Minderheiten innerhalb der riesigen ethnisierenden Taxonomie bedeutete nicht nur die Entdeckung einer bedrohlichen Andersartigkeit und Devianz – einer *in-betweenness* nach Bhabhas Definition –,[195] sondern bot auch eine interessante Überprüfung der imperialen und regionalen Ordnungen selbst an.

---

[189] „L'ossequioso scrivente si trova in dovere di significare ad Essa Eccelsa I. R. Luogotenenza che i nove Zingari qui arrestati dai primi di Giugno, sono quasi tutti ammalati da febbre terzana, che Caterina moglie di Giovanni Poropat-Levacoich, perduto avendo il latte, jeri sera venne colpita da una forte febbre. Dessa rifiuta il ricovero all'ospedale, e solo colla forza s'è potuto ottenere di adagiala sopra un letto, giacchè detti zingari hanno l'abitudine di non riposare mai neppure sulla paglia, ma sul nudo terreno.“, AST, I. R. Luogotenenza, atti generali, 363, 2/47-1, 13639–85/2335.

[190] Ebd.

[191] AST, I. R. Luogotenenza, atti generali, 363, 2/47-1, 13639–85/2148/2242.

[192] AST, I. R. Luogotenenza, atti generali, 363, 2/47-1, 16013–85, sowie: 363, 2/47-1, 16864–85.

[193] Zur Entstehung der exotisch, aber auch illegal und gefährlich konnotierten Kategorie „Zigeuner“ vgl. *Klaus-Michael Bogdal*, Europa erfindet die Zigeuner. Eine Geschichte von Faszination und Verachtung, Suhrkamp, Berlin 2011.

[194] *Benedetto Fassanelli*, „Andar con cingani“ o „viver christianamente“? Tipi, icone e visioni del mondo attraverso un *costituto* cinquecentesco, in: Felice Gambin (Hrsg.), Alle radici dell'Europa. Mori, giudei e zingari nei paesi del Mediterraneo occidentale (secoli XV–XVII), Seid, Firenze 2010, 87–90.

[195] *Marian Zăloagă*, Between Primitiveness, Compassion and Criminalization. Discourses on Gypsy Child's Poverty in the Long 19th Century Transylvanian Saxon Culture, in: Carmen Andraş/Cornel Sigmirean (Hrsg.), In-Between Difference and Diversity: Studies of Cultural and Intellectual History, Astra Museum, Sibiu 2013, 111–140.

7.6. Die Herstellung von Kontinuitäten: Ein „Rückwärts-" oder „Vorwärts"-Prozess?

Nach der erneut angespannten Phase des österreichisch-ungarischen Ausgleiches kann ab den 1870er-Jahren ein aufkommendes Interesse an der Anthropologie - sowohl der Gegenwart als auch der Vergangenheit - im Küstenland festgestellt werden, insbesondere in Verbindung mit der Ernennung Marchesettis zum Museumsdirektor 1876. Marchesetti galt als zentrale Persönlichkeit, die das anthropologische Interesse im Küstenland auf verschiedene Weise förderte.[196] Einen indirekten Beweis für diese neue Tendenz hinsichtlich der „Primitiven" innerhalb der Wissenschaft des Küstenlandes stellte ein Vortrag dar, den Carlo de Marchesetti am 26. April 1877 im Rahmen einer Versammlung der Adriatischen Gesellschaft der Naturwissenschaften in Triest abhielt. Bei dieser Gelegenheit präsentierte er dem Triester Publikum eine junge Frau namens Saida. Sie entstammte dem „Pygmäen"-Volksstamm der „Acca"/„Akka" im Sudan und wurde von dem Abenteurer und Entdecker Romolo Gessi (1831–1881) nach Triest gebracht.[197] Der Text der Präsentation Marchesettis wurde in den *Mitteilungen der Adriatischen Gesellschaft* abgedruckt.[198] Triester Wissenschaftler betrachteten dieses Ereignis in Hinsicht auf seine historische und ethnographische Relevanz als besonders interessant.[199]

Auf diese beiden Forschungsperspektiven - Vergangenheit und Gegenwart - richtete sich das anthropologische Interesse der Wissenschaftler des Küstenlandes. Marchesetti brachte um die Jahrhundertwende sein Interesse an der Archäologie folgendermaßen zum Ausdruck:

> Oltre alla questione circa all'origine della specie, nessuno studio ha destato negli ultimi tempi maggiore interesse della determinazione dell'antichità del genere umano. E se questo studio è di somma importanza universale, inquantochè esso solo potrà gettar luce nel tenebroso passato remotissimo dell'uomo, non lo è meno per la storia d'un paese in particolare dappoichè coi dati da esso fornitici non si tratta meno, che di ricostruire tutta la lunga storia de' nostri antichissimi progenitori, richiedendo alle viscere della terra i documenti necessari.[200]

---

[196] *Guido Abbattista*, Gli interessi antropologici di Carlo Marchesetti, in: Gino Bandelli/Emanuela Montagnari Kokely (Hrsg.), Carlo Marchesetti e i castellieri (1903–2003), Editreg, Trieste 2005, 67–85.

[197] *Ders.*, Umanità in mostra. Esposizioni etniche e invenzioni esotiche in Italia (1880–1940), Edizioni Università di Trieste, Trieste 2013, 104–105.

[198] *Carlo de Marchesetti*, Note intorno ad una fanciulla della tribù degli Acca, in: Bollettino della società adriatica di scienze naturali in Trieste 3, 1878, 408–424.

[199] Ebd., 408.

[200] „Abgesehen von der Frage nach der Herkunft unserer Spezies hat keine Studie in letzter Zeit ein größeres Interesse geweckt als die Erforschung der Frühgeschichte des Menschen. Diese Forschungen sind von immenser universeller Bedeutung, da sie einerseits die dunkelste, tiefste Vergangenheit des Menschen beleuchten, und andererseits die Geschichte einzelner Länder in ein neues Licht rücken. Dank der gewonnenen Daten ist es nun möglich, die lange

Die Erforschung der „Urtypen" oder „Primitiven" in Istrien war Teil einer breiteren anthropologischen Forschung in Österreich, die sich seit den 1870er-Jahren in Verbindung mit der Anthropologischen Gesellschaft in Wien entwickelte.[201] Das Thema der „Urbewohner" wurde schon von Czörnig selbst zu Beginn seiner *Ethnographie* angerissen.[202] Auch in diesem Fall wurde Istrien zur ältesten kulturellen Wiege der ganzen Monarchie erklärt und dementsprechend zu einer der Versuchsstationen für die Entwicklung einer österreichischen Archäologie.[203]

Durch die Forschungen über das Humane wurden die menschlichen Taxonomien der istrischen Halbinsel weiterentwickelt. Die Diversitäten, wie sie in den 1850er-Jahren in wissenschaftlichen Werken sowie auf ethnographischen Karten festgehalten worden waren, mussten in den folgenden Jahrzehnten konkretisiert werden. Zuerst war eine Karte der neuen einheitlichen Region Istrien mit neuen Interpretationskategorien geschaffen und infolgedessen ein Territorium hergestellt worden. Nun sollte die Wissenschaft die Farben der ethnographischen Karten Czörnigs zum Leben erwecken. Zu Beginn der Verschärfung der Nationalitätenfrage benötigten die vorherigen Taxonomien eine Übertragung von der zweidimensionalen Darstellung der ethnographischen Tabellen und Karten auf eine dreidimensionale Erklärung von kulturell-historischen Kontinuitätsnarrativen. Nur schien die Zensuspraxis dafür nicht ausreichend. Zudem unterstrich auch Benedict Anderson die enge Verbindung zwischen dem Zensus mit der ersten Kartenherstellung und musealen und weiteren kulturellen Darstellungen: Dabei sieht Anderson einen engen Bezug zu dem Prozess der Etablierung und Verbreitung von neugeschaffenen Personenkategorien eines Territoriums.[204] Daher wurde ein interdisziplinäres und mehrsprachliches Erklärungssystem für die „Einheit in der Vielfalt" entwickelt. Zusätzlich sollten die Grenzziehungen aus

---

Geschichte unserer ältesten Vorfahren zu rekonstruieren – mit Hilfe der Informationen aus dem Inneren der Erde.", ADT, R. P. MS Misc 88/E/9.1, preistoria.

[201] Auf Basis der zahlreichen anthropologischen Funde der Novara-Expedition erarbeitete der Sprachwissenschaftler Friedrich Müller 1873 eine *Allgemeine Ethnographie*, in der er eine weltweite Gliederung der Menschheit nach Sprachgruppen vorschlug. Gleichzeitig entwickelte sich die österreichische Anthropologie schrittweise durch die Begründung der Anthropologischen Gesellschaft in Wien im Jahre 1870, in deren *Mitteilungen* Beiträge über Völker- und Volkskunde sowie Urgeschichte veröffentlicht wurden. Die österreichischen geographischen und ethnologischen Expeditionen auf anderen Kontinenten – wie etwa die Entdeckungsexpeditionen von Karl Scherzer, Alfred Kremer, Leo Reinisch, die Südostasien- und Polarexpedition – wurde von der Erforschung der Kronländer begleitet, vor allem in Bezug auf die Alpen- und Karstforschung, etwa durch Friedrich Simony, Eduard Richter, Albrecht Penck und Norbert Krebs. Vgl. *Hassinger*, Österreichs Anteil, 145–146, 181–182; *Franz Grieshofer*, Ur-Ethnographie: auf der Suche nach dem Elementaren in der Kultur; die Sammlung Eugenie Goldstern, Österreichisches Museum für Volkskunde, Wien 2004.

[202] *Czörnig*, Ethnographie, 1, 5–7.

[203] Ebd., VII.

[204] *Anderson*, Imagined Communities, 163–185.

den vorherigen offiziellen Studien und Darstellungen Czörnigs zu Forschungsgrenzen der neuen vertiefenden Studien werden.

Kulturhistorische Prozesse wurden durch naturalistische Erklärungen sowie teleologische Darstellungen zu Mitteln für die Festigung von zuvor gezogenen Grenzen, die noch unklar schienen. Nach Carlo Combi war die Darstellung der Entmischung in Istrien noch 1858 von „großen Schwierigkeiten" geprägt. Das Ziehen von Trennungslinien und die Aufstellung von Unterscheidungsmerkmalen zwischen den diagnostizierten Gruppen konnte nur durch „mühsame Untersuchungen" („faticose investigazioni") erreicht werden.[205] Die Individualität von erforschten Gruppen sollte immer auf eine allgemeine Geschichte von bestimmten Menschengruppen innerhalb einer größeren und vergleichenden Geschichte der Menschheit zurückgeführt werden.[206] Die Anwendung naturalistischer Darstellungsmuster für die Erklärung historischer Prozesse war im 19. Jahrhundert eine verbreitete Praxis in der Geschichtsschreibung und bei der Herstellung von historischen Kontinuitäten. In diesem Zusammenhang wurde eine Reihe von historischen, ethnisch-nationalen Exzeptionalismen entwickelt.[207] Wie Sir Richard Francis Burton erklärte, ging es um eine plurale, parallelisierende Erforschung und Darstellung jeder Menschengruppe Istriens, um ihre Eigentümlichkeiten und Besonderheiten in Bezug auf ihre geographische, zoologische und botanische Umwelt wiederzugeben: „Each of those races has not only its own dialect, but its peculiar costume, its habits and manners, its favourite industry, and its political prepossessions."[208]

Diese (von vornherein nicht-hierarchisierende) Parallelisierung bedeutete die Schaffung paralleler Geschichten.[209] Sie zielte auf die Festigung der regionalen Ordnung ab, wie es die imperiale Macht konzipiert und gewollt hatte. Nur dadurch konnte sich das imperiale Muster der „Einheit in der Vielfalt" erfolgreich etablieren. Dies kann zum Beispiel anhand der kritischen Annahme von parallelisierenden Schemata durch italienische ethnozentrische Wissenschaftler gezeigt werden. Combi selbst konnte 1858 seine (nun hierarchisierende) *Etnographie* entwickeln, in der die „Anderen" (die „Slawen") einfach „der italienischen Bevölkerung zur Seite" gestellt werden: „A fianco dell'italiana popolazione di quest'ultimo lembo della nostra penisola vennero a stanziare alcune genti straniere, le quali per lunga dimora sulla stessa terra le sono ormai a così dire famigliari [...]".[210] Nach diesem Schema hätten mehrere kulturelle Gruppen

[205] *Combi*, Cenni etnografici, 1.

[206] *Woolf*, A Global History, 352–353.

[207] Ebd.

[208] *Burton/Scampicchio/Covaz*, More castellieri, 343.

[209] Zur Analyse über die simultane Herstellung von parallelen Geschichten in der Neuzeit aus einer globalhistorischen Perspektive vgl. *Marcocci*, Indios, VII.

[210] „Zur italienischen Bevölkerung gesellten sich auch einige Fremde in diesem letzten Winkel unserer Halbinsel, die ihr nach all der gemeinsamen Zeit im selben Land vertraut sind.", *Combi*, Cenni etnografici, 1.

im Laufe von Jahrhunderten mit ihren fixen kulturell-historischen Merkmalen auf einem so engen geographischen Territorium „nebeneinander" koexistiert.

Die neuen kulturellen Kategorien der 1850er-Jahren weckten ein verbreitetes Interesse an der Erforschung der Vielfalt. Die Herstellung von kultureller Diversität führte unmittelbar zu einer Problematisierung des „Eigenen" durch Vergangenheit und Gegenwart: Das Zusammentreffen mit dem „Anderen" hob die bisher akzeptierten Verhältnisse der eigenen Vergangenheit auf. Die Erforschung der Geschichte der „Anderen" implizierte automatisch die Definition der eigenen Geschichte.[211] Diese Dynamik machte Istrien zu einem privilegierten Schauplatz des Kampfes zwischen Regionalismus, Nationalismen und Imperium um die Kontrolle der (Ur-)Geschichte. Zudem stellten die Studien über die „lebenden Primitiven" nur die andere Seite der Erforschung der „ausgestorbenen Primitiven" dar. Solche historischen und volkskundlichen Darstellungen sollten nicht einfach durch eine Perspektive auf der „vertikalen" Zeitachse Vergangenheit – Gegenwart – Zukunft erfasst werden, sondern lieber innerhalb der horizontalen Dimension der damaligen Gegenwart. Die historische Kontinuität bezog sich mehr auf die Gegenwart als auf die Vergangenheit.[212]

Im Metalogue *How Do Things Get in a Muddle?* in seinem Buch *Steps to an Ecology of Mind* erklärt Gregory Bateson das Problem der prozeduralen Herstellung einer Botschaft, im vorliegenden Fall einer Titelschrift in einem Filmvorspann. Vor den Augen der Zuschauer und Zuschauerinnen scheint sich die Schrift auf der Leinwand durch einen „forwards"-Prozess zu bilden: vom Chaos der durcheinandergemischten Buchstaben zur Ordnung der Titelschrift. In Wirklichkeit aber, so Bateson, handelte es sich um einen „backwards"-Prozess während der Aufnahme – von der Ordnung der Titelschrift zum Chaos der Buchstaben. Das, was im Ergebnis als „vorwärts" gezeigt wird – vom Chaos zur Ordnung –, wurde eigentlich „rückwärts" hergestellt – von der Ordnung zum Chaos. Die Bewegung wird dann „umgekehrt" („upside down") gezeigt: „Oh, Daddy – I knew that and I did so want to tell you that – and then when they run the film, they run it backwards so that it looks as though things had happened forward. But really the shaking happened backward. And they have to photograph it upside down."[213]

Außer Aufmerksamkeit auf die Konstruktion eines Kontinuitätsnarratives – die künstliche Schaffung einer Linearität von der Unordnung hin zur Ordnung – zu lenken, verdeutlicht diese Analyse Batesons den Prozess der Herstellung von historischen und kulturellen Kontinuitäten in Istrien. Ein paradigmatisches Beispiel dieser *backwards–forwards*-Dynamik lässt sich im Werk Bernardo Benussis nachweisen. Benussi erwies sich seit den 1870er-Jahren als die führende italie-

[211] *Bhabha*, The Location, 35.
[212] *Adamo*, L'identità, 137.
[213] *Bateson*, Steps, 6.

nischsprachige Persönlichkeit bei der Herstellung von offiziellen historischen Kontinuitäten der Einheit Istriens von der Urgeschichte bis zur Gegenwart. Istrien wurde dabei samt seinen Eigentümlichkeiten und verschiedenen Identitäten seit der Steinzeit als eine „historische Region" wahrgenommen. Zudem sollte jeder „diagnostizierte" Bevölkerungsanteil durch deutliche Interpretationsmuster eine historisch-kulturelle Rückverfolgbarkeit aufweisen.[214] Die Werke Benussis sind musterhaft für eine solche *upside-down*-Dynamik in Bezug auf die Herstellung parallelisierter und vergleichender Kontinuitätsnarrative zu Istrien, etwa in den Studien über bestimmte subregionale Areale wie die Städte Rovigno/Rovinj, Parenzo/Poreč und Pola/Pula.[215]

Dieser Logik nach sollten sich sogar die „Vermischten" oder „Mischvölker" durch eine solche verständliche Darstellung und Kontinuität auszeichnen. Aus diesem Grund musste das Thema der historischen „Migrationen" in den Diskursen über die Ethnogenese und die ethnische Zusammensetzung von vielfältigen und vermischten Regionen betont werden. Deshalb wurde Istrien als ein besonderes historisches „Migrationsland" dargestellt, um die Schwierigkeit der Klassifizierung der Unklassifizierbaren zu begründen. Aus der liberalnationalen Perspektive konnten die diversen Gruppen und ihre Vermischungen durch die Migrationen von Slawen oder anderen Volksstämmen im 7./8. oder 16./17. Jahrhundert erklärt werden.[216] Zudem spielten Hybridisierungen eine wichtige Rolle bei der Erforschung der Vergangenheit. In einem Manuskript betonte Marchesetti beispielsweise die Relevanz von Prozessen der Vermischung von Bevölkerungen aus dem Balkan mit solchen der italienischen Halbinsel sowie der Verbreitung der antiken griechischen Kultur durch den Handel.[217]

Museen und ihre Sammlungen spielten eine zentrale Rolle als ordnungsbringende Faktoren und dabei, Mängeln und Schwierigkeiten bei der Klassifizierung und Darstellung der Diversität Istriens entgegenzuwirken. Es ging nun nicht mehr um das bloße Sammeln von Objekten und darum, eine Art regionale „Wunderkammer" für die Neugierde eines bürgerlichen Publikums zu schaffen.[218] Dagegen sollten die Sammlungen jetzt durch Auswahl, Katalogisierung

[214] Vgl. *Benussi*, Manuale di geografia dell'Istria; *Ders.*, L'Istria sino ad Augusto, Herrmanstorfer, Trieste 1883; *Ders.*, Manuale di geografia (1885); *Ders.*, L'Istria nell'epoca bizantina, Coana, Parenzo 1891; *Ders.*, Nel Medio Evo. Pagine di storia istriana, Coana, Parenzo 1897.

[215] *Ders.*, Saggio d'una storia dell'Istria dai primi tempi sino all'epoca della dominazione romana, Tondelli, Capodistria 1872; *Ders.*, Storia documentata di Rovigno; *Ders.*, Santo Stefano al Quieto, Lloyd austro-ungarico, Trieste 1888; *Ders.*, Spigolature polesane, Coana, Parenzo 1908; *Ders.*, Parenzo nell'evo medio e moderno, Coana, Parenzo 1910.

[216] Benussi thematisierte 1885 in seinem *Manuale di geografia storia e statistica del Litorale* ausführlich diese beiden historischen Migrationsphasen: *Ders.*, Manuale di geografia, 6 ff., 38–43, 116–119.

[217] ADT, R. P. MS Misc 88/E/9.1, preistoria (66, 68, 81–82).

[218] Für eine Darstellung über die Praxis des Sammelns in Europa während der Neuzeit vgl. *Daniela Bleichmar/Peter C. Mancall* (Hrsg.), Collecting Across Culture. Material Exchanges in the Early Modern Atlantic World, University of Pennsylvania Press, Philadelphia 2011.

und Neuordnung Konsistenz widerspiegeln. Carlo de Marchesetti war Mitte der 1880er-Jahre darum bemüht, die Ansätze der Wissenschaft des Küstenlandes zu festigen:

Infine crederei mancare ad un dovere ove non ricordassi con gratitudine l'attiva cooperazione dell'egregio Signor Giuseppe Barone Sartorio, il quale ci assiste validamente nel completare le patrie collezioni e specialmente quella che comprende i resti antropologici e paletnologici della nostra provincia.

Ed è appunto quest'ultima sezione del nostro museo, che nell'anno testé decorso si ebbe un accrescimento straordinario. Gli studi paletnologici, che nelle provincie a noi finitime [sic!] come nel resto d'Italia, nella Germania, nella Francia, nella Scandinavia ecc. avevano rivelato tanti documenti importantissimi sulla storia remotissima dell'uomo e degli animali e delle piante che lo circondavano, era stata fin negli ultimi anni del tutto negletta presso di noi, e quindi non era da meravigliarsi se il nostro Museo non conservava che alcuni pochi oggetti relativi. Mercé il valido appoggio della benemerita Società Adriatica di scienze naturali, noi già fin d'ora possediamo una ricchissima serie di tali oggetti, importanti non solo dal lato antropologico ed etnografico del nostro paese, ma eziandio interessanti per lo studio delle trasmigrazioni e della coltura delle prische razze che vennero ad abitare l'Europa.[219]

Zusätzlich zu und in Verbindung mit den Naturwissenschaften sollten in den Humanwissenschaften (Ethnographie, Statistik, Geschichte, Archäologie) gewonnene Kenntnisse über das Humane nun einer Diagnose der Vielfalt durch geordnete Sammlungen dienen.[220] Diese positivistische Vorgehensweise wurde 1885 von Marchesetti selbst angesprochen: „Ricca messe si ebbe pure dalle varie escursioni intraprese sia per iscopi zoologici, che botanici, geologici e paletnologici pel nostro territorio. Vennero visitati quest'anno non meno di 49 castellieri, di buona parte dei quali s'ignorava perfino l'esistenza."[221] Dank der Reise-

---

[219] „Schließlich glaube ich, dass wir dem geehrten Herrn Giuseppe Freiherr Sartorio für seine aktive Mitarbeit dankbar sein müssen. Er unterstützt uns tatkräftig bei der Vervollständigung der heimatlichen Sammlungen, insbesondere derjenigen, die die anthropologischen und palethnologischen Zeugnisse unserer Provinz umfasst. Genau diese ist die Abteilung unseres Museums, die im vergangenen Jahr ein außergewöhnliches Wachstum erlebt hat. Die palethnologischen Studien sowohl in den nahliegenden Provinzen als auch an den übrigen Ausgrabungsstätten in Italien, in Deutschland, in Frankreich, in Skandinavien usw. haben zahlreiche wichtige Zeugnisse über die entfernteste Geschichte des Menschen und der Tiere sowie Pflanzen in seinem Lebensraum geliefert. Solche Forschungen wurden bei uns bis vor kurzem vernachlässigt, und so war es nicht überraschend, dass unser Museum nur sehr wenige Objekte aufbewahrte. Dank der tatkräftigen Unterstützung der Adriatischen Gesellschaft der Naturwissenschaften verfügen wir bereits jetzt über eine sehr reiche Sammlung solcher Objekte, die nicht nur aus anthropologischer und ethnographischer Sicht für unser Land von Bedeutung sind, sondern auch für die Erforschung der Völkerwanderungen und Kulturen der ältesten Rassen, die Europa bevölkerten.", CMSN, Atti 5, 1885, 1.

[220] Für eine Thematisierung der historischen Herstellung von Kenntnissen über die menschliche und biologische Vielfalt durch die europäischen kolonialen Handelsreiche der Neuzeit vgl. *Marcocci*, Indios, 29.

[221] „Eine reiche Sammlung ergab sich auch aus den verschiedenen Exkursionen, die zu zoologischen, botanischen, geologischen und palethnologischen Zwecken in unserem Ge-

möglichkeiten durch den Triester Freihafen waren antiquarische Tätigkeiten und das private Sammeln anthropologischer Funde aus Fernost ab der Mitte des 19. Jahrhunderts verbreitet.[222] Durch die Institutionalisierung der Wissenschaft im Küstenland war das Museum im Stande, mit seinen Sammlungen eine bestimmte Ordnungs- und Kontinuitätsidee zu vermitteln. Das „patriotische Unternehmen" der Ermittlung von Kenntnissen über „unsere Ahnen" („nostri proavi"), wie Marchesetti es formulierte, zielte ausdrücklich auf die Festigung der Imagination der Region Istrien ab:

> Ed a tale raccolta viene un valore speciale dal fatto che non è già messa insieme con oggetti acquisiti a casaccio, come succede non di rado, ma è frutto di accurate e sistematiche escavazioni. E se consideriamo che con una spesa tenuissima si ebbe tale splendido successo, quali tesori d'incalcolabile valore possiamo attenderci, se l'esplorazioni verranno continuate attivamente con mezzi adeguati all'impresa patriotica, quale si è appunto la ricerca del nostro passato e delle religioni venerate de' nostri proavi![223]

Die Verwendung des Possessivpronomens sowie des Begriffes „Heimat" weist auf eine ideelle Kontinuität geo-historisch-kultureller Natur hin, die nun von den neuen professionellen Wissenschaftlern „wiederentdeckt" – oder besser gesagt „wiederhergestellt" – werden sollte. Entsprechend erwiesen sich museale Sammlungen als künstliche Etablierung einer erwünschten „Ordnung der Natur", bei der Forschung und Diskurs untrennbar miteinander verknüpft waren.[224] Sie eigneten sich für eine Vielfalt von Interpretationen imperialen, regionalen sowie nationalen Charakters.[225]

Die Suche nach einer kontinuierlichen historischen Ordnung in der Natur sowie im Humanen war das Hauptziel Marchesettis. Damit sollte der gegenwärtigen Region Istrien in naturalistischer, historischer, geographischer und

---

biet unternommen worden waren. Nicht weniger als 49 Castellieri wurden in diesem Jahr erforscht, von deren Existenz wir größtenteils nicht einmal wussten.", CMSN, Atti 5, 1885, 1.

[222] Zum breiten Thema der privaten sowie wissenschaftlichen Sammelleidenschaft in Triest durch Reisekontakte vgl. Trieste-Suez (2015); *Luisa Crusvar*, Note sul collezionismo triestino, in: Arte in Friuli, Arte a Trieste 3, 1979, 85–100; *Dies.*, Giappone. Stampe e surimono, Civici Musei di Storia e Arte, Trieste 1998.

[223] „Dieser Sammlung kommt ein besonderer Wert zu, weil sie nicht bereits aus zufällig erworbenen Objekten besteht, wie es oft der Fall ist. Dagegen ist sie das Ergebnis genauer und systematischer Ausgrabungen. Wenn wir bedenken, dass wir einen so gewaltigen Erfolg mit einem derart geringen Budget erzielt haben – welche unermesslichen Schätze erwarten uns erst, wenn die Forschungen mit angemessenen Mitteln fortgesetzt werden? Könnten wir der Heimat einen größeren Dienst erweisen als die Erkundung unserer Vergangenheit und der von unseren Ahnen verehrten Religionen?", CMSN, Atti 5, 1885, 1.

[224] Zum Prozedere bei der Anlage musealer Sammlungen und zur engen Verbindung zwischen *Naturalia* und *Artificialia* vgl. *José Ramón Marcaida/Juan Pimentel*, Dead Natures or Still Lifes? Science, Art and Collecting in the Spanish Baroque, in: Bleichmar/Mancall (Hrsg.), Collecting, 99–116. Sammlungen konnten aber auch zu wissenschaftlichen Verwirrungen und Fälschungen führen; vgl. dazu *Marcocci*, Indios, 29.

[225] *Johler*, Dinge, 34.

anthropologischer Art Ordnung verliehen werden. Sogar noch nach den 1890er-Jahren zeigte sich das Streben Marchesettis nach einer Ordnung in der Ausstellungspraxis durch seine Begeisterung für die „harmonische“ Anordnung der anthropologisch-ethnologischen Schau – nach Marchesetti eine „lebendige Ausstellung“ – sowie des Aufmarsches der Bevölkerungen aus den Kolonien bei der Pariser Weltausstellung von 1900.[226] Die vergleichende Ordnung und Erforschung des „Primitivismus“ hatten zudem das Ziel, die alte mentale Dichotomie zwischen Modernität und Rückständigkeit darzustellen, der Triest und Istrien – auch als Stadt und Land gedacht – entsprachen. In ihrer Studie über die musealen Darstellungen der menschlichen Diversität in Frankreich ab den 1880er-Jahren untersucht Dana Hale, wie die ethnographischen Ausstellungen der Betonung der „Authentizität“ der Exponate der „Wilden“ dienten. Ziel war die Legitimation der Konstruktion solcher Darstellungen. Dies setzte eine legitimierende Hierarchie zwischen den Darstellenden und Dargestellten und eine zivilisierende Mission der Westeuropäer voraus.[227]

Dieses Paradoxon der Beanspruchung der „Authentizität“[228] von künstlichen Kontinuitäten spiegelte sich in der Erforschung der „Primitiven“ in Istrien wider.[229] Die Konstruktion solcher unterschiedlicher Kontinuitätsnarrative zielte zuerst auf die Legitimation der eigenen Rolle als Ordnungsbringer und Modernisierer der Region, je nach politischer Stellung, ab – sowohl auf imperialer als auch nationaler und regionaler Ebene. Daneben diente die Suche nach der Authentizität aus der ethnozentrischen Perspektive der Kontrolle und Überwachung der eigenen selbstdeklarierten Reinheit gegenüber Bedrohungen durch

---

[226] „La parte indubbiamente più interessante dal lato antropologico ed etnografico, e forse anche di tutta l'esposizione, erano i padiglioni delle colonie, raggruppati in un armonico insieme intorno al Trocadero, ove oltre alle ricche e svariate produzioni naturali dei differenti paesi, si era dato agio di studiarne le relative civiltà, l'architettura, i costumi, i riti, ecc. e talora anche gli stessi abitanti, convenuti nei loro abbigliamenti nazionali dalle più lontane regioni del mondo. E davvero uno degli spettacoli più attraenti ed in pari tempo oltremodo istruttivi erano quelle sfilate variopinte dei rappresentati di cento popoli diversi, che più chiaramente facevano spiccare le caratteristiche speciali delle varie razze. E se a completamento di questa mostra vivente si passavano in rivista i tesori etnografici, accumulati nel Museo del Trocadero e quelli antropologici, che vennero testè esposti in sì splendida guisa nella nuova galleria del Giardino delle Piante, si aveva un quadro sì completo e sì armonico, che difficilmente di potrebbe trovarne un eguale.“, CMSN, Atti 6, Januar 1901. Über die kolonialen Darstellungen der Diversität in Frankreich um die Jahrhundertwend vgl. *Dana Hale*, Races on Display: French Representations of Colonized peoples (1886–1940), Indiana University Press, Bloomington 2008.

[227] *Hale*, Races.

[228] Zur Überprüfung einer „authentischen Geschichte“ im istrischen Kontext vgl.: „The Istrian war (B.C. 177), circumstantially related by Livy (lib. xli. 1 passim), the destruction of Nesactium, and the foundation of Aquileja by the Romans, brings the country into connection with authentic history“, *Burton*, Notes, 380.

[229] Für die Verwendung des Begriffes „Urmensch“ („uomo primitivo“) bezüglich der vorhistorischen Erforschung Istriens seitens de Marchesettis vgl. CMSN, Atti 5, 1885, 1.

kulturelle Mischungen von „Italienern“ und „Slawen“. Dies zeigte sich zum Beispiel in den 1880er/90er-Jahren in einigen Artikeln in *L'Istria*, die sich gegen Veränderungen – oder „Fälschungen“ („falsificazione“) – von Namen von Individuen in Istrien richteten.[230] Nicht zufällig richtete sich in dieser erneuten Phase der Erforschung der Region der Blick auf die historischen Ortsnamen.[231]

7.7. Auf der Suche nach den istrischen „Primitiven“: Die *castellieri* und die „Tschitschen“

In den vorherigen Kapiteln wurden die Einflüsse des europäischen Kolonialismus auf Istrien und die Betrachtung Istriens thematisiert. In einigen Veröffentlichungen über ethnographische und historisch-archäologische Themen Istriens wurden koloniale Begriffe wie „Primitive“, „Urmenschen“, „Urtypen“ sowie „aborigeni“[232] verwendet.[233] Mary Douglas deutet an, dass die Suche nach den Primitiven oder Urtypen in ganz Europa ein Teil der zeitgenössischen Auseinandersetzung über die Reinheit und Vermischung der „menschlichen Rassen“war. Es ging dabei um die Frage, ob die „Wilden“ fähig seien, sich aus ihrem „Naturzustand“ heraus weiterzuentwickeln, und ob die entstehende Evolutionstheorie auf kulturelle Aspekte bei Menschen angewandt werden könne. Außerdem ging es um die Frage, ob der menschliche Urtyp gefunden werden könne, wenn man

---

[230] Vgl. *R…*, Sull'alterazione dei nomi, in: L'Istria 4/175, 2. Mai 1885, 4; Alternazione dei nomi, in: L'Istria 6/301, 17. September 1887, 3; Falsificazione dei cognomi, in: L'Istria 6/311, 26. November 1887, 3; Sull'alterazione dei nomi, in: L'Istria 14/717, 12. Oktober 1895, 1.

[231] *Vesnaver*, Nozze, 13–14; CMSA, Archivio Pervanoglù, Norden. Geschichte, Geographie und Ethnographie der Küsten des adriatischen Meeres, 1870; *Emilio Frauer*, Esame etimologico di nomi geografici istriani, in: Archeografo triestino 12, 1886, 152–158.

[232] Für Beispiele der Verwendung des Begriffes „aborigeni“ in Bezug auf die Urmenschen Istriens vgl. CMSA, Archivio Pervanoglù, Norden. Geschichte, Geographie und Ethnographie der Küsten des adriatischen Meeres, 1870 („gli *aborigeni* erano di *famiglia celtica e liburnica*“); *Merlato*, Cenni, 11; *Emilio Frauer*, Sugli aborigeni dell'Istria. Gl'Istri e i loro vicini, in: Archeografo triestino 11, 1885, 209–214; *Tomasin*, Die Volksstämme, 7.

[233] Im Folgenden soll eine kurze Liste italienischer und deutscher Texte vorgeschlagen werden, die das Thema der „Primitiven“ in Istrien behandeln: *Combi*, Etnografia; Istrien (1863); *Franceschi*, L'Istria; *Franz Swida*, Krain, Küstenland und Dalmatien, Karl Graefer, Wien 1882; *Frauer*, Sugli aborigeni; *Heinrich Noé*, Wanderungen und Bilder in und aus dem österreichischen Küstenlande, Krain, Istrien und benachbarten Alpengebieten, Stemming, Glogau 1885; *Hermann Ignaz Bidermann*, Neuere Slavische Siedlungen auf süddeutschem Boden, in: Forschungen zur deutschen Landes- und Volkskunde 2/5, 1888, 361–378; *Caprin*, Marine; *Nicolò del Bello*, La provincia dell'Istria. Studi economici, Cobol & Priora, Capodistria 1890; *Josef Stradner*, Zur Ethnographie Istriens, in: Zeitschrift für österreichische Volkskunde 3, 1897, 97–128; *Giovanni Vesnaver*, Usi, costumi e credenze del popolo di Portole. Saggio folkloristico, Sambo & C., Pola 1901; *Bernardo Benussi*, Gli scavi di Nesazio (1900–1903), in: Atti della Accademia Scientifica Veneto – Trentino – Istriana, 1904, 13–16; *Michael Haberlandt*, Die Volkskunst in Istrien und Dalmatien, in: Brückner (Hrsg.), Dalmatien, 189–200.

mittels ethnographischer Forschungen der Evolutionslinie rückwärts folge.[234] Aus diesem Grund erwies sich die Suche nach den „Primitiven" als ein unvermeidbarer Teil der Herstellung von Kontinuitäten durch den Vorwärts-/Rückwärts-Mechanismus.

Einflüsse dieser europaweiten Debatte können auch bei lokalen Wissenschaftlern in ihren Forschungen und Diskursen über die bevölkerungsmäßige Zusammensetzung Istriens und Dalmatiens erkannt werden. So definierte etwa der Mediziner Alessandro de Goracuchi 1878 die „Morlakken" als ein Volk „im Zustand primitiver Rohheit" („allo stato di primitiva rozzezza").[235] Die positivistische Erforschung der Vergangenheit reagierte auf das Bedürfnis der lokalen Machteliten, der imaginierten Region Istrien Form zu geben. Wie Paolo Tedeschi noch 1889 andeutete, musste das „nationale Gefühl" der „Istrianer" nun auch in der „Geschichte" durch wissenschaftliche Ansätze erforscht werden.[236] Die Vergangenheit wurde ein „Ort" der Erklärung für diverse gegenwärtige politische Ansprüche.

Die Suche nach den Urtypen der istrischen Vielfalt konzentrierte sich vor allem auf die Erforschung der Spuren der Ureinwohner Istriens durch die Archäologie: Es begann die „Eroberung der Vergangenheit", wie es Alain Schnapp formuliert.[237] Das bekannteste Beispiel dafür waren die Ausgrabungen und Erforschungen der sogenannten *castellieri*, der Reste vorgeschichtlicher Wallburgen auf dem Karst und der istrischen Halbinsel.[238] Archäologische Forschungen und Ausgrabungen in Istrien sowie im nördlichen Küstenland waren Gelegenheiten für das Zusammentreffen von sowie die Konfrontation zwischen lokalen Wissenschaftlern und imperialen oder internationalen Forschern. Bekannt sind beispielsweise die Kooperation Carlo de Marchesettis mit Josef Szombathy[239] oder mit Sir Richard Francis Burton.[240] Zudem stieß die Archäologie in Istrien

---

[234] *Douglas*, Purity, 14–16. In diesem Zusammenhang spielte Arthur de Gobineaus *Essai sur l'inégalité des races humaines* (1853–54) eine wichtige Rolle, vor allem der dritte Band, in dem er das Thema *Primitive und Aborigines* behandelt) und Edward B. Taylors *Primitive Culture* (1871).

[235] *Goracuchi*, Ecloga per l'anno MDCCCLXXVIII, 108.

[236] Vgl. *Paolo Tedeschi*, Il sentimento nazionale degli istriani studiato nella storia, Cobol & Priora, Capodistria 1889.

[237] *Alain Schnapp*, La conquête du passé. Aux origines de l'archéologie, Carré, Paris 1993.

[238] *Carlo de Marchesetti*, I castellieri preistorici di Trieste e della regione Giulia, Museo civico di storia naturale, Trieste 1903.

[239] *Brigitta Mader*, Carlo Marchesetti nel contesto delle ricerche preistoriche contemporanee in Austria e Germania, in: Bandelli/Kokely (Hrsg.), Carlo Marchesetti, 87–96; *Mader*, Die Zusammenarbeit, 145–166. In den Reisebüchlein Marchesettis findet sich der Hinweis auf einen Besuch der Ausgrabungen in Hallstatt 1889, wo Szombathy tätig war: ADT, R. P. MS Misc. 88/A/1/210.

[240] CMSN, Atti 3, 1878, 1; Atti 5, 1887, 224. In seinen gesammelten Publikationen zur Archäologie Istriens listete der Triester Kunsthistoriker Pietro Pervanoglù die bisherigen kanonischen Veröffentlichungen über die Ausgrabungen in Istrien – vor allem jene bei Vermo/Beram – auf.

auf breites Interesse bei der heterogenen Klasse der „Wissenschaftler des Küstenlandes“. Neben den wichtigsten Archäologen Istriens, Tomaso Luciani – ein Freund und Mitarbeiter Theodor Mommsens[241] – und Antonio Covaz, fungierten auch lokale Mediziner oder Advokaten als Laienarchäologen, zum Beispiel der Mediziner Bernardo Schiavuzzi, der zahlreiche einschlägige Beiträge veröffentlichte,[242] oder der Rechtsanwalt Antonio Scampicchio.[243] Letzterer eröffnete sogar ein privates archäologisches Museum in seiner Geburtsstadt Albona/Labin und gründete einen Zirkel lokaler Laienarchäologen.[244]

Istrien entwickelte sich seit den 1870er-Jahren zu einem beliebten Ort der anthropologischen und archäologischen Forschung der Wissenschaft des Küstenlandes[245] sowie des Imperiums, vor allem durch die Anthropologische Gesellschaft in Wien.[246] Dies wird besonders deutlich anhand der Analyse der Akten des Triester Kunsthistorischen Museums (Civico Museo di antichità, heute Civico Museo di storia e arte).[247] Obwohl die Museumschroniken nur für die Jahre 1891 bis 1898 erhalten sind, erweisen sie sich als wichtige Quellen für dieses Thema. Sie zeugen von den Kontakten mit und Besuchen von wichtigen internationalen Persönlichkeiten der Archäologie und Anthropologie, etwa Franz Winter, Luca Pigorini, Robert Munro, Edmund von Fellenberg, Johannes Ranke, Praskowja Sergejewna Uwarowa, Orazio Marucchi oder Alexander Conze.[248]

Vgl. CMSA, Archivio Pervanoglù, Norden. Geschichte, Geographie und Ethnographie der Küsten des adriatischen Meeres, 1870.

241 *Antonio Cernecca*, Theodor Mommsen e Tomaso Luciani. Carteggio inedito (1867–1890), in: Atti del Centro di Ricerche Storiche di Rovigno 32, 2002, 9–130.

242 *Bernardo Schiavuzzi*, Monete romane rinvenute negli scavi di Nesazio 1900–1901, in: Atti e memorie della Società istriana di archeologia e storia patria 19/1–2, 1902, 148–160; *Ders.*, Necropoli romana nel predio degli eredi Batèl presso Nesazio, in: Volume unico degli Atti e memorie della Società istriana di archeologia e storia patria 22, 1905, 235–254; *Ders.*, Agro di Pola: notizie archeologiche; scoperta di due tombe del 1. secolo in Valdogora presso Pola, in: Atti e memorie della Società istriana di archeologia e storia patria 23/1–2, 1907, 202–208; *Ders.*, Attraverso l'agro colonico di Pola romana: appunti, in: Atti e memorie della Società istriana di archeologia e storia patria 25, 1908, 91–172.

243 Aus den beiden Beiträgen Burtons geht hervor, dass Scampicchio ein enger Freund und Mitarbeiter des britischen Konsuls war: *Burton*, Notes; *Ders./Scampicchio/Covaz*, More Castellieri.

244 Lettere istriane – Il museo Scampicchio, in: L'Istria 7/337, 26. Mai 1888, 1.

245 Vgl. *Carlo de Marchesetti*, La necropoli di Vermo presso Pisino dell'Istria, Lloyd Austro-ungarico, Trieste 1884; *Ders.*, I castellieri.

246 Vgl. *Moriz Hoernes*, Ausgrabungen auf dem Castellier von Villanova am Quieto in Istrien; in: Mittheilungen der Anthropologischen Gesellschaft in Wien 24, 1894, 155–183.

247 Das Museum wurde 1873 unter der Leitung von Carlo Kunz (1815–1886) begründet und galt als Nachfolger des 1843 von Pietro Kandler eröffneten Orto lapidario.

248 CMSA, Cronaca 3.I.1891–30.XI.1898. Die archäologischen Ausgrabungen und Forschungen in Istrien erweckten das Interesse eines internationalen Publikums, unter anderem in Großbritannien: Abgesehen von den Berichten Burtons für das britische Publikum 1875 und 1878 (vgl. *Burton*, Notes; *Ders./Scampicchio/Covaz*, More Castellieri) besaß der britische Archäologe Robert Munro (1835–1920) 1877 ausgeprägte Kenntnisse über den Stand der Forschung in Istrien und pflegte Kontakte mit lokalen Wissenschaftlern, vgl. *Robert Munro*, Rum-

Dieses neue Forschungsfeld war aber nicht nur ein Ort der Begegnung und der Zusammenarbeit zwischen Wissenschaftlern.[249] Es bot auch die Gelegenheit für raschen Ruhm und mehr Sichtbarkeit innerhalb der Wissensnetzwerke. Und nicht zuletzt spielten sich vor seinem Hintergrund auch so manche Konfrontationen ab.[250] In erster Linie trafen bei der Suche nach Ausgrabungsorten und archäologischen Funden die Interessen der beiden großen Triester Museen (Natur- und Kunsthistorisches Museum) auf der istrischen Halbinsel aufeinander. Das wiederum führte sowohl zu Kooperationen als auch zu Konflikten und offenem Wettbewerb. Die Chronik des Kunsthistorischen Museums verschweigt die Zusammenstöße zwischen den beiden Museumsdirektoren Carlo Kunz und Carlo de Marchesetti nicht.[251]

Darüber hinaus wird die neue Relevanz der untersten lokalen Schichten Istriens spürbarer. Die Akten der beiden Triester Museen berichten über die zahlreichen Grabungsexkursionen, die sich meist auf das Innere Istriens – zwischen Pinguente/Buzet, dem Tschitschenland und Monte Maggiore/Učka – fokussierten[252] und bei denen die bürgerlichen Wissenschaftler aus Triest in Kontakt mit der lokalen ruralen Bevölkerung kamen. Die in den Museumschroniken teilweise idyllisch geschilderten Ausgrabungen wurden bisweilen durch die aufdringliche Präsenz der lokalen Bauern gestört.[253] Die Reformen in Zusammenhang mit der Abschaffung der feudalen Struktur führten zum Aufstieg des Kleinbesitzertums, welcher die rurale Landschaft im Zeitraum 1848–1868 radikal veränderte. Wegen dieser Zerstückelung des Grundbesitzes mussten die Archäologen des Küstenlandes seit den 1870er-Jahren immer öfter mit den neuen lokalen Kleinbesitzern über die Bewilligung von Ausgrabungen auf ihrem Besitz – teils im Gegenzug für beträchtliche Summen – verhandeln. Auch der Direktor des Triester Kunsthistorischen Museums Alberto Puschi (1853–1922) erwähnt diese schwierigen Verhandlungen in den Museumschroniken: „In questa occasione si prende con quei villici un accordo per proseguire un tentativo di scavo."[254]

In diesem Zusammenhang tauchte nicht zuletzt auch die an Bedeutung gewinnende Nationalitätenfrage auf. Den aufgebrachten Schilderungen des Museums-

---

bles and Studies in Bosnia-Herzegovina and Dalmatia, with an account of the Proceedings of the Congress of Archaeologists and Anthropologists held at Sarajevo, William Blackwood and Sons, Edinburgh/London 1900, 173, 416.

[249] *Mader*, Die Zusammenarbeit, 152.

[250] Ebd., 150–151.

[251] Vgl. CMSA, Cronaca, 18. Juni 1894.

[252] Auch Marchesetti betonte 1884 die Relevanz Inneristriens als privilegierter Forschungsraum: „Frequenti furono le escursioni al fine di raccogliere quanto offre d'interessante la nostra provincia e soprattutto fu data opera attiva alla ricerca dei pietrefatti, di cui tanto ricca è l'Istria centrale.", CMSN, Atti 5, Januar 1884.

[253] CMSA, Cronaca, 22. April 1895.

[254] „Bei dieser Gelegenheit wird mit den Bauern eine Vereinbarung zur Fortsetzung des Ausgrabungsversuchs getroffen.", CMSA, Cronaca, 4. September 1894.

direktors Kunz ist beispielsweise zu entnehmen, dass ihm eine Bewilligung für eine Ausgrabung im Mai 1894 seitens der Konkurrenz „panslawischer Agitatoren“ weggeschnappt wurde, da das Zagreber Museum dem Kleingrundbesitzer eine höhere Summe bezahlt hatte. So schrieb Kunz 1894 in der Chronik des Kunsthistorischen Museums:

Sebbene questa necropoli non offra un certo interesse, pure il Museo avrebbe proseguita l'esplorazione, se i proprietari dei fondi, sobillati dagli agitatori panslavisti, non avessero chiesto per il permesso dello scavo un importo esagerato. Forse col tempo si calmeranno, e disillusi nella loro speranza che il museo di Zagabria dia loro un lauto guadagno, acconsentiranno che si riprendano le indagini.[255]

Die Ausgrabungen entwickelten sich durch die einseitige Festlegung der Entgelte zu guten Verdienstmöglichkeiten für die Bauernschaft.[256] Die Forschung hing somit von der relativ neuen Klasse der Kleinbesitzer ab, die eine spürbare Verhandlungsmacht besaß: Der Bestbieter erlangte die Bewilligung, abgesehen von der nationalen Zugehörigkeit.[257]

Die Wissenschaftler aus Triest oder anderen Kronländern konnten nicht auf die lokalen Akteure – Bauern oder Bürger – verzichten, da diese die Umgebung am besten kannten sowie zufällige Entdecker von archäologischen Funden bei landwirtschaftlichen Tätigkeiten waren.[258] Teilweise waren sie diejenigen, die das Interesse der Forscher weckten, indem sie ihnen in archäologischer bzw. historischer Hinsicht interessante Stücke vorlegten.[259] Außerdem zeigten sie den Wissenschaftlern die idealen Orte für mögliche Ausgrabungen. So schilderte Burton 1878 dem britischen Publikum die Entdeckung einer istrischen Wallburg mit Scampicchio und Covaz:

My friend Sig. Erneste [sic!] Nacinovich, of the Hospitale Santa Dominica (formerly Dubrova), who on our first visit showed us the Starigrad di Prodol, had discovered the remains of another castelliere, about a mile north-east of his father's house, at the place

---

[255] „Obwohl diese Nekropole nicht von besonderem Interesse ist, hätte das Museum die Ausgrabungen fortgesetzt, wenn die Grundbesitzer, aufgehetzt von panslawistischen Agitatoren, nicht eine überzogene Summe für Ausgrabungsgenehmigung gefordert hätten. Vielleicht werden sie sich mit der Zeit beruhigen – und wer weiß: Wenn ihre Hoffnungen auf große Einnahmen aus dem Zagreber Museum enttäuscht werden, werden sie hoffentlich die Fortsetzung unserer Forschungen erlauben.“, CMSA, Cronaca, 20. Mai 1894.

[256] „Nell'agro di Portole, e propriamente nella località detta Beninici Bartenesi [sic!] viene scoperta una fonderia dell'epoca del bronzo. Al Museo riesce di acquistare un palstal [sic!], un frammento di falce ed un pezzo di metallo greggio; non così gli altri oggetti causa l'ingordigia dello scopritore, un contadino. [...] Non è però escluso che il proprietario perduta l'illusione d'un vistoso guadagno, non termini col cederli al museo, che gli aveva offerto un generoso compenso.“, CMSA, Cronaca, 14. März 1898.

[257] CMSA, Cronaca, 15. Dezember 1894; 29. Juli und 4. August 1895.

[258] CMSA, Cronaca, 5. Juni 1896.

[259] „Tempo fa fu qui una donna da Rovigno con un grande copriletto di seta cinese appartenente agli eredi Benussi-Noro di colá, recando notizia d'altri oggetti antichi in possesso di medesimi.“, CMSA, Archivio, 19. Mai 1907.

called in the Austrian map ‚Erschiscze' (pron. Ersiskic). The site belongs to the Comune of Fianona the gorge of that name bearing 130° (Mag.) from, and close to, the white-washed ‚Villa Erschiscze'. His attention was aroused by the country folk bringing him two fragments of a massive human skull.[260]

Zugleich begab man sich um die Jahrhundertwende auf der Suche nach den Urtypen der verschiedenen Völker – den Primitiven der Vergangenheit. Wie schon erwähnt, hatten neben deutsch-österreichischen und rumänischen Wissenschaftlern lokale Forscher schon begonnen, die noch lebenden primitiven Bevölkerungen Istriens zu untersuchen, wie etwa die istro-rumänischen „Tschitschen".

Die neuere kulturhistorische Forschung über den europäischen Kolonialismus sowie die Indizien aus dem Archiv des Triester Naturhistorischen Museums weisen eine interessante Ähnlichkeit der Forschungsansätze lokaler Wissenschaftler mit europaweiten kolonialen Betrachtungen dieser Zeit nach.[261] Vor allem der Begriff „primitiv" und die Theorien über den „Primitivismus", verbunden mit Theorien über den Fortschritt, waren kein Monopol der kolonialen Erfahrung in Übersee. In seinem Buch *Peasants Into Frenchmen* (1976) übertitelt Eugen Weber ein Kapitel mit *A Country of Savages*. Darin behauptet er, dass die Betrachtung und Darstellung von „wilden" Bevölkerungen, im vorliegenden Fall in der literarischen und wissenschaftlichen Produktion Frankreichs, nicht ausschließlich Erscheinungen des Kolonialismus waren. In der Zeit des sozialen Wandels im Laufe des 19. Jahrhunderts betraf dies eher die sozialen Verhältnisse innerhalb der europäischen Länder selbst – insbesondere die Beziehungen zwischen bürgerlichen Machteliten und den Massen von Arbeitern und Bauern.[262] Weber zitiert eine Stelle aus dem Roman *Les paysans* (*Die Bauern*) von Honoré de Balzac (1844), in dem ein Pariser Bürger Bezug auf die Bauern der Bourgogne nimmt: Man müsste nicht nach Amerika reisen, um Wilde zu sehen, die gebe es schon in der Bourgogne.[263] Die Bauern der Bourgogne wurden als „Wilde" betrachtet, da sie „in der freien Luft" im direkten Kontakt zur „Natur" – in einem „Naturzustand" – lebten.[264]

---

[260] *Burton/Scampicchio/Covaz*, More Castellieri, 361.

[261] Zur Antinomie zwischen den Theorien über Fortschritt und Primitivismus in Verbindung mit der Idee der Zivilisierung in Bezug auf die koloniale Erfahrung vgl. etwa folgendes Zitat: „Progressivist philosophy and the philosophy of primitivism contributed to an ideology that classified colonial natives as both capable of responding to civilizing efforts and as members of backward and unchanging races.", *Hale*, Races, 12–13.

[262] *Weber*, Peasants, 3–22.

[263] „Voilà les Peaux-Rouges de Cooper, se dit-il; in n'est pas besoin d'aller en Amériques pour observer des sauvages.", *Honoré de Balzac*, Les paysans, Calmann Levy, Paris 1876 (1. Ausgabe: 1844), 28.

[264] „Il étudiait cette rigidité particulière au tissu des gens qui vivent en plein air, habitués aux intempéries de l'atmosphère, à supporter les excès du froid et du chaud, à tout souffrir enfin, qui font de leur peau des cuirs presque tannés, et de leurs nerfs un appareil contre la douleur physique aussi puissant que celui des Arabes ou des Russes", Ebd.

Ähnliches kann zu den Betrachtungen des Triester Bürgertums und der imperialen Wissenschaft über die ruralen Bevölkerungen Istriens festgehalten werden. Wie zuvor mehrmals unterstrichen, basierte Istrien noch in den 1880er-Jahren auf seiner kargen Landwirtschaft. Istrien war – vor allem im Landesinneren – eine der ärmsten Gegenden der Monarchie.[265] Die Verortung des „Primitivismus" in Inneristrien – etwa im „Tschitschenland" – seitens der meist aus dem Küstenstreifen oder Triest stammenden Eliten ist kein Zufall, da der Begriff „Primitive" in Westeuropa durch den Vergleich zwischen den industrialisierten und den noch stark ruralen, nicht-industrialisierten Teilen der Gesellschaften entstand.[266] Sogar zwischen dem Küstenstreifen, der in diesen letzten Jahrzehnten eine zaghafte Industrialisierung und Rationalisierung der Landwirtschaft erlebte, und dem noch meist rückständigen Inneren Istriens verstärkte sich der Unterschied immer deutlicher. Durch die zunehmenden ökonomischen und sozialen Divergenzen zwischen der Küste und dem Inland wurde eine zusätzliche kulturelle Reflexion über die soziokulturellen Differenzen angestoßen.[267] In Bezug auf die Darstellung der Verarmung der Tschitschen sowie des istrischen Inlandes bemerkt die Anthropologin Lidija Nikočević, dass die Unterschiede ökonomischer und sozialer Natur zwischen Stadt und Land bzw. Küste und Inland als Differenzen zwischen diversen kulturellen und anthropologischen Systemen interpretiert wurden.[268]

Diese Diskrepanz bestand vor allem zwischen einer vermeintlichen „Hochkultur" und einer „materiellen, primitiven Kultur", die sich durch eine enge Verbindung zwischen „Kultur" und „Materialität" auszeichnet.[269] Es ging zunächst um den Unterschied zwischen Kommunikationssystemen, sprich zwischen einer entwickelten Schriftsprache und einer mündlich tradierten Sprache, oft ohne Kodifizierung. Darüber hinaus wurde die materielle Kultur aus einer bürgerlichen Perspektive negativ konnotiert, als Ergebnis der ökonomischen Rückständigkeit und verpassten sozialen Entwicklungen.

Gleichzeitig betrachtete die ethnographische Forschung die „Tschitschen" als bemerkenswertes Zeichen „kultureller Authentizität".[270] Das Interesse mehrerer Wissenschaftler verschiedenster Herkunft und politischer Zugehörigkeit konzentrierte sich auf sie. Seit den 1880er-Jahren wuchs das allgemeine Interesse

---

265 *Visintin*, L'agro, 108.

266 Relazione generale alla Dieta provinciale del Margraviato d'Istria sulla gestione della Giunta provinciale dalla sessione dietale dall'anno 1889 in poi, in: Atti della Dieta provinciale istriana, 17, 1890 (zitiert in: *Visintin*, L'agro, 108).

267 Für eine vergleichende Analyse der „materiellen Kulturen" zwischen Küste und Inland bzw. zwischen unterschiedlichen soziokulturellen Formen vgl. *Ludwig Hans Fischer*, Die Tracht der Tschitschen, in: Zeitschrift für österreichische Volkskunde, 1896, 8–9.

268 *Nikočević*, State, 44–45.

269 Vgl. Ausstellung österreichischer Hausindustrie und Volkskunst (1905–1906), Kaiserlich-Königliches Österreichisches Museum für Kunst und Industrie, Reisser, Wien 1905.

270 *Johler*, Dinge, 34.

an diesem imaginierten Volkstamm. Sein Status als „rätselhaftes“[271], paradigmatisches „primitives Mischvolk“,[272] als eine ursprüngliche, untypisierte, aber begehrte „Stammzelle“[273] der Region Istrien, verlieh ihm einen Nutzen für das Verwirklichen politisch-kultureller Legitimationsziele. Im Fall der Studien über die „Tschitschen“ konkretisierte und zeigte sich das, was zuvor mit dem Begriff der Rückwärts-Erforschung der Urtypen durch die neueren ethnographischen Forschungsmethoden beschrieben wurde: Vergangenheit und Gegenwart verschmolzen und der Begriff der „Vermischung“ war beliebt in solchen Forschungen, sodass die Benennung „Tschitschen“ teilweise zur allumzufassenden Regenschirmdefinition für das „Vermischt-Sein“ der bäuerlichen „Istrianer“ wurde, wie aus den 1896 niedergeschriebenen Worten des Malers und Volkskundlers Ludwig Hans Fischer (1848–1915) ersichtlich wird:

> Mit der Bezeichnung ‚Tschitschen‘ benennt man im Allgemeinen das Landvolk von Istrien, so weit es sich der kroatischen Sprache bedient, wenn auch die Sprache nicht immer die Abstammung kennzeichnet. Die Bevölkerung von Istrien ist ein Mischvolk, in welchem die Reste der Ureinwohnerschaft, die theils keltisch, theils thrakisch- griechischen Ursprungs war, nicht mehr nachzuweisen sind. Auch die 600 Jahre währende römische Herrschaft ist bei Beurtheilung der heutigen Bevölkerung wenig in Rechnung zu ziehen. Weit wichtiger sind die jüngeren Einwanderungen der Gothen, Longobarden [sic!] und Franken, hauptsächlich aber die der Slawen (Kroaten), der Flüchtlinge aus Bosnien und Albanien und zuletzt die der Rumänen (Rumunen).[274]

Auf der deutschsprachigen Seite wurden die Tschitschen entweder als ein Volk ohne Kultur und Geschichte[275] oder sogar als die letzten Primitiven Europas dargestellt, insbesondere von Gelehrten und Forschern der Gesellschaft für Österreichische Volkskunde und dem Volkskundemuseum in Wien. So äußerte sich Michael Haberland 1905 zu der Tracht der „Tschitschen“ im Katalog für die Wiener Ausstellung österreichischer Hausindustrie und Volkskunst: „Auch die Tschitschentracht aus grobem, starkem Schafwolloden mit ihrem sparsamen, altertümlichen Stickwerk, die Strümpfe und Socken mit eingewirkten Mustern, weist bei aller trostlosen Dürftigkeit des Tschitschenlebens primitive Elemente alter Volkskunst auf.“[276]

---

[271] *Czörnig*, Ethnographie, 1, V.

[272] *Fischer*, Die Tracht der Tschitschen, 8.

[273] Gute Zusammenfassungen über die medizinische Forschung zu Stammzellen finden sich zum Beispiel bei *Peter A. Hall/Fiona M. Watt*, Stem Cells: The Generation and Maintenance of Cellular Diversity, in: Development 106, 1989, 619–633; *Sean J. Morrison/Nirao M. Shah/David J. Anderson*, Regulatory Mechanisms in Stem Cell Biology, in: Cell 88/3, 1997, 287–298.

[274] *Fischer*, Die Tracht der Tschitschen, 8.

[275] „Der Tschitsche lebt ohne Tradition und Erinnerungen in den Tag hinein, brennt Kohlen und verfertigt Fassdauben, hütet seine Schafe und bebaut sein armes Feld, wo keine Reben sich um Olivenbäume ranken und keine Cikade zirpt.“, Istrien: historische, 151.

[276] Ausstellung österreichischer Hausindustrie und Volkskunst, 111.

Die österreichische Volkskunde selbst fokussierte sich in den letzten Jahrzehnten des 19. Jahrhunderts auf die Suche nach einer „lebendigen Vergangenheit".[277] Sie zielte darauf ab, die kulturhistorischen Basen der „Authentizität" der kulturellen Differenzierung innerhalb des österreichischen Vielvölkerstaats zu (er)finden. Wie der Ethnologe Reinhard Johler bemerkt, sollte eine solche politisch legitimierende „Authentizität" wiederum der Konstruktion eines „idealen Volkes" dienen, das für das gemischte, hybride Merkmal des „österreichischen Volkes" repräsentativ sein könnte.[278] Besonders die „primitiven" Tschitschen boten sich dafür an: Die von Fischer deklarierte Labilität in der Verwendung des Terminus „Tschitschen" selbst – entweder als eine ethnische Kategorie eines einzigen Volkstammes oder als Oberbegriff für die gesamte rurale Bevölkerung Istriens – schien ebenfalls zu diesem kulturpolitischen Projekt zu passen. Als „Gemisch von Slaven und Romanen" – so der Statistiker und Volkskundler Hermann Ignaz Bidermann (1831–1892) – bildeten die Tschitschen eine besondere Art von „Zwischen-Bevölkerung" in einer Zeit der zunehmenden zentrifugalen Ethnozentrismen.[279] In diesem Zusammenhang zeigte sich die wichtige Rolle der österreichischen Volkskunde als eine „legitimierende Wissenschaft"[280] für den imperialen politischen Zweck besonders eindeutig durch die Selektion und Standardisierung der erhobenen Daten oder Funde.

Dies bestätigte sich auch durch archäologische Forschungen. Schon die zuvor analysierten Projekte der österreichischen Behörden für die Bewaffnung des „Volksstammes der Cicen" 1848 und 1860 zeigten die Verbreitung der Idee einer Notwendigkeit der Erforschung und Kontrolle einer so armen, zahlenmäßig geringen, aber umso wichtigeren Bevölkerung. Diese bewohnte einige geopolitisch und strategisch wichtige Durchgangsareale zwischen dem südlichsten Teil des istrischen Küstenstreifens und Inneristrien, mit Anbindung an die wichtigen regionalen und imperialen Verkehrsstraßen – die Straße zwischen Triest und Fiume/Rijeka oder jene zwischen Pola/Pula und den zentralen Kronländern sowie Wien. Seit den 1840er-Jahren schien sich eine gewisse Konkurrenz in Bezug auf diese Bevölkerungen zwischen lokalen, regional-nationalen und imperialen Ansprüchen zu etablieren, die bis zum Ersten Weltkrieg andauerte. In diesem Zusammenhang machten auch die habsburgischen rumänischsprachigen Wissenschaftler mobil, um die „Istrorumänen" durch sprachwissenschaftliche und ethnographische Forschungen in die rumänische nationale „Familie" einzugliedern. In den früheren Jahren des 20. Jahrhunderts führte der aus dem

---

[277] *Johler*, „Hibridismus", 17.

[278] Ebd., 11.

[279] „Was über den Zuzug der Tschitschen zu Anfang des 16. Jahrhunderts bekannt ist, berechtigt die gegenteilige Behauptung aufzustellen und sie für ein Gemisch von Slaven und Romanen zu erklären.", *Hermann Ignaz Bidermann*, Neuere slavische Siedlungen auf süddeutschem Boden, in: Forschungen zur deutschen Landes- und Volkskunde 2/5, 1888, 364.

[280] *Nikočević*, State, 42.

Banat stammende und 1903 an der Universität Wien promovierten Sprachwissenschaftler Josef Popovici (1876–1928)[281] Forschungen in Istrien durch, deren Ergebnisse er zwischen 1904 und 1914 in dem zweibändigen Werk *Dialectele romîne din Istria* (*Rumänische Dialekte in Istrien*) in der Reihe *Rumænische Dialekte* in Halle veröffentlichte.[282]

In der Tat zeigte auch das Bürgertum Istriens und Triests großes Interesse an den „Tschitschen" sowie an den anderen ruralen „primitiven" Gemeinschaften. Die Bauernschaft als solche galt in ihren Augen als passive, ungestalte soziale Masse, die sich prägen ließ: „L'influenza diretta sui contadini stessi non si potrà ottenere che con quella indefessa e munita opera di tutti i giorni applicata alla vita."[283] Solche Individuen oder Gruppierungen konnten noch für politische, kulturelle, aber auch ökonomische Ziele geformt werden, insbesondere für die Landwirtschaftsstruktur Istriens. Alessandro de Goracuchi bezeichnete 1879 die „Ordnung" schaffende „Zivilisierung" der „Landbevölkerung" als ein zentrales Ziel der Wissenschaft.[284] Diese Bevölkerungsgruppen boten perfekte Voraussetzungen für das kulturelle Projekt der Erforschung und Typisierung, d. h. für die Erweiterung der eigenen soziopolitischen Kontrollsphäre auf das istrische Inland.

Gemäß Antonio Covaz verwendeten die „Istrorumänen" die Überreste einer Sprache, die von den Istrianern vor der römischen Eroberung gesprochen worden war.[285] Es handelte hier nicht nur um einfache Begeisterung und Faszination für die „Primitiven", sondern um einen Teil eines sozio-politischen Machtdiskurses der lokalen Eliten, die nach der Führung der regionalen Autonomie und der Kontrolle der Ressourcen strebten. Das Interesse an den „Cicci" oder „Istrorumeni" seitens der italienischsprachigen Machteliten Istriens bestand in deren Relevanz als „autochthones" Volk, das sein Land mit seinen Geheimnissen und Ressourcen dank des eigenen autonomen „Naturzustandes" am besten kannte. Nach den Worten Nicolò del Bellos (1890) bildeten die Istrorumänen seit Jahrhunderten selbstverwaltete rurale Gemeinschaften, die del Bello als „eine Re-

[281] Für die Urkunde seiner Promotion vgl. AUW, PH PA 2917, Josef Popovici.

[282] *Josif Popovici*, Dialectele romîne (Rumænische Dialekte). IX Dialectele romîne din Istria, 2 Bände, Editura autoruluĭ, Halle 1909–1914.

[283] „Die direkte Beeinflussung der Bauern kann nur mit unermüdlichen und gut durchdachten Anstrengungen im Alltagsleben erreicht werden.", Pacifico Valussi e Paolo Tedeschi, in: L'Istria 8/388, 18. Mai 1889, 2.

[284] „La Vostra attività [die Tätigkeit der Abgeordneter im istrischen Landtag, Anm. D. Verf.] però, a mio credere, è ancora di portata più alta: essa potrà divenire di potente influenza morale. La popolazione della compagna ricevendo da Voi istruzione ed incitamento colla parola, coi fatti ed esempi, viene animata a riflettere sui modi di coltivazione più adattati e ad agire con maggior solerzia. L'intelligenza ed i primi successi accrescono la stima e l'amore pel lavoro, la laboriosità poi rafforza il senso pel buon ordine, per una regolata economia domestica e per una ragionevole parsimonia.", *Goracuchi*, Ecloga per l'anno MDCCCLXXIX, 227–228.

[285] „Egli manifesta l'idea che la lingua romanesca fosse stata comune a tutti gl'Istriani prima della conquista romana […].", *Monti*, Antonio Covaz, 20. Vgl. auch *Antonio Covaz*, Dei Rimigliani o Vlahi d'Istria, in: L'Istria 1/1–2, 3. Januar 1846, 7–8.

publik von Schäfern, Bauern, Holzarbeitern“ bezeichnete: „Questa popolazione forma da secoli una specie di repubblica di pastori, di agricoltori, di legnajuoli, la più parte possessori di terreni che essi occupano e coltivano.“[286] Wie Carlo de Franceschi schon 1846 festhielt, wurden sie als „Bewahrer von alten Benennungen“ („depositari di antiche nomenclature“) betrachtet, die für die Erforschung und Kontrolle der Region unerlässlich waren:

Ho passato qualche tempo fra i romanici della Valdarsa, però con niun profitto, perché poco intendo la loro lingua, e Covaz non era meco; feci inchiesta dei nomi che essi nel loro linguaggio danno alle castella, alle borgate ed alle ville, ma con niun risultato; non dubito che essi sieno depositari di antiche nomenclature, assai giovevoli nelle esplorazioni; la nuova nazionalità slava che essi adottano fa sì che il tempo sia ormai l'estremo, perché ogni conoscenza di cose siffatte è ristretta ai contadini soltanto [...].[287]

Der Historiker Camillo de Franceschi – Sohn von Carlo de Franceschi – formulierte 1898 die Forderung nach der Beherrschung der Istrorumänen mittels Verwendung des Possessivpronomens „unser“. Um die Jahrhundertwende wurden die Tschitschen dann infolge der Erforschung der historisch-kulturellen Verwandtschaft zwischen ihnen und den Italienern als „unsere Rumänen“ („i nostri Rumeni“) bezeichnet.[288] Die Istrorumänen hätten – nach Camillo de Franceschi – ihren „lateinischen Ursprung“ trotz der verschiedenen Einwanderungen und Vermischungen auf der Halbinsel bewahrt:

Benchè circondati e frammisti con genti slave, che dai feudatari stranieri furono in vari tempi loro sovrapposte per ripopolare il paese desolato dalle guerre e dalle pestilenze, i Rumeni della Val d'Arsa seppero mantenere inalterata per molti secoli la propria individualità nazionale. Ma cedendo gradatamente alla forza d'espansione dell'elemento preponderante e alla conseguente legge d'assimilazione, si trovarono alla fine ristretti entro il breve circuito di pochi villaggi.

---

[286] „Seit Jahrhunderten bildet diese Bevölkerung eine Art Republik aus Hirten, Bauern und Holzfällern, von denen die meisten einfach das Land besetzt haben, das sie jetzt bestellen.“, *Del Bello*, La provincia, 124.

[287] „Ich verbrachte einige Zeit unter den Rumänen Bewohnern von Valdarsa – allerdings ohne großen Erkenntnisgewinn, weil ich ihre Sprache kaum verstehe und Covaz nicht dabei war. Ich untersuchte ergebnislos die Namen, die sie Schlössern, Dörfern und Städten geben. Ich bin sicher, dass sie alte Ortsbezeichnungen bewahren, die für unsere Forschungsarbeit sehr nützlich sein könnten. Da sie nach und nach die neue slawische Identität annehmen, drängt die Zeit, denn nur die Bauern verfügen über Kenntnisse zu jenen Orten.“, *Carlo de Franceschi*, Al sig. Dr. Kandler, in: L'Istria 1/26–27, 9. Mai 1846, 102.

[288] „Gli abitanti della Val d'Arsa appartengono in massimo numero alla stirpe rumena, e il loro dialetto fu fatto oggetto in questi ultimi decenni di speciali studi da parte di eminenti storici e filologi sì italiani che stranieri, i quali manifestarono opinioni del tutto opposte circa all'origine di queste genti. [...] Ma l'Ascoli, il Miklositch, il Czoernig, il Bidermann e il nostro comprovinciale prof. Ive, specialmente in base alla grande affinità riscontrata fra il dialetto rumeno dell'Istria e il linguaggio daco-romano, vennero nella persuasione che i nostri Rumeni debbono costituire un ramo sporadico della nazione romanica della Transilvania e della penisola dei Balcani, ed essere immigrati in Istria, forse in varie riprese, nel decimoquarto o decimoquinto secolo.“, *Franceschi*, I Castelli, 136–137.

Tuttavia nel portamento altero, nei lineamenti regolari e marcati, negli occhi grandi, neri che corruscano coll' erompere della passione, essi portano ancora l'impronta della loro origine latina. Vivono in poveri casolari sparsi là sui nudi monti che circondano la valle, separati da ogni consorzio civile, e trovano appena sufficiente sostentamento dagli scarsi prodotti di una malcurata agricoltura.[289]

In diesem Sinn sicherte die imaginierte historisch-kulturelle Authentizität dieser Bevölkerung die eigene Legitimation der Ansprüche auf die Kontrolle der Region als Führungsgruppe Istriens.

[289] „Zwar waren die Rumänen im Val d'Arsa von slawischen Völkern umgeben und auch mit ihnen vermischt, denn die fremden Feudalherren hatten die Slawen zu verschiedenen Zeiten zum Zwecke der Wiederbevölkerung des von Kriegen und Plagen verwüsteten Landes dort angesiedelt. Und dennoch konnten sie über viele Jahrhunderte hinweg ihre nationale Einzigartigkeit bewahren. Allmählich konnten sie aber nicht mehr der Expansionskraft der Vorherrschaft [der slawischen Völker, Anm. d. Verf.] und dem sich daraus ergebenden Assimilationsgesetz standhalten, und sie waren schließlich nur noch auf wenige kleine Dörfer beschränkt. Doch zeigen sie noch immer die Spuren ihres lateinischen Ursprungs in ihrem hochmütigen Aussehen, in ihren regelmäßigen und markanten Gesichtszügen, ihren großen schwarzen, leidenschaftlichen Augen. Sie leben in armen Bauernhäusern, die dort auf den öden Bergen rund um das Tal verstreut sind, abgetrennt von jedem zivilen Leben, und finden kaum genug Nahrung aus der Ernte einer misslichen Bodennutzung.", Ebd., 137–138.

8. „Vielfalt" und „Hybridismus" in der Zeit der Krise

8.1. „Die Gemeinden haben kein Geld, die Ordnung zerfällt": Die Krise der istrischen Ordnung

In der Hochphase der allgemeinen Nationalitätenfrage – zwischen 1890 und 1914 – kann eine Renaissance des Themas Vermischung in der italienisch- und deutschsprachigen österreichischen Publizistik im Küstenland festgestellt werden. Derselbe Begriff, der schon während der Krisenjahre 1848/49 präsent war, tauchte nun in italienischer sowie deutscher Sprache erneut auf: „Ibridismo", „ibrido", „Hybridismus". Die Gründe für diese Renaissance liegen aber nicht nur in der internen Situation Istriens, sondern auch in der benachbarten Triester Realität und in den Verbindungen zwischen unterschiedlichen Regionen des Reiches. Im Allgemeinen ging die erneute Verwendung des Begriffes „ibridismo" / „Hybridismus" in Bezug auf istrische und triestinische Realitäten meist auf urbane Räume – Triest, Pola/Pula, Graz, Wien – zurück. Daher ist es wichtig, die damalige historische Entwicklung Triests und des Küstenlandes kurz zu skizzieren.

Die Zeitspanne zwischen 1890 und 1914 stellte aus verschiedenen Gründen eine Zeit der beschleunigten Umwandlung der imperialen sowie regionalen Ordnungen dar. 1893 drückte ein Autor der in Parenzo/Poreč erscheinenden Zeitschrift *L'Istria* das verbreitete Gefühl aus, eine Metamorphose innerhalb des österreichisch-ungarischen Reiches zu erleben: „[...] l'impero Austro-Ungarico si trova sulla via d'una decisa trasformazione [...]."[1] Allgemein bedeutete die Jahrhundertwende für die Habsburgermonarchie eine Phase der ökonomischen Überwindung der großen Depression von 1873 und einen industriellen Aufschwung sowie politisch das Zeitalter der Erweiterung des Wahlrechtes und der Durchsetzung von Massenparteien und einer Massengesellschaft.[2]

Für das Küstenland war die Jahrhundertwende hauptsächlich aus zwei Gründen eine Periode der akuten soziowirtschaftlichen und politischen Umstrukturierungen und wahrgenommenen Unsicherheit: das Ende des Triester Freihafens und die Agrarkrise. Das Jahr 1891 war – nach der grundlegenden Analyse der His-

[1] „Dem Österreichisch-Ungarische Reich steht eine gravierende Veränderung bevor [...].", La caduta del Conte Taaffe, in: L'Istria 12/617, 11. November 1893, 1.

[2] *Rumpler*, Eine Chance, 466–472.

torikerin Anna Millo – ein zentraler Wendepunkt für diese regionale Ordnung und den gesamten Adriaraum.[3] In diesem Jahr wurde der Freihafen Triest von der zentralen Regierung endgültig abgeschafft, als Ergebnis einer jahrzehntelangen Auseinandersetzung zwischen einer breiten Anzahl von Akteuren – Staat, Triester Gemeinderat und Landtag, lokalen ökonomischen mittel- und großbürgerlichen Interessengruppen. Die chronische Stagnationskrise, die seit Mitte der 1850er-Jahre andauerte, war ein klares Zeichen der Unzulänglichkeit eines steuerfreien Handelsplatzes an der nördlichen Adria, an dem die importierten Handelsartikel und Rohstoffe im Hafenlager stationiert und Preise dafür verhandelt werden konnten.[4] In einer Zeit der Beschleunigung der internationalen und interkontinentalen Bewegungen dank des technologischen Aufschwunges erwies sich das Freihafenmodell als veraltet.[5] Daher zeichnete sich in Triest ab den 1870er-Jahren Schritt für Schritt eine Veränderung weg von einem Freihandesplatz hin zu einem Knotenpunkt auf interkontinentalen Routen ab. Die Abschaffung des Freihafens fiel zeitlich zusammen mit dem Beginn der Entwicklung eines lokalen industriellen Apparates zur Verarbeitung der ankommenden Rohstoffe.

Zentraler Grund für die langandauernde Stagnationskrise – im Wesentlichen von 1855 bis in die 1890er-Jahre – war die späte Reaktion sowohl der imperialen als auch der lokalen Ordnung auf die europäische Modernisierung der Transportinfrastruktur. Noch 1911 verfasste der Direktor des Wiener k.u.k. österreichischen Handelsmuseums Friedrich Karmiński eine Studie über die Wirtschaftslage des Triester Hafens, im Hinblick sowohl auf seine Geschichte als auch im Rahmen eines Vergleiches mit anderen europäischen Großhäfen.[6] Trotz des Status Triests als einer der wichtigsten europäischen Häfen sah Karmiǹski den Grund für den partiellen Misserfolg des Langzeitprojektes des österreichischen Staates in der mangelhaften Investition in den Hafen. Wegen des zögerlichen Verhaltens der österreichischen Regierungen in Bezug auf eine internationale expansive Handelspolitik hatte die Bedeutung des Hafens von Triest um die Jahrhundertwende nur gering zugenommen. Die Entwicklungserwartungen sowie Projekte für infrastrukturelle Erneuerungen entsprachen nicht der Wirklichkeit. Diese Meinung teilte 1912 der sozialistische Triester Historiker Angelo Vivante,[7] und auch rezente Historiker wie Karl Bachinger, Anna Millo, Marina Cattaruzza und Daniele Andreozzi sehen dies ähnlich.[8]

[3] *Millo*, L'élite.

[4] *Vivante*, Irredentismo, 173.

[5] *Judson*, Habsburg, 426.

[6] *Friedrich Karmiński*, Triest als österreichisches Handelsemporium, in: Brückner (Hrsg.), Dalmatien, 237–246.

[7] Vgl. *Vivante*, Irredentismo.

[8] *Karl Bachinger*, Das Verkehrswesen, in: Alois Brusatti (Hrsg.), Die wirtschaftliche Entwicklung. (Die Habsburgermonarchie 1848–1918 1), Verlag der Österreichischen Akademie der Wissenschaften, Wien 1973, 312–313; *Millo*, L'elite; *Dies.*, Un porto; *Marina Cattaruzza*,

Die verspätete Abschaffung des Freihafens sollte die letztmögliche Rettung einer Ordnung in der Krise sein. Die Stagnation und der Transformationsprozess hatten schon in den letzten Jahrzehnten des 19. Jahrhunderts den Kampf zwischen den Nationalitäten verschärft. Zudem hatte die Krise des Freihafens ab den 1860er-Jahren zu einer Konkurrenz zwischen den politischen und soziokulturellen Nationalgruppen Triests um die Kontrolle der materiellen Ressourcen innerhalb einer immer parallelisierteren Gesellschaft geführt.[9]

Die Veränderung Triests bedeutete aber zugleich einen schrittweisen Verlust der bisherigen Machtverhältnisse der dortigen italienischsprachigen Eliten. Die Stadt Triest wurde immer mehr in die ökonomische und administrative Struktur der Monarchie eingegliedert[10] und die Investitionen von externen, nicht-Triester Kreditanstalten stiegen. Gleichzeitig stärkte die rasche, ungeordnete Entwicklung eines überwiegend slawischsprachigen Stadtproletariats rund um die neuen Industrieareale und den Hafen sowohl die slowenische Partei als auch die sozialistische Bewegung. 1897 wurde die italienische und küstenländische Sektion der sozialistischen Partei Österreichs in Triest gegründet, die sich als politischer und sozialer Gegner der bürgerlich-nationalen Parteien präsentierte.[11] Die Krise bedrohte die Vorrangstellung und Kontrolle der italienischsprachigen liberalnationalen Partei über die Triester Gemeinde und wichtige Arbeitssektoren der Stadt. Das Resultat war die Verteidigung der politischen und wirtschaftlichen Autonomiebestrebungen seitens der städtischen Bourgeoisie, die durch den Wandel Triests entscheidend an Bedeutung verlor.

Die Folgen der Abschaffung des Freihafens beschränkten sich aber nicht auf Triest. Die Abschaffung des Freihafenpatents 1891 führte dazu, dass die Stadt rasant wuchs. Zwischen 1900 und 1910 stieg die Bevölkerung Triests um 28,5 % auf ungefähr 230.000 Einwohner.[12] Als ein wachsender Anziehungspunkt entfesselte Triest eine Reihe von radikalen Prozessen, die die Physiognomie des gesamten nordadriatischen Raumes tiefgreifend veränderten.[13] Auf der istrischen Halbinsel zeigte sich dies besonders stark, vor allem wegen ihrer chronischen ökonomischen Schwäche und Abhängigkeit. Die zeitgleichen Prozesse der Agrarkrise

---

Die Migration nach Triest von der Mitte des 19. Jahrhunderts bis zum Ersten Weltkrieg, in: Sacha Zala (Hrsg.), Die Moderne und ihre Krisen: Studien von Marina Cattaruzza zur europäischen Geschichte des 19. und 20. Jahrhunderts. Festgabe zu ihrem 60. Geburtstag, V&R unipress, Göttingen 2012, 83–113; *Daniele Andreozzi*, L'organizzazione degli interessi a Trieste (1719–1914), in: Finzi/Panjek/Panariti (Hrsg.), Storia economica, 2, 191–231.

[9] *Verginella*, Sloveni, 459–461.

[10] *Cattaruzza*, Die Migration, 83–84.

[11] Zur Entwicklung der Arbeiterbewegung und der sozialistischen Partei im Küstenland siehe die grundlegende Studie von Marina Cattaruzza: *Marina Cattaruzza*, Socialismo adriatico. La socialdemocrazia di lingua italiana nei territori costieri della Monarchia asburgica (1888–1915), Lacaita, Manduria 2001.

[12] *Cattaruzza*, Die Migration, 84.

[13] *Millo*, L'elite, 21.

in der Habsburgermonarchie und der Industrialisierung in Triest verursachten eine demographische Veränderung Istriens durch zunehmende Einwanderung.

Trotz einer relativen Verbesserung von Agrartechniken und der schwierigen Etablierung eines marktorientierten, kapitalistischen Landbaus blieb die Landwirtschaft der große Schwachpunkt der Volkswirtschaft in der gesamten österreichischen Monarchie.[14] Das spiegelte sich in Istrien am stärksten wider. Zudem wurden breite Areale der Halbinsel wegen der Anziehungskraft der wachsenden Triester Industrie von einem starken Emigrationsprozess erfasst. Wissenschaftler, die aktuell zur historischen Demographie forschen, stimmen darin überein, dass die demographische und wirtschaftliche Entwicklung Triests bis zum Ersten Weltkrieg hauptsächlich von der Migration aus den angrenzenden Provinzen geprägt war. Istrien, Görz-Gradiska und Krain stellten vor allem in der Zeit des größten demographischen Wachstums Triests zwischen 1860 und 1814 eine ständige Reserve billiger, meist slawischsprachiger Arbeitskraft dar.[15] Zudem galt Istrien als ein ökonomisch rückständiges Emigrationsland, das noch in mehreren Arealen von einer Subsistenzwirtschaft charakterisiert war.[16] Während in Süd- und Küstenistrien eine gewisse Kleinindustrialisierung und modernere Anbautechniken eingeführt worden waren, waren vor allem der Norden und das Zentrum der Halbinsel von Abwanderung betroffen.[17] Eine Studie des Direktors des Istrischen Agrarinstituts in Parenzo/Poreč Carlo Hugues (1849–1934) über die landwirtschaftlichen Entwicklungspläne des nördlichen Teiles der Westküste Istriens bestätigte 1889 die immer noch bestehende Trennung zwischen dem zurückgebliebenen Hinterland und der entwickelteren Küste.[18]

Die Situation im inneren Istrien war tatsächlich besorgniserregend. Das Auftreten von neuen Pflanzenschädlingen – hauptsächlich der Reblaus – sowie das Andauern von epidemischen Krankheiten – nun vor allem der Malaria – deckten ab den späten 1880er-Jahren die chronischen Schwächen einer ökonomisch rückständigen Region auf.[19] Dies führte zu einer Mobilisierung der lokalen Akteure zwecks Analyse und Überwindung der kritischen Situation. Außer den schon zitierten Texten des Bezirksarztes Bernardo Schiavuzzi[20] zur Epidemiologie

---

[14] *Roman Sandgruber*, Ökonomie und Politik. Österreichische Wirtschaftsgeschichte vom Mittelalter bis zur Gegenwart, in: Herwig Wolfram (Hrsg.), Österreichische Geschichte (1804–1914), Ueberreuter, Wien 1995, 252.

[15] *Breschi/Kalc/Navarra*, Storia minima, 116; *Purini*, Metamorfosi, 15–16.

[16] *Cattaruzza*, Die Migration, 88–89, 99.

[17] Für einen visuellen Vergleich der Emigration und Immigration aus bzw. in die Habsburgermonarchie vgl. Abbildung 6.11, Binnenwanderung 1900–1910 in: *Helmut Rumpler/ Martin Seger* (Hrsg.), Soziale Strukturen (Habsburgermonarchie 1848–1918 9/2), Verlag der Österreichischen Akademie der Wissenschaften, Wien 2010, 126–127.

[18] *Carlo Hugues*, L'economia agraria dell'Istria settentrionale, Coana, Parenzo 1889. Vgl. Viti americane, in: L'Istria 7/364, 1. Dezember 1888, 3.

[19] *Visintin*, L'agro, 97.

[20] *Schiavuzzi*, Le epidemie; *Ders.*, Zur Geschichte; *Ders.*, Istruzione popolare; *Ders.*, La malaria.

und Medizingeschichte verfasste Nicolò del Bello 1890 eine wichtige detaillierte Studie über die Zustände auf der Halbinsel, insbesondere bezüglich des Bauerntums und der Landwirtschaft. Die tiefe Krise dieses „ärmlichen Landes" („un paese di modeste fortune")[21] beruhte laut del Bello hauptsächlich auf der Umwandlung des Landbesitz- und Produktionssystems vom Feudalismus in den privaten Besitz kleiner und mittelgroßer landwirtschaftlicher Flächen. Dies hatte einerseits zu einer starken, unkontrollierten Fraktionierung des Landes geführt, die das Wachstum und die Rationalisierung der Landwirtschaft entscheidend behinderte, und anderseits zur Verschuldung der neuen Kleingrundbesitzer.[22] Zudem bestand die Bauernschicht in mehreren Arealen Mittelistriens aus Analphabeten: Einige slawische Bauerngemeinden (z.B. die „Bisiachi") lebten – nach den Worten del Bellos – „ohne Bewusstsein für ihre eigene Sprache" und „stotterten" sogar: „In vista del loro favellare questi slavi vengono chiamati dagli altri slavi Bisiachi, vale a dire balbettanti, quasi ignari della propria lingua."[23] Abgesehen von den antislawischen Tönen del Bellos wies die Region Istrien 1910 tatsächlich noch immer eine der höchsten Analphabetismusquoten der gesamten Monarchie auf – 38 % der männlichen und 46,5 % der weiblichen Bevölkerung.[24]

Die bereits erwähnten schwierigen medizinisch-hygienischen Zustände verschlechterten sich wegen dieser neuen Krise. 1896 wurde von dem Arzt Carlo Apollonio aus Capodistria/Koper eine weitere Studie über die dramatischen medizinischen Zustände in der Region verfasst und veröffentlicht.[25] Die Publikation war das Ergebnis einer Forschungsreise Apollonios durch Istrien im Auftrag der Istrischen Ärztekammer in Pola/Pula.[26] Die Tatsache, dass sie sich bei den Epidemie-Akten der Triester Statthalterei befindet, zeigt ihre Relevanz für die gesamte Ordnung des Küstenlandes.[27] Das Ziel dahinter war, eine umfassende und detaillierte Studie der medizinischen Zustände Istriens für eine Neuordnung des Sanitätsdienstes zu erstellen. Die Analyse Apollonios gab eine katastrophale Situation wieder, insbesondere in vielen ländlichen Bezirken Inneristriens, die noch in den 1890er-Jahren sehr oft über keine professionellen Ärzte verfügten: „La qualità del lavoro medico nelle campagne deve essere necessariamente pes-

---

[21] *Del Bello*, La provincia, 50.

[22] Ebd., 91–102. Vgl. auch *Vivante*, Irredentismo, 126–127; *Cattaruzza*, Socialismo, 95.

[23] „Aufgrund ihrer Sprache werden diese Slawen von den anderen Slawen als Bisiachi bezeichnet, das heißt stotternde Menschen, die ihre eigene Sprache kaum beherrschen.", *Del Bello*, La provincia, 126.

[24] *Marina Cattaruzza*, La formazione del proletariato urbano. Immigrati, operai di mestiere, donne a Trieste dalla metà del secolo XIX alla Prima guerra mondiale, Musolini, Torino 1979, 21.

[25] Die Studie Carlo Apollonios befindet sich in AST, Luogotenenza, Atti generali, 780, 39/2, 9677–896, Organisierung des Sanitätsdienstes in Istrien.

[26] *Carlo Apollonio*, La riorganizzazione del servizio sanitario nell'Istria. Ricerche e proposte fatte per incarico della Camera medica istriana dal dott. Carlo Apollonio, medico comunale in Umago, Gaetano Coana, Parenzo 1896, 3–4.

[27] AST, Luogotenenza, atti generali, 780, 39/2, 9677–896.

sima. Qui il medico, e come curante e come igienista, fa una tristissima figura.“[28] Die zentralen Ursachen dafür waren laut Apollonio die ökonomische Krise und Isolierung Istriens. Der Mangel an Infrastruktur – Bahnstrecken und Straßen – und finanziellen Ressourcen war die wahre Plage Istriens. Dr. Apollonio schloss mit den Worten: „Die Gemeinden haben kein Geld, die Ordnung zerfällt.“ („I Comuni non hanno denaro: l'ordine crolla.“)[29]

8.2. „Ibridismo“ / „Hybridismus“: Symptome städtischer Unsicherheit (1891–1903)

Diese tragischen Zustände in der Region Istrien hatten die Flucht aus rückständigen subregionalen Territorien zur Folge.[30] Wie die Historikerin Marina Cattaruzza anmerkt, trug die Migration nach Triest aus den benachbarten, ökonomisch schwachen Ländern den Charakter eines „unfreiwilligen Exodus“.[31] Die Einwanderung von meist slawischsprachigen Individuen in die Adriametropole führte bei den Einwohnern Triests zu massiven Veränderungen in der Wahrnehmung der sogenannten „ethnischen Verhältnisse“ innerhalb der Stadt sowie auf der benachbarten istrischen Halbinsel. Ihre Sichtweise auf den Unterschied zwischen Stadt und Land änderte sich entscheidend. Ab dem Ende der 1880er-Jahre wurde die Stadt-Land-Grenze um die Triester Innenbezirke zunehmend poröser und die Vorstädte wuchsen beträchtlich. Die Historikerin Sabine Rutar behauptet, dass die Auflösung der Grenze zwischen der Stadt Triest und dem Rest des Küstenlandes sowie der Monarchie zu einer wichtigen Veränderung der mentalen Vorstellungen der bürgerlichen Bevölkerung über urbane und suburbane Räume führte.[32] Spuren dieser epochalen rechtlichen, administrativen und mentalen Veränderungen durch das Verschwinden der Grenze um den Freihafen wurden auch in der Tätigkeit der lokalen Wissenschaftler spürbar. Marchesetti berichtete im August 1891 – kurz nach der Aufhebung des Freihafenstatus – seinem Kollegen Szombathy über die neuen Zustände bei der Versendung der Fundgegenstände von der Ausgrabungsstätte am Isonzo/Soča nach Triest: „Jetzt sind Wien und Triest gleichgestellt und auch bei uns leider die Zolllinie mit allen ihren Unannehmlichkeiten eingeführt worden. Infolgedessen

[28] „Die Qualität der medizinischen Versorgung auf dem Land muss zwangsläufig schlecht sein. Dort gibt ein Arzt sowohl als Heiler als auch als Hygieniker ein trauriges Bild ab.“, Ebd., 12.

[29] Ebd., 23.

[30] *Rumpler*, Eine Chance, 473–476.

[31] *Cattaruzza*, Die Migration, 85.

[32] *Sabine Rutar*, Le costruzioni dell'io e dell'altro nella Trieste asburgica, In: Cattaruzza (Hrsg.), Nazionalismi, 25.

wird beim Eintritte in die Stadt alles an der Linie visitiert, was bei unserer zerbrechlichen alten Töpferware sehr gefährlich erscheint.“[33]

Die Vororte Triests waren am stärksten von der Einwanderungswelle betroffen und wurden zu Orten sowohl der kulturellen Vermischung als auch sozialer Not. Nicolò del Bello nannte 1890 die nach Triest und Fiume/Rijeka immigrierten Istrianer „istrische Kolonien“, um die starke Konsistenz der Immigration und Urbanisierung von ruralen Gruppen aus Istrien – 16.216 Individuen schon im Jahre 1880 – zu unterstreichen.[34] Der istrische Mikrokosmos, der von verschiedenen ethnographischen und historischen Studien als eine „primitive“, unbewegliche rurale Welt beschrieben worden war, schien sich nun am Ende des 19. Jahrhunderts aus inneren und äußeren Gründen in Bewegung zu setzen.[35] Die Veränderungen der Struktur, die sich auf der Basis ethnischer Kategorisierungen organisierte, führten zu einem sozialen und kulturellen Aufruhr, der auch die Fundamente der habsburgischen und lokalen Verwaltungsstruktur bedrohte. Genau in diesem Zusammenhang tauchte der Begriff „Hybridismus“ wieder auf, um die sich verändernde, schwer fassbare Situation zu benennen.

Eine Recherche über die Verwendung des Begriffes „Hybridismus“ in Bezug auf Istrien ergab, dass fünf verschiedene Autoren aus Istrien, Triest, Graz und Wien zwischen 1893 und 1914 dieses Wort in ihren Veröffentlichungen verwendeten. Diese Autoren unterschieden sich in mehrerlei Hinsicht voneinander – nach sprachlicher, sozialer und professioneller Zugehörigkeit sowie Herkunft. Sie verwendeten den Terminus „ibridismo“ / „Hybridismus“ grundsätzlich als Analysebegriff mit unterschiedlichen Bedeutungen und in diversifizierten Themenbereichen.

1893 begann eine Phase der Renaissance des „Hybridismus“ mit einem langen Beitrag von Bernardo Benussi in den *Mitteilungen* der Società istriana di archeologia e storia patria. Der Text *La liturgia slava nell'Istria* (*Die slawische Liturgie in Istrien*) erwies sich als eine polemische Antwort auf eine Rede des Priesters und Abgeordneten der istrischen kroatischen Partei Franjo Josip Volarić (1851–1908) aus Veglia/Krk während einer Sitzung des istrischen Landtages am 12. März 1892.[36] Die Rede Volarić' handelte von der slawischen Liturgiesprache, hatte jedoch eine klare politische Bedeutung für die Anerkennung der Relevanz der kroatischen Sprache in Istrien. Der Vertreter der kroatischen Partei forderte die Anerkennung der Einführung der altslawischen Sprache in Gottesdiensten in Istrien seitens der küstenländischen Statthalterei. Dies führte zu Empörung bei der italienischen Partei und bei mehreren Intellektuellen, sowohl im Landtag als

[33] Zitat aus *Mader*, Die Zusammenarbeit, 154.
[34] *Del Bello*, La provincia, 56.
[35] *Cattaruzza*, La formazione, 9.
[36] *Benussi*, La liturgia, 151–283.

auch in der Zeitung *L'Istria*.[37] 1893 verfasste der istrische Kanonikus Giovanni Pesante (1842–1906) aus Parenzo/Poreč[38] dazu ein polemisches Werk.[39]

Bernardo Benussi folgte dem Beispiel Pesantes, um die Thesen Volarić' mithilfe historischer und kultureller Begründungen zu widerlegen. Die Auseinandersetzung veranlasste den istrischen, aus Rovigno/Rovinj stammenden, aber in Triest lebenden Historiker zu einer ausgedehnten Recherche, um wissenschaftliche Gründe für seine Gegenthese zu finden. Dieser „Historikerstreit" über die slawische Liturgie hatte nicht nur den Zweck, die Begründung der historischen Kontinuität und des historischen Rechtes der „ersten Ankömmlinge" auf ethnozentrischer Basis zu stützen. Wie ein Autor in *L'Istria* erklärte, zielte diese kulturelle Frage von kroatischer Seite auf die politische Durchsetzung und Verbreitung einer einheitlichen slawischen Partei in Istrien ab, da diese nach 1848 vom slawischen Klerus, der oft nicht aus Istrien stammte, geprägt und geführt worden war.[40]

Benussis Text hatte nicht nur eine wissenschaftliche, sondern auch eine politische Komponente. Die Ergebnisse der Recherche Benussis über die ethnographisch-historischen und kulturellen Aspekte Istriens und die altslawische Sprache des glagolitischen Ritus wurden 1893 in diesem Beitrag veröffentlicht. Um die Ansprüche von Vertretern aus der kroatischen Partei im Landtag in Verruf zu bringen, erstellte Benussi eine lange historische Darstellung Istriens, in deren Mittelpunkt die historischen Migrationsbewegungen nach Istrien – insbesondere im 7./8. und 16./17. Jahrhundert – standen. In diesem Diskurs über die historische Kontinuität Istriens, bei dem sich Argumentationen aus der Vergangenheit mit denen der Gegenwart – etwa dem Thema der Volkszählungen ab 1880 – vermischten, tauchte auch der italienische Begriff „ibridismo" auf:

---

[37] *Rolf Wörsdörfer*, Cattolicesimo „slavo" e „latino" nel conflitto di nazionalità. La disputa per la lingua liturgica e di insegnamento nelle diocesi adriatiche dell'Austria-Ungheria, dell'Italia e della Jugoslavia (1861–1941), in: Cattaruzza (Hrsg.), Nazionalismi, 149–150.

[38] *Sergio Cella*, Pesante Giovanni, in: Österreichisches Biographisches Lexikon (1850–1950), 7, 1978, 434.

[39] *Giovanni Pesante*, La liturgia slava con particolare riflesso all'Istria, Coana, Parenzo 1893. Vgl. auch die folgenden Artikel in *L'Istria*: Contro la liturgia slava, in: L'Istria 11/539, 9. April 1892, 6; Le interpellanze della minoranza e la liturgia slava, in: L'Istria 11/548, 11. Juni 1892, 1; La lingua slava nelle chiese, in: L'Istria 12/578, 7. Januar 1893, 3–4; Liturgia slava, in: L'Istria 12/580, 21. Januar 1893, 3; Intermezzo sulla Liturgia slava, in: L'Istria 12/592, 15. April 1893, 1; La liturgia slava con particolare riflesso all'Istria, in: L'Istria 12/608, 5. August 1893, 1 (sowie in: 12/609, 12. August 1893, 1); Corollario sulla questione della Liturgia slava, in: L'Istria 12/610, 19. August 1893, 1; L'opuscolo di Mons. Pesante e la stampa slava, in: L'Istria 12/610, 19. August 1893, 3; La liturgia slava nell'Istria, in: L'Istria 12/618, 18. November 1893, 1–2 (sowie in: 12/619, 25. November 1893, 2; 12/621, 8. Dezember 1893,2); A proposito de „La liturgia slava in Istria" in: L'Istria 12/621, 8. Dezember 1893, 3; La questione della liturgia slava nell'Istria, in: L'Istria 13/630, 10. Februar 1894, 4; Ancora recensione sulla „Liturgia slava", in: L'Istria 13/640, 21. April 1894, 3 (sowie in: 13/643, 12. Mai 1894, 2).

[40] La liturgia slava nell'Istria, in: L'Istria 12/621, 9. Dezember 1893, 2.

Nelle terre murate e nelle ville maggiori meno colpite dalle pesti abitavano pur sempre gl'Italiani [...]. Nelle ville minori, e nella campagna, tutte le razze slave meridionali sembravano poi aversi dato convegno: Serbi, Croati, Albanesi, Montenegrini, si trovavano qui sovrapposti, misti, incrociati fra loro e con famiglie romaniche venute assieme ad essi dai paesi turcheschi, e con altre della Morea e delle Isole, di Greci malvasiotti, napoletani, candiotti, cipriotti. E sì molteplice e disordinato dovette essere questo agglomerato di razze diverse, che, dopo 200 e più anni, quando nel 1880 si fece l'anagrafe ufficiale, per esprimere questo ibridismo etnografico ancora esistente nell'Istria, e di preferenza a mezzogiorno del Quieto, si adoperò l'appellativo assurdo di Serbo-Croati [...].[41]

Die historischen Prozesse auf der istrischen Halbinsel wurden durch die Lesart der mentalen Trennung eines multiethnischen Raumes zwischen urbanen und ruralen Arealen mit klar definierten nationalistischen Konnotationen erklärt. Diese Lesart beruhte auf den vorherigen imperialen wissenschaftlichen Klassifikationen und diente einer zusätzlichen kohärenten Sammlung und Systematisierung der Kenntnisse der imperial-nationalen Wissenschaft.

Der Begriff „ibridismo etnografico“ hatte eine andere Bedeutung als die Begriffe „Vermischung“ oder „Verschmelzung“, die Czörnig in seinen anthropologischen Diskursen häufig verwendet hatte. Nach einer Reihe von zunehmend pejorativen Begriffen („darsi convegno“, „sovrapposti, misti, incrociati“, „sì molteplice e disordinato“ und „agglomerato di razze diverse“) gipfelte Benussis Diskurs im Terminus „ibridismo“ als eine Kategorisierung einer historisch chaotischen und künstlichen soziokulturellen, politischen Realität. Die Kategorisierung des „Hybridismus“ überschnitt sich mit den alten Etikettierungen von Czörnig sr. als „gemischte“ und „miteinander verschmolzene“ Bevölkerungen. Der „ibridismo“ wurde von Benussi in jenem istrischen Areal um den Fluss Quieto/Mirna verortet, in dem sich die unterschiedlichen Farben auf der ethnographischen Karte Czörnigs 1857 miteinander verflochten, allerdings verbunden mit einem gegensätzlichen politischen Ziel und einer ausgeprägt abwertenden Deutung.

Diese neue Kategorie sollte nun am Ende des Jahrhunderts eine neue politische Bedrohung signalisieren. Der Begriff „ethnographischer Hybridismus“ wurde nämlich in einer ausdrücklich antislawischen Art und Weise verwendet. Er beruhte auf der bisherigen wissenschaftlichen Produktion auf Italienisch über die innere Zersplitterung der istrischen bäuerlichen Slawen aus den 1850er/60er-

---

[41] „Innerhalb der Stadtmauern und in den größeren Dörfern, die am wenigsten unter der Pest zu leiden hatten, lebten immer noch die Italiener [...]. In den kleineren Dörfern und auf dem Land trafen alle möglichen südslawischen Rassen aufeinander: Serben, Kroaten, Albaner, Montenegriner fanden sich dort, miteinander verflochten, vermischt, gekreuzt – und zwar nicht nur untereinander, sondern auch mit romanischen Familien, die gemeinsam mit ihnen aus den türkischen Ländern geflüchtet waren, mit anderen Stämmen aus dem Peloponnes und von den griechischen Inseln sowie mit Griechen aus Monemvasia, Neapel, Kreta, Zypern. Dieses Konglomerat aus unterschiedlichen Rassen muss so vielfältig und unübersichtlich gewesen sein, dass man nach über 200 Jahren bei der offiziellen Volkszählung 1880 auf die absurde Bezeichnung Serbo-Kroaten zurückgreifen musste, um diesen in Istrien noch existierenden ethnographischen Hybridismus zu benennen [...].“, *Benussi*, La liturgia, 204.

Jahren. Die Bedrohungskommunikation Benussis bestand aus der Alarmierung, dass eine solche Entmischung der Slawen Istriens durch die vereinigende, hybridisierende Kulturpolitik der imperialen sowie kroatischen Eliten in Frage gestellt wurde. Dieser Diskurs tauchte gerade in den Jahren der neuerlichen anti-panslawischen Propaganda sowie der Durchführung der neuen imperialen Volkszählungen in der lokalen italienischen Presse auf.[42] Die kulturell-politische Verschmelzung der verschiedenen Slawengruppen Istriens unter dem Begriff „Panslawismus“ oder „Jugoslawismus“ zielte auf die Verwirklichung eines seit langem befürchteten, politisch einheitlichen und sozioökonomisch gleichberechtigten Gegenparts ab.[43]

Darüber hinaus unterstrich der Begriff „ibridismo“ die „Künstlichkeit“ der Einheitsidee der „Slawen“ Istriens durch die panslawisch-jugoslawische Kategorie der „Serben-Kroaten“ in den österreichischen Volkszählungen. Dabei folgte der Diskurs über die Künstlichkeit dieser ethnographischen Kategorie interessanterweise Diskursen über den künstlichen Charakter der menschlichen Hybridität aus den 1850er-Jahren. Außerdem erwies dieser sich ab den 1880er-Jahren als ein Argument seitens der liberalnationalen Intellektuellen gegen ethnographische sowie politische Diskurse der slawischen Parteien Triests oder Istriens. Das Thema der Künstlichkeit von Vermischungen schien zu dieser Zeit schon in kulturell-politischen Diskursen im küstenländischen bürgerlichen Milieu gut verbreitet zu sein. Beispielsweise antwortete der Archäologe und Direktor des Kunsthistorischen Museums in Triest, Alberto Puschi, schon 1884 auf die Anfrage von Hugo Schuchardt um die Entsendung von Informationen und Sprachproben der italienisch-slawischen Sprachmischungen in und um Triest, die in einigen lokalen Zeitschriften veröffentlicht wurden: „L'assicuro che questo ed altri giornaletti inventano mescolando a loro talento parole slave ed italiane. Io che vissi moltissimi anni nel territorio di Trieste so come parlano i contadini l'italiano e questo nulla ha di comune con quello affettato dei giornali.“[44]

---

[42] Vgl. Il pellegrinaggio slavo a Mosca venticinque anni fa, in: L'Istria 11/556, 6. August 1892, 1–2; Dove si fanno alcune considerazioni sull'ultimo articolo, in: L'Istria 11/557, 12. August 1892, 1; Corollario sulla questione della Liturgia slava, in: L'Istria 12/610, 19. August 1893, 1.

[43] Für eine Analyse des Anti(pan)slawismus unter einer europäischen Perspektive vgl. *Wolfgang Wippermann*, Antislawismus, in: Uwe Puschner/Walter Schmitz/Justus H. Ulbricht (Hrsg.), Handbuch zur „Völkischen Bewegung“ (1871–1918), K. G. Saur, München 1996, 512–524; *Adamantios Skordos*, Vom „großrussischen Panslawismus“ zum „sowjetischen Slavokommunismus“. Das Slaventum als Feindbild bei Deutschen, Österreichern, Italienern und Griechen, in: Agnieszka Gąsior/Lars Karl/Stefan Troebst (Hrsg.), Post-Panslawismus. Slavizität, Slavische Idee und Antislawismus im 20. und 21. Jahrhundert, Wallstein, Göttingen 2014, 388–426.

[44] „Ich versichere Ihnen, dass dieses und andere Käseblätter solche Sprachmischungen aus slawischen und italienischen Worten bewusst erfinden. Ich habe viele Jahre im Gebiet von Triest gelebt und weiß wohl, wie die Bauern Italienisch sprechen: Das hat nichts mit den affektierten Sprachkonstrukten dieser Zeitungen zu tun.“, HSA, A, 9083 (Alberto Puschi).

Aus dieser verbreiteten antislawischen und kulturell entmischenden Perspektive sollte der Begriff „ibridismo" die Gefährlichkeit der imaginierten Einheit der Südslawen – zumindest der istrischen Slawen – aufdecken. Die frühere kulturelle und politische Darstellung seitens der Italienischsprachigen, die istrischen Slawen seien heterogen und bildeten keine einheitliche Bevölkerungsgruppe, wurde nun angezweifelt. Dadurch hätte das Bedrohungspotenzial der Schaffung einer kompakten Wählermasse für die slowenische oder kroatische Partei entschärft werden können. In diesem Sinn galten der Begriff „ibridismo" sowie die Thematisierung der Vermischung ab den späteren 1880er-Jahren als Alarmierungsworte der anti-panslawischen Propaganda der lokalen liberalnationalen Gruppierung für ein breiteres Lesepublikum. Dies zeigt sich durch die zunehmende Verwendung von solchen Begriffen in der lokalen Presse am deutlichsten, im vorliegenden Fall in der liberalnationalen Zeitung *L'Istria* aus Parenzo/Poreć. Für eine bessere Verbreitung solcher Alarmierungen fassten einige Artikel der istrischen Zeitschrift im November 1893 den Inhalt des Beitrages Benussis über die slawische Liturgie zusammen, in dem der Verfasser den Begriff „ibrido" in Verbindung mit der Kategorie „Serbo-Croato" aus den Volkserhebungen stellte.[45] Allerdings war es nicht das erste Mal, dass die Thematik der konfusen Hybridität der Slawen innerhalb des Diskurses über die Gefährlichkeit der hybriden panslawischen Bewegung in dieser Zeitschrift erschienen war. Schon 1888 publizierte dieselbe Redaktion einen Artikel über die panslawische Bewegung in der Monarchie, in dem der „Panslawismus" wegen seines Zieles der politischen und kulturellen Vereinheitlichung „aller verschiedenen slawischen Rassen" als eine „augenscheinliche Bedrohung" („flagrante pericolo") bezeichnet wurde: „Il nome col quale si designa codesto movimento è quello di *Panslavismo*, che è quanto dire l'attuazione di quell'idea di unire in una sola grande famiglia tutte le varie razze degli slavi, se non proprio nel senso politico – ché a ciò ci vorrà ancora del tempo parecchio – per lo meno nei riguardi nazionali, letterali ed anche religiosi."[46]

Benussi bezog sich auf eine solche verbreitete anti-panslawische Propaganda. Schließlich soll bemerkt werden, dass der Artikel, obwohl er in Parenzo/Poreč in den *Mitteilungen der Istrischen Gesellschaft* erschien, in Triest verfasst wurde. Benussis Perspektive blieb die Hafenstadt, in der er schon seit 1874 tätig war,

[45] „Però nelle terre murate e nelle ville maggiori meno colpite dalle pesti abitavano pur sempre gli Italiani, come se ne hanno numerosi esempi. Ma il curioso si è, che quando nel 1880 si fece l'anagrafe ufficiale, tutte queste razze diverse e ibride si vollero battezzate coll'assurdo appellativo di Serbo-Croati, quasi si potesse essere insieme e l'uno e l'altro.", La liturgia slava nell'Istria, in: L'Istria 12/619, 25. November 1893, 2.

[46] „Diese Bewegung fällt unter die Bezeichnung *Panslawismus*. Hinter diesem Namen steckt die Umsetzung der Idee, sämtliche slawischen Rassen in einer einzigen großen Familie zu vereinen, wenn auch nicht im rein politischen Sinne – denn dafür braucht es noch viel Zeit –, so doch zumindest in nationaler, literarischer und religiöser Hinsicht.", Un processo per panslavismo, in: L'Istria 7/325, 3. März 1888, 2.

und die sich gerade mitten in der Krise des tiefgreifenden Wandels der Adriastadt und ihrer Führungsschicht befand. Unter diesem Aspekt scheint es gar nicht unwahrscheinlich, dass die Thematisierung des Hybridismus-Begriffes das Ergebnis eines solch städtischen, bürgerlichen Milieus im Moment der inneren Krise darstellte.

Die Relevanz des städtischen Milieus für die Entwicklung und Verwendung des Hybridismus-Begriffes kann auch bei einem zweiten Autor festgestellt werden. Vier Jahre später, 1897, erschien in der *Zeitung für die österreichische Volkskunde* in Wien ein Beitrag des Grazer Amateurvolkskundlers Josef Stradner mit dem Titel *Zur Ethnographie Istriens.* Stradner verwendete für diesen Aufsatz mehrere Texte über Istrien von Vertretern der lokalen und imperialen Wissenschaft, darunter auch Benussi. Bezüglich der ethnographischen Verhältnisse der Bevölkerung um den Fluss Quieto/Mirna nutzte er eine Übersetzung des betreffenden Absatzes aus Benussis Essay.[47] Die Verwendung des antislawischen ethnographischen Begriffes „ibridismo“ lässt sich mit einigen Anmerkungen zur Biographie Stradners erklären.

Josef Stradner (1845–1921)[48] war Journalist, (Reise-)Schriftsteller und Mitglied sowie Mitarbeiter des Österreichischen Fremdenverkehrsverbandes. Von den 1870-ern bis 1909 war er Redakteur der *Tagespost,* des Sprachrohres der Grazer deutschnationalen Partei, die antisemitische und antislawische Ansichten vertrat.[49] Von 1908 bis 1915 lebte Stradner mit seiner zweiten Frau in Triest,[50] wo er für den Fremdenverkehrsverband tätig war und die von ihm gegründete Zeitschrift *Adria. Illustrierte Monatsschrift* (1908–1914) leitete.[51] Eine solche produktive Persönlichkeit pflegte gute Kontakte zu den prominentesten Wissenschaftlern des Küstenlandes. Die Liste von Mitarbeitern der Grazer/Triester Zeitung *Adria* enthält eine Reihe von Namen wichtiger italienisch- und deutschsprachiger Gelehrter und Wissenschaftler des Küstenlandes und darüber hinaus der gesamten Monarchie sowie aus dem Deutschen Reich, darunter Michael Haberlandt, Carlo de Marchesetti und Bernardo Schiavuzzi.[52] Zudem bewies

[47] *Stradner,* Zur Ethnographie, 101. Schon 1893 veröffentlichte Stradner ein ersteres ethnographisches Buch über das Küstenland: *Josef Stradner,* Rund um die Adria. Ein Skizzenbuch. Leykam, Graz 1893.

[48] Josef Stradner wurde 1845 in Graz geboren und starb am 11.5.1921 in Wien. Für Daten zu seiner Geburt, seiner Tätigkeit als Journalist und seinem Tod vgl. StaG, Meldekartei der Polizeidirektion Graz, 1892–1925; StaG, Meldebuch der Polizeidirektion Graz (Sta weiß), 1875–1892; WStLA, BG Währing, A4/6–6A; WStLA, Totenbeschreibamt, A3 (Totenbeschau).

[49] *Manfred Hirschegger,* Die Grazer „Tagespost“ von 1880 bis 1890. Ein Beitrag zur steirischen Pressegeschichte, Dissertation an der Universität Graz, 1981, 12.

[50] AprTS, Registro di popolazione, Foglio di evidenza della famiglia, Stradner Josef.

[51] Adria. Illustrierte Monatsschrift für Landes- und Volkskunde, Volkswirtschaft und Touristik der adriatischen Küstenländer, Graz/Triest, 1908–1914.

[52] Mitarbeiter, in: Adria, 1/1, Dezember 1908, 1. Hier werden angeführt: Prof. Carl J. Cori (Direktor der zoologischen Station in Triest), Dr. Anton Gnirs (Realschuldirektor in Graz), Dr. Michael Haberlandt (Kustos des Naturhistorischen Museums, Privatdozent an der Uni-

Stradner in seinen Texten eine gute Kenntnis der Literatur über das Küstenland in italienischer und deutscher Sprache. Als Reiseschriftsteller und -journalist interessierte er sich auch für die kulturelle sowie ökonomische Entwicklung des deutschsprachigen Tourismus in den südlichen Regionen der Monarchie und dem Adriaraum.[53]

1903 veröffentlichte Stradner ein weiteres Buch über das Küstenland mit dem Titel *Neue Skizzen von der Adria*, dessen italienische Übersetzung als *Novi schizzi dall'Adria* noch im selben Jahr in Triest herauskam.[54] Auch dieses enthält den erwähnten Absatz über den im Areal des Flusses Quieto/Mirna bestehenden Hybridismus. Dabei wurde die ursprüngliche antislawische Deutung Benussis weiter verstärkt und ein präziseres Bedrohungsszenario eines fast vollständigen Zusammengehens der „Slawen“ Istriens etabliert:

> Die Südgrenze der slowenischen Ansiedlung bildet der Dragognafluss bis nahe an seinen Ursprung hinauf und von hier eine quer über den Tschitschenboden südlich an Castelnuovo vorbei bis an den Südabhang des Krainer Schneeberges sich hinschlängelnde Linie. Jenseits dieser Grenze scheinen sich alle südslawischen Stämme ein Stelldichein gegeben zu haben. Da wohnen in kleinen Dörfern oder verstreuten Häusern Serben, Kroaten, Montenegriner, Albanesen vermengt mit romanischen Familien, die mit ihnen aus der Türkei geflüchtet waren, und mit Ansiedlern aus Morea, aus Candia, aus Cypern und von anderen griechischen Inseln. Das bildet zusammen ein so vielfältiges und ungeordnetes Conglomerat verschiedener Rassen und Stämme, dass mehr als zweihundert Jahre nach seiner Einwanderung, bei der amtlichen Volkszählung von 1880, man diesen vornehmlich südseitig von Quieto noch bestehenden Hybridismus – wie Benussi sich ausdrückt – nicht anders zu bezeichnen wusste, als mit dem Namen Serbokroaten, welcher bei den [sic!] bekannten Antagonismus zwischen den beiden großen südslawischen Stämmen sich grade so gut ausnimmt, wie etwa die Bezeichnung Rutenopolen oder Borusso-Bajuvaren. Übrigens ist, während noch vor vierzig Jahren Coiz in der „Porta Orientale“ alle Slawen südlich des Quieto als Serben bezeichnen konnte, heute die gänzliche Kroatisierung dieses Völkerconglomerates nunmehr eine Frage der Zeit und an vielen Orten bereits vollzogen.[55]

---

versität Wien, Direktor des Volkskundemuseums in Wien), Dr. Rudolf Hoernes (Universitätsprofessor in Graz), Dr. Carlo de Marchesetti (Museumsdirektor in Triest), Bernardo Schiavuzzi (Arzt aus Pola), Dr. Franz Swida (k.u.k. Hofrat in Graz).

[53] Seine volkswirtschaftlichen Interessen bezüglich des Fremdenverkehrs und der Verkehrswege innerhalb der Monarchie bestätigen einige seiner Veröffentlichungen, zum Beispiel *Josef Stradner*, Der Fremdverkehr. Eine volkswirtschaftliche Studie, Leykam, Graz 1905. Stradner arbeitete Mitte der 1880er-Jahren auch in der Redaktion der *Fremdenverkehrs-Zeitung*, vgl. *Helmut W. Lang/Ladislaus Lang*, Bibliographie der österreichischen Zeitungen (1621–1925) (Österreichische Zeitungen 1492–1945 4), Saur, München 2003, 198. Zwecks Förderung des touristischen Interesses der deutschsprachigen Leser und Leserinnen am Adriaraum verfasste Stradner auch Reiseführer: *Josef Stradner*, Anzeiger der Seebäder und Luftkurorte an der Adria, Leykam, Graz 1907; *Ders.*, Stradners Adria-Führer insbesondere Anzeiger der Seebäder und Luftkurorte an der Adria, Triest 1910.

[54] *Josef Stradner*, Novi schizzi dall'Adria, 2. Istria, Schimpff, Trieste 1903.

[55] *Stradner*, Zur Ethnographie, 101. Sowie in: *Ders.*, Neue Skizzen von der Adria, 2, Istrien, Leykam, Graz 1903, 12.

Die Einheitlichkeit schien bei Stradner nicht nur eine bloße Kategorisierung aus den Volkserhebungen zu sein. Die früheren ethnographischen Kategorien wurden nun zur politischen Realität – sogar noch stärker als in Benussis Text. Durch die Verwendung des Wortes „Kroatisierung" unterstrich Stradner eine befürchtete Politisierung der vorher „national unbewussten" und zersplitterten ruralen Bevölkerungen. Die antislawische sowie antiklerikale Stellung des liberalnationalen Benussi und des deutschnationalen Stradner einte die beiden am Anfang des 20. Jahrhunderts in Triest lebenden Publizisten – die Recherche nach Spuren einer Verbindung zwischen den beiden erwies sich freilich als ergebnislos.

Durch Stradners Beiträge und Werke erlangte der Begriff Hybridismus in Bezug auf Istrien monarchieweit Relevanz. Die allgemeine soziopolitische Situation der Monarchie in den 1890er-Jahren kann den Ausdruck dieser gemeinsamen Befürchtung betreffend Herstellung einer feindlichen und gefährlichen einheitlichen Gruppierung der „Südslawen" – oder „Serbo-Kroaten" – durch das Wort „Hybridismus" noch besser erklären. Der Beginn der 1890er-Jahre war die Zeit des Wiederauftauchens der Frage nach der Erweiterung des Kurienwahlrechtes. Um die wachsende Bedeutung der sozialen Frage im Moment der Gründung der sozialdemokratischen Partei zu begrenzen und die eigene Macht zu bewahren, versuchte die konservative Regierung Taaffe 1893, eine Vorlage für die Wahlrechtsreform im Reichsrat verabschieden zu lassen. Dieser Versuch scheiterte und am 11. November 1893 stürzte die Regierung Taaffe,[56] genau während des Höhepunktes der Auseinandersetzung über die slawische Liturgie in Istrien.[57] Das Ende des sogenannten „Eisernen Ringes", wie die konservative Regierung Taaffe auch genannt wurde, samt der Verschärfung der Wahlrechtsfrage zeigte sich als der Beginn einer letzten Transformationsphase der Monarchie.[58] Das verbreitete Gefühl der wachsenden Unsicherheit drückte ein Autor in *L'Istria* folgendermaßen aus: „Ed ora, caduto Taaffe, che cosa accadrà? Veramente è da ripromettersi poco; ad ogni modo è prudente aspettare."[59] Drei Jahre später, 1896, präsentierte die Regierung Badeni eine neue Vorlage, und die Wahlreform mit der Einführung der allgemeinen Wählerklasse wurde diesmal angenommen – ein Jahr vor der Veröffentlichung von Stradners Beitrag.

Neben der neuen Bedrohung durch die sozialistische Partei erwies sich die Verbreitung des Wahlrechtes in den niedrigsten, meist slawischsprachigen Schichten

---

[56] *Rumpler*, Eine Chance, 495–496.

[57] La caduta del Conte Taaffe, in: L'Istria 12/617, 11. November 1893, 1.

[58] „Ma al fine lo stato delle cose giunse ad un punto che non si poteva più sostenere, e la stravagante legge sull'allargamento del voto elettorale prodotta inopinatamente dal conte Taaffe al Parlamento, nonché il fatto troppo precipitato della proclamazione del piccolo stato d'assedio a Praga, determinarono la sua caduta.", Ebd.

[59] „Und was wird jetzt passieren, nachdem Taaffe gefallen ist? Wir können uns eigentlich nicht allzu viel erwarten; auf jeden Fall ist es ratsam zu warten.", Ebd.

aus der Perspektive der lokalen Eliten als besonders problematisch. Die Bedrohungskommunikation Benussis und Stradners diente einer Alarmierung vor der möglichen politischen Erosion wegen der Politisierung von Teilen der „hybriden“, „indifferenten“ ruralen Bevölkerung. Dieselbe Bevölkerung wurde im Moment der Erweiterung des Wahlrechtes zu einem neuen, begehrten Wählerlager. Angesichts einer sich verändernden Gegenwart sowie einer schwer vorhersehbaren Zukunft zielten lokale Eliten durch die kulturelle Frage darauf ab, sich als eine kompakte politische Gruppierung zu organisieren.[60] Die bisherige fragile Kreation der Region Istrien mit ihrer komplexen Struktur der „Einheit in der Vielfalt“ riskierte nun, massiv verändert zu werden. Das drohte die soziale und politische Vorherrschaft der „italienischen“ Elite des Küstenlandes in Frage zu stellen.

Das Wiederauftauchen des Begriffes „Hybridismus“ war in erster Linie eine Reaktion auf weitreichende sozioökonomische und demographische Veränderungen innerhalb der Triester Realität. Die Vororte sowie die Arbeiterbezirke Triests erwiesen sich als Orte der Vermischung von Individuen aus dem slawischsprachigen Hinterland Triests. Nach der Analyse Moritz Csákys waren Großstädte die Orte für die Entwicklung neuer Arten von kultureller Hybridisierung, die einen anderen Charakter aufwies als die „traditionellen“ Hybridisierungsformen auf ruralen Ebenen in den einzelnen Regionen der Monarchie[61] Nicht zufällig sprach der liberalnationale Archäologe Alberto Puschi 1884 in einem Brief an Hugo Schuchardt die Herausbildung von sprachlichen Anpassungs- und Hybridisierungsprozessen bei den urbanisierten „Slawen“ – in diesem Fall aus der Krain – an, die immer präsenter und auffälliger im städtischen Kontext wurden: „Non confondiamo però i territoriali con quella magna caterva di Slavi che calano dalla Carniola a Trieste, ed i quali non conoscendone la lingua [italiana, Anm. d. Verf.] ed imparandone le espressioni più comuni procurano di farsi intendere come meglio possono.“[62]

Die Historikerin Tullia Catalan sowie die Historiker Stefan Wedrac und Luca Manenti sind sich einig darin, dass die Jahre zwischen 1880 und 1910 die zentrale Zeit des Aufstieges der antislawischen italienischen Propaganda im Küstenland war, die wegen der starken Zunahme der Massenimmigration nach Triest zu einer wahren „Psychose der Umzingelung“ bei der triestinischen Bourgeoise führte.[63] In diesem Sinn ging es bei der Thematisierung der Volkszählungen in

---

[60] Pieter Judson schließt sein Buch über die Geschichte der Habsburgermonarchie mit der damals verbreiteten Frage „Hat das Reich eine Zukunft?“, *Judson*, Habsburg, 480–490.

[61] *Csáky*, Die Vielfalt, 45.

[62] „Verwechseln wir die Leute aus dem Territorium/Gebiet [um Triest, Anm. d. Verf.] nicht mit der Masse an Slawen, die von Krain nach Triest hinunterkommen. Diese Menschen kennen die [italienische] Sprache nicht und versuchen die gebräuchlichsten Ausdrücke zu erlernen, um sich irgendwie verständlich zu machen.“, HSA, A, 9083 (Alberto Puschi).

[63] *Catalan*, Linguaggi, 47; *Stefan Wedrac*, Lo scioglimento della Dieta provinciale di Trieste nel 1915, in: Qualestoria, 1–2, 2014, 193; *Luca Giuseppe Manenti*, Geografia e politica nel

Benussis und Stradners Texten nicht nur um die klassische Nationalitätenfrage. Auch andere, soziokulturelle Gründe spielten eine Rolle. Ab den späten 1880er-Jahren verwendeten Triester Autoren, die der liberalnationalen Partei nahestanden, eine Reihe von pejorativen militärischen Begriffen und in Zusammenhang mit Katastrophen gebräuchlichen Bezeichnungen für die Immigration von „slawischen" Massen nach Triest: Neben historischen Termini, etwa „invasione" („Invasion") und „orda" („Horde"), setzten sich naturalisierende Begriffe wie „valanga" („Lawine") und „marea" („Flut") durch.[64]

Dank solcher Hinweise kann die Erscheinung des Begriffes „ibridismo"/„Hybridismus" als ein städtisches Phänomen eines bürgerlichen Milieus verstanden werden. Solche Begriffe funktionierten innerhalb einer urbanen Logik am besten und zielten in der Zeit der „Herauskristallisierung des negativen Slawen-Stereotyps"[65] auf eine konkrete Auswirkung auf die innere kulturell-politische Situation sowohl in Triest als auch in Istrien ab. Auch in diesem Zusammenhang erwies sich Istrien als eine Versuchsstation für die Etablierung neuer kultureller und politischer Konzepte.

Die Persönlichkeit und Tätigkeit Bernardo Benussis liefern interessante Belege für den Transfer des Begriffes „ibridismo" aus der Botanik in das Kulturelle innerhalb der urbanen Realität der Adriastadt. Auf den ersten Blick scheint es, dass Benussi im kulturellen und wissenschaftlichen Leben der Stadt gut integriert war. 1874 zog er von Rovigno/Rovinj nach Triest, wo er zuerst als Gymnasiallehrer und später als Direktor des Mädchengymnasiums tätig war.[66] Außer der Tätigkeit Benussis als Präsident der Società istriana di archeologia e storia patria in Rovigno/Rovinj geben Mitgliederlisten mehrerer lokaler wissenschaftlicher Einrichtungen Aufschluss über seine Rolle als Mitglied sowie Direktor.[67] Insbesondere zwischen 1885 und 1900 wurde er als Vorstandsmitglied der Società adriatica di scienze naturali erwähnt. Dies galt als eine der angesehenen Positionen in der wichtigsten küstenländischen Forschungsgesellschaft, die ihn in direkten Kontakt mit naturwissenschaftlichen Forschern, Diskursen und Terminologien brachte.[68] Demzufolge scheint es plausibel, dass die Verwendung des Begriffes

razzismo antislavo. Il caso dell'irredentismo italiano (secoli XIX–XX), in: Catalan (Hrsg.), Fratelli, 33.

[64] *Manenti*, Geografia, 32–33.

[65] *Catalan*, Linguaggi, 41.

[66] AprTS, Registro di popolazione, Foglio di evidenza della famiglia, dott. Benussi Bernardo.

[67] Vgl.: Annuario della Società agraria istriana, Caprin, Trieste (ab 1870); Bollettino della Società adriatica di scienze naturali in Trieste, Lloyd austriaco, Trieste (ab 1876). Benussi war zudem Präsident der Università popolare (Volkshochschule) in Triest und Prüfer der Societá di Minerva (vgl. zum Beispiel CMSA, Archivio Minerva, 8, 85.2).

[68] Der Begriff „ibrido" findet sich in einigen Beiträgen in den Mitteilungen der Società adriatica, vgl. *G. Bolle*, Sulla phylloxera vastatrix, in: Bollettino della Società adriatica di scienze naturali in Trieste 2, 1876, 271; *Michele Stossich*, Escursione botanica sul monte Risnik in Croazia, in: Bollettino 3, 1878, 508; *Bernardo Schiavuzzi*, Elenco degli Uccelli viventi nell'Istria ed in ispecialità nell'agro piranese, in: Bollettino 4, 1879, 54; *Graziano Vallon*, Escursioni

„ibridismo“ in seiner Bedrohungskommunikation nicht nur eine Reaktion auf die kulturpolitische Auseinandersetzung innerhalb Istriens darstellte, sondern stärker vom bürgerlichen Milieu Triests beeinflusst war.

Diese Hinweise zu Benussis professioneller Biographie müssen aber relativiert werden. Benussi galt nicht als Vollmitglied der Triester Bourgeoisie: Als geborener Istrianer, nicht-autochthoner Zuwanderer, Gymnasiallehrer und nationalisierter Akteur erlebte Bernardo Benussi selbst das multinationale großbürgerliche Milieus Triests und seine Mechanismen von Inklusion und Exklusion. Ein Brief von Antonio Ive an Schuchardt aus dem Jahre 1910 zeigt, wie Benussi sich an wichtigen Stellen der damaligen Wissensnetzwerke befand. Gleichzeitig enthüllt der Brief die Existenz beruflicher, sozialer und persönlicher Konkurrenzen innerhalb eines solchen Milieus und zwischen den lokalen Wissenschaftlern. Obwohl beide aus Rovigno/Rovinj stammten und ungefähr gleichaltrig waren, beschrieb Ive Benussi als einen provinziellen, ehrgeizigen Emporkömmling, mit dem er keinen persönlichen Kontakt haben wollte:

> Rispondo subito alla Sua cartolina, col dirLe ch'io conosco di vista ed anche di fama il sig^r^. Benussi, il quale, detto qui per incidenza, non mi pare la persona più adatta pel caso Suo. È un ambizioso, ma molto volgare, che per trovarsi a vivere in un paese di ciechi, ha finito per considerarsi e farsi considerare come un grande uomo.[69]

Wie schon im Fall des Zusammenstoßes zwischen de Marchesetti und Moser waren die Positionen der beiden Intellektuellen aus Rovigno/Rovinj wichtige soziale Unterscheidungs- und Exklusionsmerkmale. Obwohl beide an denselben Universitäten (Wien und Graz) ihre Hochschulabschlüsse erworben hatten, wurde Ive zum Universitätsprofessor in romanischer Philologie an der Universität Graz und trat dadurch als Vollmitglied in das imperiale Wissensnetzwerk ein. Dagegen blieb Benussi als Schullehrer im Küstenland, und konnte nur am lokalen, eher ethnozentrierteren Netzwerk teilnehmen, wenngleich in führenden Positionen. In diesem Sinn erwies sich Benussi als eine ambivalente Persönlichkeit: Sein Name war sicherlich prominent innerhalb der Wissenschaft des Küstenlandes, was ihm eine gewisse Sichtbarkeit bescherte. Gleichzeitig stand er aber am Rand des kosmopolitischen Großbürgertums sowie der wissenschaftlichen Netzwerke auf lokaler und imperialer Ebene. Noch offen bleibt die schwierige Frage, ob seine Platzierung innerhalb des italienischen Ethnozentrismus Istriens teilweise eine Reaktion auf diese Exklusion aus der multinationalen großbürgerlichen

---

ornitologiche nel Friuli, in: Bollettino 22, 1890, 96; *R. F. Solla*, Cenni sopra alcuni boschi della Toscana, in: Bollettino 16, 1895, 148, 160.

69 „Ich antworte Ihnen sofort auf Ihre Postkarte, um Ihnen mitzuteilen, dass ich Herrn Benussi sowohl vom Sehen als auch vom Hören und Sagen kenne. Ich sage es Ihnen ganz ehrlich: Meiner Ansicht nach ist er nicht die geeignetste Person für Ihr Anliegen. Er ist ein ambitionierter, aber sehr vulgärer Mensch. Und er hat es hier zu einigem Ansehen gebracht, ganz so wie sprichwörtlich der Einäugige unter den Blinden König ist.“, HSA, A, 4967 (Antonio Ive).

Gesellschaft Triests war. Es bedarf noch weiterer Untersuchungen, welche Rolle das Isolationsgefühl der istrischen Eliten um die Jahrhundertwende für die weitere Selbsttypisierung nach nationalistischen Mustern spielte und inwieweit es wissenschaftliche Diskurse prägte.

8.3. Eine kurze, aber lebhafte Renaissance des Hybridismus-Begriffes (1909–1914)

Nachdem dieser Transfer bei den beiden genannten Autoren stattgefunden hatte, etablierte sich die Verwendung des Begriffes Hybridismus in der Publizistik sowie in der Presse des Küstenlandes durch eine verbreitete Bedrohungskommunikation. Mit dem neuen Jahrhundert erlebten die Termini „ibridismo“, „ibrido“ eine kurze, aber lebhafte Renaissance.

1909 veröffentlichte der Triester Schriftsteller Scipio Slataper (1888–1915) in der Florentiner Zeitschrift *La Voce* eine Reihe von fünf offenen Briefen. Diese hatten die Verbreitung von Wissen über die „italienische Kultur“ des Küstenlandes (vor allem Triests) und den italienischen adriatischen Irredentismus beim Lesepublikum des italienischen Königreiches zum Ziel. Im ersten Artikel erklärte der Hauptvertreter des sogenannten „kulturellen Irredentismus“[70] die Gründe für den Mangel einer echten „triestinischen Kultur“ durch die Schilderung des historischen Entstehungsprozesses der neuen Freihafenstadt seit dem 18. Jahrhundert als eine „hybride Entwicklung“:

> E poiché la città favoriva con gioia, in tutti i modi, questo suo ibrido sviluppo, non ebbe scrupoli – come Maria Teresa voleva – per l'accettazione di nuovi cittadini: tanto che fu vero asilo di malfattori. Capisco che aveva Roma ad esempio!: ma è simpatico vedere come in alcune domande di cittadinanza, pubblicate da Giuseppe Caprin, sia sufficiente raccomandazione all'intento l'aver da fare con polizie estere. E si capisce che Corfù non può avere una tradizione intellettuale.[71]

Hybridität galt in diesem Diskurs gleichzeitig als ein Vorteil für einen ökonomischen Aufschwung wie als ein Hindernis für die Entwicklung einer „Kultur“ – gemeint hier als elitäre, literarische „Hoch-Kultur“. „Ibrido“ war bei Slataper unmittelbar mit der ungehinderten Ankunft von „Verbrechern“ verbunden. Diese

[70] Vgl. *Riosa*, Adriatico, 214.

[71] „Da die Stadt jene hybride Entwicklung in jeder Hinsicht mit Freude begrüßte, hatte sie – ganz nach dem Wunsch Maria Theresias – keine Bedenken, neue Bürger aufzunehmen. Die Stadt wurde zu einem echten Zufluchtsort für Verbrecher. Zweifellos betrachtete die Stadt das alte Rom als Beispiel! Doch es ist kurios zu lesen, wie in einigen Anträgen auf Staatsbürgerschaft, die Giuseppe Caprin veröffentlicht hat, der Verweis auf Schwierigkeiten mit der Polizei im Ausland als Referenz ausreicht. Und es ist offensichtlich, dass Korfu keine Geistesgeschichte haben kann.“, *Scipio Slataper*, Trieste non ha tradizioni di cultura, in: Ders., Lettere triestine, Dedolibri, Trieste 1988, 10 (1. Ausgabe in: La Voce 1/9, 11. Febraur 1909, 35).

ironische Interpretation Slatapers deckt sich mit den aktuellen Studien aus der Geschichtswissenschaft über die Entwicklung der Stadt im 19. Jahrhundert. Nach Marina Cattaruzza basierte die „künstliche Stadt" Triest auf der „Vorrangstellung der Wirtschaft" über kulturelle und politische Fragen.[72] In Bezug auf eine solche komplexe urbane Realität bedeutete Hybridität aus der Perspektive Slatapers die Unmöglichkeit, eine monolithische und eindeutige kulturelle „Identität" zu formulieren, da in Triest „alles doppelt oder dreifach ist, von der Flora bis zur Ethnizität" („Ogni cosa è duplice o triplice a Trieste, cominciando dalla flora e finendo con l'etnicità").[73]

Zwei Jahre vor Ausbruch des Ersten Weltkrieges veröffentlichte der sozialistische Triester Historiker Angelo Vivante (1869–1915)[74] in Florenz sein Hauptwerk *Irredentismo adriatico*, ebenfalls im Verlag der Zeitschrift *La Voce*. Das Buch behandelt die Geschichte Triests und des österreichischen Küstenlandes des 19. Jahrhunderts und somit die Entwicklung des sogenannten „adriatischen Irredentismus". Die Relevanz der irredentistischen Bewegung war in den beiden Jahrzehnten vor dem Weltkrieg sowohl in der Habsburgermonarchie als auch im italienischen Königreich förmlich explodiert – insbesondere ab 1903 in Verbindung mit der Auseinandersetzung über die Gründung einer italienischsprachigen Universität in Triest. Wie der Artikel Slatapers diente das Buch Vivantes als eine tiefgründige Studie über die Unterscheidungsmerkmale der „Austroitaliener" für das italienische Lesepublikum. Es enthielt grundlegende Interpretationen der damaligen nationalen und soziokulturellen Verhältnisse in Istrien, vor allem in Bezug auf die ökonomischen, sozialen und kulturellen Beziehungen zwischen Stadt und Land und innerhalb einer transnationalen Perspektive zwischen Österreich und Italien.[75] Es war nicht außergewöhnlich, dass sich ein Intellektueller und eine Leitfigur der sozialistischen Partei näher mit Istrien befasste. Nach Marina Cattaruzzas Analyse galt die Region Istrien als das privilegierte Expansionsterritorium des Partito operaio socialista in Austria (Sozialistische Arbeiterpartei in Österreich), mehr als Görz-Gradiska und Dalmatien.[76] Genau in diesem Zusammenhang tauchte der Begriff „Hybridismus" in einer der tiefgreifendsten und detailliertesten Interpretationen der istrischen Situation kurz vor dem Ersten Weltkrieg auf:

---

[72] *Cattaruzza*, Il primato.

[73] *Slataper*, L'avvenire, 825.

[74] Vgl. *Francesco Toncich*, Vivante Angelo, in: Österreichisches Biographisches Lexikon (1815–1950), 15, Verlag der Österreichischen Akademie der Wissenschaften, Wien 2017, 302–303.

[75] *Marta Verginella*, Il conflitto nazionale e lo sguardo congiunto di Angelo Vivante, in: Luca Zorzenon (Hrsg.), Angelo Vivante e il tramonto della ragione, Centro studi Scipio Slataper, Trieste 2017, 67–83.

[76] *Cattaruzza*, Socialismo, 91–95.

Mancando il grande centro ingoiatore, lo slavo dell'Istria, cioè quasi ovunque, il contadino abitante in campagna, ha sempre subíto molto più imperfettamente che a Trieste, l'influsso urbano: il processo italianificatorio ha agito sugli assorbiti entro le brevi cinte della città o della borgata; gli altri, i più, i rimasti fuori, anche a due passi, hanno preso una verniciatura italiana più o meno forte, secondo i luoghi. È nato così l'ibridismo rustico, fenomeno ben più tenace dell'ibridismo urbano, sboccante, fino a ieri, rapidamente nell'italianificazione definitiva. L'ibrido è, di regola, un contadino, slavo per origine storica e dialettologica fondamentale, che comprende e parla il dialetto italiano del centro più prossimo, e si serve di esso abitualmente nei rapporti di servizio e di affari. L'ibridismo invade spesso anche il focolare domestico, con sfumature bizzarre: si parla slavo dai vecchi o coi vecchi o fra coniugi e non sempre coi figli, ecc.: è insomma una forma di assopimento cui dovrebbe seguire, ma troppo spesso non segue, l'italianizzazione definitiva.[77]

Darüber hinaus erklärt Vivante strategische Formen „situativer Ethnizität“ der lokalen kulturell hybriden und national indifferenten Bevölkerungen im ruralen Istrien – vor allem bezüglich des Streites zwischen konkurrierenden nationalen Privatschulen – durch den Begriff „amphib“.[78] Damit bezog sich Vivante auf die national ständig changierenden, sich anpassenden und opportunistischen Zugehörigkeiten der ruralen Gruppen oder Individuen. Sogar bei einer minimalen Veränderung der allgemeinen Zustände und Rahmenbedingungen änderten sie – so Vivante – ihre Vorstellung von ihrer kleinen Welt je nach ihren Bedürfnissen. Der einfache Wechsel eines Priesters oder Anwalts in einem Dorf oder einer Kleinstadt genügte, um die schwankende Selbstidentifizierung einer familiären Gruppe zu beeinflussen und ihre soziokulturellen sowie ökonomischen Verhältnisse zu verändern. Die Logik dieser plötzlichen, unerwarteten

---

[77] „Da es an einem urbanen Zentrum mit großer Anziehungskraft fehlt, war der gewöhnliche Slawe Istriens, der fast überall einem Landbewohner entspricht, viel weniger den städtischen Einflüssen ausgesetzt als die Menschen in Triest. Der Prozess der Italianisierung hat nur auf den Kreis der Menschen innerhalb der engen Stadt- oder Dorfmauern gewirkt. Die Mehrheit bleibt außerhalb der Mauern (wenn auch nur ein paar Schritte entfernt) und hat mit der Zeit eine mehr oder weniger starke italienische Färbung bekommen, je nach Lage. So entstand der ländliche Hybridismus, ein viel hartnäckigeres/stärkeres Phänomen als der städtische Hybridismus, der bis vor kurzem schnell in einer endgültigen Italienisierung mündete. Der Hybride ist in der Regel ein Bauer (slawisch seinem Ursprung/seiner Geschichte und seiner Sprache nach), der den italienischen Dialekt des nächsten urbanen Zentrums versteht und spricht, und ihn regelmäßig bei Geschäfts- und Dienstangelegenheiten verwendet. Die Hybridisierung dringt oft auch in die privaten vier Wände ein, mit ganz eigenartigen Noten: Man spricht Slawisch mit den Alten oder unter Ehepartnern, aber nicht immer mit den Kindern usw. Es ist – kurz gesagt – ein allmählich schwindendes Sprachphänomen, das letztlich zur endgültigen Italienisierung führen sollte – es allzu oft aber nicht tut.“, *Vivante*, Irredentismo, 137–138.

[78] „Perché la lotta scolastica si accenda, occorrerebbe, logicamente, che l'ibrido o l'anfibio sieno in uno stadio tale, da dare ad ognuna delle due forze che vorrebbero attirarlo a sé, qualche affidamento di successo. Invece, specie da parte italiana, accade spesso che fini particolari della lotta o circostanze locali vengano a perturbare questo criterio. Così il centro urbano italiano è tratto a tentar di premere, mediante la scuola, sui contadini compresi nel comune cittadino e quindi elettori nel medesimo, anche se in loro l'ibridismo sia appena rudimentale o soltanto esteriore.“, Ebd, 138.

und kontextbezogenen Repositionierungen hatten oft rein sozio-wirtschaftlich pragmatische Gründe, die viel wichtiger als kulturell-sprachlich waren: „Basta il cambiamento di un prete o di un avvocato, le aderenze di una famiglia a premere sulla loro oscillante coscienza e a mutarla. Il puro fattore economico talvolta prevale sulle condizioni linguistiche [...]."[79]

Der „Hybridismus" und die Beschreibung von Verhaltensweisen nationaler Indifferenz oder Flexibilität erhielten in Vivantes Analyse keine ethnische Konnotation: Sie wurden vielmehr als sozioökonomische Erscheinungen der als normal akzeptierten und erlebenten Verhandlungstätigkeit in solchen soziogeographisch und sprachlich diversifizierten Räumen interpretiert. „Hybridismus" war keine fixe kulturelle Realität, sondern eher ein Verhalten oder eine Strategie des alltäglichen Handelns. Der Sozialist Vivante klagte den Staat sowie die nationalen bürgerlichen Parteien an, solche national undefinierten Soziorealitäten durch den Zensus und ethnographische Kategorisierungen oder entmischende, nationalisierende Kultur- und Schulpolitiken für politische Ziele auszunützen.[80] Der Vorwurf richtete sich gegen die lokalen oder imperialen Machteliten, da diese sich so gegen die bedrohliche Reaktion der Bauern auf die „ökonomische Unterdrückung" zur Wehr setzen würden.[81]

Es scheint somit kein Zufall zu sein, dass das Wort „Hybridismus" von der sozialistischen Seite verwendet wurde. Die österreichische sozialistische Partei setzte sich permanent mit dem Zustand der Arbeiter- oder Bauernschichten auseinander. Darüber hinaus verstand Vivante aus seinem marxistischen Blickwinkel heraus die Nationalitätenfrage prinzipiell als sozioökonomische Auseinandersetzung zwischen den konkurrierenden Bourgeoisien. Gleichzeitig war die Einheit der sozialistischen Partei Triests selbst in den ersten Jahrzehnten des 20. Jahrhunderts stark vom Auftauchen der Nationalitätenfrage bedroht. Die Gründung von slawischsprachigen sozialistischen Parteisektionen riskierte 1896 die Spaltung und das Parallelisieren der küstenländischen Partei entlang der sprachlich-nationalen Grenze, vor allem in Istrien. Daher stimmten die istrischen Sozialisten nicht unbedingt immer mit dem Internationalismus der Parteispitze in Triest überein. Zudem war die Nationalitätenfrage in der Parteisektion auf der istrischen Halbinsel viel präsenter als in Triest.[82]

Demzufolge kann die Thematisierung der Hybridität bei Vivante als eine Art Interpretationsmuster nicht nur innerhalb einer allgemeinen Reflexion über die kulturellen und ökonomischen Verhältnisse zwischen sozialen Schichten und Räumen gelten. Die Reflexion betraf auch die eigene sozialistische Partei

---

[79] „Der Austausch eines Priesters oder Anwalts genügt, um die schwankenden Überzeugungen einer Familie zu beeinflussen und zu verändern. Der rein materielle Aspekt hat manchmal mehr Einfluss als die sprachlichen Bedingungen [...].", Ebd., 139.

[80] Ebd., 140.

[81] Ebd., 126.

[82] *Cattaruzza*, Socialismo, 118–119; *Rutar*, Le costruzioni, 33–34.

und ihre politische Tätigkeit. „Hybridismus“ zeigte die „Zwischenräume“ auf, in denen die unterschiedlichen sozialen Schichten miteinander in Kontakt kamen. Die sozialistische Partei musste ihre Aufmerksamkeit und Tätigkeit auf diese fokussieren, um den nationalisierenden Aktivitäten der bürgerlichen Parteien entgegenzuwirken. Der Unterschied zwischen den diagnostizierten „ländlichen“ und „städtischen Hybridismen“ verankerte ein weiteres Unterscheidungsmerkmal in dieser Reflexion: Die differenzierte Analyse zweier Arten von Ansprechpartnern sollte eine entsprechend diversifizierte programmatische Tätigkeit der Partei anregen. „Hybridismus“ hatte auch das Potenzial, eine konkrete Kartierung der Zwischenräume innerhalb der gegenwärtigen, sich stark verändernden Gesellschaften in sowohl städtischen als auch ruralen Umwelten zu erklären. Die Orte, an denen klare Grenzen zwischen Stadt und Land wegen zunehmender Migration oder Möglichkeiten der Mobilität nicht mehr so erkennbar schienen,[83] sollten die privilegierten Orte der Tätigkeit der Sozialisten werden.[84] Diese sprachlich-sozial hybriden Räume waren hauptsächlich die Vorstädte Triests und die ruralen istrischen Orte um die Kleinstädte, sozusagen die Härtefälle der lokalen Gesellschaften.[85]

Unmittelbar vor dem Ausbruch des Weltkrieges 1914 verfasste der k.u.k. Bezirksarzt in Pola/Pula Bernardo Schiavuzzi eine anthropologische Studie über die Rekruten dieses Bezirkes: *Saggio di ricerche antropologiche eseguite sopra materiale offerto dalle leve militari nel distretto politico di Pola*. Schiavuzzi war das militärische Milieu nicht fremd: Die in seinem Nachlass erhaltenen kaiserlichen Ehrungen bezeugen, dass er 1878/79 am Krieg in Bosnien teilgenommen hatte. Später, im Ersten Weltkrieg, leistete er als Bataillons-Arzt der k.u.k. Armee Dienst.[86] Zu Beginn seiner Untersuchung skizziert Schiavuzzi kurz die ethnischen Verhältnisse der istrischen Halbinsel mittels der vier klassischen entmischenden Kategorien: „Italiener“, „Slawen“, „Deutsche“ und „Rumänen“. Die Nähe und die konstanten wechselseitigen Kontakte – wie in „Ländern an der Sprachgrenze“ üblich – hätten im Laufe der Jahrhunderte zur „Herstellung von Hybriden“ geführt:

> Però nell'andar dei secoli ebbe a succedere nel territorio, come da per tutto nei paesi di confine linguistico, che le quattro stirpi etniche pel trovarsi in continuo contatto, in buona parte si fusero producendo degli ibridi, i quali mantenendo il nome di famiglia testimonio della stirpe, adottarono invece il linguaggio dell'altra, cambiando la nazionalità vecchia per assumerne una nuova, mantenendo però i caratteri fisici, talvolta le stimate della vecchia. Sicché vediamo degli *slavi* convinti di essere tale, recanti cognomi prettamente italiani e degli *italiani* viceversa di sentimenti purissimi, indicati da un cognome

[83] *Breschi/Kalc/Navarra*, Storia minima, 83–84.

[84] Zur mangelhaften Beschäftigung der lokalen Sozialisten mit der ländlichen Gesellschaft zu Beginn des 20. Jahrhunderts vgl. *Cattaruzza*, Socialismo, 114.

[85] *Cattaruzza*, La formazione, 97–101.

[86] CMSA, Archivio Schiavuzzi, Urkunde, Tapferkeitsmedaillen (1915, 1916).

decisamente *slavo*. Lo stesso vale pei *tedeschi*, senza parlare dei *rumeni*, i quali non sono più tali da parecchio tempo.[87]

Im Text präzisiert Schiavuzzi, das Ziel dieser Studie sei die Erforschung der „physischen Charaktere" der analysierten Menschen. In einem so verwirrenden Kontext wie Istrien zielte er darauf ab, die gewünschte Authentizität der ursprünglichen Abstammung der untersuchten Individuen zu realisieren und sie in klare, physisch-biologische Kategorien jeder „Nationalität" zu gliedern. Im Rahmen von Vertiefungsstudien nach ethnographischen Forschungsansätzen wurden auch die Familiennamen berücksichtigt.[88] Es war nicht das erste Mal, dass Begriffe wie „ibrido" in Schiavuzzis Texten auftauchte. In einigen seiner wissenschaftlichen Texte schienen Begriffe wie „ibrido" und „ibridismo" unmittelbar mit der Frage nach der „Künstlichkeit" innerhalb eines wissenschaftlichen Diskurses verbunden zu sein. Der positivistische Wissenschaftler und Mediziner verwendete schon 1879 die Begriffe „ibrido" und „ibridismo" in einem Beitrag über ornithologische Forschungen in Istrien. Im Fokus dieser zoologischen Studien stand die Fruchtbarkeit hybrider Formen von Kanarienvögeln, betrachtet als ein künstliches, von Menschen hergestelltes Produkt.[89]

Nachdem „Hybridismus" als verbreitetes, kraftvolles Mittel der politischen Alarmierung verwendet wurde, kann in Schivuzzis Texten der 1910er-Jahre ein Rücktransfer des Begriffes von der politischen zur wissenschaftlichen Sphäre bemerkt werden – obgleich jetzt in Bezug auf humane statt botanisch-zoologische Forschungsobjekte. Darüber hinaus zeigte sich eine gewisse Sedimentierung solcher Begriffe bei den italienischsprachigen Eliten des Küstenstreifens und

---

[87] „Im Laufe der Jahrhunderte verschmolzen auf dem Land, wie in sprachlichen Grenzgebieten üblich, die vier ethnischen Stämme weitgehend, da sie über Jahrhunderte hinweg in ständigem Kontakt waren, und wodurch Hybriden entstanden. Diese bewahrten die Familiennamen als Zeugnis ihrer Abstammung, während sie die Sprache der Anderen annahmen. So gaben sie ihre alte Nationalität auf, um eine neue anzunehmen. Trotzdem behielten sie die physischen Eigenschaften bei, manchmal sogar mit ihren Stigmata. Wir können also überzeugte *Slawen* beobachten, die aber typisch italienische Nachnamen tragen, und andererseits überzeugteste *Italiener* mit, die durch einen ausgesprochen slawischen Nachnamen gekennzeichnet sind. Das Gleiche gilt für die *Deutschen*. Ganz zu schweigen von den *Rumänen*, die schon lange nicht mehr als solche zu bezeichnen sind.", *Bernardo Schiavuzzi*, Saggio di ricerche antropologiche eseguite sopra materiale offerto dalle leve militari nel distretto politico di Pola, Lloyd, Trieste 1914, 1–2.

[88] „In uno studio quindi, dal quale viene esclusa qualsiasi influenza che non sia fisica, qualunque concetto che abbia l'aspetto di essere artificiale, devesi ricorrere a quei criteri, dai quali risulti una chiara luce sull'origine etnografica d'ogni singolo individuo e questa luce non ci viene offerta che dallo studio del cognome portato dalla famiglia, il quale pei suoi speciali caratteri, ci dirà tosto da quale stirpe provenga l'individuo, di cui si studiano i caratteri fisici.", Ebd., 2.

[89] „4. *Dryospiza canaria*. Canarino. Nidifica in ischiavitù. Se ne ottengono ibridi col *Carduelis elegans* e col *Chloris hortensis*. I nascenti ibridi hanno meravigliosamente la proprietà di fecondare le femmine di puro sangue come anco quelle provenienti da tale ibridismo.", *Schiavuzzi*, Elenco degli uccelli, 54.

ganz besonders innerhalb bürgerlicher Familien. Bernardo Schiavuzzi stammte tatsächlich aus einer der prominentesten Kleinadelsfamilien von Pirano/Piran.[90] In den stenographischen Protokollen der entscheidenden Sitzung des Stadtrates von Pirano/Piran vom 3. September 1848, in welcher der Begriff „ibridismo di popolo" auftauchte, kommt der Name von Marquardo Schiavuzzi (1778–1869) vor, Mitglied der Sanitätsdeputation (Deputazione di sanità) der Stadt[91], Großonkel von Bernardo.[92]

Eine zusätzliche Verwendung des Begriffes „ibridismo" kann in einem Text des Triester Journalisten und Schriftstellers Giulio Caprin (1880–1958)[93] aus dem Jahre 1915 festgestellt werden.[94] Zu diesem Zeitpunkt – dem Eintritt Italiens in den Weltkrieg – erschien der Begriff mit einer ausdrücklich antislawischen, abwertenden Konnotation, nicht nur in Hinsicht auf das Küstenland, sondern auf die gesamte Struktur der Monarchie. Das Erscheinungsjahr dieses Textes geht über den zeitlichen Rahmen dieser Arbeit hinaus und führt zudem in einen anderen Forschungsbereich. Es soll hier nur kurz bemerkt werden, dass die Thematisierung der Hybridität durch Caprin auf die Mischsprachenforschung der österreichisch-ungarischen Monarchie fokussierte. Insbesondere griff Caprin die imperiale Sprachwissenschaft an, die sich – seiner Meinung nach – seit Jahrzehnten so sehr der Erforschung und Förderung der „Vermischung" gewidmet habe, dass sie auf ihre politische „Herrschaft verzichtet habe".[95] Der Grund dafür sei die Entscheidung des habsburgischen Staates für die Entwicklung einer Sprachwissenschaft über die hybriden Sprachformen, mit dem Ziel, ein Muster der „ideellen mehrsprachigen Untertanen" zu schaffen.[96] Daher habe die Monarchie ihre Position und ihren Sinn in der Gegenwart sowie Zukunft verloren und sei anachronistisch geworden.

Neben der Renaissance des „Hybridismus"-Begriffes in der küstenländischen italienischsprachigen Literatur lässt sich eine parallele Blüte solcher Termini mit eindeutig politischer Konnotation in der lokalen istrischen Presse – hauptsächlich in Pola/Pula – feststellen. In den Jahrzehnten zwischen dem Ende der 1880er- und den 1910er-Jahren kann eine außerordentliche Konzentration von auf Menschen bezogenen Begriffen wie „ibrido", „ibridismo" bemerkt werden. Schon 1898 tauchte das Wort „ibridismo" – teilweise verbunden mit dem Verb „bastardieren" – in einigen Artikeln in *L'Istria* auf, in einem Fall in Hinsicht auf

[90] *Antonio Cratey*, Perigrafia dell'origine dei nomi imposti alle androne, contrade e piazze di Trieste, Weiss, Trieste 1809, 293; *Marino Bonifacio*, Cognomi dell'Istria, del Quarnero e della Dalmazia, in: Atti del Centro di Ricerche Storiche di Rovigno 42, 2012, 676–683.

[91] *Kandler*, Indicazioni, 132; Scematismo, 43.

[92] CMSA, Archivio Schiavuzzi, Bernardino Schiavuzzi, Albero genealogico della Famiglia Schiavuzzi oriunda da Sebenico.

[93] Für die Entdeckung dieses Textes bedanke ich mich bei Bojan Baskar.

[94] *Giulio Caprin*, Paesaggi e spiriti di confine, Treves, Milano 1915, 57.

[95] Ebd., 59.

[96] Ebd., 59–60.

das Thema der mehrsprachigen Lehrerbildungsanstalten („scuole magistrali"): „In quali scuole del mondo civile – parliamo di scuole magistrali – havvi esempio di sì grottesco ibridismo didattico?"[97] Sowie auch: „Invano noi chiedemmo per lungo tempo una Università italiana: invano noi reclamammo contro quell'ibridismo delle scuole Magistrali di Capodistria, dove la nostra gioventù si imbastardisce [...]."[98] In derselben Zeitschrift findet sich das Adjektiv „ibrido" sogar schon 1882 in einem öffentlichen Brief eines anonymen Lesers zur gefährlichen, chaotischen Einführung der kroatischen Sprache in quarnerischen Schulen: „A Chiunschi, Neresine e San Pier dei Nembi ci sono delle consimili anomalie; e noi ci stilliamo il cervello per comprendere dove diavolo s'andrà a finirla con tale ibrido sistema d'istruzione."[99]

Aus den für diese Arbeit recherchierten Quellen geht hervor, dass die Verwendung dieser Termini zwischen 1900 und 1911 eine kurze, aber intensive Blütezeit in der istrischen Presse erlebte. Dies fand in einigen Periodika aus Pola/Pula statt: Das sozialistische Blatt *Il Proletario* sowie die irredentistischen, radikalitalienischen Zeitschriften *La fiamma* und *L'Eco dell'Adriatico*. Trotz der meist kurzen Existenz dieser in Pola/Pula erscheinenden Zeitungen[100] ist ihre Verwendung des Begriffes „ibrido" im pejorativen Sinn bemerkenswert. Die kontextbezogenen Deutungen fallen aber unterschiedlich aus. In den analysierten Artikeln wurde die kulturelle Hybridität nur einmal thematisiert. 1911 sprach sich die irredentistische Zeitschrift *La Fiamma* für eine kulturelle Reinheit in Kunst und Literatur aus: „L'arte deve essere nazionalista. [...] Che le razze si confondano per fare dell'arte in un ibrido amalgama è danno e impoverimento a ciascuna."[101]

Meistens tauchte das Wort „Hybridismus" innerhalb politischer Diskurse auf. Der Begriff „ibrido" war ein Erkennungsmerkmal jeder Form von politischem Kompromiss bei der Gemeinderatswahl in der in politischer und nationaler

---

97 „Nennt mir eine weitere Schule in der zivilisierten Welt – wir sprechen von pädagogischen Schulen – die einen derart grotesken didaktischen Hybridismus vorweist?", L'istituto magistrale femminile di Gorizia, in: L'Istria 17/867, 29. Oktober 1898, 3.

98 „Vergeblich forderten wir lange eine italienische Universität: Vergeblich beanstandeten wir den Hybridismus der pädagogischen Schulen von Capodistria, wo sich unsere Jugendlichen bastardisieren [...].", Il Comizio di Parenzo, in: L'Istria 17/875, 31. Dezember 1898, 3.

99 „In Chiunschi, Neresine und San Pier dei Nembi gibt es ähnliche Anomalien und wir machen uns so einen großen Kopf darum, zu verstehen, wohin ein solch hybrides Bildungssystem führen wird.", *York*, Croatizzazione, in: L'Istria 1/34, 19. August 1882, 2. Für die Verwendung des Begriffes „ibrido" in Bezug auf gemischte Schulen vgl. Ancora del professore italianofobo alle Magistrali di Capodistria, in: L'Istria 17/8, 301. Januar 1898, 1–2.

100 *Il Proletario* erschien zwischen Mai 1900 und Dezember 1904, *L'Eco dell'Adriatico* zwischen Dezember 1906 und März 1907, *La Fiamma* zwischen März 1911 bis Juni 1912. Vgl. *Bogneri*, La stampa, 59, 79, 93.

101 „Kunst muss nationalistisch sein. [...] Wenn die Rassen sich verschmelzen, um Kunst in ein hybrides Potpourri zu verwandeln, bedeutet das Schaden und kulturelle Verarmung für alle.", Musa d'Agosto, in: La Fiamma 1/21, 12. August 1911, 3.

Sicht besonders vielfältigen Stadt Pola/Pula. Im Mittelpunkt dabei stand die politische Auseinandersetzung zwischen den moderaten Liberalnationalen und den lokalen irredentistischen und radikalen Gruppierungen innerhalb des „italienischen Elements" in der Hafenstadt. Schon 1882 hatte ein Autor von *L'Istria* den Begriff „ibrido" bezüglich des Wahlbündnisses zwischen moderaten Italienern, Slawen und Marinebeamten bei den Kommunalwahlen verwendet.[102] Im neuen Jahrhundert nun griff die radikale Presse aus Pola/Pula solche Wahlkompromisse an. Sie bezog sich sowohl auf das frühere Wahlbündnis – zwischen der italienischen kompromissbereiten Partei, den sogenannten „Demartiniani", mit der k.u.k. Marine – aus den Jahren 1869–1875 als auch auf den aktuellen Wahlkompromiss – zwischen der von Lodovico Rizzi geleiteten liberalnationalen Partei und den Marinebeamten – der Jahre 1889–1904.[103] An diesem Angriff nahm sogar die sozialistische Redaktion von *Il Proletario* 1904 teil, die sich folgendermaßen äußerte:

> Abbiamo voluto risapere quando sia incominciato e per quale motivo l'ibrido connubio fra i cittadini liberal-nazionali italiani e gli i. e.r. impiegati di marina.
>
> Osserviamo anzitutto che a chiamarlo *ibrido* ci persuade la circostanza, che pel conseguimento dei veri ideali del partito liberal-nazionale italiano, con questi chiari di luna e colle continue cortesie del Governo verso gli italiani con militaristi boemi, cechi, tedeschi e soprappiù coll'intervento della polizia con a capo l'italofobo conte de Rossetti, sia un anacronismo contrario al senso comune ed alla dignità.[104]

Der sozialistische *Proletario* bezeichnete die lokale Koalition zwischen den Liberalnationalen Rizzis und der konservativen staatstragenden Partei als einen

[102] „Gli sforzi titanici di un sedicente Comitato generale di natura ibrido-centrifuga, perché composto da due o tre impiegati della Marina, un ispettore, due fanatici dissidenti di nazionalità italiana, un allampanato pizzicagnolo di Cervignano, un legale ex friulano, e tre o quattro arruffapopoli slavi delle ville di Promontore, Medolino, Lisignano e Sissano infiammati dai rispettivi parrochi [sic!], sono abortiti, sfumati come nebbia leggera, di fronte all'abile e tranquilla manovra degli intelligenti cittadini.", Sulle elezioni comunali di Pola, in: L'Istria 1/48, 25. November 1882, 2.

[103] Für eine Darstellung über die Wahlkompromisse in Pola/Pula 1869–1875 sowie 1889–1904 vgl. *Frank Wiggermann*, K.u.K. Kriegsmarine und Politik. Ein Beitrag zur Geschichte der italienischen Nationalbewegung in Istrien, Verlag der Österreichischen Akademie der Wissenschaften, Wien 2004, 174–183; *Ders.*, Vom Kaiser zum Duce. Lodovico Rizzi (1895–1845). Eine österreichisch-italienische Karriere in Istrien, Haymon, Innsbruck/Wien 2017, 71–169.

[104] „Wir wollten wissen, wann und warum das hybride Bündnis zwischen den liberal-nationalen Italienern und den Mitarbeitern der k.u.k. Marine begann. Es ist naheliegend, dieses Bündnis als *hybrid* zu bezeichnen, dafür reicht ein Blick auf die derzeitigen Bedingungen: Die Umsetzung der wahren Ideale der italienischen liberal-nationalen Partei erscheint uns wie ein Anachronismus, der jedem gesunden Menschenverstand und jeglicher Würde widerspricht – vor allem in diesen Krisenzeiten und angesichts der ständigen Hofierungen der Regierung gegenüber den Italienern durch böhmische, tschechische und deutsche Militaristen und der Einmischung der Polizei unter der Leitung des italophoben Grafen de Rossetti.", Appunti di cronistoria cittadina (1869–1904), in: Il Proletario 5/578, 3. August 1904, 3.

„politischen Hybrid".[105] Auf der anderen Seite klagte die irredentistische *La Fiamma* im Juli 1911 angesichts der sozialistischen Unterstützung der Partei Rizzis bei den Wahlen: „[...] *a Pola ha trionfato l'ibrido connubio!!* Purtroppo è vero! È dolorosissimo! È mostruoso che socialisti votino per Rizzi; è ibrido!"[106]

In weiteren Artikeln sowie Zeitschriften erschien der Begriff „hybrid" auch in anderen Kontexten als ein negativ konnotiertes Wort und als ein Mittel, um eine konkurrierende Partei oder Bewegung in Verruf zu bringen.[107] So schrieb beispielsweise die irredentistische Zeitschrift *La Fiamma* 1911, dass die Lega autonoma von Francesco Vio in Fiume/Rijeka eine „hybride Partei" sei, da die österreichische Regierung sie unterstütze: „A Fiume c'è un partito ibrido, sostenuto dal Governo, un partito di opportunisti e di affaristi senza scrupoli, di fornitori e di fornicatori, di traviati, di timidi, che sacrificano al loro interesse o alla loro paura l'autonomia del Comune."[108]

Zudem schien zwischen 1900 und 1914 die Verwendung von „ibrido" für ehrlose Machenschaften in der Lokalpolitik in Istrien bei unterschiedlichsten Parteien verbreitet gewesen zu sein.[109] In solchen Artikeln wurde das Wort „ibrido" unmittelbar in Verbindung mit einer vermeintlichen Unehrlichkeit und Schändlichkeit der feindlichen Parteien oder sozialer Gruppen – wie etwa des lokalen Klerus[110] –, oft emotional und moralisch aufgeladen, verwendet.[111] Schließlich konnotierte die irredentistische Redaktion von *L'Eco dell'Adriatico* durch den Begriff „ibrido" das Bündnis zwischen nicht näher präzisierten Parteien negativ, die normalerweise Feinde waren, aber in der Antiitalianität eine vorübergehende Gemeinsamkeit fanden: „[...] nemici miranti per loro conto a differenti obbiettivi, in manifesta opposizione fra loro, ma stretti in ibrido connubio pur di

---

[105] Le basi e le ragioni del nostro accordo, in: Il Proletario 5/588, 7. September 1904, 1–2.

[106] „[...] *das hybride Bündnis hat in Pula triumphiert!!* Leider ist das die Wahrheit! Das ist so quälend! Es ist ungeheuerlich, dass Sozialisten für Rizzi stimmen; Das ist echt hybrid!", *Teseo Rossi*, Per fatti personali, ma politici, in: La Fiamma 1/17, 13. Juli 1911, 7.

[107] La partecipazione degli istriani alla vittoria triestina, in: L'Istria 16/789, 27. Februar 1897, 3; Il Proletario che ride, in: Il Proletario 5/577, 30. Juli 1904, 2; Il pseudo-giornalismo locale, in: Il Proletario 5/609, 19. November 1904, 2–3; Fuori dall'equivoco, in: L'Eco dell'Adriatico 2/110, 21. März 1907, 1.

[108] „In Fiume gibt es eine *hybride* Partei, die von der Regierung unterstützt wird, eine Partei von Opportunisten und skrupellosen Geschäftemachern, von Perversen, von Abschaum, von Ängstlichen, die die Autonomie der Stadtverwaltung ihrem Eigeninteresse oder ihrer Angst opfern.", Un paragone che non regge, in: La Fiamma 1/10, 27. Mai. 1911, 1.

[109] Vgl. etwa: „Contro il suo nome di apostolo sorgeranno in ibrido, ributtante connubio i due partiti nazionalisti [...]", Abbasso il nazionalismo, in: Il Proletario 1/26, 20. Oktober 1900, 1.

[110] „Questo lurido prete, non sapendo come meglio saziare le sue libidinose voglie, volse i suoi sguardi turpi su alcuni ragazzi undicenni che, incoscienti della vita, allettati da piccoli doni, restarono vittime innocenti dell'infame uomo ibrido sacrato.", Una scarrettata d'immondizie, in: Il Proletario 5/563, 21. Mai 1904, 2; Ancora il „solismo", in: Il Proletario 5/598, 12. Oktober 1904, 2–3.

[111] Il nostro commento, in: Il Proletario 5/584, 24. August 1904, 2–3.

far sparire dall'agone della vita politica ed amministrativa del paese l'elemento etnico, che per diritto, e non già per esurpazione [sic!] o violenza, è chiamato a dominarvi."[112]

8.4. „Hybridismus" und „Assimilation" in der interdisziplinären Perspektive: Ein Resümee

In diesem kritischen, beweglichen Kontext, in dem sich vielfältige soziale, ökonomische, kulturelle und politische Veränderungsprozesse miteinander verflochten, waren Termini aus dem semantischen Feld „Hybridität" auch in der agrarwissenschaftlichen Publizistik über Istrien sehr präsent. Der Status Istriens als Versuchsstation für die botanische und landwirtschaftliche Forschung ermöglichte schon seit der ersten Hälfte des 19. Jahrhunderts die Entwicklung von neuen Kenntnisformen sowie eines neuen Vokabulars. Die Analyse der Auseinandersetzung über die Techniken der Hybridisierung von Weinreben zeigt, dass die intensive Verwendung der entsprechenden Termini in Bezug auf das arme, landwirtschaftliche Istrien nicht von ungefähr kam. Vor allem erwies sich Istrien als ein besonderer Ort, an dem „Materielles" und „Kulturelles" in der Beschreibung der humanen Zusammensetzung der Region miteinander verschmolzen. Zentral war die Frage nach der Absicherung der Landwirtschaft, die besonders von Pflanzenkrankheiten und -schädlingen betroffen war. Vor dem Auftreten der Reblaus erreichten Bauern in bestimmten Arealen Istriens dank der Verbesserung und Modernisierung der Weinproduktion einen gewissen Wohlstand. Eine langjährige Auseinandersetzung über den Schutz der Weinreben vor der Reblaus und dem Falschen Mehltau begann schon in den 1870er-Jahren innerhalb des Netzwerkes der zuvor erwähnten istrischen Agrarforschungsanstalten.[113]

Die Zeitspanne zwischen den späten 1880er-Jahren und 1914 war eine Phase der Überprüfung und Anwendung moderner Techniken für die notwendige Behandlung von Wein in Istrien. Lokale Wissenschaftler und Landwirtschaftsinstitute debattierten um 1900 heftig über die Einführung von Veredelungstechniken für resistente Weinrebenstämme aus Frankreich und den Vereinigten Staaten nach Istrien.[114] Die Zeitung *L'Istria* berichtete ab dem Ende der 1880er-Jahre über

[112] „[Diese feindlichen Parteien, Anm. d. Verf.] haben sich widerstrebende Ziele und stehen sich in klarer Opposition gegenüber. Sie schlossen sich aber nun zu einer hybriden Vereinigung zusammen, um diese ethnische Gruppe aus dem politischen und administrativen Leben des Landes [die Italiener, Anm. d. Verf.] zu beseitigen – dabei herrschen die Italiener rechtmäßig und nicht durch Usurpation oder mit Hilfe von Gewalt.", Vita cittadina, in: L'Eco dell'Adriatico 1/1, 1. Dezember 1906, 2.

[113] *Cattaruzza*, La formazione, 21–22.

[114] *Hugues*, L'economia, 91–94.

die Verwendung solcher modernen Veredelungs- und Hybridisierungstechniken, und der Begriff „ibridismo" tauchte 1898 bezüglich einer Diskussion über den Schutz istrischer Weinreben während einer Sitzung des istrischen Landtages auf.[115] Darüber hinaus gab die Zeitschrift *L'Istria agricola* (*Das landwirtschaftliche Istrien*) – ab 1908 Sprachrohr der wichtigsten Agrarinstitute Istriens – diese wissenschaftliche Auseinandersetzung wieder. Das Thema der Fruchtbarkeit der neuen veredelten Weinreben wurde zum zentralen Aspekt der Debatte. Die Verfasser von *L'Istria agricola* verwendeten in diesem Zusammenhang ständig die Begriffe „ibrido", „ibridismo", „ibridizzazione". Die Praxis der Hybridisierung von zwei unterschiedlichen Weinstämmen durch die Veredelung wurde als eine moderne Anbautechnik für den Schutz der Weinreben vor der Reblaus präsentiert. Darüber hinaus trug sie methodologisch auch zur Steigerung der Fruchtbarkeit von Getreidekernen bei.[116] Andererseits stellte sie eine Gefahr für die Pflanzen selbst dar: Grund dafür war eine mögliche Überproduktion, die die Weinreben verfallen lässt und den „natürlichen" Reifeprozess ändert.[117] Als die in der Hybridisierungstechnik am weitesten fortgeschrittenen Länder wurden Frankreich und die Vereinigten Staaten betrachtet.[118] Auf jeden Fall wurde die Hybridisierungstechnik als eine technische und wissenschaftliche Herausforderung, insbesondere im Kampf gegen die Reblaus, betrachtet.[119]

Die Herauskristallisierung eines neuerlichen Transfers des Wortfeldes „Hybridität" von der Agrartechnik und Botanik hin zum Humanen lässt sich in den Jahrzehnten zwischen 1890 und 1914 verorten. Entscheidend dafür, dass sich diese Begriffe in Diskursen über das Humane durchsetzen konnten, war offensichtlich ihre Popularisierung in der lokalen Gesellschaft dank der lokalen Presse sowie Lehrkursen für die lokale bäuerliche Bevölkerung. Die Nachricht in *L'Istria* über einen speziellen Kurs für Frauen über die neuen Veredelungstechniken seitens des istrischen Agrarinstitutes in Parenzo/Poreč 1893 deutet auf eine ausgeprägte Mobilisierung sämtlicher Gefüge der lokalen Ordnung hin. So sollte Letztere durch die Verbreitung der neuen agrotechnischen Kenntnisse auch die

---

[115] Vgl. Un nuovo innesto per la vite, in: l'Istria 6/269, 5. Februar 1887, 4; Cronaca dietale, in: L'Istria 17/839, 5. März 1898, 1–9.

[116] „I risultati sono troppo interessanti per non attirare l'attenzione degli agricoltori ed invogliarli a tentare qualche prova", *G. C.*, L'ibridazione quale mezzo per aumentare la produttività dei semi, in: L'Istria agricola 6, 1913, 41. Vgl. auch *D. G. C.*, Gli ibridi produttori diretti, in: L'Istria agricola 3, 1910, 346–348.

[117] „A tale proposito però si deve osservare che l'eccesso di produzione a cui certi viticoltori spingono le viti innestate, sia col farle fruttificare anticipatamente, sia coll'applicare una potatura lunga e ricca, può costituire un grave pericolo per chi ne abusi, e l'abusarne è assai facile.", Viti innestate che deperiscono per eccesso di produzione, in: L'Istria agricola 4, 1911, 5.

[118] *G. C.*, Gli ibridi produttori diretti, in: L'Istria agricola 3, 1910, 346–348.

[119] „Per ottenere in questo caso dei soggetti resistenti alla filossera, il lavoro degli ibridatori è straordinario; appena il ½ ‰ [sic!] delle viti nate possiede la resistenza desiderata, nei terreni, ben s'intende, adatti per la vegetazione.", *G. C.*, Gl'ibridi produttori diretti, in: L'Istria agricola 4, 1911, 509.

weibliche Bevölkerung absichern und die Landwirtschaft wiederbeleben.[120] Eine solche Mobilisierung weiter Teile der ruralen istrischen Bevölkerung wurde erstens seitens der bürgerlichen Führungsschicht selbst durchgeführt, d.h. von den prominentesten Familien, die gleichzeitig die Mehrheit des Landbesitzes und der politischen Vertretung kontrollierten. Einige Akten aus dem Madonizza-Nachlass belegen, dass diese Familie in der zweiten Hälfte der 1890er-Jahre in Parenzo/Poreč Kurse über die Veredelung von amerikanischen Weinreben für Bauern aus verschiedenen istrischen Distrikten abhielt.[121]

Die parallele Durchsetzung der Agrartechniken der Veredelung sowie Hybridisierung und der Verwendung der Begriffe „Hybridismus“/„Hybrid“ mit anthropologischen, historischen und politischen Bezügen beweist den interdisziplinären Transfer innerhalb des Küstenlandes. Die neuerliche, mehrfache Verwendung dieser Termini schien eine Reaktion auf vielfältige Veränderungen und Erschütterungen – Agrarkrise, Pflanzenkrankheiten und -schädlinge, Migration sowie Urbanisierung – zu sein. 1889 äußerte der Direktor des Istrischen Agrarinstituts in Parenzo/Poreč Carlo Hugues die Meinung, dass die Lösung der Agrarfrage durch Verbesserung der Agrartechniken die enorme Landflucht aus Istrien eingedämmt habe. Die Agrarfrage war ein Feld, in dem Agrotechnik, Kultur und Gesellschaft zusammentrafen, daher musste die Lösung komplex sein.[122]

Wie schon von Seiten der Presse in der ersten Hälfte des 19. Jahrhunderts bemerkt, galt die Botanik als besonderer Begegnungsort von „Natur“ und „Kultur“. Der Transfer „von der Biologie zur Sprache“ – nach Jacques Ruffié[123]– ermöglichte ab den 1850er-Jahren eine Erweiterung im Feld der ethnographischen Kategorisierungen und Darstellungen. Dies zeigte sich am stärksten durch eine semantische Erweiterung der ursprünglich naturwissenschaftlichen Begriffe „Hybridismus“, „Vermischung“ und „Assimilation“. Der Transfer verlief aber nicht nur durch eine bloße Anpassung an die imperiale Perspektive und die Dialektik von Reinheit und Vermischung. Diese Suche nach einer regionalen Identität sowie einer Erklärung der Vielfalt und Hybridität entwickelte sich ausdrücklich durch Transferprozesse innerhalb der istrischen Ordnung selbst. Das Ergebnis erschien oftmals als ein „Zwischen-Diskurs“, in dem zentrale Begriffe identitätsstiftender Narrative an der Grenze zwischen verschiedenen Forschungsbereichen, Argumenten und Wissensfeldern angesiedelt waren.

Der Prozess der Hybridisierung des Wissens – zwischen „Natur“ und „Kultur“, „Materiellem“ und „Kulturellem“ – war schon in der ersten Hälfte des

[120] Corso femminile d'innesto delle viti americane, in: L'Istria 12/594, 29. April 1893, 2–3.

[121] SI PAK KP, 302, Rodbina Madonizza, 40, 520/1896; 545/1898.

[122] *Hugues*, L'economia, 109.

[123] Vgl. *Jacques Ruffié*, De la biologie à la culture, Flammarion, Paris 1976. Wie erwähnt, behandeln auch die Genetiker Luigi Luca Cavalli-Sforza und Guido Barbujani die genetisch-biologische Analyse in enger Verbindung mit soziokulturellen Aspekten des Humanen. Vgl. *Cavalli Sforza*, Geni; *Barbujani*, L'invenzione.

19. Jahrhunderts begründet. Die Analyse der Veröffentlichungen des istrischen Botanikers und Apothekers Bartolomeo Biasoletto fördert eine ausgeprägte vergleichende Vorgehensweise in der Forschungs- und Analysetätigkeit zutage, etwa zwischen Botanik und Zoologie. In Texten über die Botanik erklärte Biasoletto 1836 beispielsweise die enge Verbindung zwischen Forschungen zu Tieren und Pflanzen, da beide als „lebendige Wesen“ betrachten werden sollten: „Le piante però adempiono delle funzioni organiche, che dimostrano avere dei gran rapporti cogli animali“.[124]

Belege für den Transfer aus den Natur- in die Humanwissenschaften während der 1850er-Jahren sind in der lokalen sowie imperialen Wissenschaft und Kulturproduktion hinsichtlich der Zusammensetzung der Bevölkerung des Küstenlandes zu finden. Er verlief vor allem durch die Verwendung einer breiten Palette von botanischen Termini und Begriffen in der Beschreibung und Kategorisierung der Zusammensetzung der ethnischen Gruppen Istriens. 1857, im selben Jahr, in dem Czörnig den Begriff „Volksstamm“ für seine ethnographischen Studien nutzte, verwendete der istrische Prälat und Lehrer Antonio Coiz (1822–1886)[125] ein breites Repertoire von Begriffen aus der Botanik für seine Darstellung der Ethnogenese des modernen Istriens, wie etwa „innesto“ („Veredlung“), „tronco“ („Stamm“) und „trampianto“ („Verpflanzung“).[126] Ein Jahr später, 1858, erklärte ein anonymer istrischer Autor in der Zeitschrift *L'Annotatore friuliano* die innerliche Zersplitterung und Diversität der Slawen Istriens und ihre Unterschiede zu anderen Slawen durch botanische Begriffe und Redefiguren: Die slawischen Bevölkerungen Istriens seien „zerstreute“, von ihrem ursprünglichen „Zweig“ „abgetrennte Blätter“.[127] In den folgenden Jahrzehnten lief der Transfer zwischen Natur- und Humanwissenschaften anscheinend nicht nur in einer Richtung ab. In einigen Artikeln wurden sogar einige Ausdrücke aus den Humanwissenschaften als Erklärungsbegriffe für Prozesse oder Erscheinungen in der Botanik und Landwirtschaft verwendet. Beispielsweise wurde ein Weinrebenhybrid 1911 in einem Artikel in *L'Istria agricola* als „Halbblut“ („mezzo sangue“) bezeichnet.[128] Darüber hinaus waren nicht nur Begriffe zur Beschreibung von Pflanzen oder

---

[124] „Die Pflanzen erfüllen allerdings organische Aufgaben, die nachweislich in enger Beziehung zu den Tieren stehen.“, *Biasoletto*, Botanica, 1.

[125] Zur Biographie von Antonio Coiz vgl. Prof. Don Antonio Coiz, in: L'Istria 5/242, 31. Juli 1886, 3.

[126] *Antonio Coiz*, L'Istria geografica, in: Combi, Porta, 12.

[127] „D'altra parte quei pochissimi (e si possono contare sulle dita) i quali dalla campagna slava passarono alla vita degli studii, non possono non vedere, come la condizione loro di Slavi inciviliti, è solo individuale, né fa dare addietro di un sol passo l'assoluta impossibilità di acconciar su in Istria una civiltà slava tra poveri contadini, di poco numero, diversi di lingua, di usi, di vicende dagli Slavi d'oltremonte, foglie staccato, che unicamente un miracolo singolarissimo potrebbe ricongiungere e rinverdire al ramo che le crollò […]“, Corrispondenza dall'Istria, in: L'annotatore friulano 6/18, 8. Mai 1858, 151–152.

[128] *G. C.*, Gl'ibridi produttori diretti, in: L'Istria agricola 4, 1911, 509.

ihrer Teile von diesem Transfer betroffen. Auch Begriffe für die Lebensfunktionen der Pflanzen finden sich in anthropologischen, volkskundlichen Texten wieder. Ein zentrales Beispiel dafür ist der Begriff „Assimilation". Interessanterweise taucht dieses Wort in der ersten Hälfte des 19. Jahrhunderts in botanischen Texten Biasolettos über die Ernährung der Pflanzen auf:

> La prima fonte dell'alimento nelle piante lo somministra assolutamente la natura organica, e questo assorbito ed assimilato vien mutato in propria sostanza. [...]
>
> Gli organi principali della vita sono gli alimentari, ossia quelli di assorbimento, quelli della promozione o circolazione, e quelli dell'assimilazione.[129]

In der Zeit einer allgemeinen und schrittweisen Etablierung von entmischten und professionalisierten Wissensbereichen nahm die Verwendung von vergleichenden Analysemodi in der imperialen sowie küstenländischen Wissenschaft immer mehr zu, etwa in Bezug auf die Sprachgruppen. Schon die Väter der Statistik und Volkskunde Österreichs, Czörnig und Ficker, sahen eine vergleichende Vorgehensweise bei der Erforschung der Sprachgruppen der österreichischen Monarchie als unabdingbar an.[130] Dies spiegelte sich bis dem Ersten Weltkrieg auch in der Tätigkeit der lokalen Forscher wider. 1905 offenbart Marchesetti Hugo Schuchardt: „Die Wissenschaften durchdringen sich so mannigfaltig, dass eine der anderen die Hand reicht und gegenseitig zur Stütze dienen."[131] Ein weiterer Brief von Marchesetti an Schuchardt aus dem Jahre 1910 bekräftigt die zentrale Rolle der Botanik für die vergleichende Vorgehensweise bei der Erklärung der kulturellen Zusammensetzung Istriens. Marchesetti veranschaulichte Schuchardt einige Aspekte der kulturellen Vielfalt Istriens mithilfe botanischer Beobachtungen, z. B. die unterschiedlichen Angewohnheiten von „Italienern" und „Slawen" in Istrien, bestimmte Pflanzen an den zentralen Plätzen der Dörfer und Städte zu pflanzen: Marchesetti – als Botaniker und Anthropologe – bemerkte, dass „die italienische Bevölkerung der Celtis den Vorzug als Baum auf Plätzen oder vor Kirchen [gibt]; die Slaven ziehen die Linde (lipa) vor."[132]

---

[129] „Die erste Nahrungsquelle für Pflanzen bilden organische Stoffe, die aufgenommen, assimiliert und in körpereigene Substanzen umgewandelt wird. [...] Die Ernährungsorgane – das heißt jene, die der Absorption, dem Stoffkreislauf und der Assimilation dienen – sind die wichtigsten Organe für das Leben.", *Biasoletto*, Botanica, 2. Darüber hinaus wurde der Begriff „Assimilation" in Bezug auf die Ernährung der Pflanze bei einigen der wichtigsten Botaniker der ersten Hälfte des 19. Jahrhunderts verwendet, etwa bei Achille Richard sowie Nicolas-Théodore de Saussure. Letzterer war ein persönlicher Freund Bartolomeo Biasolettos und Muzio de Tommasinis, mit denen er 1832 eine Forschungsreise durch das Küstenland unternahm. Vgl. *Achille Richard*, Nouveaux éléments de botanique contenant l'organographie, l'anatomie, la physiologie végétales et les caractères de toutes les familles naturelles, Librairie F. Savy, Paris 1876, 160; *Nicolas-Théodore de Saussure*, Recherches chimiques sur la végétation, Nyon, Paris 1804, 61, 144, 223–226.

[130] *Czörnig*, Ethnographie, 1, VI–VII. Vgl. *Thomassen*, The State, 25; *Dörflinger*, Völker- und Sprachkarten, 162.

[131] HSA, A, 6849 (Carlo de Marchesetti).

[132] HSA, A, 6850 (Carlo de Marchesetti).

Die Wissenschaftler der Habsburgermonarchie folgten ab den 1850er/60er-Jahren einer solchen vergleichenden Methode, wie etwa bei der Herausbildung einer „vergleichenden Anthropologie" in Wien.[133] Diese positivistische Einstellung fand in den Werken Alexander und Wilhelm von Humboldts (1767–1835) ihre theoretische Basis. Nach des Sprachwissenschaftlers Ansicht der „Einheit in der Vielfalt"[134] erwies sich die Forschung als eine allumfassende Suche nach einem Ganzen durch Festlegung und gleichzeitig Überschreitung der Grenzen zwischen verschiedenen Forschungsbereichen.[135] Die Professionalisierung der unterschiedlichen Disziplinen sollte Hand in Hand mit dem Vergleich und der Suche nach Verhältnissen untereinander gehen.[136] Diese Praxis spiegelte sich zu jener Zeit im deutschsprachigen Raum vor allem in der entstehenden Sprachwissenschaft wider.[137] Diese etablierte sich im Laufe des 19. Jahrhunderts schrittweise als wissenschaftliche Disziplin und wies eine „interdisziplinäre Strukturierung"

---

[133] „Als die Kunde vom Menschen umfasst sie ein weites Gebiet, welches in die verschiedensten Zweige des Wissens, in Zoologie, Geologie und Geschichte hinübergreift und deshalb in mehrere Theile zerfällt, nämlich in die sogenannte vergleichende Anthropologie, welche nicht blos das rein anatomische, sondern auch die vergleichende Sprachforschung und die Psychologie umfasst, und in die historische Anthropologie oder Urgeschichte des Menschen.", *Karl von Scherzer/Augustin Weisbach*, Reise der österreichischen Fregatte Novara um die Erde. Anthropologischer Theil 2, Karl Gerold's Sohn, Wien 1867, 1.

[134] Vgl. *Tilman Borsche*, Wilhelm von Humboldt, Beck, München 1990, 90–91.

[135] „Wenn durch äußere Lebensverhältnisse und durch einen unwiderstehlichen Drang nach verschiedenartigem Wissen ich veranlaßt worden bin, mich mehrere Jahre und scheinbar ausschließlich mit einzelnen Disziplinen: mit beschreibender Botanik, mit Geognosie, Chemie, astronomischen Ortsbestimmungen und Erdmagnetismus als Vorbereitung zu einer großen Reiseexpedition zu beschäftigen, so war doch immer der eigentliche Zweck des Erlernens ein höherer. Was mir den Hauptantrieb gewährte, war das Bestreben, die Erscheinungen der körperlichen Dinge in ihrem allgemeinen Zusammenhange, die Natur als ein durch innere Kräfte bewegtes und belebtes Ganzes aufzufassen. [...] So führt den wißbegierigen Beobachter jede Klasse von Erscheinungen zu einer anderen, durch welche sie begründet wird oder die von ihr abhängt.", *Alexander von Humboldt*, Gesammelte Werke. Kosmos 1, Cotta'sche Buchhandlung, Stuttgart 1844, VII–VIII.

[136] Zur vergleichenden Sprachanalyse von Wilhelm von Humboldt vgl. *Brian E. Vick*, Defining Germany: The 1848 Frankfurt Parliamentarians and National Identity, Harvard University Press, Cambridge/London 2002, 26; *Dina Zarka*, Der Sprachforscher Wilhelm von Humboldt, in: Wilfried Seipel (Hrsg.), Der Turmbau zu Babel. Ursprung und Vielfalt von Sprache und Schrift, 2, Kunsthistorisches Museum, Wien 2003, 173–178; *Gerda Hassler*, Zur Auffassung der Sprache als eines organischen Ganzen bei Wilhelm von Humboldt und zu ihren Umdeutungen im 19. Jahrhundert, in: Zeitschrift für Phonetik, Sprachwissenschaft und Kommunikationsforschung 38/5, 1985, 564–557; *Isabella Ferron*, „Sprache ist Rede": ein Beitrag zur dynamischen und organizistischen Sprachauffassung Wilhelm von Humboldts, Königshausen & Neumann, Würzburg 2009, 124–125.

[137] 1858 äußerte der Sprachwissenschaftler Jacob Grimm (1785–1863) eine ähnliche Meinung: „Die sprachwissenschaft, wie mich dünkt, hat auf demselben weg, dessen betreten die pflanzen und thierzergliederung ihrem engeren standpunct entrückte, und zu einer vergleichenden botanik und anatomie erhob, endlich eben so durchgreifende umwälzung erfahren." *Jacob Grimm*, Über den Ursprung der Sprache, Dümmler's, Berlin 1858, 8–9.

auf: Ähnlich wie die Botanik stellte die Erforschung von Sprachen – nach der Definition des Romanisten Wulf Oesterreicher – ein „Querschnittthema“ dar.[138]

In der zweiten Hälfte des 19. Jahrhunderts wurde die deutschsprachige Sprachwissenschaft stark von den Humboldt'schen Theorien beeinflusst.[139] Der Sprachwissenschaftler Hugo Schuchardt (1842–1927) folgte den Lehren Alexander von Humboldts bei der Entwicklung der neuen Forschungsbereiche Kreolistik, Sprachmischungen und Lingua franca. Wie der Linguist Bernhard Hurch unterstreicht, bedeutete diese Annäherung Schuchardts an Humboldts Lehre vor allem die Suche nach einer inneren Kohärenz („Einerleiheit“, wie Hurch formuliert) bei der Erforschung und Erklärung von Sprachen.[140] Schuchardt etablierte sich als eine zentrale Figur im damaligen wissenschaftlichen Forschungsnetzwerk des Küstenlandes, da er ab den 1880er-Jahren durch seine Forschungen über die Sprachmischungen sein Interesse an Istrien entdeckte. Im Hugo-Schuchardt-Archiv der Universität Graz sind zahlreiche Korrespondenzen mit Carlo de Marchesetti sowie anderen Triestern (Antonio Valle, Giuseppe Vatova) und Istrianern (Antonio Ive, Giuseppe Vidossich) zu finden. Der Schuchardt-Nachlass in Graz erweist sich einerseits als wichtige Quelle für die Erforschung sprachlich-kultureller Vermischungen und der damals angewandten vergleichenden Vorgehensweise. Andererseits stellt er vor allem auch ein wertvolles Zeugnis für die Existenz und das Funktionieren des Wissensnetzwerkes der zeitgenössischen Wissenschaft des Küstenlandes dar.[141]

Schuchardt unterhielt viele Kontakte mit Kollegen, Wissenschaftlern, Gelehrten und Informanten, nicht nur aus anderen Kronländern der Monarchie, sondern auch aus der ganzen Mittelmeerregion. Je nach Bedarf aktivierte er die zahlreichen Verbindungen und Kenntnisse dieses „ego-zentrierten Netz-

---

[138] *Wulf Oesterreicher*, Sprachwissenschaft und Philologie im Horizont der Geschichtlichkeit von Sprachen und Text, in: Wulf Oesterreicher/Maria Selig (Hrsg.), Geschichtlichkeit von Sprache und Text. Philologien – Disziplingenese – Wissenschaftshistoriographie, Wilhelm Fink, Paderborn 2014, 290–293.

[139] *Luca Melchior/Johannes Mücke*, Bausteine zur Rekonstruktion eines Netzwerks IV: Von Diez zur Sprachanthropologie, in: Grazer Linguistische Studien 80, 2015, 14; *Federica Venier*, La corrente di Humboldt. Una lettura della *Lingua franca* di Hugo Schuchardt, Carocci, Roma 2012.

[140] *Bernard Hurch*, Hugo Schuchardt, in: Karl Acham (Hrsg.), Kunst und Geisteswissenschaften aus Graz. Werk und Wirken überregional bedeutsamer Künstler und Gelehrter vom 15. Jahrhundert bis zur Jahrtausendwende, Böhlau, Wien 2009, 496.

[141] Der Nachlass von Hugo Schuchardt wurde seit den 1990er-Jahren im Rahmen eines Forschungsprojekts am Institut für Sprachwissenschaft der Universität Graz unter der Leitung von Professor Bernhard Hurch neu geordnet und katalogisiert. Eine Beschreibung des Nachlasses findet sich in *Michaela Wolf*, Hugo Schuchardt Nachlaß. Schlüssel zum Nachlaß des Linguisten und Romanisten Hugo Schuchardt (1842–1927), Leykam, Graz 1993. Diverse Texte zum umfangreichen Material des Nachlasses wurden in der Reihe *Bausteine zur Rekonstruktion eines Netzwerks* veröffentlicht, die in der Zeitschrift *Grazer Linguistische Studien* erschien. Ein großer Teil der Sammlung ist online verfügbar: http://schuchardt.uni-graz.at (2.1.2021).

werkes",[142] das auch dank der Standardisierung und Beschleunigung der internationalen Postsysteme im Laufe der zweiten Hälfte des 19. Jahrhunderts entwickelt werden konnte.[143] Diese „Veränderung im Kommunikationssystem der Wissenschaft"[144] betraf auch die Habsburgermonarchie und im vorliegenden Fall den Raum von der Steiermark bis zum Küstenland bzw. entlang der Südbahnstrecke.

Die Verbindung Graz-Triest-Istrien entstand nicht nur in Verbindung mit der Erforschung von Mischdialekten durch Schuchardt. Dieses verstärkte Netzwerk entwickelte sich um die Jahrhundertwende auch durch das gemeinsame, interdisziplinäre Interesse an der historischen Sprachwissenschaft und der Fischerei sowie ihren anthropologischen Aspekten. In seiner Theorie über den Sprachwandel vertrat Schuchardt die Idee, dass Sprache nicht nur durch innerlinguistische Aspekte verändert werden könne, sondern auch durch materielle Bedingungen. Sprache war seiner Meinung nach nur ein Aspekt der kulturellen Organisation von Individuen und Gruppen. Die Kenntnis über die Sprache sollte auch von einer „materialbezogenen" Erforschung und Erläuterung begleitet werden.[145] Seine Forschungsmethode wurde dementsprechend von ihm selbst als „Sachen und Wörter" bezeichnet.[146] Der Sprachwissenschaftler versuchte sich außerdem als Laienethnograph, und sammelte in Graz mehrere Beispiele der „materiellen Kultur" aus verschiedenen Forschungsorten.

Bei der Erforschung der Sprachmischungen an der Adria – sowie der mittelmeerischen Linguae francae und romanischen Sprachen – bediente sich Schuchardt Gegenstände ethnographischen Interesses, die ihm oft von Kollegen und Bekannten nach Graz geschickt wurden.[147] In ähnlicher Weise verfügte er für sein Studium der sprachlichen Erscheinungen der Bevölkerungen an der Adriaküste Istriens über ihm zugesandte Fischereiwerkzeuge sowie Sprachproben. Seine lokalen Mitarbeiter oder Bekannten – etwa Antonio Valle[148], Antonio Ive[149] oder Giuseppe Vidossich[150] – schickten ihm zahlreiche Beschreibungen und Skizzen über Fischereitechniken mit den entsprechenden dialektalen Benennungen. Mit diesen gesammelten Gegenständen wollte er auch seine Interpretationen über die Sprachmischungen weiter vertiefen. Da Schuchardt nicht nur den Küsten-

[142] *Luca Melchior/Verena Schwägerl-Melchior*, *Networks* come categoria descrittiva nella storia della disciplina: esempi e prospettive, in: PhiN-Beiheft 11, 2016, 17.

[143] *Melchior/Mücke*, Bausteine, 6–8.

[144] *Rudolf Stichweh*, Zur Entstehung des modernen Systems wissenschaftlicher Disziplinen. Physik in Deutschland (1740–1890), Suhrkamp, Frankfurt am Main 1984, 394.

[145] *Hurch*, Hugo Schuchradt, 500.

[146] *Hugo Schuchardt*, Sachen und Wörter, in: Anthropos 7, 1912, 827–839. Später hat sich für diesen Forschungszugang die Bezeichnung „Wörter und Sachen" eingebürgert.

[147] Vgl. *Luca Melchior*, „Anche nel fango lei trova oro e gemme; e abbandonate dentro ad esso le scarpe, si leva ai voli più arditi e geniali": il carteggio Schuchardt-Rajna, in: Filologia e critica 36, 2011, 5–48.

[148] HSA, A, 12335–12338 (Antonio Valle).

[149] HSA, A, 4936, 4944, 4945 (Antonio Ive).

[150] HSA, A, 12407, 12409, 12411 (Giuseppe Vidossich).

streifen berücksichtigte, sondern auch das unmittelbar angrenzende Innere Istriens erforschte, übersandte Giuseppe Vidossich auch bäuerliche Gerätschaften und ethnographisches Bildmaterial – zum Beispiel aus der Gegend von Buje – nach Graz.[151]

Bezüglich der Fischerei galt das Triester Naturhistorische Museum als ein zentraler Kontaktpunkt zwischen Schuchardt und dem Küstenland. Marchesetti und sein Hauptmitarbeiter Antonio Valle (1857–1927)[152] galten als wichtige Erforscher der anthropologischen sowie naturwissenschaftlichen Aspekte der Fischerei an der Adria, auch aus einer imperialen Perspektive. Schon ab 1880 notierte Marchesetti selbst in seinen Reisebüchlein Beschreibungen von Fischereiwerkzeugen und -techniken an den istrischen und quarnerischen Küsten, sogar mit detaillierten Zeichnungen.[153] Dasselbe tat er auf interkontinentalen Reisen, zum Beispiel in Ägypten und Indien.[154] Neben dem naturhistorischen Museum forderte und begründete Valle 1911 sogar ein Meeresmuseum in Triest, als ein Forschungsinstitut für die Entwicklung des Fischfangs.[155]

Die Donaumonarchie zielte durch die Tätigkeit lokaler Wissenschaftler wie Marchesetti und Valle auf eine bessere und rationalisiertere Nutzung der Küstenregionen der Monarchie ab. In der Tat zeigte Marchesetti selbst seit den 1880er-Jahren eine stärkere Aufmerksamkeit gegenüber den verschiedenen Aspekten der Fischerei an der Adria, ausdrücklich für wirtschaftliche Zwecke. Wie er in einigen detaillierten Briefen an die k.u.k. Seebehörden in Triest anmerkte, konnte die Fischerei des Küstenlandes durch die Entwicklung der Industrie der Lebensmittelkonservierung und den Export von Meeresprodukten eine große Relevanz für die Industrie Österreichs und des Küstenlandes erlangen. Sie hatte demnach das Potenzial, eine wichtige Erwerbsquelle für eine chronisch wirtschaftlich deprimierte Region wie Istrien zu werden. In diesem Sinn hätten die Wissenschaftsinstitutionen die aufsteigende Fischereiindustrie in einigen Zentren des istrischen Küstenstreifens – in Pirano/Piran, Rovigno/Rovinj, Isola/Izola und Capodistria/Koper[156] – durch die wissenschaftliche Forschung unterstützen können.[157]

Diese neue Stoßrichtung der Forschung, bei der das Küstenland zum maritimen Laboratorium für die Monarchie wurde,[158] erfuhr schon 1880 eine internationale Bestätigung, als das Triester Museum die goldene Medaille bei der Ber-

[151] HSA, A, 12404–12406 (Giuseppe Vidossich).
[152] AprTS, Registro di popolazione, Foglio di evidenza della famiglia, Valle Antonio.
[153] ADT, R. P. MS Misc. 88/A/1/198.
[154] ADT, R. P. MS Misc. 88/A/1/196.
[155] HSA, A, 12337–12339 (Antonio Valle).
[156] *D'Alessio*, Il cuore, 105.
[157] CMSN, Atti 4, 1882, 18, 20; 1883, 4, 5; Atti 5, 1887, 3/3.
[158] *Carlo de Marchesetti*, La pesca lungo le coste orientali dell'Adria, Herrmanstorfer, Trieste 1882.

liner Fischereiausstellung gewann. Die Teilnahme des Museums an der Berliner Schau und weiteren Fischereiausstellungen – in Edinburgh 1882, London 1883 und Wien 1902 – wurde dank der intensiven Vorbereitung von Marchesetti und Valle ausdrücklich mit dem Wiener Handelsministerium und den k.u.k. Seebehörden zusammen geplant.[159] Seit dieser imperialen und internationalen Anerkennung wuchs die Relevanz des Museums und der maritimen Wissenschaft des Küstenlandes.

Die Wichtigkeit dieses Forschungsbereiches ließ die Fischerei um die Jahrhundertwende zu einem gemeinsamen „Ort" für die Entwicklung von Identifizierungsmustern sowohl aus unterschiedlichen Perspektiven werden.[160] Interessanterweise können das Interesse Schuchardts und die Kontakte zwischen ihm und Valle bezüglich der Fischereiforschung genau in die Zeit der höchsten Sichtbarkeit des Museums dank ihrer gemeinsamen Teilnahme an der Wiener Fischereiausstellung von 1902 datiert werden.[161]

8.5. Sprachmischung und Lingua franca: Eine „Fata Morgana"?

Neben der Erforschung der Fischerei und der materiellen Kultur des bäuerlichen Istriens erwies sich die Halbinsel als ein besonderer Treffpunkt von Schuchardt und dem Triester Netzwerk des Küstenlandes für die Entwicklung einer neuen akademischen Sprachwissenschaft in Graz. Einige wichtige Sprachwissenschaftler aus Istrien studierten und arbeiteten mit Schuchardt in Graz. 1873 bis 1877 etwa studierte der schon erwähnte Triester Archäologe Alberto Puschi Philologie bei Schuchardt und stand mit ihm in ständigem Briefkontakt. Im Jahre 1893 wurde der Sprachwissenschaftler Antonio Ive aus Rovigno/Rovinj zu einem der engsten Mitarbeiter Schuchardts an der Universität Graz. Dies erwies sich als eine große Stütze für die Erweiterung der Kontakte Schuchardts nach Istrien. Ive begann die erste wissenschaftliche Studie über istrovenezianische und istriotische Dialekte abzufassen und legte eine erste Sammlung von Liedern des romanischen Istriens an.[162] Gleichzeitig stand Schuchardt in engem Kontakt mit Giuseppe Vidossich, einem etwas jüngeren Sprachwissenschaftler aus Capodis-

---

[159] CMSN, Atti 3, 1879, 8; 1880, 11–14, 16, 17, 19, 24; Atti 4, 1881, 4, 25, 26; 1882, 8, 25, 26. Vgl. auch HSA, A, 12335 (Antonio Ive).

[160] Zur Bedeutung der Fischerei für die Herstellung von regionalen und nationalen Identifizierungen in Istrien und Triest aus einer Langzeitperspektive vgl. *Ballinger*, Lines; *Starec*, Mondo, 225.

[161] HSA, A 12335 (Antonio Ive).

[162] *Antonio Ive*, Canti popolari istriani raccolti a Rovigno, Ermanno Loescher, Torino 1877; *Ders.*, Fiabe popolari rovignesi, Holzhausen, Wien 1878; *Ders.*, Saggi di dialetto; *Ders.*, Die istrianischen Mundarten, Carl Gerold's Sohn, Wien 1893; *Ders.*, I dialetti ladino-veneti dell'Istria, Trübner, Strasburgo 1900.

tria/Koper, der ähnlich wie Ive[163] an der Wiener Romanistik bei Adolfo/Adolf Mussafia (1835–1905) promovierte.[164]

Schon ab den 1870er-Jahren wurde Istrien für Schuchardt zu einem seiner beliebtesten Experimentierfelder für die Entwicklung seiner Erforschung der Mischsprachen. 1884 verfasste er sein Werk *Slawo-Deutsches und Slawo-Italienisches* über Mischsprachen, die sich aus dem Slawischen, Deutschen und Italienischen zusammensetzten, in „Grenzregionen" im Süden der Monarchie, wie in der Südsteiermark, Krain und Istrien. In diesem Buch bezog er sich direkt auf den Begriff „Hybridität", um sprachliche Vermischungsprozesse zu bestimmen. Allerdings widerrief er ältere Theorien über die Unfruchtbarkeit von kulturell-sprachlichen Hybridismen:

> Die Wissenschaft aber lässt sich in ihren Interessen nicht durch den zufälligen Erfolg bestimmen und wird auch in dem slawisirenden [sic!] Jargon den Keim nicht verachten welcher der Entwickelung zu wirklicher Sprache wenigstens fähig ist, sollte es auch den oder jenen geben der an der theoretisch unbegründeten und praktisch widerlegten Unfruchtbarkeit der sprachlichen Hybridität eifriger festhielte als Andere an der der [sic!] thierischen Hybridität. Eine Fortpflanzung des Jargons findet jedenfalls in einem gewissen Grade statt.[165]

Schon im Zusammenhang mit dieser Studie verfügte Schuchardt über ein Netzwerk von lokalen Gelehrten und Wissenschaftler, die ihm Informationen über die lokalen Mischsprachen um Triest und Capodistria/Koper samt Sprachproben nach Graz schickten.[166] Insbesondere der Triester Gymnasiallehrer Giuseppe Vatova (1854–1938)[167] spielte eine entscheidende Rolle für die Entwicklung der Erforschung von Sprachmischungen um Triest und Capodistria/Koper. Ab 1883 sandte er an Schuchardt eine Reihe von Proben der gesprochenen Sprachmischungen der bäuerlichen Bevölkerung, vor allem derjenigen um Capodistria/Koper.[168] Durch die Anfrage Schuchardts an Vatova um Unterstützung bei der Erhebung von Sprachproben kamen die kulturellen und mentalen Spuren des über einen langen Zeitraum sich erstreckenden Status der istrischen Halbinsel als „Grenzregion" sowie der damit verbundenen soziokulturellen Zersplitterung erneut zum Vorschein. Wiederum wurde von Vatova in einem Brief an Hugo Schuchardt Istrien plakativ als „Grenzregion" („paese di confine") apostrophiert:

> La questione poi che stavolta mi è presentata da lei mi riesce quasi nuova affatto. Non ch'io non vi abbia posto mente mai: talune voci che mi paiono dal tedesco o dallo slavo

---

[163] AUW, PH PA 2068, Ive Anton.

[164] AUW, PN 1309–10, Vidossich Giuseppe.

[165] *Hugo Schuchardt*, Slawo-Deutsches und Slawo-Italienisches, Leuschner & Lubensky, Graz 1884, 35.

[166] HSA, B, 10.1. (Slawisch-Italienisch).

[167] Zur Biographie von Giuseppe Vatova vgl. *Vesnaver*, Nozze Vidali-Vatova.

[168] HSA, A, 12358–12376 (Giuseppe Vatova).

infiltrate – com'è naturale in paese di confine – nel dialetto mio, ch'è quel di Capodistria e Trieste, mi colpirono sí e man mano mi si presentarono le notai.[169]

Die Reflexion über Grenzen und kulturelle Mischungen wurde bei den befragten *insider*-Akteuren im Moment einer von außen gestellten Frage in Gang gesetzt. Sonst erschienen die Diversität und die Vermischung Istriens den *insiders* als nicht neu, sondern vielmehr als vertraut und keiner Erklärung bedürftig. Dies zeigt, dass sich die Wahrnehmung der vor drei Jahrzehnten diagnostizierten kulturellen Differenzen und Mischungen im Bewusstsein der bürgerlichen Akteure der lokalen Ordnung nicht ganz etabliert hatte. Die Entmischungsstruktur der 1850er-Jahre erschien noch als offen und im Wandel.

Schuchardts Erforschung von Sprachmischungen und gleichzeitig der materiell-anthropologischen Erscheinungen der entsprechenden Bevölkerungen beschränkte sich nicht nur auf das Küstenland. Seine Forschungsinteressen umfassten auch Verkehrssprachen des Mittelmeeres, hauptsächlich Sabir und Lingua franca. Schuchardt erwies sich, wie Robert Chaudenson bemerkt, als eine entscheidende Figur in der Erforschung dieser Reste älterer Mischsprachen und Linguae francae zwischen romanischen, arabischen und türkischen Sprachen im Süd- und Ostmittelmeerraum, die zu jener Zeit aber bereits im Aussterben begriffen waren.[170] Seine Forschungen zu Formen der Sprachmischung und Linguae francae liefern uns Einsichten über kulturelle Hybridität in einer historischen, zeitlich dynamischen Perspektive. Daneben widmete sich Schuchardt der Erforschung der Kreolsprachen und gilt deshalb als der Vater der Kreolistik.[171]

Dadurch beteiligte er sich an der generellen Diskussion über Sprachabstammung und -wandel, die ab den 1870er-Jahren innerhalb der deutschsprachigen Sprachwissenschaft geführt wurde. Schuchardt widersprach zwei Richtungen bzw. Theorien: der Stammbaumtheorie von August Schleicher (1821–1868) und den Theorien über die Lautgesetze der sogenannten „Junggrammatiker".[172] Die Forschung zu den Sprachmischungen diente hauptsächlich dazu, die Schwächen

[169] „Diesmal scheinen Sie mir eine gänzlich neue Frage zu stellen. Nicht, dass sie mir noch nie durch den Kopf gegangen wäre: Wie in einer Grenzregion üblich, scheinen sich einige Wörter aus dem Deutschen oder Slawischen auch in meinen Dialekt (dem von Capodistria und Triest) eingeschlichen zu haben. Diese Wörter erweckten schnell mein Interesse, und jedes Mal, wenn ich ein neues Wort hörte, schrieb ich es auf.", HSA, A, 12359 (Giuseppe Vatova).

[170] *Robert Chaudenson*, Creolization of Language and Culture, Routledge, London/New York 2001, 16–21.

[171] Zur allgemeinen Debatte über die Kreolsprache vgl. *Michel Giraud*, La créolité: une rupture en trompe l'oie, in: Cahiers d'études africaines 148, 1997, 795–811; *Müller/Ueckmann* (Hrsg.), Kreolisierung revisited.

[172] *Hugo Schuchardt*, Über die Lautgesetze: Gegen die Junggrammatiker, in: Theo Vennemann/Terence H. Wilbur (Hrsg.), Schuchardt, the Neogrammarians, and the Transformational Theory of Phonological Change, Athenäum, Frankfurt am Main 1972, 1–37. Außerdem *Terence H. Wilbur*, Hugo Schuchardt and the Neogrammarians, in: Vennemann/Ders. (Hrsg.), Schuchardt, 73–113; *Theo Vennemann*, Hugo Schuchardt's Theory of Phonological Change, in: Vennemann/Wilbur (Hrsg.), Schuchardt, 115–179; *Hurch*, Hugo Schuchardt, 497–498.

der Stammbaumtheorie aufzuzeigen. Ähnlich der Theorie der Junggrammatiker musste sie nämlich wegen ihrer ausgeprägt teleologischen Perspektive zwangsläufig zur Etablierung von Vorstellungen über rassische Reinheit führen, bzw. von reinen, klar definierten Sprachgruppen. Dagegen entwickelte Schuchardt mithilfe der „Wellentheorie“ die Idee eines nicht-linearen, graduellen Sprachwandels.[173] Sie revolutionierte die Vorstellung über den Sprachwandel, der nach Schuchardts Meinung nicht nur entlang einer vereinfachten Zeitachse verlief. Eine Sprache entwickelte sich demnach eher durch konzentrische, synchronische Bewegungen auf horizontalen Achsen bzw. durch wechselseitige Kontakt- und Lehnbeziehungen zwischen Sprachearealen. In diesem Sinn könne eine Sprache weder als eine reine noch fixe Erscheinung betrachtet werden, sondern eher als eine ewig durchmischte, bewegliche Realität.[174]

Wie Schuchardt selbst in seinem Artikel über die Lingua franca aus dem Jahre 1909 festhielt, begann er seit den 1880er-Jahren ein Interesse an diesem neuen, innovativen Forschungsbereich der europäischen Sprachwissenschaft zu entwickeln.[175] Schuchardt aktivierte viele Kontakte rund um das Mittelmeer – auch unter Nutzung seiner Kontakte zum Triester Lloyd – für das Einholen von Informationen und das Sammeln von Sprachproben. Der Ansatz Schuchardts, die Lingua franca zu entdecken sowie sie durch die klassischen Methoden der Sprachwissenschaft zu erforschen, erwies sich aber als fruchtlos. Mehrere Informanten berichteten Schuchardt über die Unmöglichkeit, Beweise für eine solche Sprache zu entdecken.[176] Der Afrikanist Gottlob Alfred Krause (1850–1938) etwa berichtete ihm 1882, er habe auf seinen zahlreichen Reisen durch das Mittelmeer und Nordafrika nie von solch einer Sprache gehört, obwohl er selbst in Europa oft darüber gelesen habe. Krause schlussfolgerte lakonisch, dass eine solche Sprache eine „Fata Morgana“, d.h. eine intellektuelle Illusion über Kommunikationsformen der „niedrigsten Volksklassen“ sei:

---

[173] *Hurch*, Hugo Schuchardt, 497.

[174] Ebd., 506.

[175] *Hugo Schuchardt*, Die Lingua franca, in: Zeitschrift für romanische Philologie 33, 1909, 441–461.

[176] „Eine Sprache die man als lingua franca bezeichnen könnte wird weder heute in Syrien gesprochen noch hat sich in der Bevölkerung das Bewußtsein erhalten daß je eine solche gesprochen worden sei. – das würde aber der Fall gewesen sei. – das würde aber der Fall gewesen sein wenn Sie in Syrien wirklich je in umfassendem Gebrauche gewesen wäre denn daß sie es im Westen gewesen ist darin scheint sich die Erinnerung erhalten zu haben.“, HSA, A, 10049 (Adolf Schulz); „Sono dispiacente di non averle potuto procurare nulla intorno alla lingua franca, la quale da quanto ho occasione di sentire dai marinaj dell'Oriente è ben diversa da quei saggi che ci da il Goldoni. A tale fine mi raccomandai ad alcuni capitani del Lloyd A. U., ma questi mi fecero di belle promesse per dimenticarle appena arrivati in Oriente.“, HSA, A, 9080 (Alberto Puschi); „La di Lei pregiata lettera, diretta al Consiglio d'Amministrazione del Lloyd, colla quale Lei chiedeva delle informazioni linguistiche – essendo stata riferita a me per l'evasione, mi pregio communicarLe che tutte le ricerche fatte da me in proposito riuscirono purtroppo infruttuose.“, HSA, A, 67 (Lloyd).

Was die ‚lingua franca' eigentlich ist, ist mir ganz unbekannt. Seit Jahren habe ich diese linguistische Erscheinung ganz aus den Augen verloren, nachdem ich früher, in Europa, viel von ihr gelesen hatte. Bei meinem ersten Aufenthalte in Oriente, Konstantinopel, Saloniki, Malta, Tripoli, habe ich keine Bekanntschaft mit der ‚lingua franca' gemacht und bei meinem diesmaligen Aufenthalte auch nicht. Ich bin sehr geneigt, die ‚lingua franca' für eine linguistische Fata Morgana zu halten [...]. Nach meiner Ansicht ist die ‚lingua franca' weder eine Sprache noch ein Dialekt einer Sprache, sondern stellt nur das individuelle Maass der Kenntnis (italienisch, spanisch, vielleicht griechisch) dar, welche Kenntnis sich bei dem einen Individuum auf wenige Frasen beschränken, bei einem anderen den vollen Besitz der Sprache umfasst und bei den anderen all die tausendfachen Möglichkeiten zwischen diesen beiden Extremen in sich schliesst. Diese Erscheinung findet sich überall und muss sich überall finden wo die Vertreter verschiedener Sprachstämme an einem Orte so zusammenwohnen, dass die sozialen Bedürfnisse des einen einen [sic!] innigen Verkehr mit den anderen erfordern.

Dass sich in einigen Ländern oder Städten am mittelländischen Meere aus diesem individuellen linguistischen Mischmasch mit der Zeit eine eigene Sprache herausgebildet habe, mit einer eigenen Grammatik, eine Sprache die in gleicher Form sich von Geschlecht zu Geschlecht forterbe, das kommt mir sehr zweifelhaft vor, doch kann ich deren problematische Existenz nicht rundweg ableugnen.

Da es sich meistens um die niedrigsten Volksklassen handelt, welche die ‚lingua franca' sprechen sollen, so wird es nöthig, will man Etymologie und Form der Wörter untersuchen, sich nicht zuerst an die betreffenden Literatursprachen, sondern an deren Dialekte zu wenden, also beim italienischen ganz besonders an die sizilianischen und neapolitanischen Dialekte. Dann wird manches Wort und manche Redewendung, die man beim ersten Anblick als eine Verderbung der reinen italienischen Sprache anzusehen geneigt war, sich als reiner italienischer Dialekt darstellen.[177]

In der Tat bestätigten der Archäologe Alberto Puschi und der Sprachwissenschaftler Alfred Morel-Fatio (1850–1924) die Präsenz von Sprachmischungsformen ähnlich der Lingua franca in einigen Komödien von Carlo Goldoni oder Molière: Diese galten aber als historische kulturelle Reflexions- und Darstellungsarten bezüglich europäischer gelehrter Kulturmilieus. Die zentrale Frage Schuchardts war, ob diese kulturellen Reflexionen tatsächlich verwendeten Sprachen entsprechen konnten.[178] Die Idee der Erforschung und Kategorisierung solcher Sprachen schien den kulturellen Reflexionen über die zentralen Andersartigkeiten des 17. und 18. Jahrhunderts zu entstammen, jener Zeit, als die europäischen Mächte ihre kolonialen Eroberungen unternahmen.[179]

---

[177] HSA, A, 5775 (Gottlob Alfred Krause).

[178] „Della cosiddetta lingua franca si trovano alcuni saggi nelle commedie del Goldoni: come nelle ‚donne di casa soa' ed in parecchie altre che Gliele indicherò in una prossima lettera.", HSA, A, 9078 (Alberto Puschi).

[179] „Au sujet du mot *sabir* pour désigner la langue franque en Algérie, je le crois d'introduction récente: c'est évidemment quelque français d'après 1830 ayant lu le *Bourgeois gentilhomme*, qui a eu l'idée de baptiser ainsi ce bizarre langage.", HSA, A, 7473 (Alfred Morel-Fatio).

Anderseits wurde die Verwendung solcher Sprachmischungen von der französischen Sprachwissenschaft bestätigt, wie etwa von Victor Lieutaud (1844–1926) aus Marseille, H. Nicaise aus Algier und Alfred Morel-Fatio aus Paris. Durch die koloniale Expansion in Nordwestafrika hatten sich der Staat und die Wissenschaft Frankreichs schon in der ersten Hälfte des 19. Jahrhunderts in Hinsicht auf die Verwaltung der eroberten Länder (Marokko und Algerien) Kenntnisse einer solchen Lingua franca angeeignet. 1830 wurde ein Wörterbuch über die „langue franque“ oder das „petit mauresque“ in Marseille für den Gebrauch der französischen Soldaten und Behörden im nordwestlichen Maghreb veröffentlicht.[180]

Obwohl die Angaben zu diesen Sprachmischungen nie ganz miteinander übereinstimmten,[181] fanden diese Bestätigungen immer kontextbezogene Erklärungen. Zwar existierten solche interkulturellen Kommunikationsmittel, sie galten jedoch als Sprachformen, die schwer fassbar waren. Nach Lieutaud handelte es sich um pragmatische, hoch situative Linguae francae, deren zahlreiche Variationen von Individuen oder Kleingruppen bzw. deren unterschiedlicher Herkunft abhängig waren: Sabir wäre „eine Ausdrucksweise, die von Person zu Person variiert und die mehr oder weniger einfach, mehr oder weniger kompliziert ist, je nachdem, über welche sprachlichen Ressourcen dieses Individuum verfügt.“[182] Abgesehen davon, dass sich die meist den untersten sozialen Schichten angehörenden Sprecher nur selten von den Forschern befragen ließen[183], konnten solche vermischten, flüchtigen und mündlichen Kommunikationsformen nicht einfach durch fixe Forschungsansätze analysiert und standardisiert werden.[184]

Diese zum Teil erfolgslose Forschung zu Sabir oder Lingua franca war aber nicht vergeblich. Durch sie gelangte Schuchardt in den ersten Jahrzehnten des 20. Jahrhunderts zu neuen Erkenntnissen über die Sprachmischung, oder besser gesagt zu einer Bestätigung der zentralen Idee aus seiner Theorie über

---

[180] Dictionnaire de la langue franque ou petit mauresque suivi de quelques dialogues familiers et d'un vocabulaire de mots arabes les plus usuels; à l'usage des Français d'Afrique, Feissant et Demonchy, Marseille 1830.

[181] „Je n'ai jamais entendu parler du *sabir* ; mais la *langue franque*, qui est parlée par tous les marins de la Méditerranée, est un amalgame d'espagnol, de français, de maltais, d'italien, et peut-être aussi de grec. Je l'ai entendu parler dans les ports de Marseille, d'Alexandrie, de Port Saïd, et à bord des vapeurs français [sic !] de la Cie des Messageries Maritimes de Marseille, sur lesquels j'ai fait des fréquents voyages. Peut-être le parle-t-on aussi dans le port de Trieste, mais je pense que là c'est l'italien qui prédomine.“, HSA, A, 7820 (H. Nicaise).

[182] „Je suis persuadé que ce que l'n appelle *sabir* est une manière de s'exprimer qui varie avec chaque individu & qui est plus ou moins simple, plus ou moins compliquée selon ce que cet individu possède de ressources linguistiques.“, HSA, A, 6460 (Viktor Lieutaud).

[183] HSA, A, 7481 (Alfred Morel-Fatio).

[184] „D'ailleurs il faut se méfier de ces documents qui sont plutôt des *imitations* que des *constatations*, plaisanteries ou chansons de zouaves etc. Il est certain, je le répète, que la langue franque existe dans tous les pays arabes du nord de l'Afrique qui sont en communication directe avec des romans. [...] Comme vous le dites fort bien, le profit qu'en tirera la linguistique sera peut-être mince.“, HSA, A, 7473 (Alfred Morel-Fatio).

„Wörter und Sachen“: Eine Sprache kann demnach nie von ihrem materiellen Lebenskontext getrennt werden. Sprachen – egal ob standardisiert oder nicht – bleiben immer in all ihren Formen und Variationen an ihrem Sitz im Leben verankert. Daher entwickelte Schuchardt die Idee, dass die Lingua franca eine hybride „Sprache des Marktplatzes“ sei – wie sich später der Sprachwissenschaftler Michail Bachtin ausdrückte[185]. Schuchardt spricht von einer „lingua del pane“ („Sprache des Brotes“), im Gegensatz zur „lingua del cuore“ („Sprache des Herzens“)[186]. Die Lingua franca basiert demnach auf Handelsbeziehungen und täglichen Kontakten für pragmatische Zwecke an den Marktplätzen in kulturell stark diversifizierten und gemischten Räumen und Ländern – ähnlich wie die Orte zwischen Stadt und Land oder Meer und Inland auf der istrischen Halbinsel. Der Sprachwissenschaftler Robert Chaudenson definiert hybride Sprachen wie Sabir, Lingua franca oder Pidgin als „trade languages“ von Händlern und Händlerinnen, Verkäufern und Verkäuferinnen und Seeleuten, die dadurch die Komplexität einer chaotischen Situation „vereinfachen“.[187]

Ähnlich wie ungefähr fünf Jahrzehnte früher bei Czörnig erwies sich eine solche Recherche ab den 1880er- Jahren als eine Suche nach einer nicht-kategorisierbaren Realität bzw. eine Jagd auf eine Fata Morgana. Nach jahrelangen Forschungen und unzähligen Briefwechseln kam Schuchardt zu dem Schluss, dass weder die Lingua franca noch andere Sprachmischungen auf einen vereinfachten kulturellen Essentialismus von sozio-ökonomischen Praktiken reduziert werden können. Sie bilden eher einen gemeinsamen „Raum“, in dem zumindest zwei geo-kulturell unterschiedliche Individuen oder Gruppen miteinander in Kontakt treten können. Die Sprachregeln dieses kulturellen, sozialen und ökonomischen Raumes wurden durch Generationen mündlich weitergetragen. In der kontextbezogenen Verwendung bekommen sie immer eine individuelle Färbung, je nach den persönlichen Kenntnissen der Teilnehmer. Daher existiert eine Sprachmischung nicht als eine reine, standardisierte Kommunikationsform, sondern eher als eine anerkannte soziokulturelle Ordnung, die immer mit dem materiellen „Bedürfnis“ übereinstimmt – d.h. der kontextbezogenen Praxis. 1909 erklärte Schuchardt dieses Konzept bezüglich der Lingua franca folgendermaßen:

Die L. fr. wird von Geschlecht zu Geschlecht überliefert und nicht bloss von den Angehörigen des einen Volkes, sondern zwischen denen beider gesprochen; daher ist sie gefestigter und gleichmässiger, individuellen Schwankungen mehr entrückt. Im Wesen aber stimmt sie mit jener individuellen Sprechart überein, sie geht aus ihr hervor wie der Stamm aus der Wurzel. Die Not ist die Bildnerin solcher Sprachen, die man deshalb auch

[185] *Michail M. Bachtin*, Rebelais und seine Welt. Volkskultur als Gegenkultur, Suhrkamp, Frankfurt am Main 1987, 187–238.

[186] *Schuchardt*, Slawo-Deutsches, 35.

[187] *Chaudenson*, Creolization, 19. Zum Thema der Reduzierung von Komplexität in mehrsprachigen Räumen aus Schuchardts Perspektive vgl. *Venier*, La corrente, 80–86, 103–105.

Notsprachen nennen könnte; sie haben zwar wichtige, aber keine sehr mannigfachen Aufgaben zu erfüllen; es sind vor allem Handelssprachen.[188]

Ein anderer deutschsprachiger Sprachwissenschaftler, Max Grünbaum (1817–1898), betrachtete 1885 in einer Studie über Sprachmischungen deren verschiedene Erscheinungsformen als eine Normalität „im Dienste der Schnelligkeit“ in internationalen, mehrsprachigen Vermittlungs- und Handelskontexten:[189] Die sprachlich-kulturelle Hybridität entsteht immer als Notwendigkeit, basierend auf praktischen Interessen. Die vermischte Sprache muss dann eher als eine „gesprochene Sprache“ betrachtet und von der „reinen“ Literatursprache unterschieden werden.[190] Das Englische in seiner Rolle als weltweit verbreitete hybride Kommunikationssprache kann hier nach Grünbaum als Beispiel dienen.[191]

Das Ergebnis dieser Studien war die „Entdeckung“ der Unhaltbarkeit der Kategorie der „Vermischten“ als Essentialismus für die Beschreibung von fixen Realitäten, wie sie jahrzehntelang von Czörnig und anderen imperialen oder lokalen Wissenschaftlern verwendet worden war. Die Hybridität war eine Handlungs- und Verhandlungstätigkeit in bestimmten kontextbezogenen Situationen innerhalb mehrsprachiger oder plurikultureller Gesellschaftsstrukturen. Das Thema der Vermischung erhielt dann zusätzliche Komplexität durch Transferprozesse von den Naturwissenschaften (Botanik und Zoologie) in die Humanwissenschaften, um eine kulturell und politisch vielfältige Staats- und Gesellschaftsstruktur durch die Etablierung der Dialektik Reinheit–Vermischung zu begründen. Durch diesen Transfer wurde aber der eigentliche Sinn der kulturell-sprachlichen Mischung in einem steten soziokulturellen und praktischen Prozess verändert.[192]

---

[188] *Schuchardt*, Die Lingua, 442.

[189] „Diese Veränderung der Schreibweise hat auch die Einführung mancher fremden Ausdrücke begünstigt; anderseits haben sich in Folge des weitaus lebhafteren Verkehrs zwischen den einzelnen Ländern und Welttheilen viele fremde Wörter eingebürgert, von denen man in früherer Zeit Nichts wußte; dazu kommen die vielen neuen Entdeckungen und Erfindungen, die fast alle fremdländische Benennungen haben, wie auch fast alle, im Dienste der Schnelligkeit stehend, den Gang der Dinge beflügeln; Mercur regiert die Stunde.“, *Max Grünbaum*, Mischsprachen und Sprachmischungen, Carl Habel, Berlin 1885, 5–6.

[190] Ebd., 31.

[191] Ebd., 8.

[192] Für eine Analyse der „Kreolisierung“ als ständiger Sprachwandelprozess vgl. *Philipp Krämer*, Vom Instinkt zum Bioprogramm, von der Mischung zum Hybrid. Historische und gegenwärtige Vorstellungen von Kreolisierung als Wandelprozess in der Sprache, in: *Müller/Ueckmann*, Kreolisierung revisited, 43–64.

9. Schluss

9.1. Neue kulturelle Reflexionsbegriffe für neue In- und Exklusionsformen

Begriffe aus dem semantischen Feld „kulturelle Diversität" und „kulturelle Hybridität", welche die österreichischen Wissenschaftler im Laufe des 19. Jahrhunderts durch ethnographisch-historische Narrationen festgelegt hatten, bezogen sich auf soziale, politische und wirtschaftliche Handlungspraxen in kulturell-sprachlich höchst heterogenen Kontexten – wie beispielsweise in Istrien. Diese breitgefächerte Kategorisierungsarbeit seit den 1840er-Jahren zielte auf eine Neuorganisation der sozialen und politischen Strukturen ab und fand in einer Zeit vielfacher Veränderungen innerhalb des nordöstlichen Adriaraumes sowie der Donaumonarchie bzw. Europas generell statt. In erster Linie ging es dabei um einen epochalen Wandel innerhalb der allgemeinen sowie lokalen politischen Ordnung, etwa um die Auflösung einer jahrhundertealten politischen Grenze, die zur Entstehung einer einheitlichen Region und der Suche nach einer neuen regionalen Identifizierung führte. Im Laufe der folgenden Jahrzehnte löste das Verschwinden der alten Grenze paradoxerweise jedoch eine breite Thematisierung ebendieser Grenze aus, sodass durch die imperiale Entmischungspolitik die Grenze(n) auf der istrischen Halbinsel nicht nur wiederauftauchten, sondern sogar komplexer wurden.

Trotz dieser Bemühungen, scharfe kulturelle Grenzen zu ziehen, stellte sich die Suche nach absoluten Identifizierungsmustern als eine Fata Morgana heraus. Wie schon im Einleitungskapitel festgestellt, kann sich eine Ordnung – im vorliegenden Fall die istrische „Einheit in der Vielfalt" (inklusive diverser „Vermischungen") – nach Mary Douglas auch als ein „Anschein von Ordnung" entpuppen: Nichtsdestotrotz wählte man diese Suche nach klaren „Identitäten" als Basis für die politische und soziale Umstrukturierung eines multinationalen Imperiums wie jenes der Habsburgermonarchie.[1] Entsprechende Prozesse der Identitätsfindung bzw. -deklarierung erwiesen sich im habsburgischen Istrien jedoch sowohl unter nationalem wie regionalem Aspekt als nur schwer durchführbar.

---

[1] *Douglas*, Purity, 5.

Die Genealogie der hier analysierten Termini des *re-orderings* sowohl Istriens als auch der gesamten Monarchie nahm ihren Anfang mit der großen Bedrohung der Revolution von 1848/49 und reicht über das 19. und 20. Jahrhundert herauf bis in unsere Tage.[2] Die Zeit zwischen der Märzrevolution und dem Anfang der parlamentarischen Ära in den 1860er-Jahren markiert den Beginn der ordnungsbringenden „long standing purity-hybridity-dialectic" in Istrien.[3] Durch die wissenschaftliche Tätigkeit und alltägliche Verwaltungspraxis bedingte diese Dialektik Grenzziehungen zwischen kulturell-ethnischen Gruppierungen und aktivierte neue Formen soziopolitischer Inklusion und Exklusion sowie die Schaffung neuer Arten von Zugehörigkeit. Sie schlug in den ordnungsbringenden Organisationsstrukturen Istriens derart tiefe Wurzeln, dass sie sogar den Zerfall der Habsburgermonarchie überdauerte.

Folglich wird in der vorliegenden Studie eine vereinfachte Betrachtung der Termini „Diversität" und „Hybridität" partiell in Frage gestellt. Diese Begriffe müssen in den jeweiligen historischen Realitäten verankert werden: Sie konnten ihre Bedeutung und Relevanz ändern, je nach Kontext. Nach 1850 spiegelten sie das Funktionieren des neuen Inklusions- und Exklusionsmechanismus in Österreich wider. Gleichzeitig stellten sie Bedrohungen für Homogenisierungsprozesse und kulturelle Grenzziehungen dar. Außerdem waren sie auch Teil einer Strategie zur Adaptierung an die changierende Situation nach 1848.

Eine Analyse der Verwendung der Termini „Vermischung" und „Hybridismus" führt zu zwei Hauptergebnissen:

1) Der Terminus „Vermischung" – einschließlich weiterer Synonyme wie „Gemisch", „Verschmelzung" usw. – galt zusammen mit dem Begriff „Vielfalt" ab den 1850er-Jahren als unabdingbarer Bestandteil der Umstrukturierung der Monarchie, in deren Verlauf die istrische Region als einheitliche Ordnung entwickelt wurde. Die Verwendung lässt sich einerseits auf einer überregionalen, imperialen Ebene der wissenschaftlichen Narrative feststellen, wobei in diesem Fall die neutralen oder positiven Konnotationen überwiegen. Auf der lokalen Ebene jedoch wird etwa die „mescolanza" im nationalistischen Umfeld bestenfalls als neutral, primär jedoch negativ bewertet.

2) „Hybridismus" / „ibridismo" zeigte sich sowohl 1848 als auch um die Wende vom 19. zum 20. Jahrhundert als Signal und Kennzeichnung für Krisensituationen innerhalb der auf der regionalen (oder interregionalen) Ebene etablierten Bedrohungskommunikation mit ausdrücklich pejorativen (antislawischen) oder teilweise neutralen Deutungen als wissenschaftlicher Begriff zur Analyse der zeitgenössischen Realität.

---

[2] *Pamela Ballinger*, Multiculturalism Against the State. Lessons from Istria, in: Feichtinger/Cohen (Hrsg.), Understanding Multiculturalism, 101–121.

[3] *Dies.*, History, 249.

Auf dieser Basis lässt sich behaupten, dass die damaligen Analysebegriffe „Vermischung" und „Hybridismus" unterschiedlichen Zielen bzw. Praktiken dienten, welche die verschiedenen Akteure auf den unterschiedlichen Ordnungsebenen verfolgten bzw. anwandten:

1) Machtlegitimierung des habsburgischen Imperiums gemäß dem Motto „Einheit in der Vielfalt", um den zentrifugalen nationalistischen Kräften entgegenzutreten;

2) soziopolitische Etablierung lokaler (teils nationalisierter) Eliten, die genau diese vom Imperium propagierte Dialektik Reinheit–Vermischung ausnutzten, um sich schrittweise als hegemoniale Gruppe der Region zu inszenieren;

3) eine alltägliche hybride Kommunikations- und Verhandlungspraxis der lokalen Bevölkerungen auf der subregionalen Ebene, um das Hindernis kulturell-sprachlicher Unterschiede zu überwinden.

9.2. Menschen klassifizieren, Grenzen kontrollieren: Istrien zwischen sozioökonomischer Transformation, imperialem *state-building* und Epidemien

Die außergewöhnliche Sichtbarkeit von kulturellen Begriffen in Bezug auf das habsburgische Istrien kann nicht nur als eine „Entdeckung" eines „dritten Raumes" – nach den rezenten postkolonialen Theorien – interpretiert werden. Auch im post-napoleonischen Europa zeigten solche Termini epochale Transformationen sozioökonomischer und politischer Strukturen, die zum Teil noch feudal geprägt waren, an. Der allgemeine Modernisierungsprozess machte sich nicht nur in den großen urbanen Zentren des Habsburgerreiches bemerkbar. Auch eine derart ökonomisch schwache und vernachlässigte Region der Habsburgermonarchie wie Istrien nahm an der „Verwandlung der Welt" teil, die Europa von der Frühneuzeit in die Moderne führte.[4]

So machte etwa der Prozess der Entfeudalisierung im habsburgischen Istrien das kraftvolle Veränderungspotenzial zeitgenössischer europäischer Transformationen auch in entfernten Peripherien deutlich. Unter dem Einfluss neuer Verhältnisse entstanden zuvor unbekannte Formen soziokultureller Organisationen und (Selbst-)Repräsentation, welche die als traditionell wahrgenommene Ordnung entscheidend in Frage stellten und veränderten. Dies führte vor allem zur Etablierung neuer sozioökonomischer Akteure und Verhandlungsräume: Die als unveränderlich wahrgenommene rurale Gesellschaft differenzierte sich aus, und in der Folge begannen die von den feudalen Verpflichtungen befreiten Bauern eine neue sozioökonomische „Zwischen-Klasse" zu bilden.

[4] Vgl. *Osterhammel*, Die Verwandlung.

Eine solche Veränderung führte zu merklichen Repositionierungen der Eliten auf den verschiedenen Ordnungsniveaus – sowohl der Staatsobrigkeiten als auch der lokalen nationalen Eliten. Einerseits musste der Staat nach 1848 ein neues Verhältnis zu der Zivilgesellschaft finden, vor allem durch die Anerkennung des Status der Untertanen als „Bürger" mit eigenen Rechten. Andererseits wurde die neue „Zwischen-Schicht" befreiter Kleinlandbesitzer als kulturelle Vermischung-kategorisiert. Insbesondere in ihrer Verwendung auf lokaler Ebene identifizierten Begriffe wie „Hybridismus" und „Vermischung" seitens der regionalen (italienischsprachigen) Eliten genau diese noch unbekannte, zum Teil von den Eliten gefürchtete neue soziale Entität, die zugleich als politische Ressource wie auch als Hindernis für die Modernisierung und Nationalisierung der Gesellschaft empfunden wurde.

Parallel dazu zeigte sich die häufige Verwendung der oben genannten Begriffe innerhalb der Kontinuitätsnarrative der „Region" sowie der „Nation" als Teil einer breiteren protektionistischen Strategie seitens lokaler und imperialer Führungsschichten. Sie diente in einer Zeit der immer rascheren Veränderung der Machtverhältnisse als Form der Kontrolle über die untersten sozialen Schichten. Nicht zufällig entwickelte sich das Thema der Partizipation eines immer größeren Teiles der Bevölkerung am sozialen und politischen Leben sowie der Anerkennung ihrer unveräußerlichen Rechte parallel zu der Produktion kultureller Diskurse in der bürgerlichen Presse und Publizistik. Im Kulturellen offenbarten sich das Soziale und das Politische, und die Herausbildung nationaler Zugehörigkeiten wurde allmählich zur Strategie, um die eigene „traditionelle" soziale, ökonomische und politische Vorherrschaft zu verteidigen.

Mehrere Quellen – sowohl kulturell-wissenschaftliche Texte, Zeitschriftenartikel, administrative Verwaltungsdokumente als auch Ego-Dokumente – bezeugen schon vor und während der Revolution von 1848 eindeutig das Auftauchen der Ethnisierung im habsburgischen Istrien. Die bisherige Historiographie zu Prozessen der Ethnisierung der Habsburgermonarchie hat sich auf die Zeit nach 1867 konzentriert: Eine Analyse der istrischen Verhältnisse in einer Langzeitperspektive zeigt nun, dass diese Entwicklung auf die Zeit vor den 1860er-Jahren vordatiert werden muss. Insbesondere die Tätigkeit der lokalen sowie imperialen Wissenschaftler und Staatsbeamten verweist schon in den 1840er-Jahren auf eine immer selbstbewusstere Bereitschaft zur Durchsetzung erwünschter Kategorisierungsformen, die darauf ausgerichtet ist lokale Gesellschaften der Monarchie umzustrukturieren und zu verwalten. In diesem Kontext zeigt sich Istrien als eine Versuchsstation der habsburgischen Modernisierung, mit dem Ziel der Entwicklung und des Austestens von Mitteln zur Reduktion bzw. Rationalisierung monarchieweiter Gesellschafts-, Wirtschafts- und Politikstrukturen. Diese Ethnisierungspolitik positionierte sich innerhalb der imperialen Staatsbildung und der Etablierung einer bürgerlichen öffentlichen Meinung sowie nationaler Parteien. Sie prägte das Verhältnis zwischen den imperialen administrativ-politischen Zentren und den regionalen Peripherien und ging in Form eines vielschichtigen „Binnenkolonialismus“ vonstatten.

Die Entwicklung neuer Ordnungsvorstellungen und Formen der Kontrolle hinsichtlich einer changierenden Gesellschaft mobilisierte unterschiedliche Akteure und brachte imperiale Staatsbeamte, Kulturschaffende, Forscher sowie Vertreter der lokalen nationalistischen Parteien zusammen. Als gemeinsames Begegnungsfeld galt die wissenschaftliche Tätigkeit, auf der sich ihre unterschiedlichen Interessen, Interpretationen und Blickwinkel verflochten. Vertreter der imperialen, nationalen, sowie regionalen Idee verwendeten dasselbe Klassifizierungsvokabular und trugen so zur Entwicklung der ordnungsbringenden Dialektik Reinheit–Hybridität im Küstenland bei. Die Wissenschaft förderte die Verbreitung und Einwurzelung neuer (Selbst-)Identifizierungsmuster sowie deren Popularisierung in Publizistik, Presse und Museen und prägte dadurch die Transformation der lokalen Gesellschaften mit. Dieser Prozess der Identifizierung durch Forschungstätigkeit und der Zirkulation von wissenschaftlichen Erkenntnissen verlief auf unterschiedlichen Wegen, die oft nicht nur einer *top-down*-Perspektive folgten. Die Relevanz und Sichtbarkeit der Halbinsel Istrien als Versuchsstation des Kulturellen – trotz ihrer politisch-ökonomischen Vernachlässigung – vermochte eine ausgeprägte wechselseitige Wissenszirkulation zwischen dem Lokalen und dem Globalen zu etablieren. So wurden Museen und Forschungsgesellschaften in Istrien sowie in Triest – wie etwa das Natur- und das Kunsthistorische Museum und die Adriatische Gesellschaft der Naturwissenschaften in Triest oder kleinere Museen und die Agrargesellschaften in Istrien – zu Orten des Austausches für einschlägig interessierte Vertreter der lokalen Gesellschaft, die durch eine *down-top*-Perspektive auch wissenschaftliche Diskurse auf imperialem Niveau beeinflussen konnten.

Die Suche nach Ordnung und Identität mithilfe der Wissenschaft betraf nicht nur die „Nation“, sondern zuvorderst die „Region“ und deren Zugehörigkeit zur imperialen Staatlichkeit. Die Analyse wissenschaftlicher Netzwerke kann der heutigen Geschichtswissenschaft neue Impulse für die Erklärung von Prozessen innerhalb der Habsburgermonarchie im ausgehenden 19. Jahrhundert liefern. Sie fördert das Verständnis für die Interdependenz unterschiedlicher Prozesse, etwa der Herausbildung der modernen imperialen Staatlichkeit, der Entstehung mitteleuropäischer Nationalismen und regionaler Identifizierungsmuster sowie nicht zuletzt der strukturellen Veränderungen der involvierten Ordnungen. Die im Rahmen der vorliegenden Arbeit unternommene Recherche über wissenschaftliche Netzwerke im Küstenland – die „Wissenschaft des Küstenlandes“ – lässt die Trennlinien zwischen diversifizierten, von nationalen Geschichtsschreibungen oft als gegensätzlich und untereinander verfeindet beschriebenen Akteuren zunehmend unscharf und porös erscheinen: Die Nationalisierung der Wissenschaft schloss die Zusammenarbeit und den Austausch zwischen unterschiedlichen sprachlich-kulturellen Milieus nicht a priori aus. Dadurch wird die Relevanz der „Region“ für die involvierten Forschungsnetzwerke weiter verdeutlicht, als Begegnungsort und gemeinsames Forschungsfeld sowohl der verschiedenen nationalen als auch der imperialen Akteure.

Die Erforschung von Menschen und Pflanzen wurde ab den 1840er-Jahren zum Mittel für die Herausbildung neuer Grenzen. Nach der Abschaffung der alten quer durch Istrien verlaufenden Grenze 1797 verfolgte die neue Grenzziehung mehrere Ziele: die neue istrische Region abzugrenzen sowie die externen Grenzen der Monarchie zu stärken, die nationalen „imaginierten Gemeinschaften“ in Istrien zu umreißen und voneinander zu entmischen. Die Wissenschaftler spielten eine Hauptrolle nicht nur bei der Ziehung der Grenze, sondern auch bei deren Popularisierung und Einverleibung durch die lokale Gesellschaft. Ihre kulturell-elitären Klassifikationsstudien entwickelten sich wiederum zum Hauptfaktor für die Neustrukturierung und Neuprägung der Zivilgesellschaft in Istrien.

Die Entmischung der istrischen Bevölkerung wurde aber nicht nur von politischen und sozialen Faktoren bestimmt. Wie die Recherche über die Choleraakten aus der Triester Statthalterei zeigt, boten andere Arten von Bedrohungen, wie medizinische Ausnahmezustände, außergewöhnliche Möglichkeiten, eine Gesellschaft näher zu analysieren, zu verwalten und zu prägen. Es geschah dies nicht ausschließlich durch eine willkürliche, autoritäre Durchsetzung von Staatlichkeit. Epidemien erwiesen sich als ein weiterer zentraler Faktor für die Herausbildung und Weiterentwicklung des *state-building*, vor allem als Prüfstein für die Modernisierung und Effizienz des imperialen Staates. In den Quellen zu den Seuchen spiegeln sich nicht nur die neuen Verhältnisse nach 1848/49 wider, es geht aus diesen vielmehr hervor, wie sehr diese Epidemien die zeitgenössischen gesellschaftlichen und politischen Prozesse beeinflussten.

Darüber hinaus wurden die Lesbarkeit und Erforschung der Gesellschaft durch die medizinischen Krisen generell begünstigt. Epidemien bildeten Momente engster Tuchfühlung zwischen der Obrigkeit bzw. den Eliten und der ansonsten weitgehend unsichtbaren Arbeiter- und Bauernklasse. Da Wissenschaftler in Zeiten von Seuchen die präsentesten Akteure waren, gewannen sie an Relevanz nicht nur im Rahmen der medizinischen Praxis, sondern auch in anderen Forschungsfeldern. Sie erreichten auf diese Weise soziale und politische Sichtbarkeit sowie Glaubwürdigkeit. Dadurch stellten sie weitere nützliche Formen des Kategorisierens und des Überwachens für den Staat bereit, um eine effizientere Verwaltungsstruktur zu schaffen. Die zögerliche, nicht-lineare Entwicklung eines ersten Fürsorgesystems in einer von gravierenden Mängeln an materiellen Ressourcen charakterisierten Gesellschaft wie der istrischen hatte das Ziel, die gesellschaftliche und administrative Ordnung aufrechtzuerhalten. In „den Zeiten der Cholera“ zeigten Staat und Gesellschaft sowohl ihre Schwäche als auch ihre Fähigkeit, neue Überwindungsstrategien durch innere Umstrukturierungs- und Anpassungsprozesse zu entwickeln.

Die Analyse der Verwendung kultureller Kategorien in Verwaltungsdokumenten der Triester Statthaltereiakten hinsichtlich der Cholera bzw. Malaria aus den 1880er-Jahren hat die tiefe Verwurzelung der in den 1840er- und 1850er-Jahren entwickelten ethnographischen Kategorisierungstermini in der Staatsverwaltung – sogar auf lokalem Niveau – bestätigt. In diesem Sinn stellten Epidemien nicht nur existenzbedrohende medizinische Herausforderungen dar: Dank der Verwissenschaftlichung des Sozialen und Politischen boten sie den Ordnungsträgern auf unterschiedlichen Niveaus die Möglichkeit, Bedrohungssituationen politischer und sozialer Natur zu überwinden: Dadurch war es für die Obrigkeit während solcher Notstände einfacher, gewünschte Veränderungen und neue normative Systeme in der Zivilgesellschaft durchzusetzen – bei deutlich geringerem Widerstand. So gelang es dem Staat, unterstützt durch die Wissenschaft, mittels Etablierung einer inneren Disziplin und Stärkung der externen Grenzen den neuen Mechanismus von soziokultureller In- und Exklusion zu perfektionieren. Andererseits mussten politische Grenzen überschritten werden, da Strategien zur Überwindung medizinischer Krisen nur mithilfe internationaler Expertise entwickelt werden konnten.

9.3. Vielfalt und Hybridität im istrischen (habsburgischen) Narrativ: Keine endgültige Geschichte

Im Rahmen des Gegensatzpaares Reinheit und Vermischung bildete sich diskursiv die Vorstellung neuer „imaginierter Gemeinschaften" und Identifizierungssysteme heraus. Lange vor der Idee der Nation stand die Imagination der Region vor dem Hintergrund des habsburgisch-imperialen *state-building* im Mittelpunkt der Tätigkeit der involvierten Akteure. In diesem Sinn musste sich jeder Nationalismus in Istrien zuerst intensiv mit anderen Prozessen der Identitätsstiftung auseinandersetzen, wie etwa der (Selbst-)Identifizierung von Individuen oder Gruppen mit lokalen, sogar sub-regionalen Sozialstrukturen sowie mit einem *Viel*-Völkerstaat. Die Herausbildung einer (oder mehrerer) Idee(n) kulturell homogener Zugehörigkeit auf Basis einer exklusiven sprachlichen Praxis erwies sich in Istrien als eine Chimäre.

Maßgeblich dafür waren zwei Besonderheiten im Prozess des *nation-building* in Istrien:

1) Die Entwicklung der ideellen Zugehörigkeit zu einer ethnozentrischen imaginierten Gesellschaft fand nicht innerhalb eines Nationalstaates, sondern zuerst in einer regionalen Ordnung im Rahmen eines imperialen, sich gerade entmischenden Vielvölkerstaates statt.

2) Der nationale Konflikt in Istrien entzündete sich primär nicht an den kulturellen Unterschieden zwischen „Italienern" und „Slawen". Vielmehr stellten die ersten Deklarationen homogener und exklusiver national-kultureller Zugehörig-

keit hier Reaktionen auf eine vom Habsburgerreich geförderte Ethnisierung dar, sowie auf externe Zuschreibungen eines „Hybrid-Seins".

Teleologische Narrative über Nationalismus und Irredentismus spielten in Istrien eine untergeordnete Rolle. Die „Region" sowie das „Imperium" waren die beiden zentralen Räume dieser nicht-linearen Entwicklung neuer Identitätsmuster und Analysebegriffe. Istrien war nicht nur ein bloßer Resonanzkörper für allgemeinere Prozesse und Debatten, wie jene um die Nation und ethnische Zugehörigkeiten. Eine solche regionale Ordnung zeigte sich auch in der Lage, durch eigene interne Prozesse kreative Selbstreflexions- und Selbstrepräsentationsmuster zu entwickeln. Die Akteure aus den kleineren subregionalen Ordnungen erwiesen sich weder als abhängig von den Makroordnungen des Imperiums, noch von jeglicher (imaginierter) Nation. Sie entwickelten gleichzeitig eigene exklusive Formen der Selbstreflexion und Selbstverwaltung durch kategorisierende Makrobegriffe, die durch Transferprozesse an die Besonderheiten der regionalen Ordnung adaptiert und eigenständig weiterentwickelt wurden.

Es kann nicht behauptet werden, dass Begriffe in Verbindung mit Vielfalt und Hybridität einfach aus einem kolonialen Kontext auf die istrische Halbinsel transponiert wurden. Eine Betrachtung aus der Perspektive der *global history* zeigt die Interkonnexionen zwischen der Habsburgermonarchie und den Kolonialmächten auf und wie solche Konzepte im Einklang mit dem allgemeinen, europaweiten Kultur- und Identitätsdiskurs standen. Gleichzeitig lässt sich bezüglich der Entwicklung des „Hybriditäts"-Begriffes keine absolute, zwingende Abhängigkeit der istrischen Realität von der europäischen kolonialen Erfahrung postulieren. Hier trifft folgende ironische Aussage Salman Rushdies über die Kulturgeschichte Großbritanniens nicht zu: „The trouble with the Engenglish is that their hiss history happened overseas, so they dodo don't know what it means."[5]

Bezüglich Istriens müssen Analysekategorien der „Verflechtung" und „Gleichzeitigkeit" von internationalen wissenschaftlichen und kulturellen Debatten verwendet werden, mit dem Ziel, die Besonderheit dieses Raumes hervorzuheben. Die Geschichte der Entmischung Istriens folgte eigenen spezifischen Wegen, die zwischen dem Globalen und dem Lokalen verliefen. Eine derartige glokale Sichtweise impliziert eine partielle Revision der Analyse kultureller Vielfalt und Hybridität im 19. Jahrhundert. Die Entwicklung und Verwendung von Diskursen über solche Themen folgten in Istrien einem inneren Kolonialismus der Habsburgermonarchie, der einen eigenständigen mitteleuropäischen Charakter zeigte: Er entsprach der Logik jenes komplexen Prozesses, durch den der habsburgische Zentralstaat seine neue Staatlichkeit vom politischen und kulturellen Zentrum Wien aus bis in die Peripherien des Reiches ausbildete. Die Durchsetzung einer polychromen, aber immer systematisierteren Macht- und Kontrollstruktur verlief auch über binnenkolonialistische, exotisierende Diskurse

[5] *Salman Rushdie*, The Satanic Verses, Vintage, London 2006, 343.

und Darstellungen der lokalen Partikularismen. Daher war der habsburgische Binnenkolonialismus eine wichtige Voraussetzung für das Funktionieren der generellen Dynamik zwischen Zentrum und Peripherie sowie zwischen zentralistischen und föderalistischen Ansätzen.[6]

Die binnenkoloniale Perspektive der gegenwärtigen deutschsprachigen Historiographie erweist sich als eine hilfreiche Stütze, sie darf aber nicht verabsolutiert werden: Die Geschichte der Diversität und des Hybridismus Istriens ist – neben einer „habsburgischen" – vor allem eine „istrische Geschichte", mit ihrer eigenen Komplexität und ihren eigenen Mehrdeutigkeiten. Die Thematisierung der Vermischung wurde in der lokalen bedrohten Ordnung der italienischsprachigen „Istrianität" verinnerlicht und tauchte in den späteren politischen Krisen der allgemeinen imperialen und regionalen Ordnungen wieder auf, um Bedrohung(en) klarer zu signalisieren, auch nach dem Ende der Habsburgermonarchie.

Wie der Soziologe Stuart Hall betont, stellt eine „Identität" nie einen vollständigen Prozess dar.[7] Betrachtet man die regionalen istrischen Identitätsmuster über einen längeren Zeitraum, der auch über den Ersten Weltkrieg hinausreicht, so stellt man fest, dass das Thema der Dialektik Reinheit–Vermischung in Istrien bzw. im nordöstlichen Adriaraum generell mit dem Zerfall der Habsburgermonarchie nicht abgeschlossen war. Die neuesten Studien der Historikerin Mila Orlić über die Zeit nach dem Zweiten Weltkrieg und den Beginn des Kalten Krieges in Istrien bestätigen dies: Im Verlauf weiterer Krisenperioden angesichts der Grenzverschiebung nach dem Zweiten Weltkrieg tauchte das Thema der kulturellen Hybridität bzw. der nationalen Indifferenz in Istrien als Reaktion gegen ein aufoktroyiertes *nation-* bzw. *state-building* erneut auf.[8]

Die komplexe ethnische Zusammensetzung Istriens sowie das *region-building* sind bis heute kontroverse Themen in Zusammenhang mit der (Selbst-)Definierung der Region Istrien. Sie überschneiden sich häufig mit der Frage nach der Nation, wenn auch nicht immer zwingend. Nach den dramatischen Erfahrungen des 20. Jahrhunderts – des faschistischen Regimes mit seiner antislawischen Politik, des Zweiten Weltkrieges samt der Vernichtung und Vertreibung von Teilen der Bevölkerung – lässt sich beobachten, wie seit den 1970er-Jahren im jugoslawischen Staat die Frage nach Istrien als einer (un)einheitlichen Ordnung erneut aufgeworfen wurde. Vor allem mit dem Wiedererstarken nationalistischer Ansprüche im Zuge des Zerfalles Jugoslawiens begannen verschiedene italie-

---

[6] *Johannes Feichtinger*, Komplexer k.u.k. Orientalismus: Akteure, Institutionen, Diskurse im 19. und 20. Jahrhundert in Österreich, in: Robert Born/Sarah Lemmen (Hrsg.) Orientalismen in Ostmitteleuropa. Diskurse, Akteure und Disziplinen vom 19. Jahrhundert bis zum Zweiten Weltkrieg, Transcript, Bielefeld 2014, 31–64.

[7] *Hall*, Introduction.

[8] *Orlić*, Né italiani né slavi.

nischsprachige Schriftsteller und Schriftstellerinnen in Istrien und Triest erneut, sich mit der „regionalen Identität" auseinanderzusetzen.

Mit Ausbruch der Jugoslawienkriege rückte die Debatte um die Region schließlich wieder ins Zentrum. Bemerkenswerterweise wurden direkt nach dem Zerfall des multinationalen Jugoslawiens neuerlich unterschiedliche *mental maps* Istriens aus einer nicht-nationalistischen, kulturell diversifizierten Perspektive präsentiert. Ähnlich wie in der Zeit nach 1848 und 1866 tauchte beispielsweise die Frage nach der Identität einer plurikulturellen, venezianischen Makroregion im nordöstlichen Adriaraum (die „drei Venetien") auf. Daneben entwickelte sich die Idee einer größeren Euroregion „Alpe-Adria".[9] In diesem Sinn wurde das alte Repertoire für die Themen Vielfalt und Vermischung aus dem 19. Jahrhundert in den 1980er/90er-Jahren wieder aufgegriffen.

Gleichzeitig zeigt die Produktion der lokalen italienischsprachigen Literatur, wie diese Termini zwischen 1918 und den 1980er-Jahren nie richtig verschwunden waren. Schon vor dieser Renaissance seit den 1970er-Jahren zeigte die sogenannte „Grenzliteratur" des 20. Jahrhunderts eine latente Kontinuität hinsichtlich der Themen kulturelle Diversität und Vermischung. Trotz aller dramatischen Brüche dieses Säkulums fuhren die Schriftsteller der *Venezia Giulia* fort, sich kritisch mit der interkulturellen Koexistenz in ihrer Geburtsregion auseinanderzusetzen. Außer dem schon oft zitierten istrischen Schriftsteller Fulvio Tomizza und dem Triester Germanisten und Autor Claudio Magris führten zwei weitere julische Intellektuelle, Roberto Bazlen und Franco Vegliani, schon in den 1950er/60er-Jahren relevante Debatten darüber weiter.

In einem Interview aus der Mitte der 1950er-Jahre, das seine Geburtsstadt Triest zum Thema hatte, drückte Roberto (Bobi) Bazlen (1902–1965) seine ironische Skepsis gegenüber dem damals herrschenden Mythos des „crogiolo" („Schmelztiegels") aus. Dieser Begriff erlebte seit dem Ende des Zweiten Weltkrieges im nordadriatischen Raum und in Italien eine gewisse Popularität, oft als bewusster Gegenentwurf zum tragischen, gewalttätigen Kollidieren von Nationalismen. Der Schmelztiegel stand sogar in Verbindung mit einer gewissen Nostalgie nach der Habsburgerperiode. Diese eigentümliche Interpretation der Hybridität basierte nämlich auf einer Mythisierung des Freihafenstatus Triests und einer Glorifizierung seiner habsburgischen Vergangenheit nach dem Motto „Österreich war ein geordnetes Land" („l'Austria era un paese ordinato"), das in den 1950er-/60er-Jahren von den beiden triestinischen Journalisten Lino Carpinteri (1924–2013) und Mariano Faraguna (1924–2001) verbreitet wurde.[10] Bazlen

[9] Vgl. zum Beispiel *Ulderico Bernardi/Giorgio Padoan* (Hrsg.), Il gruppo nazionale italiano in Istria e a Fiume oggi, Longo, Ravenna 1991.

[10] Dies ist der Titel eines der bekanntesten Bücher des triestinischen Schriftstellerduos Mariano Faraguna und Lino Carpineri, die seit den 1950er-Jahren mit mehreren Werken den Mythos des habsburgischen Triests und Istriens begründeten: Vgl. *Lino Carpinteri/Marino Faraguna*, L'Austria era un paese ordinato, La cittadella, Trieste 1969.

äußerte dazu eine klare Meinung: Triest sei auf keinen Fall ein Schmelztiegel gewesen, kein „Werkzeug" zur Verschmelzung „unterschiedlichster Elemente" zwecks Hervorbringung eines neuen Wesens mit „konstanten Eigenarten".[11]

Bazlen zeigte sich im Allgemeinen als Gegner von Essentialisierungen mythischer, exotischer Kulturkategorien wie dem Schmelztiegel und zog es vor, Triest als einen „Resonanzkörper" des Kulturellen zu betrachten.[12] Ihm war bewusst, wie leicht Begriffe wie „Schmelztiegel" und „Vermischung" von einer idyllischen Beschreibung friedlicher Koexistenz zu einem Kampfmittel für die asymmetrische Unterdrückung soziokultureller Minderheiten umfunktioniert werden konnten. Die „Assimilation" – die italienisch-nationale Variante der habsburgischen „Vermischung" – hatte durch die gewaltsame Vertreibung und Entnationalisierung der Slawischsprachigen und deren erzwungene Homogenisierung mit der „Italianität" in der *Venezia Giulia* sowie auf dem Balkan während des faschistischen Regimes bzw. des Zweiten Weltkrieges ihre dunkelste Seite gezeigt. Die „K.u.K.-Nostalgie" in Triest nach dem Zweiten Weltkrieg wies durchaus noch Keime sedimentierter Intoleranz auf. Wie die Romanistin Renate Lunzer und die Historikerin Tullia Catalan unterstreichen, führte das Duo Carpinteri & Faraguna seit 1948 in der lokalen Presse Triests eine anhaltende aggressive antislawische Kampagne mit einer ausgeprägten Anwendung rassistischer Stereotypen unter dem Dach der K.u.K.-Nostalgie.[13] Die Skepsis Bazlens wurde 1994 von dem istrischen Schriftsteller Guido Miglia (1919–2009) in Bezug auf eine simplifizierende Verwendung des moderneren Begriffes *melting pot* mit Blick auf Istrien wiederholt.[14]

1964 veröffentlichte der Triester bzw. Fiumaner Schriftsteller Franco Vegliani (1915–1982) sein Buch *La frontiera* (*Die Grenze*)[15], das im Jahre 1941 auf einer dalmatinischen Insel spielt. Im Mittelpunkt des Romans steht die „unscharfe Grenze" selbst, mit der an ihr lebenden national indifferenten Bevölkerung. Während der italienischen Balkan-Kampagne erzählt Simeone, ein ehemaliger k.u.k. Beamter, dem Ich-Erzähler, einem jungen, sich auf Rekonvaleszenzurlaub befindlichen italienisch-dalmatinischen Soldaten, vom tragischen Schicksal des dalmatinischen Offiziers Emidio Orlich, der im Ersten Weltkrieg auf Seiten Österreich-Ungarns an der galizischen Front fiel. Die Schilderung der inneren Ambiguitäten des „hybriden" k.u.k. Soldaten Orlich bildet die Folie für eine tief-

---

[11] *Roberto Bazlen*, Intervista su Trieste, in: Ders., Scritti, Adelphi, Milano 1984, 251.

[12] Ebd., 252–254.

[13] *Renate Lunzer*, Irredenti redenti. Intellettuali giuliani del '900, Lint, Trieste 2011, 336–338; *Catalan*, Linguaggi, 42.

[14] „La perturbata convivenza dell'Istria non si deve trasformare in melting pot, in crogiuolo delle peculiarità culturali dei singoli popoli; la convivenza deve funzionare, da un lato, come compenetrazione civile di varie culture, dall'altro, deve erigere un argine contro l'imposizione assimilatrice della cultura dominante del popolo maggioritario.", *Guido Miglia*, L'Istria una quercia, Circolo di cultura istro-veneta Istria, Trieste 1994, 14.

[15] *Franco Vegliani*, La frontiera, Sellerio, Palermo 1996, 151.

gründige Reflexion über die zögerliche Identifizierung und Gespaltenheit von Individuen, die tagtäglich die Dialektik der Grenze (er-)leben und im Moment des Krieges ungewollte, absolute Entscheidungen treffen müssen. Der Vergleich zwischen den beiden jungen Soldaten, dem habsburgisch-dalmatinischen Offizier Emidio Orlich aus dem Ersten und dem italienisch-dalmatinischen Soldaten aus dem Zweiten Weltkrieg, verdeutlicht die Auswirkungen der plötzlichen makrohistorischen, politischen Grenzverschiebung auf die Mikrogeschichten der lokalen Einwohner und Einwohnerinnen.

Die traumatische, erzwungene Repositionierung der beiden Soldaten nach einem absoluten nationalen Identitätsmuster in den Bedrohungsmomenten der Weltkriege findet in der Figur des pensionierten k.u.k. Beamten Simeone einen Gegenpol. Simeone drückt eine aus Erfahrung generierte Indifferenz gegenüber allen Nationalismen aus: Er identifiziert sich mit der schwankenden und stark kontextabhängigen Evolution der „hybriden Grenze". Der mimetische Simeone war innerhalb weniger Jahrzehnte als Zollbeamter unter drei verschiedenen Staaten und politischen Ordnungen – Österreich-Ungarn, Jugoslawien, Italien – tätig: „Ho cambiato tre volte padrone. Troppe, in una sola vita."[16] Er lebt bereits – ähnlich wie Tomizza – „in der Grenze", er hat sie verinnerlicht. Die bewegliche Grenze gilt nicht mehr nur als ein Reflexionsansatz, sondern als Teil der eigenen Existenz und Identität. Die persönliche Entscheidung für die Indifferenz erweist sich damit als einzig mögliche Überlebensstrategie, um die tragischen Brüche der Geschichte und die Begegnung mit dem Fremden zu meistern:

Ma era il caso di domandarsi quale misteriosa saggezza suggerisse al vecchio ex impiegato delle dogane austro-ungariche parole così piene di misura. Non era certo sufficiente l'età a spiegarlo, e neppure la generica esperienza delle cose del mondo che fatalmente è legata all'età. Doveva essere qualche cosa di più, ed erano appunto i luoghi tormentati in cui Simeone era vissuto, la gente diversa che aveva servito e con la quale era stato in contatto nella lunga carriera, le alterne fortune della politica alle quali aveva assistito e dalle quali, in più o meno larga parte, era stato toccato egli stesso. La frontiera, in una sola parola. Anzi, quella frontiera: instabile più delle altre e più delle altre aperta agli attriti e alle mescolanze delle nazioni.[17]

[16] „Ich habe bereits drei Herrscher kommen und gehen sehen. Zu viele für ein einziges Leben.", Ebd., 14.

[17] „Man sollte sich fragen, welch geheimnisvoller Quell der Weisheit dem pensionierten österreichisch-ungarischen Zollbeamten solch ausgewogene Worte einflößte. Das Alter und die allgemeine Lebenserfahrung reichen als Erklärung sicher nicht aus. Es musste mehr dahinterstecken: Und zwar liegen die Gründe dafür in den leidgeprüften Orten, wo Simeone gelebt hatte; in den verschiedenen Menschen, denen er gedient und mit denen er in seiner langen Karriere Kontakt hatte; in den wechselhaften politischen Verhältnissen, die er erlebt hatte und von denen er selbst mehr oder weniger stark betroffen worden war. In einem einzigen Wort: Der Grund ist diese Grenze. Genauer gesagt diese spezielle Grenze, die instabiler und offener ist als andere für Reibungen und Mischungen zwischen den Angehörigen verschiedener Nationen.", Ebd., 179–180.

Diese Zeugnisse für einen verbreiteten, das ganze 20. Jahrhundert über anhaltenden Diskurs über die kulturelle Diversität und Vermischung untermauern den Status Istriens als „Versuchsstation" für die in dieser Arbeit analysierten komplexen kulturellen Termini, auch nach dem Untergang der Habsburgermonarchie. Das System der „Grenzordnung" basiert auf einer Ungenauigkeit der Klassifizierung und einer inneren Ambiguität des Systems selbst.[18] Die istrisch-triestinische Literatur des 20. Jahrhunderts zeigte sich besonders empfindlich gegenüber der Thematisierung und Analyse von ambiguen und widersprüchlichen Phänomenen wie Begegnung, Koexistenz und Vermischung, Zusammenstößen zwischen Diversitäten, nationaler Indifferenz und politischem wie kulturellem Seitenwechsel. Es sind genau diese oft unscharfen Prozesse und Erscheinungen, in denen die „Grenze" ihr komplexes Funktionieren durch Mechanismen von gleichzeitiger Inklusion und Exklusion sowie von Vermischung und Trennung offenbart. Aus unserer „entmischten" Sicht erscheinen sie oft nur schwer begreifbar.

[18] Zum Thema der „Ambiguität" in Bezug auf den nordöstlichen Grenzraum vgl. *Tullia Catalan*, The Ambivalence of a Port-City. The Jews of Trieste from the 19th to the 20th century, in: Quest 2, 2011, 69–98; *Morris*, Trieste.

Ortsnamen

Italienisch	*Kroatisch*	*Slowenisch*	*Deutsch*	*Istrorumänisch*
Abbazia	Opatija			
Albona	Labin			
Acquaviva dei Vena		Rakitovec		
Arsa/Val d'Arsa	Raša			
Barbana	Barban			
Bellai	Belaj			
Buie	Buje			
Canal del Leme	Limski-Kanal			
Canale d'Isonzo		Kanal ob Soči		
Canfanaro	Kanfanar			
Capodistria	Kopar	Koper		
Carnizza		Krnica		
Carso	Kras	Kras		
Castua	Kastav			
Cherso	Cres			
Chiunschi	Ćunski			
Ciceria/Cicceria	Ćićarija	Čičarija	Tschitschenboden	
Dignano	Vodnjan			
Dragogna	Dragonja	Dragonja		
Draguccio	Draguć			
Fasana	Fažana			
Fiume	Rijeka	Reka		
Gorizia	Gorica	Gorica	Görz	
Grado	Gradež	Gradež		
Grisignana	Grožnjan			
Idria		Idrija		
Isonzo	Soča	Soča		
Isola	Izola	Izola		
Istria	Istra	Istra	Istrien	
Laurana	Lovran			
Lissa	Vis			
Litorale austriaco	Austrijsko primorje	Avstrijsko primorje	Österreichisches Küstenland	

Italienisch	*Kroatisch*	*Slowenisch*	*Deutsch*	*Istrorumänisch*
Lisignano	Ližnjan			
Lubiana		Ljubljana	Laibach	
Lupogliano	Lupoglav		Mahrenfels	
Lussino	Lošinj			
Lussinpiccolo	Mali Lošinj			
Medolino	Medulin			
Mompaderno	Baderna			
Moncalvo	Gologorica			
Monte Maggiore	Učka		Utschkaberg	
Monte Nevoso		Snežnik	Krainer Schneeberg	
Montenegro	Crna Gora	Čnra Gora		
Montona	Motovun			
Muggia	Milje	Milje		
Neresine	Nerezine			
Parenzo	Poreč			
Pinguente	Buzet			
Pirano	Piran	Piran		
Pisino	Pazin		Mitterburg	
Pola	Pula	Pulj		
Portole	Oprtalj			
Capo Promontore	Rt Kamenjak			
Quarnaro	Kvarner		Kvarner	
Quieto	Mirna			
Rovigno	Rovinj			
Ragusa	Dubrovnik			
Raspo	Rašpor			
Risano		Rižana		
San Canziano		Škocjan	Sankt Kanzian	
San Dorligo della Valle		Dolina		
San Pier dei Nembi	Sveti Petar			
Santa Lucia d'Isonzo		Most na Soči		
Sebenico	Šibenik			
Sessana		Sežana		
Sissano	Šišan			
Spalato	Split			
Susgnevizza	Šušnjevica			Şuşnjeviţa
Trieste	Trst	Trst	Triest	
Umago	Umag			
Valdarsa	Raša			

Italienisch	*Kroatisch*	*Slowenisch*	*Deutsch*	*Istrorumänisch*
Valle	Bale			
Veglia	Krk			
Venezia Giulia	Julijska Krajina	Julijska Krajina	Julisch Venetien	
Vermo	Beram			
Visogliano		Vižovlje		

Karten

Karte 1: Johann Weikhard von Valvasor, Tabula Ducatus Carnioliae Vindorum Marchiae et Histriae (1 : 500 000), Nürnberg ca. 1750.

Karte 2: A. Magnaron, Karte des oesterreichisch-illyrischen Küstenlandes: umfassend die gefürsteten Grafschaften Görz und Gradisca, die Markgrafschaft Istrien und die Stadt Triest mit ihrem Gebiethe nach der gegenwärtigen politischen gerichtlichen und kirchlichen Eintheilung (1 : 192 000), Linassi, Triest 1855.

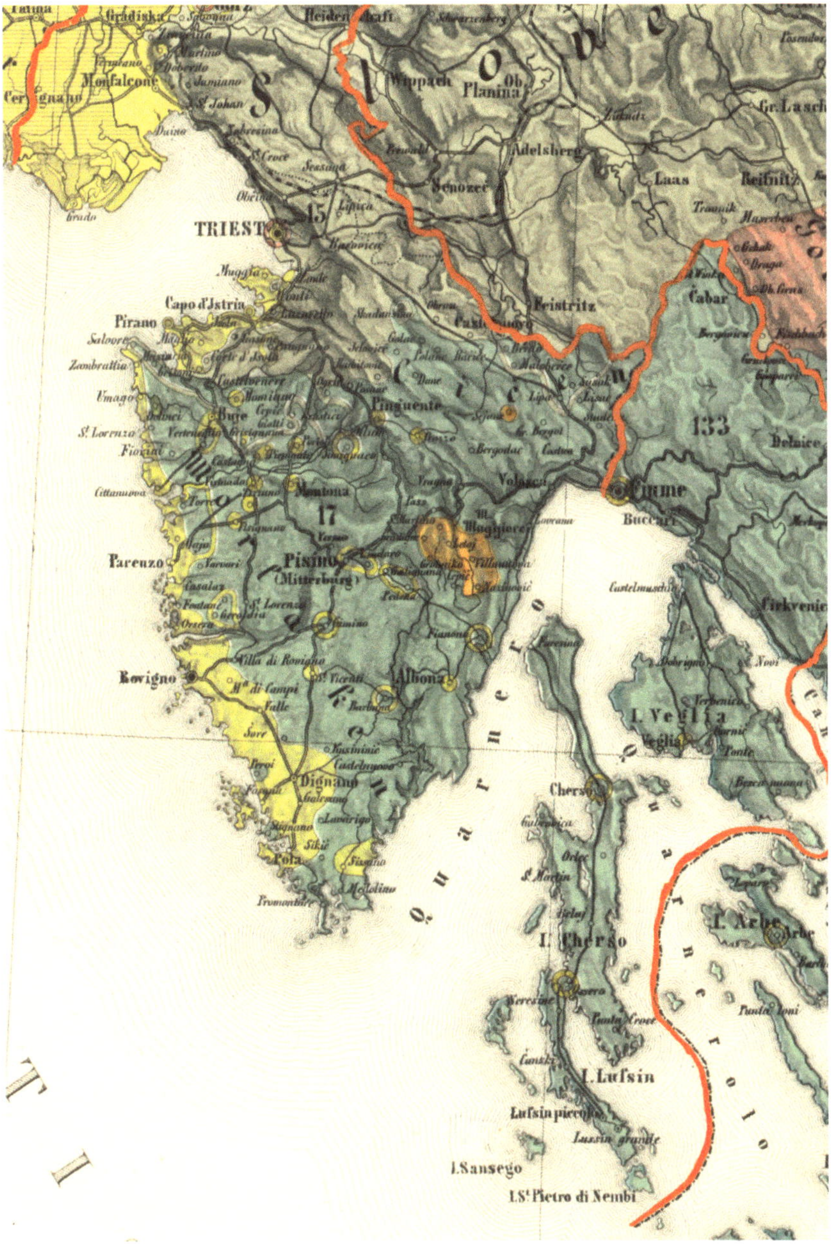

Karte 3: Karl von Czörnig, Ethnographische Karte der Oesterreichischen Monarchie in vier Blättern (1:864 000), K.u.K. Direction der Administrativen Statistik, Wien 1855 (Istriens Ausschnitt aus dem 3. Blatt).

Literatur und Quellen

Archive und Quellenbestände

Archivio della popolazione residente (Archiv des Einwohnermeldeamtes), Triest (AprTS)

Registro di popolazione, Foglio di evidenza della famiglia: Bernardo Benussi; Josef Stradner.

Archivio di Stato (Staatsarchiv), Triest (AST)

Amministrazione del castello di Miramare (1851–1930).
I. R. Luogotenenza del Litorale, Atti generali, 25, 1/34–1, Epidemie (1850–1853).
I. R. Luogotenenza del Litorale, Atti generali, 112, 2/26–4, Cholera-Ausbruch (1854–1857).
I. R. Luogotenenza del Litorale, Atti generali, 326, 2/47–2, Epidemie in Istrien (1870–1875).
I. R. Luogotenenza del Litorale, Atti generali, 326, 2/47–5, Cholera (1870–1875).
I. R. Luogotenenza del Litorale, Atti generali, 341, 2/47–1, Epidemie (1876–1880).
I. R. Luogotenenza del Litorale, Atti generali, 363, 2/47–1, Epidemie (1881–1885).
I. R. Luogotenenza del Litorale, Atti generali, 363, 2/47–5, Cholera (1881–1885).
I. R. Luogotenenza del Litorale, Atti generali, 520, 39/30, Cholera (1886–1890).
I. R. Luogotenenza del Litorale, Atti generali, 602, 39/30, Cholera (1891–1895).
I. R. Luogotenenza del Litorale, Atti generali, 780, 39/2, Organisierung des Sanitätsdienstes in Istrien (1896–1900).
I. R. Luogotenenza del Litorale, Atti generali, 785, 39/30, Cholera (1896–1900).
I. R. Luogotenenza del Litorale, Atti presidiali, 50, 2/5–19 (1850–1918).
I. R. Luogotenenza del Litorale, Atti presidiali, 59, 2/5–15 (1850–1918).
I. R. Luogotenenza del Litorale, I. R. Direzione di Polizia, Società (1850–1918).

Archivio diplomatico della Biblioteca Civica (Handschriftensammlung der Städtischen Bibliothek), Triest (ADT)

Fondo Carlo de Marchesetti: R. P. MS Misc. 88/A (Reisebücher).
Fondo Carlo de Marchesetti: R. P. MS Misc 88/E/9.1, preistoria.
R. P. MS Misc. 32: Bartolomeo Biasoletto, Relazione del Congresso dei naturalisti e medici tedeschi, Vienna settembre 1832.

Archiv des Naturhistorischen Museums, Wien (ANHM)

Prähistorische Abteilung, Korrespondenzen: Szombathy–Marchesetti.

Archiv der Universität Wien (AUW)

PH PA 2068, Ive Anton.
PH PA 2917, Josef Popovici.
PN 1309–10, Vidossich Giuseppe.

Pokrajinski arhiv Koper / Archivio regionale di Capodistria (Regionalarchiv Koper) (SI PAK KP)

302, Rodbina Madonizza.

Pokrajinski arhiv Koper – Arhiv Piran / Archivio regionale di Capodistria – Archivio di Pirano (Regionalarchiv Koper – Archiv Piran) (SI PAK PI)

Comune di Pirano, Protocolli delle sedute comunali, U. T. 1, U. A. (1845–1870).

Civico museo di storia naturale (Städtisches Naturhistorisches Museum), Triest (CMSN)

Atti 1 (1846–1858).
Atti 2 (1859–1865).
Atti 3 (1866–1880).
Atti 4 (1881–1883).
Atti 5 (1884–1892).
Atti 6 (1893–1905).
Atti 7 (1906–1915).

Civici musei di storia e arte (Städtische Kunsthistorische Museen), Triest (CMSA):

Archivio del Civico Museo di Storia e Arte (Archiv des Städtischen Kunsthistorischen Museums)

Cronaca, 3.1.1891–30.11.1898.
Archivio del Museo, 1907.
Archivio Sticotti.
Archivio Pervanoglù.

Civico Museo di Storia Patria (Städtisches Museum für Heimatgeschichte)

Archivio Biasoletto.
Archivio Schiavuzzi.
Dono Schiavuzzi (27.4.1957, Pacco 22).
Archivio Società di Minerva.

Archiv der Österreichischen Akademie der Wissenschaften, Wien (ÖAW)

Adriakommission: A. C. 1, 2, 3.
Balkankommission: 1/B1 (1897–1907).
Novara-Expedition: 1 (1856–1862).

Geheimes Staatsarchiv – Preußischer Kulturbesitz, Berlin (GSTA)

VI HA Nl Althoff, 413.

Hugo Schuchardt Archiv, Graz (HSA)

http://schuchardt.uni-graz.at (2.1.2021).
A. Korrespondenzen.
B. Werkmanuskripte.

Stadtarchiv Graz (StaG)

Meldekartei der Polizeidirektion Graz (1892–1925).
Meldebuch der Polizeidirektion Graz (Sta weiß) (1875–1892).

Wiener Stadt- und Landesarchiv, Wien (WStLA)

BG Währing, A4/6–6A.
Totenbeschreibamt, A3 (Totenbeschau).

Karten

Czörnig, Karl von, Ethnographische Karte der Österreichischen Monarchie (1 : 864 000), in 4 Blättern, Wien 1855.
–, Ethnographische Karte der österreich-ungarischen Monarchie, in 4 Blättern (1 : 1 584 000), Wien 1868.
Le Monnier, Franz von, Sprachen-Karte von Österreich-Ungarn (1 : 1 Mill.), Hölzel, Wien 1888.
Biller, D., Völker-Karte der österreichischen Monarchie, Artaria, Wien 1858.
Dardano, A., La regione veneta e le Alpi nostre. Dalle fonti dell'Adige al Quarnaro (1 : 500 000), Istituto Geografico De Agostini, Novara 1915.

Zeitgenössische Veröffentlichungen und Quellen (bis 1930)

149. Kaiserliches Manifest vom 4. März 1849, in: Allgemeines Reichs-Gesetz- und Regierungsblatt für das Kaiserthum Oesterreich, Wien 1850, 148–150.
Alberti, Mario, La lutte antigermanique dans le Méditerranée et dans l'Adriatique, Paris/Lausanne 1917.
–, L'irredentismo senza romanticismi, Cavallieri, Como 1936.
Almanacco istriano, 1, Tondelli, Venezia 1851.
(*Andrian-Werburg, Viktor Freiherr von*), Oesterreich und dessen Zukunft, Hoffman und Campe, Hamburg 1843.
Annuario della Società Agraria Istriana, Appolonio e Caprin, Trieste 1870–1873.
Anonym, Prefazione, in: Archeografo triestino 4, 1837, III–VIII.

Apollonio, Carlo, La riorganizzazione del servizio sanitario nell'Istria. Ricerche e proposte fatte per incarico della Camera medica istriana dal dott. Carlo Apollonio, medico comunale in Umago, Gaetano Coana, Parenzo 1896.

Ascoli, Graziadio Isaia, Sull'idioma friulano e sulla sua affinità colla lingua valaca. Schizzo storico-filologico, Vendrama, Udine 1846.

–, Studj critici, Paternolli, Gorizia 1861.

–, Il significato della denominazione „Le Venezie" (Milano, 23 agosto 1863), in: Francesco Salata, Il diritto d'Italia su Trieste e l'Istria, Bocca, Milano/Torino/Roma 1915, 402–403.

Assanierungsfortschritte in Österreich, Hölder, Wien 1904.

Atti del Museo civico di storia naturale di Trieste, Lloyd austriaco, Trieste 1850–1914.

Atti della Dieta provinciale istriana in Parenzo 1/3, Coana, Rovigno 1863/1869.

Atti e memorie della Società istriana di archeologia e storia patria 1/1–2, Coana, Parenzo 1885.

Ausstellung österreichischer Hausindustrie und Volkskunst (1905–1906), Kaiserlich-Königliches Österreichisches Museum für Kunst und Industrie, Reisser, Wien 1905.

Bacher, Josef, Die deutsche Sprachinsel Lusern. Geschichte, Lebensverhältnisse, Sitten, Gebräuche, Volksglaube, Sagen, Märchen, Volkserzählungen und Schwänke, Mundart und Wortbestand, Wagner, Innsbruck 1905.

Balzac, Honoré de, Les paysans, Calmann Levy, Paris 1876 (1. Ausgabe: 1844).

Becker, M.A. v., Ein Wort für Istrien, in: Mittheilungen der k.u.k. geographischen Gesellschaft in Wien 20, 1877, 417–425.

Benussi, Bernardo, Saggio d'una storia dell'Istria dai primi tempi sino all'epoca della dominazione romana, Tondelli, Capodistria 1872.

–, Manuale di geografia dell'Istria, Caprin, Trieste 1877.

–, Manuale di geografia, storia e statistica del Litorale, Bontempo, Pola 1885.

–, L'Istria sino ad Augusto, Herrmanstorfer, Trieste 1883.

–, Storia documentata di Rovigno (zusammen mit: Antonio Ive, Saggi di dialetto rovignese), pubblicati dal Municipio di Rovigno all'apertura dell'ospizio marino Arciduchessa Maria Teresa in San Pelagio, Lloyd austriaco, Trieste 1888.

–, Santo Stefano al Quieto, Lloyd austro-ungarico, Trieste 1888.

–, Zur Landesgeschichte Istriens, in: Die österreichisch-ungarische Monarchie in Wort und Bild. Das Küstenland (Görz, Gradiska, Triest und Istrien), k.u.k. Hof- und Staatsdruckerei, Wien 1891, 137–152.

–, L'Istria nell'epoca bizantina, Coana, Parenzo 1891.

–, La liturgia slava nell'Istria, in: Atti e memorie della società istriana di archeologia e storia patria 9, 1893, 151–283.

–, Nel Medio Evo. Pagine di storia istriana, Coana, Parenzo 1897.

–, Gli scavi di Nesazio (1900–1903), in: Atti della Accademia Scientifica Veneto-Trentino-Istriana, 1904, 13–16.

–, Spigolature polesane, Coana, Parenzo 1908.

–, Parenzo nell'evo medio e moderno, Coana, Parenzo 1910.

–, Il '48 nell'Istria, in: Atti del Reale Istituto Veneto di scienze, lettere ed arti 83, 1923/1924, 481–523.

Bericht über die Gründung der Zoologisch-Zootomischen Anstalt in Triest, Österreichischer Lloyd, Triest 1850 (italienische Fassung: Ragguaglio intorno alla istituzione del Gabinetto zoologico-zootomico in Trieste, Lloyd austriaco, Trieste 1850).

Bevölkerung und Viehstand der im Reichsrathe vertretenen Königreiche und Länder nach der Zählung vom 31. December 1869, bearbeitet und herausgegeben von der k.u.k. Statistischen Zentralkommission, k.u.k. Hof- u. Staatsdruckerei, Wien 1872.

Biasoletto, Bartolomeo, Bericht über eine Reise durch Istrien, in: Flora 33/34, 1829.

–, Relazione del viaggio fatto nella primavera dell'anno 1838 dalla Maestà del Re Federico Augusto di Sassonia nell'Istria, Dalmazia e Montenegro, Weis, Trieste 1841 (deutsche Übersetzung von Eugen von Gutschmid: Reise Sr. Majestät des Königs Friederich August von Sachsen durch Istrien, Dalmatien und Montenegro im Frühjahr 1838, H. M. Gottschalk, Dresden 1842).

–, Botanica (Auszug aus: Osservatore triestino), Lloyd austriaco, Trieste 1853.

Bibliografia italiana, ossia Elenco generale delle opere d'ogni specie e d'ogni lingua stampate in Italia e delle italiane pubblicate all'estero 7–8, 1841/1842.

Bidermann, Hermann Ignaz, Neuere slavische Siedlungen auf süddeutschem Boden, in: Forschungen zur deutschen Landes- und Volkskunde 2/5, 1888, 361–378.

Biografia di Giuseppe Ressel, intendente forestale presso l'i. r. Marina da guerra, inventore dell'applicazione dell'Elice alla navigazione a Vapore, Lloyd austriaco, Trieste 1858.

Biographische Umrisse der Mitglieder der deutschen konstituirenden Nationalversammlung, Schmerber, Frankfurt am Main 1848.

Bolle, G., Sulla phylloxera vastatrix, in: Bollettino della Società adriatica di scienze naturali in Trieste 2, 1876, 264–275.

Broca, Pierre Paul, Sur l'ethnologie de la France, in: Bulletins de la Société d'anthropologie de Paris 1, 1860, 6–15.

–, On the Phenomena of Hybridity in the Genus Homo, Anthropological Society of London, London 1864.

Brodman, Joseph von [G.d. B-n.], Memorie politico-economiche della città e territorio di Trieste, della penisola dell'Istria, della Dalmazia fu Veneta, di Ragusi e dell'Albania ora congiunti all'Impero Austriaco, Tipografia di Alvisopoli, Venezia 1821.

Brückner, Eduard, Das italienisch-österreichische Projekt einer gemeinsamen Erforschung des Adriatischen Meeres, in: Mitteilungen der kaiserlichen und königlichen Geographischen Gesellschaft in Wien 53/7–8, 1910, 461–475.

– (Hrsg.), Dalmatien und das österreichische Küstenland, Franz Deuticke, Wien/Leipzig 1911.

Bruhns, Karl (Hrsg.), Alexander von Humboldt. Eine wissenschaftliche Biographie, 2, Brockhaus, Leipzig 1872.

Brunetti, Lovodico, Una riabilitazione chirurgica. Reminiscenze dell'anno 1876, Prosperini, Padova 1876.

Burton, Richard Francis, Notes on the Castellieri or Prehistoric Ruins of the Istrian Peninsula, in: Anthropologia, 1875, 375–415.

Burton, Richard Francis/Scampicchio, Antonio/Covaz, Antonio, More Castellieri. The Seaboard Istria, in: The Journal of the Anthropological Institute of Great Britain and Ireland 7, 1878, 341–363.

Buttiglioni, Don Giusto, Colera e bacilli. Rimedi e preservativi, Ilariana, Gorizia 1896.

Candolle, Augustin Pyramus de, Théorie élémentaire de la botanique, ou Exposition des principes de la classification naturelle et de l'art de décrire et d'étudier les végétaux, Déterville, Paris 1813.

Caprin, Giuseppe, Marine istriane, Caprin, Trieste 1889.

–, Istria nobilissima, 2 Bände, Schimpff, Trieste 1905/1907.

Caprin, Giulio, Paesaggi e spiriti di confine, Treves, Milano 1915.

Casotti, Marco de, Le coste e isole della Istria e della Dalmazia, Battara, Zara 1840.
Castagna, Giovanni, Intorno al colera in Trieste nel 1849, Pagani, Trieste 1850.
Civico Museo Ferdinando Massimiliano in Trieste. Alto Protettorato, cenni storici, e statuto, Lloyd austriaco, Trieste 1856.
Coiz, Antonio, L'Istria geografica, in: Carlo Combi (Hrsg.), Porta orientale. Strenna istriana per gli anni 1857–1858–1859, Cobol & Priora, Capodistria 1890, 8–13.
Combi, Carlo, Cenni etnografici sull'Istria, Colombo Coen, Trieste 1858.
–, Etnografia dell'Istria, in: Rivista contemporanea 8–21/82, 1860, 388–398.
–, Saggio di bibliografia istriana, Tondelli, Capodistria 1864.
–, Istria. Studj storici e politici, Bernardoni, Milano 1886.
Cratey, Antonio, Perigrafia dell'origine dei nomi imposti alle androne, contrade e piazze di Trieste, Weiss, Trieste 1809.
Czörnig sr., Karl von, Die Vertheilung der Voelkerstaemme und deren Gruppen in der oesterreichischen Monarchie. Sprachgraenzen und Sprachinseln, Braumüller, Wien 1856.
–, Ethnographie der österreichischen Monarchie mit einer ethnographischen Karte in vier Blättern, 3 Bände, k.u.k. Hof- und Staatsdruckerei, Wien 1857.
–, Oesterreich's Neugestaltung (1848–1858), Cotta'scher Verlag, Stuttgart/Augsburg 1858.
–, Über die Durchstechung der Landenge von Suez, k.u.k. Hof- und Staatsdruckerei, Wien 1858.
–, Die deutschen Sprachinseln im Süden des geschlossenen deutschen Sprachgebietes in ihrem gegenwärtigen Zustande: Nach einem im kärntnerischen Geschichtsvereine gehaltenen Vortrage, Kleinmayr, Klagenfurt 1889.
Czörnig jr., Karl von, Die ethnologischen Verhältnisse des österreichischen Küstenlandes nach dem richtiggestellten Ergebnisse der Volkszählung vom 31. Dezember 1880. Mit einer ethnographischen Karte in 2 Blättern, Schimpf, Triest 1885.
De Franceschi, Camillo, I Castelli della Val d'Arsa. Ricerche storiche, in: Atti e Memorie della Società di Archeologia e Storia Patria 14, 1898, 135–198.
–, Prefazione, in: Carlo de Franceschi, Memorie autobiografiche, con prefazione, note e appendici a cura del figlio Camillo, Lloyd triestino, Trieste 1926, 5–39.
De Franceschi, Carlo, Descrizione del Margraviato d'Istria, in: Annuario della Società Agraria Istriana 2, Appolonio e Caprin, Trieste 1871, 53–236.
–, L'Istria. Note storiche, Coana, Parenzo 1879.
–, Memorie autobiografiche, con prefazione, note e appendici a cura del figlio Camillo, Lloyd triestino, Trieste 1926.
Del Bello, Nicolò, La provincia dell'Istria. Studi economici, Cobol & Priora, Capodistria 1890.
Diario del Nono Congresso degli scienziati italiani convocati in Venezia nel settembre 1847, Giovanni Cecchini, Venezia 1847.
Dictionnaire de la langue franque ou petit mauresque suivi de quelques dialogues familiers et d'un vocabulaire de mots arabes les plus usuels: à l'usage des Français d'Afrique, Feissant et Demonchy, Marseille 1830.
Encyclopédie des gens du monde, répertoire universel des sciences, des lettres et des arts: avec des notices sur les principales familles historiques et sur les personnages célèbres, morts et vivants, par une société de savants, de littérateurs et d'artistes, français et étrangers, 14/1, Treuttel et Würtz, Paris 1840.
Fischer, Ludwig Hans, Die Tracht der Tschitschen, in: Zeitschrift für österreichische Volkskunde 2, 1896, 6–23.

Formiggini, Saul/Kandler, Pietro/Revoltella, Pasquale/Scrinzi, Johann B. (Hrsg.), Drei Tage in Triest, Buchdruckerei des österreichischen Lloyd, Triest 1858.

Franca, Parroco Tommaso, Il colera asiatico, Carlo Prioria, Capodistria 1912.

Frauer, Emilio, Sugli aborigeni dell'Istria. Gl'Istri e i loro vicini, in: Archeografo triestino 11, 1885, 209–214.

–, Esame etimologico di nomi geografici istriani, in: Archeografo triestino 12, 1886, 152–158.

Furegoni, Carlo de (Hrsg.), Poesie e prose di Michele Fachinetti istriano, Giuseppe Tondelli, Capodistria 1865.

Gentile, Attilio, Il primo secolo della società di Minerva (1810–1909), Caprin, Trieste 1910.

Gervais, Paul/Marchand, L./Raulin, V., Notions élémentaires d'histoire naturelle, L. Hachette, Paris 1872.

Giucci, Gaetano (Hrsg.), Degli scienziati italiani formanti parte del 7. congresso in Napoli nell'autunno del 1845. Notizie biografiche, Tipografia parigina di A. Lebon, Napoli 1845.

Gobineau, Arthur de, Essai sur l'inégalité des races humaines, 4 Bände, Librairie de Firmin Didot Frères, Paris 1853–1855.

Gonan, Lorenzo, La storia istriana in dialoghi famigliari, Caprin, Trieste 1888.

Goracuchi, Alessandro de, Studi sul Cholera asiatico con ispeciale riguardo all'epidemia che regnò in Trieste l'anno 1849, Lloyd austriaco, Trieste 1850.

–, Ecloga per l'anno MDCCCLXXVIII, Lloyd austro-ungarico, Trieste 1878.

–, Ecloga per l'anno MDCCCLXXIX, Lloyd austro-ungarico, Trieste 1879.

–, Alcun che sul cholera asiatico, Morterra, Trieste 1886.

Gravisi, Luigi, Riflessioni sulle principali condizioni di civile libertà offerte al popolo dedicate alla Guardia nazionale da Luigi Gravisi nel 1848 Anno I. della Costituzione, Weiss, Trieste 1848.

Grimm, Jacob, Über den Ursprung der Sprache, Dümmler's, Berlin 1858.

Grünbaum, Max, Mischsprachen und Sprachmischungen, Carl Habel, Berlin 1885.

Haberlandt, Michael, Küstenland und Istrien, in: Ausstellung österreichischer Hausindustrie und Volkskunst (1905–1906), Kaiserlich-Königliches Österreichisches Museum für Kunst und Industrie, Reisser, Wien 1905, 109–113.

–, Die Volkskunst in Istrien und Dalmatien, in: Eduard Brückner (Hrsg.), Dalmatien und das österreichische Küstenland, Franz Deuticke, Wien/Leipzig 1911, 189–200.

Hain, Joseph, Handbuch der Statistik des österreichischen Kaiserstaates, 2, Tendler, 1853.

Hammer-Purgstall, Joseph, Vortrag über die Vielsprachigkeit, in: Die feierliche Sitzung der kaiserlichen Akademie der Wissenschaften am 29. Mai 1852, k.u.k. Hof- und Staatsdrückerei, Wien 1852, 87–100.

Handbuch für das küstenländische Verwaltungs-Gebiet: Gefürstete Grafschaften Görz und Gradiska, Markgrafschaft Istrien und die Stadt Triest mit ihrem Gebiete für das Jahr 1855, Weis, Triest 1855.

Hasper, Maurizio, Sul colera epidemico, Coletti, Trieste 1831.

Hauffen, Adolf, Die deutsche Sprachinsel Gottschee, Styria, Graz 1895.

Hermes, Otto, Rovigno und die daselbst errichtete zoologische Station des Berliner Aquariums, Zoll, Berlin 1895.

Hoernes, Moriz, Ausgrabungen auf dem Castellier von Villanova am Quieto in Istrien; in: Mittheilungen der Anthropologischen Gesellschaft in Wien 24, 1894, 155–183.

Hugues, Carlo, L'economia agraria dell'Istria settentrionale, Coana, Parenzo 1889.

Humboldt, Alexander von, Gesammelte Werke. Kosmos, 1, Cotta'sche Buchhandlung, Stuttgart 1844.
Hügel, Karl von, Der stille Ocean und die spanischen Besitzungen im ostindischen Archipel, k.u.k. Hof- und Staatsdruckerei, Wien 1860.
Istrien: historische, geographische und statistische Darstellung der Istrischen Halbinsel nebst den Quarnerischen Inseln, Österreichischer Lloyd, Triest 1863.
Ive, Antonio, Canti popolari istriani raccolti a Rovigno, Ermanno Loescher, Torino 1877.
–, Fiabe popolari rovignesi, Holzhausen, Wien 1878.
–, Saggi di dialetto rovignese, pubblicati dal Municipio di Rovigno all'apertura dell'ospizio marino Arciduchessa Maria Teresa in San Pelagio, Lloyd austriaco, Trieste 1888.
–, Die istrianischen Mundarten, Carl Gerold's Sohn, Wien 1893.
–, I dialetti ladino-veneti dell'Istria, Trübner, Strasburgo 1900.
Jaklitsch, Giuseppe, Studio della lingua alemanna. Metodo semplificato d'imparare la Lingua Tedesca, con o senza l'assistenza d'un Precettore, Sollinger, Vienna 1836.
Jireček, Constantin, Die Romanen in den Städten Dalmatiens während des Mittelalters, 1, Carl Gerlod's Sohn, Wien 1901.
Kaiserliche Verordnung vom 23. März 1857, wirksam für alle Kronländer, mit Ausnahme der Militärgrenze, mit der Vorschrift für die Vornahme der Volkszählungen, in: Reichs-Gesetz-Blatt für das Kaiserthum Oesterreich 15/67, 1857, 167.
Kandler, Pietro, Discorso in onore del Dr. Domenico Rossetti, Marenigh, Trieste 1844.
–, Guida al forestiero nella città di Trieste, I. Papsch & C., Trieste 1844.
–, Cenni al forestiero che visita Pola, I. Papsch & C., Trieste 1845.
–, Cenni al forestiero che visita Parenzo, I. Papsch & C., Trieste 1845.
–, Codice diplomatico istriano, 5 Bände, Lloyd austriaco, Trieste 1847.
–, Indicazioni per riconoscere le cose storiche del Litorale, Lloyd austriaco, Trieste 1855.
–, Iscrizione romana del secolo IIII dell'era comune tratta da vecchi ruderi in Veglia, Herrmanstorfer, Tieste 1862.
Karmiński, Friedrich, Triest als österreichisches Handelsemporium, in: Eduard Brückner (Hrsg.), Dalmatien und das österreichische Küstenland, Franz Deuticke, Wien/Leipzig 1911, 237–246.
Knittl, Michel, Die deutsche Sprachinsel Cilli, Leon, Klagenfurt 1890.
Koestler, A. L., Metodo medico onde preservarsi e garantirsi dal colera epidemico e l'efficace uso alla manifestazione del medesimo, Marenigh, Trieste 1831.
Kohl, Johann Georg, Reise nach Istrien, Dalmatien und Montenegro, 2 Bände, Arnoldische Buchhandlung, Dresden 1851.
Krebs, Norbert, Die Halbinsel Istrien. Landeskundliche Studie, Teubner, Leipzig 1907.
La provincia dell'Istria e la città di Trieste. Atti dei mesi di giugno, luglio e agosto 1866, Barbera, Firenze 1866.
L'Istria. Poema latino dell'avvocato Andrea Rapicio poi vescovo di Trieste. L'anno 1567. Trovato nella I. R. Biblioteca di Vienna da Pietro Kandler alunno giurista nell'Università di Pavia ed in sciolti tradotto dall'avo di lui D.re Matteo Ceruti, Weis, Trieste 1826.
Löwenthal, Josef, Der Istrianer Kreis oder die Halbinsel Istrien und die Inseln des Quarnero, Müller, Wien 1840.
Madonizza, Antonio, Di me e de' fatti miei (1806–1870), Edizioni dello Zibaldone, Trieste 1951.
Manuale provinciale del Litorale austriaco-ilirico, Lloyd austriaco, Trieste 1848.
Marchesetti, Carlo de, Note intorno ad una fanciulla della tribù degli Acca, in: Bollettino della società adriatica di scienze naturali in Trieste 3, 1878, 408–424.

–, La pesca lungo le coste orientali dell'Adria, Herrmanstorfer, Trieste 1882.
–, La necropoli di Vermo presso Pisino dell'Istria, Lloyd Austro-ungarico, Trieste 1884.
–, La flora di Parenzo, in: Atti del Museo Civico di Storia naturale di Trieste 8, 1890, 25–122.
–, Flora di Trieste e de' suoi dintorni, Lloyd austriaco, Trieste 1896–1897.
–, I castellieri preistorici di Trieste e della regione Giulia, Museo civico di storia naturale, Trieste 1903.
Merlato, Gaetano, Cenni biografici su Pietro Kandler. Triestino giureconsulto, archeologo, storico. Morto il XVIII gennaio MDCCCLXXII., Lloyd austriaco, Trieste 1872.
Monti, Valeriano, Antonio Covaz, Coana, Parenzo 1913.
Morlot, Adolph von, Über die geographischen Verhältnisse von Istrien: mit Karte und Tafeln, Braumüller und Seidl, Wien 1848.
Moulon, Amedeo Mathieu de, Il Cholera asiatico in Trieste negli anni 1835 e 1836, Feissat Ainè et Demonchy, Marsiglia 1839.
–, De la peste orientale et de la nécessité d'une réforme dans les quarantaines, Jean Maldini, Trieste 1845.
Munro, Robert, Rumbles and Studies in Bosnia-Herzegovina and Dalmatia, with an account of the Proceedings of the Congress of Archaeologists and Anthropologists held at Sarajevo, William Blackwood and Sons, Edinburgh/London 1900.
Noë, Heinrich, Wanderungen und Bilder in und aus dem österreichischen Küstenlande, Krain, Istrien und benachbarten Alpengebieten, Stemming, Glogau 1885.
–, Geleitbuch nach Süden auf den Karst, nach Abbazia und auf die Adria, Lindauer'sche Buchhandlung, München 1893.
Nuova antologia di Scienza, Lettere e Arti 42, 1892.
Oberhummer, Eugen, Zur historischen Geographie von Küstenland, Dalmatien und der Hercegovina, in: Eduard Brückner (Hrsg.), Dalmatien und das österreichische Küstenland, Franz Deuticke, Wien/Leipzig 1911, 77–114.
Österreichische Adria-Ausstellung. Offizieller Katalog, Elbemühl, Wien 1913.
Patigler, Josef, Die deutschen Sprachinseln in Wälschtirol einst und jetzt, in: Jahresbericht der Ober-Real-Schule in Budweis, 1886.
Pesante, Giovanni, La liturgia slava con particolare riflesso all'Istria, Coana, Parenzo 1893.
Popovici, Josif, Dialectele romîne (Rumænische Dialekte). IX Dialectele romîne din Istria, 2 Bände, Editura autoruluĭ, Halle 1909–1914.
Pusterla, Gedeone, I rettori di egida „Giustinopoli Capo d'Istria". Cronologie, elenchi, genealogie, note ed appendice, Cobol & Priora, Capodistria 1891.
Radics, Peter Paul von, Die Freiherren von Grimschitz. Eine geschichtliche Studie, Mayer & Co., Wien 1871.
Raumer, Friedrich von, Briefe aus Frankfurt und Paris (1848–1849), 1, Brockhaus, Leipzig 1849.
Richard, Achille, Nouveaux éléments de botanique contenant l'organographie, l'anatomie, la physiologie végétale et les caractères de toutes les familles naturelles, Librairie F. Savy, Paris 1876.
Rosa, Giovanni, La nazionalità degli Istriani, Colnago, Milano 1860.
Rossetti, Domenico, Elementi per la statistica di Trieste e dell'Istria, in: Archeografo Triestino 1, 1829, 15–34 (sowie in: 2, 1830, 3–14).
Rotteck, Karl von/Welcker, Karl (Hrsg.), Staats-Lexikon oder Encyklopädie der Staatswissenschaften in Verbindung mit vielen der angesehensten Publicisten Deutschlands, 12, Hammerich, Altona 1841.

Sacchi, G., IX. – Degli scienziati del Littorale Austro-Illirico alla riunione di Padova nell'anno 1842, in: Annali universali di statistica, economia pubblica, storia, viaggi e commerci 75, 1843, 127.

Salata, Francesco, Il diritto d'Italia su Trieste e l'Istria, Bocca, Milano/Torino/Roma 1915.

Sartorio, Giovanni Guglielmo Cav. de, Memorie biografiche, Lloyd Austriaco, Trieste 1863.

–, Narrazione del viaggio in Dalmazia al seguito del Re di Sassonia, in: Ders., Memorie biografiche, Lloyd Austriaco, Trieste 1863, 297–307.

Satzung des Deutschen Schulvereines, Wien 1880.

Saussure, Nicolas-Théodore de, Recherches chimiques sur la végétation, Nyon, Paris 1804.

Scematismo dell'imperiale regio Litorale Austriaco-Illirico, Coletti, Trieste 1831.

Scheda, Julius, Das Heimatsrecht in den deutschen und nichtungarischen slavischen Ländern Oesterreichs. Ein practisches Hilfsbuch für Unterbehörden und Gemeinden, Haas, Wels 1861.

Schema dei nomi, cognomi, età e condizioni dei morti del Cholera in Trieste e Territorio nell'anno 1849, Lloyd austriaco, Trieste 1849.

Scherzer, Karl von, Wanderungen durch die mittel-amerikanischen Freistaaten Nicaragua, Honduras und San Salvador – mit Hinblick auf deutsche Emigration und deutschen Handel, George Westermann, Braunschweig 1857.

–, Reise der österreichischen Fregatte Novara um die Erde in den Jahren 1857, 1858, 1859 unter den Befehlen des Commodore B. von Wüllerstorf-Urbair, 3 Bände, Karl Gerold's Sohn, Wien 1861–1866.

–, Reise der österreichischen Fregatte Novara um die Erde in den Jahren 1857, 1858, 1859. Statistisch-commercieller Theil, Karl Gerold's Sohn, Wien 1865.

Scherzer, Karl von/Weisbach, Augustin, Reise der österreichischen Fregatte Novara um die Erde. Anthropologischer Theil 2, Karl Gerold's Sohn, Wien 1867.

Scherzer, Karl von/Müller, Friedrich, Reise der österreichischen Fregatte Novara um die Erde: in den Jahren 1857, 1858, 1859. Anthropologischer Theil, 3 – Ethnographie, Karl Gerold's Sohn, Wien 1868.

Schiavuzzi, Bernardo, Elenco degli Uccelli viventi nell'Istria ed in ispecialità nell'agro piranese, in: Bollettino della Società adriatica di scienze naturali in Trieste 4, 1879, 53–76.

–, Le epidemie di peste bubbonica in Istria, Coana, Parenzo, 1889.

–, Zur Geschichte der Medicinalpolizei in Istrien, in: Das österreichische Sanitätswesen 45, 1894 (Separat-Abdruck).

–, Cenni storici sull'etnografia dell'Istria, in: Atti e memorie della Società istriana di archeologia e storia patria 17/1–2, 1901, 300–331 (sowie in: 18/1–2, 1902, 75–120; 19/1–2, 1903, 228–249; 20/1–2, 1905, 78–94).

–, Monete romane rinvenute negli scavi di Nesazio 1900–1901, in: Atti e memorie della Società istriana di archeologia e storia patria, 19/1–2, 1902, 148–160.

–, Istruzione popolare sulla malaria, Coana, Parenzo 1905.

–, Necropoli romana nel predio degli eredi Batèl presso Nesazio, in: Volume unico degli Atti e memorie della Società istriana di archeologia e storia patria 22, 1905, 235–254.

–, Agro di Pola: notizie archeologiche; scoperta di due tombe del 1. secolo in Valdogora presso Pola, in: Atti e memorie della Società istriana di archeologia e storia patria 23/1–2, 1907, 202–208.

–, La malaria lungo la ferrovia dello stato in Istria, specialmente sul tronco nelle vicinanze di Pola, in: Atti della Società per gli studi della Malaria 9, 1908, 151–159.

–, Attraverso l'agro colonico di Pola romana: appunti, in: Atti e memorie della Società istriana di archeologia e storia patria 25, 1908, 91–172.
–, Saggio di ricerche antropologiche eseguite sopra materiale offerto dalle leve militari nel distretto politico di Pola, Lloyd, Trieste 1914.
Schönichen, Walter, Die Zoologische Station zu Rovigno, in: Prometheus. Zeitschrift für Technik, Wissenschaft und Industrie, 1899, 473–475.
Schuchardt, Hugo, Slawo-Deutsches und Slawo-Italienisches, Leuschner & Lubensky, Graz 1884.
–, Die Lingua franca, in: Zeitschrift für romanische Philologie 33, 1909, 441–461.
–, Sachen und Wörter, in: Anthropos 7, 1912, 827–839.
–, Über die Lautgesetze: Gegen die Junggrammatiker, in: Theo Vennemann/Terence H. Wilbur (Hrsg.), Schuchardt, the Neogrammarians, and the Transformational Theory of Phonological Change, Athenäum, Frankfurt am Main 1972, 1–37.
Senizza, Giuseppe, Storia di Trieste abbinata a quella dell'Istria, Draghi, Venezia 1895.
Sighele, Scipio, in: Per un grande amore. Pubblicazione degli studenti italiani delle tecniche dello stato a vantaggio della „Lega nazionale", Eugenio Zotter & Co., Trieste 1913, 94.
Sitzungsberichte der Mathematisch-Naturwissenschaftlichen Classe der kaiserlichen Akademie der Wissenschaften 34, k.u.k. Hof- und Staatsdruckerei, Wien 1859.
Slataper, Scipio, Trieste non ha tradizioni di cultura, in: Ders., Lettere triestine, Dedolibri, Trieste 1988, 9–14 (1. Ausgabe in: La Voce 1/9, 11. Februar 1909, 34–35).
–, L'irredentismo, in: Ders., Scritti politici, Mondadori, Milano 1954, 61–115 (1. Ausgabe in: La Voce 2/52, 8. Dezember 1910, 449–452).
–, L'avvenire nazionale e politico di Trieste, in: La Voce 4/22, 30. Mai 1912, 825–826.
Special-Orts-Repertorium von Küstenland, herausgegeben von der k.u.k. Statistischen Central-Commission, Hölder, Wien 1885.
Spongia, Giovanni Filippo, Comentarii di medicina, 3 Bände, Minerva, Padova 1836/1837.
Solla, R. F., Cenni sopra alcuni boschi della Toscana, in: Bollettino della Società adriatica di scienze naturali in Trieste 16, 1895, 127–162.
Staatsgrundgesetz vom 21. December 1867, über die allgemeinen Rechte der Staatsbürger für die im Reichsrathe vertretenen Königreiche und Länder, in: Reichs-Gesetz-Blatt für das Kaiserthum Oesterreich 61/142, 1867, 394–396.
Stancovich, Pietro, L'aratro seminatore ossia metodo di piantare il grano arando, Picotti stampatore editore, Venezia 1820.
–, Dello anfiteatro di Pola, dei gradi marmorei del medesimo, nuovi scavi e scoperte e di alcuni epigrafi e figuline inedite dell'Istria, Picotti, Venezia 1822.
–, Nuovo metodo economico-pratico di fare e conservare il vino, Giovanni Silvestri, Milano 1825.
–, Biografia degli uomini distinti dell'Istria, 3 Bände, Giovanni Marenigh, Trieste 1828.
–, Kratak nauk karstianski slosen s' narednim i bistrim nacinom na slusbu i korist od glassovite collegiate crikve svetoga Micule biskupa od Barbana u Istrii pulske darsave po Petru Stancovichiu canonicu stariemu, i namistu plovna, i arkipopa od iste çrikve, Merenigh, Trieste 1828.
–, Trieste non fu villaggio carnico ma luogo dell'Istria, fortezza e colonia de' cittadini romani, Picotti, Venezia 1830.
–, Spolpoliva e macinocciolo, ossia molino oleario con cui contemporaneamente si separa la carne dal nocciolo e si riduce in farina il nocciolo stesso, Stamperia reale, Torino 1840.

–, Torchioliva ossia torchio oleario domestico portatile che serve di appendice allo spolpoliva, Giovanni Mazzoni, Firenze 1841.
–, Il formento seminato senza aratura, zappatura, vangatura, erpicatura e senza letame animale, Minerva, Padova 1842.
Statistische Übersichten über die Bevölkerung und den Viehstand vom Österreich nach der Zählung vom 31. October 1857, herausgegeben vom k.u.k. Ministerium des Innern, k.u.k. Hof- u. Staatsdruckerei, Wien 1859.
Stenographischer Bericht über die Verhandlungen der deutschen constituirenden Nationalversammlung zu Frankfurt am Main, 1–2, Sauerländer, Frankfurt am Main 1848.
Stieglitz, Heinrich, Istrien und Dalmatien, J. G. Cotta'sche Buchhandung, Stuttgart/Tübingen 1845.
Stoppani, Antonio, Corso di geologia 3/2, Bernardoni e Brigola, Milano 1873.
Stossich, Michele, Escursione botanica sul monte Risnik in Croazia, in: Bollettino della Società adriatica di scienze naturali in Trieste 3, 1878, 506–513.
Stradner, Josef, Rund um die Adria. Ein Skizzenbuch. Leykam, Graz 1893.
–, Zur Ethnographie Istriens, in: Zeitschrift für österreichische Volkskunde 3, 1897, 97–128.
–, Der Fremdverkehr. Eine volkswirtschaftliche Studie, Leykam, Graz 1905.
–, Neue Skizzen von der Adria, 2. Istrien, Leykam, Graz 1903 (italienische Übersetzung: Novi schizzi dall'Adria, 2. Istria, Schimpff, Trieste 1903).
–, Anzeiger der Seebäder und Luftkurorte an der Adria, Leykam, Graz 1907.
–, Stradners Adria-Führer insbesondere Anzeiger der Seebäder und Luftkurorte an der Adria, Triest 1910.
Syrski, Adamo de/Adam von, Relazione prodotta all'i.r. Governo marittimo in Trieste dal Dr. Syrski sulle masse glutinose osservate nei mesi di giugno e luglio 1872 nella parte settentrionale dell'Adriatico, in: Atti del civico museo Ferdinando Massimiliano, 6, 1874, 13–17.
–, Discorso sul compito della Società e sulle necessità e utilità dello studio delle Scienze Naturali, in: Bollettino della Società adriatica di scienze naturali in Trieste 1, 1875, 3–9.
Swida, Franz, Krain, Küstenland und Dalmatien, Karl Graefer, Wien 1882.
Tafeln zur Statistik der österreichischen Monarchie zusammengestellt von der Direction der administrativen Statistik im k.u.k. Ministerium für Handel, Gewerbe und öffentliche Bauten, 1, Kaiserlich-Königliche Hof- und Staatsdruckerei, Wien 1856.
Tamaro, Attilio, , Italiani e slavi nell'Adriatico, Athenaeum, Roma 1915.
–, Trieste et son role antigermanique, Éditions Georges Crès & Co., Paris/Zürich 1917.
Tamaro, Marco, Le città e castella dell'Istria, 2 Bände, Coana, Parenzo 1892–1893.
Tedeschi, Paolo, Il sentimento nazionale degli istriani studiato nella storia, Cobol & Priora, Capodistria 1889.
Timeus, Ruggero Fauro, Trieste, Garzoni Provenzani, Roma 1914.
–, Scritti politici (1911–1915), Lloyd triestino, Trieste 1929.
Tischbein, August/Selb, August, Uspomene sa slikarskog putovanja Austrijskim primorjem – Memorie di un viaggio pittorico nel litorale austriaco – Erinnerungen einer malerischen Reise in dem Österreichischen Küstenlande, C. A. S. H., Pula 1997 (1. Ausgabe: Lloyd austriaco, Trieste 1842).
Tomasin, Pietro, Pietro Canonico Stancovich. Cenno Biografico, in: Archeografo triestino 2/4, 1876–1877, 134–142.
–, Die Volksstämme im Gebiete von Triest und in Istrien. Eine ethnographische Studie, Schimpff, Triest 1890.

Tommaseo, Niccolò, Intorno a cose dalmatiche e triestine, Lloyd austriaco, Trieste 1847.
Tommaseo, Niccolò/Bellini, Bernardo, Dizionario della lingua italiana, 2–3, Unione tipografico-editrice torinese, Torino/Napoli 1869/1871.
Tönnies, Ferdinand, Gemeinschaft und Gesellschaft, Abhandlung des Communismus und des Socialismus als empirischer Culturformen, Fuer's Verlag, Leipzig 1887.
Umlauft, Friedrich, Die österreichisch-ungarische Monarchie. Geographisch-statistisches Handbuch mit besonderer Rücksicht auf die politische und Kultur-Geschichte für Leser aller Stände, Hartleben, Wien/Pest 1876.
Vallon, Graziano, Escursioni ornitologiche nel Friuli, in: Bollettino della Società adriatica di scienze naturali in Trieste 22, 1890, 59–127.
Valussi, Pacifico, Trieste et l'Istrie. Leurs droits dans la question italienne, Cappelli, Rocca San Casciano 1954 (1. Ausgabe: E. Dentu, Paris 1861).
–, L'Adriatico in relazione agli interessi nazionali dell'Italia, Jacob e Colmegna, Udine 1871.
–, Del rinnovamento economico dell'Istria, in: Carlo Combi (Hrsg.), Porta orientale. Strenna istriana per gli anni 1857–1858–1859, Cobol & Priora, Capodistria 1890, 99–115.
Verson, Francesco Saverio, Trattato di medicina pratica, 3, Andreola, Venezia 1845.
Versuch einer Geschichte und Beschreibung der Stadt Pola in Istrien, H. F. Favarger, Triest 1843.
Verzeichnis ethnographischer & anthropologischer Gegenstände gesammelt und erworben während der Erdumsegelung-Expedition Sr. Majestät Fregatte „Novara" unter den Befehlen des Commodore B. v. Wüllerstorf-Urbair, österreichischer Lloyd, Triest 1860.
Vesnaver, Giovanni, Grisignana d'Istria, Coana, Parenzo 1887.
–, Dal protocollo del Governo provvisorio dell'Istria dell'anno 1799, Cobol & Priora, Capodistria 1888.
–, Nozze Vidali-Vatova, Cobol & Priora, Capodistria 1896.
–, Usi, costumi e credenze del popolo di Portole. Saggio folkloristico, Sambo & C., Pola 1901.
Vivante, Angelo, Irredentismo adriatico. Contributo alla discussione sui rapporti austroitaliani, La Voce, Firenze 1912.
Werner, Franz, Die Tierwelt der österreichischen Küstenländer, in: Eduard Brückner (Hrsg.), Dalmatien und das österreichische Küstenland, Franz Deuticke, Wien/Leipzig 1911, 49–62.
Wurzbach, Constant von, Biographisches Lexikon des Kaiserthums Oesterreich, 19, k.u.k. Hof- und Staatsdruckerei, Wien 1868.
Yriarte, Carlo, Trieste e l'Istria, Treves, Milano 1875.
Zweiter Bericht der Commission für die Adria an die kaiserliche Akademie der Wissenschaften betreffend die Jahre 1869–1870, k.u.k. Hof- und Staatsdruckerei, Wien 1871.

Forschungsliteratur (seit 1930)

Abbattista, Guido, Gli interessi antropologici di Carlo Marchesetti, in: Gino Bandelli/Emanuela Montagnari Kokely (Hrsg.), Carlo Marchesetti e i castellieri (1903–2003), Editreg, Trieste 2005, 67–85.
–, Umanità in mostra. Esposizioni etniche e invenzioni esotiche in Italia (1880–1940), Edizioni Università di Trieste, Trieste 2013.

–, Beyond the ‚Human Zoos'. Exoticism, Ethnic Exhibitions and the Power of the Gaze, in: Ricerche storiche 45/1–2, 2015, 207–218.
Abrahams, Roger D., Identity, in: Burt Feintuch (Hrsg.), Eight Words for the Study of Expressive Culture, University of Illinois Press, Urbana 2003, 198–222.
Abulafia, David, The Discovery of Mankind. Atlantic Encounters in the Age of Columbus, Yale University Press, New Haven/London 2008.
Ackerknecht, Erwin H., Anticontagionism between 1821 and 1867, in: International Journal of Epidemiology 38, 2009, 7–21.
Ackermann, Andreas, Das Eigene und das Fremde: Hybridität, Vielfalt und Kulturtransfers, in: Friedrich Jaeger/Jörn Rüsen (Hrsg.), Handbuch der Kulturwissenschaften. Themen und Tendenzen, 3, Metzler, Stuttgart/Weimar 2011, 139–154.
Adamo, Sergia, L'identità delle Venezie tra guide, memorie e libri di viaggio, in: Tiziana Agostini (Hrsg.), Le identità delle Venezie (1866–1918), Antenore, Roma/Padova 2002, 135–163.
–, „At Trieste, in 1872, in a Palace with Damp Statues and Deficient Hygienic Facilities ...": Translation and the Construction of Identities in a Context of Language Plurality and Cultural Diversity, in: TRANS. Revue de littérature générale et compare, 3.3. 2017, https://journals.openedition.org/trans/1436 (2.1.2021).
Amselle, Jean-Loup, Logiques métisses. Anthropologie de l'identité en Afrique et ailleurs, Payot, Paris 1990.
Anders, Ferdinand/Eggert, Klaus, Maximilian von Mexiko. Erzherzog und Kaiser, Niederösterreichisches Pressehaus, St. Pölten 1982.
Anderson, Benedict, Imagined Communities. Reflections on the Origins and Spread of Nationalism, Verso, London/New York 2016.
Andreozzi, Daniele, L'organizzazione degli interessi a Trieste (1719–1914), in: Roberto Finzi/Giovanni Panjek/Loredana Panariti (Hrsg.), Storia economica e sociale di Trieste: La città dei traffici (1719–1918), 2, Lint, Trieste 2003, 191–231.
Apollonio, Almerigo, Autogoverno comunale nell'Istria asburgica, Atti del Centro di ricerche storiche di Rovigno 24, 1994, 9–74.
–, Gli esperimenti d'autogoverno comunale del governatore Francesco Stadion in Istria e nel Goriziano (1844–47), in: Quaderni Giuliani di Storia 2/17, 1996, 31–98.
–, La Venezia Giulia francese: un'anomala „Province de l'Istrie" nell'ambito delle Provincie Illiriche, in: Giuseppe Bergamini (Hrsg.), Napoleone e Campoformio. Armi, diplomazia e società in una regione d'Europa, Electa, Milano 1997, 85–89.
–, L'Istria veneta dal 1797 al 1813, LEG, Gorizia 1998.
–, Alcuni aspetti dell'autogoverno comunale e provinciale in età asburgica, in: Quaderni giuliani di storia 23, 2002, 189–195.
–, Le tristi condizioni dell'agricoltura istriana dopo mezzo secolo di „ordinato" governo asburgico, in: Atti e memorie della società istriana di archeologia e storia patria 53/2, 2005, 255–276.
–, Libertà autonomia nazionalità. Trieste, l'Istria e il Goriziano nell'impero di Francesco Giuseppe (1848–1870), Deputazione di storia patria per la Venezia Giulia, Trieste 2007.
Ara, Angelo, L'immagine dell'Austria in Italia (1848–1918), in: Ders., Fra Austria e Italia. Dalle Cinque Giornate alla questione altoatesina, Del Bianco, Udine 1987, 155–214.
Ara, Angelo/Kolb, Eberhard (Hrsg.), Grenzregionen im Zeitalter der Nationalismen. Elsaß-Lothringen/Trient-Triest. (1870–1914), Duncker & Humblot, Berlin 1998.
Ara, Angelo/Magris, Claudio, Trieste. Un'identità di frontiera, Einaudi, Torino 2007.

Artl, Gerhart/Gürtlich, Gerhard H./Zenz, Hubert (Hrsg.), Mit Volldampf in den Süden. 150 Jahre Südbahn Wien-Triest, Österreichisches Staatsarchiv, Wien 2007.

Ash, Mitchell G./Surman, Jan (Hrsg.), The Nationalization of Scientific Knowledge in the Habsburg Empire (1848–1918), Palgrave Macmillan, Basingstoke 2012.

Ashbrook, John E., Buying and Selling the Istrian Goat: Istrian Regionalism, Croatian Nationalism and EU Enlargement, Peter Lang, Brussels 2008.

Bachinger, Karl, Das Verkehrswesen, in: Alois Brusatti (Hrsg.), Die wirtschaftliche Entwicklung (Die Habsburgermonarchie 1848–1918 1), Verlag der Österreichischen Akademie der Wissenschaften, Wien 1973, 278–322.

Bachmann-Medick, Doris, Cultural Turns. Neuorientierungen in den Kulturwissenschaften, Rowohlt, Reinbek bei Hamburg 2006.

Bachtin, Michail M., Rebelais und seine Welt. Volkskultur als Gegenkultur, Suhrkamp, Frankfurt am Main 1987.

–, Zur Philosophie der Handlung, Matthes & Seitz, Berlin 2011.

Ballinger, Pamela, History in Exile. Memory and Identity at the Borders of the Balkans, Princeton University Press, Princeton 2003.

–, „Authentic Hybrids“ in the Balkan Borderlands, in: Current Anthropology 45/1, 2004, 31–60.

Dies., Lines in the Water, Peoples on the Map: Maritime Museums and the Representation of Cultural Boundaries in the Upper Adriatic, in: Narodna umjetnost. Hrvatski časopis za etnologiju i folkloristiku 43, 2006, 15–39.

–, Multiculturalism Against the State. Lesson from Istria, in: Johannes Feichtinger/Gary B. Cohen (Hrsg.), Understanding Multiculturalism. The Habsburg Central European Experience, Berghahn, New York 2014, 101–121.

Baltzarek, Franz, Die österreichische Bedeutung Triests, des Küstenlandes und Dalmatiens für das Habsburgerreich (1815–1848), in: Giorgio Padoan (Hrsg.), Istria e Dalmazia nel periodo asburgico. Dal 1815 al 1848, Longo Ravenna 1993, 9–22.

Baraldi, Claudio/Corsi, Giancarlo/Esposito, Elena, GLU. Glossar zu Niklas Luhmanns Theorie sozialer Systeme, Suhrkamps, Frankfurt am Main 1997.

Barbujani, Guido/Magagni, Arianna/Minch, Eric/Cavalli Sforza, Luigi Luca, An Apportionment of Human DNA Diversity, in: Proceedings of the National Academy of Sciences of the Unites States of America 94, 1997, 4516–4519.

Barbujani, Guido, L'invenzione delle razze. Capire la biodiversità umana, Bompiani, Milano 2006.

Barth, Fredrik, Introduction, in: Ders. (Hrsg.), Ethnic Groups and Boundaries. The Social Organization of Culture Difference, Waveland, Long Grove 1998, 9–38.

Bartov, Omer/Weitz, Eric D. (Hrsg.), Shatterzone of Empires. Coexistence and Violence in the German, Habsburg, Russian and Ottoman Borderlands, Indiana University Press, Bloomington 2013.

Basch-Ritter, Renate, Die Weltumsegelung der Novara (1857–1859). Österreich auf allen Meeren, Akademische Druck- und Verlagsanstalt, Graz 2008.

Baskar, Bojan, L'anthropologie méditerranéenne en Adriatique du nord-est: de l'ethnologie „monoethniste“ à l'anthropologie des frontières, in: Dionigi Albera/Mohamed Tozy (Hrsg.), La Méditerranée des anthropologues. Fractures, filiations, contiguïtés, Maisonneuve & Larose, Paris 2005, 227–241.

–, A Mixture Without Mixing: Fears of Linguistic and Cultural Hybridity in the Slovenian-Italian Borderland, in: Acta Histriae 28/4, 2020, 605–622.

Bateson, Gregory, Steps to an Ecology of Mind, University of Chicago Press, Chicago/London 2000.
Battaglia, Salvatore, Grande dizionario della lingua italiana, 7, UTAT, Torino 1972.
Baumann, Gerd/Gingrich, Andre (Hrsg.), Grammars of Identity/Alterity. A Structural Approach, Berghahn, New York/Oxford 2006.
Bausinger, Hermann, Volkskunde. Von der Altertumsforschung zur Kulturanalyse, Tübinger Vereinigung für Volkskunde, Tübingen 1999.
Bazlen, Roberto, Intervista su Trieste, in: Ders., Scritti, Adelphi, Milano 1984, 242–255.
Beer, Gillian, Forging the Missing Link: Interdisciplinary Stories, Cambridge University Press, Cambridge 1992.
Behringer, Wolfgang/Lehmann, Hartmut/Pfister, Christian (Hrsg.), Kulturelle Konsequenzen der „Kleinen Eiszeit“. Cultural Consequences of the „Little Ice Age“, Vandenhoeck & Ruprecht, Göttingen 2005.
Bereham, Tony, Charles Lever: New Evaluations, Barnes & Noble, Savage 1991.
Bernardi, Ulderico/Padoan, Giorgio (Hrsg.), Il gruppo nazionale italiano in Istria e a Fiume oggi, Longo, Ravenna 1991.
Bevilacqua, Claudio, Il colera a Trieste, in: Antonio Tagarelli/Anna Piro (Hrsg.), La geografia delle epidemie di colera in Italia. Considerazioni storiche e medico-sociali, Mangone, Cosenza 2002, 1181–1191.
–, Medici giuliani del passato tra ricerche e ricordi di un vecchio medico (I Quaderni di storia medica Giuliana 4/1–3), Trieste 2015–2017.
Bhabha, Homi K., The Location of Culture, Routledge, London/New York 1994.
–, Culture's In Between, in: Stuart Hall/Paul du Gay (Hrsg.), Questions of Cultural Identity, Sage, London 1996, 53–60.
Bhatti, Anil, Heterogeneities and Homogeneities. On Similarities and Diversities, in: Johannes Feichtinger/Gary B. Cohen (Hrsg.), Understanding Multiculturalism. The Habsburg Central European Experience, Berghahn, New York/Oxford 2014, 17–46.
Bhatti, Anil/Kimmich, Dorothee, Einleitung, in: Dies. (Hrsg.), Ähnlichkeit. Ein kulturtheoretisches Paradigma, Konstanz Universitätsverlag, Konstanz 2015, 7–30.
Bleichmar, Daniela/Mancall, Peter C. (Hrsg.), Collecting Across Cultures. Materiel Exchanges in the Early Modern Atlantic World, University of Pennsylvania, Philadelphia 2011.
Bloch, Marc, Die Feudalgesellschaft, Klett-Cotta, Stuttgart 1999.
Bogdal, Klaus-Michael, Europa erfindet die Zigeuner. Eine Geschichte von Faszination und Verachtung, Suhrkamp, Berlin 2011.
Bogneri, Marcello, La stampa periodica italiana in Istria (1807–1947), Italo Svevo, Trieste 1986.
Bonifacio, Marino, Cognomi dell'Istria, del Quarnero e della Dalmazia, in: Atti del Centro di Ricerche Storiche di Rovigno 42, 2012, 676–683.
Bonniol, Jean-Luc, Métissage, in: Dionigi Albera/Maryline Crivello/Mohamed Tozy (Hrsg.), Dictionnaire de la Méditerranée, Actes sud, Arles 2016, 525–529.
Borsche, Tilman, Wilhelm von Humboldt, Beck, München 1990.
Braulin, Flavio, La questione sanitaria nella Trieste di fine '800. I caratteri antropologici della medicina ospedaliera sul Litorale austriaco, Franco Angeli, Milano 2002.
Braunstein, Philippe, Immagini di un'identità collettiva: gli ospiti del Fondaco dei Tedeschi a Venezia (secoli XII–XVII), in: Mario del Treppo (Hrsg.), Sistema dei rapporti ed elites economiche in Europa (secoli XII–XVII), GISEM, Napoli 1994, 63–69.

Breschi, Marco/Kalc, Aleksej/Navarra, Elisabetta, Storia minima della popolazione di Trieste (secc. XVIII–XIX), in: Roberto Finzi/Giovanni Panjek (Hrsg.), Storia economica e sociale di Trieste: La città dei gruppi (1719–1918) 1, Lint, Trieste 2001, 69–238.

Bresciani, Marco, Lost in Transition? The Habsburg Legacy, State- and Nation-Building, and the New Fascist Order in the Upper Adriatic, in: Maarten Van Ginderachter/Jon Fox, National Indifference and the History of Nationalism in Modern Europe, Routledge, London/New York 2019, 56–80.

Brix, Emil, Die Umgangssprachen in Altösterreich zwischen Agitation und Assimilation. Die Sprachenstatistik in den cisleithanischen Volkszählungen 1880 bis 1910, Böhlau, Wien 1982.

Brubaker, Rogers/Cooper, Frederick, Beyond „Identity", in: Theory and Society 29, 2000, 1–47.

Bruckmüller, Ernst, Nation Österreich: Sozialhistorische Aspekte ihrer Entwicklung, Böhlau, Wien/Köln/Graz 1984.

–, Bauern und bürgerliche Öffentlichkeit um 1848, in: Sigurd Paul Scheichl/Emil Brix (Hrsg.), „Dürfen's denn das?" Die fortdauernde Frage zum Jahr 1848, Passagen Verlag, Wien 1999, 19–38.

–, Josef Ressel – ein gemeinsamer „lieu de mémoire" Mitteleuropas?, in: Jacques Le Rider (Hrsg.), Transnationale Gedächtnisorte in Zentraleuropa, Studienverlag, Innsbruck 2002, 99–108.

Buchen, Tim/Rolf, Mate, Eliten und ihre imperialen Biographien. Zur Einleitung, in: Dies. (Hrsg.), Eliten im Vielvölkerreich. Imperiale Biographien in Russland und Österreich-Ungarn (1850–1918), De Gruyter, Berlin 2015, 3–31.

Burger, Hannelore, Passwesen und Staatsbürgerschaft, in: Waltraud Heindl/Edith Saurer (Hrsg.), Grenze und Staat. Paßwesen, Staatsbürgerschaft, Heimatrecht und Fremdengesetzgebung in der österreichischen Monarchie (1750–1867), Böhlau, Wien/Köln/Weimar 2000, 3–172.

Burger, Hannelore/Wendelin, Harald/Kolonovits, Dieter, Staatsbürgerschaft und Vertreibung, Veröffentlichungen der Österreichischen Historikerkommission 7, Oldenbourg, Wien 2004.

Burke, Peter, Cultural Hybridity, Polity, Cambridge 2009.

Čale Knežević, Morana, Traduzione, tradizione e tradimento: In margine alla versione croata de „Il nome della rosa", in: Studia Romanica et Anglica Zagrabiensia: Revue publiée par les Sections romane, italienne et anglaise de la Faculté des Lettres de l'Université de Zagreb 35, 1990, 99–104.

Carpinteri, Lino/Faraguna, Marino, L'Austria era un paese ordinato, La cittadella, Trieste 1969.

Capuzzo, Ester, La corrispondenza tra Gian Paolo Polesini e Pietro Kandler, in: Grazia Tatò (Hrsg.), Lettere di Gian Paolo Polesini a Pietro Kandler (1860–1872), Società istriana di archeologia e storia patria, Trieste 2011, 9–29.

Casalena, Maria Pia, Per lo Stato, per la Nazione. I congressi degli scienziati in Francia e in Italia (1830–1914), Carocci, Roma 2007.

–, The Congresses of Italian Scientists between Europe and the Risorgimento (1839–1875), in: Journal of Modern Italian Studies 12/2, 2007, 153–188.

Casellato, Sandra, La stazione zoologica di Sant'Andrea a Trieste. La vita di un prestigioso centro di ricerche biologiche marine, in: Movimento per l'Adriatico, 1999, 8–10.

Catalan, Tullia, The Ambivalence of a Port-City. The Jews of Trieste from the 19th to the 20th century, in: Quest 2, 2011, 69–98.

–, Linguaggi e stereotipi dell'antislavismo irredentista dalla fine dell'Ottocento alla Grande Guerra. In: Dies. (Hrsg.): Fratelli al massacro. Linguaggi e narrazioni della Prima guerra mondiale, Viella, Roma 2015, 39–68.

Cattaruzza, Marina, La formazione del proletariato urbano. Immigrati, operai di mestiere, donne a Trieste dalla metà del secolo XIX alla Prima guerra mondiale, Musolini, Torino 1979.

–, Socialismo adriatico. La socialdemocrazia di lingua italiana nei territori costieri della Monarchia asburgica (1888–1915), Lacaita, Manduria 2001.

–, Il primato dell'economia: l'egemonia politica del ceto mercantile (1814–1860), in: Roberto Finzi/Claudio Magris/Giovanni Miccoli (Hrsg.), Il Friuli-Venezia Giulia (Storia d'Italia. Le regioni dall'Unità a oggi), 1, Einaudi, Torino 2002, 149–179.

–, Introduzione, in: Dies. (Hrsg.), Nazionalismi di frontiera: Identità contrapposte sull 'Adriatico nord-orientale (1850–1950). Rubbettino, Soveria Mannelli 2003, 9–21.

–, L'Italia e il confine orientale (1866–2006), Il Mulino, Bologna 2007.

–, Die Migration nach Triest von der Mitte des 19. Jahrhunderts bis zum Ersten Weltkrieg, in: Sacha Zala (Hrsg.), Die Moderne und ihre Krisen: Studien von Marina Cattaruzza zur europäischen Geschichte des 19. und 20. Jahrhunderts. Festgabe zu ihrem 60. Geburtstag, V&R Unipress, Göttingen 2012, 83–114.

Cavalli Sforza, Luigi Luca, Geni, popoli e lingue, Adelphi, Milano 1996.

Cavazza, Silvano, Fachinetti, Michele, in: Dizionario Biografico degli Italiani, 44, Treccani, Roma 1994, 95–98.

Cella, Sergio, Importanza e caratteri della stampa istriana (1860–1918), in: Rassegna storica del Risorgimento 44/4, 1957, 654–659.

–, Lettere del 1848 di Michele Fachinetti, in: Pagine istriane 1/4, 1–2, 1960, 37–47.

–, Pesante Giovanni, in: Österreichisches Biographisches Lexikon (1850–1950), 7, Verlag der Österreichischen Akademie der Wissenschaften, Wien 1978, 434.

–, De Franceschi, Carlo, in: Dizionario Biografico degli Italiani, 36, Treccani, Roma 1988, 28–30.

Cernecca, Antonio, Theodor Mommsen e Tomaso Luciani. Carteggio inedito (1867–1890), in: Atti del Centro di Ricerche Storiche di Rovigno 32, 2002, 9–130.

Cervani, Giulio, La borghesia triestina nell'età del Risorgimento. Figure e problemi, Del Bianco, Udine 1969.

–, Il Risorgimento, in: Salimbeni, Fulvio (Hrsg.), Istria. Storia di una regione di frontiera, Morcelliana, Brescia 1994, 109–118.

Chakrabarty, Dispesh, Provincializing Europe. Postcolonial Thought and Historical Difference, Princeton University Press, Princeton/Oxford 2008.

Chaudenson, Robert, Creolization of Language and Culture, Routledge, London/New York 2001.

Cigui, Rino, Antiche e nuove paure. Le epidemie di colera a Trieste e in Istria nel secolo XIX, in: Atti del Centro di Ricerche Storiche di Rovigno 38, 2008, 429–504.

–, Un progetto di lazzaretto e porto contumaciale nell'Istria del primo Ottocento, in: Atti del Centro di Ricerche Storiche di Rovigno 41, 2011, 209–238.

–, La malaria a Pola negli anni Settanta del XIX secolo e l'epidemia del 1879, in: Acta medico-historica Adriatica 10/1, 2012, 69–82.

–, Antonio Grossich (1849–1926). L'uomo e l'opera – Lik i djelo, Comunità degli Italiani di Pisino/Zajednica Talijana Pazin, Pisino/Pazin 2017.

Clewing, Konrad, Staatlichkeit und nationale Identitätsbildung. Dalmatien in Vormärz und Revolution, Oldenbourg, München 2001.

Cocco, Emilio, Introduction: The Adriatic Space of Identity, in: Narodna umjetnost. Hrvatski časopis za etnologiju i folkloristiku 43/1, 2006, 7–14.
Conrad, Sebastian, What Is Global History? Princeton University Press, Princeton 2016.
Coons, Ronald, Steamships, Statesmen and Bureaucrats: Austrian Policy towards the Steam Navigation Company of the Austrian Lloyd (1836–1848), Franz Steiner, Wiesbaden 1975.
Coppini, Romano Paolo, Introduzione, in: Pisa Ottobre 1839. Il Primo Congresso degli Scienziati Italiani, Biblioteca Universitaria, Pisa 1989, 9–15.
Corelli, Melchiore, Tomaso Luciani, in: Pagine istriane 4, 1950, 217–224.
Cosmacini, Giorgio, Storia della medicina e della sanità in Italia. Dalla peste europea alla guerra mondiale (1348–1918), Laterza, Roma/Bari 1987.
Cova, Ugo, Der Landtag der Stadt Triest und ihres Gebietes, in: Helmut Rumpler und Peter Urbanitsch (Hrsg.), Verfassung und Parlamentarismus. Die regionalen Repräsentativkörperschaften (Die Habsburgermonarchie 1848–1918 7/2), Verlag der Österreichischen Akademie der Wissenschaften, Wien 2000, 1919–1949.
–, Trieste e il suo hinterland in epoca austriaca. Rapporti economico-istituzionali con Carinzia, Stiria, Carniola, Gorizia, Istria e Veneto, Del Bianco, Udine 2005.
Crusvar, Luisa, Note sul collezionismo triestino, in: Arte in Friuli, Arte a Trieste 3, 1979, 85–100.
–, Giappone. Stampe e surimono, Civici Musei di Storia e Arte, Trieste 1998.
Csáky, Moritz, Die Vielfalt der Habsburgermonarchie und die nationale Frage, in: Urs Altermatt (Hrsg.), Nation, Ethnizität und Staat im Mitteleuropa, Böhlau, Wien 1996, 44–64.
–, „Was man Nation und Rasse heißt, sind Ergebnisse und keine Ursachen". Zur Konstruktion kollektiver Identitäten in Zentraleuropa, in: Wolfgang Müller-Funk/Peter Planer/Clemens Ruthner (Hrsg.), Kakanien revisited. Das Eigene und das Fremde (in) der österreichisch-ungarischen Monarchie, A. Francke, Tübingen/Basel 2002, 33–49.
–, Culture as a Space of communication, in: Johannes Feichtinger/Gary B. Cohen (Hrsg.). Understanding Multiculturalism. The Habsburg Central Europe Experience, Berghahn, New York/Oxford 2014, 187–208.
Csáky, Moritz/Feichtinger, Johannes/Karoshi, Peter/Munz, Volker, Pluralitäten, Hetereogenitäten, Differenzen. Zentraleuropas Paradigmen für die Moderne, in: Moritz Csáky/Astrid Kury/Ulrich Tragatschnig (Hrsg.), Kultur – Identität – Differenz. Wien und Zentraleuropa in der Moderne, Studienverlag, Innsbruck/Wien/München/Bozen 2004, 13–43.
Dahmen, Wolfgang, Das Istrorumänische, in: Günther Holtus/Edgar Radtke (Hrsg.), Rumänistik in der Diskussion: Sprache, Literatur und Geschichte, Gunter Narr, Tübingen 1986, 242–260.
D'Alessio, Vanni, Il cuore conteso. Il nazionalismo di una comunità multietnica. L'Istria asburgica, Filema, Napoli 2003.
–, Croatian Urban Life and Political Sociability in Istria from the 19th to the Early 20th Century, in: Jahrbücher für Geschichte und Kultur Südosteuropas 8, 2006, 133–152.
–, From Central Europe to the Northern Adriatic: Habsburg Citizens between Italians and Croats in Istria, in: Journal of Modern Italian Studies 13/2, 2008, 237–258.
Darovec, Darko/Krmac, Dean/Podovšovnik, Eva, Capodistria punto d'incontro fra la terra ferma e il mare. Una prima verifica empirica per la fine del XVI secolo, in: Aleksej Kalc/Elisabetta Navarra (Hrsg.), Le popolazioni del mare: porti franchi, città, isole e villaggi costieri tra età moderna e contemporanea, Forum, Udine 2003, 99–112.

Darovec, Darko, Breve storia dell'Istria, Forum, Udine 2010.
–, Il contrabbando, le rivolte contadine e Martin Krpan come mito costitutivo sloveno, in: Alessio Fornasin/Claudio Povolo (Hrsg.), Per Furio. Studi in onore di Furio Bianco, Forum, Udine 2014, 267–292.
De Franceschi, Italo, La nazionalità in Istria secondo gli ultimi quattro censimenti austriaci, in: La porta orientale 16/1–2, 1938, 36–47.
De Luca, Lia, L'interprete nella dimensione della testimonianza: il caso istriano, in: Acta Histriae 19/1–2, 2011, 141–156.
Delbello, Piero/Facchini, Silvio (Hrsg.), Giovanni Vesnaver. Uno studioso istriano, Italo Svevo, Trieste 2009.
Delton, Paola, Tutela dell'identità attraverso il recupero dei capi d'abbigliamento tradizionali, in: La ricerca 68, 2015, 3–6.
Descola, Philippe, La nature domestique. Symbolisme et praxis dans l'écologie des Achuar, Editions de la Maison des sciences de l'homme, Paris 1986.
D'Erme, Elisabetta, Trieste vittoriana. Ritratti, Fuorilinea, Monterotondo 2017.
Dobrić, Bruno, I testi croati nei manoscritti di Stancovich, in: Jurina i Franina. Rivista di varia cultura istriana 54, 1993, 52–55.
Donko, Wilhelm M., An Austrian View of the Philippines 1858. The Austrian Scientist Karl von Scherzer on His Visit in Manila Aboard the Frigate „Novara" in June 1858, Holtzbrick, Berlin 2011.
Dörflinger, Johannes, Völker- und Sprachkarten. Thematische Kartographie in Österreich (1815–1918), in: Franz Wawrik/Elisabeth Zeilinger (Hrsg.), Österreich auf alten Karten und Ansichten, Akademische Druck- u. Verlagsanstalt Graz, Graz 1989, 159–169.
Dorsi, Pierpaolo, Il Litorale nel processo di modernizzazione della Monarchia Austriaca. Istituzioni e archivi, Del Bianco, Udine 1994.
Douglas, Mary, Purity and Danger. An Analysis of Concept of Pollution and Taboo, Routledge, London/New York 2002.
Dowe, Dieter/Haupt, Heinz-Gerhard/Langewiesche, Dieter/Sperber, Jonathan (Hrsg.), Europe in 1848. Revolution and Reform, Berghahn, New York/Oxford 2000.
Duhamelle, Christophe/Kossert, Andreas/Struck, Bernhard (Hrsg.), Grenzregionen. Ein europäischer Vergleich vom 18. bis dem 20. Jahrhundert, Campus, Frankfurt/New York 2007.
Dülmen, Richard van, Historische Anthropologie, Böhlau, Köln/Weimar/Wien 2001.
Düring, Marten/Eumann, Ulrich, Diskussionsforum. Historische Netzwerkforschung. Ein neuer Ansatz in den Geschichtswissenschaften, in: Geschichte und Gesellschaft 39, 2013, 369–390.
Eco, Umberto, Quasi dasselbe mit anderen Worten. Über das Übersetzen, Hanser, München/Wien 2006.
Faber, Eva, Litorale austriaco. Das österreichische und kroatische Küstenland (1700–1780), Historisk Institutt, Universitetet i Trondheim/Steiermärkisches Landesarchiv, Trondheim/Graz 1995.
Fagan, Brian M., The Little Ice Age. How Climate Made History (1300–1850), Basic Books, New York 2000.
Fassanelli, Benedetto, „Andar con cingani" o „viver christianamente"? Tipi, icone e visioni del mondo attraverso un *costituto* cinquecentesco, in: Felice Gambin (Hrsg.), Alle radici dell'Europa. Mori, giudei e zingari nei paesi del Mediterraneo occidentale (secoli XV–XVII), Seid, Firenze 2010, 79–92.

Favero, Giovanni, La statistica fra scienza e amministrazione, in: Francesco Cassata/Claudio Pogliano (Hrsg.), Scienze e cultura dell'Italia unita (Storia d'Italia. Annali 26), Einaudi, Torino 2011, 705–737.

Feichtinger, Johannes, Positivismus und Machtpolitik. Ein wissenschaftliches Programm und dessen Transfer nach Österreich/Zentraleuropa, in: Helga Mittelbauer/Katherina Schrecke (Hrsg.), Ent-grenzte Räume. Kulturelle Transfers um 1900 und in der Gegenwart, Passagen Verlag, Wien 2005, 297–320.

–, Komplexer k.u.k. Orientalismus: Akteure, Institutionen, Diskurse im 19. und 20. Jahrhundert in Österreich, in: Robert Born/Sarah Lemmen (Hrsg.) Orientalismen in Ostmitteleuropa. Diskurse, Akteure und Disziplinen vom 19. Jahrhundert bis zum Zweiten Weltkrieg, Transcript, Bielefeld 2014, 31–64.

–, Kakanische Mischungen. Von der Identitäts- zur Ähnlichkeitswissenschaft, in: Anil Bhatti/Dorothee Kimmich (Hrsg.), Ähnlichkeit. Ein kulturtheoretisches Paradigma, Konstanz Universitätsverlag, Konstanz 2015, 219–243.

Fenske, Hans, Imperialistische Ansätze in Österreich im 19. Jahrhundert, in: Hans Fenske/Erich Hassinger, Historia integra: Festschrift für Erich Hassinger zum 70. Geburtstag, Duncker & Humblot, Berlin 1977, 245–264.

Ferron, Isabella, „Sprache ist Rede". Ein Beitrag zur dynamischen und organizistischen Sprachauffassung Wilhelm von Humboldts, Königshausen & Neumann, Würzburg 2009.

Finzi, Roberto, La base materiale dell'italofonia di Trieste, in: Roberto Finzi/Giovanni Panjek (Hrsg.), Storia economica e sociale di Trieste: La città dei gruppi (1719–1918), 1, Lint, Trieste 2001, 317–331.

Foucault, Michel, Überwachen und Strafen. Die Geburt des Gefängnisses, Suhrkamp, Frankfurt am Main 1976.

–, La vie des hommes infâmes, in: Collectif Maurice Florence, Les archives de l'infamie Les Praires ordinaires, Paris 2009, 7–30.

Frémont, Armand, La région, espace vécu, Presses universitaires de France, Paris 1976.

Frie, Ewald/Meier, Mischa, Bedrohte Ordnungen. Gesellschaften unter Stress im Vergleich, in: Dies. (Hrsg.), Aufruhr -Katastrophe – Konkurrenz – Zerfall. Bedrohte Ordnungen als Thema der Kulturwissenschaften, Mohr Siebeck, Tübingen 2014, 1–27.

Froglia Tringale, Luisa, La penisola istriana di Jacob Löwenthal, in: Atti e memorie della società istriana di archeologia e storia patria 108, 2008, 167–203.

Fuchs, Eckhardt/Stuchtey, Benedikt, Across Cultural Borders. Historiography in Global Perspective, Rowman & Littlefield, Lanham/Boulder/New York/Oxford 2002.

Geertz, Clifford, The Interpretation of Cultures, Basic Books, New York 1973.

Giraud, Michel, La créolité: une rupture en trompe l'oie, in: Cahiers d'études africaines 148, 1997, 795–811.

Gislimberti, Tiziana, Il viaggio intorno al mondo della fregata Novara 1857–59, in: Laura Ruaro Loseri (Hrsg.), Massimiliano. Rilettura di un'esistenza, Edizioni della Laguna, Monfalcone 1992, 131–136.

Göderle, Wolfgang, Zensus und Ethnizität. Zur Herstellung von Wissen über soziale Wirklichkeiten im Habsburgerreich zwischen 1848 und 1910, Wallstein, Göttingen 2016.

Göderle, Wolfgang/Pfaffenthaler, Manfred, Einleitung, in: Dies. (Hrsg.), Dynamiken der Wissensproduktion. Räume, Zeiten und Akteure im 19. und 20. Jahrhundert, Transcript, Bielefeld 2018, 9–21.

Golec, Boris, Najzgodnejše omembe Istre, Trsta in Primorja v slovenskih besedilih, in: Acta Histriae 23/4, 2015, 675–692.

Golinski, Jan, Science as Public Culture. Chemistry and Enlightenment in Britain (1760–1820), Cambridge University Press, Cambridge 1999.

Gottas, Friedrich, Universitäten, wissenschaftliche Gesellschaften und Akademien im Mitteleuropa des 19. Jahrhunderts, in: Richard G. Plaschka/Horst Haselsteiner/Anna M. Drabek (Hrsg.), Mitteleuropa. Idee, Wissenschaft und Kultur im 19. und 20. Jahrhundert, Verlag der Österreichischen Akademie der Wissenschaften, Wien 1997, 43–61.

Grieshofer, Franz, Karl Freiherr von Czörnig (1804–1889). Ein Wegbereiter der Ethnographie in Österreich, in: Franz Grieshofer/Margot Schindler (Hrsg.), Netzwerk Volkskunde. Ideen und Wege, Verein für Volkskunde, Wien 1999, 117–127.

–, Ur-Ethnographie: auf der Suche nach dem Elementaren in der Kultur; die Sammlung Eugenie Goldstern, Österreichisches Museum für Volkskunde, Wien 2004.

Gruber, Fanjo/Škrobonja, Ante, Antonio Grossich – On the Centenary of His Introduction of Iodine Tincture Painting in the Preoperative Infection Control, in: Acta medico-historica Adriatica 7/1, 2009, 83–90.

Gruppo ricerche storiche Trieste, Il Codice Diplomatico Istriano di Pietro Kandler. Indice dell'opera, in: Archeografo triestino 4/43, 1983, 53–186.

Gruzinski, Serge, La pensée métisse, Fayard, Paris 1999.

Gupta, Akhil/Ferguson, James, Beyond „Culture": Space, Identity, and the Politics of Difference, in: Cultural Anthropology 7/1, 1992, 6–23.

Haas, Pieter M., Epistemic Communities and International Policy Coordination, in: International Organization 46/1, 1992, 1–35.

Hale, Dana S., Races on Display: French Representations of Colonized peoples (1886–1940), Indiana University Press, Bloomington 2008.

Hall, Peter A./Watt, Fiona M., Stem Cells: The Generation and Maintenance of Cellular Diversity, in: Development 106, 1989, 619–633.

Hall, Stuart, Introduction: How Needs Identity?, in: Stuart Hall/Paul du Gay (Hrsg.), Questions of Cultural Identity, SAGE, London 2011, 1–17.

Hamann, Günther, Erzherzog Maximilian als Freund und Förderer der Geographie und Naturwissenschaft, in: Laura Ruaro Loseri (Hrsg.), Massimiliano. Rilettura di un'esistenza, Laguna, Trieste 1992, 120–128.

Hannerz, Ulf, Transnational Connections: Culture, People, Places, Routledge, London/New York 1996.

Hardy, Anne Irmgard, Ärzte, Ingenieure und städtische Gesundheit. Medizinische Theorien in der Hygienebewegung des 19. Jahrhunderts, Campus, Frankfurt am Main 2005.

Hassinger, Hugo, Österreichs Anteil an der Erforschung der Erde. Ein Beitrag zur Kulturgeschichte Österreichs, Holzhausen, Wien 1949.

Hassler, Gerda, Zur Auffassung der Sprache als eines organischen Ganzen bei Wilhelm von Humboldt und zu ihren Umdeutungen im 19. Jahrhundert, in: Zeitschrift für Phonetik, Sprachwissenschaft und Kommunikationsforschung 38/5, 1985, 564–557.

Häusler, Wolfgang, Von der Massenarmut zur Arbeiterbewegung. Demokratie und soziale Frage in der Wiener Revolution von 1848, Jugend und Volk, Wien/München, 1979.

Heindl, Waltraud/Saurer, Edith (Hrsg.), Grenze und Staat. Paßwesen, Staatsbürgerschaft, Heimatrecht und Fremdengesetzgebung in der österreichischen Monarchie (1750–1867), Böhlau, Wien/Köln/Weimar 2000.

–, „Die feinen Unterschiede". Bürgerliche Entwicklung und gesellschaftliche Form(at)ierung in Österreich (1770–1870), in: Wolfgang Müller-Funk/Peter Planer/Clemens Ruthner (Hrsg.), Kakanien revisited. Das Eigene und das Fremde (in) der österreichisch-ungarischen Monarchie, A. Francke, Tübingen/Basel 2002, 50–62.

Hirschegger, Manfred, Die Grazer „Tagespost“ von 1880 bis 1890. Ein Beitrag zur steirischen Pressegeschichte, Dissertation an der Universität Graz, 1981.

Hirschauer, Stefan, Un/doing Differences. Die Kontingenz sozialer Zugehörigkeiten, in: Zeitschrift für Soziologie 43/3, 2014, 170–191.

Hirschhausen, Ulrike von, Diskussionsforum. A New Imperial History? Programm, Potenzial, Perspektiven, in: Geschichte und Gesellschaft 41/4, 2015, 718–757.

Hobsbawm, Eric, Bandits, Pantheon, New York 1981.

–, The Age of Empires (1875–1914), Vintage, New York 1989.

–, Nations and Nationalism since 1870. Program, Myth, Reality, Cambridge University Press, Cambridge 1992.

Hurch, Bernard, Hugo Schuchardt, in: Karl Acham (Hrsg.), Kunst und Geisteswissenschaften aus Graz. Werk und Wirken überregional bedeutsamer Künstler und Gelehrter vom 15. Jahrhundert bis zur Jahrtausendwende, Böhlau, Wien 2009, 493–510.

Istroromeni (Cicci e Ciribiri): una piccola cultura nella grande storia. L'Europa delle lingue e culture minoritarie, Associazione di amicizia italo-romena Decebal, Trieste 2007.

Ivetic, Egidio, La popolazione dell'Istria nell'età moderna. Lineamenti evolutivi, Centro di ricerche storiche, Trieste/Rovigno 1997.

–, L'Istria moderna. Un'introduzione ai secoli XVI–XVIII, Centro di ricerche storiche, Trieste/Rovigno 1999.

–, L'Istria nel tempo (Collana degli Atti 26), Centro di Ricerche storiche di Rovigno, Rovigno 2006

–, Un confine nel Mediterraneo. L'Adriatico orientale tra Italia e Slavia (1300–1900), Viella, Roma 2014.

–, Storia dell'Adriatico. Un mare e la sua civiltà, Il Mulino, Bologna 2019.

La Direzione, Lettere di Carlo de Franceschi a Pietro Kandler e ad altri, in: Atti e Memorie della Società istriana di archeologia e storia patria 40/2, 1928, 257–346.

Laget, Pierre-Louis, Les lazarets et l'émergence de nouvelles maladies pestilentielles au XIXe et au début du XXe siècle, in: In Situ 2, 2002, 1–16.

La Mattina, Giulia, Austria, un concetto immaginario? Società e identità austriaca (1815–1848), Università degli Studi di Torino, Torino 2013.

Lang, Helmut W./Lang, Ladislaus, Bibliographie der österreichischen Zeitungen (1621–1925) (Österreichische Zeitungen 1492–1945, 4), Saur, München 2003.

Latour, Bruno, Wir sind nie modern gewesen. Versuch einer symmetrischen Anthropologie, Akademie Verlag, Berlin 1995.

Lefebvre, Henri, La production de l'espace, in: L'homme et la société 31–32, 1974, 15–32.

Levi, Giovanni, Das immaterielle Erbe. Eine bäuerliche Welt an der Schwelle zur Moderne, Wagenbach, Berlin 1986.

Lindström, Fredrik, Imperial Heimat. Biographies of the „Austrian State Elite“ in the Late Habsburg Empire, in: Tim Buchen/Mate Rolf (Hrsg.), Eliten im Vielvölkerreich. Imperiale Biographien in Russland und Österreich-Ungarn (1850–1918), De Gruyter, Berlin 2015, 368–392.

Lippert, S., Stadion-Warthausen Franz Ser. Gf. von, in: Österreichisches Biographisches Lexikon (1815–1950), 13, Verlag der Österreichischen Akademie der Wissenschaften, Wien 2007, 69.

Lubienski, Johann, Maximilian in Mexiko. Romantische Pläne und zerstörte Illusionen, in: Laura Ruaro Loseri (Hrsg.), Massimiliano. Rilettura di un'esistenza, Laguna, Trieste 1992, 80–85.

Lughofer, Johann Georg, Des Kaisers neues Leben. Der Fall Maximilian von Mexiko, Ueberreuter, Wien 2002.

Luhmann, Niklas, Zur Komplexität von Entscheidungssituationen, in: Soziale Systeme 15/1, 2009, 3–35.

Lunzer, Renate, Irredenti redenti. Intellettuali giuliani del '900, Lint, Trieste 2011.

Kahle, Günter, Erzherzog Maximilians Projekt einer habsburgischen Doppelmonarchie in Amerika, in: Laura Ruaro Loseri (Hrsg.), Massimiliano. Rilettura di un'esistenza, Laguna, Trieste 1992, 88–98.

Kalc, Aleksej, Migration nach Triest im 18. Jahrhundert, in: Jahrbücher für Geschichte und Kultur Südosteuropas 8, 2006, 101–131.

Kann, Robert A., The Multinational Empire. Nationalism and National Reform in the Habsburg Monarchy (1848–1918), 2 Bände, Columbia University Press, New York 1950.

–, Zur Problematik der Nationalitätenfrage, in: Adam Wandruszka/Peter Urbanitsch (Hrsg.), Die Völker des Reiches (Die Habsburgermonarchie 1848–1918 3/1), Verlag der österreichischen Akademie der Wissenschaften, Wien 1980, 1304–1338.

Kappus, Elke-Nicole, Imperial Ideologies of Peoplehood in Habsburg. An Alternative Approach to Peoples and Nations in Istria, in: Annales. Series historia et sociologia. Acta Histriae 12/2, 2002, 321–330.

Kavrečič, Petra, Pričevalci preteklosti: avanturisti in drugi popotniki na Krasu in v Istri pred modernim turizmom, Acta Histriae 19/4, 2011, 683–702.

Kazemi, Marion, Die Zoologische Station Rovigno. Spielball nationaler Interessen, in: Dahlemer Archivgespräche 14, 2013, 9–32.

Kilibarda, Vesna, Il botanico italiano Bartolomeo Biasoletto e una visita del Re di Sassonia in Montenegro, in: Bartolomeo Biasoletto, Viaggio in Montenegro di Federico Augusto di Sassonia, Pensa Multimedia, Lecce 2000, 7–28.

King, Jeremy, Budweisers into Czechs and Germans: A Local History of Bohemian Politics (1848–1948), Princeton University Press, Princeton/Oxford 2002.

Kirchner Reill, Dominique, Nationalists Who Feared the Nation. Adriatic Multi-Nationalism in Habsburg Dalmatia, Trieste, and Venice, Stanford University Press, Stanford 2012.

Klabjan, Borut, „Scramble for Adria": Discourses of Appropriation of the Adriatic Space Before and After World War I, in: Austrian History Yearbooks 42, 2011, 16–32.

–, Habsburg Fantasies: Sites of Memory in Trieste/Trst/Triest from the Fin de Siècle to the Present, in: Ders., Borderlands of Memory: Adriatic and Central European Perspectives, Peter Lang, Oxford 2019, 59–87.

Knauer, Oswald, Das österreichische Parlament von 1848–1866 (Österreich-Reihe 358–361), Bergland, Wien 1969.

Knez, Kristjan, L'Istria Nobilissima di Giuseppe Caprin. Retaggio del passato e patrimonio artistico-culturale della penisola istriana 2, in: Atti del centro di ricerche storiche di Rovigno 42, 2012, 449–482.

Koger, Friedrich, Die Anfänge der Ethnologie in Wien. Ein Beitrag zur Wissenschaftsgeschichte, LIT, Berlin 2008.

Krämer, Philipp, Vom Instinkt zum Bioprogramm, von der Mischung zum Hybrid. Historische und gegenwärtige Vorstellungen von Kreolisierung als Wandelprozess in der Sprache, in: Gesine Müller/Natascha Ueckmann (Hrsg.), Kreolisierung revisited: Debatten um ein weltweites Kulturkonzept, Transcript, Bielefeld 2013, 43–64.

Kretschmer, Ingrid, Allgemeines. Thematische Kartographie in Österreich (1815–1918), in: Franz Wawrik/Elisabeth Zeilinger (Hrsg.), Österreich auf alten Karten und Ansichten, Akademische Druck- u. Verlagsanstalt Graz, Graz 1989, 157–159.

Kurelić, Robert, Daily Life on the Istrian Frontier. Living on a Borderland in the Sixteenth Century, Brepols, Turnhout 2019.

Jacobeit, Wolfgang/Lixfeld, Hannjost/Bockhorn, Olaf (Hrsg.), Völkische Wissenschaft. Gestalten und Tendenzen der deutschen und österreichischen Volkskunde in der ersten Hälfte des 20. Jahrhunderts, Böhlau, Wien/Köln/Weimar 1994.

Johler, Reinhard, A Local Construction – or: What Have the Alps to do with a Global Reading of the Mediterranean?, in: Narodna umjetnost. Hrvatski časopis za etnologiju i folkloristiku 36/1, 1999, 262–292.

–, „Hibridismus". Istrien, die Volkskunde und die Kulturtheorie, in: Zeitschrift für Volkskunde 108/1, 2012, 1–21.

–, Dinge, Kulturen, Museen. Ethnographische Repräsentationen und die Darstellung der deutschsprachigen Minderheiten in der Habsburgermonarchie, in: Danubiana Carpathica 6/53, 2012, 21–58.

–, The Invention of the Multicultural Museum in the Late Nineteenth Century: Ethnography and the Presentation of the Cultural Diversity in Central Europe, in: Austrian History Yearbook 46, 2015, 51–67.

Judson, Pieter M., Guardians of the Nation. Activists on the Language Frontiers of Imperial Austria, Harvard University Press, Cambridge-London 2006.

Ders., Making National Space on the Habsburg Austrian Borderlands (1880–1918), in: Omer Bartov/Eric D. Weitz (Hrsg.), Shatterzone of Empires. Coexistence and Violence in the German, Habsburg, Russian and Ottoman Borderlands, Indiana University Press, Bloomington 2013, 122–135.

–, Habsburg. Geschichte eines Imperiums (1740–1918), Beck, München 2017.

Mader, Brigitta, Die Zusammenarbeit der naturhistorischen Museen in Wien und Triest im Lichte des Briefwechsels von Josef Szombathy und Carlo de Marchesetti (1885–1920). „Mit besten Grüßen von Haus zu Haus", in: Annalen des Naturhistorisches Museums in Wien 97A, 1996, 145–166.

–, Carlo Marchesetti nel contesto delle ricerche preistoriche contemporanee in Austria e Germania, in: Gino Bandelli/Emanuela Montagnari Kokely (Hrsg.), Carlo Marchesetti e i castellieri (1903–2003), Editreg, Trieste 2005, 87–96.

–, Die österreichische Denkmalpflege in Pola (1816–1918), in: Anzeiger der philosophisch-historischen Klasse 146, 2011, 5–90.

Magris, Claudio, Lettera da Leopoli a Lemberg o forse da L'vov a L'viv, in ogni caso a Martin Pollack, in: Martin Pollack, Galizia. Viaggio nel cuore scomparso della Mitteleuropa, Keller, Rovereto 2017, 229–239.

Manenti, Luca Giuseppe, Geografia e politica nel razzismo antislavo. Il caso dell'irredentismo italiano (secoli XIX-XX), in: Tullia Catalan (Hrsg.), Fratelli al massacro. Linguaggi e narrazioni della Prima guerra mondiale, Viella, Roma 2015, 17–68.

Maner, Hans-Christian (Hrsg.), Grenzregionen der Habsburgermonarchie im 18. und 19. Jahrhundert. Ihre Bedeutung und Funktion aus der Perspektive Wiens, LIT, Münster 2005.

Marcaida, José Ramón/Pimentel, Juan, Dead Natures or Still Lifes? Science, Art and Collecting in the Spanish Baroque, in: Daniela Bleichmar/Peter C. Mancall (Hrsg.), Collecting Across Cultures. Materiel Exchanges in the Early Modern Atlantic World, University of Pennsylvania, Philadelphia 2011, 99–116.

Marcocci, Giuseppe, Indios, cinesi, falsari: Le storie del mondo nel Rinascimento, Laterza, Bari 2016.
Marić, Katarina, Špicije: Spomeni na Morsko lječilište u Rovinju. L'Uspeîsio: Ricordanze dell'Ospizio Marino a Rovigno (1888–1947), Zavičajni muzej grada Rovinja/Museo civico della città di Rovigno, Rovinj/Rovigno 2013.
Mazohl, Brigitte, Die politischen und rechtlichen Voraussetzungen der sozialen Entwicklung, in: Helmut Rumpler/Peter Urbanitsch (Hrsg.), Von der feudal-agrarischen zur bürgerlich-industriellen Gesellschaft (Habsburgermonarchie 1848–1918 9/1), Verlag der Österreichischen Akademie der Wissenschaften, Wien 2010, 233–250.
Meister, Richard, Geschichte der Akademie der Wissenschaften in Wien (1847-1947), Holzhausen, Wien 1947.
Melchior, Luca, „Anche nel fango lei trova oro e gemme; e abbandonate dentro ad esso le scarpe, si leva ai voli più arditi e geniali": il carteggio Schuchardt-Rajna, in: Filologia e critica 36, 2011, 5–48.
Melchior, Luca/Mücke, Johannes (Hrsg.), Bausteine zur Rekonstruktion eines Netzwerks IV: Von Diez zur Sprachanthropologie, in: Grazer Linguistische Studien 80, 2015, 6–22.
Melchior, Luca/Schwägerl-Melchior, Verena, Networks come categoria descrittiva nella storia della disciplina: esempi e prospettive, PhiN-Beiheft 11, 2016, 5–22.
Melik, Vasilij, Istarski deželni zbor, in: Acta Histriae 7, 1999, 633–638.
Meriggi, Marco, Prove di comunità. Sui congressi preunitari degli scienziati italiani, in: Francesco Cassata/Claudio Pogliano (Hrsg.), Scienze e cultura dell'Italia unita (Storia d'Italia. Annali 26), Einaudi, Torino 2011, 7–35.
Metzeltin, Michele, Alla ricerca dell'identità istriana con Giuseppe Caprin, in: Tiziana Agostini (Hrsg.), Le identità delle Venezie (1866–1918), Antenore, Roma/Padova, 2002, 249–275.
Micheli, Roberta/Zelco, Giuliano (Hrsg.), Venezia Giulia. La regione inventata, Kappa Vu, Udine 2008.
Miculian, Antonio, Fonti primarie per la storia medioevale dell'Istria e della Regione Giulia: il „Codice Diplomatico Istriano" e la rivista „L'Istria" di Pietro Kandler, in: Rino Cigui/Kristjan Knez (Hrsg.), L'Istria e Pietro Kandler: storico, archeologo, erudito, Società di studi storici e geografici, Pirano 2004, 65–82.
Miglia, Guido, L'Istria una quercia, Circolo di cultura istro-veneta Istria, Trieste 1994.
Millo, Anna, L'elite del potere a Trieste. Una biografia collettiva (1891–1938), Franco Angeli, Milano 1989.
–, Un porto fra centro e periferia (1861–1918), in: Roberto Finzi/Claudio Magris/Giovanni Miccoli (Hrsg.), Il Friuli-Venezia Giulia (Storia d'Italia. Le regioni dall'Unità a oggi), 1, Einaudi, Torino 2002, 181–235.
Mogavero, Valeria/Casalena, Maria Pia (Hrsg.), Scienziati italiani a congresso nel Veneto asburgico (1842, 1847) (Venetica 34/58), Cierre, Verona 2020.
Mogavero, Valeria/Casalena, Maria Pia, Preambolo minimo. Un arrivederci e una didascalia, in: Dies. (Hrsg.), Scienziati italiani a congresso nel Veneto asburgico (1842, 1847) (Venetica 34/58), Cierre, Verona 2020, 7–15.
Mommsen, Wolfgang J., 1848. Die ungewollte Revolution, Fischer, Frankfurt am Main 1998.
Morris, Jan, Trieste and Meaning of Nowhere, Faber & Faber, London 2001.
Morrison, Sean J./Shah, Nirao M./Anderson, David J., Regulatory Mechanisms in Stem Cell Biology, in: Cell 88/3, 1997, 287–298.

Mückler, Hermann (Hrsg.), Österreicher in der Südsee: Forscher, Reisende, Auswanderer, LIT, Wien 2012.

Müller, Gesine/Ueckmann, Natascha (Hrsg.), Einleitung: Kreolisierung als weltweites Kulturmodell?, in: Dies., Kreolisierung revisited: Debatten um ein weltweites Kulturkonzept, Transcript, Bielefeld 2013.

Müller-Funk, Wolfgang, Kakanien revisited. Über das Verhältnis von Herrschaft und Kultur, in: Wolfgang Müller-Funk/Peter Planer/Clemens Ruthner (Hrsg.), Kakanien revisited. Das Eigene und das Fremde (in) der österreichisch-ungarischen Monarchie, A. Francke, Tübingen/Basel 2002, 14–32.

Münkler, Herfried, Imperien. Die Logik der Weltherrschaft – vom Alten Rom bis zu den Vereinigten Staaten, Rowohlt, Berlin 2005.

Nadraga, M., Syrski Szymon Adam von, in: Österreichisches Biographisches Lexikon (1815–1950), 14, Verlag der Österreichischen Akademie der Wissenschaften, Wien 2012, 96.

Nederveen Pieterse, Jan, Hybridity, So What? The Anti-Hybridity Backlash and the Riddles of Recognition, in; Theory, Culture & Society 18, 2001, 219–245.

Negrelli, Giorgio, Madonizza Antonio, in: Österreichisches Biographisches Lexikon (1815–1950), 5, Böhlau, Wien 1972, 402–403.

–, Al di qua del mito. Diritto storico e difesa nazionale nell'autonomismo della Trieste asburgica, Del Bianco, Udine 1978.

Ders., Introduzione, in: Ders., La Favilla (1836–1846). Pagine scelte della rivista, Dal Bianco, Udine 1985, 11–31.

Niederhauser, Emil, 1848. Sturm im Habsburgerreich, Kremayr & Scheriau, Wien 1990.

Nikočević, Lidija, State Culture and the Laboratory of Peoples: Istrian Ethnography during the Austro-Hungarian Monarchy, in: Narodna umjetnost. Hrvatski časopis za etnologiju i folkloristiku 43, 2006, 41–57.

Oesterreicher, Wulf, Sprachwissenschaft und Philologie im Horizont der Geschichtlichkeit von Sprachen und Text, in: Wulf Oesterreicher/Maria Selig (Hrsg.), Geschichtlichkeit von Sprache und Text. Philologien – Disziplingenese – Wissenschaftshistoriographie, Wilhelm Fink, Paderborn 2014, 287–330.

Orlić, Mila, Né italiani né slavi. State- e Nation-building jugoslavo nel secondo dopoguerra in Istria, in: Contemporanea 22/4, 2019, 561–584.

Ortalli, Gherardo/Schmitt, Oliver Jens/Orlando, Ermanno (Hrsg.), Il Commonwealth veneziano tra 1204 e la fine della Repubblica: identità e peculiarità, Istituto veneto di scienze lettere ad arti, Venezia 2015.

Osterhammel, Jürgen, Die Verwandlung der Welt. Eine Geschichte des 19. Jahrhunderts, C. H. Beck, München 2009.

Pacholkiv, Svjatoslav, Das Werden einer Grenze, in: Waltraud Heindl/Edith Saurer (Hrsg.), Grenze und Staat. Paßwesen, Staatsbürgerschaft, Heimatrecht und Fremdengesetzgebung in der österreichischen Monarchie (1750–1867), Böhlau, Wien/Köln/Weimar 2000, 519–720.

Pagden, Anthony (Hrsg.), Facing Each Other. The World's Perception of Europe and Europe's Perception of the World, Ashgate, Aldershot 2000.

Paladini, Filippo Maria, „Un caos che spaventa". Poteri, territori e religioni di frontiera nella Dalmazia della tarda età veneta, Marsilio, Venezia 2003.

–, Patrie ulteriori, nostalgia e rancori. Venezia e l'Adriatico orientale, in: Rolf Petri (Hrsg.), Nostalgia. Memoria e passaggi tra le sponde dell'Adriatico (Venetiana 7), Edizioni di storia e letteratura, Roma 2010, 179–212.

Panjek, Aleksander, Chi costruì Trieste. Edilizia, infrastrutture, mercato immobiliare e servizi tra pubblico e privato (1719–1918), in: Roberto Finzi/Giovanni Panjek/Loredana Panariti (Hrsg.), Storia economica e sociale di Trieste: La città dei traffici (1719–1918), 2, Lint, Trieste 2003, 643–757.

Pernkopf, Elisabeth, „Die Natur ist eine Fabel". Narrative und Naturwissenschaften, in: Alexandra Strohmaier (Hrsg.), Kultur – Wissen – Narration. Perspektiven transdisziplinärer Erzählforschung für die Kulturwissenschaften, Transcript, Bielefeld 2013, 323–342.

Perselli, Guerrino, I censimenti della popolazione dell'Istria, con Fiume e Trieste, e di alcune città della Dalmazia tra il 1850 e il 1836 (Etnia IV), Centro di ricerche storiche, Rovigno 1993.

Petermann, Werner, Die Geschichte der Ethnographie, Peter Hammer, Wuppertal 2004.

Petri, Rolf, Cittadinanza, dimora, espulsione. Riflessioni sull'Austria ottocentesca, in: Hannes Obermair/Stephanie Reisse/Carlo Romeo (Hrsg.), Regionale Zivilgesellschaft in Bewegung. Cittadini innanzi tutto, Folio, Wien/Bozen 2012, 32–51.

Pirker, R., Moser Ludwig Karl, in: Österreichisches Biographisches Lexikon (1815–1950), 6, Verlag der Österreichischen Akademie der Wissenschaften, Wien 1975, 389.

Pirjevec, Jože, Niccolò Tommaseo tra Italia e Slavia, Marsilio, Venezia 1977.

–, Foibe. Una storia d'Italia, Einaudi, Torino 2009.

Pitacco, Andrea, La viticoltura e il vino dell'Istria e della Dalmazia. Vigneti, vini e uomini, in: Carlo Favero (Hrsg.), Il vino nella storia di Venezia. Vigneti e cantine nelle terre dei dogi tra XIII e XXI secolo, Biblios, Cittadella 2014, 122–133.

Poczka, Irene, Die Regierung der Gesundheit. Fragmente einer Genealogie liberaler Gouvernementlität, Transcript, Bielefeld 2017.

Ponte, Euro, Un lazzaretto dell'Ottocento nell'alto adriatico. Muggia, in provincia di Trieste, in: Acta medico-historica Adriatica 4/2, 2006, 235–246.

–, La mortalità a Muggia dal 1886 al 1918, in: Acta medico-historica Adriatica 6/2, 2008, 253–260.

Porciani, Ilaria, Rappresentanza e patrimonio culturale. Dalla dieta del nessuno al museo di Parenzo, in: Alberto Malfitano/Alberto Petri/Fiorenza Tarozzi (Hrsg.), Per continuare il dialogo ... Gli amici ad Angelo Varni, 1, Bononia University Press, Bologna 2014, 111–121.

Postkoloniales Ausstellen. Über das Projekt eines „Museums der Gegenwart" auf der Insel Réunion. Ein Interview mit Françoise Vergès von Charlotte Martinz-Turek, in: Europäisches Institut für progressive Kulturpolitik (EIPCP), 6.2008, https://transversal.at/transversal/0708/martinz-turek-verges/de (2.1.2021).

Povolo, Claudio, Interpreti di culture: culture dominanti e culture subordinate a confronto, in: Acta Histrae 16/4, 2008, 425–442.

–, Contaminazioni. Discorsi, pratiche, rappresentazioni, in: Acta Histriae 22/4, 2014, 821–836.

Premuda, Loris, Introduzione, in: Lodovico Brunetti, Una riabilitazione chirurgica. Reminiscenze dell'autunno 1876, La Garangola, Padova 1985, V–XIX.

–, Sanità e personaggi nell'Istria veneto-asburgica, Ars Libera, Trieste 2011.

Pupo, Raoul, Il lungo esodo, Rizzoli, Milano 2005.

–, Fiume città di passione, Laterza, Bari 2018.

Purini, Piero, Metamorfosi etniche. I cambiamenti di popolazione a Trieste, Gorizia, Fiume e in Istria (1914–1975), Kappa VU, Udine 2010.

Quarantotti, Giovanni, L'Istria del Risorgimento. Storia della Dieta del nessuno, in: Atti e Memorie della Società istriana di archeologia e storia patria 48, 1936, 3–209.

–, L'Istria nel 1848 alla luce di nuove testimonianze, in: La Venezia-Giulia e la Dalmazia nella rivoluzione nazionale del 1848–1849, 2, Del Bianco, Udine 1949, 337–459.

–, Trieste e l'Istria nell'età napoleonica, Felice Le Monnier, Firenze 1954.

–, Antonio Madonizza. Lettere dalla costituente austriaca del 1848–49, Deputazione di storia patria per le Venezia, Venezia 1966.

–, La seconda Dieta istriana (1861–1867), in: Atti e memorie della Societá istriana di archeologia e storia patria 71, 1971, 193–235.

Radossi, Giovanni, Il carteggio Pietro Kandler - Tomaso Luciani (1843–1871), Centro di Ricerche storiche di Rovigno, Rovigno/Trieste 2014.

Rahden, Till van, Jews and the Germans. Civil Society, Religious Diversity, and Urban Politics in Breslau (1860–1925), University of Wisconsin Press, Madison 2008.

Reckwitz, Andreas, Unscharfe Grenzen. Perspektive der Kultursoziologie, Transcript, Bielefeld 2008.

Reinhard, Wolfgang, Die Unterwerfung der Welt. Globalgeschichte der europäischen Expansion (1415–2015), Beck, München 2016.

Renn, Jürgen, The Globalization of Knowledge in History, Max Planck Institut, Berlin 2012.

Ricci, Andrea/Saussure, Louis de (Hrsg.), Verbal Communication, De Gruyter, Berlin/Boston 2016.

Riedl-Dorn, Christa, Dominik Bilimek, in: Wilfried Seipel (Hrsg.), Die Entdeckung der Welt. Die Welt der Entdeckungen. Österreichische Forscher, Sammler, Abenteurer, Skira, Milano 2001, 329–332.

–, Botaniker oder Pflanzensammler: Die Rolle der Pflanzenkunde bei der Weltumseglung der Fregatte „Novara“ (1857–1859), in: Verhandlungen der zoologisch-botanischen Gesellschaft in Österreich 148/149, 2012, 363–376.

Riosa, Alceo, Adriatico irredento. Italiani e slavi sotto la lente francese (1793–1918), Guida, Napoli 2009.

Roksandić, Drago/Sponza, Nicolò, Il Triplex confinium come area fluviale plurima. Contrasti cartografici della prima età moderna, Atti del centro di ricerche storiche di Rovigno 45, 2015, 91–110.

Ruffié, Jacques, De la biologie à la culture, Flammarion, Paris 1976.

Ruffié, Jacques/Sournia, Jean-Charles, Die Seuchen in der Geschichte der Menschheit, DTV, München 1992.

Rumpler, Helmut, Eine Chance für Mitteleuropa. Bürgerliche Emanzipation und Staatsverfall in der Habsburgermonarchie, in: Herwig Wolfram (Hrsg.), Österreichische Geschichte (1804–1914), Ueberreuter, Wien 1997.

Rumpler, Helmut/Seger, Martin (Hrsg.), Soziale Strukturen (Habsburgermonarchie 1848–1918 9/2), Verlag der Österreichischen Akademie der Wissenschaften, Wien 2010.

Rushdie, Salman, The Satanic Verses, Vintage, London 2006.

Rutar, Sabine, Le costruzioni dell'io e dell'altro nella Trieste asburgica, in: Marina Cattaruzza (Hrsg.), Nazionalismi di frontiera: Identità contrapposte sull'Adriatico nord-orientale (1850–1950). Rubbettino, Soveria Mannelli 2003, 23–46.

Said, Edward W., Orientalism, Pantheon Books, New York 1994.

Salimbeni, Fulvio, Il mito di Venezia nella cultura giuliana tra Otto e Novecento. Dall'irredentismo culturale al nazionalismo imperialista, in: Tiziana Agostini (Hrsg.), Le identità delle Venezie (1866–1918), Antenore, Roma/Padova, 2002, 33–40.

–, Pietro Kandler e la storiografia del suo tempo, in: Rino Cigui/Kristjan Knez (Hrsg.), L'Istria e Pietro Kandler: storico, archeologo, erudito, Società di studi storici e geografici, Pirano 2004, 55–61.

Sandgruber, Roman, Ökonomie und Politik. Österreichische Wirtschaftsgeschichte vom Mittelalter bis zur Gegenwart, in: Herwig Wolfram (Hrsg.), Österreichische Geschichte (1804–1914), Ueberreuter, Wien 1995.

Sarasin, Philipp/Berger, Silvia/Hänseler, Marianne/Spörri, Myriam (Hrsg.), Bakteriologie und Moderne. Studien zur Biopolitik des Unsichtbaren (1870–1920), Suhrkamp, Frankfurt am Main 2007.

Sasse, Sylvia, Vorwort, in: Michail M. Bachtin, Zur Philosophie der Handlung, Matthes & Seitz, Berlin 2011, 5–31.

Schenk, Frithjof Benjamin, Mental Maps. Die Konstruktion von geographischen Räumen in Europa seit der Aufklärung, in: Geschichte und Gesellschaft 28, 2002, 493–514.

Schiera, Pierangelo, Il laboratorio borghese. Scienza e politica nella Germania dell'Ottocento, Il Mulino, Bologna 1987.

Schiffrer, Carlo, Le origini dell'irredentismo triestino (1813–1860), Del Bianco, Udine 1978 (1. Ausgabe: Istituto delle Edizioni Accademiche, Udine 1937).

–, Sguardo storico sui rapporti fra italiani e slavi nella Venezia Giulia, Stabilimento tipografico nazionale, Trieste 1946.

Schnapp, Alain, La conquête du passé. Aux origines de l'archéologie, Carré, Paris 1993.

Scholler, Hubert, Alexander von Humboldt und die Weltumseglung der Novara, in: Annalen des Naturhistorischen Museums in Wien 62, 1958, 5–24.

Schubert, Rudolf/Wagner, Günther, Botanisches Wörterbuch. Pflanzennamen und botanische Fachwörter, Verlag Eugen Ulmer, Stuttgart 2000.

Schultz, Hans-Dietrich, Raumkonstrukte der klassischen deutschsprachigen Geographie des 19./20. Jahrhunderts im Kontext ihrer Zeit, in: Geschichte und Gesellschaft 28, 2002, 343–377.

Sestan, Ernesto, Venezia Giulia. Lineamenti di una storia etnica e culturale, Edizioni italiane, Roma 1947.

Serres, Michel, Der Hermaphrodit, Suhrkamp, Frankfurt am Main 1989.

–, Préface, in: Ders. (Hrsg.), Éléments d'histoire des sciences, Bordas, Paris 2003 9–31.

Setti, Cristina, La contaminazione nel discorso giuridico e sociale: i matrimoni tra greci e latini nella repubblica di Venezia (secoli XVI–XVIII), in: Acta Histriae 23/1, 2015, 43–66.

Simmons, Laurence, Freud's Italian Journey, Rodopi, Amsterdam-New York 2006.

Simon, Daniela, Kulturelle Hybridität als Bedrohung? Istrien im ausgehenden 19. Jahrhundert, in: Jahrbuch für Europäische Ethnologie 14, 2019, 53–76.

–, The „Hybrids" and the Re-Ordering of Istria (1870–1914), in: Acta Histriae 28/4, 2020, 577–604.

Sked, Alan, The Decline and Fall of the Habsburg Empire, Longman, London/New York 1989.

Skordos, Adamantios, Vom „großrussischen Panslawismus" zum „sowjetischen Slavokommunismus". Das Slaventum als Feindbild bei Deutschen, Österreichern, Italienern und Griechen, in: Agnieszka Gąsior/Lars Karl/Stefan Troebst (Hrsg.), Post-Panslawismus. Slavizität, Slavische Idee und Antislawismus im 20. und 21. Jahrhundert, Wallstein, Göttingen 2014, 388–426.

Soppelsa, Maria Laura, Immagini della cultura scientifica veneta nei Congressi degli scienziati italiani di Padova (1842) e Venezia (1847), in: Donatella Calabi (Hrsg.),

Dopo la Serenissima. Società, amministrazione e cultura nell'Ottocento veneto, Istituto Veneto di Scienze, Lettere ed Arti, Venezia 2001, 233–268.

Stachel, Peter, Die Harmonisierung national-politischer Gegensätze und die Anfänge der Ethnographie in Österreich, in: Karl Acham (Hrsg.), Geschichte der österreichischen Humanwissenschaften, 4, Passagen Verlag, Wien 2002, 323–367.

Stachel, Peter/Thomsen, Martina (Hrsg.), Zwischen Exotik und Vertrautem. Zum Tourismus in der Habsburgermonarchie und ihren Nachfolgestaaten, Transcript, Bielefeld 2014.

Starec, Roberto, Mondo popolare in Istria. Cultura materiale e vita quotidiana dal Cinquecento al Novecento, Centro di Ricerche storiche, Trieste/Rovigno 1996.

–, La trattatistica dell'Ottocento sulla viticoltura, in: Atti del Centro di ricerche storiche di Rovigno 28, 1998, 599–609.

–, Coprire per mostrare. L'abbigliamento nella tradizione istriana (XVII–XIX secolo), Italo Svevo, Trieste 2002.

Stefani, Giuseppe, La flotta sardo-veneta nell'Adriatico e il blocco di Trieste, in: La Venezia-Giulia e la Dalmazia nella rivoluzione nazionale del 1848–1849, 2, Del Bianco, Udine 1949, 5–103.

Stevenson, Lionel, Dr. Quicksilver. The life of Charles Lever, Chapman & Hall, London 1939.

Stichweh, Rudolf, Zur Entstehung des modernen Systems wissenschaftlicher Disziplinen. Physik in Deutschland (1740–1890), Suhrkamp, Frankfurt am Main 1984.

Sticotti, Pietro, Bartolomeo Biasoletto, aspetti della vita scientifica di Trieste nella prima metà dell'Ottocento, in: Archeografo Triestino 4/8–9, 1945, 177–390.

Stourzh, Gerald, Die Gleichberechtigung der Nationalitäten in der Verfassung und Verwaltung Österreichs (1848–1918), Verlag der Österreichischen Akademie der Wissenschaften, Wien 1985.

–, The Ethnicizing of Politics and „National Indifference" in Late Imperial Austria, in: Ders., Der Umfang der österreichischen Geschichte, Böhlau, Wien 2011, 283–323.

Sturm, Gertraud, Leben für die Forschung: Das Ethnologenpaar Wilhelm und Marie Hein in Südarabien (1901–1902), Verlag der Österreichischen Akademie der Wissenschaften, Wien 2007.

Suppanz, Werner, Transfer, Zirkulation, Blockierung. Überlegungen zum kulturellen Transfer als Überschreiten signifikatorischer Grenzen, in: Federico Celestini/Helga Mitterbauer (Hrsg.), Ver-rückte Kulturen. Zur Dynamik kultureller Transfers, Stauffenburg, Tübingen 2003, 21–35.

Surman, Jan, Science and Its Publics: Internationality and National Languages in Central Europe, in: Mitchell G. Ash/Ders. (Hrsg.), The Nationalization of Scientific Knowledge in the Habsburg Empire (1848–1918), Palgrave Macmillan, Basingstoke 2012, 30–55.

–, The Circulation of Scientific Knowledge in the Late Habsburg Monarchy: Multicultural Perspectives on Imperial Scholarship, in: Austrian History Yearbook 46, 2015, 163–182.

Tafuro, Fabio, „Senza fratellanza non è libertà" – Pacifico Valussi e la rivoluzione veneziana del Quarantotto, Franco Angeli, Milano 2004.

Tatò, Grazia, Lettere di Gian Paolo Polesini a Pietro Kandler (1860–1872), Società Istriana di Archeologia e Storia Patria, Trieste 2011.

Thomassen, Bjørn, The State and the Population Census, in: Jahrbücher für Geschichte und Kultur Südosteuropas 8, 2006, 21–43.

Todorova, Maria, Diskussionsforum. Der Balkan als Analysekategorie: Grenzen, Raum, Zeit, in: Geschichte und Gesellschaft 28, 2002, 470–492.

Tomizza, Fulvio, M'identifico con la frontiera, in: Ders., Alle spalle di Trieste (scritti 1969–1994), Bompiani, Milano 1995, 133–144.

Toncich, Francesco, Vidulich Francesco, in: Österreichisches Biographisches Lexikon (1815–1950), 15, Verlag der Österreichischen Akademie der Wissenschaften, Wien 2017, 271.

–, Vivante Angelo, in: Österreichisches Biographisches Lexikon (1815–1950), 15, Verlag der Österreichischen Akademie der Wissenschaften, Wien 2017, 302–303.

–, Narrazioni e pratiche politiche antislave a Trieste tra città e campagna (1850–1871), in: Acta Histriae 25/3, 2017, 539–562.

Tonetti, Maria, Carl Czoernig: la vita e le opere, in: Karl Czoernig fra Italia e Austria, Istituto di Storia sociale e religiosa, Gorizia 1992, 1–16.

Trampus, Antonio, Alle origini del Codice Diplomatico Istriano. Kandler e l'insegnamento storico-giuridico a Vienna, in: Quaderni giuliani di storia 1–2, 1990, 79–85.

–, Tradizione storica e rinnovamento politico. La cultura nel Litorale Austriaco e nell'Istria tra Settecento e Ottocento, Del Bianco, Udine 2008.

–, Porti franchi e scuole di commercio: il „sistema" asburgico di Trieste e Venezia nella politica adriatica e mediterranea del XIX secolo, in: Mediterranea. Ricerche storiche 15, 2018, 301–334.

Trieste-Suez. Storia e modernità nel „Voyage en Égypte" di Pasquale Revoltella, Civico Museo Revoltella, Trieste 2015.

Trincanato, Pietro Giovanni, „Umiliare il ricco refrattario, proteggere il cittadino fedele". I sequestri austriaci a Venezia tra leggenda nera e prassi burocratica, in: Propriété et politique: exil, séquestres, confiscations dans l'Italie du XIXe / Proprietà e politica: esilio, sequestri e confische nel lungo Ottocento italiano, MEFRIM, 2, 2017 https://journals.openedition.org/mefrim/3090 (2.1.2021).

Turchetto, Margherita/Menegini, Marta/Nicolosi, Paola, Storia e recupero della collezione zoologica dell'ex istituto di Biologia marina di Rovigno, conservata a Chioggia, in: Museologia scientifica Memorie 2, 2008, 192–196.

Vegliani, Franco, La frontiera, Sellerio, Palermo 1996.

Venier, Federica, La corrente di Humboldt. Una lettura della *Lingua franca* di Hugo Schuchardt, Carocci, Roma 2012.

Vennemann, Theo, Hugo Schuchardt's Theory of Phonological Change, in: Theo Vennemann/Terence H. Wilbur (Hrsg.), Schuchardt, the Neogrammarians, and the Transformational Theory of Phonological Change, Athenäum, Frankfurt am Main 1972, 115–179.

Verginella, Marta, Sloveni a Trieste tra Sette e Ottocento. Da comunità etnica a minoranza nazionale, in: Roberto Finzi/Giovanni Panjek (Hrsg.), Storia economica e sociale di Trieste: La città dei gruppi (1719–1918), 1, Lint, Trieste 2001, 441–481.

–, Il paradigma città-campagna e la rappresentazione dualistica di uno spazio multietnico, in: Contemporanea 11/4, 2008, 779–792.

–, Asimmetrie, malintesi e sguardi speculari: da una storia etnocentrica ad una storia plurale e congiunta della regione alto-adriatica, in: Acta Histriae 20/3, 2012, 321–334.

–, Terre e lasciti. Pratiche testamentarie nel contado triestino fra Otto e Novecento, Beit, Trieste 2016.

–, Il conflitto nazionale e lo sguardo congiunto di Angelo Vivante, in: Luca Zorzenon (Hrsg.), Angelo Vivante e il tramonto della ragione, Centro studi Scipio Slataper, Trieste 2017, 67–83.

Vick, Brian E., Defining Germany: The 1848 Frankfurt Parliamentarians and National Identity, Harvard University Press, Cambridge/London 2002.

Visintin, Denis, L'Istria al tempo di Kandler: condizioni economiche, sociali, amministrative, in: Rino Cigui/Kristjan Knez (Hrsg.) L'Istria e Pietro Kandler: storico, archeologo, erudito, Società di studi storici e geografici, Pirano 2004, 17–26.

–, L'agro istriano nella seconda metà del XIX secolo, in: Histria 5, 2015, 81–116.

Vocelka, Karl, Verfassung und Konkordat? Der publizistische und politische Kampf der österreichischen Liberalen um die Religionsgesetze des Jahres 1868, Verlag der österreichischen Akademie der Wissenschaften, Wien 1978.

Vrandečić, Josip, L'Italia e i movimenti nazionali in Serbia e in Croazia: dal Risorgimento alla Prima guerra mondiale, in: Franco Botta/Italo Grazia/Pasquale Guaragnella (Hrsg.), La questione adriatica e l'allargamento dell'Unione Europea, Franco Angeli, Milano 2007, 27–44.

Wagenitz, Gerhard, Wörterbuch der Botanik. Die Termini in ihrem historischen Zusammenhang, Gustav Fischer, Jena 1996.

Weber, Eugen, Peasants Into Frenchmen: The Modernization of Rural France (1870–1914), Stanford University Press, Stanford 1976.

Weber-Unger, Simon (Hrsg.), Der naturwissenschaftliche Blick: Fotografie, Zeichnung und Modell im 19. Jahrhundert, Wiss. Kabinett Simon Weber-Unger, Wien 2009.

Wedrac, Stefan, Lo scioglimento della Dieta provinciale di Trieste nel 1915, in: Qualestoria 1–2, 2014, 187–203.

Weiss, S., Szombathy Josef, in: Österreichisches Biographisches Lexikon (1815–1950), 14, Verlag der Österreichischen Akademie der Wissenschaften, Wien 2013, 169–170.

Wendelin, Harald, Schub und Heimatrecht, in: Waltraud Heindl/Edith Saurer (Hrsg.), Grenze und Staat. Paßwesen, Staatsbürgerschaft, Heimatrecht und Fremdengesetzgebung in der österreichischen Monarchie (1750–1867), Böhlau, Wien/Köln/Weimar 2000, 173–346.

Wendland, Anna Veronika, Eindeutige Bilder, komplexe Identitäten. Imperiale, nationale, regionale Identitätskonzepte und ihre Visualisierung auf der galizischen Allgemeinen Landesausstellung in Lemberg 1894, in: Zeitschrift für Ostmitteleuropa-Forschung 58/1–2, 2009, 111–161.

Werner, Michael/Zimmermann, Bénédicte, Vergleich, Transfer, Verflechtung. Der Ansatz der *Histoire croisée* und die Herausforderung des Transnationalen, in: Geschichte und Gesellschaft 28, 2002, 607–636.

Wiggermann, Frank, K.u.K. Kriegsmarine und Politik. Ein Beitrag zur Geschichte der italienischen Nationalbewegung in Istrien, Verlag der österreichischen Akademie der Wissenschaften, Wien 2004.

–, Vom Kaiser zum Duce. Lodovico Rizzi (1895–1845). Eine österreichisch-italienische Karriere in Istrien, Haymon, Innsbruck/Wien 2017.

Wilbur, Terence H., Hugo Schuchardt and the Neogrammarians, in: Theo Vennemann/Terence H. Wilbur (Hrsg.), Schuchardt, the Neogrammarians, and the Transformational Theory of Phonological Change, Athenäum, Frankfurt am Main 1972, 73–113.

Wilson, Kathleen, A New Imperial History. Culture, Identity and Modernity in Britain and the Empire (1660–1840), Cambridge University Press, Cambridge 2004.

Wilson, Thomas M./Donnan, Hastings (Hrsg.), A Companion to Border Studies, Wiley-Blackwell, Malden 2012.

Wippermann, Wolfgang, Antislawismus, in: Uwe Puschner/Walter Schmitz/Justus H. Ulbricht (Hrsg.), Handbuch zur „Völkischen Bewegung" (1871–1918), K.G. Saur, München 1996, 512–524.

Wolf, Michaela, Hugo Schuchardt Nachlaß. Schlüssel zum Nachlaß des Linguisten und Romanisten Hugo Schuchardt (1842–1927), Leykam, Graz 1993.

–, Triest als „Dritter Ort" der Kulturen, in: Federico Celestini/Helga Mitterbauer (Hrsg.), Ver-rückte Kulturen. Zur Dynamik kultureller Transfers, Stauffenburg, Tübingen 2003, 153–173.

–, The Habsburg Monarchy's Many-Languaged Soul. Translating and Interpreting (1848–1918), John Benjamins, Amsterdam/Philadelphia 2015.

Wolff, Larry, Inventing Eastern Europe. The Map of Civilization on the Mind of the Enlightenment, Stanford University Press, Stanford 1994.

–, Venice and the Slavs of Dalmatia: The Drama of the Adriatic Empire in the Venetian Enlightenment, in: Slavic Review 56/3, 1997, 428–455.

–, Venice and the Slavs, Stanford University Press, Stanford 2001.

Ders., The Idea of Galicia. History and Fantasy in Habsburg Political Culture, Stanford University Press, Stanford 2010.

Woolf, Daniel, A Global History of History, Cambridge University Press, Cambridge 2011.

Wörsdörfer, Rolf, Cattolicesimo „slavo" e „latino" nel conflitto di nazionalità. La disputa per la lingua liturgica e di insegnamento nelle diocesi adriatiche dell'Austria-Ungheria, dell'Italia e della Jugoslavia (1861–1941), in: Marina Cattaruzza (Hrsg.), Nazionalismi di frontiera: Identità contrapposte sull'Adriatico nord-orientale (1850–1950), Rubbettino, Soveria Mannelli 2003, 123–170.

Young, Robert J.C., Colonial Desire. Hybridity in Theory, Culture and Race, Routledge, London/New York 1995.

Zahra, Tara, Imagined Noncommunities: National Indifference as a Category of Analysis, in: Slavic Review 69/1, 2010, 93–119.

Zăloagă, Marian, Between Primitiveness, Compassion and Criminalization. Discourses on Gypsy Child's Poverty in the Long 19th Century Transylvanian Saxon Culture, in: Carmen Andraş/Cornel Sigmirean (Hrsg.), In-Between Difference and Diversity: Studies of Cultural and Intellectual History, Astra Museum, Sibiu 2013, 111–140.

Zarka, Dina, Der Sprachforscher Wilhelm von Humboldt, in: Wilfried Seipel (Hrsg.), Der Turmbau zu Babel. Ursprung und Vielfalt von Sprache und Schrift, 2, Kunsthistorisches Museum, Wien 2003, 173–178.

Ziller, Paolo, Sistema elettorale e rappresentanza politica in Istria nel periodo costituzionale asburgico (1861–1918), in: Atti del centro di ricerche storiche di Rovigno 24, 1994, 533–552.

Zonabend, Françoise, La Mémoire longue. Temps et histoires au village, Puf, Paris 1980.

Zitierte Presseartikel

Adria. Illustrierte Monatsschrift für Landes- und Volkskunde, Volkswirtschaft und Touristik der adriatischen Küstenländer, Wien/Graz/Triest 1908–1914:

Anonym, Mitarbeiter, in: Adria 1/1, Dezember 1908, 1.

Annales de la Société entomologique de France, Mequignon-Marvis, Paris 1832–:

Anonym, Mission scientifique de M. Ch. Alluaud aux îles Seychelles, in: Annales de la Société entomologique de France 64, 1895, 353–368.

L'annotatore friulano, Trombetti-Muretti, Udine 1853–1859:

Anonym, Cose urbane e della provincia, in: L'Annotatore friulano 6/13, 1. April 1858, 106–108.
Anonym, Corrispondenza dall'Istria, in: L'Annotatore friulano 6/18, 8. Mai 1858, 151–152.
Orlandini, Sulla malattia dei bachi da seta, in: L'Annotatore friulano 6/21, 27. Mai 1858, 182.
Anonym, Seme di Bachi da seta, in: L'Annotatore friulano 6/23, 10. Juni 1858, 205.
Anonym, Seconda esposizione di fiori, erbaggi e frutta che ha avuto luogo in Trieste nel settembre 1858, in: L'Annotatore friulano 6/48, 2. Dezember 1858, 419.

Il Cittadino, Herrmanstorfter, Trieste 1866–1893:

Anonym, Marchesetti e Moser, in: Il Cittadino 43, 19./20. Februar 1887, 2.

L'eco dell'Adriatico, Krmpotic, Pola 1906–1907:

Anonym, Vita cittadina, in: L'Eco dell'Adriatico 1/1, 1. Dezember 1906, 2.
Anonym, Fuori dall'equivoco, in: L'Eco dell'Adriatico 2/110, 21. März 1907, 1.

Fatti e parole, Naratovich, Venezia 1848:

Pacifico Valussi, Agli uomini di mare, in: Fatti e parole 99, 21. September 1848, 394–395.

La Favilla, M. Weis, Trieste 1836–1846:

Z., Congresso scientifico nel Belgio, in: La Favilla 1/32, 5. März 1837, 3.
G., Impressioni di viaggio. Viaggetto a Pirano, in: La Favilla 1/46, 11. Juni 1837, 3–4.
A. Madonizza, Polemica, in: La Favilla 1/48, 25. Juni 1837, 2–3.
Anonym, Varietá. I Zingani, in: La Favilla 2/7, 10. September 1837, 28–30.
A. Madonizza, Polemica, in: 4. Supplemento alla Favilla, 8. Oktober 1837, 49.
O., Corso botanico in Trieste, in: La Favilla 2/41, 6. Mai 1838, 177.
Anonym, Istruzione pubblica. Botanica, in: La Favilla 2/42, 13. Mai 1838, 180.
Dall'Ongaro, Cose Patrie. Prefazione ad un viaggetto nell'Istria, in: La Favilla 3/2, 12. August 1838, 6.
D., Cose patrie. Viaggetto nell'Istria VI., in: La Favilla 3/20, 16. Dezember 1838, 78–79.
Dall'Ongaro, Cose patrie. Sulla botanica, in: La Favilla 3/38, 21. April 1839, 145–146.
D., Viaggetto nell'Istria. IX. Isola di S. Nicolò. NIZKA, in: La Favilla 4/3, 18. August 1839, 18–23.

Dall'Ongaro, Notizie sulla prima riunione scientifica italiana in Pisa, in: La Favilla 4/11, 13. Oktober 1839, 81–82.
Anonym, Primo congresso degli scienziati italiani in Pisa, in: La Favilla 4/13, 27. Oktober 1839, 100–101.
Anonym, Breve sunto degli argomenti trattati nella sezione di Botanica, nella prima riunione de' Naturalisti, Medici ed altri scienziati italiani tenuta in Pisa nell'Ottobre del 1839, in: La Favilla 4/15, 10. November 1839, 116–117.
Anonym, Seconda parte degli argomenti trattati nella sezione botanica della riunione di Pisa, in: La Favilla 4/16, 17. November 1839, 122–125.
D., Viaggetto nell'Istria, in: La Favilla 5/17, 26. April 1840, 129–132.
P. V., Gita a Pola con un battello a vapore, in: La Favilla 5/25, 21. Juni 1840, 196–199.
Dall'Ongaro, Apertura delle annuali lezioni di botanica tenute dal Dr. Biasoletto, in: La Favilla 5/27, 5. Juli 1840, 209–210.
P. V./M., Asili dell'infanzia in Capodistria, in: La Favilla 5/28, 12. Juli 1840, 217–221.
Anonym, Seconda riunione degli scienziati italiani in Torino, in: La Favilla 5/39, 27. September 1840, 309–312.
Anonym, Seconda riunione degli scienziati italiani in Torino, in: La Favilla 5/40, 4. Oktober 1840, 318–320.
Anonym, Seconda riunione degli scienziati italiani in Torino, in: La Favilla 5/41, 11. Oktober 1840, 324–326.
D. P., Una rappresentazione a beneficio degli asili infantili di Capodistria, in: La Favilla 5/52, 28. Dezember 1840, 414.
D. V., Der Istrianer Kreis, oder die Halbinsel Istrien und die Inseln des Quarnero, dargestellt von J. Löwenthal ecc., in: La Favilla 6/14, 4. April 1841, 106–108.
P. V., Bibliografia I., in: La Favilla 7/2, 27. Januar 1842, 30–35.
Tommaseo, La Dalmazia. Lettera II. Al dottor Enrico Stieglitz, in: La Favilla 7/3, 12. Februar 1842, 37–43.
P. V., Bibliografia, in: La Favilla 7/7, 15. April 1842, 111–117.
Anonym, Scuola di botanica, in: 34. Supplemento alla Favilla, 11. September 1842, 133–134.
Anonym, Scuola agraria istituita in Trieste in quest'anno 1842, in: 48. Supplemento alla Favilla, 25. Dezember 1842, 191–192.
F. M., Teatro, in: 16. 17. Supplemento alla Favilla, 23. April 1843, 61–65.
Dall'Ongaro, Quinto congresso degli scienziati italiani in Lucca, in: La Favilla 8/20, 31. Oktober 1843, 309–318.
Dall'Ongaro, Quinto congresso degli scienziati italiani in Lucca, in: La Favilla 8/21, 15. November 1843, 325–334.
P. V., Chiusura del primo corso di meccanica applicata alle macchine a vapore del professor Tonello, in: 18. Supplemento alla Favilla, 24. Mai 1844, 69–70.
Anonym, Lezione di botanica e fisica dei Sigg. Biasoletto e Moulon, in: 18. Supplemento alla Favilla, 24. Mai 1844, 70.
Anonym, Documenti storici sull'Istria e la Dalmazia. Raccolti e annotati da V. Solitro, in: La Favilla 9/17, 5. Oktober 1844, 261–264.
Anonym, Statistica intuitiva, in: La Favilla 9/17, 5. Oktober 1844, 266–268.
Anonym, Un'italiana traduce la Scienza nuova in francese, in: 39. 40. Supplemento alla Favilla, 26. Oktober 1844, 159–160.
Anonym, Il VI congresso degli scienziati italiani, in: La Favilla 9/19, 9. November 1844, 295–300.

Michel Fachinetti, Frammento di memorie istriane, in: La Favilla 10/9, 12. Mai 1845, 129–130.
Anonym, Del rispetto dovuto agli stranieri, in: La Favilla 1/20, 17. Mai 1846, 129–135.
Michel Fachinetti, Da un frammento di memorie istriane, in: La Favilla 1/2, 15. Juli 1846, 332–335.
Anonym, Congressi scientifici, in: La Favilla 1/39, 27. September 1846, 464–466.
D., Il congresso di Genova, in: La Favilla 1/44, 7. Dezember 1846, 577–578.
Dall'Ongaro, Reminiscenze del Congresso di Genova. III. Influenza della donna sulle istituzioni a beneficio del popolo, in: La Favilla 1/50, 14. Dezember 1846, 589–592.

La fiamma, Boccasini & Co., Pola 1911–1912:

Anonym, Un paragone che non regge, in: La Fiamma 1/10, 27. Mai. 1911, 1.
Teseo Rossi, Per fatti personali, ma politici, in: La Fiamma 1/17, 13. Juli 1911, 6–7.
Anonym, Musa d'Agosto, in: La Fiamma 1/21, 12. August 1911, 3.

Illustrierte Zeitung, J.J. Weber, Leipzig 1843–1944:

Anonym, Die Erdumsegelung der Novara, in: Illustrierte Zeitung 727, 6. Juni 1857, 453–454 (sowie in: 757, 2. Januar 1858, 7–8; 758, 9. Januar 1858, 23–26; 759, 16. Januar 1858, 39–42).
Anonym, Die Weltfahrt der Novara, in: Illustrierte Zeitung 772, 17. April 1858, 250–254 (sowie in: 790, 21. August 1858, 115; 791, 28. August 1858, 138–139; 793, 11. September 1858, 163; 797, 9. Oktober 1858, 227; 798, 16. Oktober 1858, 243–246; 813, 29. Januar 1859, 69; 814, 5. Februar 1859, 86; 815, 12. Februar 1859, 102; 816, 19. Februar 1859, 119; 817, 26. Februar 1859, 132–134; 818, 5. März 1859, 147–150; 822, 2. April 1859, 215–216; 823, 9. April 1859, 231–234; 835, 2. Juli 1859, 11; 836, 9. Juli 1859, 29; 837, 16. Juli 1859, 45; 838, 23. Juli 1859, 61; 839, 30. Juli 1859, 77; 864, 21. Januar 1860, 43–45; 865, 28. Januar 1860, 63–65; 866, 4. Februar 1860, 99–102; 869, 25. Februar 1860, 153–154; 870, 3. März 1860, 164–166).
Anonym, Ein Besuch im Novara-Museum in Triest, in: Illustrierte Zeitung 874, 31. März 1860, 235–236 (sowie in: 875, 7. April 1860, 253–254).

L'Isthme du Suez. Journal de l'union des deux mers, Henri Plon, Paris 1856–1866:

Anonym, Fait divers, in: L'Isthme du Suez 2/23, 25. Mai 1857, 137–138 (sowie in: 2/25, 25. Juni 1857, 214–215; 2/37, 25. Dezember 1857, 545–547; 3/43, 25. März 1858, 142–143; 3/48, 10. Juni 1858, 287–290).
M. P. Revoltella, Participation de l'Autriche dans le commerce du monde, in: L'Isthme du Suez 9/191, 1. Juni 1864, 253–256.

L'Istria, Papsch, Trieste 1846–1852:

Antonio Covaz, Dei Rimigliani o Vlachi d'Istria, con saggio del loro dialetto, in: L'Istria 1/1–2, 3. Januar 1846, 7–8.
Simone Slavich, Della Geografia dell'Istria, in: L'Istria 1/1–2, 3. Januar 1846, 2–7 (sowie in: 1/3, 10. Januar 1846, 9–12; 1/4, 17. Januar 1846, 13–15; 1/5, 24. Januar 1846, 17–19; 1/10, 21. Februar 1846, 37–38).
Anonym, Degli scavi di Pola, in: L'Istria 1/6–7, 31. Januar 1846, 21–28.
Anonym, Museo zoologico dell'Adriatico, in: L'Istria 1/6–7, 31. Januar 1846, 28.

Anonym, Della geografia genetica dell'Istria, in: L'Istria 1/11, 28. Februar 1846, 41–42 (sowie in: 1/12, 7. März 1846, 45–47).
Anonym, Delle carte geografiche dell'Istria, in: L'Istria 1/12, 7. März 1846, 47–48.
Anonym, Geografia amministrativa d'Istria, in: L'Istria 1/13–14, 14. März 1846, 49–52 (sowie in: 1/16–17, 28. März 1846, 62–64; 1/19–20, 11. April 1846, 73–75; 1/22–23, 25. April 1846, 85–88).
Anonym, Saggio di dialetti istriani, in: L'Istria 1/13–14, 14. März 1846, 49 (sowie in: 1/16–17, 28. März 1846, 61–62; 1/18, 4. April 1846, 69–70).
Anonym, Sui paesi di campagna, in: L'Istria 1/16–17, 28. März 1846, 66–67.
Carlo de Franceschi, Al sig. Dr. Kandler, in: L'Istria 1/26–27, 9. Mai 1846, 101–102.
D.A. Facchinetti, Degli slavi istriani, in: L'Istria 2/21, 20. März 1847, 81–82 (Sowie in: 2/22–23, 27. März 1847, 85–89; 2/24, 3. April 1847, 93–96; 2/25, 10. April 1847, 97–100; 2/26–27, 17. April 1847, 102–106).
Adolfo de Morlot, Sulla conformazione geologica dell'Istria, in: L'Istria 2/61–62, 9. Oktober 1847, 247–249.
Anonym, Dell'aggregazione dell'Istria alla Società geologica dell'Austria interiore, in: L'Istria 2/63–64, 16. Oktober 1847, 255–256.
Anonym, Programma. Strenna istriana pel 1848, in: L'Istria 2/63–64, 16. Oktober 1847, 259–260.
Anonym, Dei villici istriani, in: L'Istria 2/78, 11. Dezember 1847, 315–316.
Tomaso Luciani, Ai miei amici istriani, in: L'Istria 3/16, 25. März 1848, 63.
Anonym, Candidato pel Parlamento Germanico per la parte d'Istria addetta alla Confederazione Germanica, in: L'Istria 3/24, 29. April 1848, 96.
Pietro Kandler, Al sig. Luigi Gravisi, in: L'Istria 3/52–53, 11. September 1848, 205 (sowie in: 3/55–56, 23. September 1848, 217).
Anonym, Costituzione provinciale del Litorale data nel 1814, in: L'Istria 4/5, 27. Januar 1849, 18–20.
Anonym, Sulla Costituzione del Litorale nel 1814, in: L'Istria 4/6, 3. Februar 1849, 21–24 (sowie in: 4/7, 10. Februar 1849, 27–28; 4/8, 17. Februar 1849, 23).
Anonym, Saggi di lingua valaca, come si parla dai Romanici dell'Istria, in: L'Istria 4/59, 17. November 1849, 236.

L'Istria, Coana, Parenzo 1882–1903:

York, Croatizzazione, in: L'Istria 1/34, 19. August 1882, 1–2.
Anonym, Sulle elezioni comunali di Pola, in: L'Istria 1/48, 25. November 1882, 2.
Anonym, Notizie politiche, in: L'Istria 3/133, 12. Juli 1884, 1.
Anonym, Carlo Combi, in: L'Istria 3/142, 13. September 1884, 1.
Anonym, Rivista sanitaria, in: L'Istria 4/158, 3. Januar 1885, 2.
Anonym, Il discorso Coronini, in: L'Istria 4/161, 24. Januar 1885, 1.
R…, Sull'alterazione dei nomi, in: L'Istria 4/175, 2. Mai 1885, 4.
Domenico D.r Pergolis, Due medici sono pochi, in: L'Istria 4/191, 8. August 1885, 4.
Anonym, Si provveda ad un medico, in: L'Istria 5/217, 6. Februar 1886, 2.
Bumbero, Sulla deficienza di medici, in: L'Istria 5/226, 10. April 1886, 3.
Ders., Ancora sulla questione del medico che viceversa non è più quella del medico, in: L'Istria 5/232, 22. Mai 1886, 3–4.
Anonym, Nostre corrispondenze, in: L'Istria 5/236, 19. Juni 1886, 2.
Anonym, Prof. Don Antonio Coiz, in: L'Istria 5/242, 31. Juli 1886, 3.

Camillo, Briciole di cose patrie, in: L'Istria 5/256, 6. November 1886, 2.
Anonym, Congresso igienico-demografico internazionale, in: L'Istria 6/267, 22. Januar 1887, 4.
Anonym, Le proteste dei comuni dell'Istria, in: L'Istria 6/268, 29. Januar 1887, 1.
X., Pola capitale dell'Istria, in: L'Istria 6/268, 29. Januar 1887, 1–2.
Anonym, Un nuovo innesto per la vite, in: l'Istria 6/269, 5. Februar 1887, 4.
Anonym, Marchesetti e Moser, in: L'Istria 6/272, 26. Februar 1887, 2.
Anonym, Congresso igienico-demografico, in: L'Istria 6/279, 16. April 1887, 3.
Anonym, Alterazione dei nomi, in: L'Istria 6/301, 17. September 1887, 3.
Anonym, Congresso igienico-demografico a Vienna, in: L'Istria 6/303, 1. Oktober 1887, 1.
Anonym, Falsificazione dei cognomi, in: L'Istria 6/311, 26. November 1887, 3.
Anonym, Un processo per panslavismo, in: L'Istria 7/325, 3. März 1888, 2.
Anonym, Lettere istriane – Il museo Scampicchio, in: L'Istria 7/337, 26. Mai 1888, 1.
Anonym, Viti americane, in: L'Istria 7/364, 1. Dezember 1888, 3.
Anonym, Pacifico Valussi e Paolo Tedeschi, in: L'Istria 8/388, 18. Mai 1889, 2.
Anonym, Pro Patria nostra, in: L'Istria 9/429, 1. März 1890, 1.
Anonym, Contro la liturgia slava, in: L'Istria 11/539, 9. April 1892, 6.
Anonym, Le interpellanze della minoranza e la liturgia slava, in: L'Istria 11/548, 11. Juni 1892, 1.
Anonym, Il pellegrinaggio slavo a Mosca venticinque anni fa, in: L'Istria 11/556, 6. August 1892, 1–2.
Anonym, Dove si fanno alcune considerazioni sull'ultimo articolo, in: L'Istria 11/557, 12. August 1892, 1.
Anonym, La lingua slava nelle chiese, in: L'Istria 12/578, 7. Januar 1893, 3–4.
Anonym, Liturgia slava, in: L'Istria 12/580, 21. Januar 1893, 3.
Anonym, Anonym, Intermezzo sulla Liturgia slava, in: L'Istria 12/592, 15. April 1893, 1.
Anonym, Corso femminile d'innesto delle viti americane, in: L'Istria 12/594, 29. April 1893, 2–3.
Anonym, La liturgia slava con particolare riflesso all'Istria, in: L'Istria 12/608, 5. August 1893, 1 (sowie in: 12/609 12. August 1893, 1).
Anonym, Corollario sulla questione della Liturgia slava, in: L'Istria 12/610, 19. August 1893, 1.
Anonym, L'opuscolo di Mons. Pesante e la stampa slava, in: L'Istria 12/610, 19. August 1893, 3.
Anonym, La caduta del Conte Taaffe, in: L'Istria 12/617, 11. November 1893, 1.
Anonym, La liturgia slava nell'Istria, in: L'Istria 12/618, 18. November 1893, 1–2 (sowie in: 12/619, 25. November 1893, 2; L'Istria, 12/621 9. Dezember 1893, 2).
Anonym, A proposito de „La liturgia slava in Istria" in: L'Istria 12/621, 9. Dezember 1893, 3.
Anonym, La questione della liturgia slava nell'Istria, in: L'Istria 13/630, 10. Februar 1894, 4.
Anonym, Ancora recensione sulla „Liturgia slava", in: L'Istria 13/640, 21. April 1894, 3 (sowie in: 13/643, 12. Mai 1894, 2).
Anonym, Sull'alterazione dei nomi, in: L'Istria 14/717, 12. Oktober 1895, 1.
Anonym, La partecipazione degli istriani alla vittoria triestina, in: L'Istria 16/789, 27. Februar 1897, 3.
Anonym, Poche parole di risposta, in: L'Istria 18/830, 1. Januar 1898, 1–2.
Anonym, Ancora del professore italianofobo alle Magristrali di Capodistria, in: L'Istria 17/830, 1. Januar 1898, 1–2.
Anonym, Cronaca dietale, in: L'Istria 17/839, 5. März 1898, 1–9.

Anonym, L'istituto magistrale femminile di Gorizia, in: L'Istria 17/867, 29. Oktober 1898, 3.
Anonym, Il Comizio di Parenzo, in: L'Istria 17/875, 31. Dezember 1898, 3–4.

L'Istria agricola. Organo dell'Istituto agrario, del Consiglio agrario e della Commissione d'imboscamento, Coana, Parenzo 1907–1940:

D. G. C., Gli ibridi produttori diretti, in: L'Istria agricola 3, 1910, 346–348.
Anonym, Viti innestate che deperiscono per eccesso di produzione, in: L'Istria agricola 4, 1911, 5–8.
G. C., Gl'ibridi produttori diretti, in: L'Istria agricola, 4, 1911, 508–510.
G. C., L'ibridazione quale mezzo per aumentare la produttività dei semi, in: L'Istria agricola 6, 1913, 40–41.

Journal de botanique, J. Mersch, Paris 1887–1913:

M. P. Hariot, Notes sur le genre *Trentepohlia* Martius, in: Journal de botanique 3/23, 1. Dezember 1889, 378–388 (sowie in: 3/24, 16. Dezember 1889, 393–405).
M. Émile Bescherelle, Énumération des hépatiques, in: Journal de botanique 12/9, 1. Mai 1898, 136–148.

Journal des Österreichischen Lloyd, Triest 1836–1854:

Anonym, Aus Frankfurt, in: Journal des Österreichischen Lloyd 13/167, 22. Juli 1848, 542–543.
Anonym, Aus Istrien, in: Journal des Österreichischen Lloyd 13/171, 27. Juli 1848, 556–557.
Ein wohlgesinnter Oesterreicher, Wo sind die Feinde Oesterreichs?, in: Journal des Österreichischen Lloyd 13/177, 3. August 1848, 581.
Anonym, Stadt Mitterburg in Istrien, in: Journal des Österreichischen Lloyd 13/187, 15. August 1848, 621.

Österreichischer Beobachter, Anton Strauß, Wien 1811–1866:

Anonym, Wien, den 26. Juli, in: Österreichischer Beobachter 209, 27. Juli 1828, 888.

Osservatore triestino, J. Papsch, Trieste 1784–1933:

Pietro Ceruti, Sulla popolazione dell'Istria ex-veneta, in: Osservatore triestino 4, 9. Juni 1843, 13–15.
G. S., Del modo come i maggiori possessori di terre potrebbero con rapido successo influire sul miglioramento dell'agricoltura in Istria, in: Osservatore triestino 11, 25. Juni 1843, 41–43.
Pietro Ceruti, Sulla malaria dell'Istria, in: Osservatore triestino 22, 21. Juli 1843, 85–88.
Carlo de Franceschi, Intorno alla storia e statistica dell'Istria, in: Osservatore triestino 44, 10. September 1843, 173–176.
La Redazione, Appendice, in: Supplemento al N. 95 dell'Osservatore triestino, 9. August 1848, 701.
Michele Fachinetti, Elemento nazionale, in: Supplemento al N. 95 dell'Osservatore triestino, 9. August 1848, 701–702.
I. E. Beck, Sulla flotta germanica in avvenire, in: Supplemento al N. 105 dell'Osservatore triestino, 1. September 1848, 797–798.

Luigi Gravisi, Alcune rettificazioni, in: Osservatore triestino 107, 5. September 1848, 813–815 (sowie in: 108, 7. September 1848, 821–822; Supplemento al N. 109 dell'Osservatore triestino, 10. September 1848, 845–837).
Madonizza, Sopra un articolo del signor Gedeone Pusterle, inerito nel Nr. 104, in: Supplemento al N. 108 dell'Osservatore triestino, 8. September 1848, 827–828.
Antonio Ivancich, Feste patrie, in: Osservatore triestino 109, 9. September 1848, 831.
Luigi Gravisi, Al sg. D.r. Pietro Kandler!, in: Osservatore triestino 112, 16. September 1848, 863.
Pietro Millevoi, Al sig. Antonio Ivancich, in: Supplemento al N. 114 dell'Osservatore triestino, 22. September 1848, 897.
Carlo de Franceschi, Appendice: in: Osservatore triestino 115, 23. September 1848, 903 (sowie in: Supplemento al N. 115 dell'Osservatore triestino, 24. September 1848, 909).
Carlo de Franceschi, Appendice. Alla spettabile redazione dell'Osservatore triestino, in: Osservatore triestino 116, 26. September 1848, 915.
Giovanni Zuliani, Appendice, in: Osservatore triestino 122, 10. Oktober 1848, 997.
M.D., Intorno le operazioni del comandante Generale d'Artiglieria Conte di Nugent (Articolo scritto da un militare), in: Supplemento al N. 147 dell'Osservatore triestino, 10. Dezember 1848, 1310.
Anonym, Dieta provinciale d'Istria, in: Osservatore triestino 89, 19. April 1861, 713–714.

Il Precursore, Tip. della Speranza, Venezia 1848–1849:

Pacifico Valussi, Ancora del litorale italo-slavo, in: Il Precursore 11, 14. Januar 1849, 165–167.

Die Presse, Edlen v. Ehelen'schen Erben, Wien 1848–1896:

Aus Istrien, in: Die Presse 1/30, 1. August 1848, 117.

Il Proletario, Matcovich, Pola 1900–1904:

Anonym, Abbasso il nazionalismo, in: Il Proletario 1/26, 20. Oktober 1900, 1.
Anonym, Una scarrettata d'immondizie, in: Il Proletario 5/563, 21. Mai 1904, 2.
Anonym, Il Proletario che ride, in: Il Proletario 5/577, 30. Juli 1904, 2.
Anonym, Appunti di cronistoria cittadina (1869–1904), in: Il Proletario 5/578, 3. August 1904, 3.
Anonym, Il nostro commento, in: Il Proletario 5/584, 24. August 1904, 2–3.
Anonym, Le basi e le ragioni del nostro accordo, in: Il Proletario 5/588, 7. September 1904, 1–2.
Anonym, Ancora il „solismo", in: Il Proletario 5/598, 12. Oktober 1904, 2–3.
Anonym, Il pseudo-giornalismo locale, in: Il Proletario 5/609, 19. November 1904, 2–3.

La Provincia dell'Istria. Giornale degli interessi civili, economici ed amministrativi dell'Istria, Tondelli, Capodistria 1867–1894:

Anonym, Il nostro programma, in: La Provincia dell'Istria 1/1, 1. September 1867, 1–2.
Anonym, Dell'Istria e della Carnia rispetto al Carnio, in: La Provincia dell'Istria 1/2, 16. September 1867, 9–13.
Anonym, Due urgenti bisogni, in: La Provincia dell'Istria 1/7, 1. Dezember 1867, 51–53.

Anonym, Il sale istriano e le provincie venete, in: La Provincia dell'Istria 2/1, 1. Januar 1868, 66–67.
Anonym, Abolizione de' feudi in Istria, in: La Provincia dell'Istria 3/3, 1. Februar 1869, 274.

Revue maritime et coloniale, Librairie militaire de L. Baudoin, Paris 1861–1971:

Anonym, La marine de l'Autriche, in: Revue maritime et coloniale 6, September 1862, 25–36.
Anonym, Observations hydrographiques faites pendant le voyage de circumnavigation de la frégate la Novara, in: Revue maritime et coloniale 9, September 1863, 423–432.

Wiener Zeitung, Edlen v. Ehelen'schen Erben, Wien 1703–:

Aus Istrien, in: Wiener Zeitung 210, 31. Juli 1848, 282–283.

Personenregister

Ortsregister

Sachregister

Bedrohte Ordnungen

Historische und gegenwärtige Gesellschaften unter Stress sind Gegenstand der Reihe *Bedrohte Ordnungen,* die dem gleichnamigen Sonderforschungsbereich 923 an der Universität Tübingen verbunden ist. Gefragt wird nach dem „Ob“ und dem „Wie“ sozialen Wandels sowie nach regionalen und epochalen Unterschieden von Ordnungen und Bedrohungen.

Extremereignisse wie Aufruhr und Katastrophen, darüber hinaus Phänomene wie Ordnungszersetzung und Ordnungskonkurrenz stehen im Zentrum der Studien. Gesellschaften von der griechischen Antike bis zur Gegenwart werden zum Thema. Der Zusammenhang der Bedrohungskommunikation mit der Materialität, der Emotionalität sowie dem Verdichtungsmoment bedrohter Ordnungen ist von besonderem Interesse.

Angesichts allgegenwärtiger Krisendiagnosen verbindet die Untersuchung *Bedrohter Ordnungen* Gegenwartsinteresse und historische kulturwissenschaftliche Forschung. Durch die Zusammenführung bislang disziplinär getrennter Themen und Zugangsweisen kann der Beitrag der Kulturwissenschaften zum Verständnis von Gegenwart und Zukunft neu bestimmt werden.

Alle Bände dieser Reihe werden durch einen internationalen Beirat begutachtet. Die Reihe steht auch Autoren außerhalb des Sonderforschungsbereichs offen.

ISSN: 2197-5477
Zitiervorschlag: BedrO

Alle lieferbaren Bände finden Sie unter *www.mohrsiebeck.com/bedro*

Mohr Siebeck
www.mohrsiebeck.com